WIE FUNKTIONIERT DAS?

STÄDTE, KREISE UND GEMEINDEN

NACHSCHLAGEWERKE
AUS MEYERS LEXIKONVERLAG:

Meyers Enzyklopädisches Lexikon
in 25 Bänden

Meyers Großes Universallexikon
in 15 Bänden

Meyers Großes Standardlexikon
in 3 Bänden

Meyers Großes Handlexikon

Meyers Großes Taschenlexikon
in 24 Bänden

Meyers Taschenlexikon
in 10 Bänden

Meyers Taschenlexikon
in 2 Bänden

Meyers Taschenlexikon Biologie
in 3 Bänden

Meyers Taschenlexikon Geschichte
in 6 Bänden

Meyers Taschenlexikon Musik
in 3 Bänden

Meyers Handbücher
der großen Wissensgebiete

Meyers Kleine Lexika

Meyers Enzyklopädie der Erde
in 8 Bänden

Meyers Naturführer

Die Erde: Meyers Großkarten-Edition

Meyers Großer Weltatlas

Meyers Neuer Weltatlas

Meyers Universalatlas

Wie funktioniert das?

Meyers Jugendlexikon

Meyers Kinder-Sachbücher

Meyers Jahresreport

»Schlag nach!«

WIE FUNKTIONIERT DAS?

STÄDTE, KREISE UND GEMEINDEN

Bearbeitet von
Dr. Wolfgang Haus, Berlin,
Prof. Dr. Gerd Schmidt-Eichstaedt, Berlin,
Prof. Dr. Rudolf Schäfer, Berlin,
und der
Fachredaktion Geschichte, Recht und Wirtschaft
unter Leitung von Werner Digel

MEYERS LEXIKONVERLAG
Mannheim/Wien/Zürich

Graphische Gestaltung:
Gabriele Kuhnke

Redaktion:
Klaus M. Lange, Jutta Wedemeyer

173 Textseiten
149 meist zweifarbige Schautafeln
5 Registerseiten

Vorgeschlagene Zitierweise für Bibliotheken
und wissenschaftliche Arbeiten:
Haus/Schmidt-Eichstaedt/Schäfer,
Städte, Kreise und Gemeinden
Mannheim/Wien/Zürich 1986

CIP-Kurztitelaufnahme der Deutschen Bibliothek
Wie funktioniert das? Städte, Kreise und Gemeinden / bearb. von Wolfgang Haus ... u. d.
Fachred. Geschichte, Recht u. Wirtschaft
unter Leitung von Werner Digel.
Mannheim; Wien; Zürich:
Bibliographisches Institut, 1986.
ISBN 3-411-02379-1
NE: Haus, Wolfgang [Bearb.]; Digel, Werner
[Hrsg.]; Städte, Kreise und Gemeinden

Satz: Bibliographisches Institut (DIACOS Siemens) und
Mannheimer Morgen Großdruckerei und
Verlag GmbH (Digiset 40 T 30)
Druck: Pfälzische Verlagsanstalt GmbH, Landau/Pfalz
Einband: Klambt Buchbinderei GmbH, Speyer
Printed in Germany
ISBN 3-411-02379-1

Vorwort

Städte, Gemeinden und Kreise sind das Fundament im Aufbau des Staates. Wie vielfältig ihre Funktionen und Aufgaben sind, wie tief ihre Wurzeln in die Geschichte hinabreichen, wie eng ihre Tätigkeit verflochten ist mit dem täglichen Leben jedes einzelnen, das soll dieser neue Band in der Reihe „Wie funktioniert das?“ zeigen.

Das Buch ist in vier Blöcke gegliedert. Der erste Block befaßt sich mit der Geschichte und den Grundstrukturen der kommunalen Gebietskörperschaften. Der zweite Block ist der Verfassung und den Organen der Städte und Gemeinden, der dritte jenen der Kreise gewidmet. Im vierten Block werden die Aufgaben, Ämter und Einrichtungen in den Städten, Kreisen und Gemeinden im einzelnen geschildert; die Reihenfolge der Themen in diesem Textblock lehnt sich an die Standardgliederung der Ämter einer Kommunalverwaltung an, die von der Kommunalen Gemeinschaftsstelle für Verwaltungsvereinfachung in Köln empfohlen wird.

Die bewährte Form der Reihe „Wie funktioniert das?“, innerhalb derer für jeden Artikel in der Regel jeweils eine Seite Text und ein ganzseitiges Schaubild vorgesehen ist, zwang zur Kürze in der Darstellung. Die Verständlichkeit ist dadurch aber nicht beeinträchtigt, eher gefördert worden. Dies konnte gelingen, weil die Autoren allesamt ausgewiesene Fachleute sind, von denen viele in der kommunalen Praxis arbeiten. Wer sein Wissen über das in diesem Band Vorzufindende hinaus vertiefen möchte, kann dazu auf die am Schluß eines jeden Beitrags angegebene Literatur zurückgreifen.

Zur ergänzenden Lektüre sei auch auf den Band „Der moderne Staat“ in der gleichen Reihe hingewiesen. Wer beide Bände besitzt, dem steht das notwendige Grundwissen über Staat und Kommunen in der Bundesrepublik Deutschland, ergänzt um Informationen auch über die Kommunalverwaltung in europäischen Nachbarstaaten, in komprimierter und zugleich allgemeinverständlicher Form zur Verfügung.

Den an der Ausarbeitung der Texte und Schaubilder beteiligten Autoren gebührt großer Dank für ihre Bereitschaft, sich den Regeln zu unterwerfen, die solch ein Gemeinschaftswerk erfordert. Um die Gestaltung der Schaubilder hat sich Gabriele Kuhnke mit ihrem Team verdient gemacht; sie hat die oft nicht leichte Aufgabe übernommen, die Vorschläge der Autoren graphisch umzusetzen.

Mannheim, im September 1986

WOLFGANG HAUS GERD SCHMIDT-EICHSTAEDT RUDOLF SCHÄFER

Inhaltsverzeichnis

Mitarbeiterverzeichnis

Dr. Dieter Apel, DIFU, Berlin
Dr.-Ing. Rainer Autzen, DIFU, Berlin

Dr. Helfried Bauer, Kommunalwissenschaftliches Dokumentationszentrum, Wien
Eberhard Blank, DST, Köln
Dr. Michael Borchmann, Wiesbaden
Professor Dr. Otto Borst, Esslingen am Neckar

Hartmut Caemmerer, Berlin
Beigeordneter Klaus Crummenerl, Lüdenscheid

Hans Günther Dehe, Bad Kreuznach
Beigeordneter Dr. Busso Diekamp, Mönchengladbach

Beigeordneter Otto Fichtner, Duisburg
Dipl.-Ing. Karl-Heinz Fiebig, DIFU, Berlin
Dr. Klaus P. Fiedler, DST, Köln
Bezirksbürgermeister Horst Frank, Hannover
Professor Dr.-Ing. Dieter Frick, Berlin
Ludwig Fuchs, DST, Köln

Privatdozent Dr. Oscar W. Gabriel, Ingelheim am Rhein
Dipl.-Ing. Manfred Ernst Gehrmann, Berlin
Dr. Kurt Gerhardt, Landkreistag Baden-Württemberg, Stuttgart
Rainer Gohlke, KGSt, Köln
Staatssekretär a. D. Klaus von der Groeben, Heikendorf

Reinhardt Hagemann, Berlin
Beigeordneter Dr. Bernhard Happe, DST, Köln
Landesrat Dr. Günter Happe, Münster
Dipl.-Ing. Michael Happe, Essen
Burkhard von Hausen, DLT, Bonn
Dr.-Ing. Ludwig Heck, Leonberg
Beigeordneter Dr. Hans-Jürgen von der Heide, DLT, Bonn
Oberkreisdirektor Werner Henke, Paderborn
Reinhard Henkys, Berlin
Dr. Hans Heuer, DIFU, Berlin
Stadtrat Hilmar Hoffmann, Frankfurt am Main
Archivdirektor Dr. Dieter Höroldt, Bonn

Stadtdirektor Hermann Janssen, Münster
Ausländerbeauftragte Barbara John, Berlin

Professor Dr. Rainer Kabel, Berlin
Heino Kade, Berlin
Hanns Karrenberg, DST, Köln
Dr. Christian Karsten, Hamburg
Beigeordneter Dr. Roland Kirchhof, Landkreistag Nordrhein-Westfalen, Düsseldorf
Regierungsdirektor Dipl.-Ing. Wolfgang Kleiber, Bonn
Jürgen Knauer, DST, Köln
Ltd. Senatsrat Hans-Joachim Knipp, Berlin
Dr. Paul von Kodolitsch, DIFU, Berlin
Oberregierungsrat Klaus-Dieter Koopmann, Neuwied
Ministerialrat Dr. Michael Krautzberger, Bonn
Rechtsanwalt Dr. Wolfgang Kuhla, Berlin

Dr. Helmut Lange, DST, Köln
Beigeordneter Dipl.-Ing. Reiner Lehmkuhl, Düren
Adalbert Leidinger, Landkreistag Nordrhein-Westfalen, Düsseldorf
Professor Dr. Martin Lendi, Zürich

Stadtdirektor Dr. Bernd Meyer, Regensburg
Wiss. Oberrat Dr. Heiner Monheim, BfLR, Bonn
Dr. Engelbert Münstermann, DST, Köln

Dr. Hiltrud Naßmacher, Oldenburg
Professor Dr. Karl-Heinz Naßmacher, Oldenburg
Dr. Jürgen Neumann, Münster

Ltd. Landschaftsverbandsdirektor Hans Jürgen von Osterhausen, Köln

Geschäftsführendes Präsidialmitglied Dr. Ernst Pappermann, DST, Köln
Professor Dr. Günther Prillwitz, Wettenberg
Staatssekretär Lutz von Pufendorf, Berlin

Erster Beigeordneter Dr. Erich Rehn, DStGB, Düsseldorf
Professor Dr. Christoph Reichard, Berlin
Dipl.-Volksw. Michael Reidenbach, DIFU, Berlin
Ingrid Robbers, DST, Köln

Professor Dr. Manfred Röber, Berlin
Senatsrat Severin Robinski, Berlin
Erwin Rothgang, Wuppertal

Ltd. Magistratsdirektor a. D. Dr. Gerhard Sadler, Berlin
Beigeordneter Hans-Joachim Schäfer, DST, Köln
Regierungspräsident Erwin Schleberger, Münster
Dipl-Ing. J. Alexander Schmidt, Stuttgart
Dr. Jochen Schulz zur Wiesch, DIFU, Berlin
Wolfgang Schütz, Berlin
Dr. Günter Seele, DLT, Bonn
Gartenbaudirektor Hermann Seiberth, Berlin
Ltd. Verwaltungsdirektorin Dr. Elisabeth Siebenmorgen, Köln
Professor Dr. Dr. h.c. Heinrich Siedentopf, Speyer
Dr. Hans-Jörg Siewert, DIFU, Berlin
Professor Dr. Erika Spiegel, Hamburg

Professor Dr. Hans Tietgens, Frankfurt am Main
Kulturdezernent Dieter Treeck, Bergkamen
Professor Dr.-Ing. Michael Trieb, Stuttgart

Professor Dr. Georg-Christoph von Unruh, Kiel

Beigeordneter Bernhard Wachter, Mechernich
Professor Dr. Hans-Georg Wehling, Reutlingen
Baudirektor Karlfred Werner, Ingelheim am Rhein
Dipl.-Volksw. Sigmund Wimmer, DST, Köln

Abkürzungsverzeichnis

ABGF	Arbeitsgemeinschaft der Leiter der Berufsfeuerwehren
ADV	Automatisierte Datenverarbeitung
AFG	Arbeitsförderungsgesetz
AGKU	Arbeitsgemeinschaft Kommunaler Umweltschutz
BaWü	Baden-Württemberg
Bay	Bayern
BBauG	Bundesbaugesetz
Bearb. v.	Bearbeitet von
BfLR	Bundesforschungsanstalt für Landeskunde und Raumordung
BGB	Bürgerliches Gesetzbuch
BGW	Bundesverband für Gas- und Wasserwirtschaft
BMFT	Bundesministerium für Forschung und Technologie
BSHG	Bundessozialhilfegesetz
Btx	Bildschirmtext
dB(A)	Dezibel
DIFU	Deutsches Institut für Urbanistik
Dipl.-Volksw.	Diplom-Volkswirt
DST	Deutscher Städtetag
DStGB	Deutscher Städte- und Gemeindebund
Epl.	Einzelplan
GG	Grundgesetz
GO	Gemeindeordnung
Hg. v.	Herausgegeben von
IBU	Internationale Bürgermeister-Union
i.d.F.	in der Fassung
i.d.R.	in der Regel
ISDN	Integrated Services Digital Network
ISK	Immissionsschutzkonzept
JWG	Jugendwohlfahrtsgesetz
KO	Kreisordnung
KVR	Kommunalverband Ruhrgebiet
LIS	Landesanstalt für Immissionsschutz
Ltd.	Leitende(r)
LZA	Lichtzeichenanlage
Nds	Niedersachsen
NRW	Nordrhein-Westfalen
ÖPNV	Öffentlicher Personennahverkehr
RhPf	Rheinland-Pfalz
SH	Schleswig-Holstein
StBauFG	Städtebauförderungsgesetz
TÖB	Träger öffentlicher Belange
UVP	Umweltverträglichkeitsprüfung
VwGO	Verwaltungsgerichtsordnung
VwVfG	Verwaltungsverfahrensgesetz
Wiss.	Wissenschaftliche(r)
ZPO	Zivilprozeßordnung

Städte in der Geschichte

Die Weltgeschichte sei eine „Geschichte des Stadtmenschen" vermerkt Oswald Spengler in seinem Hauptwerk nicht ohne Sorge. Neue Analysen kommen zu der Erkenntnis, daß die „Stadt unser Schicksal" sei. Man ist bereit, dies mit Anzeichen und Folgen der modernen „Urbanisation" zu verknüpfen, ohne ganz zu registrieren, daß die Stadt unsere Geschichte seit frühesten Zeiten auch positiv begleitet hat. Die mittelalterliche – europäische, deutsche – Stadt scheint uns „alt" genug und gewissermaßen die Urform aller neuerer Stadt-Erscheinungen zu sein: sie steht aber keinesfalls am Anfang, sondern hat ihrerseits weite Phasen einer erstaunlich „modernen" Stadtgeschichte hinter sich.

Die ältesten Stadt-Zeugnisse finden sich in der Randzone um den „Fruchtbaren Halbmond" in Vorderasien. Von dort ließe sich mit dem Trend zur Großsiedlung und zum sozial-rechtlichen Verband ein Weg beschreiben, den die früheste „Stadt" im geographischen Sinne genommen hat. Es handelt sich freilich immer nur um Einzelfälle; von einer städtisch geprägten Region kann noch keine Rede sein. *Jericho,* von der Archäologie – wenn auch mit wissenschaftlichen Vorbehalten – als älteste Stadt der Welt apostrophiert, nach einem deutlich erkennbaren System geplant und gebaut, mit einem wesentlichen Teil seiner Bevölkerung von der Urproduktion gelöst, arbeitsteilig organisiert, von erstaunlicher Wohndichte und wie eine Großburg ummauert: Jericho steht seit dem 9. Jh. v. Chr. mit seinem vergleichsweise „städtischen" Charakter noch ganz isoliert da.

Erst die ägyptische und vor allem griechisch-römische Antike macht die Kultur zu einer städtischen Kultur. Wenn es auch Ausnahmen gibt: Fast das ganze Land gehört in den meisten Gebieten zu Städten. Politische Entscheidungen – das Allerweltswort „politisch" verdankt man der griechischen Stadt, der *Polis* – werden von den versammelten Bürgern, Magistraten oder dem Herrscher in der Stadt gefällt. Das geht so weit, daß bei den – auch wirtschaftlichen Fragen betreffenden – Volksabstimmungen in *Athen* oder in *Rom* nur diejenigen Bürger ihr Stimmrecht ausüben können, die zur Zeit der Abstimmung in der Stadt sind. Die antike Stadt ist – und bleibt – eine politische Organisation grundsätzlich gleichberechtigter Bürger. Nur sie oder ihre Ganzheit – die Gemeinde – haben Eigentumsrechte am Boden und damit an den Bauten, die auf diesem Boden stehen.

Bürgertum, wie der Begriff heute gemeinhin verstanden wird, erscheint auf der Bildfläche der abendländischen Geschichte erst viel später, seit dem 11. Jahrhundert. Den Durchbruch der städtischen Gemeinde zum einheitlichen und freien Verband und zur Schwurgemeinschaft (conjuratio) kennt die antike Stadt noch nicht; die völlige Beteiligung der Einwohnerschaft am autonomen Stadtregiment ist ihr fremd. Drei Merkmale trennen die antike Stadt von der mittelalterlichen: die rechtliche Scheide zwischen Stadt und Land, der Markt mit seiner doppelten Funktion für Fernhandel und Nahverkehr und seiner stimulierenden Wirkung auf den Fernhändlerstand mit Hansen und Gilden und drittens die eigene städtische Topographie mit den Bürgerbauten, der Befestigung und des Kirchenwesens, der Versorgung und Fürsorge, der inneren Ordnung und gemeindlichen Feste.

Die Frage der städtischen Kontinuität und Tradition in Mittel – und Westeuropa ist damit aufgeworfen. Wenn hier von den drei wichtigsten Unterschieden die Rede war, so könnte das die Meinung bestärken, die deutsche mittelalterliche Stadt sei ein gänzlich eigenständiges Gebilde. Aber jede Gegenwart, gleichgültig, in welchen Bereichen und welchen Jahrhunderten, steht auf den Schultern ihrer Vergangenheit. Obwohl selbst die Spätantike keine Industriestädte, keine reinen, von Beamten geprägten Verwaltungszentren und noch nicht einmal spezifische Handelsstädte kennt, so zeigt sie doch in ihren Verfassungsstrukturen Elemente, ohne die auch die mittelalterliche und neuzeitliche deutsche Stadt nicht auskommen wollte (und konnte): Ehrenämter, Abstimmungsvorlagen, Magistrate, Vereine, Sterbekassen, religiöse und politische Zentren, „Kultur für alle". Es bleiben die sozialen Unterschiede und es fehlt jede Art öffentlicher sozialer Fürsorge.

Man hat sich dort, wo Haltung und politische Sinngebung gesucht war, in der deutschen Stadt in einer ganz selbstverständlichen Weise in die Vorgaben der griechischen und römischen Stadt-Vorbilder eingepaßt. Vielleicht hat gerade dort, wo die Stadt in ihrer Funktion als Umschlagplatz von Meinungen, Kritik und Kulturgütern tätig war und ist, die Stadt der Antike die Zeichen gesetzt. „Die Stadt, die einem Manne gehört, ist keine Stadt", sagt Haimon in Sophokles' Antigone. Nur wo Unterschiede geschätzt werden und Opposition geduldet wird, kann ein Kampf in Dialektik verwandelt werden. Das ist die Uraufgabe der Stadt. Sie ist lange vor der deutschen Stadtgeschichte angegangen und beim Namen genannt worden.

Freilich gab es, gerade im Hinblick auf ihre Frühzeit, noch einen eigenen, von der mittelmeerisch-antiken Tradition unabhängigen Entwicklungsstrang. In Gallien, in Britannien, in großen Teilen der iberischen Halbinsel gab es zur Zeit der römischen Eroberung keine Städte. Aber es gab einige Jahrhunderte später *Haithabu,* in geschützter Lage an der inneren Schlei, einen der großen wikingerzeitlichen Handelsplätze. Schon kurz vor 800 n. Ch. nachweisbar, erlebte es im 9. Jahrhundert eine erste Blütezeit. Durch eine starke Siedlungsausdehnung und die Errichtung eines mächtigen Halbkreiswalles hat es seinen Höhepunkt erreicht. *Aarhus* in Dänemark, *Kaupang* in Norwegen oder *Birka* in Schweden gehören in die Reihe dieser Handelsstädte. Sie erinnern daran, daß das Vorbild norditalisch-etruskischer Städte zur Entstehung und Entwicklung der keltischen *Oppida* geführt hat und für die deutsche *Stadt des Mittelalters* vier Wurzeln wichtig geworden sind: die römischen Städte mit überörtlichen Wirtschafts- und Machtabsicherungsfunktionen, die international geprägten Handelszentren („Emporien") des wikingischen Nordens, die örtlichen Machtzentren vor allem der fränkischen Zeit und schließlich die mehr oder weniger isolierte Ansiedlung von nicht mehr unmittelbar agrarischen Berufen.

Wie immer auch diese Traditionslinien verlaufen, vermengt oder auch abgebrochen worden sind: Der Westen hat sich durch seine Veränderungen des Stadtcharakters vom Osten so sehr abgehoben, daß man am Ende von Neubildungen würde reden können. Es kam im nachantiken Westen zur funktionalen Trennung von Stadt und Umland; im Grundriß des Siedlungskörpers hat sich das ebenso niedergeschlagen wie in seiner rechtlichen Exemtion und Autonomie. Der eigengesetzliche und mit besonderen differenzierten Wirtschafts- und Gesellschaftsfunktionen versehene Stadtraum bildet ein eigenständiges bürgerliches Selbstverständnis heran, ein Selbstbewußtsein, das in Verfassung und Recht, Kirche und Bildung, Handel und Gewerbe, Versorgung und Fürsorge sich vielfältig im Genossenverband niederschlägt. Es entwickeln sich Formen bürgerlicher Gemeindebildung in Gestalt einzelner Unternehmensgruppen, die in der Stadt – und weit darüber hinaus – ihren Aufgabenbereichen nachkommen, auf korporative Personaleinungen gestützt und Wechselbeziehungen eröffnend mit den gleichfalls korporativen Einungen der Ministerialität oder des ortsgesessenen Klerus.

Daß der Verband der Großfamilie und des „gesamten Hauses" den Boden abgibt für eine derart bürgerlich-städtische Schwurgemeinde auf sakraler Basis und also die Genosseneinung schafft und ein Substrat kollegialer, nicht monarchischer und feudaler Herrschaftsform: dies darf nicht darüber hinwegtäuschen, daß sich hinter diesem Prozeß ein pararevolutionärer Vorgang verbirgt.

Der von der Forschung geprägte Satz *„Stadtluft macht frei"* meint den Erwerb der persönlichen Freiheit durch einjährige, mehrjährige oder unbefristete Anwesenheit in der Stadt, die Überwindung der Leibeigenschaft unter den verschiedenen Bedingungen des „Ersitzens". Die Entbindung vom Joch der Knechtschaft bedeutet für den Leibeigenen der Unterschicht einen Schritt in Richtung Freiheit und Oberschicht und kann als „freie Unfreiheit" gewertet werden. Die zweite Variante des Rechtssatzes „Stadtluft macht frei" scheint in der städtischen Freiheitsregel der *Stadtprivilegien* auf. Der Stadtherr garantiert den Leibeigenen, die in die Stadt kommen, die Stadtfreiheit. Wenn damit bestimmte Verpflichtungen und Leistungen verknüpft sind, so zeigt sich, daß Stadtluft nicht immer und zwangsläufig frei macht, sondern zunächst einmal – nach dem alten Prinzip, daß (Land-)Luft eigen macht – stadtherreneigen. Erst das intensive Interesse des Stadtherrn an der Niederlassung von Zuzüglern, die sich zum Füllen der Mauern, zur Stadtverteidigung und als Wirtschaftsträger anbieten, veranlaßt diesen, mit speziellen Privilegien wie Freizügigkeit, Schutz durch den Ortsherren, freiem Eigentumserwerb, zu locken.

Aber sie führen nirgends zur uneingeschränkten Rechtsfreiheit, zur völligen städtischen, durch eine Stadt wahrgenommenen Landesherrschaft, zur städtischen „Souveränität" (die immer nur einem Staat vorbehalten bleibt). Daß es die *Reichsstädte* – z. B. *Lübeck* oder *Köln, Augsburg* oder *Nürnberg* – innerhalb der deutschen Stadtgeschichte zur höchsten

Stufe von Autonomie und Stadtfreiheit gebracht haben, ist ohne Zweifel. Aber ihr Magistrat und ihr Bürgermeister waren nie volle Obrigkeit. Das war und blieb der Kaiser.

Hier beginnt der politisch-historische Hintergrund dessen sichtbar zu werden, was Max Weber mit der „illegitimen Herrschaft" der Stadt gemeint hat. Daß sich im 11. und 12. Jahrhundert mehr und mehr Landleute zu städtischen *Schwurgemeinden* zusammengeschlossen, Städte angelegt und mit Mauern umzogen haben, hat insofern etwas von einer latenten und langfristigen Revolution an sich, als sich damit neben die „alten" und geheiligten drei Stände, Adel, Geistlichkeit und Bauernschaft ein neuer „Stand" gedrängt hat. Er wird nicht wie diese altüberkommenen Stände, nach seiner Tätigkeit bezeichnet, sondern, farblos und unsicher genug, nach seiner Herkunft („Städter"). Er hat den – deutlich empfundenen – Makel seiner provozierenden Verspätung nie ganz abtun können. Vielerlei und über Jahrhunderte gehende Anstrengungen des Bürgertums, es dem Adel gleichzutun oder in der Nobilitierung bis in unser Jahrhundert hinein die Krönung der eigenen gesellschaftlichen Karriere zu sehen, sind Ausfluß dieses Eindringens in die „gottgewollte Ordnung".

Wenn dies auch die städtischen Kulturfunktionen – Kritik, Diskussion, künstlerisch-ästhetische und technologische Innovation – um so mehr intensiviert hat, kann es nicht darüber hinwegtäuschen, daß die mittelalterliche und im besonderen mittelalterliche deutsche Stadt die versuchte Parität mit dem Staat nie erreicht hat. Das Vorhaben, eine eigene und genossenschaftliche – eben nicht herrschaftliche – Staatlichkeit zu schaffen, als eine föderative Schöpfung von Städten, ist im 14. Jahrhundert endgültig gescheitert.

Die Niederlagen der Städter mit denen das Mittelalter schließt, stellen ihre Städte im Zuge der modernen Staatswerdung unmißverständlich an die zweite Stelle. Städte werden zum Boden des Staates und wohl auch zu ihrem Träger, aber nicht zu seinem Sprecher oder seiner Repräsentanz. Seinen gesellschaftlichen und politischen Sieg hat der Bürger in Deutschland nicht auf dem Schlachtfeld errungen, sondern später gewissermaßen durch die Hintertür, vorab durch die bürgerliche Unterwanderung der führenden Behörden und Instanzen, durch die Etablierung und Führung von allerlei schulischen und meinungsbildenden Institutionen, durch die Installierung einer neuen Maschinen- und Industriewelt: in diesem Sinne ist das 19. Jahrhundert dann schließlich zum spezifisch „bürgerlichen" geworden.

Indessen hatte der frühmoderne Staat in seiner zunehmenden Omnipotenz die Bürgerstadt des späten Mittelalters in ihrem originären Inhalt schon mehr und mehr bedrängt und sie dann vollends ihres Eigencharakters entfremdet. Man könnte also im späteren Mittelalter die hohe, die klassische Zeit der deutschen Stadt erkennen. Ganze Städteketten lassen sich der Städtetopographie dieser Epoche entnehmen, Städtenetze und Stadtregionen, eine zunehmende Verdichtung und wohl auch Herrenallüre, in der Fehlgründungen nicht ausbleiben konnten. Bis 1330 sind rund 200 Städte pro Jahrzehnt entstanden, und zwischen 1460 und 1470 erreicht dieser Prozeß mit etwa 25 seinen Tiefstand: jetzt beginnt eine andere Epoche unter anderen Prämissen, unverkennbar auch eine Krise, die der Stadt und der Bürgergemeinde nicht eben freundlich gesonnen scheint.

Ein Zeichen der Krisensituation ist, daß man der vertrackten Wirklichkeit dadurch zu entrinnen sucht, indem man der Utopie Einlaß gönnt und Städte am Reißbrett entwirft. Nur wenige dieser geplanten Renaissancestädte sind Wirklichkeit geworden, Freudenstadt ist ein häufig genanntes Beispiel dafür. Im übrigen ist der Weg in den barocken Absolutismus ein antistädtischer Weg.

Die *Barockstadt* im eigentlichen Sinne des Wortes ist die feudale Fürstenstadt. Sie lebt von den großzügigen, paradierenden Avenuen; noch das aufgeklärte 18. Jahrhundert hat immer wieder über die neue, die „schöne Stadt" nachgedacht. Die aus dem Mittelalter überkommene Stadt war ebenso unbrauchbar geworden wie der schwerfällig gewordene Restbestand ihrer genossenschaftlichen Verfassungsstruktur.

Die *Steinsche Städteordnung von 1808* und die *Revidierte Städteordnung von 1831* haben hier für die deutsche Stadt einen Neuanfang gemacht. Wenn damit ausgedrückt wäre, daß der Stadt und Gemeinde jetzt ausdrücklich die Selbstverwaltung zugesprochen wurde, könnte immer noch eine eher vordergründige, im rechtlich-organisatorischen Bereich sich abspielende Aufgabe gemeint sein. Tatsächlich verrät allein der Vergleich mit den süddeutschen *„Commun-Ordnungen"* aus dem späten 17. und der Mitte des 18. Jahrhunderts, wie sehr es dem absolutistischen Potentaten darum zu tun war, die Gemeindeverwaltung in den Griff zu bekommen, und wie wenig es ihm um kommunale Eigenständigkeiten ging. Steins „Ordnung“ traf gleichzeitig, darin liegt ihre eigentlich historische, epochale Bedeutung, die Sinngebung von *Stadt* und *Stadtbürger*. Beiden war in den Anstrengungen und Kabinettskriegen des absolutistischen Machtstaates allenfalls eine Zubringerrolle verblieben, so aktiv und so lebendig ihre wirtschaftlichen und kulturellen Wirkungsbereiche auch geblieben sein mochten. Jetzt ist dem „städtischen Gemeinwesen“ und „der Vertretung der Stadt-Gemeine“ wieder eine spezifisch politische Aufgabe zugewiesen. Stadt und Gemeinde sind nicht (mehr) Anhängsel an den gänzlich dominierenden Staat, sondern Eigenelement, nach dem „Reich“ und dem „Land“ die dritte Kraft. Es ist nicht die Rede von der städtischen „Selbstregierung“, sondern von der „Selbstverwaltung“ der Stadt: die Souveränität des Staates ist ebenso fraglos wie das staatliche „oberste Aufsichtsrecht über die Städte, ihre Verfassung und ihr Vermögen“. Das „jetzt nach Klassen und Zünften sich theilende Interesse der Bürger und das dringend sich äußernde Bedürfnis einer wirksamen Theilnahme der Bürgerschaft an der Verwaltung des Gemeinwesens“, heißt es in der Präambel der Städteordnung von 1808, überzeuge von der Notwendigkeit, „den Städten eine selbständigere und bessere Verfassung zu geben, in der Bürgergemeine einen festen Vereinigungs-Punkt gesetzlich zu bilden, ihnen eine thätige Einwirkung auf die Verwaltung des Gemeinwesens beizulegen und durch diese Theilnahme Gemeinsinn zu erregen und zu erhalten.“

Steins im 19. Jahrhundert vielfach weiterwirkende neue Sinnzuweisung kam zur gleichen Stunde, in der sich die deutsche Stadt ihrer historischen Gestalt zu entledigen begann. Was immer die Stadt bislang an Funktionen erfüllen mochte, politisch gesehen als Residenzstadt, Territorialstadt oder Reichsstadt, wirtschaftlich gesehen als Konsumenten- oder Produzentenstadt, kulturell gesehen als Universitäts- oder Schulstadt, mit einer Vielzahl von Wirkungen in ihrer Umgebung und ihrem Hinterland: Sie war immer gesicherter Bezirk, Zufluchtsort in allerlei bedrängten Zeiten. Jetzt fielen die Mauern. Die während eines halben Jahrtausends selbstverständlich gewordene Schutzfunktion, der die reichen Städte in modernisierter Form bis ins 18. Jahrhundert hinein nachzukommen wußten, war gegenstandslos geworden.

Diese Station des Weges der Stadt reicht bis unmittelbar in unsere Gegenwart hinein. Er scheint gerade von umgekehrten Vorzeichen akzentuiert zu sein. Waren im Mittelalter und vor allem in der Frühneuzeit die gestalterischen Fragen im Lot, aber die politischen – was sollte ein Bürger, was durfte er – ungeklärt und schließlich überhaupt beiseitegeschoben, so scheint jetzt der politische Aufgabenbereich der Gemeinde mit genügender Klarheit abgesteckt zu sein, während die Gestalt der Stadt (im weitesten Sinne des Wortes) uns seither in immer größere Ratlosigkeit drängt. Schon die Industriestadt des letzten Jahrhunderts, da und dort zur „coketown“ herabgewürdigt, hat das Prinzip der historisch-mittelalterlichen Stadt, ihre Geschlossenheit und ihre sinnfällige Ordnung, allenthalben vermissen lassen. Als man am Ende des 19. Jahrhunderts den Ausweg – und oft auch den Rückzug – zur „Gartenstadt“ wählte und überhaupt Alternativen zu den unwürdig gewordenen Lebensbedingungen der „Stadt“ suchte, schien damit mehr und mehr auch die Suche nach einem neuen Stadtbegriff verbunden zu sein.

Es ist sehr bezeichnend, daß die gängigste und handlichste Version von der Stadt, die Rede vom „zentralen Ort“, wesentlich bei *einer* Disziplin beheimatet ist, der historisch-sozialen Geographie; den politischen oder kulturellen Aspekt vermissen wir hier. Wie sehr die Stadt elementaren Wandlungen unterworfen wurde, erhellt schon daraus, daß seit der Deutschen Gemeindeordnung von 1935 im rechtlich-verbalen Sinne von Städten gar nicht mehr die Rede ist, sondern „nur“ noch von Gemeinden, daß in manchen Bibliographien jüngst die Behelfsformel „Städte und Agglomerationen“ auftaucht.

Quellen zum modernen Gemeindeverfassungsrecht in Deutschland. Bearb. v. Ch. Engeli und W. Haus. Stuttgart u.a. 1975. – Probleme des Städtewesens im industriellen Zeitalter. Hg. v. H. Jäger. Köln 1978. – Ennen, E.: Die europäische Stadt des Mittelalters. Göttingen [3]1979. – Mumford, L.: Die Stadt. Geschichte und Ausblick. Stuttgart 1979. – Die Stadt. Gestalt und Wandel bis zum industriellen Zeitalter. Hg. v. H. Stoob. Köln 1979. – Die deutsche Stadt im Industriezeitalter. Hg. v. J. Reulecke. Wuppertal [2]1980. – Borst, O.: Babel oder Jerusalem? Sechs Kapitel Stadtgeschichte. Stuttgart 1984. – Kolb, F.: Die Stadt im Altertum. München 1984.

Geschichte der Landkreise

„Kreise“ (mit unterschiedlicher Benennung) als Verwaltungsbezirke oberhalb der Gemeinden und unterhalb der Region oder Landschaft hat es schon im Mittelalter gegeben, mit Formen genossenschaftlicher oder ständischer Mitwirkung. Im Zeitalter des Absolutismus wurden die Stände durch Beauftragte des Landesfürsten zurückgedrängt, aber in der *Kreisverfassung* erhielten sich, unterschiedlich in den Ländern und preußischen Provinzen, ständische Elemente bis in die neuere Zeit. Die meist von der Ritterschaft beherrschten Kreistage besaßen Ordnungsfunktionen in ihren Kreisen sowie Mitspracherechte im Lande und Einfluß auf die Bestellung des Landrats als ihres Repräsentanten. Nur zögernd setzte sich die Heranziehung weiterer Bevölkerungskreise, wie sie in der Steinschen Städteordnung von 1808 vollzogen wurde, bei den Kreisen durch. In Preußen hat die *Kreisordnung von 1872,* später mit Recht die Verfassung der deutschen Landkreise genannt, Staat und Gesellschaft einander nähergebracht. In dem beschließenden Organ, dem Kreistag, wurde das Übergewicht des Großgrundbesitzes beseitigt, der aus seiner Mitte gewählte Kreisausschuß mit 6 ehrenamtlichen Kreisbürgern erhielt wichtige Verwaltungsfunktionen. Der an der Spitze, auch des Kreistages, stehende staatliche Landrat verlor seinen ständischen Charakter, wurde vom König ernannt und konnte aus politischen Gründen jederzeit abberufen werden; auf seine Bestellung behielt aber der Kreistag Einfluß (Vorschlagsrecht). Der Kreis blieb staatlicher Verwaltungsbezirk, der Landrat nahm neben seiner Aufgabe als Leiter des Kreiskommunalverbandes staatliche Aufgaben wahr (besonderes Büro), und auch der Kreisausschuß war zur Erledigung staatlicher Aufgaben berufen, z. B. als Beschlußbehörde und als *Verwaltungsgericht* erster Instanz. Dies war der erste Schritt zum Rechtsschutz durch eine Verwaltungsgerichtsbarkeit in Deutschland. Bei den anderen Ländern war in Württemberg das genossenschaftlich-korporative Element von jeher besonders stark ausgebildet, die „Amtskörperschaften“ (Kreistage) überdauerten die Beseitigung der Ständeverfassung und erhielten 1891 Organcharakter. In Bayern sah die neue Staatsorganisation nach den napoleonischen Kriegen zunächst keine den Kreisen vergleichbaren Verwaltungsbezirke vor („Kreise“ waren damals dort Regierungsbezirke), erst 1852 wurden Distriktsgemeinden als Körperschaften geschaffen, die in Distriktsräten erste Ansätze einer Selbstverwaltung erhielten, aber unter starker Staatskuratel. Ein staatlicher Bezirksamtmann war zugleich Vorsitzender des Bezirksrates und des Bezirksausschusses.

In Baden wurden 1863 elf Kreise als körperschaftliche Verbände mit dem Recht der Selbstverwaltung gebildet. Im Königreich Hannover traten 1852 „Ämter“ mit einer Amtsvertretung ins Leben, jedoch ohne Anerkennung als Korporation, die erst Preußen 1867 den nunmehr in Kreisen zusammengefaßten kleinen Ämtern verlieh. Auch in Braunschweig erhielten die Kreise Körperschaftsrechte erst 1873 mit Einrichtung einer Kreisversammlung und eines Kreisausschusses. Voneinander abweichende, aber in bezug auf die Einführung einer Selbstverwaltungsorganisation vergleichbare Verhältnisse waren in anderen kleineren Ländern (Hessen, Oldenburg, Bremen u. a.) zu beobachten.

Bis zur Revolution von 1918 hat es keine grundsätzlichen Änderungen gegeben. Mit dem Staatsumsturz wurde das Wahlrecht auch zu den Kreistagen demokratisiert, teilweise wurden die Selbstverwaltungsrechte erweitert (Bayern; Staatsaufsicht nur noch als Rechtsaufsicht). Die Organisationsstruktur ließ man im wesentlichen unangetastet, so in Preußen, allerdings blieb es hier bei dem jederzeit absetzbaren staatlichen Landrat, einer umstrittenen Einschränkung des Selbstverwaltungsrechts. Bei den – ursprünglich auf Wegebau und Landeskultur ausgerichteten – Aufgaben der Kreise traten immer stärker die Wohlfahrtsmaßnahmen für die Kreiseinwohner, besonders Versorgungs- und Fürsorgeleistungen hervor.

Der Kreis, zunächst als reiner Gemeindeverband verstanden, wurde mehr und mehr zur Gebietskörperschaft mit Problemen der Aufgabenabgrenzung zu den kreisangehörigen Gemeinden. Im totalitären Staat des Dritten Reichs blieben die Kreise nach 1933 zwar als Korporationen bestehen, doch wurden die Befugnisse der Selbstverwaltungsgremien auf die Verwaltung übertragen.

Unruh, G.-C. von: Der Kreis. Ursprung und Ordnung einer kommunalen Körperschaft. Köln–Berlin 1965. – Groeben, K. von der/ Heide, H.-J. von der: Geschichte des Deutschen Landkreistages. Köln–Berlin 1981.

Die Preußische Kreisordnung von 1872

Kreis: Staatlicher Verwaltungsbezirk und Kommunalverband

Organe

Kreistag: 25 (und mehr) gewählte Mitglieder, Vorsitz: Landrat

Kreisausschuß: 6 vom Kreistag gewählte ehrenamtliche Mitglieder
Vorsitz: Landrat

Landrat: Staatlicher Beamter

Aufgaben

	Allgemeine staatliche Landesverwaltung	Kommunale Aufgaben
I Beschlußfassung	Landrat Kreisausschuß	Kreistag ▼ Kreisausschuß soweit nicht Kreistag vorbehalten Landrat
II Verwaltungsvollzug	Landrat	Kreisausschuß Landrat

Innere Verwaltungsorganisation

Landrätliches Büro	Kreisausschußbüro
Leiter:	Leiter:
Kreissekretär (später: Regierungsinspektor) Beamte, Angestellte und Arbeiter des Staates	Kreisbürodirektor Beamte, Angestellte und Arbeiter des Kreiskommunalverbandes (zunächst vorwiegend technisches Personal)

Geschichte der kleinen Gemeinden

Die kleine Gemeinde hat viele Jahrhunderte lang in der Siedlungs- und Kommunalgeschichte hervorragende Bedeutung gehabt. In den Rechten und Pflichten, in der Gemeindefreiheit, der Gemeindegerichtsbarkeit usw. gab es unterschiedlichste Entwicklungen.

Bis in die Neuzeit machten in der Regel nur „die Besitzer der in einem Dorf oder in dessen Feldmark gelegenen bäuerlichen Grundstücke zusammen die Dorfgemeine aus", wie es z. B. in § 18 VII 2 des *Allgemeinen Landrechts für die preußischen Staaten* von 1794 hieß, das die erste neuzeitliche Gemeindeordnung im deutschen Sprachgebiet enthält. Die Hofbesitzer regelten seit je die alle gemeinsam betreffenden öffentlichen Aufgaben wie Bau und Unterhaltung von Wegen und Wasserläufen, Feuerschutz und die gemeinsame Nutzung der „Allmende" in einer rechtlichen „Ordnung". Die „Vorsteher" wurden teils von ihren „Genossen" gewählt, teils im „Reiheverfahren" von Hof zu Hof im Jahreswechsel bestellt. Die Gemeindemitgliedschaft blieb zunächst auch in den frühen Kommunalgesetzen des 19. Jahrhunderts auf Personen mit eigenem Grundvermögen beschränkt, wie nach der Bayerischen Gemeindeordnung von 1818, welche in §§ 93 ff. die „Rural-Gemeinden" behandelt, oder dem Badischen Gemeindegesetz von 1831, das erstmals keine großen Unterschiede zwischen Stadt- und Landgemeinden macht.

Ein besonderes Gesetz für Landgemeinden erließ erstmals Sachsen 1838, das auch die Gemeindemitgliedschaft beträchtlich ausdehnte, bis sie durch Art. 17 der Reichsverfassung 1919 allen volljährigen weiblichen und männlichen Ortseinwohnern zuerkannt wurde. Die Verfassung der Gemeinden regelte der Gesetzgeber meist dahin, daß ein Ort durch ein beschließendes und kontrollierendes „Organ", den gewählten Gemeinderat, und ein verwaltendes, den Vorsteher oder einen kollegialen Vorstand, verwaltet wurde. In Orten unter 200 Einwohnern trat an die Stelle des gewählten Rates die von den erwachsenen Bewohnern gebildete Gemeindeversammlung.

Die Erledigung der öffentlichen Angelegenheiten erfolgte ehrenamtlich durch früher „Schulze", „Richter" oder „Dorfrichter" genannte Vorsteher, die von Schöffen, auch „Gerichtsmänner" oder „Gerichtsgeschworene" genannt, unterstützt wurden. In Preußen suchte der Gesetzgeber den verschiedenen ökonomischen und sozialen Belangen der Gemeinden ohne Stadtrecht durch spezielle Kommunalgesetze zu entsprechen. So gab es hier nach Inkrafttreten der *Landgemeindeordnung* für die östlichen Provinzen vom 3. Juli 1891 weitere sechs verschiedene Kommunalgesetze, welche wie alle übrigen entsprechenden Gesetze der Länder 1935 außer Kraft gesetzt wurden. Hinsichtlich des Zuständigkeitsbereiches bestanden nicht unbeträchtliche Unterschiede. So gehörte die Ortspolizei in den meisten Ländern, mit Ausnahme von Württemberg und einigen preußischen Provinzen, zu den Gemeindeaufgaben, während sich im übrigen der kommunale Zuständigkeitsbereich nach der Leistungskraft des jeweiligen Ortes richtete. Insoweit gab es allerdings seit Mitte des 19. Jahrhunderts stark zunehmende Unterschiede, die man durch Verwaltungs-Verbundsysteme zu meistern suchte.

Die „Landgemeinde" gibt es von Rechts wegen seit dem Inkrafttreten der reichseinheitlichen *Deutschen Gemeindeordnung vom 30. Januar 1935* nicht mehr. Ungeachtet der in diesem Gesetz vorgeschriebenen namentlichen Gleichstellung aller Träger von örtlicher Selbstverwaltung, von großen und kleinen Städten, von Flecken und Dörfern, blieb es bei strukturellen Unterschieden zwischen diesen Orten, von denen die „ländliche" Gemeinde allerdings im Laufe des 20. Jahrhunderts mancherlei Veränderungen gegenüber dem ursprünglichen Dorf erfahren hat.

Der Gesetzgeber hat auf die besonderen Belange ländlicher Gemeinden, soweit sie nicht „Opfer" von Gebietsvergrößerungen wurden, in manchen Ländern Rücksicht genommen, indem er typologische Besonderheiten der inneren Verfassung für kleinere Orte bestimmte und zugleich mehrere benachbarte Gemeinden zur Stärkung ihrer Verwaltungskraft in „Samtgemeinden" (so Niedersachsen) oder in „Ämtern" zusammenfügte, ohne damit ihre Selbständigkeit zu beeinträchtigen.

Manche Kommunalgesetze der Länder der Bundesrepublik Deutschland unterscheiden lediglich Gemeinden mit Stadtrecht von den übrigen haupt- oder ehrenamtlich verwalteten Orten, wie z. B. Schleswig-Holstein.

Engeli, C./Haus, W.: Quellen zum modernen Gemeindeverfassungsrecht in Deutschland. Stuttgart 1975. – Gemeindeverfassungen in den deutschen Bundesländern einschließlich der Stadt-Umland-Regelungen. Bearb. v. E. Schleberger und R. Wiese. Siegburg 1975.

Aus dem Allgemeinen Landrecht für die Preußischen Staaten (1794):

Siebenter Titel Vom Bauerstande

Zweyter Abschnitt
Von Dorfgemeinen

Rechte und Pflichten der Dorfgemeinen.

§. 18. Die Besitzer der in einem Dorfe oder in dessen Feldmark gelegenen bäuerlichen Grundstücke, machen zusammen die Dorfgemeine aus.

§. 19. Dorfgemeinen haben die Rechte der öffentlichen Corporationen. (Tit. VI.)

§. 20. Nur die angesessenen Wirthe nehmen, als Mitglieder der Gemeinen, an den Berathschlagungen derselben Theil.

§. 21. Die Gemeine kann aber, zum Nachtheil der Rechte der übrigen Dorfseinwohner, nichts beschliessen.

§. 22. Die Stimmen werden in der Regel nach den Personen der angesessenen Wirthe gezählt.

Rechte der einzelnen Mitglieder.

§. 28. Alle Glieder der Dorfgemeinen sind zur Nutzung der Gemeingründe durch Hütung, Holzung u. s. w. berechtigt; in so fern ihnen nicht ausdrückliche Gesetze oder Verträge entgegen stehen.

§. 29. Sie nehmen an den gemeinschaftlichen Nutzungen nach eben dem Maaßstabe Theil, nach welchem sie die gemeinen Lasten zu tragen schuldig sind.

Von Schulzen oder Dorfrichtern.

§. 46. Der Schulze oder Dorfrichter ist der Vorsteher der Gemeine.

§. 51. Wer zum Schulzenamte bestellt werden soll, muß des Lesens und Schreibens nothdürftig kundig, und von untadelhaften Sitten seyn.

§. 52. Dem Schulzen kommt es zu, bey nöthigen Berathschlagungen die Gemeine zusammen zu rufen, die Versammlung zu dirigiren, und den Schluß nach der Mehrheit der Stimmen abzufassen.

§. 54. Die Steuern und andere öffentliche Abgaben müssen, wenn es die Gemeine verlangt, von dem Schulzen eingesammelt, und gehörigen Orts abgeliefert werden.

§. 56. Dem Schulzen gebührt, mit Zuziehung der Schöppen oder Dorfgerichte, die Verwaltung des Vermögens der Gemeine; und er ist schuldig, Rechnung darüber abzulegen.

§. 62. Bey vorkommendem Zanke und Schlägereyen muß der Schulze sich sofort ins Mittel legen, und allen Gewaltthätigkeiten vorbeugen.

§. 64. Wer sich bey dergleichen Fällen (§. 61. 62. 63.) der Anordnung des Schulzen, oder der Dorfgerichte widersetzt, oder sich gar an denselben vergreift, soll nach Vorschrift der Criminalgesetze, gleich demjenigen, der sich einem Unterbedienten des Staats in seinem Amte widersetzt, bestraft werden.

§. 68. Nachtwächter, Hirten, Flurschützen, und andre im Dienste der Gemeine stehende Personen, muß er mit Ernst zu ihrer Schuldigkeit anhalten.

§. 70. Er muß dahin sehen, daß die Feuerlösch-Geräthschaften, sowohl bey der Gemeine, als bey jedem einzelnen Wirthe, in brauchbarem Stande erhalten werden.

§. 71. Er muß dafür sorgen, daß jeder Hauswirth seine Schornsteine in gehörigem Stande halte, und zu rechter Zeit fegen lasse.

§. 72. Die dem Schulzen für seine Bemühungen etwa zukommenden Vortheile oder Freyheiten sind nach der Verfassung eines jeden Orts bestimmt.

Von Schöppen und Gerichtsmännern.

§. 75. Das von der Behörde ihm aufgetragene Schulzen- und Schöppenamt, kann ein Mitglied der Gemeine nur aus solchen Gründen ablehnen, die ihn von der Uebernehmung einer Vormundschaft entschuldigen würden.

§. 76. Die Pflicht der Schöppen ist, dem Schulzen in seinen Amtsverrichtungen beyzustehen.

§. 77. In Abwesenheit oder bey Verhinderungen desselben vertreten sie seine Stelle.

§. 78. In Fällen, wo der Schulze seine Pflichten zu beobachten unterläßt, sind die Schöppen, bey Vermeidung gleicher Verantwortung, ihr Amt zu thun, oder der Obrigkeit die nöthige Anzeige zu machen verpflichtet.

Von Dorfgerichten.

§. 79. Schulze und Schöppen machen zusammen die Dorfgerichte aus.

§. 80. Dorfgerichte sollen sich in Entscheidung streitiger Rechtshändel nicht mischen.

§. 81. Doch sind Uebertretungen der inneren Dorfs-Polizeyordnung, auf welche nur kleine zur Gemeine-Casse fließende, Einen Thaler nicht erreichende Strafen gesetzt worden, ihrer Untersuchung und Entscheidung, mit Vorbehalt der Berufung auf die Gerichtsobrigkeit, unterworfen.

§. 82. Dorfgerichte können, mit Zuziehung eines vereideten Gerichtsschreibers, gerichtliche Handlungen, bey welchen es auf keine Rechtskenntnisse, sondern auf bloße Beglaubigung ankömmt, gültig vornehmen.

Kommunale Selbstverwaltung – Selbstverwaltungsgarantie

In Art. 28 des Grundgesetzes für die Bundesrepublik Deutschland ist festgelegt, daß den Gemeinden das Recht gewährleistet sein muß, alle Angelegenheiten der örtlichen Gemeinschaft im Rahmen der Gesetze in eigener Verantwortung zu regeln. Auch die Gemeindeverbände haben im Rahmen ihres gesetzlichen Aufgabenbereichs nach Maßgabe der Gesetze das Recht der Selbstverwaltung.

Diese *institutionelle Garantie der Selbstverwaltung* korrespondiert mit der ebenfalls in Art. 28 vorzufindenden Vorschrift, daß das Volk in den Ländern, Kreisen und Gemeinden eine Vertretung haben muß, die aus allgemeinen, unmittelbaren, freien, gleichen und geheimen Wahlen hervorgegangen ist. Die Volksvertretung ist das oberste Organ jeder Gemeinde (und jedes Kreises). Ihre grundgesetzlich garantierte Kompetenz besteht darin, die Angelegenheiten der örtlichen Gemeinschaft in eigener Verantwortung zu regeln.

Eine abschließende Aufzählung der *„örtlichen Angelegenheiten"*, die die Gemeinden in eigener Verantwortung regeln dürfen und müssen, ist nicht möglich. Grundsätzlich sind die Gemeinden „für alles" zuständig, was einen örtlichen Bezug aufweist *(Grundsatz der Allzuständigkeit)*. Die bayerische Verfassung erläutert die örtlichen Angelegenheiten folgendermaßen: In den eigenen Wirkungskreis der Gemeinden fallen insbesondere die Verwaltung des Gemeindevermögens und der Gemeindebetriebe; der örtliche Verkehr nebst Straßen- und Wegebau; die Versorgung der Bevölkerung mit Wasser, Licht, Gas und elektrischer Kraft; Einrichtungen zur Sicherung der Ernährung; Ortsplanung, Wohnungsbau und Wohnungsaufsicht; örtliche Polizei, Feuerschutz; örtliche Kulturpflege; Volks- und Berufschulwesen mit Erwachsenenbildung; Vormundschaftswesen und Wohlfahrtspflege; örtliches Gesundheitswesen; Ehe- und Mütterberatung sowie Säuglingspflege; Schulhygiene und körperliche Ertüchtigung der Jugend; öffentliche Bäder; Totenbestattung; Erhaltung ortsgeschichtlicher Denkmäler und Bauten.

Im einzelnen sehen diese Aufgaben in jeder Gemeinde anders aus. Bundesgesetzgeber und Landesgesetzgeber greifen in die Art und Weise der Aufgabenerfüllung vielfältig ein, und zwar nicht nur in das Wie, sondern häufig auch in das Ob. Wegen der Selbstverwaltungsgarantie des Grundgesetzes, die in den Verfassungen der Länder der Bundesrepublik Deutschland wiederholt wird, sind die Gesetzgeber jedoch daran gehindert, den Kommunen solche Aufgaben wegzunehmen, die zum Kernbestand des örtlichen Wirkungskreises gehören, oder ihnen keinerlei Eigenverantwortung bei der Ausführung mehr zu belassen. Nach der Entscheidung des Bundesverfassungsgerichts ist der *garantierte Kernbereich der Selbstverwaltung* solange nicht verletzt, wie den Gemeinden die Erledigung der Masse der Aufgaben belassen wird, die ihrem Wesen nach Angelegenheiten der örtlichen Gemeinschaft sind.

Die eigenverantwortliche Regelung dieser Angelegenheiten geschieht durch die kommunalen Satzungen und durch kommunale Einzelentscheidungen (Verwaltungsakte), bei denen den Selbstverwaltungsinstanzen ein *Ermessens- oder Beurteilungsspielraum* zukommt.

Die *Satzungshoheit* gehört mit der Gebiets-, Organisations-, Personal- und Finanzhoheit zu den klassischen Hoheitsrechten der kommunalen Selbstverwaltung. Bei der Aufstellung von Satzungen wird die Gemeindevertretung als Ortsgesetzgeber tätig. Je nach der Art der Satzung hat die Vertretungskörperschaft dabei unterschiedliche Gestaltungsspielräume. Bei Bebauungsplänen (vgl. S. 254), die ebenfalls als Satzungen beschlossen werden, ist der Gestaltungsfreiraum in Form der Planungshoheit besonders groß.

Einzelentscheidungen der kommunalen Selbstverwaltung müssen sich immer an die gesetzlichen Vorschriften halten. Die meisten Gesetze sind jedoch nicht so eindeutig und genau formuliert, als daß bei ihrer Ausführung nicht ein gewisser Entscheidungsfreiraum offenbliebe. Zur Selbstverwaltungsfreiheit gehört, daß dieser Entscheidungsfreiraum von der Gemeinde genutzt werden kann.

In den letzten Jahren hat sich die Diskussion darüber verstärkt, ob der Freiraum der kommunalen Selbstverwaltung nicht nur von den Gesetzgebern in Bund und Ländern, sondern auch von den Gerichten allzu stark beschnitten wird. Die Gerichte prüfen im Fall einer Klage (vgl. S. 172) die Satzungen und die Verwaltungsakte der Gemeinden nach. Wenn sie ihren Kontrollmaßstab zu eng setzen, wird die Eigenverantwortung der Kommunen ungerechtfertigt eingeschränkt.

Schmidt-Jortzig, E.: Kommunalrecht. Stuttgart 1982. – Stern, K.: Staatsrecht der Bundesrepublik Deutschland. Bd. 1. München 1985.

Die Selbstverwaltungsgarantie im Spannungsfeld zwischen Gesetzgebung und Rechtsprechung

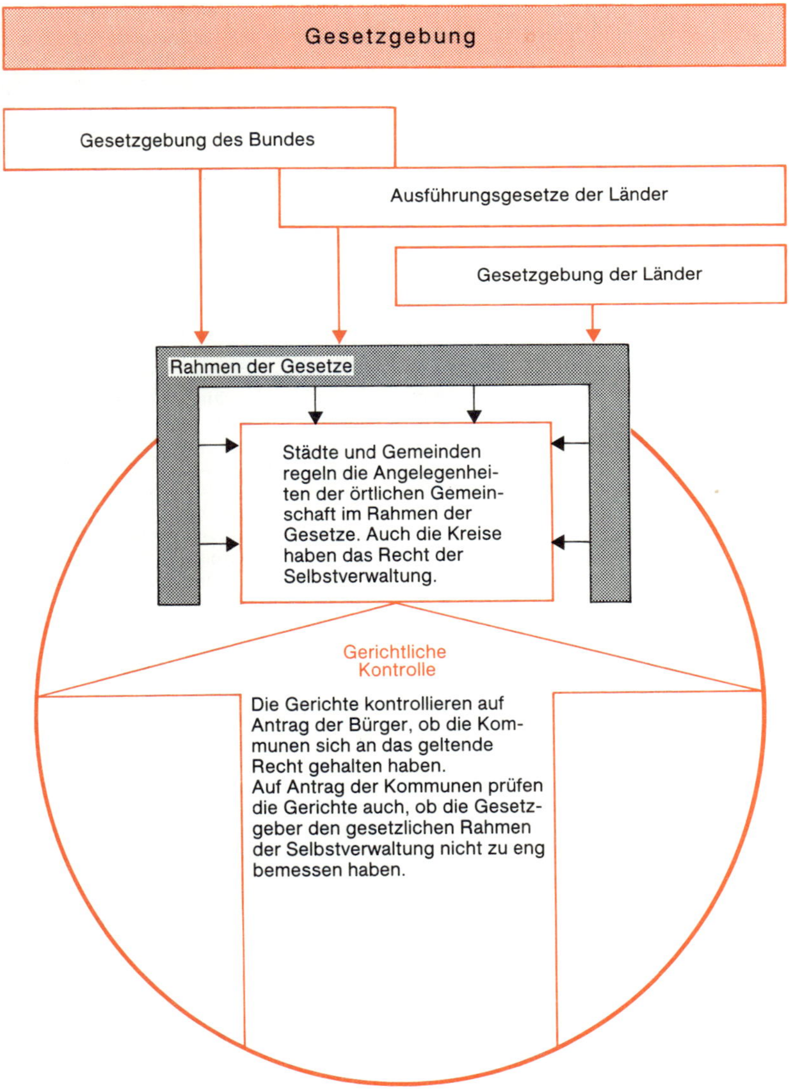

Kommunale Aufgaben

Die von den Kommunen zu erfüllenden Aufgaben sind insgesamt öffentliche Aufgaben. Begriff und Bestand der öffentlichen Aufgaben stehen nicht a priori fest, sondern entwickeln sich nach den gesellschaftlichen Überzeugungen und werden festgelegt durch politische Entscheidungen. Nach ihrer *rechtlichen* Qualität lassen sich die kommunalen Aufgaben in zwei große Gruppen aufteilen: die Aufgaben des *eigenen* und die des *übertragenen* Wirkungskreises. Der eigene Wirkungskreis umfaßt diejenigen Aufgaben, die den Gemeinden in ihrer Eigenschaft als Einrichtung der kommunalen Selbstverwaltung zustehen. Die verfassungsrechtliche Selbstverwaltungsgarantie im Grundgesetz (vgl. S. 18) sichert den Gemeinden die sogenannte Allzuständigkeit in den örtlichen Angelegenheiten zu, wobei die genaue Bestimmung und Abgrenzung dieser Angelegenheiten von den überörtlichen allerdings häufig problematisch und umstritten ist. Innerhalb des eigenen Wirkungskreises sind die *freiwilligen* von den *pflichtigen Selbstverwaltungsangelegenheiten* zu unterscheiden. Letztere müssen aufgrund bundes- oder landesrechtlicher Bestimmungen von den Gemeinden erfüllt werden. Beispiele für freiwillige Selbstverwaltungsaufgaben sind u. a. die Einrichtung und Unterhaltung von Museen, Sportplätzen, Bädern usw. Pflichtige Selbstverwaltungsangelegenheiten sind z. B. öffentliche Daseinsvorsorge durch Wasser- und Energieversorgung, Straßenverwaltung oder Bauleitplanung. Im Bereich der Selbstverwaltungsangelegenheiten unterliegen die Gemeinden nur der *Rechtsaufsicht* durch die zuständigen Länderbehörden (vgl. S. 22). Die aufsichtliche Kontrolle ist danach auf die Prüfung beschränkt, ob die Gemeinde bei ihren Maßnahmen rechtlich einwandfrei gehandelt hat. Die *staatlichen Auftragsangelegenheiten* werden den Gemeinden durch Landes- oder Bundesgesetze übertragen (z. B. Bauaufsicht, Melderecht, Ordnungsrecht). In diesem Bereich unterliegt die Aufgabenwahrnehmung nicht nur der Rechts-, sondern auch der *Fachaufsicht* des Staates. Danach kann im Einzelfall die Aufsichtsbehörde eine Maßnahme im Bereich der Auftragsangelegenheiten aus Zweckmäßigkeitserwägungen aufheben oder abändern. In den Gemeindeordnungen der Länder findet sich schließlich ein dritter Typ von Aufgaben, die sogenannten *Pflichtaufgaben nach Weisung*. Hier besteht das Weisungsrecht des Staates nur dann und insoweit, als dies in dem betreffenden Gesetz bzw. in der Gemeindeordnung ausdrücklich vorgesehen ist. Es handelt sich somit um eine eingeschränkte Form der Fachaufsicht.

Die Entwicklung der letzten Jahrzehnte ist dadurch gekennzeichnet, daß sich die Gewichte zwischen den Aufgabenbereichen zunehmend zugunsten der Auftragsangelegenheiten verschoben haben. Zugleich ist innerhalb der Selbstverwaltungsangelegenheiten der Anteil der pflichtigen Angelegenheiten deutlich angewachsen.

In *inhaltlicher* Hinsicht lassen sich die kommunalen Aufgaben in drei Gruppen einteilen: *Ordnungsaufgaben, Leistungsaufgaben* und *Planungsaufgaben*. Während die Leistungsverwaltung insbesondere in den Großstädten schon im 19. Jahrhundert eine dominierende Rolle spielte (vgl. S. 10ff.), hat in den letzten Jahrzehnten insbesondere der Bereich der planenden Verwaltung einen erheblichen Ausbau erfahren (vgl. S. 246ff. und S. 270). Dies gilt auch für Aufgabengruppen, die bislang nicht als planungsbedürftig angesehen worden sind (z. B. Jugendhilfe, Sozialwesen usw.).

Die Kommunale Gemeinschaftsstelle für Verwaltungsvereinfachung (KGSt) hat einen Aufgabengliederungsplan entwikkelt, in dem die vielfältigen Einzelaufgaben der Gemeinden unter fachlichen Gesichtspunkten systematisch zusammengestellt sind. Das Modell geht von *Aufgaben* als unterster Einheit aus (z. B. Schulentwicklungsplanung, Bildung von Schulbezirken, Schulbetrieb), faßt diese zu *Aufgabengruppen* zusammen (z. B. Schulen, Kultur, Bibliotheken) und bildet als größte systematische Kategorie *Aufgabenhauptgruppen* (z. B. Schule und Kultur). Der praktische Nutzen dieses Modells liegt vor allem darin, daß auch die Ämter- und Verwaltungsorganisation (vgl. S. 134) der Gemeinde sich an dieser Systematik orientieren kann.

Kommunale Gemeinschaftsstelle für Verwaltungsvereinfachung. Verwaltungsorganisation der Gemeinden. Aufgabengliederungsplan. Verwaltungsgliederungsplan. Köln 1979. – Schmidt-Eichstaedt, G.: Die Rechtsqualität der Kommunalaufgaben. In: Handbuch der kommunalen Wissenschaft und Praxis. Hg. v. G. Püttner. Bd. 3: Kommunale Aufgaben und Aufgabenerfüllung. Berlin u. a. 1983.

Die Rechtsqualität der kommunalen Aufgaben

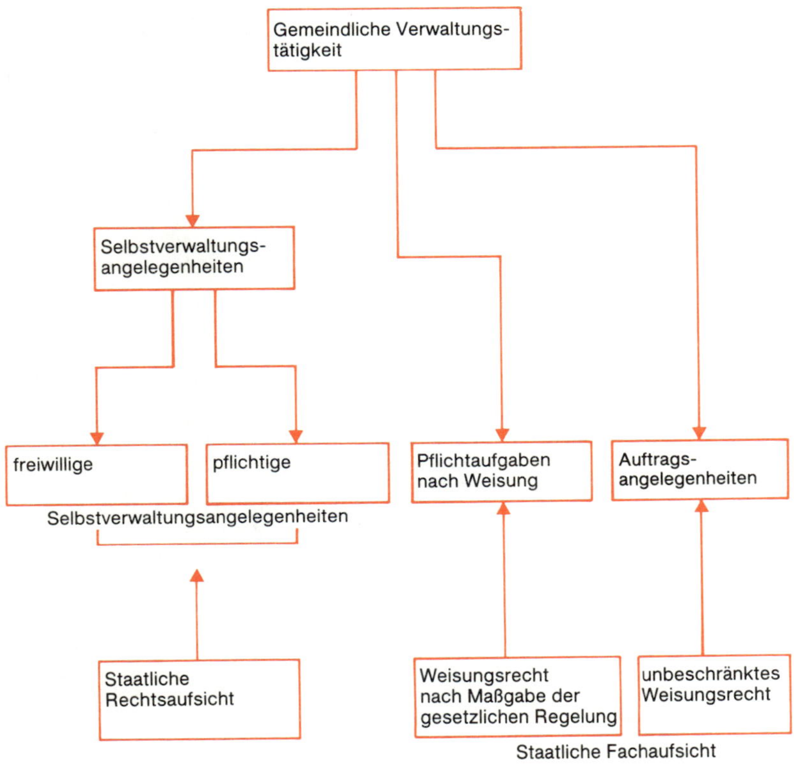

Ausgaben der Gemeinden und Gemeindeverbände nach Aufgabenbereichen im Jahre 1983

Insgesamt	Allgemeine Verwaltung	Öffentliche Sicherheit und Ordnung	Schulen	Wissenschaft, Forschung, Kulturpflege	Soziale Sicherung	Gesundheit, Sport, Erholung	Bau- und Wohnungswesen, Verkehr	Öffentliche Einrichtungen, Wirtschaftsförderung	Wirtschaftliche Unternehmen, allg. Grund- und Sondervermögen	Allgemeine Finanzwirtschaft
				Bereinigte Ausgaben in Mill. DM						
167 020,9	12 076,5	5 125,3	15 003,8	4 692,6	29 384,5	27 431,9	21 301,8	15 733,8	10 293,2	25 977,5
				Ausgaben je Einwohner in DM						
2 916,89	210,91	89,51	262,03	81,95	513,17	479,07	372,02	274,78	179,76	453,67

Staatsaufsicht – Kommunalaufsicht

Die Gemeinden (Gemeinden, kreisangehörige und kreisfreie Städte) sowie die Gemeindeverbände (Landkreise und höhere Kommunalverbände) unterstehen der Staatsaufsicht. Nach Art. 28 GG haben die Gemeinden das Recht zur Selbstverwaltung; dieses Recht wird vom Bund gewährleistet. Staatsrechtlich sind die Gemeinden jedoch den Ländern zugeordnet, deshalb üben die Länder auch die Staatsaufsicht aus. Oberste Kommunalaufsichtsbehörde sind die Innenminister der Länder; sie sind die Kommunalminister. Die Regierungspräsidenten sind obere Kommunalaufsichtsbehörde für die kreisangehörigen Städte und Gemeinden sowie unmittelbare Kommunalaufsichtsbehörde für die Landkreise und kreisfreien Städte. Die Landräte (so in den Ländern Baden-Württemberg, Bayern, Hessen, Rheinland-Pfalz und Schleswig-Holstein [vgl. S. 116]) und die Oberkreisdirektoren als untere staatliche Verwaltungsbehörden (so in den Ländern Niedersachsen und Nordrhein-Westfalen [vgl. S. 118]) sind unmittelbare Kommunalaufsichtsbehörden für die kreisangehörigen Städte und Gemeinden.

Dieses Grundsystem der Staatsaufsicht ist infolge der Funktionalreform in den Ländern für einige Städtegruppen in den Landkreisen verändert. Die größeren kreisangehörigen Städte unterstehen zum Teil unmittelbar der Aufsicht des Regierungspräsidenten, zum Teil nur in Teilbereichen, zum Teil greift bei ihnen das Regelsystem der Aufsicht ein.

Die Staatsaufsicht bezieht sich zunächst darauf, daß die Kommunen ihre Angelegenheiten entsprechend Recht und Gesetz ausführen (allgemeine Aufsicht oder *Rechtsaufsicht*). Bei den Aufgaben des sogenannten übertragenen Wirkungskreises (Auftragsangelegenheiten, Pflichtaufgaben zur Erfüllung nach Weisung u. ä. [vgl. S. 20]) unterstehen die Kommunen der *Fachaufsicht* des Staates. Insoweit können grundsätzlich allgemeine Weisungen und Einzelweisungen zur zweckmäßigen Erfüllung der Aufgaben erteilt werden. Bei den Aufgaben des übertragenen Wirkungskreises ist zum Teil die Fachaufsicht an besondere gesetzliche Voraussetzungen gebunden und eingegrenzt, so bei den Pflichtaufgaben zur Erfüllung nach Weisung in Nordrhein-Westfalen. Hier können besondere Weisungen nur im Ausnahmefall, wenn nämlich die gesetzlichen Voraussetzungen erfüllt sind, erteilt werden. Bei diesem System der Aufsicht spricht man deswegen nicht mehr von Fachaufsicht, sondern von *Sonderaufsicht*.

Bei der Staatsaufsicht sind zwei Möglichkeiten des Einschreitens des Staates zu unterscheiden, nämlich die vorbeugende (präventive) und die nachgehende (repressive) Aufsicht. Die vorbeugende Aufsicht schaltet sich in die Erledigung der kommunalen Angelegenheiten zu einem Zeitpunkt ein, zu dem die Maßnahmen der Kommunen noch nicht erlassen sind. Die nachgehende Aufsicht überprüft nach Erlaß der Maßnahmen ihre Übereinstimmung mit Gesetz und Recht.

Das gängigste Mittel der vorbeugenden Aufsicht ist die Genehmigung kommunaler Maßnahmen. So sind viele Einzelentscheidungen der Kommunen, etwa der Verkauf oder die Schenkung kommunalen Vermögens an Dritte oder der Erlaß bestimmter Satzungen (z. B. Flächennutzungsplänen, vgl. S. 252) an die Genehmigung der Aufsichtsbehörde gebunden. Bei der Genehmigung gibt es zwei Möglichkeiten der Kontrolle. Entweder handelt es sich um eine bloße Rechtskontrolle, bei der die Aufsichtsbehörde lediglich zu prüfen hat, ob die beabsichtigte Maßnahme der Kommune unbedenklich ist, also mit dem Gesetz übereinstimmt. In anderen Fällen hat die Aufsichtsbehörde die Befugnis, ihre eigenen sachlichen Vorstellungen in das Genehmigungsverfahren einzubringen. Das ist immer dann anzunehmen, wenn die Kompetenz der Kommune zur Erledigung von Aufgaben so weit eingeschränkt ist, daß sie zwischen Kommune und Staat geteilt, ihnen also zur gemeinsamen Erledigung zugewiesen ist. Die Rechtsprechung hat dafür die Bezeichnung *Kondominium* gefunden. Fälle eines Kondominiums sind etwa der beabsichtigte Verkauf von Kunstgegenständen durch eine Gemeinde, die Änderung des Namens einer Gemeinde, die Bestimmung einer Flagge und eines Wappens durch eine Gemeinde.

Die rechtlichen Möglichkeiten der Kommunen, sich gegen staatliche Aufsichtsmaßnahmen zur Wehr zu setzen, sind je nach Ausgestaltung der Aufsichtsrechte verschieden. In den Fällen nachgängiger Aufsicht können die Kommunen vor dem Verwaltungsgericht die Rechtmäßigkeit des Eingriffs der Kommunalaufsichtsbehörde überprüfen lassen.

Pagenkopf, H.: Kommunalrecht. 2 Bde. Köln [2]1975–76. – Besonderes Verwaltungsrecht. Hg. v. I. von Münch. Berlin [7]1985.

Staatsaufsicht (Kommunalaufsicht)

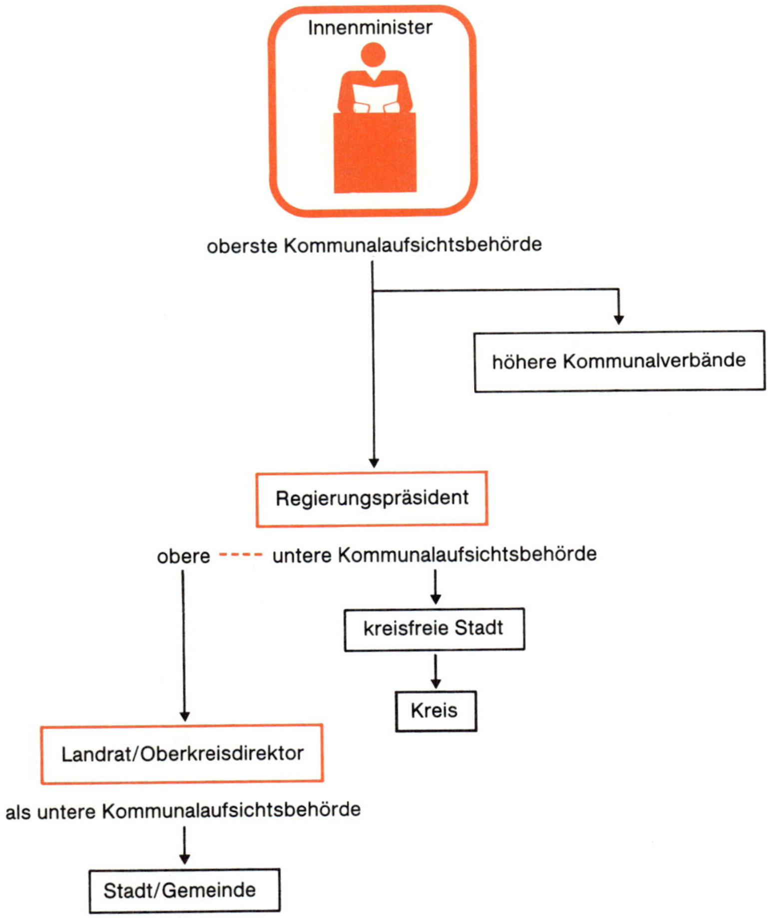

(Aufsicht über große Kreisstädte, selbständige Städte und Mittelstädte z. T. unmittelbar beim Regierungspräsidenten)

Bund, Länder und Kommunen

Die Kommunen werden häufig als die dritte Ebene im Staatsaufbau nach dem Bund und den Ländern bezeichnet. Sie sind insoweit eine Stufe der *vertikalen* Gewaltenteilung in der Bundesrepublik Deutschland. Die Staatsgewalt ist damit nicht nur in der Horizontalen zwischen der Gesetzgebung, der Verwaltung und der Rechtsprechung aufgeteilt und ausbalanciert, sondern auch in vertikaler Richtung zwischen dem Bund, den Ländern und den kommunalen Selbstverwaltungskörperschaften. Jede dieser drei Ebenen ist durch Volksvertretungen repräsentiert und legitimiert. Bei der Schilderung der Beziehungen der kommunalen Gebietskörperschaften zu den darüberliegenden Ebenen muß zwischen dem Verhältnis der Städte, Gemeinden und Kreise zum Bund einerseits und zum jeweiligen Land andererseits unterschieden werden.

Der *Bund* ist im Prinzip nur der Garant der Institution der kommunalen Selbstverwaltung, hat aber keine direkten Beziehungen zu einzelnen Gemeinden und Kreisen. Der Bund nimmt über seine Gesetzgebung zwar vielfältigen Einfluß auf die kommunale Aufgabenerfüllung; die Einzelheiten der Verwaltungsausführung muß er jedoch den Kommunen überlassen, häufig in Verbindung mit einer näheren Regelung durch die Länder. Ein direkter bundesgesetzlicher Zugriff auf die Art und Weise der Aufgabenerfüllung ist nur ausnahmsweise und nur mit Zustimmung des Bundesrates erlaubt (vgl. Art. 83 und 84 GG).

Das *Verbot des Direktzugriffs des Bundes* auf die Kommunen gilt auch in finanzieller Hinsicht. Das Grundgesetz garantiert den Kommunen zwar eine bestimmt umschriebene Finanzausstattung (insbesondere die Beteiligung an den Gemeinschaftsteuern, einen bestimmten Anteil an der Lohn- und Einkommensteuer, die Garantie der Realsteuern als Gemeindesteuern); der Bund darf die Kommunen jedoch nicht direkt mit Geldmitteln bedenken. Dadurch soll eine Einflußnahme des Bundes über den „goldenen Zügel" verhindert werden. Eine gewisse Durchbrechung dieser finanziellen Trennung zwischen Bund und Gemeinden gibt es nur bei den Gemeinschaftsaufgaben nach Art. 91a GG und den Zuwendungen des Bundes zur Stärkung der regionalen Wirtschaftsstruktur und zur Erhaltung des gesamtwirtschaftlichen Gleichgewichts nach Art. 104a GG. Nach diesen Grundgesetzartikeln darf der Bund Mittel auch gezielt für bestimmte Kommunen bereitstellen, so z. B. für den Hochschulbau nach Art. 91a GG oder für die Stadterneuerung nach Art. 104a GG. Die Bewilligung und Abwicklung dieser Finanzmittel im einzelnen erfolgt aber wiederum nur über die Länder.

Die *Beziehungen der Kommunen zu ihrem jeweiligen Land* sind wesentlich enger, denn die Städte, Kreise und Gemeinden sind staatsrechtlich Bestandteile des jeweiligen Landes. Sie sind direkt in den Verwaltungsaufbau des Landes eingegliedert. In den meisten Ländern gibt es einen dreigliedrigen Verwaltungsaufbau: Oberste Landesbehörden sind die Landesregierung und die Landesministerien, mittlere Landesbehörden sind die Regierungspräsidien bzw. Bezirksregierungen; die unteren Landesbehörden sind in die Kreisverwaltungen, zum Teil auch in die kreisfreien Städte integriert. Insbesondere die Landratsämter nehmen also neben ihrer Funktion als Selbstverwaltungsbehörden zugleich auch die Funktion von unteren Landesbehörden wahr, sie haben insoweit eine *Doppelfunktion.* In ihrer Funktion als untere Landesbehörden führen sie staatliche Aufgaben aus (z. B. Polizeiaufgaben), in ihrer Funktion als Selbstverwaltungskörperschaften die Selbstverwaltungsaufgaben, z. B. die Sozialhilfe (vgl. S. 20).

Dieser Eingliederung in den Verwaltungsaufbau entsprechend sind auch die finanziellen Verflechtungen zwischen dem Land und „seinen" Kommunen sehr eng. Da die eigenen Einnahmen der Kommunen aus den Gemeindesteuern (vgl. S. 152), den Gebühren und Beiträgen (vgl. S. 154) zur Deckung ihres Finanzbedarfs nicht ausreichen, sind sie auf finanzielle Zuweisungen (vgl. S. 156) des Landes angewiesen. Die Länder regeln die Höhe dieser Zuweisungen durch jährliche *Finanzausgleichsgesetze,* mittels derer auch ein Finanzausgleich zwischen den finanzstarken und den finanzschwachen Gemeinden herbeigeführt werden soll.

Schmidt-Eichstaedt, G.: Bundesgesetze und Gemeinden. Stuttgart 1981. – Schmidt-Jortzig, E.: Kommunalrecht. Stuttgart 1982. – Maunz, Th./Dürig, G./Herzog, R.: Grundgesetz. Kommentar. München [6]1984. Loseblatt. Stand Okt. 1984.

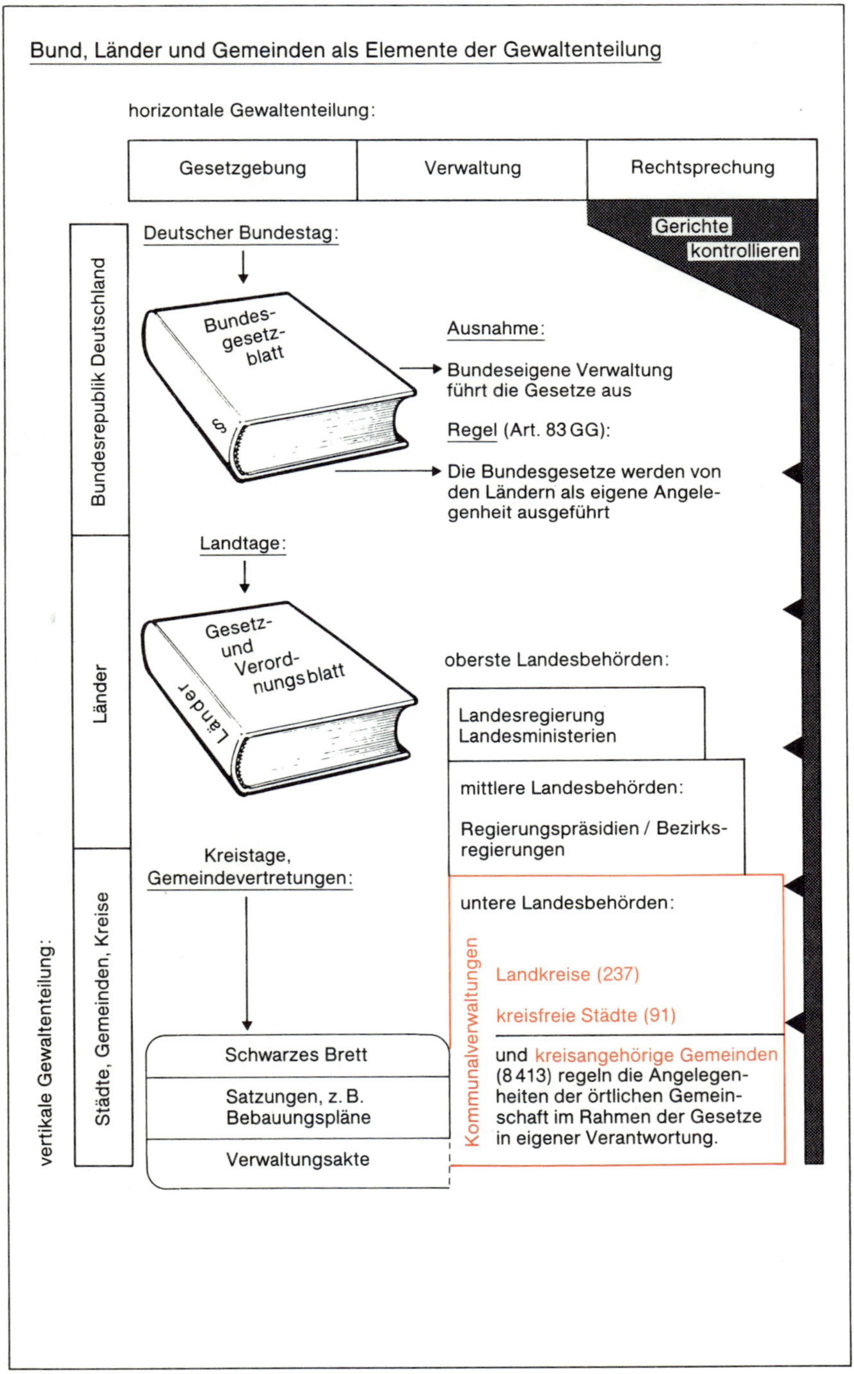
Bund, Länder und Gemeinden als Elemente der Gewaltenteilung
horizontale Gewaltenteilung:
Gesetzgebung
Verwaltung
Rechtsprechung
Gerichte kontrollieren
Bundesrepublik Deutschland
Deutscher Bundestag:
Bundes-gesetz-blatt
§
Ausnahme:
Bundeseigene Verwaltung führt die Gesetze aus
Regel (Art. 83 GG):
Die Bundesgesetze werden von den Ländern als eigene Angelegenheit ausgeführt
Länder
Landtage:
Gesetz- und Verordnungsblatt
Länder
oberste Landesbehörden:
Landesregierung Landesministerien
mittlere Landesbehörden:
Regierungspräsidien / Bezirks-regierungen
Städte, Gemeinden, Kreise
Kreistage, Gemeindevertretungen:
untere Landesbehörden:
Kommunalverwaltungen
Landkreise (237)
kreisfreie Städte (91)
und kreisangehörige Gemeinden (8413) regeln die Angelegenheiten der örtlichen Gemeinschaft im Rahmen der Gesetze in eigener Verantwortung.
Schwarzes Brett
Satzungen, z. B. Bebauungspläne
Verwaltungsakte
vertikale Gewaltenteilung:

Urbanität

Die Begriffe „urban“, „Urbanität“ haben in den letzten Jahrzehnten einen Bedeutungs- und Interpretationswandel erfahren, der viel zu ihrer Verbreitung, aber wenig zu ihrer Präzisierung beigetragen hat. Seit der *Entstehung* des Begriffs „urbanitas“ im römischen Altertum war damit eine Feinheit und Weltläufigkeit des Geistes, der Sitte und des Benehmens gemeint, wie sie nur in der einen „urbs“, Rom, entstehen konnten. Auch die Aufklärung, die den Begriff wiederentdeckte, deutete ihn in diesem Sinne. Edgar Salin hat 1960 versucht, das spezifisch Stadtbürgerliche von Urbanität, im Gegensatz zum Höfischen, in Erinnerung zu rufen und für eine Erneuerung der Städte von innen heraus fruchtbar zu machen – schon ein Zeichen dafür, daß Idee und Wirklichkeit der traditionellen Stadt in Frage gestellt waren und man neuer Leitbilder bedurfte. Urbanität blieb jedoch eine Eigenschaft von Personen, nicht von Orten.

In der Folge hat sich der Begriff zunehmend an die Stadt als solche und an eine bestimmte Lebensform geheftet, von der vorausgesetzt wird, daß sie nur in Städten gedeihen oder von dort ihren Ausgang nehmen kann. Urban und Urbanität werden zum *Synonym* für städtisch und das Städtische schlechthin und gleichen sich damit den englischen Begriffen urban und urbanism an. Gleichzeitig wird jedoch das Wesen des Städtischen einer nahezu beliebigen Interpretation überlassen.

In der Bundesrepublik Deutschland ist der Begriff in seiner neuen Form sehr schnell von der städtebaulichen Diskussion aufgegriffen und zum *Schlüsselbegriff* für alle Bestrebungen gemacht worden, die dem Städtischen durch *baulich-räumliche Vorgaben* zu einer Renaissance verhelfen wollten. Diese Bestrebungen sind nur zu verstehen auf dem Hintergrund von zwei Entwicklungen, die als verhängnisvoll angesehen wurden: der *Suburbanisierung* einerseits und der *räumlichen Trennung städtischer Funktionen* andererseits. Die Suburbanisierung, d. h. die flächenhafte Ausbreitung städtischer Siedlungsweise in das ländliche Umland, bedeutete für die Städte einen Verlust an Bevölkerung und Finanzkraft. Da sie in der Regel mit einer Auflockerung der Bebauung verbunden war, wurde ihr als städtebauliches Leitbild insbesondere für neue Großwohnanlagen (vgl. S. 282) am Stadtrand „Urbanität durch Dichte“ gegenübergestellt. Die räumliche Trennung der städtischen Funktionen, die in der 1933 von Architekten und Stadtplanern veröffentlichten Charta von Athen vor allem zum Schutz des Wohnens vor Beeinträchtigungen durch Industrie, Gewerbe und Verkehr gefordert worden war, wurde für eine Verödung der Innenstädte verantwortlich gemacht. Dem sollte durch eine erneute und als urban angesehene „Mischung der Funktionen“ entgegengewirkt werden. In dieser Hinsicht übte das Buch der Amerikanerin Jane Jacobs „Tod und Leben großer amerikanischer Städte“ (1963) eine weltweit beispiellose Wirkung aus. Es ist nicht leicht, hinter den politisch-administrativen und den baulich-räumlichen Zielvorstellungen ein gemeinsames Konzept zu erkennen. Begriffe, die in diesem Zusammenhang immer wieder genannt werden, sind Dichte, auch Erlebnisdichte, Kommunikation, Vielfalt. Sie werden offenbar als Voraussetzung, wenn nicht als Wesensmerkmal des Städtischen und als geeignet angesehen, den Städten zu neuer Attraktivität zu verhelfen.

Schon bevor Urbanität zum städtebaulichen Leitbild erklärt worden war, waren von seiten der Sozialwissenschaften Versuche unternommen worden, das *Wesen des Städtischen* neu zu bestimmen. Dabei wurde nicht mehr von städtisch als einer selbstverständlichen Eigenschaft von Stadt ausgegangen, sondern als einer Lebensform, die in Städten entstanden, aber nicht mehr an deren administrative Grenzen gebunden ist. Als wichtigste Voraussetzungen für das Entstehen städtischer Lebensform wurden genannt: Größe, Dichte und Heterogenität der Bevölkerung, wobei keiner dieser Faktoren allein, sondern nur eine spezifische Verbindung zwischen ihnen das eigentlich Städtische hervorbringt. Diese Verbindung wird hergestellt durch ein besonderes Maß an *Arbeitsteilung* und *sozialer Differenzierung*.

Die Größe einer Gemeinde (vgl. S. 30), gemessen an der *Einwohnerzahl,* sagt allein nichts darüber aus, ob sie städtischen Charakter hat. Zahlenmäßig sehr kleine Gemeinden in unmittelbarer Nähe großer Städte können städtischen Charakter haben; zahlenmäßig sehr große Gemeinden, wie sie etwa durch die Gebietsreform entstanden sind, können ihren ländlichen Charakter behalten haben. Eine gewisse Einwohnerzahl ist jedoch Voraussetzung dafür, daß ein größeres Maß an Arbeitsteilung entstehen und die Bevölkerung sich differenzieren kann. *Dichte,* gemessen an der Zahl der Einwohner und Beschäftigten je Flächeneinheit, ist Voraussetzung dafür, daß Einwohner und Betriebe untereinander in Beziehung treten und arbeitsteilig erbrachte Leistungen wieder zusammengefügt werden können. Allerdings kann räumliche Dichte in einem gewissen Ausmaß durch *Verkehr* ersetzt werden. Doch sind der völligen Substituierung von Dichte durch Verkehr durch die geldlichen und zeitlichen Kosten der Raumüberwindung Grenzen gesetzt. Ob und in welchem Ausmaß Dichte durch neuere Kommunikationsmittel ersetzt werden kann, läßt sich noch nicht übersehen.

Letztlich entscheidend für das Wesen des Städtischen ist jedoch die *Heterogenität der Bevölkerung,* gemessen an der Zahl der unterschiedlichen Berufe und Positionen, Religionen, Rassen und ethnischen Gruppen, politischen, demographischen oder kulturellen Vereinigungen, gemessen auch an dem Ausmaß, in dem sich diese und andere, neu in Erscheinung tretende Gruppierungen ihre eigenen Teil- oder Subkulturen erhalten oder bilden können. Diese je eigenen Teil- oder Subkulturen machen ihrerseits einen großen Teil der städtischen Vielfalt aus. Zu ihrer Erhaltung oder Bildung gehört jedoch jeweils eine größere Zahl von in unmittelbarem Austausch miteinander stehenden Personen, die eine ihren Bedürfnissen und Neigungen entsprechende spezielle *Infrastruktur* aufbauen und tragen können.

Größe, Dichte und Heterogenität der Bevölkerung führen damit zur Ausbildung spezifisch städtischer *Verhaltensweisen.* Diese sind darin begründet, daß das Individuum ständig mit einer großen Zahl von Personen in Berührung kommt, daß ihm der größte Teil dieser Personen zunächst unbekannt ist und daß die Berührung in der Mehrzahl der Fälle auf einen Ausschnitt der Person, auf die Person in einer bestimmten Rolle beschränkt ist. Es müssen also Verhaltensweisen entwickelt werden, die es ermöglichen, mit Unbekannten binnen kurzer Zeit eine Verbindung herzustellen und ihnen soviel von sich mitzuteilen bzw. soviel von ihnen zu erfahren, wie es die Erfüllung der jeweiligen Rolle erfordert. Soviel, aber auch nicht mehr. Es ist schon früh darauf hingewiesen worden, daß aus der hohen Kommunikationsdichte und der Rollenvielfalt (groß)städtischer Gesellschaften eine Art Verteidigungshaltung gegenüber einer übergroßen Zahl von Kommunikationsansprüchen entstehen kann: „Wenn der fortwährenden äußeren Berührung mit unzähligen Menschen soviel innere Reaktionen antworten sollten wie in der kleinen Stadt, in der man fast jeden kennt ..., so würde man sich völlig atomisieren und in eine ganz undenkbare seelische Verfassung geraten.“ (Simmel, 1903).

Die soziale Distanz, die aus dieser Verteidigungshaltung resultiert, ist immer wieder Gegenstand einer kulturpessimistisch gefärbten *Großstadtkritik* gewesen. Oberflächliche, unpersönliche, vorübergehende Beziehungen wurden als Charakteristika städtischer Lebensform angesehen, ebenso wie Anonymität, Vereinzelung, Bindungslosigkeit. Nicht erwähnt wird, daß die größere Intensität und der umfassendere Charakter der Sozialbeziehungen in dörflichen und kleinstädtischen Gesellschaften mit einem hohen Maß an sozialer Kontrolle verbunden war. Neben der Kommunikationsbelastung und der Rollenvielfalt ist es die Ablehnung sozialer Kontrolle vor allem im privaten Bereich, die zu Distanz und Reserve gegenüber engeren Sozialkontakten geführt hat. Zur Zeit hat es jedoch den Anschein, als ob mit zunehmendem Abbau gesellschaftlicher Vorurteile gegenüber einer pluralistischen Vielfalt von Normen und Verhaltensweisen auch die Scheu vor sozialer Kontrolle abgebaut wird und sich eine größere Bereitschaft zur Aufnahme von Sozialbeziehungen in nachbarlichen, aber auch in vielen anderen Bereichen ergibt (vgl. S. 44). Die Bildung einer kaum noch übersehbaren Zahl von politisch, sozial oder kulturell, ökologisch, pädagogisch oder therapeutisch, künstlerisch oder handwerklich ausgerichteten Gruppen legt davon ebenso Zeugnis ab wie das Entstehen neuer sozialer Bewegungen, die häufig von großen Städten ihren Ausgang nehmen bzw. sich dort bevorzugt darstellen. Größe, Dichte und Heterogenität der Bevölkerung sind zwar nicht Ursache, aber, zusammen mit der Freisetzung von Zeit und kreativen Kapazitäten, doch Voraussetzung dafür, daß sich derart vielfältige Initiativen entwickeln können, die letztlich der Lösung gesellschaftlicher Probleme zugute kommen. Auch baulich-räumliche Vorgaben können nur dann zu einem Mehr an Urbanität führen, wenn sie diese Voraussetzungen fördern.

Materialien zur Siedlungssoziologie. Hg. v. P. Atteslander und B. Hamm. Köln 1974. – Bahrdt, H. P.: Die moderne Großstadt. Hamburg [3]1971; München 1974. – Berndt, H.: Die Natur der Stadt. Frankfurt am Main 1978.

Kommunalwissenschaften

Begriff, Verständnis und Gegenstand der Kommunalwissenschaften sind eng mit der jeweiligen Rechtsstellung, dem Verwaltungsaufbau und dem Aufgabenspektrum der Gemeinden verbunden. Sie unterliegen daher einem Bedeutungswandel, der vor allem in Veränderungen des Aufgabenspektrums der Gemeinden (vgl. S. 20) begründet ist.

Der Begriff der „Kommunalwissenschaften" wird heute in zwei Dimensionen gebraucht:

- einer engeren Dimension, die sich auf die wissenschaftliche Durchdringung der *Rechtsnatur,* des *Verwaltungshandelns* und der *politischen Willensbildung* innerhalb der Gemeinden und Gemeindeverbände konzentriert und sich daher auf die Rechtswissenschaft, die Verwaltungswissenschaft, die Politikwissenschaft und die Teilgebiete der Finanz- und Wirtschaftswissenschaft beschränkt, die sich mit dem kommunalen Finanz- und Steuerwesen und der wirtschaftlichen Betätigung der Gemeinden befassen. In der Regel werden dabei auch kommunalgeschichtliche Aspekte berücksichtigt;
- einer weiteren Dimension, die sich an dem *Aufgabenspektrum der Gemeinden* orientiert und daher Statistik und Demographie, Soziologie, Psychologie und Medizin, Städtebau, Verkehrs- und Ingenieurwissenschaften, Geographie, Garten- und Landschaftspflege, neuerdings auch Ökologie und andere Umweltwissenschaften einbezieht.

Art und Zahl der einzubeziehenden Wissenschaften ergeben sich dabei aus einem besonderen öffentlichen Interesse an der Wahrnehmung entsprechender Aufgaben durch die Gemeinden, wie es auch sich häufig in den Ausdrücken „Pflege" (Wohlfahrtspflege, Gesundheitspflege, Denkmalpflege, Stadtbildpflege), „Hilfe" (Jugendhilfe, Altenhilfe, Sozialhilfe) und „Förderung" (Wirtschaftsförderung, Kulturförderung, Städtebauförderung) niederschlägt.

Eine derartige Ausweitung des Begriffs „Kommunalwissenschaften" hat jedoch nur dann Sinn, wenn sie sich jeweils auf die Teilgebiete und Aspekte dieser Wissenschaften beschränkt, die einen eindeutigen Bezug zu den Handlungsmöglichkeiten und Handlungszielen der Gemeinden haben. *Gegenstand* kommunalwissenschaftlichen Interesses sind also zunächst die rechtlichen, finanziellen und organisatorischen Rahmenbedingungen, unter denen die entsprechenden Aufgaben wahrgenommen werden, dann aber auch die spezifischen Defizite, die durch die Tätigkeit der Kommunen ausgeglichen werden sollen. Besonders dort, wo auch die Ziele und Methoden etwa der Gesundheitspflege (vgl. S. 240), Jugendhilfe (vgl. S. 222) oder Wirtschaftsförderung (vgl. S. 302) durch die Gemeinden selbst bestimmt werden, werden daher auch die Bedürfnisse und Verhaltensweisen der jeweiligen Zielgruppen einzubeziehen sein.

Kommunalwissenschaftliche *Forschung* muß in besonderem Maße *anwendungsbezogen, empirisch abgesichert* und *interdisziplinär* ausgerichtet sein: anwendungsbezogen deswegen, weil die meisten Kommunen keine Möglichkeit haben, die Ergebnisse theoretisch orientierter Grundlagenforschung auf ihre Fragestellung hin um- und aufzuarbeiten; empirisch abgesichert, weil der unmittelbare Bezug kommunaler Maßnahmen zu konkreten Personengruppen erfahrungswissenschaftlich gewonnene Kenntnisse über deren soziale und wirtschaftliche Lage und die vermutlichen Auswirkungen dieser Maßnahmen voraussetzt; interdisziplinär ausgerichtet, weil sich die kommunalen Aufgaben, ob es sich um den Entwurf eines Flächennutzungsplanes (vgl. S. 252), die Einrichtung von Sozialstationen (vgl. S. 218) oder die Neufassung eines Müllentsorgungsprogramms (vgl. S. 318) handelt, einer isolierten Betrachtungsweise durch einzelne Wissenschaften ebenso entziehen wie einer isolierten Behandlungsweise durch einzelne Dezernate.

Kommunalwissenschaftliche Forschungsleistungen werden vor allem in zwei Phasen kommunaler Planungs-, Entscheidungs- und Vollzugsprozesse benötigt:

- in der Vorbereitungs- und Konzeptionsphase, in der auf der Grundlage entsprechender Daten und Befunde Handlungsziele präzisiert und die geeigneten Maßnahmen entworfen, gegebenenfalls auch Alternativen entwickelt werden;
- in oder nach der Durchführungsphase, in der die Zweckmäßigkeit und Effizienz einer Maßnahme überprüft, Nebenwirkungen ermittelt und die Instrumente und Verfahren, die zur Realisierung eingesetzt wurden, auf ihre Eignung hin kontrolliert werden.

In den letzten Jahren hat eine deutliche *Verlagerung der Nachfrage* nach kommunalwissenschaftlichen Leistungen von der Vorbereitungs- und Konzeptions- zur Durchführungs- und Kontrollphase hin eingesetzt. Nachdem im Zuge abnehmender Ressourcen und zunehmender Bedarfssättigung die Planungs- und Investitionstätigkeit der Gemeinden zurückgegangen ist, richtet sich das Interesse eher auf eine *„Evaluierung“* (Beurteilung) der gemeindlichen Tätigkeit durch Wirkungsanalysen und Erfolgskontrollen.

Auch auf der kommunalen Ebene steht Wissenschaft damit in einem *doppelten Spannungsverhältnis zur politisch-administrativen Ebene.* Dies Spannungsverhältnis betrifft zum einen das Verhältnis von *Theorie und Praxis,* zum anderen das Verhältnis von *Wissenschaft und Politik.* Auch wenn die Kommunalwissenschaften anwendungsbezogen arbeiten, bedürfen sie eines theoretisch abgesicherten Bezugsrahmens, um keine beliebig interpretierbaren Zufallsergebnisse zu produzieren. Vor allem aber können sie nur Wenn-dann-Aussagen liefern. Die kommunale Praxis ist zwar auch an theoretischer Absicherung, mehr aber an praktischer Verwertbarkeit interessiert. Wenn-dann-Aussagen entsprechen zwar der Forderung nach Alternativen, entlasten aber nicht von der Notwendigkeit, sich für eine Alternative zu entscheiden. Das Verhältnis von Wissenschaft und Politik ist noch prekärer. Auch dort, wo sich Wissenschaft bei der Auswahl ihrer Themen und der Beurteilung ihrer Ergebnisse nicht dem Postulat unbedingter Wertfreiheit und Objektivität unterwirft, ist sie auf die Offenlegung ihrer Methoden und die Nachvollziehbarkeit ihrer Aussagen verpflichtet. Politik bedarf zwar auch der korrekt ermittelten und übermittelten Daten und Befunde. In der politischen Auseinandersetzung jedoch können wissenschaftliche Ergebnisse, die etwa die Fehleinschätzung von Bedarfsgrößen, die Ineffizienz von Maßnahmen oder die Dominanz unbeabsichtigter Nebenwirkungen deutlich machen, außerordentlich nachteilig sein. Solche Nachteile sind um so eher zu vermeiden, je mehr allen Seiten klar ist, daß Wissenschaft Politik nicht ersetzen, sondern nur *Entscheidungshilfen* bereitstellen kann und daß die kommunalpolitische Entscheidung selbst nach Abwägung auch anderer Gesichtspunkte zu treffen und immer mit Risiken belastet ist.

Die Ergebnisse kommunalwissenschaftlicher Forschung fließen in unterschiedlicher Form in die kommunale Praxis ein. Am häufigsten verbreitet sind

- wissenschaftliche *Gutachten,* die vor allem dann in Auftrag gegeben werden, wenn es sich um die Lösung zeitlich und inhaltlich begrenzter Probleme handelt, wie dies häufig auf rechtlichem oder technisch-naturwissenschaftlichem Gebiet der Fall ist;
- wissenschaftliche *Beratung* über längere Zeiträume hinweg, etwa beim Aufbau ambulanter Gesundheitsdienste oder der Förderung des Technologietransfers;
- *Anhörungen* von Wissenschaftlern im Zuge der Diskussion wichtiger kommunalpolitischer Entscheidungen wie einem U-Bahn-Bau oder der Umgestaltung eines denkmalgeschützten Bereichs;
- Beteiligung von Wissenschaftlern in *Beiräten* und Kommissionen;
- Vergabe von *Forschungsaufträgen* zu längerfristig bedeutsamen Einzelproblemen wie den ökologischen Konsequenzen der Reduzierung von Wasserflächen, den Änderungen der Wohnungsnachfrage oder den Auswirkungen peripherer Einkaufszentren auf den innerstädtischen Einzelhandel.

Dabei ist jedoch in Rechnung zu stellen, daß sich eine individuelle wissenschaftliche Beratung nur relativ große und finanzstarke Gemeinden leisten können. Die Mehrzahl der Klein- und Mittelstädte bleibt auf die Vermittlung von Forschungsergebnissen durch Fachbücher und -zeitschriften, Fachtagungen und -seminare oder interkommunalen Austausch angewiesen. Auch die kommunalen Spitzenverbände (vgl. S. 54) leisten hier Hilfestellung.

Kommunalwissenschaftliche *Forschung* wird in erster Linie betrieben

- an den Universitäten und Technischen Hochschulen;
- an von Bund, Ländern und Gemeinden getragenen Forschungseinrichtungen;
- an privatwirtschaftlich organisierten Forschungsinstituten oder von kleineren Forschergruppen, die sich den für empirische Untersuchungen erforderlichen technischen und personellen Apparat sichern können;
- von größeren Kommunen selbst, sofern sie über entsprechend ausgestattete Ämter und Abteilungen für Statistik und Stadtforschung, Planungs- und Investitionsgrundlagen u. ä. verfügen.

Spiegel, E.: Die Kommunalwissenschaften und ihre Pflege. In.: Handbuch der kommunalen Wissenschaft und Praxis. Hg. v. G. Püttner. Bd. 1: Grundlagen. Berlin u. a. [2]1981.

Gemeindegrößen: Dorf – Stadt – Großstadt

Die Gemeinde hat neben ihrer juristischen Klassifizierung eine soziologische Dimension, die sich mit unterschiedlicher Einwohnerzahl verändert. Schon durch die Schaffung von besonderen Gemeindekategorien in den Gemeindeordnungen, wie die Große Kreisstadt (Baden-Württemberg, Bayern), Große selbständige Stadt (Niedersachsen), Große kreisangehörige Stadt (Rheinland-Pfalz, Nordrhein-Westfalen), Mittelstadt (Saarland) und die Kreisfreie Stadt, wird versucht, diesem Tatbestand Rechnung zu tragen. Diese Städte sind in der Regel dadurch herausgehoben, daß sie einen erweiterten Aufgabenbereich haben und einer modifizierten Form der Kommunalaufsicht (vgl. S. 22) unterliegen. Größenklassenspezifische Unterschiede macht auch die Kommunale Gemeinschaftsstelle für Verwaltungsvereinfachung bei ihren Modellen für die Aufgabenausstattung (vgl. S. 20) und die Ämterorganisation (vgl. S. 134) der Gemeinden.

Ferner wird versucht, landesplanerisch bestimmten Gemeindegrößen einen Grad an *Zentralität* zuzumessen, was in ihren Funktionen für den Raum zum Ausdruck kommt (vgl. S. 102). So dienen *Klein-* und *Unterzentren* der Deckung des allgemeinen täglichen Bedarfs der Bevölkerung in sozialer, kultureller und wirtschaftlicher Hinsicht im sogenannten Nahbereich. *Mittelzentren* sind die Versorgungsorte für die nächsthöhere Bedarfsstufe des gehobenen, spezialisierten und qualifizierten Bedarfs in den Mittelbereichen. Den spezialisierten höheren Bedarf (z. B. Großkrankenhäuser, Hochschulen, größere Banken, Großkaufhäuser) decken die *Oberzentren* ab. Wegen der Individualität jeder Gemeinde läßt sich eine einheitliche Typologie kaum entwickeln, doch können gewisse Grundtypen gebildet werden, die sich verallgemeinern lassen:

1. Die selbständige *Kleingemeinde* des ländlichen Raumes (Dorf) ist als eigenständige Verwaltungseinheit nach der *Gebietsreform* (vgl. S. 32) weitgehend zurückgedrängt worden. Als Dörfer werden Gemeinden bis zu 5 000 Einwohnern bezeichnet. Die Grenzen sind hier allerdings fließend und hängen auch stark vom Erscheinungsbild und der historischen Entwicklung der Gemeinde ab. Die Kleingemeinden verfügen meist nicht über spezialisierte und/oder hauptamtliche Verwaltungskräfte, bei der Wahl der politischen Vertretung spielen örtliche Parteien meist eine nachgeordnete Rolle.

2. Nach der Gebietsreform ist, soweit man auf Zwischenformen (Verbandsgemeinde, Verwaltungsgemeinschaft, Amt, Samtgemeinde, vgl. S. 98) verzichtet hat, aus mehreren, meist kleineren Einheiten der Typ der *Großgemeinde* mit 8 000 bis 10 000 Einwohnern entstanden. Sie ist in der Lage, aus eigenständiger Kraft eine kommunale Grundausstattung zu schaffen. Die Verwaltung ist professionalisiert und spezialisiert, und die Gemeindevertretung wird bereits überwiegend von den örtlichen Parteien (vgl. S. 50) beherrscht.

3. Der Übergang von der Großgemeinde zur *Kleinstadt* (10 000–25 000 E) ist fließend. Die im Mittelalter wichtige Verleihung der Stadtrechte klingt oft noch nach, wenn sich relativ kleine Gemeinden „Stadt“ nennen dürfen. Materielle Unterschiede zwischen Großgemeinden und Kleinstädten gibt es kaum.

4. Die *Mittelstadt* (30 000–100 000 E) hebt sich deutlich von der Großgemeinde ab, nicht nur durch eine besondere Bezeichnung in den Gemeindeordnungen, sondern auch durch die damit verbundene Aufgabenvermehrung. Sie zeichnet sich durch eine bürokratische, formalisierte Verwaltung aus, die in hohem Maße leistungsfähig ist. Sie nähert sich in der Aufgabenwahrnehmung der kreisfreien Stadt an. Im süddeutschen Raum sind Mittelstädte dieser Größenkategorie teilweise sogar selbst kreisfreie Städte. Wegen der Spannbreite der Einwohnerzahl schwankt die Zentralitätsstufe zwischen dem *Mittelzentrum* und dem *Oberzentrum*.

5. Die Stadtforschung legt die Grenze für *Großstädte* bei 100 000 Einwohnern fest. Sie sind meist kreisfrei und nehmen *oberzentrale Funktionen* wahr. Großstädte strahlen weit in ihr Umland aus und erfüllen Versorgungsfunktionen für die gesamte Region. Die Agglomeration sozialer und politischer Spannungen kann in Großstädten zu Konflikten führen, die das Schlagwort von der „Unregierbarkeit der Städte“ aufkommen ließen. Die Verwaltung ist hochgradig spezialisiert und differenziert, die Gemeindevertretung (vgl. S. 80) nimmt parlamentarischen Charakter an.

Aschenbrenner, K./Kappe, D.: Großstadt und Dorf als Typen der Gemeinde. Opladen 1965. – Bahrdt, H. P.: Die moderne Großstadt. München 1974.

Besondere Stadttypen nach der Einwohnerzahl

Bezeichnung	BaWü	Bay	He	Nds	NrW	RhPf	Sa	SH
Große Kreisstadt	71 ab 20 000 Einwohner	24 ab 30 000 Einwohner						
Große selbständige Stadt								
Selbständige Gemeinde				22 ab 30 000 Einwohner				
Große kreisangehörige Stadt					27 ab 60 000 Einwohner	8 ab 25 000 Einwohner		
Mittlere kreisangehörige Stadt					95 ab 25 000 Einwohner			
Mittelstadt							3 ab 40 000 Einwohner	
sonstige Privilegierung			7 ab 50 000 Einwohner 198 ab 7 500 Einwohner					15 ab 20 000 Einwohner
kreisfreie Stadt	9	25	5	9	23	12	–	4

Gemeinden nach Ländern und Gemeindegrößenklassen am 1. 1. 1985

Land	Gemeinden insges.	Davon mit ... bis unter ... Einwohnern										
		unter 500	500 – 1 000	1 000 – 2 000	2 000 – 5 000	5 000 – 10 000	10 000 – 20 000	20 000 – 50 000	50 000 – 100 000	100 000 – 200 000	200 000 – 500 000	500 000 und mehr
Schleswig-Holstein	1 131	485	305	165	83	44	30	14	3	–	2	–
Hamburg	1	–	–	–	–	–	–	–	–	–	–	1
Niedersachsen	1 031	30	243	271	194	119	98	59	9	6	1	1
Bremen	2	–	–	–	–	–	–	–	–	1	–	1
Nordrhein-Westfalen	396	–	–	–	6	75	129	119	38	13	11	5
Hessen	427	–	1	10	128	140	101	36	6	3	1	1
Rheinland-Pfalz	2 303	1 135	558	311	190	72	18	12	4	3	–	–
Baden-Württemberg	1 111	52	44	162	414	242	118	59	13	4	2	1
Bayern	2 051	3	232	672	702	266	125	34	11	3	2	1
Saarland	52	–	–	–	–	12	28	10	1	1	–	–
Berlin (West)	1	–	–	–	–	–	–	–	–	–	–	1
Bundesgebiet	8 506	1 705	1 383	1 591	1 717	970	647	343	85	34	19	12

Gebietsreform – Gebietsbestand

Im Jahr 1960 gab es im Bundesgebiet 24371 kreisangehörige Gemeinden und 141 kreisfreie Städte. Die Zahl der kreisangehörigen Gemeinden verringerte sich durch die kommunale *Gebietsreform* bis 1978 auf 8514, die der kreisfreien Städte auf 88. Bei den Kreisen verringerte sich die Anzahl von 425 auf 236.

Die Reform nahm mit zeitlicher Verschiebung in den acht Flächenstaaten der Bundesrepublik Deutschland Mitte der sechziger Jahre ihren Anfang. Sie hatte ihre Wurzeln in der Idee der Maßstabsvergrößerung der kommunalen Verwaltungseinheiten, um Ziele wie die Stärkung der Leistungsfähigkeit, die Optimierung der politischen Form der Gemeinden sowie die Erfüllung überörtlicher Funktionen zu erreichen. Vordringlicher Reformbereich waren die *Kleingemeinden,* die keine hauptamtlichen Verwaltungsbeamten hatten (vgl. S. 30). Ein einheitliches und vollständiges Zielsystem der Reformmaßstäbe läßt sich weder aus den Gesetzgebungsvorhaben der Länder noch aus der Rechtsprechung zur Gebietsreform entnehmen. Eine verfassungsrechtliche Gebietsbestandsgarantie – etwa aus der *Selbstverwaltungsgarantie im Grundgesetz* (vgl. S. 18) abgeleitet – konnten die Gemeinden und Kreise den Reformern nicht entgegenhalten. Das Grundgesetz schützt nur die Institution der kommunalen Selbstverwaltung, die auch durch größere räumliche Einheiten noch gewährleistet ist. Das Ziel der Professionalisierung der Verwaltung war vor allem für den ländlichen Raum von Bedeutung. Bei den städtischen Ballungsräumen, wie auch bei den kleineren Zentralorten mit leistungsfähiger Verwaltung, lag die Problematik in den Defiziten, die sich aus den zu eng gezogenen, meist historisch überkommenen Gemeindegrenzen ergaben: Expansives Wachstum in der Wiederaufbauphase nach dem 2. Weltkrieg hatte einerseits die räumlichen Ressourcen vor allem der Kernstädte durch Gewerbeansiedlung, Wohnungsbau und Freizeiteinrichtungen aufgezehrt. Eine Vielzahl von Einrichtungen zur Daseinsvorsorge in diesen Kernstädten wurden andererseits von den Bewohnern der Umlandgemeinden mitgenutzt, wobei die zentrale Stadt meist die gesamten Lasten trug. Planungs-, Siedlungs- und Wirtschaftsräume stimmten nicht mit den Gemeindegrenzen überein. Der Versuch, dieses Problem durch *zwischengemeindliche Zusammenarbeit* zu lösen, berührte aber durch die Verlagerung von Zuständigkeiten auf *Zweckverbände und kommunale Arbeitsgemeinschaften* (vgl. S. 100) die verfassungsrechtlich verbriefte *Allzuständigkeit* der Gemeinden. Damit einher ging durch den verstärkten Einfluß der Vertreter der Gemeindeexekutive in den Zweckverbänden ein demokratischer Substanzverlust für die einzelnen Mitgliedskommunen.

Die teilweise massive Zusammenlegung von Gemeinden hatte auch negative Folgen: So kam es zu einer erheblichen Verringerung der „Mandatsdichte", d. h. der Zahl der ehrenamtlich tätigen Mitglieder der Gemeindevertretungen (vgl. S. 80). Ferner wird als negativer Effekt der Reform die räumliche Entfernung des Bürgers von der Verwaltung kritisiert, die sich nicht nur durch längere Wegstrecken, sondern auch durch schwächere Informationsströme ausdrückt. Die Gemeindeordnungen der Länder bieten hier als Lösungsmöglichkeit die Schaffung von Verwaltungsaußenstellen und/oder demokratisch legitimierter Suborgane auf der Ebene der *Stadt- und Gemeindebezirke bzw. der Ortsteile* an (Stadt- und Ortsteilvertretungen; vgl. S. 96).

Einige Länder sind den Weg gegangen, mehrere Gemeinden, deren Selbständigkeit erhalten blieb, in Ämtern, Samtgemeinden oder Verbandsgemeinden (vgl. S. 98) zusammenzufassen. Ihnen wurden zur Stärkung der Verwaltungskraft im ländlichen Raum eigene Aufgaben übertragen.

Folge der Gemeindegebietsreform war eine Gebietsvergrößerung der Kreise, um auch auf dieser Ebene leistungsfähige Einheiten zu schaffen.

Die Durchführung der Reform lag bei den Ländern. Der teilweise heftige Widerstand der betroffenen Bevölkerung und Lokalpolitiker führte Ende der 1970er Jahre in einzelnen Fällen zu „Nachbesserungen" (z. B. wurde die Kunststadt Lahn wieder in die Städte Gießen und Wetzlar zurückgegliedert), womit die Gebietsreform ihren gesetzgeberischen Abschluß fand.

Jauch, D.: Auswirkungen der Verwaltungsreformen in ländlichen Gemeinden. Stuttgart 1975. – Thieme, W./Prillwitz, G.: Durchführung und Ergebnisse der kommunalen Gebietsreform. Baden-Baden 1981. – Derlien, H.-U./Queis, D. von: Kommunalpolitik im geplanten Wandel. Baden-Baden 1986.

Reformvorhaben der Länder

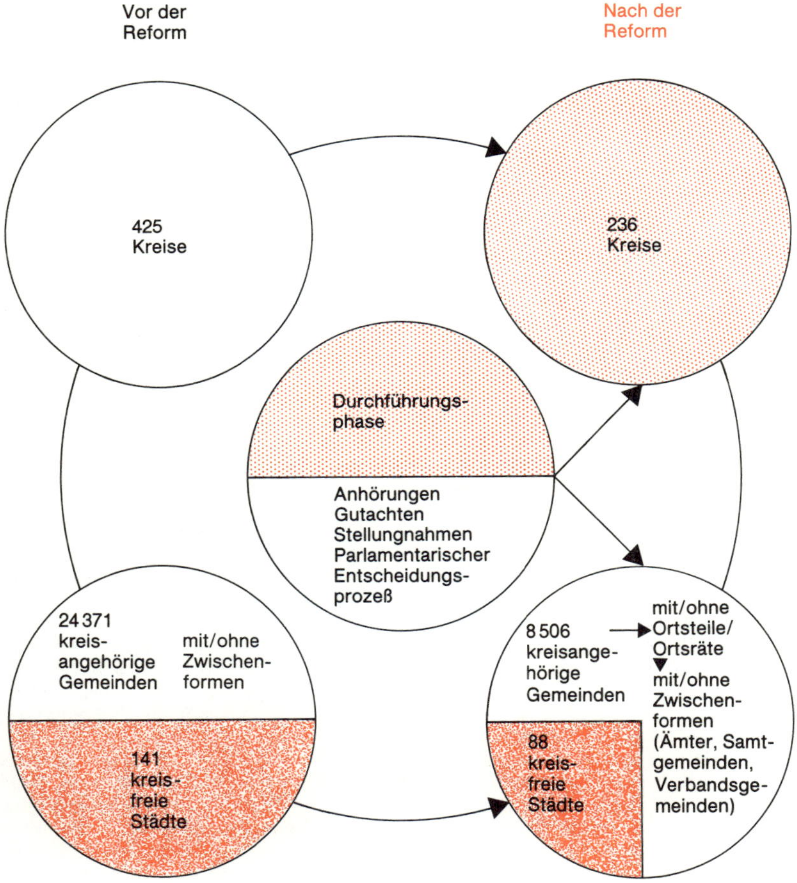

Kommunale Finanzverfassung

Die finanzielle Grundausstattung der Kommunen ist zur Absicherung der kommunalen Selbstverwaltung im Grundgesetz geregelt. Dies geschah durch die Gemeindefinanzreformen von 1956 und 1969. Durch Art. 104a–106 GG werden die Gemeinden und Gemeindeverbände auf die folgende Weise in die Finanzverfassung des Grundgesetzes einbezogen:

Die Gemeinden sind mit einem durch einfaches Bundesgesetz zu bestimmenden Anteil von derzeit 15% am Aufkommen der *Lohn- und Einkommensteuer* beteiligt (Art. 106 Abs. 5 GG). Die Einzelheiten der Verteilung werden durch Landesgesetze geregelt. Die Einnahmen aus der Lohn- und Einkommensteuerbeteiligung machen im ganzen über 40% der Steuereinnahmen der Gemeinden aus (1985: 43%). Die Anteile in der einzelnen Kommune sind von der Struktur der Gemeinde abhängig (vgl. S. 152).

Das Aufkommen der *Realsteuern* steht den Gemeinden, das der *örtlichen Verbrauch- und Aufwandsteuern* den Gemeinden oder Gemeindeverbänden zu (Art. 106 Abs. 6 GG). Die bedeutendsten Einnahmequellen unter den Realsteuern sind die *Gewerbesteuer,* die weitere 40% der gemeindlichen Steuereinnahmen ausmacht (1985: 42%), und die *Grundsteuer* (Grundsteuer A für land- und forstwirtschaftlich genutzte Betriebsgrundstücke, Grundsteuer B für bebaute Grundstücke). Die Grundsteuer erbringt ca. 10% der gemeindlichen Steuereinnahmen (1985: 12%). Die restlichen Anteile werden durch die *Bagatellsteuern* (Hundesteuer, Getränkesteuer usw.) aufgebracht.

Die *Hebesätze* dieser örtlichen Steuern dürfen von den Gemeinden „im Rahmen der Gesetze", d.h. innerhalb eines von den Landesgesetzgebern vorgegebenen Spielraums, selbst festgesetzt werden. Die Erträge aus der Gewerbesteuer fließen den Gemeinden allerdings nicht in voller Höhe zu, da der Bund und das jeweilige Land am Aufkommen der Gewerbesteuer durch eine Umlage in Höhe von derzeit etwa 15% beteiligt sind. Mit der Einführung dieser Gewerbesteuerumlage im Jahre 1969 sollte ein erster Schritt auf dem Wege zur Abschaffung der Gewerbeertragssteuer getan werden, indem den Gemeinden im Tausch gegen die Beteiligung an der Einkommensteuer ein Teil des Gewerbesteueraufkommens entzogen wurde. Die Gemeinden haben sich aber bislang mit Erfolg gegen eine völlige Abschaffung der Gewerbesteuer gewehrt.

Durch Art. 106 Abs. 7 GG hat der Bund den Ländern auferlegt, die Gemeinden mit einem vom Landesgesetzgeber zu bestimmenden Hundertsatz am Aufkommen der sogenannten *Gemeinschaftsteuern,* d.h. der Einkommensteuer, der Körperschaftsteuer und der Umsatzsteuer, die Bund und Ländern gemeinschaftlich zustehen, zu beteiligen. Damit ist aber kein dem Bundes- und Länderanteil rechtlich gleichwertiger Gemeindeanteil an den Gemeinschaftssteuern geschaffen worden. Es handelt sich vielmehr nur um einen bundesrechtlichen Auftrag an die Länder. Die Unterverteilung durch die Finanzausgleichsgesetze der Länder geschieht in der Weise, daß die Gemeinden teils sogenannte *Schlüsselzuweisungen* als allgemeine Deckungsmittel, teils *Bedarfs-,* teils *Zweckzuweisungen* (vgl. S. 156) erhalten. Die Zuweisung im einzelnen folgt einem von Land zu Land in den Einzelheiten verschiedenen, insgesamt auf den Finanzwissenschaftler J. Popitz zurückgehenden Verfahren, durch das ein Kompromiß zwischen dem Ausgleich unterschiedlicher Steuerkraft einerseits und unterschiedlichen Bedürfnissen wegen unterschiedlicher Struktur andererseits verwirklicht werden soll (vgl. S. 36). Die Zuweisungen insgesamt decken ca. 25% der gemeindlichen Gesamteinnahmen ab und treten damit fast gleichberechtigt neben die Summe aller Steuereinnahmen, die mehr als 30% der gemeindlichen Gesamteinnahmen ausmachen.

Als Einnahmequelle aus eigenem Recht stehen den Kommunen die von ihnen erhobenen *Gebühren* und *Beiträge* (vgl. S. 154) zu Gebote, die zusammen gegenwärtig etwa 23% der Gesamteinnahmen ausmachen.

Die *sonstigen Einnahmen* der Kommunen aus wirtschaftlicher Betätigung, Beteiligungen, Miet- und Pachteinnahmen, Zinsen des eigenen Vermögen usw. lassen sich kaum noch systematisieren; sie ergeben zusammen mit den *Kreditaufnahmen* (vgl. S. 158) die restlichen etwa 22% der gemeindlichen Gesamteinnahmen.

Rosenschon, J. E.: Gemeindefinanzsystem und Selbstverwaltungsgarantie. Köln u.a. 1980. – Handbuch der kommunalen Wissenschaft und Praxis. Hg. v. G. Püttner. Bd. 6. Berlin u.a. ²1985.

Die Finanzausstattung der Kommunen
(Summe aller Gemeinden)

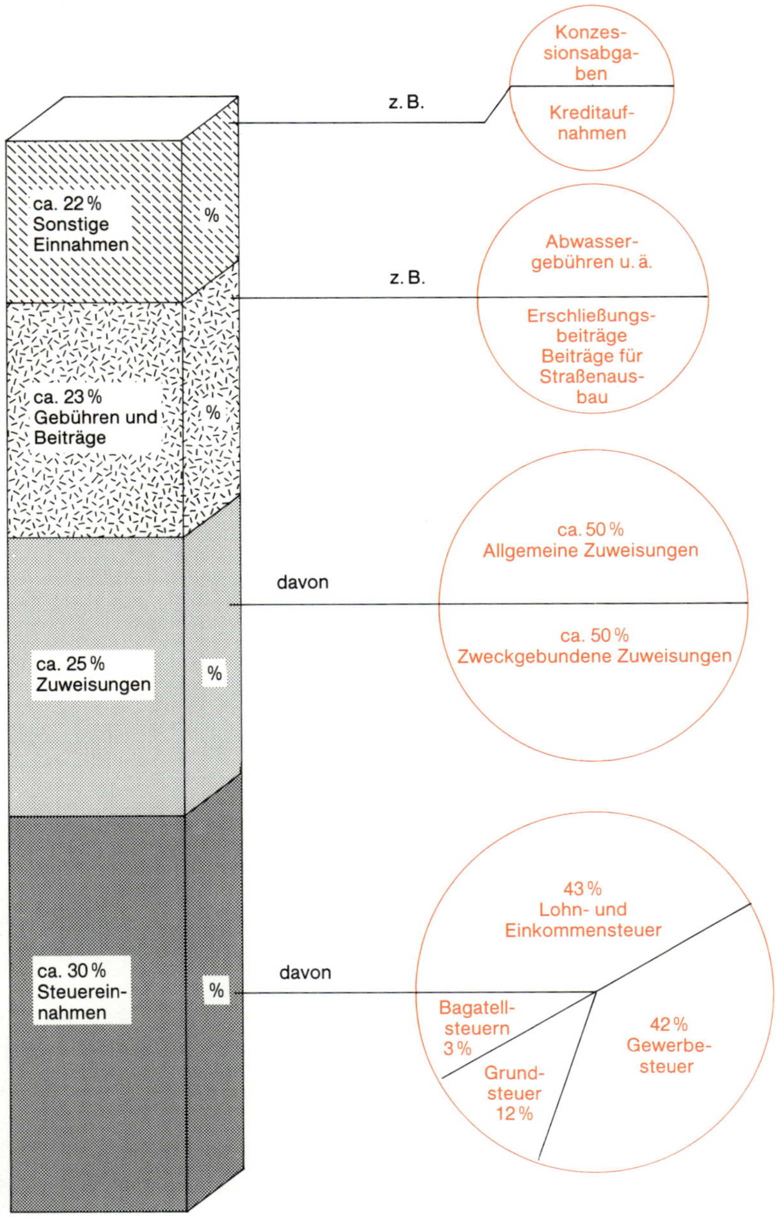

Kommunaler Finanzausgleich

Der kommunale Finanzausgleich in den Ländern der Bundesrepublik Deutschland ist ein vertikaler Finanzausgleich mit horizontalem Effekt: Durch unterschiedlich hohe *Zuweisungen* (vgl. S. 156) der Länder an ihre Gemeinden bzw. Gemeindeverbände werden

1. die kommunalen Finanzmittel insgesamt aufgestockt (fiskalische Funktion = *vertikaler Effekt*),
2. Finanzkraftunterschiede zwischen vergleichbaren Gemeinden tendenziell ausgeglichen (redistributive Funktion = *horizontaler Effekt*) und
3. besondere Bedarfssituationen infolge überörtlicher Aufgabenstellungen honoriert *(raumordnungspolitische Funktion)*.

Zentrale Finanzquelle dieses Zuweisungssystems ist die Beteiligung der Kommunen an den Steuern und Steueranteilen der Länder. Nach dem Grundgesetz steht den Gemeinden vom Länderanteil der *Gemeinschaftssteuern* (Einkommen-, Körperschafts-, Umsatzsteuer) ein von der Landesgesetzgebung zu bestimmender Hundertsatz zu. Auf freiwilliger Basis können zu diesem obligatorischen Steuerverbund auch der Landesanteil an der Gewerbesteuerumlage sowie Zahlungen bzw. Einnahmen im Rahmen des Länderfinanzausgleichs hinzugezogen werden. Die Anteile *(Verbundquoten)* an den Verbundsteuern reichten 1984 von 11,54% (Bayern) bis 25,5% (Nordrhein-Westfalen), wobei besonders wegen der unterschiedlichen Aufgabenverteilung zwischen den Ländern und ihren Kommunen die Verbundquoten allein einen Leistungsvergleich zwischen den Ländern nicht zulassen. Durchschnittlich werden die Kommunen von den Ländern zu 23,6% an den Grundlagen des allgemeinen Steuerverbundes beteiligt. Weitere 18,3% der Finanzausgleichsmittel erhalten die Kommunen über zusätzliche Beteiligungen an Landessteuern wie der Grunderwerbsteuer, der Vermögensteuer sowie der Kraftfahrzeugsteuer. Der restliche Anteil des Finanzausgleichsvolumens wird aus allgemeinen Dekkungsmitteln der Fachetats des Landes finanziert. Die Höhe dieser Mittel wird von den Ländern im Rahmen der jeweiligen Etatberatungen festgelegt.

Derzeit werden etwas mehr als 50% der Finanzausgleichsmittel den Kommunen als *allgemeine Zuweisungen* zur Verfügung gestellt. Der größte Teil dieser für die Kommunen frei verfügbaren Mittel wird als sogenannte *Schlüsselzuweisungen* verteilt, wobei als Verteilungskriterien nach Gemeindegröße und Gemeindetypisierung normierte Bedarfsmeßzahlen sowie ebenfalls normierte (fiktive) Steuerkraftzahlen verwendet werden. Zum Ausgleich besonderer Härtefälle, die von dem System der Schlüsselzuweisungen nicht erfaßt werden, gewähren die meisten Länder einzelnen Gemeinden sogenannte *Bedarfszuweisungen*.

Während bei den genannten allgemeinen Finanzzuweisungen, insbesondere bei den Schlüsselzuweisungen, die direkte Beziehung zu einzelnen kommunalen Aufgaben und Verwaltungszweigen von nachrangiger Bedeutung ist, tritt diese bei den *speziellen Zuweisungen* (das waren 1984 rund 47% der Finanzausgleichsmasse) in den Vordergrund. Es handelt sich hier um zweckgebundene Zuweisungen des Landes an die Gemeinden zur Finanzierung der bei diesen in speziellen Tätigkeitsbereichen anfallenden Ausgaben; diese Zuweisungen erfolgen in der Regel auf Antrag der betreffenden Gemeinde. Die Zweckzuweisungen sind das inzwischen schon klassische Instrument des Landes, über den „Goldenen Zügel" auf das Ausgabeverhalten und insbesondere auf die Investitionspolitik der Städte, Gemeinden und Gemeindeverbände Einfluß zu nehmen und damit örtliche und überörtliche (landespolitische) Planungen zu koordinieren.

Münstermann, E./Becker, Hubert: Finanzausgleichsleistungen an Kommunen. Ein Vergleich der Finanzausgleichsysteme in den Bundesländern. Köln 1978. – Gläser, M.: Die staatlichen Finanzzuweisungen an die Gemeinden. Gestaltungskriterien, Effektivität, Reform. Thun–Frankfurt am Main 1981. – Räumliche Aspekte des kommunalen Finanzausgleichs. Hg. v. der Akademie für Raumforschung und Landesplanung. Hannover 1985.

Struktur des kommunalen Finanzausgleichs '84

Mittelherkunft

Allgemeiner Steuerverbund 46,9 %

23,6 %* vom Landesanteil

- Einkommensteuer
- Körperschaftsteuer
- Umsatzsteuer
- Gewerbesteuerumlage

Sonderverbünde 18,3 %

Grunderwerbsteuer	2,5 %
Vermögensteuer	1,5 %
Kfz-Steuer	14,3 %

Sonstige Landesmittel im Kommunalen Finanzausgleich (KFA) 34,8 %

Freiheitsgrad

Allgemeine Zuweisungen (disponibel) 52,9 %

Spezielle Zuweisungen (zweckgebunden) 47,1 %

Verwendung

Schlüsselzuweisungen	41,3 %
Ausgleichsstock Auftragsverwaltung	3,1 %
Sonst. Zuweisung allg. Finanzwirtschaft	8,5 %
Schulwesen	8,3 %
Soziales	8,6 %
Gesundheit, Sport	6,9 %
Wasserwirtschaft	5,3 %
ÖPNV, Straßen	12,7 %
Sonstiges	5,3 %

* Gewogener Durchschnitt der Steuerverbundquoten in den Ländern.

Quelle: Karrenberg, H. und Münstermann, E.: Gemeindefinanzbericht 1985, in: „der städtetag“, Heft 2, Stuttgart 1985, S. 89

Kommunalwirtschaft

Unter dem Begriff „Kommunalwirtschaft" lassen sich im weiteren Sinne alle Betätigungen zusammenfassen, mit denen die Gemeinden bzw. Gemeindeverbände (GV) selbst am Wirtschaftsleben teilnehmen. Dazu gehören der Kauf von Gütern und Dienstleistungen, die Bereitstellung von Infrastruktureinrichtungen mittels Investitionen, Förderung von privaten wirtschaftlichen Unternehmen, aber auch die Erteilung von Genehmigungen und die Kontrolle der Tätigkeit von gewerblichen Betrieben.

Im engeren Sinne ist unter Kommunalwirtschaft eine *unternehmerische Betätigung* der Gemeinden zu verstehen, bei der sie Unternehmen errichten, übernehmen oder erweitern, die auch von privaten Unternehmen mit Gewinnabsicht betrieben werden könnten. Das Recht dazu steht den Gemeinden aus der Selbstverwaltungsgarantie des Art. 28 GG als Teil der Daseinsvorsorge für die Bürger zu. Nach den Gemeindeordnungen sind unternehmerische Aktivitäten der Gemeinden allerdings nur dann zulässig, wenn der öffentliche Zweck dies rechtfertigt und das Unternehmen nach Art und Umfang in einem angemessenen Verhältnis zur Leistungsfähigkeit der Gemeinde und zum voraussichtlichen Bedarf steht. Durch diese Einschränkungen soll zum einen die private Wirtschaft vor einer Konkurrenz gemeindlicher Unternehmen geschützt werden, so dürfen Bankgeschäfte z. B. nur in Sparkassenform erfolgen (vgl. S. 304). Zum andern soll verhindert werden, daß die Gemeinde unternehmerische Risiken eingeht, die sie im Verlustfall nicht tragen kann. Sie darf sich deshalb z. B. nur an Gesellschaften beteiligen, deren Haftung begrenzt ist. Nach Möglichkeit soll die Gemeinde mit ihren Unternehmen einen Ertrag erzielen.

Von den Unternehmen zu unterscheiden sind die gemeindlichen *Einrichtungen,* bei deren Betrieb die Gemeinden keinen Ertrag, sondern nur Kostendeckung erzielen dürfen. In den Gemeindeordnungen ist festgelegt, daß eine Reihe von Dienstleistungsbetrieben, die die Gemeinden unterhalten müssen, wie Schulen oder Krankenhäuser, nicht als eigene Unternehmen, sondern nur als Einrichtungen geführt werden dürfen.

Die wirtschaftliche Betätigung der Gemeinden kann in verschiedenen Rechtsformen erfolgen. Rechtlich unselbständig ist der *Regiebetrieb,* der auch organisatorisch ein Teil der allgemeinen Gemeindeverwaltung ist und dessen Einnahmen und Ausgaben im gemeindlichen Haushalt ausgewiesen werden. Neben Hilfsbetrieben der Gemeinden wie Friedhofsgärtnereien wird diese Rechtsform fast nur noch für die Wasserversorgung in kleineren Gemeinden verwendet. Gemeinden mit mehr als 10 000 Einwohnern müssen ihre Wirtschaftsunternehmen als *Eigenbetriebe* führen, kleinere können es (soweit nicht Kapitalgesellschaften benutzt werden). Eigenbetriebe haben eine vom gemeindlichen Haushalt getrennte Wirtschaftsplanung, Buchführung und Rechnungslegung, sind aber Teil des Gemeindevermögens. Wesentliche Entscheidungen über den Eigenbetrieb werden vom Gemeinderat getroffen, der sich zur Vorbereitung der Beschlüsse und zur besseren Kontrolle des Eigenbetriebes eines *Werkausschusses* bedient. Die laufende Betriebsführung und der Vollzug der Beschlüsse obliegt der Werkleitung.

Wegen der Notwendigkeit einer Haftungsbeschränkung kommen als privatrechtliche Unternehmensformen praktisch nur die Gesellschaft mit beschränkter Haftung (GmbH) und die Aktiengesellschaft (AG) in Frage. Ist die Gemeinde alleiniger Gesellschafter bzw. Aktionär, spricht man von *Eigengesellschaft.* Häufig sind jedoch mehrere Gemeinden bzw. auch private Personen an den Gesellschaften beteiligt. Derartige Gesellschaften können sich flexibel an die jeweiligen Marktbedürfnisse anpassen, losgelöst von vielen Restriktionen der öffentlichen Verwaltung. Als Nachteil ist die abgeschwächte Einflußmöglichkeit der Gemeinde auf ihr Unternehmen anzusehen.

Wichtigster Bereich der wirtschaftlichen Betätigung der Kommunen ist die Versorgung mit Strom, Gas, Fernwärme (vgl. S. 310) und Wasser, was in vielen Fällen durch ein Unternehmen geschieht („Querverbund"). Daneben wird vor allem in den Städten der öffentliche Personennahverkehr (ÖPNV, vgl. S. 294) von kommunalen Unternehmen durchgeführt, wobei die Verluste aus dem ÖPNV mit Gewinnen aus der Energieversorgung ausgeglichen werden. Ein weiteres wichtiges Feld ist die Versorgung der Bevölkerung mit preiswertem Wohnraum durch städtische Wohnungsbaugesellschaften.

Sander, O./Weiblen, W.: Kommunale Wirtschaftsunternehmen, Köln u. a. 1982. – Handbuch der kommunalen Wissenschaft und Praxis. Hg. v. G. Püttner. Bd. 5. Berlin u. a. [2]1984.

Anzahl der kommunalen Unternehmen[1] im Versorgungs- und Verkehrsbereich 1980

Betriebsart	Eigenbetriebe	Eigengesellschaften (AG und GmbH)	Zusammen
Elektrizität	4	17	21
Gas	5	10	15
Wasser	296	27	323
Kombinierte Versorgung	280	134	414
Schienenbahnen, Straßenverkehr	5	50	55
Schiffahrt, Häfen	14	6	20
Flughäfen	–	4	4
Kombinierte Versorgungs- und Verkehrsunternehmen	69	29	98
Insgesamt	673	277	950

Quelle: Statistisches Bundesamt

[1] Ohne Zweckverbände und Unternehmen, an denen nichtkommunale Personen beteiligt sind.

Kommunalpolitik

„Die Verwaltung der Gemeinde wird ausschließlich durch den Willen der Bürgerschaft bestimmt. Die Bürgerschaft wird durch den Rat vertreten." (§ 27 GO Nordrhein-Westfalen). Nicht nur in Nordrhein-Westfalen bilden Verwaltung und Bürger die Pole der kommunalen Selbstverwaltung. Deren Aktivitäten sind nicht bloße Sachverwaltung, sondern Kommunalpolitik, die heute ebenso wie Bundes- und Landespolitik Gesellschafts- und damit auch Parteipolitik ist. Damit erhalten Festlegung und Verwirklichung kommunalpolitischer Ziele und Entscheidungsstrukturen und -prozesse eine Schlüsselstellung im Rahmen der gesamten sozialen und politischen Entwicklung.

Das Handeln der kommunalpolitischen Akteure vollzieht sich nicht autonom; es ist auf vielfältige Weise mit wirtschaftlicher Tätigkeit und Entscheidungen der öffentlichen Verwaltung (Bund, Land, Kreis) verbunden *(ökonomische und administrative Politikverflechtung).* Am Ort breitet sich zwischen den einzelnen Bürgern, dem von ihnen gewählten Rat und der betreffenden Gemeindeverwaltung das vielfältige Gebilde *„lokale Öffentlichkeit"* (vgl. S. 48) aus.

Auch Bürgerinitiativen und Verbände, Lokalpresse, Vereine sind für das kommunalpolitische Geschehen von Bedeutung. Die Ausdehnung der kommunalen Aufgaben (vgl. S. 20), insbesondere bei der Daseinsvorsorge, hat Kompetenzverlagerungen bewirkt. Die eindeutige Trennung von „örtlichen" (kommunalen) und „überörtlichen" (staatlichen) Aufgaben ist heute kaum mehr möglich. Der öffentliche *Aufgaben-, Planungs- und Finanzverbund* schafft Rahmenbedingungen für die Kommunalpolitik; neben verwaltungstechnischen Bindungen sind ökonomische Lage und finanzwirtschaftliche Möglichkeiten zu beachten.

Der Bestand einer Gemeinde an leistungsfähigen Industrie- und Dienstleistungsbetrieben bildet die *wirtschaftliche Grundlage* für ausreichende Steuereinnahmen. Bei Entscheidungen über die Nutzung von Flächen geraten die Gemeinden in den *Interessenkonflikt* zwischen Bürgern, die für den Umweltschutz eintreten, und Wirtschaftsunternehmen, deren Produktion u. U. Gestank, Lärm, Abwässer und Sondermüll verursacht.

Das formelle Entscheidungsverfahren für solche Probleme regeln die Gemeindeordnungen der einzelnen Länder. Die wichtigste Gemeinsamkeit aller Gemeindeverfassungssysteme bilden zwei Institutionen der kommunalen Selbstverwaltung: eine gewählte Vertretung der Gemeindebürger (*Gemeindevertretung* [vgl. S. 80], Gemeinderat, Stadtrat oder Stadtverordnetenversammlung genannt) und eine eigenständige Verwaltungsbehörde, an deren Spitze ein *Verwaltungschef* steht, der je nach Gemeindeverfassung Bürgermeister oder Gemeindedirektor (vgl. S. 86) heißt und von Beigeordneten, Dezernenten (vgl. S. 88) bzw. Referenten, Stadtvorstand oder Magistrat unterstützt wird. Für das Verhältnis von hauptamtlicher Verwaltungsspitze und ehrenamtlicher Vertretungskörperschaft in der politischen *Willensbildung* haben die Gemeindeordnungen unterschiedliche Festlegungen getroffen.

Daneben bestehen vielfältige informelle Beziehungen: „Der politisch einflußreiche Ratsvertreter braucht Information und findet sie in der Verwaltung. Der Verwaltungsmanager andererseits sucht den Kontakt, um sein Vorhaben rechtzeitig politisch abzusichern" (Banner, 1972). Aus dem beiderseitigen Interesse entwickelt sich eine Gruppe von *Vorentscheidern.* Dazu gehören Ausschuß- und Fraktionsvorsitzende, Verbandsfunktionäre und andere Berufspolitiker, der Verwaltungschef, seine Dezernenten (Referenten) sowie wichtige Amtsleiter.

Die *Vorentscheider* sind zugleich Meinungsführer der *Ratsfraktionen,* Repräsentanten lokaler Parteiorganisationen, Informanten und Bezugspersonen der Lokalpresse sowie Funktionäre örtlicher Vereine. Die „Ressortkumpanei" zwischen den Trägern des artikulierten gesellschaftlichen Bedarfs (Vereine), den Verfügungsberechtigten über öffentliche Mittel (Verwaltung) und der legitimierten politischen Entscheidungsinstanz (Rat) kann nur durch den Vorentscheiderkreis zu einer akzeptablen Regelung der örtlichen Verteilungskonflikte überbrückt werden.

Kommunalpolitik im Wandel der Gesellschaft. Hg. v. O. W. Gabriel. Königstein/Ts. 1979. – Naßmacher, H./Naßmacher, K.-H.: Kommunalpolitik in der Bundesrepublik. Möglichkeiten und Grenzen. Opladen 1979. – Beer, R. R./Laux, E.: Die Gemeinde. Einführung in die Kommunalpolitik. München [3]1981.

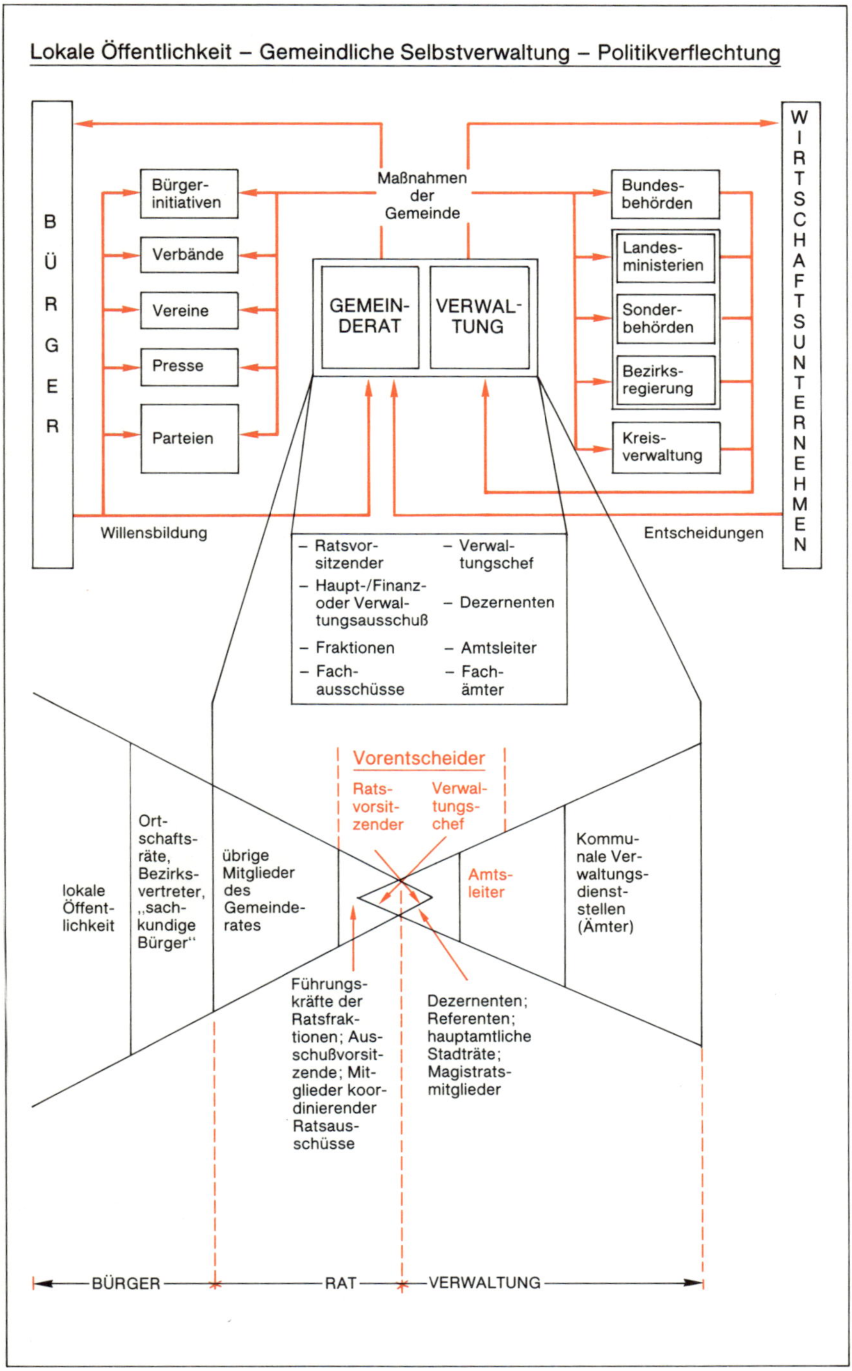
Lokale Öffentlichkeit – Gemeindliche Selbstverwaltung – Politikverflechtung
BÜRGER
WIRTSCHAFTSUNTERNEHMEN
Maßnahmen der Gemeinde
Bürger-initiativen
Verbände
Vereine
Presse
Parteien
GEMEIN-DERAT
VERWAL-TUNG
Bundes-behörden
Landes-ministerien
Sonder-behörden
Bezirks-regierung
Kreis-verwaltung
Willensbildung
Entscheidungen
– Ratsvor-sitzender
– Haupt-/Finanz- oder Verwal-tungsausschuß
– Fraktionen
– Fach-ausschüsse
– Verwal-tungschef
– Dezernenten
– Amtsleiter
– Fach-ämter
Vorentscheider
Rats-vorsit-zender
Verwal-tungs-chef
lokale Öffent-lichkeit
Ort-schafts-räte, Bezirks-vertreter, „sach-kundige Bürger“
übrige Mitglieder des Gemeinde-rates
Amts-leiter
Kommu-nale Ver-waltungs-dienst-stellen (Ämter)
Führungs-kräfte der Ratsfrak-tionen; Aus-schußvorsit-zende; Mit-glieder koor-dinierender Ratsaus-schüsse
Dezernenten; Referenten; hauptamtliche Stadträte; Magistrats-mitglieder
BÜRGER
RAT
VERWALTUNG

Bürgerbeteiligung

Mit dem Begriff der *kommunalen Selbstverwaltung* (vgl. S. 18) verbinden sich seit jeher nicht nur Vorstellungen über die kommunale Autonomie gegenüber dem Staat, sondern auch solche über die Verwaltung der gemeindlichen Angelegenheiten durch die Bürger selbst bzw. unter ihrer Teilnahme. Zwar entsprechen die in den einzelnen Ländern erlassenen Gemeindeverfassungen einheitlich dem repräsentativen Demokratiesystem, d. h., die Gemeindebürger bekunden ihren Willen durch Wahlen und handeln durch die Gemeindevertretung. Im Gegensatz zu den Verfassungen des Bundes und der Länder eröffnen die Gemeindeverfassungen den Bürgern aber auch zahlreiche direkte Mitwirkungsmöglichkeiten. Diese reichen von der *Beteiligung,* die die Gemeinden freiwillig anbieten können, über die Beteiligung, zu der die Gemeinden dem Bürger gegenüber verpflichtet sind, bis zu der, die die Bürger selbst auslösen können. Ergänzt werden diese Vorschriften durch Bestimmungen über *Informationspflichten* der Gemeinden und *Informationsrechte* der Bürger. Information ist zwar noch keine Beteiligung, aber eine wichtige Voraussetzung dafür. Denn nur der informierte Bürger kann sachkundig mitreden.

Alle diese Vorschriften lassen die Entscheidungsfreiheit der gewählten Gemeindeorgane unangetastet. Sie begrenzen lediglich deren – ansonsten ungeschmälertes – Recht, darüber zu befinden, wann und wie sie die Bürger informieren und beteiligen wollen. Dies gilt auch für die Beteiligungsvorschriften außerhalb der Gemeindeverfassungen, z. B. über die Beteiligung an der *Stadtsanierung* (vgl. S. 280) oder an der Erstellung von *Flächennutzungs-* und *Bebauungsplänen* (vgl. S. 252 und S. 254). Die Bürger haben keinen Anspruch auf die von ihnen gewünschten Entscheidungen. Nur dort, wo *Bürgerentscheide* (vgl. S. 94) möglich sind, entscheiden die Bürger selbst und nicht die gewählten Gemeindeorgane.

Viele Beteiligungsvorschriften wurden erst erlassen, als Ende der 1960er Jahre *Bürgerinitiativen* eine verstärkte Nachfrage nach Teilnahme am kommunalen Geschehen zu signalisieren schienen. Jene, die erwartet hatten, der mündige, aktive Bürger habe nun endlich die politische Bühne betreten, sehen sich jedoch enttäuscht. Immer noch nehmen 19 % der Bürger nicht einmal an Wahlen teil, begnügen sich 37 % mit der Wahl, und nur 44 % nutzen darüber hinaus noch andere Beteiligungsmöglichkeiten. Dafür gibt es zahlreiche Erklärungsversuche; so z. B. die, die Bürger würden sich nur beteiligen, wenn sie persönlich betroffen seien; wenn sie erwarten könnten, daß ihre Anliegen auch tatsächlich erfüllt würden (was bei der Entscheidungsfreiheit der gewählten Gemeindeorgane nicht zu garantieren sei); wenn sie die bildungsmäßigen und materiellen Voraussetzungen dafür besäßen (was nur bei den Mittel- und Oberschichten der Fall sei); wenn sie vom Wert der Beteiligung wirklich überzeugt seien und nicht glaubten, daß „die da oben" doch machen, was sie wollen, daß ihnen wenig an den Ansichten des „kleinen Mannes" liege usw.

Es gibt allerdings auch Theorien, die die Passivität der Bürger begrüßen. Viele der passiven Bürger seien nämlich, so wird argumentiert, uninformiert, desinteressiert und voller Vorurteile. Für die Stabilität der Demokratie sei es daher besser, wenn sie sich nicht beteiligten. Solche Theorien übersehen, daß nicht zu viel, sondern zu wenig Beteiligung die Demokratie gefährdet. Wenn Apathie und Passivität überwunden werden sollen, muß in den Bürgern die Überzeugung gefestigt werden, daß ihre Teilnahme notwendig und nützlich ist. Den Gemeinden fällt dabei die Rolle zu, dies den Bürger durch die eigene Politik ständig vor Augen zu führen. Denn in den Gemeinden werden die Auswirkungen der Politik und des Gesellschaftssystems besonders anschaulich und erfahrbar, und nur dort kann Beteiligung in größerem Umfange stattfinden.

Armbruster, B./Leisner, R.: Bürgerbeteiligung in der Bundesrepublik. Göttingen 1975. – Ellwein, Th./Lippert, E./Zoll, R.: Politische Beteiligung in der Bundesrepublik Deutschland. Göttingen 1975. – F. Hollihn: Partizipation und Demokratie. Bürgerbeteiligung am kommunalen Planungsprozeß? Baden-Baden 1978. – Kodolitsch, P. von: Kommunale Beteiligungspolitik. Berlin 1980.

Formen der Bürgerbeteiligung in den Gemeindeverfassungen

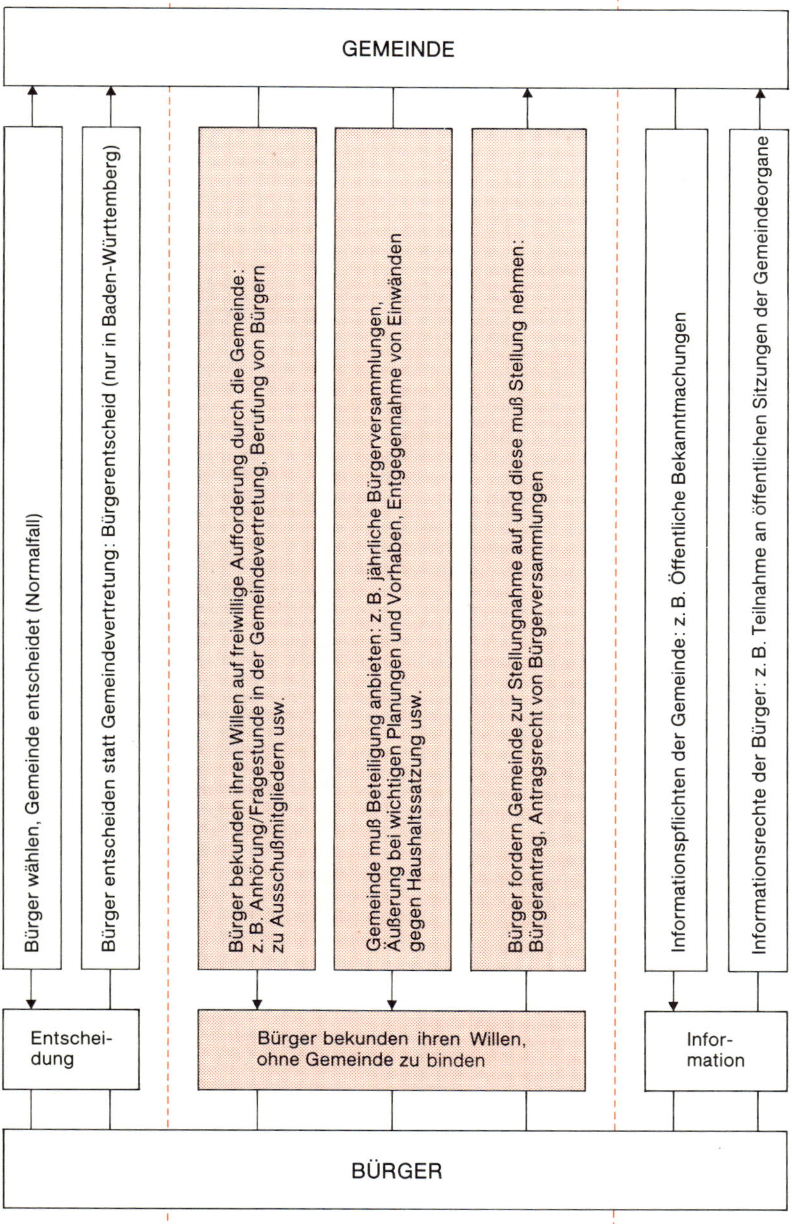

Nachbarschaft

Mit dem Begriff Nachbarschaft können verschiedene Vorstellungen verbunden sein: 1. Personen, deren eigene Grundstücke aneinandergrenzen (*juristischer* Nachbarschaftsbegriff); 2. das Nebeneinanderliegen von Orten/Ortsteilen und ihr Zusammenschluß, z.B. im „Nachbarschaftsverband" (*geographischer* Nachbarschaftsbegriff); 3. die in der Nähe Wohnenden und die sozialen Beziehungen zwischen den Bewohnern des Bezirks (*soziologischer* Nachbarschaftsbegriff). Nachbarschaft als „soziale Gruppe, deren Mitglieder primär wegen der Gemeinsamkeit des Wohnortes miteinander interagieren" (B. Hamm), kann durch die spezifische Art ihrer sozialen Beziehungen (persönliche Bekanntschaft, gegenseitige Hilfe und soziale Kontrolle, Zusammengehörigkeitsgefühl) Primärgruppencharakter gewinnen.

Schon der Nationalökonom und Soziologe Max Weber (* 1864, † 1920) vertrat die Ansicht, daß Nachbarschaft ursprünglich ein Verhältnis gegenseitiger Hilfeleistung in Notlagen ist. Im europäischen Bauerndorf alter Prägung bestehen zwischen Nachbarn spezifische Rechte und Pflichten, die durch Sitte und weitgehend durch das Nachbarrecht geregelt sind. Weitere Funktionen waren Information und Geselligkeit, soziale Orientierung, soziale Kontrolle und Integration. Diese Formen pflanzten sich zwar in den Städten weiter fort, zeigten aber schon in der mittelalterlichen Stadt Verfallserscheinungen. Der ursprüngliche Charakter von Nachbarschaft als Produktions- und Reproduktionsstätte und zugleich als existenzsichernde Not- und Hilfsgemeinschaft hat sich im Prozeß der Industrialisierung und Urbanisierung weitgehend gewandelt. Geblieben sind gesellige Funktionen und weniger verbindliche informelle Beziehungen.

Zunehmende Mobilität und wirtschaftlicher Wohlstand, Entstehung spezialisierter Organisationen und vielfältige Einrichtungen der öffentlichen Infrastruktur haben die Abhängigkeit von gegenseitiger Nachbarschaftshilfe reduziert.

Nachbarschaftliche Beziehungen sind jedoch keineswegs verschwunden, sondern als Kontaktpotential vorhanden, treten aber heute unter veränderten Umständen und Gelegenheiten in Erscheinung. Von besonderer Bedeutung ist die Nachbarschaft für Personen mit eingeschränkter Mobilität (Kinder, Alte, Behinderte, Hausfrauen), während sie für mobile Personen (etwa alleinstehende junge Erwachsene) nahezu bedeutungslos und damit auch unverbindlich sein kann (schichtabhängige Bedeutung der Nachbarschaft).

Von besonderer Bedeutung für die sozialwissenschaftliche Forschung sind der Zusammenhang zwischen räumlicher Wohn- und Siedlungsnähe und Kontakthäufigkeit und -intensität; die Beziehungen zwischen Schichtzugehörigkeit bzw. Klassenlage und Nachbarschaftsverhalten; Aktionsräume und Verkehrskreise; Zusammenhänge zwischen Wohndauer, Wohnerfahrungen, Nachbarschaft als Erlebnisfeld und Ortsbezogenheit sowie die Einflüsse von Nachbarschaftsstrukturen auf Art und Intensität der Beteiligung an kommunalpolitischen Aktivitäten und lokaler Selbstverwaltung.

Die politische Diskussion zur Nachbarschaftsproblematik ist nach wie vor geprägt durch Überlegungen, inwieweit durch architektonisch-städtebaulich-planerische Mittel einerseits und durch sozialorganisatorische Mittel andererseits (Bürgerinitiativen, Dezentralisierung lokaler Politik und Verwaltung, kommunale Sozialplanung etc.) Öffentlichkeit und lokale Demokratie hergestellt und soziale Verhaltensweisen der Bewohner nachhaltig beeinflußt und verändert werden können.

Der Städtebau (vgl. S. 246) hatte den Nachbarschaftsgedanken als gesellschaftsreformerisches Schlüsselkonzept aufgegriffen und ihn mit Hilfe städtebaulicher Reformideen wie z. B. der Auflockerung der Städte und Bau „überschaubarer" Siedlungen mit höchstens 10 000 Einwohnern umzusetzen versucht. Oftmals hat man aber bei der Planung die gemeinschafts- und nachbarschaftsfördernden Elemente (Läden, Gastwirtschaften, Kindergärten) bei der Planung zunächst nicht berücksichtigt, so daß viele Siedlungen die Isolierung eher noch förderten. Dem suchen inzwischen die Kirchengemeinden, aber auch die Parteien entgegenzuwirken, z.B. durch Stadtteil- oder Straßenfeste oder durch Besuche bei neuzugezogenen Gemeindemitgliedern. Als förderlich hat sich bei all diesen Versuchen die Aktivierung der Selbsthilfe erwiesen (z.B. gemeinsamer Bau von Kinderspielplätzen).

Hamm, B.: Betrifft: Nachbarschaft. Verständigung über Inhalt und Gebrauch eines vieldeutigen Begriffs. Düsseldorf 1973. – Hahn, A./Schubert, H. A./Siewert, H.-J.: Gemeindesoziologie. Eine Einführung. Stuttgart 1979.

Nachbarliche Beziehungen

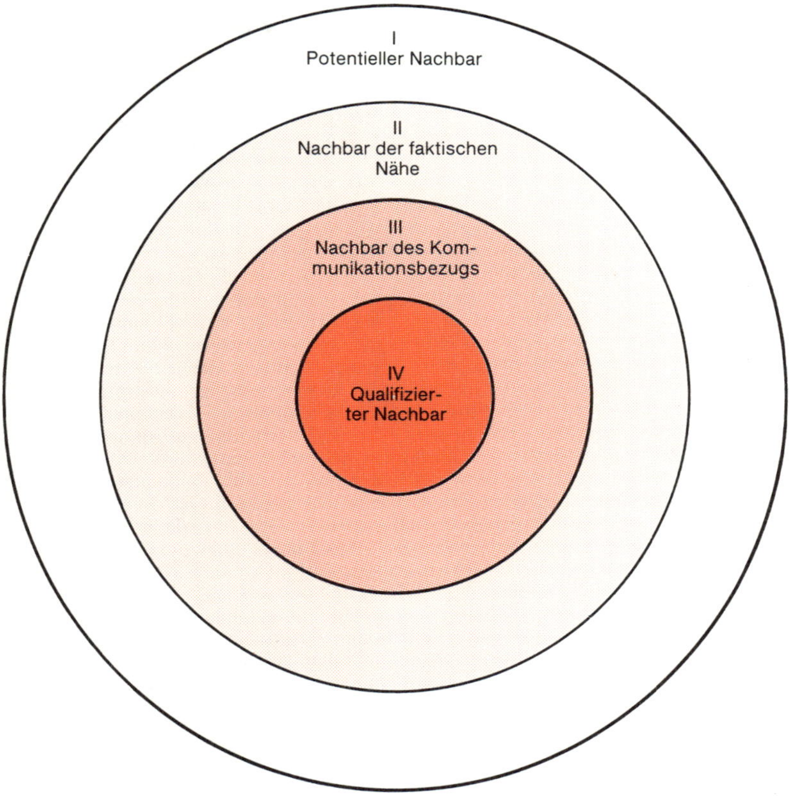

I Name und Gesicht unbekannt
II Gesicht bekannt (wohnt in der Nähe)
III Grußbekanntschaften/Gespräche („Zeremonielles Verhalten")
IV Gegenseitige Hilfe und Besuche („Solidaritätsverhalten")

Kirchengemeinden und Religionsgemeinschaften

Mehr als 90% der deutschen Bevölkerung in der Bundesrepublik Deutschland gehören einer der beiden großen Volkskirchen an. Der evangelische und der katholische Bevölkerungsanteil halten sich, bei starken regionalen Unterschieden, fast die Waage. Hinzu kommt eine Reihe kleinerer sogenannter Freikirchen (z. B. Methodisten, Baptisten, Altkatholiken). Der Zuzug von Ausländern hat zum Wachstum orthodoxer Gemeinden und islamischer Gemeinschaften geführt.

Als Partner der Kommunen treten vor allem die *Großkirchen* mit ihren Kirchengemeinden (Pfarreien) und Kirchenkreisen (Dekanaten) und die von ihnen oder aus den Kirchen heraus gebildeten Verbände (z. B. Diakonisches Werk der EKD, Caritas) in Erscheinung.

Kirchenmitglied wird man heute noch im Regelfall nicht durch eigene, sondern durch elterliche Entscheidung mit der Taufe im Säuglingsalter. Die Mitgliedschaft in einer bestimmten Kirchengemeinde oder Pfarrei bestimmt sich durch Konfession und Wohnsitz, dessen Wechsel regelmäßig auch Wechsel der Gemeindezugehörigkeit bedeutet (Ausnahmen sind möglich). Dieses auf den mittelalterlichen Pfarrzwang zurückgehende Territorialprinzip hat im ländlichen Bereich auch in der Gegenwart noch die Folge, daß Kirchengemeinde und Kommune vom Gebiet her deckungsgleich sind. Diese „Verwandtschaft" wird noch dadurch gefördert, daß die Großkirchen und ihre Untergliederungen den gleichen Rechtsstatus wie die Kommunen besitzen, nämlich Körperschaften des öffentlichen Rechts sind. Die übrigen Religionsgesellschaften dagegen, v. a. die sogenannten Sekten, haben die privatrechtliche Rechtsfähigkeit nach dem Vereinsrecht, sofern sie nicht schon vor Inkrafttreten des Grundgesetzes Körperschaften des öffentlichen Rechts waren. Dort, wo eine Konfession vorherrscht, sind auch Gemeindebürger und Mitglieder der Kirchengemeinde überwiegend identisch. All dies erleichtert eine Arbeitsteilung auf den Gebieten, auf denen Kirchen und Kommunen gleichermaßen tätig werden (z. B. Friedhofswesen, Kindergärten, Altenheime, Hauskrankenpflege, Offene Jugendarbeit).

In den größeren Städten spiegeln die Kirchengemeinden z. T. noch die frühere dörfliche Struktur. Während zumal in der Großstadt die Kommune dem Bürger vornehmlich als Verwaltungsbürokratie begegnet, ist in der Kirche Nachbarschaft personal erlebbar in der sonntäglichen Versammlung zum Gottesdienst, in personen- oder familienbezogenen kirchlichen Handlungen (Taufe, Erstkommunion, Konfirmation, Trauung, Beerdigung), im Gespräch mit dem örtlichen Seelsorger, in zahlreichen interessen- oder aufgabenbezogenen Zusammenkünften in Kirche und Gemeindehaus. Die nachbarschaftliche Organisation der Kirchengemeinden, die jeweils eine oder mehrere Versammlungsstätten im Nahbereich bieten, wirkt dem Trend zur Anonymität entgegen. Pfarreien und Kirchengemeinden werden oft zum Ausgangspunkt von Bürgerinitiativen (vgl. S. 42) oder fördern sie.

Ebenso wie die Kommunen zur Erfüllung bestimmter Aufgaben zumal im Sozialbereich auf Kirchen und Wohlfahrtsverbände angewiesen sind *(Subsidiaritätsprinzip),* stützen sich die Kirchen z. T. auf die kommunale Organisation. Die Volkskirchen führen keine eigenen Mitgliederlisten. Sie erhalten die Daten von den Einwohnermeldeämtern. Auch zum Einzug der von ihnen als Kirchensteuern erhobenen Mitgliedsbeiträge sind sie auf die staatliche Organisation angewiesen.

Fundament des regionalen Verfassungsaufbaus der *römisch-katholischen Kirche* ist die bischöfliche Diözese, die ein größeres Gebiet von Stadt- und Landkreisen umfaßt. Sie ist in Parochien (Pfarreien) gegliedert, denen der Bischof die Seelsorger zuweist. Die Gemeindemitglieder wählen Pfarrgemeinderäte, die für das Leben der Pfarrei Mitverantwortung tragen.

Im Unterschied dazu ist in der *evangelischen Kirche* die Gemeinde tragendes Element des Verfassungsaufbaus. Sie hat, unterschiedlich in den einzelnen zur Evangelischen Kirche in Deutschland (EKD) gehörenden Landeskirchen, weitgehende Selbstverwaltungsrechte einschließlich der Pfarrerwahl. Die Leitung der Gemeinde liegt bei einem gewählten Gemeindekirchenrat (Presbyterium), der wiederum aus seiner Mitte die Mitglieder der Synode des Kirchenkreises (Dekanat, Zusammenfassung mehrerer Gemeinden) wählt, aus der heraus in der Regel die Landessynode zusammengesetzt wird.

Katholiken und ihre Kirche in der Bundesrepublik Deutschland. Hg. v. G. Gorschenek. München-Wien 1976. – Protestanten und ihre Kirche in der Bundesrepublik Deutschland. Hg. v. H.-W. Hessler. München-Wien 1976.

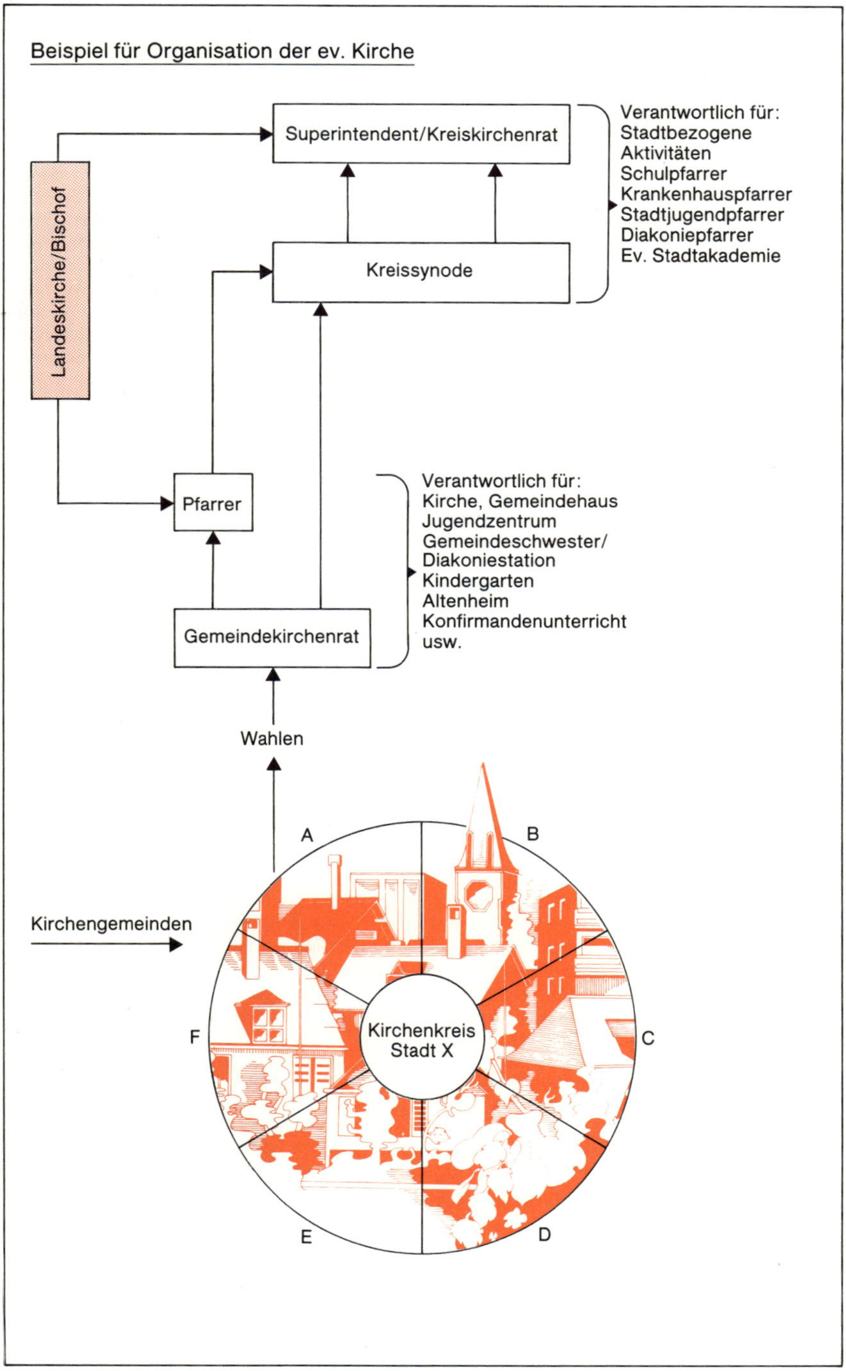

Beispiel für Organisation der ev. Kirche
Superintendent/Kreiskirchenrat
Landeskirche/Bischof
Kreissynode
Verantwortlich für:
Stadtbezogene
Aktivitäten
Schulpfarrer
Krankenhauspfarrer
Stadtjugendpfarrer
Diakoniepfarrer
Ev. Stadtakademie
Pfarrer
Gemeindekirchenrat
Verantwortlich für:
Kirche, Gemeindehaus
Jugendzentrum
Gemeindeschwester/
Diakoniestation
Kindergarten
Altenheim
Konfirmandenunterricht
usw.
Wahlen
Kirchengemeinden
A
B
C
D
E
F
Kirchenkreis
Stadt X

Lokale Öffentlichkeit

Die Bedeutung von Einrichtungen und Institutionen, die zwischen Individuum und lokaler Öffentlichkeit vermitteln, wird häufig herausgestellt. Dazu zählen u. a. Nachbarschaften (vgl. S. 44), Bürgerinitiativen (Bürgerbeteiligung, vgl. S. 42), Selbsthilfegruppen und v. a. die Vereine.

Etwa die Hälfte aller Bundesdeutschen ist Mitglied in zumindest einem Verein. Dem *Vereinswesen* wird eine Vielzahl von wichtigen Beiträgen zugeschrieben: Bewußtmachung, Formulierung, Vertretung und Verstärkung von Gruppeninteressen; Beiträge zur Demokratisierung der Gesellschaft durch Wecken von Initiativen und kritischen Machtkontrollen durch die Bürger; Beeinflussung der öffentlichen Meinung wie der politischen Führung im Sinne der Ziele der Vereine; Ausbildung von Sachverstand und Beteiligung an öffentlichen Gremien; Auslese und Übung sozialaktiver Persönlichkeiten als hauptamtliche oder ehrenamtliche Führungskräfte der Interessenvereinigung; Beitrag zur Identitätsbildung der Mitglieder.

Spricht man in der Gemeindesoziologie von *Öffentlichkeit,* so vor allem von ihren derzeitigen Krisenerscheinungen. Insbesondere betont man eine drohende soziale Isolierung des einzelnen bzw. die Abkapselung in der Familie. Von der Verwaltung teilweise bewußt herbeigeführte mangelnde Transparenz der Entscheidungen, nicht funktionierende Kontrolle der Verwaltung, wenig kritische Mitsprache der Bürger werden als Zerfall der Öffentlichkeit interpretiert. Hinzu kommt, daß viele Lokalzeitungen, die das Geschehen „vor Ort" beobachtet hatten und Öffentlichkeit in vielen Dingen herstellen konnten, in größeren Zeitungseinheiten aufgegangen sind. Durch Vereine können sich Kommunikationsstrukturen ergeben, die sich mit einer gewissen Eigenständigkeit behaupten können sowohl gegenüber der Familie als auch gegenüber jenen formal organisierten Sozialsystemen, wie sie etwa für den Industriebetrieb, die öffentliche Verwaltung, aber auch für die formal organisierte politische Kommunikation in Parteien und Interessenverbänden kennzeichnend sind.

Für die Kommunalpolitik wesentlich scheint die Funktion der Vereine als Auswahlforum für die Rekrutierung kommunalpolitischen Führungspersonals: Politischer Einfluß verbindet sich mit der Führungsrolle in verschiedenen Vereinen. Hinter der bevorzugten Berücksichtigung sozial Aktiver durch die Parteien stehen der Wunsch, möglichst breite Wählerschichten anzusprechen, das Bestreben, sich die organisatorischen Fähigkeiten der Vereinsmitglieder zunutze zu machen, aber auch ein Harmoniestreben in der Behandlung politischer Streitfälle. Nicht unwesentlich ist in diesem Zusammenhang die Bedeutung des Vereins für ein lokales Elitesystem. Da sich Mitglieder lokaler Eliten in Vereinen inoffiziell treffen, dabei unverbindliche Vorschläge entwerfen und diskutieren können, letztlich auch Absprachen für Strategien im „öffentlichen" Diskussionsbereich treffen, kann der Verein als internes Diskussionsforum für eine Vorabklärung kommunaler Fragen gesehen werden (Kommunalpolitik, vgl. S. 40).

Im Zusammenhang mit der Krise des Wohlfahrtsstaates geraten auch die Vereine zusammen mit anderen Selbsthilfeorganisationen wieder in den Blickpunkt des politischen wie wissenschaftlichen Interesses. Soziale Dienstleistungen werden zunehmend durch private Initiativen erbracht – in Kooperation wie auch in Konkurrenz zu kommunalen, staatlichen Organisationen.

Vielfach verzichten gerade die Selbsthilfegruppen, v. a. die im Umweltschutz tätigen Gruppen, auf die juristische Konstruktion des Vereines, um sich deutlich von den Vereinen abzuheben, deren Repräsentanten zur lokalen Elite zählen. Man will damit einerseits deutlich machen, wie verflochten die Beziehungen zwischen Gemeindevertretung, Verwaltung und Vereinen sind, andererseits aber auch zeigen, daß trotz dieser Verflechtungen unabhängiges Arbeiten und das Herstellen von Öffentlichkeit möglich sind.

In diesem Sinne sind auch Vereine als eine Institution zu sehen, die den vielbeklagten Zerfall der Öffentlichkeit eindämmen und als Teil einer lokalen Öffentlichkeit fungieren kann.

Dunckelmann, H.: Lokale Öffentlichkeit. Eine gemeindesoziologische Untersuchung. Stuttgart 1975. – Bühler, W./Kanitz, H./Siewert, H.-J.: Lokale Freizeitvereine. Entwicklung – Aufgaben – Tendenzen. Sankt Augustin 1978. – Richter, R.: Soziokulturelle Dimensionen freiwilliger Vereinigungen. München 1985.

Einflußfaktoren in der kommunalen Öffentlichkeit

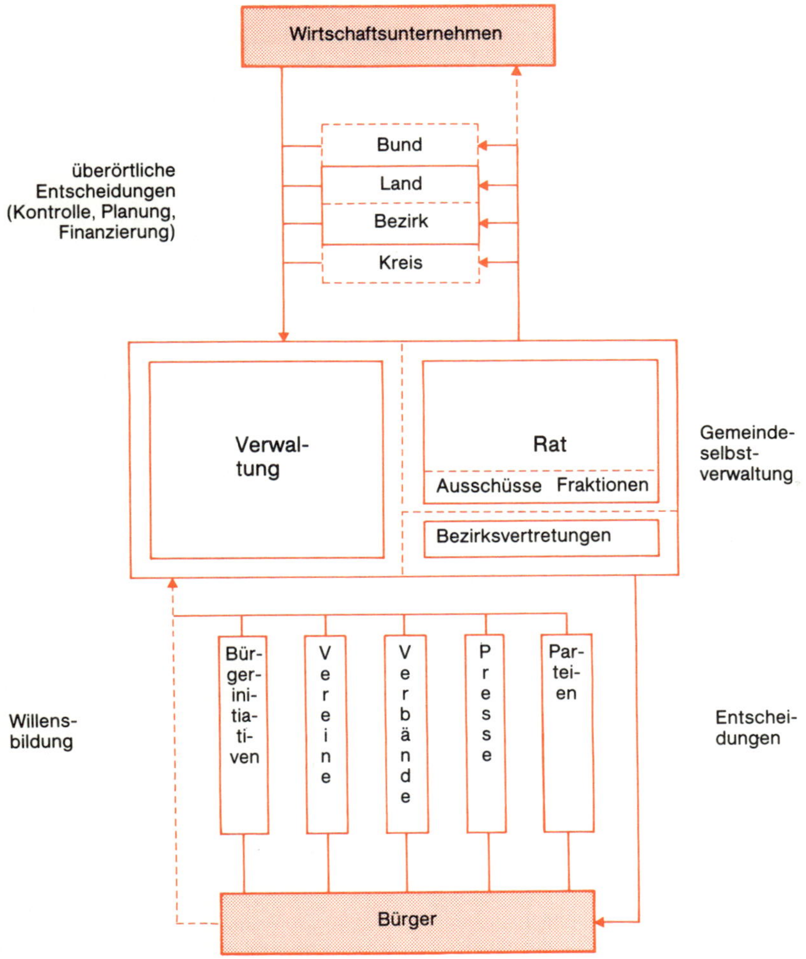

Parteien – Wählergruppen

Gleichgültig, ob man die moderne Demokratie als Parteienstaat bestimmt oder ob man die Parteien als Instrumente demokratischer Regierungsweise sieht, der Zusammenhang zwischen Demokratie und Parteien bleibt unbestritten. In der Bundesrepublik Deutschland wird allerdings das Eindringen der *Parteien* in die Gemeinden zuweilen als problematisch empfunden. Nach weithin akzeptierten Vorstellungen läßt sich Kommunalpolitik (vgl. S. 40) verwaltungsmäßig abwickeln, man sucht nach besten Lösungen innerhalb eines als Sachzwang wahrgenommenen Handlungsrahmens. Die Möglichkeit von Alternativen, die verschiedenen (sich widerstreitenden) Interessen Rechnung tragen, wird geleugnet; Politik gilt manchen als krankhafte Störung des sozialen Lebens. Die wesentlichen Fragen der örtlichen Verwaltung sind aber nicht entweder sachlich oder parteipolitisch, sondern sowohl fachlich als auch politisch (z. B. im Straßenbau: die Trassenführung ist zunächst eine politische Entscheidung). Das Leitbild einer parteifreien Kommunalpolitik vertreten in vielen Gemeinden unabhängige *Wählergruppen,* die auch *freie Wählervereinigungen* oder (durchaus treffend) *Rathausparteien* genannt werden.

Da politisches Handeln sich – anders als in Bund, Ländern und Großstädten – in den kleineren Gemeinden noch keineswegs gegenüber dem gesamten Sozialgefüge verselbständigt hat, zeigt die lokale Parteiorganisation hier „einen Januskopf mit zwei Gesichtern, die in verschiedene Richtungen blicken" (G. Lehmbruch): Sie ist einerseits Träger lokaler Politik, paßt sich den dort verbreiteten Verhaltensweisen an und neigt dazu, ihre eigene Parteilichkeit zu verleugnen. Andererseits ist sie Teil der überörtlichen Parteiorganisation und muß im Hinblick auf die „große Politik" den Bürgern spezifisch parteipolitische Kriterien für ihre Wahlentscheidung vermitteln.

Das Eingebundensein in die überörtlichen Parteiorganisationen Landes- bzw. Bundespartei sichert den Parteien aber auch die Möglichkeit, kommunalpolitisch wichtige Entscheidungen der jeweiligen Gesetzgeber mit Hilfe der entsprechenden Fraktionen in den Parlamenten zu beeinflussen. In Mittel- und Großstädten geht es den Parteien seit langem darum, durch Kommunalwahlprogramme den Wählern eine Orientierungshilfe für die Wahlen und die Wahlperiode zu geben, die Kontinuität in einzelnen Politikfeldern zu verdeutlichen und Aktivitätsnachweise zu dokumentieren. Dabei und v. a. beim kritischen Begleiten von politischen Willensbildungsprozessen während der Wahlperiode versuchen die Parteien, die Interessen der Bürger zu artikulieren und zu bündeln.

Für die Wahl der Gemeinderäte (vgl. S. 52 und S. 80) stehen die Ortsparteien (vor allem in den süddeutschen Ländern) traditionell in einem deutlichen Konkurrenzverhältnis zu den lokalen Wählervereinigungen. Von zentraler Bedeutung ist die kommunale Gebietsreform (vgl. S. 32) geworden. Der Zusammenschluß von kleinen Gemeinden zu einer Großgemeinde fördert die Anonymität der Kommunikationsbeziehungen und die soziale Heterogenität der Gemeinde; beides begünstigt die parteipolitische Fraktionierung.

Zu den Erfolgsbedingungen kommunaler Wählergruppen gehören eine geringe Einwohnerzahl der Gemeinde und personalisierte Kommunalwahlverfahren. Durch personalisierende Elemente (Einzelkandidaten in Wahlkreisen, mehr als eine Stimme für den einzelnen Wähler, Kumulieren und Panaschieren) erhalten die Wähler Möglichkeiten, die Vorschlagslisten der Parteien zu korrigieren oder auch Stimmen für einzelne Kandidaten abzugeben, deren Parteiliste sie niemals wählen würden. Solche Verhaltensweisen wirken wiederum auf die Entscheidungsprozesse der Parteien zurück: Die bei starren Listen maximale Trennung zwischen innerparteilichem Nominierungsprozeß (mit eigenen Kriterien) und der Stimmabgabe der Bürger (nach anderen Maßstäben) wird aufgehoben oder sogar in ihr Gegenteil verkehrt: Bei der Aufstellung von Kandidatenlisten suchen die Parteien außerhalb ihrer eigenen Reihen nach Kandidaten, die zusätzliche Stimmen „mitbringen". In Groß- und Mittelstädten ist aber selbst bei personalisierenden Elementen im Wahlsystem die Rekrutierung nach dem Modell „politisches Interesse – Parteibeitritt – innerparteiliche Aktivität – Übernahme von Parteifunktionen – Nominierung für den Gemeinderat – Wahl in den Gemeinderat – gesellschaftliche Bedeutung in der Gemeinde – Karriere" anzutreffen.

Gabriel, O. W., u. a.: Strukturprobleme des lokalen Parteiensystems. Bonn 1975. – Der Bürger in der Gemeinde. Hg. v. H. Köser. Bonn 1979.

Parteien – Wählergruppen

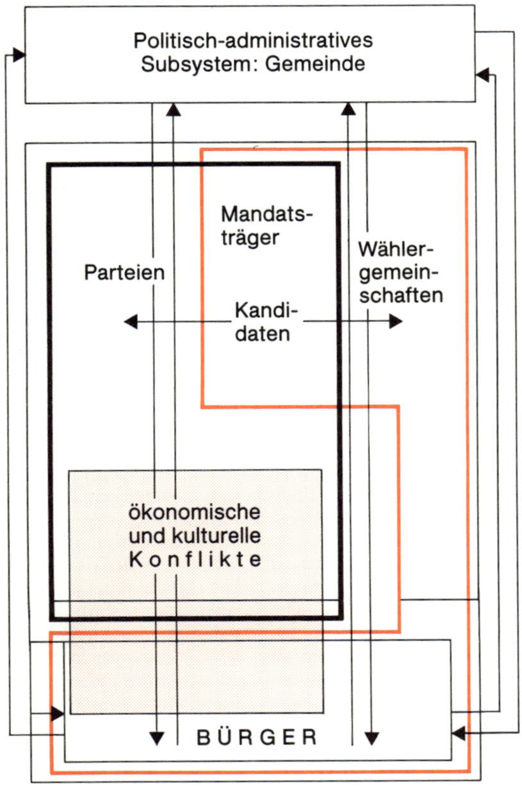

Kommunalwahlen

Nach Art. 28 des Grundgesetzes für die Bundesrepublik Deutschland muß die Bevölkerung in den Gemeinden und Kreisen eine Vertretung (Gemeindevertretung, vgl. S. 80) haben, die aus allgemeinen, unmittelbaren, freien, gleichen und geheimen Wahlen hervorgegangen ist. Im einzelnen ist das Kommunalwahlrecht in den Kommunalwahlgesetzen, den Gemeinde- und den Kreisordnungen der Länder mit z. T. erheblichen Unterschieden geregelt. Unmittelbar gewählt werden neben den Gemeinde- und Kreisvertretungen die Stadt- und Ortsteilvertretungen in der Mehrzahl der Länder, der (Ober)-Bürgermeister in Baden-Württemberg und Bayern, der Landrat in Bayern sowie die Vertretungskörperschaften einiger höherer Gemeindeverbände.

Aktiv wahlberechtigt ist jeder Deutsche im Sinne des Art. 116 GG, der das 18. Lebensjahr vollendet hat und mindestens eine bestimmte Zeit in der Gemeinde bzw. im Kreisgebiet wohnt. *Passiv* wahlberechtigt sind die aktiv Wahlberechtigten, z. T. allerdings erst mit Vollendung des 21. Lebensjahres. Politisch wie rechtlich ist umstritten, ob unter bestimmten Voraussetzungen auch Ausländern das Kommunalwahlrecht eingeräumt werden soll bzw. kann.

Das geltende Kommunalwahlrecht ist trotz Unterschieden im einzelnen in allen Ländern ein *Verhältniswahlrecht*. Die Kandidaten werden also auf der Grundlage von Vorschlagslisten gewählt, die in der Regel von Parteien (vgl. S. 50) eingereicht werden. Die Parteien haben damit auch auf der kommunalen Ebene eine zentrale Stellung im Wahlvorgang. Die Wahlvorschläge müssen von einer bestimmten Zahl von Wahlberechtigten unterschrieben sein. Nicht erforderlich ist dies bei Wahlvorschlägen von Parteien, die im Landtag, und von Parteien und Wählervereinigungen, die bereits in der betreffenden kommunalen Vertretungskörperschaft vertreten sind. Jeder Wähler hat in der Regel eine Stimme, die er der Liste seiner Wahl gibt. Die Mehrzahl der Länder sieht vor, daß nicht nur für das Gesamtgebiet geltende Listen zu wählen sind, sondern Wahlkreislisten. Damit soll gewährleistet werden, daß die gewählten Vertretungen regional ausgewogen besetzt sind.

Die Sitze der zu wählenden Vertretungen werden nach der Reihenfolge der Höchstzahlen (Verfahren nach d'Hondt oder Hare/Niemeyer) den einzelnen Listen zugeteilt. Dieses Verfahren gilt aber nur beim Verhältniswahlrecht in seiner reinen Form mit gebundenen, d. h. starren Listen. Teilweise ist dieses System mit Elementen des *Mehrheitswahlsystems* gemischt (so in Nordrhein-Westfalen, Schleswig-Holstein), teilweise durch die Möglichkeit des *Kumulierens* oder auch des *Panaschierens* ergänzt (Baden-Württemberg, Bayern, Niedersachsen). Beim Kumulieren kann der Wähler innerhalb der von ihm gewählten Liste einem Bewerber bis zu drei Stimmen geben. Beim Panaschieren kann er seine Stimmen auf Bewerber unterschiedlicher Listen verteilen. Diese für die Stimmenzählung und -auswertung nicht ganz einfachen Verfahren erhöhen die Einflußmöglichkeiten der Wähler.

Alle Länder außer Baden-Württemberg, Bayern und Niedersachsen haben eine *5 %-Sperrklausel,* bezogen auf die Gesamtstimmenzahl im Wahlgebiet. In Nordrhein-Westfalen und Schleswig-Holstein bleiben allerdings Direktmandate in jedem Fall erhalten.

Die *Gültigkeit* der Wahlen wird im Wege der Kommunalaufsicht binnen eines Monats geprüft (Wahlprüfung). Eine Anfechtung der Wahl ist durch jeden Wahlberechtigten bzw. Kandidaten durch Einspruch bei der Aufsichtsbehörde binnen einer Woche nach der öffentlichen Bekanntmachung des Wahlergebnisses zulässig. Gegen die Entscheidung über den Einspruch kann Anfechtungs- oder Verpflichtungsklage beim Verwaltungsgericht erhoben werden.

Ob sich das *Wahlverhalten* der Bürger bei Kommunalwahlen von dem bei Bundestags- und Landtagswahlen unterscheidet, ist umstritten und noch nicht hinreichend geklärt. Einerseits haben die in Bund und Ländern tätigen großen Parteien in den letzten Jahren die kommunalen Wählergruppen weitgehend zurückgedrängt. Andererseits lassen sich aber gerade in den letzten Wahlgängen bestimmte Eigentümlichkeiten des kommunalen Wahlverhaltens beobachten. Insbesondere eine stärkere Wahlenthaltung und eine – regional unterschiedliche – größere Wertschätzung von Wählergruppen sind hier zu nennen.

Meyer, Hans: Kommunalwahlrecht. In: Handwörterbuch der kommunalen Wissenschaft und Praxis. Hg. v. G. Püttner. Bd. 2: Kommunalverfassung. Berlin u. a. 1982.

Die Kommunalwahlsysteme in den Bundesländern

Merkmale / Bundesland	Aktives Wahlrecht	Passives Wahlrecht	Wahl-system	zu vergebende Stimmen	Kumulieren	Pana-schieren	Zuteilungs-verfahren für die Mandate	Sperr-klausel	Dauer der Wahl-perioden	Direktwahl der (Ober-) Bürger-meister	Direktwahl der Orts-/ Stadtteilver-tretungen
Baden-Württem-berg	– Deutscher – 18 Jahre – 6 Monate Wohndauer in der Gemeinde	– Aktives Wahlrecht – 6 Monate Wohndauer	personalisierte Verhältniswahl; offene Liste	entspre-chend zu wählenden Kandidaten	bis zu 3 Stimmen	ja	d'Hondt	nein	5 Jahre	ja	nein (Bezirke) ja (Ort-schaften)
Bayern		– Aktives Wahlrecht – 6 Monate Wohndauer	personalisierte Verhältniswahl; offene Liste	entspre-chend zu wählenden Kandidaten	bis zu 3 Stimmen	ja	d'Hondt	nein	6 Jahre	ja	nein
Berlin		– Aktives Wahl-recht – 3 Monate Wohndauer	Verhältniswahl; starre Liste	1	nein	nein	d'Hondt	ja	4 Jahre	nein	ja
Bremen		– Aktives Wahl-recht – 1 Jahr Wohndauer	Verhältniswahl; starre Liste	1	nein	nein	d'Hondt	ja	4 Jahre	nein	nein
Hamburg		– Aktives Wahl-recht – 3 Monate Wohndauer	Verhältniswahl; starre Liste	1	nein	nein	d'Hondt	ja	4 Jahre	nein	ja
Hessen	– Deutscher – 18 Jahre	– Aktives Wahl-recht – 6 Monate Wohndauer	Verhältniswahl; starre Liste	1	nein	nein	Hare-Niemeyer (1980)	ja	4 Jahre	nein	ja
Nieder-sachsen	– 3 Monate Wohn-dauer in der Gemeinde	– Aktives Wahl-recht – 21 Jahre – 1 Jahr Wohndauer	personalisierte Verhältniswahl; offene Liste	3	bis zu 3 Stimmen	ja	Hare-Niemeyer (1977)	nein	5 Jahre	nein	ja
Nordrhein-Westfalen		– Aktives Wahl-recht – 3 Monate Wohndauer	Direktwahl i. V. m. Verhältnis-wahl; starre L.	1	nein	nein	Hare-Niemeyer (1978)	ja, aber, nicht bei Direkt-mandat	5 Jahre	nein	ja, in kreisfreien Städten; sonst nein
Rheinland-Pfalz		– Aktives Wahl-recht – 6 Monate Wohndauer	Verhältniswahl; starre Liste	1	nein	nein	d'Hondt	ja	5 Jahre	nein	nein
Saarland		– Aktives Wahl-recht 23 Jahre – 1 Jahr Wohndauer	Verhältniswahl; starre Liste	1	nein	nein	d'Hondt	ja	5 Jahre	nein	ja
Schleswig-Holstein		– Aktives Wahl-recht – 6 Monate Wohndauer	Verhältniswahl; starre Liste	1	nein	nein	d'Hondt	ja, aber nicht bei Direktman-dat	4 Jahre	nein	nein

Kommunale Spitzenverbände

Kommunale Spitzenverbände auf Bundesebene sind der Deutsche Städtetag (DST), Köln, der Deutsche Städte- und Gemeindebund (DStGB), Düsseldorf, und der Deutsche Landkreistag (DLT), Bonn. Zusammen bilden sie die Bundesvereinigung der kommunalen Spitzenverbände, deren Federführung beim DST liegt. Mitglieder beim DST sind alle kreisfreien sowie die größeren und mittleren kreisangehörigen Städte, die verbleibenden mittleren kreisangehörigen Städte und die ländlichen Gemeinden gehören dem DStGB an; alle (Land-)Kreise sind Mitglieder in acht Landkreistagen auf Länderebene, die wiederum den DLT bilden.

Städte, Gemeinden und Kreise haben sich in den kommunalen Spitzenverbänden auf freiwilliger Grundlage zusammengeschlossen; in der Praxis sind jedoch alle kommunalen Gebietskörperschaften in der Bundesrepublik Mitglieder in einem der drei kommunalen Spitzenverbände. Obwohl die kommunalen Spitzenverbände öffentliche Aufgaben wahrnehmen, sind sie – mit Ausnahmen der Landesverbände in Bayern – traditionell privatrechtlich organisiert, und zwar in der Rechtsform von Vereinen nach dem BGB. Aus dem gleichen Grund werden die Spitzenverbände nicht staatlich finanziert. Die Haushaltsmittel für ihre Arbeit werden vielmehr von den Mitgliedern im Wege einer jährlichen Beitragsumlage aufgebracht, deren Höhe sich an der Einwohnerzahl der jeweiligen Mitgliederkörperschaft orientiert.

Kommunale Spitzenverbände mit *Allzuständigkeit* für den gesamten kommunalen Aufgabenbereich sind ausschließlich die erwähnten drei Verbände. Daneben gibt es die verschiedensten kommunalen Einrichtungen und Verbände mit jeweils spezifischer sektoraler Aufgabenstellung. Die Spitzenverbände stützen sich vor allem auf die ehrenamtliche Mitarbeit der Vertreter aus den Mitgliedskörperschaften in den satzungsmäßigen Gremien wie Hauptversammlung, Hauptausschuß oder Präsidium, aber auch in den Fachausschüssen sowie in zahlreichen weiteren Konferenzen, Beiräten und Arbeitskreisen. Für den jeweiligen Verband letztverbindliche Entscheidungen treffen aber nur die satzungsmäßigen Organe Hauptversammlung, Hauptausschuß und Präsidium; Fachausschüsse und sonstige Gremien haben nur vorberatende Funktionen. Da Beschlüsse nur mit Dreiviertelmehrheit gefaßt werden können, müssen die Vertreter der beiden großen Parteien zusammenwirken. Ist dies nicht zu erreichen – was selten geschieht –, kann sich der Verband nicht äußern. Dafür gibt die über die Parteigrenzen hinweg erzielte breite Einmütigkeit den Beschlüssen ein besonderes politisches Gewicht. Die Hauptgeschäftsstellen bilden das hauptamtliche Element der kommunalen Spitzenverbände; sie bereiten die Beschlüsse der Organe vor und führen sie aus.

Die kommunalen Spitzenverbände haben eine doppelte Aufgabenstellung, die externe und die interne Verbandstätigkeit. Zur *externen Verbandstätigkeit* gehört die Mitwirkung an der Gesetzgebung von Bund und Ländern und die Vertretung der Mitglieder in anderen Institutionen; zur *internen Verbandstätigkeit* zählt der Erfahrungsaustausch zwischen den Mitgliedskörperschaften, ihre Beratung und Information sowie die Erarbeitung von Empfehlungen und Mustersatzungen. Bei der Mitwirkung an der Gesetzgebung auf Bundesebene ist es Aufgabe der Spitzenverbände, die in Art. 28 Abs. 2 GG garantierte kommunale Selbstverwaltung (vgl. S. 18) zu vertreten. Dieses Recht der Spitzenverbände ist seit 1975 durch die Geschäftsordnung des Deutschen Bundestages und die Gemeinsame Geschäftsordnung der Bundesministerien ausdrücklich garantiert. Zur externen Verbandstätigkeit gehört es auch, die kommunale Selbstverwaltung in weiteren staatlichen und gesellschaftlichen Institutionen, Organisationen und Verbänden zu vertreten. Schließlich unterhalten die Spitzenverbände umfangreiche internationale Beziehungen und sind Mitglieder des Internationalen Gemeindeverbandes (IULA) und des Rates der Gemeinden und Regionen Europas (RGRE). Zur internen Verbandstätigkeit der Spitzenverbände zählt es, die Mitglieder zu beraten, über alle für die Kommunen bedeutsamen Vorgänge und Entwicklungen zu informieren, den Erfahrungsaustausch zwischen den Mitgliedern sicherzustellen und Empfehlungen, Anregungen und Mustersatzungen für die Verwaltungstätigkeit zu erarbeiten.

Schnell, St.: Der Deutsche Städtetag. Bonn 1970. – Deutscher Städtetag – Im Dienst Deutscher Städte 1905–1980. Neue Schriften des DST Bd. 40. Köln 1980. – Weinberger, B./Tiedeken, H./Mombaur, P. M.: Die kommunalen Spitzenverbände. In: Handbuch der kommunalen Wissenschaft und Praxis. Hg. v. G. Püttner. Bd. 2 Berlin u. a. [2]1982.

Bundesvereinigung der kommunalen Spitzenverbände (Federführung: Deutscher Städtetag)

Deutscher Städte- und Gemeindebund, Düsseldorf
Mitglieder: knapp 8 000 Gemeinden
(32 Mill. Einwohner)
8 Landesverbände

Deutscher Landkreistag, Bonn
Mitglieder: 8 Landesverbände,
denen 237 Kreise angehören

Gliederung der Landesverbände (ohne Stadtstaaten), der Organe, der Ausschüsse und der Hauptgeschäftsstelle ähnlich wie beim Deutschen Städtetag.

Deutscher Städtetag, Köln
Mitglieder: 666 Städte (33 Mill. Einwohner)
11 Landesverbände

137 **unmittelbare Mitgliedstädte**
Stadtstaaten, 91 kreisfreie Städte und 46 kreisangehörige Städte

529 **mittelbare Mitgliedstädte**
(über die Landesverbände)

8 **außerordentliche Mitglieder**
Höhere Kommunalverbände, Regionalverbände, Fachverbände

11 **Landesverbände**
Städtetag Baden-Württemberg
Bayerischer Städtetag
Landesverband Berlin
Landesverband Bremen
Landesverband Hamburg
Hessischer Städtetag
Niedersächsischer Städtetag
Städtetag Nordrhein-Westfalen
Städteverband Rheinland-Pfalz
Saarl. Städte- und Gemeindetag
Landesverband Schleswig-Holstein

Organe

Hauptversammlung
400 Delegierte; von den unmittelbaren Mitgliedstädten, von den Landesverbänden aus dem Bereich der mittelbaren Mitgliedstädte und von den außerordentlichen Mitgliedern entsandt.
Tagt alle 2 Jahre unter Vorsitz des Präsidenten.

Hauptausschuß
94 Mitglieder; von den Landesverbänden entsandt und vom Hauptausschuß zugewählt.
Tagt 3 mal jährlich unter Vorsitz des Präsidenten.

Präsidium
27 Mitglieder; vom Hauptausschuß gewählt.
Tagt 6 mal jährlich unter Vorsitz des Präsidenten.

Präsident
auf 2 Jahre von der Hauptversammlung aus der Mitte des Präsidiums gewählt.

Hauptgeschäftsführer
vom Hauptausschuß gewählt, Präsidiumsmitglied kraft Amtes.

Hauptgeschäftsstelle
Direktionsabteilung (zentrale Dienste, Auslandsarbeit, Presse und Öffentlichkeitsarbeit) sowie
6 Dezernate:
Organisation und Verfassung, Personalwesen
Schule und Kultur
Sozial- und Gesundheitswesen, Sport
Stadtentwicklung, Bau- und Wohnungswesen, Öffentliche Einrichtungen
Finanzen
Datenverarbeitung und Statistik

14 Fachausschüsse
Recht und Verfassung
Personalwesen
Schule
Kultur
Soziales und Jugend
Sport
Gesundheit
Bauwesen
Wirtschaft und Verkehr
Finanzen
Statistik und Stadtforschung
Presse
Mittlere Städte
Sonderausschuß
Umweltschutz

Kommunale Partnerschaften

Städtepartnerschaften, oder umfassender: kommunale Partnerschaften, sind die Dauerverbindungen deutscher Städte, Kreise und Gemeinden mit vergleichbaren Gebietskörperschaften. Nach einer Liste der Bundesvereinigung der kommunalen Spitzenverbände bestanden (ohne DDR) im Juni 1987 zu 2508 Gemeinden und Kreisen in 53 Auslandsstaaten kommunale Verbindungen.

Die Idee kommunaler Partnerschaften entstand nach dem Ersten Weltkrieg; frühe Beispiele waren die Partnerschaften zwischen Kiel und Sonderburg (1925) und zwischen Wiesbaden und Klagenfurt (1930). Nach dem Zweiten Weltkrieg hat sich der Gedanke der *„Verschwisterung" (Jumelage)* sehr schnell verbreitet.

Initiativen zu dieser Form „auswärtiger Beziehungen" auf kommunaler Ebene kamen von der 1948 gegründeten *Internationalen Bürgermeister-Union (IBU),* die vor allem zwischen Frankreich und Deutschland viele Partnerschaften herbeiführte. Aber auch die ehemaligen westlichen Besatzungsmächte gaben Anstöße; so erklärt es sich, daß bei den norddeutschen Gemeinden überwiegend Partnerschaften nach Großbritannien, bei den süddeutschen Gemeinden mehr Partnerschaften nach den USA und im mittleren Bereich der Bundesrepublik Deutschland sehr viele Partnerschaften nach Frankreich zustande gekommen sind.

Zwei Hauptmotive waren maßgebend: zum einen der Wunsch, durch freundschaftliche Kontakte zu einer ausländischen Gemeinde zur Bereinigung nationaler Konflikte beizutragen, und zum anderen die Absicht, die eigenen Gemeindegrenzen zu überspringen.

In der Regel werden heute kommunale Partnerschaften durch informelle Kontakte unterschiedlichster Bevölkerungsgruppen und Aufgabenträger eingeleitet, besonders häufig durch gewählte Vertreter der jeweiligen Bürgerschaften. Aber auch auf Anregung der deutschen Vertretungen des Auswärtigen Amtes im Ausland werden häufig Städtepartnerschaften angebahnt. Bei der ersten Kontaktaufnahme zwischen ausländischen und deutschen Kommunalverwaltungen leisten die deutschen kommunalen Spitzenverbände sowie die Deutsche Sektion des Rates der Gemeinden und Regionen Europas (RGRE) Hilfestellung. So werden beispielsweise Anfragen aus dem Ausland beim *Deutschen Städtetag (DST)* gesammelt. Dabei ist man bemüht, möglichst gleichstrukturierte Partnergemeinden zusammenzubringen. Stets ist eine der Hauptforderungen die aktive Bürgerbeteiligung.

Partnerschaften zwischen Städten in der Bundesrepublik Deutschland und in der Deutschen Demokratischen Republik kamen vor 1986 nur vereinzelt zustande. Auf westlicher Seite hielt man sich wegen der mangelnden demokratischen Legitimation der „örtlichen Organe der Staatsmacht" der DDR zurück, auf östlicher Seite wurde die schroffe Abgrenzungspolitik der SED-Staatsführung gegenüber der Bundesrepublik als „kapitalistisches Ausland" auch bei kommunalen Partnerschaftsvorhaben angewendet.

Selbst als die DDR seit 1987 mehr Städten die Möglichkeit gab, Partnerschaftsabkommen mit Stadtverwaltungen in der Bundesrepublik abzuschließen, galt dies als politisch empfindlicher Vorgang. Der vereinzelte Austausch von Besuchen ausgewählter Delegationen mit festgelegtem offiziellem Programm (zu begrenzten Kommunalproblemen oder Themen der Friedenspolitik) standen im Vordergrund. Die Restriktionen wurden von der DDR nur vorsichtig zurückgenommen. Immerhin zählte man im Sommer 1989 rd. 60 „deutsch-deutsche" Städtepartnerschaften.

Zu weit größerer und anderer Bedeutung gelangten diese Partnerschaften nach der friedlichen Revolution in der DDR vom Oktober/November 1989 an mit der Öffnung der Grenzen, mit den ersten freien Kommunalwahlen am 6. Mai 1990 und der Verwirklichung des neuen Gesetzes über die Selbstverwaltung der Gemeinden und Landkreise in der DDR vom 17. 5. 1990. Aus formeller Partnerschaft wurde vielfältige Zusammenarbeit, bei der es seit dem Frühjahr 1990 insbesondere um die Hilfe der westlichen Kooperationspartner für die Arbeitsaufnahme der kommunalen Selbstverwaltung in den Städten, Kreisen und Gemeinden der DDR ging. Auch längerfristige Beratung, Entsendung von Fachleuten aus kommunalen Ämtern in die DDR-Partnergemeinde oder Kreisverwaltung und die Überlassung bürotechnischer Einrichtungen umfaßte diese Kooperation im Vorfeld der staatlichen Vereinigung. Etwa 50 Kooperationsabkommen, wie die Partnerschaften nun oft hießen, wurden vom November 1989 bis zum Spätsommer 1990 neu abgeschlossen.

Deutsch-deutsche kommunale Partnerschaft und Zusammenarbeit

Bundesrepublik Deutschland/Deutsche Demokratische Republik (Stand: Sommer 1990)

Aachen	Naumburg a. d. Saale
Bad Harzburg	Ilsenburg
Bad Kreuznach	Neuruppin
Bad Nauheim	Bad Langensalza
Bayreuth	Rudolstadt
Berlin-Spandau	Nauen
Berlin-Zehlendorf	Königs Wusterhausen
Bielefeld	Glauchau
Bochum	Nordhausen
Böblingen	Sömmerda
Bonn	Potsdam
Bottrop	Merseburg
Braunschweig	Magdeburg
Bremen	Rostock
Buxtehude	Ribnitz-Damgarten
Clausthal-Zellerfeld	Freiberg
Coburg	Gotha
Cuxhaven	Binz (Rügen)
Cuxhaven	Saßnitz (Rügen)
Darmstadt	Freiberg
Delmenhorst	Eberswalde-Finow
Dillingen/Saar	Hoyerswerda
Dortmund	Zwickau
Düsseldorf	Chemnitz
Eppelborn	Finsterwalde
Erlangen	Jena
Eschwege	Mühlhausen
Espelkamp	Torgelow
Essen	Erfurt
Fellbach	Meißen
Flensburg	Neubrandenburg
Frankenberg (Eder)	Frankenberg
Frankenthal (Pfalz)	Strausberg
Frankfurt am Main	Leipzig
Fulda	Weimar
Geislingen a. d. Steige	Bischofswerda
Göttingen	Wittenberg
Gummersbach	Burg
Hamburg	Dresden
Hamm	Oranienburg
Hannover	Leipzig
Heide	Anklam
Heilbronn	Frankfurt (Oder)
Helmstedt	Haldensleben
Herne	Eisleben
Herten	Schneeberg
Hildesheim	Halle (Saale)
Hof	Plauen
Homburg	Ilmenau
Husum	Heiligenstadt
Kaiserslautern	Brandenburg (Havel)
Kamen	Beeskow
Karlsruhe	Halle (Saale)
Kassel	Arnstadt
Kiel	Stralsund
Köln	Berlin-Treptow
Kornwestheim	Weißenfels
Krefeld	Beeskow

Kronberg (Ts.)	Ballenstedt
Kulmbach	Saalfeld
Lahn-Dill-Kreis	Kreis Ilmenau
Landsberg a. Lech	Waldheim a. d. Tschoppau
Lauffen am Neckar	Meuselwitz
Leer (Ostfriesland)	Kreis Wolgast
Lehrte	Staßfurt
Lemgo	Stendal
Leverkusen	Schwedt (Oder)
Ludwigshafen am Rhein	Dessau
Lübeck	Wismar
Mainz	Erfurt
Mannheim	Riesa
Marburg	Eisenach
Marl	Bitterfeld
Moers	Seelow (Stadt u. Kreis)
Mosbach	Pößneck
Neumünster	Parchim
Neunkirchen/Saar	Lübben
Neustadt a. d. Weinstr.	Wernigerode
Neustadt b. Coburg	Sonneberg
Neuwied	Güstrow
Neu-Ulm	Meiningen
Nienburg	Nienburg/Saale
Norden	Pasewalk
Nordhorn	Reichenbach (Vogtland)
Nürnberg	Gera
Oberhausen	Freital
Offenburg	Altenburg
Oldenburg	Kreis Rügen
Osnabrück	Greifswald
Osterholz-Scharmbeck	Grimmen
Püttlingen	Senftenberg
Recklinghausen	Schmalkalden
Reinheim	Fürstenwalde
Remscheid	Pirna
Reutlingen	Pirna
Saarbrücken	Cottbus
Saarlouis	Eisenhüttenstadt
Salzgitter	Gotha
Schwäbisch Hall	Neustrelitz
Siegen	Plauen
Sindelfingen	Torgau
Solingen	Aue
Stuttgart	Dresden
St. Ingbert	Radebeul
Trier	Weimar
Unna	Döbeln
Varel	Barth
Villingen-Schwenningen	Zittau
Vöhringen	Hettstadt
Weil am Rhein	Trebbin
Wiesbaden	Görlitz
Witten	Wolfen
Wolfsburg	Halberstadt
Worms	Bautzen
Würzburg	Suhl
Wuppertal	Schwerin

Städte, Kreise und Gemeinden in der DDR

Nach 1945 hatte es in den fünf Ländern der Sowjetisch Besetzten Zone (Brandenburg, Mecklenburg, Sachsen, Sachsen-Anhalt, Thüringen) eine „Demokratische Gemeindeordnung" gegeben; ihre Anwendung wurde aber durch die Sowjetische Militäradministration und die Ostberliner „Zentralverwaltungen" stark eingeengt. Auf die Gründung der DDR (Deutsche Demokratische Republik) 1949 folgte der Ausbau der absoluten Vormacht der SED (Sozialistische Einheitspartei Deutschlands), wie im Staat, so in den Gemeinden.

1952 wurden die Länder durch 14 Bezirke ersetzt, die der Zentralisierung nach dem Vorbild der UdSSR-Verwaltungen entsprachen. Gemeinden, Städte und Kreise wurden zu „örtlichen Organen der Staatsmacht", abhängig letztlich von den Weisungen der Partei- und Staatsführung. Die Wirtschafts- und Sozialordnung wurde nach sowjetischem Beispiel umgestaltet. Ein Recht auf kommunale Selbstverwaltung gab es nicht mehr. Aufgaben der Gemeinden gingen z. T. an „volkseigene", d. h. staatliche Unternehmen, auch an „gesellschaftliche Organisationen" über; die Finanzen wurden zum Teil des Staatshaushaltes.

Auch in der späteren DDR-Verfassung von 1968 (i. d. F. von 1974) waren die „Räte" und „Volksvertretungen" in Städten, Kreisen und Gemeinden als „Organe der sozialistischen Staatsmacht der Arbeiter und Bauern" aufgeführt. Ein „Gesetz über die örtlichen Volksvertretungen" vom 4. Juli 1985, das die regionale und lokale Verwaltung wie schon zuvor nach dem Prinzip des „demokratischen Zentralismus" regelte, vermehrte die Kompetenzen bei der „weiteren Gestaltung der entwickelten sozialistischen Gesellschaft" (mit besserer örtlicher Versorgung und Aktivierung der Bürger) nur geringfügig.

Die Kommunalwahlen vom 7. Mai 1989 – wieder mit Einheitslisten zugunsten der SED – hatten erstmals eine breite öffentliche Kritik mit dem Vorwurf der Fälschung von Wahlergebnissen durch staatliche Organe zur Folge. Die friedliche Revolution im Herbst und Winter 1989/1990, das Zerbrechen des Machtmonopols der SED und ihres Staatssicherheitsapparates, der auch die Städte, Kreise und Gemeinden weithin durchsetzt hatte, ermöglichte die ersten freien Kommunalwahlen in der DDR am 6. Mai 1990. Gemäß dem neuen Kommunalwahlgesetz vom 7. März 1990 wurden (ohne Mindest-Sperrklausel) Gemeindevertretungen, Stadtverordnetenversammlungen und Kreistage gewählt.

Eine entscheidende Neuregelung trat mit dem *„Gesetz über die Selbstverwaltung der Gemeinden und Landkreise in der DDR (Kommunalverfassung)"* vom 7. Mai 1990 in Kraft. Die kommunalen Gebietskörperschaften erhielten wieder das Recht auf Selbstverwaltung, eigene Wirkungskreise, eigene Finanz- und Personalwirtschaft. Die vom Volk gewählte Vertretungskörperschaft bekam eine starke Stellung, auch der Bürgermeister starken Einfluß.

Neu eingeführt wurden Bürgeranträge, Bürgerbegehren, Bürgerentscheide. Im übrigen ähneln viele Regelungen denen in Gemeindeordnungen von Ländern der Bundesrepublik Deutschland (vgl. S. 68 ff). Das gilt auch für die *Landkreise,* ihre Organe, Aufgabenbereiche, Finanzausstattung usw. Vom Kreistag gewählter Hauptverwaltungsbeamter ist der Landrat; der Kreisausschuß ist mit dem Hauptausschuß in den Städten und Gemeinden vergleichbar (vgl. S. 108 ff).

Der Gestaltungsfreiraum der Gemeindevertretungen und Kreistage für örtliche Eigenheiten ihrer Verfassung ist relativ groß. In der Hauptsatzung können Gemeinden z. B. Ortsteilverwaltungen und Städte auch Stadtbezirke schaffen; es kann frei geregelt werden, ob sachkundige Bürger in beratenden Ausschüssen der Vertretungskörperschaft mitwirken sollen; die Position des Bürgermeisters kann in kleinen Gemeinden ehrenamtlich sein.

Da die Gesetzgebung über das Kommunalwesen den *Ländern* zukommt, hat die Kommunalverfassung vom 17. Mai 1990 Züge eines Rahmengesetzes im Interesse des Aufbaus einer starken demokratischen Kommunalverwaltung. Die Anfangsschwierigkeiten nach der Währungs-, Wirtschafts- und Sozialunion mit der Bundesrepublik Deutschland seit dem 1. Juli 1990 waren für Städte, Kreise und Gemeinden in der DDR besonders groß bei den Finanzen, dem Personal, beim Bau- und Wohnungswesen und bei der kommunalen Wirtschaft. Die (Rück-)Übertragung verstaatlichten Grundeigentums an die Gemeinden bereitete Probleme, ebenso die zu geringe Verwaltungskraft der vielen kleinen Gemeinden (fast ¾ der rd. 7 500 Gemeinden in der DDR zählten weniger als 1000 Einwohner).

Schmidt-Eichstaedt, G., u. a.: Gesetz über die Selbstverwaltung der Gemeinden und Landkreise in der DDR-Kommunalverfassung. Kommentar. Köln u. a. 1990.

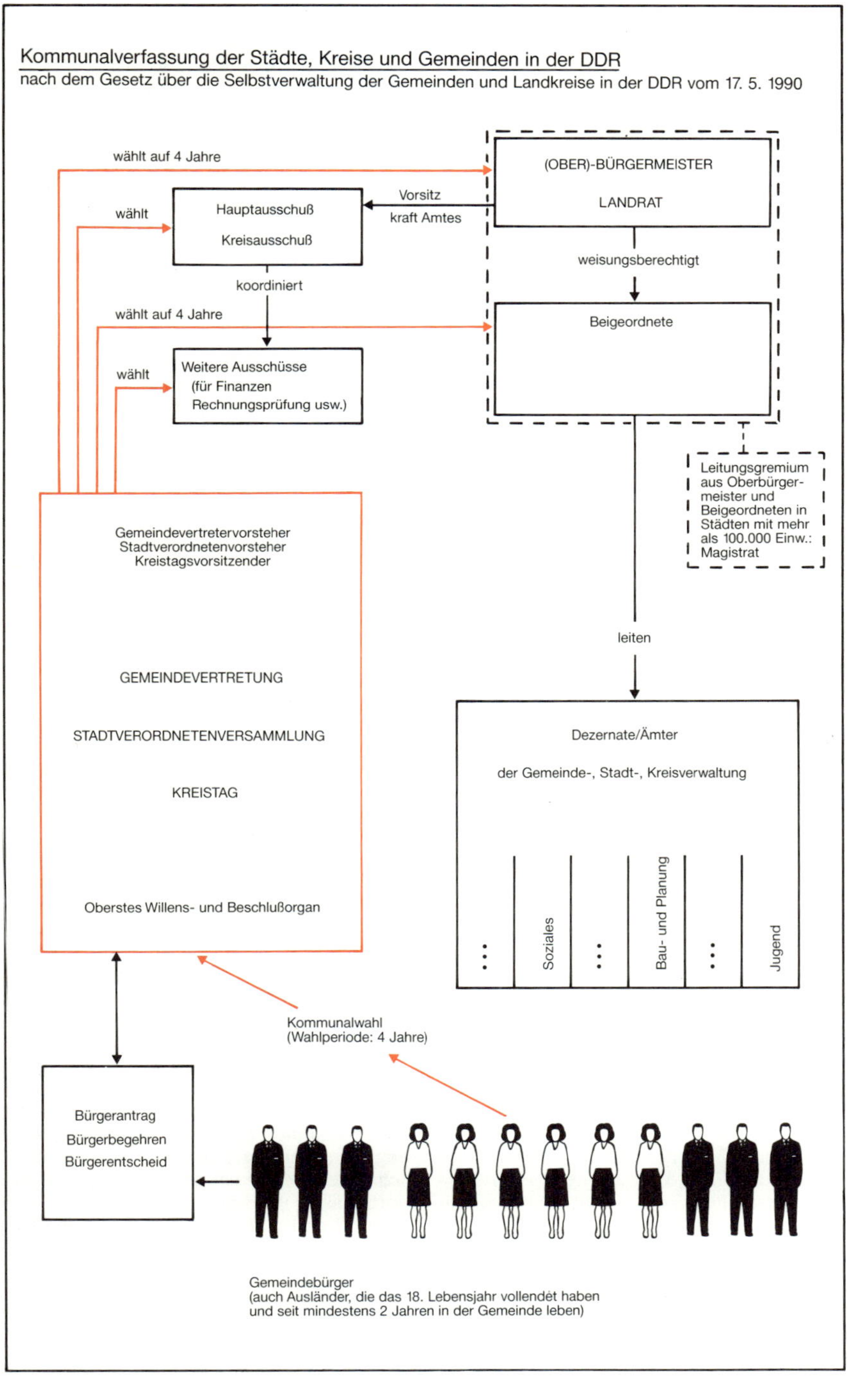
Kommunalverfassung der Städte, Kreise und Gemeinden in der DDR
nach dem Gesetz über die Selbstverwaltung der Gemeinden und Landkreise in der DDR vom 17. 5. 1990
wählt auf 4 Jahre
(OBER)-BÜRGERMEISTER
LANDRAT
wählt
Hauptausschuß
Kreisausschuß
Vorsitz
kraft Amtes
weisungsberechtigt
koordiniert
wählt auf 4 Jahre
Beigeordnete
wählt
Weitere Ausschüsse
(für Finanzen
Rechnungsprüfung usw.)
Leitungsgremium aus Oberbürgermeister und Beigeordneten in Städten mit mehr als 100.000 Einw.: Magistrat
Gemeindevertretervorsteher
Stadtverordnetenvorsteher
Kreistagsvorsitzender
GEMEINDEVERTRETUNG
STADTVERORDNETENVERSAMMLUNG
KREISTAG
Oberstes Willens- und Beschlußorgan
leiten
Dezernate/Ämter
der Gemeinde-, Stadt-, Kreisverwaltung
Soziales
Bau- und Planung
Jugend
Kommunalwahl
(Wahlperiode: 4 Jahre)
Bürgerantrag
Bürgerbegehren
Bürgerentscheid
Gemeindebürger
(auch Ausländer, die das 18. Lebensjahr vollendet haben
und seit mindestens 2 Jahren in der Gemeinde leben)

Gemeinden in Europa

Die Stellung der Gemeinden in den Ländern Europas ist unterschiedlich in dem Grad ihrer Eigenverantwortlichkeit, in der Zahl und dem Gewicht der frei übernommenen oder vom Staat übertragenen Aufgaben, in ihrer finanziellen Ausstattung und in ihrer Verwaltungskraft. Solche Unterschiede sind durch Geschichte und Tradition bestimmt. Doch die grundlegende Konzeption der Selbstverwaltung der Gemeinden ist in allen Ländern Europas außerhalb des Ostblocks gleich: Sie ist eng verbunden mit der Idee der Demokratie und der Selbstbestimmung.

„Die Gebietskörperschaften verwalten sich selbständig durch Ratsversammlungen und im Rahmen der Gesetze". Die Verfassung der V. Französischen Republik (Art.72) formuliert die Garantie der gemeindlichen Selbstverwaltung in gleicher Weise wie das Grundgesetz für die Bundesrepubik Deutschland (Art. 28). Die Übereinstimmung zwischen den Verfassungstexten verdeckt jedoch eine durchaus unterschiedliche Konzeption und Praxis der Selbstverwaltung der Gemeinden: Frankreich galt als Typ des Zentralstaates mit einer engmaschigen Kontrolle der staatlichen Verwaltung über die Gemeinden und Departements – jedenfalls bis zu den Dezentralisierungsgesetzen des Jahres 1983. Die Bundesrepublik Deutschland hat dagegen recht selbständige Länder mit einer starken kommunalen Selbstverwaltung in den Gemeinden und Kreisen.

Die Gemeinden sind die örtliche Ebene des demokratischen Staatsaufbaus. Die Bürger sollen in dem überschaubaren Feld der Gemeinde an politischen Entscheidungen mitwirken. Sie sollen sich in unterschiedlichen politischen Gruppierungen, nicht nur in den Ortsgruppen der großen politischen Parteien des Gesamtstaates an den Entscheidungen des örtlichen Gemeinwesens beteiligen. Sie sollen durch Bürgerbegehren/Bürgerentscheid (vgl. S. 94) auch direkt einwirken können.

Selbstverwaltung der Gemeinden bedeutet nicht Verwaltung gegen den Staat oder außerhalb des Staates, sondern Entscheidung und Verwaltung im Rahmen der staatlichen Gesetze, mit Rücksicht auf ein gemeinsames öffentliches Interesse. Die gemeindliche Selbstverwaltung ist, in den verschiedenen Ländern unterschiedlich stark, in die staatliche Verwaltung integriert. Wurde früher die *Autonomie der Gemeinden* gegenüber dem Staat betont, so muß in dem Industrie- und Sozialstaat der Gegenwart die inhaltliche Abstimmung bei der Wahrnehmung öffentlicher Aufgaben durch die gemeindliche und die staatliche Verwaltung gewährleistet sein.

Die gemeindliche Selbstverwaltung bedarf für die verantwortliche, dezentralisierte Erledigung der Angelegenheiten der örtlichen Gemeinschaft der demokratischen Legitimation. Das repräsentative Entscheidungsgremium der Gemeinde, der Gemeinderat, wird deshalb in allgemeinen Wahlen bestellt. Diesem Gemeindeorgan sind die wichtigsten Entscheidungen vorbehalten. Der Bürgermeister wird durch direkte Wahlen vom Volk oder indirekt durch den Gemeinderat bestellt.

Die politische Bedeutung der Kommunalwahlen wird in der Beteiligung der großen, gesamtstaatlichen Parteien erkennbar. Sie haben sich auch auf Gemeindeebene gegenüber örtlichen Gruppierungen, den sogenannten Rathausparteien, weitgehend durchgesetzt. In *Frankreich* ist die örtliche politische Abstützung auch für Politiker im Gesamtstaat verbreitet: Viele Minister und Abgeordnete der Nationalversammlung sind zugleich Bürgermeister einer Stadt oder Gemeinde in ihrem Wahlbezirk. Erst seit 1985 schränkt ein Gesetz diese Kumulierung der Mandate ein.

Für die Aufgabenverteilung oder -zuweisung ist entscheidend, daß in den meisten europäischen Ländern eine zwei- oder sogar dreistufige Gliederung der kommunalen Selbstverwaltung besteht: Die Gemeinde als örtliche Gemeinschaft, der *Kreis* bzw. das *Departement* oder der *District* als überörtliche Einheit und schließlich die *Region* oder der *County* als regionale Einheit. Die Verteilung der Aufgaben erfolgt zumeist nach dem Prinzip der Subsidiarität, wonach die unterste Verwaltungseinheit die Aufgaben erfüllen soll, für die sie nach der Verwaltungs- und Finanzkraft, nach der Bevölkerungszahl und der Fläche die Verantwortung übernehmen kann. Aufgaben, die auch in kleineren Gebietseinheiten effizient erfüllt werden können oder deren Erfüllung eine enge Verbindung zur örtlichen Gemeinschaft erfordert, sollen den Gemeinden vorbehalten werden.

Zur Erledigung ihrer eigenen und der vom Staat übertragenen Aufgaben bedürfen die Gemeinden einer ausreichenden Finanzausstattung. Die örtlichen Steuern und Abgaben sind meist sehr gering im Vergleich mit den staatlichen Finanzzuweisungen an die Gemeinden zur Finanzierung der freien bzw. der übertragenen Aufgaben. In *Großbritannien* werden nahezu 60% der kommunalen Ausgaben durch allgemeine Finanzzuweisungen der Kasse des Gesamtstaates finanziert. In der Regel gewährt der Staat diese Finanzzuweisungen für bestimmte Aufgaben oder Vorhaben (Zweckzuweisungen, vgl. S. 156) und gewinnt somit nicht nur über die gesetzlichen Vorschriften, sondern auch über die Zuweisungen inhaltlichen Einfluß auf die Erfüllung dieser Aufgaben. In Großbritannien – und in anderen Ländern – wird deshalb ein System von Block- oder Einheitszuweisungen versucht, das zum einen den Gemeinden mehr eigene Entscheidungen überläßt und zum anderen die finanziellen Verpflichtungen des Staates begrenzt. Das *Finanzzuweisungssystem* muß außerdem für eine Verteilung der Mittel zwischen armen und reichen Gemeinden sorgen, so in Frankreich mit einem eigenen Ausgleichsfonds.

Der stürmische Zuwachs öffentlicher Aufgaben und die wechselseitige Abhängigkeit von öffentlichen Aufgaben auf verschiedenen Verwaltungsebenen hat im 20. Jahrhundert zwangsläufig zu einer weitgehend *hauptamtlichen Verwaltung* auch bei den Gemeinden geführt und das ehrenamtliche Element zurückgedrängt. In den meisten Ländern gibt es einen eigenen kommunalen öffentlichen Dienst.

Die Kraft der gemeindlichen Selbstverwaltung zeigt sich nicht allein in Personenzahlen oder in der Höhe der Finanzzuweisungen. Die politische Idee der Gemeinden und ihrer Selbstverwaltung gründet sich auf die Überzeugung, daß Angelegenheiten der örtlichen Gemeinschaft zwar im Rahmen der Gesetze des Gesamtstaates, aber doch durch örtliche Entscheidungen wahrgenommen werden sollen.

Je weniger sich die Gemeinden auf die Wahrnehmung der nur örtlichen Aufgaben beschränken konnten und je mehr sie in die staatlichen Aufgaben einbezogen wurden, desto deutlicher wurde die Spannung zwischen historischem Zuschnitt und moderner Aufgabenstellung. Durch Strukturreformen, insbesondere durch neue und größere Einheiten der kommunalen Selbstverwaltung, sollte diese Spannung aufgehoben werden *(Territorialreform)*. Diese strukturellen Reformen sind in einigen europäischen Ländern, z. B. in Großbritannien, mit einer Neubestimmung der Aufgabenverteilung zwischen dem Staat und den Kommunen verbunden worden *(Funktionalreform)*. Die neuen Selbstverwaltungseinheiten der örtlichen und der überörtlichen Stufe haben entsprechend ihrem Gebietszuschnitt und ihrer Verwaltungskraft wichtigere und schwierigere Aufgaben und Zuständigkeiten erhalten.

Bereits 1943 begann in *Schweden* eine Neufestlegung der Gemeindegebiete, nachdem die bestehende, zersplitterte Gemeindestruktur (2500 Gemeinden, 50% der 2300 ländlichen Gemeinden hatten weniger als 1000 Einwohner) sich als ungeeignet für die Sozialfürsorge und als schwierig für die Bildung von Schulbezirken erwiesen hatte. Wollte man diese und andere Aufgaben den Gemeinden als Selbstverwaltungsaufgabe erhalten und gleichzeitig eine wirksame Erledigung dieser Aufgaben sichern, so mußten aufgabengemäße Größenordnungen geschaffen werden. Der Vorschlag ging auf eine Mindestgröße von 2000 bis 3000 Einwohner, „eine Einwohnerzahl, die eine autonome und effiziente Organisation aller kommunalen Aufgaben gewährleistet". Entsprechend dieser Konzeption wurde durch gesetzliche Zusammenlegung die Zahl der Gemeinden in Schweden von 2281 (1951) auf 821 (1952) reduziert, schließlich in einer neuen Strukturreform auf 278 (1974) mit einer durchschnittlichen Einwohnerzahl von nur ca. 29000 Einwohnern. Diese Gebietsreform in den skandinavischen Ländern hat die gemeindliche Neugliederung in der Bundesrepublik Deutschland (Gebietsreform, vgl. S. 32) stark beeinflußt. Zusammenlegung von Gemeinden bedeutet notwendig eine Verminderung der demokratischen Teilhabe an der Verwaltungsentscheidung: Die Anzahl der gewählten Ratsmitglieder sinkt, und die Entscheidung wird stärker zur Aufgabe des professionellen Verwaltungsapparates.

Die neue Gemeindegröße nach der Gebietsreform ist jedoch für die Gemeinde nur die äußere Hülle, die durch neue Aufgaben und neue Finanzmittel ausgefüllt werden muß. Bei der Aufgabenzuweisung bleibt die Frage, wie die Aufgaben zwischen der örtlichen und der überörtlichen – und eventuell der regionalen – Ebene der Kommunalverwaltung verteilt werden und welche Kooperationsmechanismen zwischen diesen Ebenen eingerichtet werden sollen.

Die Provinzen (12) in *Finnland* sind zwar staatliche Verwaltungsinstanzen, doch sollen sie nicht nur staatliche Verwaltung auf regionaler Ebene vollziehen und für die öffentliche Sicherheit und Ordnung sorgen, sondern – nach ihrer Definition – „auch die Entwicklung der Provinz und die Interessen ihrer Bevölkerung wahrnehmen". Damit werden sie jedoch nicht zu Selbstverwaltungseinheiten; ihre Organe, z.B. der Gouverneur, werden nicht gewählt oder von einem Provinzparlament kontrolliert, sondern von dem Ministerrat bestellt. Selbstverwaltung beginnt erst auf der Ebene der Gemeinden (450). In *Norwegen* dagegen bestehen auf der Ebene der Provinzen (19) die Elemente der staatlichen Verwaltung und der kommunalen Selbstverwaltung nebeneinander: Der Gouverneur ist staatlicher Beamter mit Aufsichtsbefugnissen gegenüber den Städten und Gemeinden (444) und zugleich Vorsitzender und Exekutivorgan der indirekt gewählten Provinzialvertretung, der Vertretung von Städten und Gemeinden der Provinz. In *Dänemark* besteht eine zweistufige Selbstverwaltung in den Kreisgemeinden (14), die jeweils zwischen 11 und 32 kreisangehörige Gemeinden zusammenfassen.

Die Verwaltungsstrukturen *Griechenlands* wurden nach den Freiheitskriegen 1833 nach dem französischen Verwaltungsmodell festgelegt. Die Gemeinderäte wurden zwar direkt von den Gemeindebürgern gewählt, doch der Bürgermeister wurde von der Aufsichtsbehörde bestimmt. In der Verfassung von 1975 wird das Selbstverwaltungsrecht der Gemeinden und Städte gesichert; es wird auch die Schaffung höherer Kommunalverbände eröffnet. Bisher jedoch sind die Provinzen mit dem Chef der Provinz an der Spitze nur Teile des staatlichen Verwaltungsaufbaus. Ähnlich dem deutschen Regierungspräsidenten bündelt er alle staatlichen Aktivitäten in der Provinz.

In *Großbritannien,* aber auch in Frankreich besteht zwischen örtlicher und überörtlicher Ebene der Verwaltung kein hierarchisches Verhältnis; jede Verwaltungsstufe bildet eine autonome Ebene mit repräsentativen Organen. Jede Ebene hat ihren eigenen Verwaltungsbereich, allerdings mit dem Auftrag, ihre Tätigkeiten und Entscheidungen zu koordinieren, wenn sich diese inhaltlich berühren oder in Konflikt geraten können. Die *Counties* haben substantielle kommunale Aufgaben wie das Schulwesen, die Müllbeseitigung, die Wohlfahrtseinrichtungen und die Aufstellung des kommunalen Entwicklungsplans. Sie tätigen 75% aller Ausgaben für die Kommunalverwaltung. Die *Districts* haben die Aufgaben des Wohnungsbaus, des Gesundheitswesens und der örtlichen Bauleitplanung. Bei den großstädtischen Districts, die zum Teil über 250000 Einwohner haben, liegt die Zuständigkeit für Schulen und Wohlfahrtseinrichtungen.

In ähnlicher Weise wird in *Frankreich* zwischen *Gemeinden, Departements* und *Regionen* differenziert, wenn der Gesetzgeber in dem Gesetz vom 7.1.1983 als wesentlichen Teil der Dezentralisierung eine Verteilung der Kompetenzen auf diese drei Ebenen vornimmt. Dabei gelten folgende Grundsätze, die in einer Fülle von Einzelakten vollzogen werden: Zuständigkeiten werden en bloc übertragen, nach Kompetenzbereichen. Kommunale Gebietskörperschaften verschiedener Ebenen sind nicht einander übergeordnet und haben deshalb auch keine Aufsicht übereinander. Der Staat verpflichtet sich, die für die übertragenen Aufgaben erforderlichen Finanzmittel an die betroffenen Gebietskörperschaften zu geben. Die staatliche und die kommunale Verwaltung wurden entflochten: War bisher der Präfekt im Departement zugleich Vertreter der Zentralregierung und Exekutive der kommunalen Gebietskörperschaft, so wird seit der Dezentralisierung die letztere Funktion von dem Präsidenten des Conseil Général des Departements wahrgenommen. Der Präfekt wurde zum Commissaire de la République, gleichzeitig wurden die Aufsichtsbefugnisse des Staates gegenüber den Gebietskörperschaften eingeschränkt.

Die *Benelux-Staaten* weisen in der gemeindlichen und regionalen Selbstverwaltung erhebliche Unterschiede auf, die jeweils in der Geschichte und in der aktuellen politischen Situation begründet sind. *Belgien* sucht seit Jahren nach einer Regionallösung, die der Teilung dieses Landes in zwei Bevölkerungsgruppen (Flamen, Wallonen) und der Sondersituation von Brüssel gerecht wird. Autonomie und Gewicht dieser Regionen gegenüber dem Gesamtstaat zu bestimmen, erweist sich als besonders schwierig. In jedem Fall aber soll es sich um Selbstverwaltung gegenüber der staatlichen Verwaltung handeln. Deshalb sind diese belgischen Regionen mit den Provinzen in den *Niederlanden* nicht zu vergleichen, die eine regionale Stufe der staatlichen Verwaltung, nicht aber regionale Selbstverwaltung darstellen. Die zwölf niederländischen *Provinzen* haben deshalb nur zwei hauptsächliche Aufgabenbereiche: sie nehmen regionale Aufgaben wie Raumplanung, Umweltschutz, Gesundheitswesen, Unterhalt von Land- und Wasserstraßen wahr, und sie üben im Namen der Zentralregierung die Aufsicht über die 700 Gemeinden aus. Insbesondere im Haushaltsbereich und bei der Bauleitplanung sind die Gemeinden von der Zustimmung der Provinzen abhängig. Andererseits vertreten die Provinzen bzw. der Gouverneur gegenüber der Zentralregierung die Interessen der Provinz und versuchen, öffentliche Investitionen in ihre Provinz zu ziehen.

Die gemeindliche Selbstverwaltung in *Italien* wird von zwei Seiten her beschränkt: durch die finanzielle Abhängigkeit von staatlichen Finanzmitteln und durch die Tatsache, daß 9 von 20 Ministerien eigene, nachgeordnete Verwaltungsbehörden auf allen Verwaltungsebenen (Regionen, Provinzen, Gemeinden) unterhalten. Deren Verwaltungstätigkeit und -kraft geht der Selbstverwaltung verloren. Die 20 *Regionen* sind Selbstverwaltungseinheiten mit eigenem Gesetzgebungs- und Verwaltungsrecht auf Gebieten wie Landwirtschaft, Städtebau, Gesundheitswesen. Über 90% ihres Haushaltes stammen aus staatlichen Finanzzuweisungen für konkrete Zwecke. Die Regionen verstehen sich als Vertretung der regionalen Interessen und parteipolitischer Orientierungen. Ähnlich wie in Spanien ist in Italien das Streben nach politischer Autonomie in diesen Regionen ein problematischer Streitpunkt. Die 90 *Provinzen* sind gleichfalls nur mit begrenzter Verwaltungskraft ausgestattet (etwa 70000 Bedienstete). Die 8000 *Gemeinden* mit 550000 Bediensteten sind ebenso von staatlichen Finanzzuweisungen abhängig wie die beiden anderen Ebenen.

Die 17 autonomen Gemeinschaften *Spaniens* leiten ihre Existenz und Autonomie direkt aus der spanischen Verfassung ab. Die demokratische Entwicklung in diesem Lande hat den *autonomen Gemeinschaften* als regionalen Einheiten eine beachtliche politische Selbständigkeit eingeräumt, die sich sowohl in der Gesetzgebungs- wie in der Verwaltungsbefugnis zeigt. Die Verfassung unterscheidet – ähnlich dem Grundgesetz – die Gesetzgebungsbereiche des Staates, der Gemeinschaften und solche gemeinsamer Gesetzgebung. Dagegen sind die Aufgaben der 50 *Provinzen* und der ca. 8000 *Gemeinden* abgeleitet und in Gesetzen des Staates bestimmt.

Dieser Überblick über die regionalen und lokalen Organisationsstrukturen in den Ländern Europas zeigt verschiedene Versuche, sich den geänderten Anforderungen an die Verwaltung, gerade an die Kommunalverwaltung, zu stellen. Das hat politische wie auch administrative Aspekte: Der Gesamtstaat kann sich nur entlasten, wenn er einen Teil der Problemlösungen und des Verwaltungsvollzuges „vor Ort" erledigen läßt, durch eine qualifizierte Verwaltung und mit der notwendigen administrativen Infrastruktur. Dazu bedarf es Verwaltungseinheiten, die nach Einwohnerzahl, Gebiet und Personal die notwendige Verwaltungskraft zur effektiven Erledigung der anspruchsvoller gewordenen Aufgaben erhalten. Andererseits ist das Bedürfnis der Bürger gewachsen, an öffentlichen Entscheidungen mitzuwirken, durch Wahlen die demokratische Legitimation zu gewähren und die politische Leitung dieser Selbstverwaltungseinheiten selbst mitzubestimmen sowie durch diese die lokalen, regionalen Interessen gegenüber der Zentralregierung auszudrücken und durchzusetzen. Ihre Bedeutung wird sichtbar durch die Schaffung oder durch das wachsende Gewicht der Regionen in Frankreich, Belgien, Italien oder Spanien.

Die Gemeinden in den genannten europäischen Ländern sind durch einen langjährigen Anpassungsprozeß gegangen: Anpassung der historischen Zuschnitte an die Anforderungen einer modernen Gesellschaft, Anpassung einer vorwiegend autonomen Aufgabenwahrnehmung an ein Handeln und Entscheiden in größerem Rahmen, Anpassung an die zunehmende rechtliche Steuerung durch den staatlichen Gesetzgeber und schließlich Anpassung einer ehrenamtlichen Verwaltung an einen hauptamtlichen, professionellen öffentlichen Dienst. Die Gefahr in allen europäischen Ländern ist dabei, daß sich der Verlust an ehrenamtlicher Mitwirkung und Ortsnähe der Entscheidung in zunehmender Distanz zwischen Bürger und Gemeinde auswirkt, daß an Stelle der politischen Dimension nur die administrative, verwaltungstechnische Seite der gemeindlichen Selbstverwaltung erfahren und gesehen wird.

Handbuch der kommunalen Wissenschaft und Praxis. Hg. v. G. Püttner. Bd. 2. Berlin u.a. [2]1982. – Reformen der Kommunen und Regionen in Europa. Hg. v. F. Zehetner. Linz 1982.

Gemeinden in der Schweiz

Die Schweiz ist ein Bundesstaat, der sich in 26 Kantone gliedert. An der Basis stehen mehr als 3000 Gemeinden. Die größte ist die Stadt Zürich, sie hat rund 370000 Einwohner, die kleinste Gemeinde zählt rund 20. Zwischen den Kantonen und den Gemeinden gibt es in einzelnen Kantonen „Bezirke" (Kreise); sie sind keine Gebietskörperschaften und versehen lediglich administrative Funktionen. Die Gemeinden sind Glieder des Kantons, dem sie territorial eingeordnet sind. Da die Städte keine rechtlich geschützte Sonderstellung genießen, kann – rechtlich betrachtet – nicht zwischen Städten und Gemeinden unterschieden werden. Die Statistik bezeichnet Gemeinden mit mehr als 10000 Einwohnern als Städte. Die Gemeinden bilden die Urzellen des schweizerischen Staates. Sie repräsentieren den genossenschaftlichen, demokratischen Aufbau. Ursprünglich versahen sie privatwirtschaftliche Aufgaben, erst im Mittelalter wurden sie zu örtlichen Gemeinwesen. Zum Wesenskern der schweizerischen Gemeinde gehört die *Gemeindeautonomie.* Sie wird nicht durch die Bundesverfassung, sondern durch die *kantonalen Verfassungen* gewährleistet. Allerdings können die Gemeinden mit staatsrechtlicher Beschwerde (Autonomiebeschwerde) eine Verletzung der Gemeindeautonomie vor dem Bundesgericht rügen. Der Autonomiegrad der Gemeinden ist von Kanton zu Kanton unterschiedlich. Ausgeprägt ist er im Kanton Graubünden, weniger prononciert in den westschweizerischen Kantonen. Eine Gemeinde verfügt in dem Maße über Autonomie, als ihr ein Entscheidungsspielraum offensteht. Die Autonomie erfaßt also nicht nur den eigenen Wirkungskreis, sondern auch den übertragenen.

Typisch für die Schweiz ist die Vielgestaltigkeit der *Gemeindearten.* Im Vordergrund steht die *politische Gemeinde (Einwohnergemeinde);* sie besitzt die allgemeine Kompetenz in kommunalen Angelegenheiten. Das kantonale Recht kennt Nebenformen. Am wichtigsten ist die *Bürgergemeinde,* die die auf einem begrenzten Territorium lebenden Ortsbürger erfaßt. Die weiteren Sonderformen ergeben sich aufgrund von Sachaufgaben (Schulgemeinden, Kirchgemeinden, Fürsorgegemeinden usw.).

Die Organisation unterscheidet im wesentlichen zwei Typen. Die Gemeinden mit der *„ordentlichen" Gemeindeorganisation* verfügen über zwei Organe: den *Gemeinderat* (in den Städten Stadtrat genannt) und die *Gemeindeversammlung,* die alle stimmberechtigten Glieder einer Gemeinde erfaßt. Sie agiert als kommunaler Gesetzgeber und faßt die Verwaltungsbeschlüsse von größerer finanzieller Tragweite *(direkte Demokratie).* Alle weiteren Geschäfte sind dem Gemeinderat als Kollegialorgan vorbehalten. Die *„außerordentliche" Gemeindeorganisation* ist den größeren Gemeinden vorbehalten. Sie sieht neben dem Gemeinderat ein *Parlament* vor. Die stimmberechtigten Einwohner wirken mit obligatorischen oder fakultativen *Referenden (Volksabstimmung/Volksentscheid)* sowie Initiativen an der Willensbildung mit. Wahlorgan des Gemeinderates und des Gemeindeparlamentes sind die stimmberechtigten Einwohner. Die professionelle Gemeindeverwaltung ist in der Regel klein gehalten. Sie wird unterstützt durch ehrenamtliche Pflichtmitarbeit der Bürger. Lediglich die größeren Gemeinden besitzen eine nach bürokratischen Grundsätzen aufgebaute Verwaltung.

Zwei oder mehr Gemeinden können sich zu privat- oder öffentlich-rechtlichen *Zweckverbänden* zusammenschließen, die übergemeindliche Aufgaben wahrnehmen. Der demokratisch organisierte *Gemeindeverband* faßt ebenfalls mehrere Gemeinden zur Erfüllung einer oder mehrerer Aufgaben zusammen, wobei die Stimmberechtigten der beteiligten Gemeinden ein Organ bilden. Für die städtischen Verdichtungsgebiete (Agglomerationen) bestehen keine besonderen Organisationsformen. Gebietsreformen (Zusammenschlüsse von Gemeinden) sind selten.

Die Hauptaufgaben der Gemeinden liegen im Planungs-, Bau-, Infrastruktur-, Schul-, Kultur- und Sozialbereich. Die wichtigsten Erlasse sind: Gemeindeordnung, Bauordnung(sreglement) samt Zonenplan (Bebauungsplan), Erschließungsreglement, Finanzplan usw. Die erforderlichen finanziellen Mittel fließen den Gemeinden durch Steuereinnahmen und Subventionen zu. Sie sind befugt, *kommunale Einkommen- und Vermögensteuern* zu erheben. Der Steuerfuß variiert von Gemeinde zu Gemeinde. Der Kanton ist bestrebt, die Unterschiede durch *Finanz- und Steuerausgleich* zu begrenzen.

Meylan, J., Gottraux, M., Dahinden, P.: Schweizer Gemeinden und Gemeindeautonomie. Dt. Übers. Lausanne 1972.

Gemeinden im schweizerischen Bundesstaat

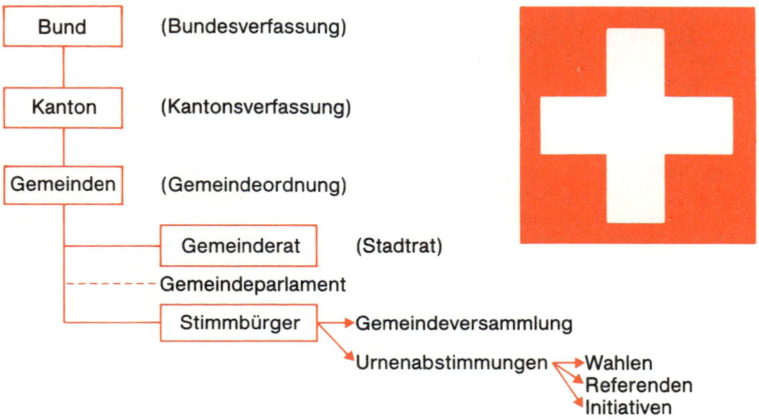

Gemeindebehörden

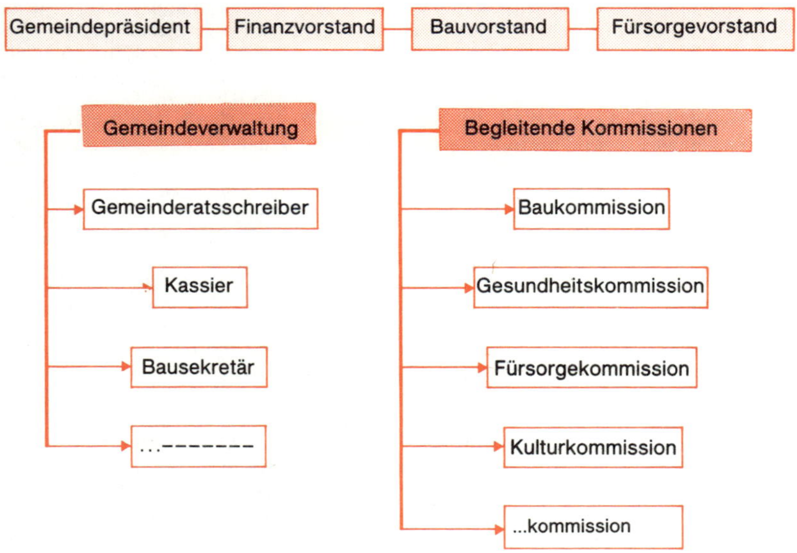

Gemeinden in Österreich

1985 gab es 2301 österreichische Gemeinden; sie beherbergen die 7,5 Millionen Einwohner Österreichs. Trotz der Zusammenlegung von Kleingemeinden weisen 77% aller Gemeinden nur bis zu 2500 Einwohner auf; zu den größeren Städten (100000 bis 250000 Einwohner) zählen nur Graz, Innsbruck, Linz und Salzburg; Wien hat rund 1530000 Einwohner.

Im *österreichischen Bundes-Verfassungsgesetz* (B-VG) sind durch die Gemeindeverfassungs-Novelle 1962 die Grundsätze der Gemeindeselbstverwaltung in erweiterter Form festgeschrieben worden (Art. 115 bis 119a B-VG). Die nähere Ausformung der Gemeindeorganisation ist dem Landesgesetzgeber in den neun Bundesländern überlassen.

Die im eigenen Wirkungsbereich zu vollziehenden Aufgaben werden in einer Generalklausel (Art. 118 Abs. 2 B-VG) umschrieben: „Der eigene Wirkungsbereich umfaßt alle Angelegenheiten, die im ausschließlichen oder überwiegenden Interesse der in der Gemeinde verkörperten örtlichen Gemeinschaft gelegen und geeignet sind, durch die Gemeinschaft innerhalb ihrer örtlichen Grenzen besorgt zu werden." Die detaillierte Festlegung der Aufgaben bleibt dem zuständigen Gesetzgeber überlassen, der aber in den jeweiligen Gesetzen ausdrücklich einen bestimmten Vollziehungsakt als in den eigenen Wirkungsbereich der Gemeinde fallend zu bezeichnen hat.

Ergänzend hierzu gibt es eine Liste von Gemeindeaufgaben in Art. 118 Abs. 3 B-VG; hier sind unter anderem die Bestellung der Gemeindeorgane und die Regelung der inneren Einrichtungen zur Besorgung der Gemeindeaufgaben, die örtliche Sicherheitspolizei, Marktpolizei, Gesundheitspolizei und Baupolizei genannt.

Neben der Erledigung hoheitlicher Aufgaben erbringen die Gemeinden aber auch in großem Umfang Dienstleistungen (als „selbständige Wirtschaftskörper" bzw. im Rahmen der sogenannten „Privatwirtschaftsverwaltung"). Solche – teils durch den Gesetzgeber für die Gemeinde verpflichtend vorgeschriebenen – Aufgaben sind z. B. Einrichtung und Betrieb von Kindergärten, Schulen, Erwachsenenbildungseinrichtungen, Sportanlagen, von Wasserversorgungs-, Abwasserbeseitigungs- und Müllbeseitigungsanlagen sowie von Verkehrs-, Gas-, Elektrizitäts- und Fernwärmeversorgungsbetrieben.

Die Regelung der Gemeindeorganisation in der Bundesverfassung geht vom Prinzip der *Einheitsgemeinde* aus, d. h. von dem Grundsatz, daß allen Gemeinden, unabhängig von der Größe und der Finanzkraft, gleiche Rechte, gleiche Pflichten und die gleiche rechtliche Stellung gegenüber der staatlichen Aufsicht zukommen. Es besteht nur eine Sonderregelung für 14 *Statutargemeinden* Österreichs (meist größere Städte), wonach diese auch die Aufgaben der staatlichen Bezirksverwaltungsbehörden zu erfüllen haben. Die Bundeshauptstadt Wien ist gleichzeitig Trägerin der Aufgaben einer Gemeinde, einer Bezirksverwaltung und eines Landes. – Kreise als überörtliche Gebietskörperschaften mit Selbstverwaltung gibt es nicht.

Die Gemeinden finanzieren ihre Aufgaben aus Mitteln, die ihnen aufgrund des Finanz-Verfassungsgesetzes von 1948 und des jeweiligen Finanzausgleichsgesetzes (Geltung 4 Jahre) nach einem System der *verbundenen Steuerwirtschaft* zufließen. Danach verfügen die Gemeinden über eigene Steuern (u. a. Grundsteuer, Getränkesteuer, Gewerbesteuer vom Ertrag und Lohnsummensteuer) und über Anteile aus dem Aufkommen an Bundessteuern. Weitere Einnahmequellen sind Zuschüsse von Gebietskörperschaften für bestimmte Vorhaben sowie Gebühren, Tarife und Entgelte. Die Aufteilung der Besteuerungsrechte und der Ertragshoheit auf Bund, Länder und Gemeinden erfolgt in *Finanzausgleichsverhandlungen;* das Verhandlungsergebnis wird in Form eines einfachen Bundesgesetzes vom Parlament beschlossen.

Als oberstes Gemeindeorgan wird der *Gemeinderat* als allgemeiner Vertretungskörper gemäß Art. 117 Abs. 2 B-VG nach dem gleichen, unmittelbaren, geheimen und persönlichen Verhältniswahlrecht von allen Staatsbürgern gewählt, die in der Gemeinde ihren ordentlichen Wohnsitz haben. Die sonstigen Gemeindeorgane (*Gemeindevorstand* bzw. *Stadtsenat, Bürgermeister*) werden vom Gemeinderat gewählt. Die politische und administrative Führung liegt in der Hand des Bürgermeisters. Er hat den Vorsitz im Gemeinderat.

Im eigenen Wirkungsbereich unterliegen die Gemeinden der staatlichen Aufsicht (Art. 119a B-VG).

Gallent, K.: Gemeinde und Verfassung. Graz 1978. – Das österreichische Gemeinderecht. Hg. v. L. Fröhler und P. Oberndorfer. Linz 1980. Loseblatt.

Gemeindeorganisation im eigenen Wirkungsbereich

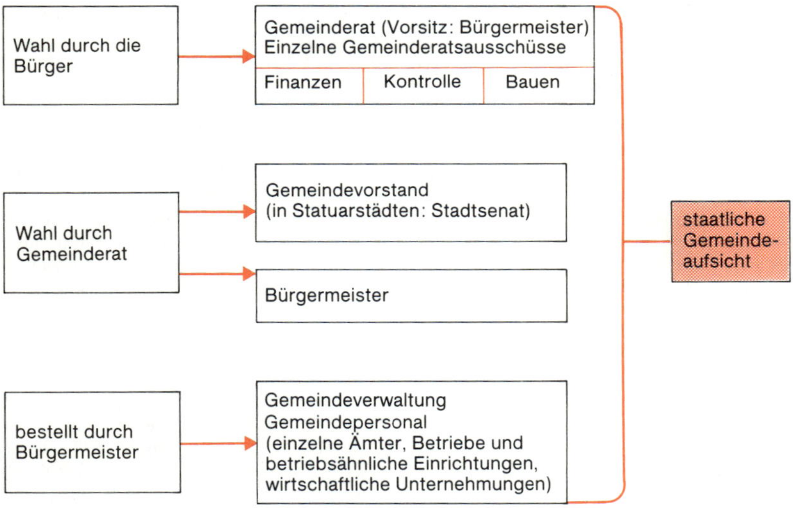

Süddeutsche Ratsverfassung: Baden-Württemberg, Bayern

Die Süddeutsche Ratsverfassung bildete sich vor allem seit der zweiten Hälfte des 19. Jahrhunderts in Bayern und Württemberg heraus und hatte ihre Blütezeit während der Zeit der Weimarer Republik. Sie stand in einem gewissen Gegensatz zur preußischen Magistratsverfassung (vgl. S. 72): Während nach dieser Verfassungsform zwei gemeindliche Körperschaften (Magistrat und Stadtverordnetenversammlung) die Willensbildung bestimmten (Zweikörpersystem), ist die Süddeutsche Ratsverfassung durch die dominierende Stellung des Gemeinderats (Einkörpersystem) gekennzeichnet, innerhalb dessen dem Bürgermeister von der Konzeption der Ratsverfassung her an sich nur die Stellung eines „primus inter pares" zukommen soll. Tatsächlich hat heute der Bürgermeister eine weitaus gewichtigere Funktion.

Hauptorgane der Gemeinde sind nach der Süddeutschen Ratsverfassung, die in *Baden-Württemberg* und *Bayern* Anwendung findet, die *Gemeindevertretung* (Gemeinderat, Stadtrat, vgl. S. 80) und der *Bürgermeister* (vgl. S. 86). Beschlußorgan ist der Gemeinderat, der sich aus dem Bürgermeister und den von der Bürgerschaft in allgemeiner, unmittelbarer, freier, gleicher und geheimer Wahl für eine Wahlperiode von fünf (Baden-Württemberg) bzw. sechs (Bayern) Jahren gewählten Gemeinderäten zusammensetzt. Die Gemeinderäte sind ehrenamtlich tätig und an Weisungen und Aufträge ihrer Wähler nicht gebunden (Grundsatz des freien Mandats). Der Gemeinderat ist für alle Angelegenheiten der Gemeinde zuständig, soweit nicht von Gesetzes wegen die Angelegenheit dem Bürgermeister zugewiesen ist. Insbesondere liegt der Erlaß von *Satzungen* (vgl. S. 82; Ortsrechtssetzung) und die Verabschiedung des kommunalen *Haushalts* (vgl. S. 148) in den Händen des Gemeinderats. Aus seiner Mitte kann der Gemeinderat *Ausschüsse* (vgl. S. 84) bilden, die als Hilfsorgane vor allem mit der Vorbereitung der Ratsbeschlüsse befaßt sind, denen aber auch weniger bedeutende Angelegenheiten zur abschließenden Entscheidung übertragen werden können. Beschließende Ausschüsse haben in Bayern die Bezeichnung „Gemeindesenate". Geleitet werden die Ratssitzungen durch den Bürgermeister.

Der (Ober-)Bürgermeister (vgl. S. 86; in Bayern: erster Bürgermeister) ist zugleich „Chef der Verwaltung". Er ist in größeren Kommunen regelmäßig hauptamtlich tätig und wird von der Bürgerschaft unmittelbar für eine feste Amtszeit von sechs (Bayern) bzw. acht (Baden-Württemberg) Jahren gewählt. Der Bürgermeister bereitet die Beschlüsse des Gemeinderats vor und führt sie aus, erledigt die laufenden Verwaltungsangelegenheiten, ist der gesetzliche Vertreter der Gemeinde und leitet die Gemeindeverwaltung. In größeren Gemeinden Baden-Württembergs kann der Gemeinderat als Stellvertreter des Bürgermeisters Beigeordnete (als weitere kommunale Wahlbeamte) bestellen. Diese leiten bestimmte Dezernate (z. B. Bauwesen, Sozialwesen, Kämmerei) der Stadt- bzw. Gemeindeverwaltung, sind jedoch dem Bürgermeister gegenüber weisungsunterworfen. In Bayern wird demgegenüber diese Funktion von den ebenfalls vom Gemeinderat gewählten weiteren Bürgermeistern (die ehrenamtlich oder hauptamtlich tätig sein können) oder von in Gemeinden mit mehr als 10 000 Einwohnern wählbaren berufsmäßigen Gemeinderatsmitgliedern wahrgenommen. Diese haben eine Doppelfunktion: Zum einen sind sie als weisungsunterworfene (gegenüber dem Bürgermeister) Referenten in den gemeindlichen Verwaltungsapparat eingegliedert. Zum anderen haben sie aber in den Sitzungen des Gemeinderats und seiner Ausschüsse in Angelegenheiten ihres Geschäftsbereichs eine (unabhängige) beratende Stimme.

Insgesamt macht die vorstehend beschriebene Funktionsverteilung zwischen den Gemeindeorganen deutlich, daß sich die Süddeutsche Ratsverfassung in der Praxis stark der Bürgermeisterverfassung (vgl. S. 70) angeglichen hat. Aufgrund der besonderen Legitimation des Bürgermeisters durch die Volkswahl kommt ihm nach der Süddeutschen Ratsverfassung letztlich eine noch stärkere Position zu als nach der Bürgermeisterverfassung. Ebenfalls mit der unmittelbaren Wahl des Gemeindeoberhaupts durch die Bevölkerung in Zusammenhang steht, daß in den Ländern mit Süddeutscher Ratsverfassung weitaus mehr parteilose Bürgermeister anzutreffen sind als in den übrigen Ländern.

Borchmann, M./Vesper, E.: Reformprobleme im Kommunalverfassungsrecht. Stuttgart u. a. 1976. – Wehling, H.-G.: Die Süddeutsche Ratsverfassung in Baden-Württemberg und Bayern. In: Handbuch der kommunalen Wissenschaft und Praxis. Hg. v. G. Püttner. Bd. 2. Berlin u. a. [2]1982.

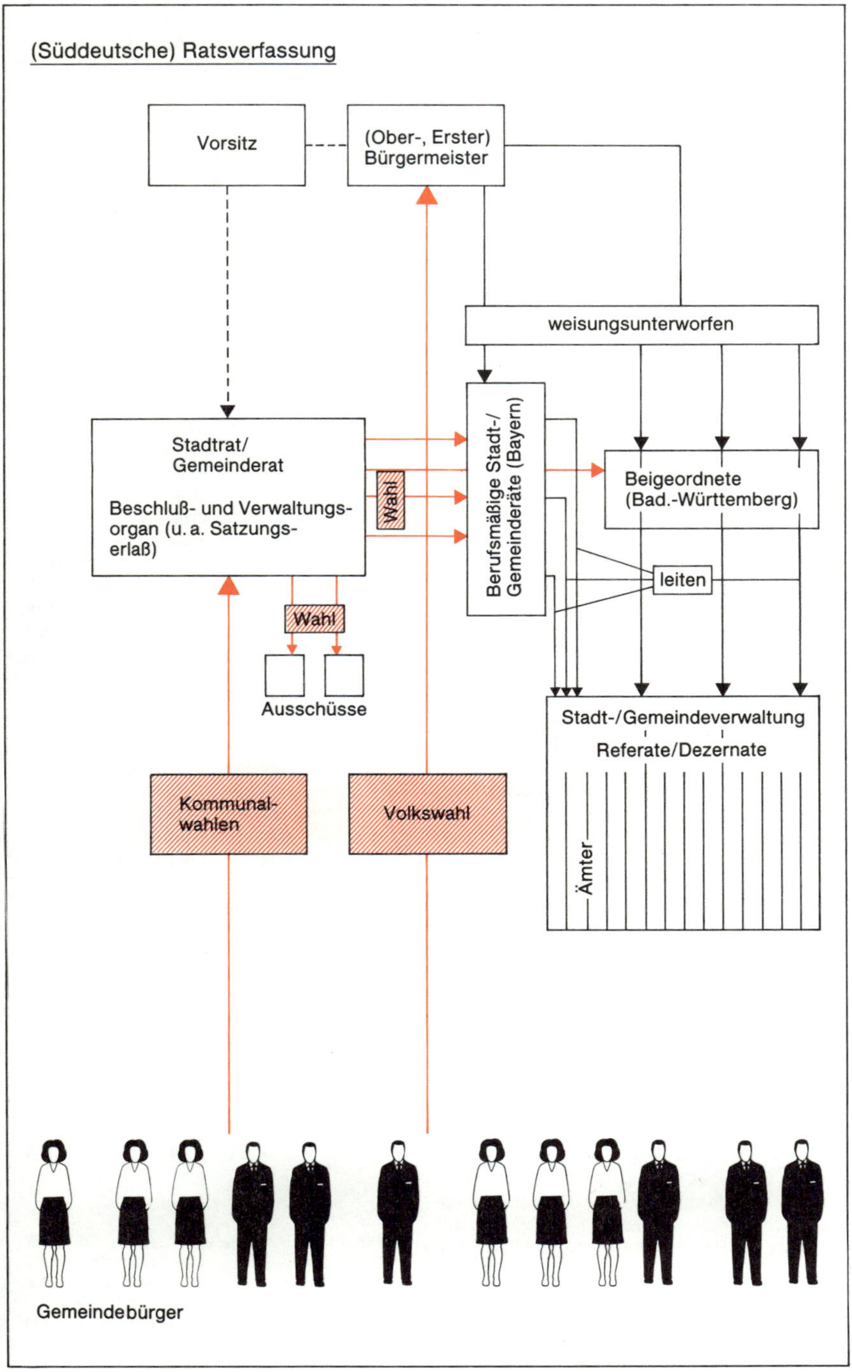

(Süddeutsche) Ratsverfassung
Vorsitz
(Ober-, Erster) Bürgermeister
weisungsunterworfen
Stadtrat/ Gemeinderat
Beschluß- und Verwaltungsorgan (u. a. Satzungserlaß)
Wahl
Berufsmäßige Stadt-/ Gemeinderäte (Bayern)
Beigeordnete (Bad.-Württemberg)
leiten
Wahl
Ausschüsse
Stadt-/Gemeindeverwaltung
Referate/Dezernate
Ämter
Kommunalwahlen
Volkswahl
Gemeindebürger

Bürgermeisterverfassung: Rheinland-Pfalz, Saarland

Die Bürgermeisterverfassung ist das Organisationssystem, das der Verwaltung der Städte und Gemeinden in *Rheinland-Pfalz* und im *Saarland* sowie der Gemeinden in *Schleswig-Holstein* zugrunde liegt. Sie ist dadurch gekennzeichnet, daß der Bürgermeister (vgl. S. 86) sowohl Leiter des gemeindlichen Verwaltungsapparates als auch im Regelfall Vorsitzender der von der Bevölkerung gewählten Vertretungskörperschaft ist. Ist der Bürgermeister dabei stimmberechtigtes Mitglied der Vertretungskörperschaft (wie in Rheinland-Pfalz und in den kleineren Gemeinden Schleswig-Holsteins), so spricht man von einer *echten* Bürgermeisterverfassung. Bei der *unechten* Bürgermeisterverfassung hat der Bürgermeister demgegenüber kein Stimmrecht in der Vertretungskörperschaft (so im Saarland und in den größeren Gemeinden Schleswig-Holsteins).

Entwickelt hat sich die Bürgermeisterverfassung aufgrund einer Rezeption von Elementen des französischen Gemeinderechts in den napoleonisch besetzten Rheinlanden. Man spricht daher auch von der „rheinischen Bürgermeisterverfassung". Die echte Bürgermeisterverfassung kam bereits nach der Rheinischen Städteordnung von 1856 zur Anwendung, während die unechte Bürgermeisterverfassung zur Zeit der Weimarer Republik vor allem in Sachsen und Thüringen entwickelt wurde.

Kennzeichnend für die Bürgermeisterverfassung ist das Zusammenwirken von zwei gemeindlichen Organen, der *Gemeindevertretung* (vgl. S. 80; in Schleswig-Holstein: Gemeindevertretung; in Rheinland-Pfalz und im Saarland: Gemeinderat oder Stadtrat) und des *Bürgermeisters*. Die Vertretungskörperschaft wird von den Gemeindebürgern in allgemeiner, unmittelbarer, freier, gleicher und geheimer Wahl für eine Wahlperiode von vier (Schleswig-Holstein) bzw. fünf (Rheinland-Pfalz, Saarland) Jahren gewählt. Ihre Mitglieder üben ein *Ehrenamt* aus und sind bei dieser Tätigkeit an Aufträge und Weisungen ihrer Wähler nicht gebunden (Grundsatz des freien Mandats). Die Vertretungskörperschaft ist das Beschlußorgan und entscheidet über alle wichtigen Angelegenheiten der Gemeinde. Insbesondere ist sie zuständig für den Erlaß von *Satzungen* (vgl. S. 82; Ortsrechtssetzung) und die Verabschiedung des kommunalen *Haushalts* (vgl. S. 148). Aus ihrer Mitte kann die Vertretungskörperschaft *Ausschüsse* (vgl. S. 84) bilden, die als Hilfsorgane vor allem mit der Vorbereitung der Vertretungsbeschlüsse befaßt sind, denen aber auch weniger bedeutende Angelegenheiten zur abschließenden Erledigung übertragen werden können. Geleitet werden die Sitzungen der Vertretungskörperschaft regelmäßig durch den Bürgermeister. Eine Ausnahme bilden die größeren Gemeinden Schleswig-Holsteins (mit einem hauptamtlichen Bürgermeister): Hier wählt die Gemeindevertretung aus ihrer Mitte einen „Bürgervorsteher" als Vorsitzenden.

„Chef der Verwaltung" ist der *(Ober-) Bürgermeister*. Er ist in größeren Kommunen hauptamtlich tätig und wird von der Vertretungskörperschaft für eine Amtszeit von zehn (in Schleswig-Holstein sechs bis zwölf) Jahren gewählt. Die Amtszeit des ehrenamtlichen Bürgermeisters ist demgegenüber an die Wahlzeit der Vertretungskörperschaft angeglichen. Der Bürgermeister bereitet die Beschlüsse der Vertretungskörperschaft vor und führt sie aus. Er vertritt die Gemeinde nach außen, erledigt die laufenden Verwaltungsgeschäfte und leitet die Gemeindeverwaltung. Er wird bei dieser Tätigkeit durch ebenfalls von der Vertretungskörperschaft gewählte *Beigeordnete* (vgl. S. 88; Rheinland-Pfalz, Saarland) unterstützt, die in größeren Kommunen hauptamtlich bestellt und mit der Leitung einzelner Dezernate (z. B. Bauwesen, Sozialwesen, Kämmerei) betraut werden können. Allerdings sind die Beigeordneten dem Bürgermeister grundsätzlich weisungsunterworfen. In den größeren Städten von Rheinland-Pfalz ist dieses „monokratische" Prinzip insofern modifiziert, als der Bürgermeister nicht mehr in allen Verwaltungsangelegenheiten das Recht der letzten Entscheidung hat, sondern namentlich bei der Vorbereitung von Satzungs- und Planungsangelegenheiten für den Stadtrat der aus dem Bürgermeister und den Beigeordneten zu bildende „Stadtvorstand" kollegial entscheidet.

Borchmann, M./Vesper, E.: Reformprobleme im Kommunalverfassungsrecht. Stuttgart u. a. 1976. – Dreibus, H.: Die Bürgermeisterverfassung in Rheinland-Pfalz, im Saarland und in Schleswig-Holstein. In: Handbuch der kommunalen Wissenschaft und Praxis. Hg. v. G. Püttner. Bd. 2. Berlin u. a. [2]1982.

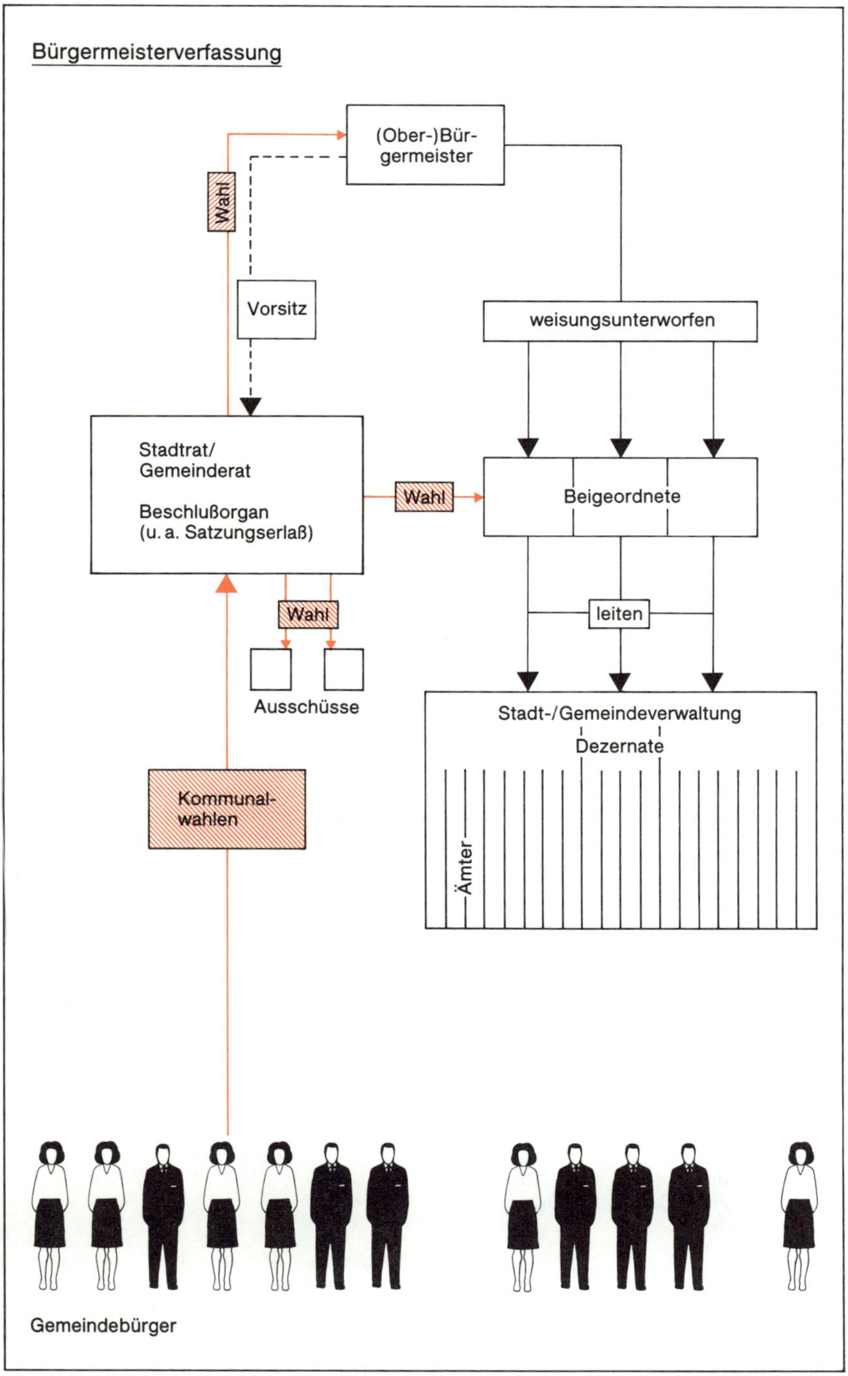
Bürgermeisterverfassung
(Ober-)Bürgermeister
Wahl
Vorsitz
weisungsunterworfen
Stadtrat/
Gemeinderat
Beschlußorgan
(u. a. Satzungserlaß)
Wahl
Beigeordnete
Wahl
leiten
Ausschüsse
Stadt-/Gemeindeverwaltung
Dezernate
Ämter
Kommunalwahlen
Gemeindebürger

Magistratsverfassung: Hessen, Schleswig-Holstein

Als traditionelle Organisationsform der preußischen Städte kam die Magistratsverfassung bereits nach der Steinschen Städteordnung von 1808, dem Ausgangspunkt der modernen Selbstverwaltung in Deutschland, zur Anwendung. Nach der Magistratsverfassung steht der Gemeindevertretung (Stadtverordnetenversammlung) als Vertretungskörperschaft ein Magistratskollegium (Gemeindevorstand, früher zuweilen auch als Gemeinderat oder Rat bezeichnet) als Verwaltungsspitze gegenüber. Während der Magistrat nach der Steinschen Städteordnung von 1808 auf die Vorbereitung und Ausführung der Vertreterbeschlüsse sowie die Erledigung der laufenden Verwaltungsangelegenheiten beschränkt war *(unechte Magistratsverfassung),* dominierte im weiteren Verlauf des 19. und zu Beginn des 20. Jahrhunderts die echte Magistratsverfassung. Hiernach bedurften Beschlüsse der Vertretungskörperschaft, um überhaupt wirksam zu werden, grundsätzlich der Zustimmung des Magistrats. Heute hat die echte Magistratsverfassung nur noch historische Bedeutung. Zur Anwendung kommt allein die unechte Magistratsverfassung, und zwar in Hessen, in den Städten Schleswig-Holsteins und in Bremerhaven.

Oberstes Gemeindeorgan ist nach der (unechten) Magistratsverfassung die *Gemeindevertretung* (Stadtverordnetenversammlung, Stadtvertretung, vgl. S. 80), die von der Bürgerschaft in allgemeiner, unmittelbarer, freier, gleicher und geheimer Wahl (vgl. S. 52) für eine Wahlperiode von vier Jahren gewählt wird. Ihre Mitglieder sind ehrenamtlich tätig und an Aufträge und Weisungen ihrer Wähler nicht gebunden *(Grundsatz des freien Mandats).* Als Beschlußorgan ist die Gemeindevertretung für alle wichtigen Angelegenheiten der Gemeinde zuständig, insbesondere für den Erlaß von *Satzungen* (vgl. S. 82) und die Verabschiedung des kommunalen *Haushalts* (vgl. S. 148). Die Gemeindevertretung kann aus ihrer Mitte *Ausschüsse* (vgl. S. 84) bilden, die als Hilfsorgane vor allem mit der Vorbereitung der Vertretungsbeschlüsse befaßt sind, denen aber auch weniger bedeutende Angelegenheiten zur abschließenden Entscheidung übertragen werden können. Geleitet werden die Sitzungen der Vertretungskörperschaft durch einen aus ihrer Mitte gewählten Vorsitzenden, der die Amtsbezeichnung *„Bürgervorsteher"* oder *„Stadtpräsident"* (in Schleswig-Holstein) bzw. *„Vorsitzender der Gemeindevertretung"* (in Hessen) oder *„Stadtverordnetenvorsteher"* (in Hessen, Bremerhaven) trägt. Dieser repräsentiert neben dem Bürgermeister die Gemeinde.

Verwaltungsorgan ist der *Magistrat* oder *Gemeindevorstand.* Er setzt sich aus dem regelmäßig hauptamtlichen *(Ober-) Bürgermeister* und ehrenamtlichen – in größeren Kommunen zusätzlich aus hauptamtlichen – *Beigeordneten* (vgl. S. 88) zusammen. Die hauptamtlichen Magistratsmitglieder werden von der Vertretungskörperschaft für eine feste Amtszeit von sechs (Hessen), sechs bis zwölf (Schleswig-Holstein) oder zwölf Jahren (Bremerhaven) gewählt, die Amtszeit der ehrenamtlichen Mitglieder ist an die Wahlzeit der Vertretungskörperschaft angeglichen. Während in Hessen Unvereinbarkeit zwischen der Mitgliedschaft im Magistrat und einem Mandat als Gemeindevertreter besteht, können in Schleswig-Holstein nur Mitglieder der Stadtvertretung zu ehrenamtlichen Magistratsmitgliedern gewählt werden. Sie behalten auch nach der Wahl ihr Mandat. Der Magistrat bereitet die Beschlüsse der Vertretung vor und führt sie aus, erledigt die laufenden Verwaltungsgeschäfte und ist gesetzlicher Vertreter der Kommune. Er entscheidet grundsätzlich durch Mehrheitsbeschluß. Vorsitzender ist der Bürgermeister, dessen Stimme in Hessen und Bremerhaven bei Stimmengleichheit den Ausschlag gibt. Der Bürgermeister leitet den Geschäftsgang der Verwaltung. Im übrigen sind den hauptamtlichen Magistratsmitgliedern regelmäßig Dezernate (z. B. Bauwesen, Sozialwesen, Kämmerei) zugewiesen, die selbständig von ihnen geleitet werden. In Hessen kann der Magistrat als Hilfsorgane Kommissionen bilden.

Borchmann, M./Vesper, E.: Reformprobleme im Kommunalverfassungsrecht. Stuttgart u.a. 1976. – Schneider, Gerhard: Die Magistratsverfassung in Hessen und Schleswig-Holstein. In: Handbuch der kommunalen Wissenschaft und Praxis. Hg. v. G. Püttner. Bd. 2. Berlin u. a. [2]1982.

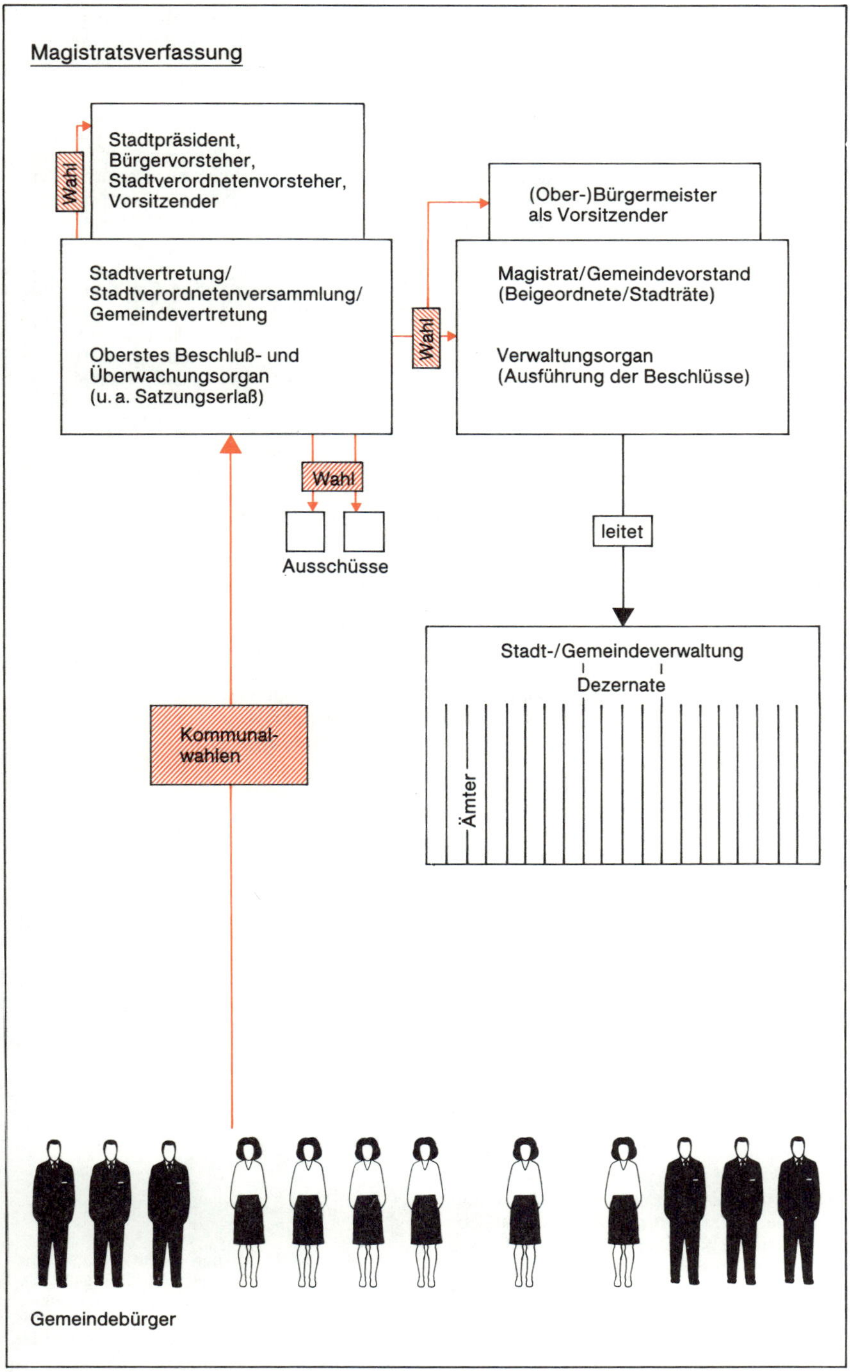
Magistratsverfassung
Wahl
Stadtpräsident,
Bürgervorsteher,
Stadtverordnetenvorsteher,
Vorsitzender
(Ober-)Bürgermeister
als Vorsitzender
Stadtvertretung/
Stadtverordnetenversammlung/
Gemeindevertretung
Oberstes Beschluß- und
Überwachungsorgan
(u. a. Satzungserlaß)
Wahl
Magistrat/Gemeindevorstand
(Beigeordnete/Stadträte)
Verwaltungsorgan
(Ausführung der Beschlüsse)
Wahl
Ausschüsse
leitet
Stadt-/Gemeindeverwaltung
Dezernate
Ämter
Kommunal-
wahlen
Gemeindebürger

Direktorialverfassung: Nordrhein-Westfalen, Niedersachsen

Der der deutschen Gemeindeverfassungstradition relativ fremde Typ der Direktorialverfassung (auch: Norddeutsche Ratsverfassung), der allerdings einen Vorläufer in der thüringischen Gemeindeverfassung der Weimarer Zeit hat, wurde nach dem Zweiten Weltkrieg von der britischen Besatzungsmacht der eigenen Zone aufoktroyiert. Die Briten wählten dabei das englische Local Government als Vorbild, das durch das Nebeneinander von ehrenamtlichem Bürgermeister als Ratsvorsitzendem (Mayor) und professionellem, aber letztlich subalternem Oberstadt-/Gemeindedirektor als Hauptverwaltungsbeamten (Town Clerk oder Chief Exekutive) charakterisiert ist. Wegen dieser „Janusköpfigkeit" der Gemeindespitze spricht man in diesem Zusammenhang auch von *„Zweigleisigkeit"*. Die Direktorialverfassung kommt heute noch in *Niedersachsen* und in *Nordrhein-Westfalen* zur Anwendung, wobei das niedersächsische System durch die Einschaltung eines mit beachtlichen Kompetenzen ausgestatteten *Verwaltungsausschusses* zwischen gemeindlicher Vertretungskörperschaft und Gemeindedirektor zusätzliche Besonderheiten aufweist.

Gemeindliches Hauptorgan ist nach der Direktorialverfassung die *Gemeindevertretung* (Rat, Gemeinderat, Stadtrat, vgl. S. 80), die von der Bürgerschaft in allgemeiner, unmittelbarer, freier, gleicher und geheimer Wahl für eine Wahlperiode von fünf Jahren gewählt wird. Ihre Mitglieder sind ehrenamtlich tätig und an Aufträge oder Weisungen ihrer Wähler nicht gebunden *(Grundsatz des freien Mandats)*. Als Beschlußorgan ist der Rat für alle wichtigen Angelegenheiten der Gemeinde zuständig, insbesondere für den Erlaß von *Satzungen* und die Verabschiedung des kommunalen *Haushalts* (vgl. S. 148). Der Rat kann aus seiner Mitte *Ausschüsse* (vgl. S. 84) bilden, die als Hilfsorgane vor allem mit der Vorbereitung der Ratsbeschlüsse befaßt sind, denen aber auch (in Nordrhein-Westfalen) weniger bedeutende Angelegenheiten zur abschließenden Entscheidung übertragen werden können. Kein Hilfsorgan des Rats, sondern ein eigenständiges Gemeindeorgan ist demgegenüber der *Verwaltungsausschuß* in Niedersachsen, zu dessen Aufgaben die Vorbereitung der Ratsbeschlüsse sowie die Beschlußfassung über die Angelegenheiten gehören, die nicht in der Zuständigkeit eines anderen Gemeindeorgans liegen. Im Einzelfall kann er sich auch die Entscheidung in laufenden Verwaltungsangelegenheiten vorbehalten. Vorsitzender des Rats ist der ehrenamtlich tätige *(Ober-)Bürgermeister* (vgl. S. 86), der vom Rat aus seiner Mitte gewählt wird und zugleich repräsentativer Vertreter der Kommune ist.

Leiter der Verwaltung ist demgegenüber der *Gemeindedirektor* (Stadtdirektor, Oberstadtdirektor, vgl. S. 86), der regelmäßig hauptamtlich tätig ist und vom Rat für eine Amtszeit von sechs oder zwölf (Niedersachsen) bzw. acht (Nordrhein-Westfalen) Jahren gewählt wird. Der Gemeindedirektor bereitet die Beschlüsse des Rates (Nordrhein-Westfalen) bzw. des Verwaltungsausschusses (Niedersachsen) vor und führt die Beschlüsse der Vertretungskörperschaft aus, fungiert als gesetzlicher Vertreter der Kommune, erledigt die laufenden Verwaltungsgeschäfte und leitet die Gemeindeverwaltung. In größeren Kommunen wird er bei der Verwaltungsleitung von hauptamtlichen *Beigeordneten* (vgl. S. 88) (Nordrhein-Westfalen) bzw. Stadträten (Niedersachsen) unterstützt, die wie er vom Rat gewählte kommunale Wahlbeamte sind und deren Rechtsstellung an seine eigene angeglichen ist. Tätig sind diese vor allem bei der Leitung einzelner Dezernate (z. B. Bauwesen, Sozialwesen, Kämmerei). Dabei sind sie allerdings etwaigen Weisungen des Gemeindedirektors unterworfen.

Borchmann, M./Vesper, E.: Reformprobleme im Kommunalverfassungsrecht. Stuttgart u. a. 1976. – Berg, W.: Die Direktorialverfassung in Nordrhein-Westfalen und Niedersachsen. In: Handbuch der kommunalen Wissenschaft und Praxis. Hg. v. G. Püttner. Bd. 2. Berlin u. a. ²1982.

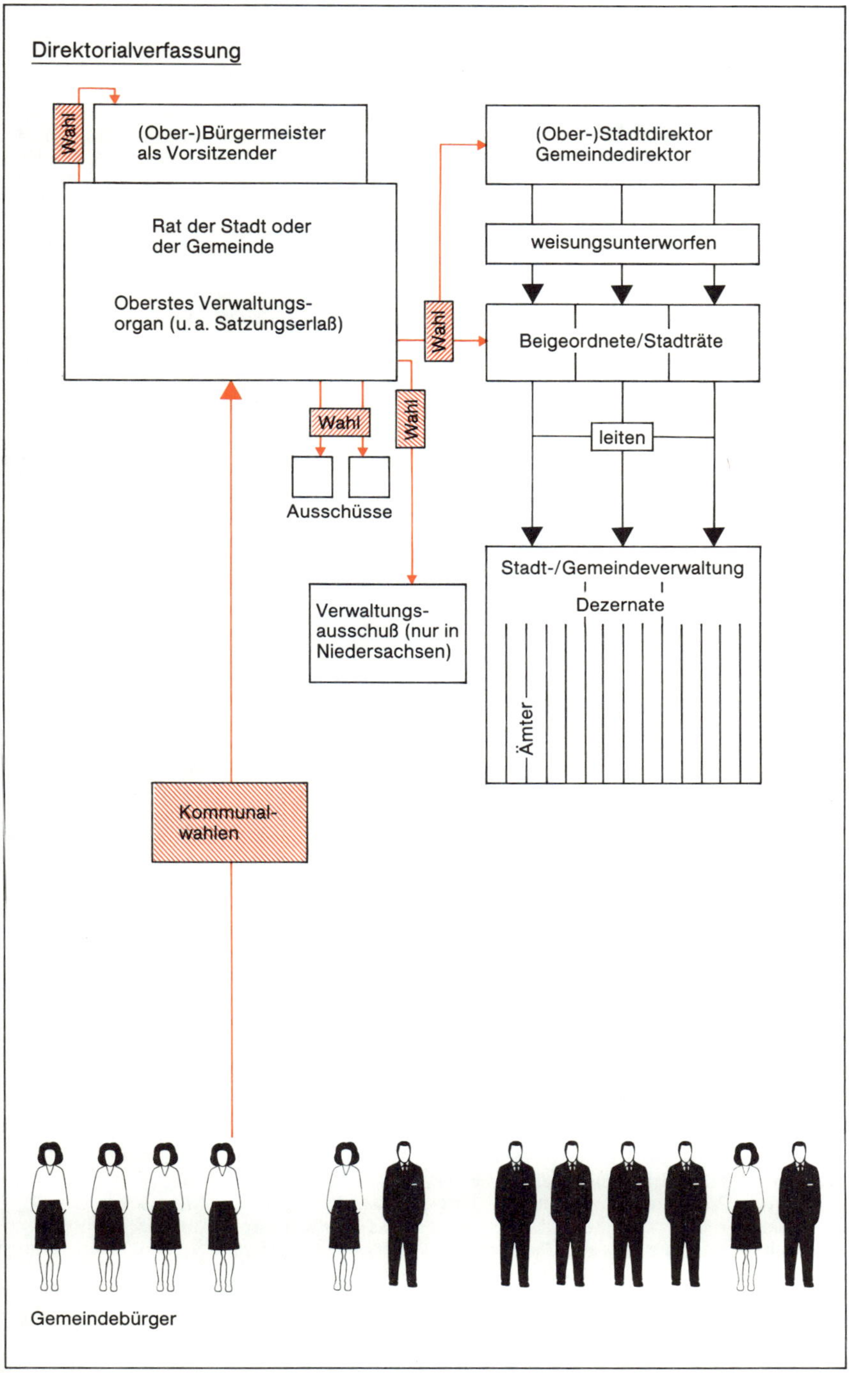
Direktorialverfassung
Wahl
(Ober-)Bürgermeister
als Vorsitzender
(Ober-)Stadtdirektor
Gemeindedirektor
Rat der Stadt oder
der Gemeinde
Oberstes Verwaltungs-
organ (u. a. Satzungserlaß)
weisungsunterworfen
Wahl
Beigeordnete/Stadträte
Wahl
Wahl
leiten
Ausschüsse
Stadt-/Gemeindeverwaltung
Dezernate
Verwaltungs-
ausschuß (nur in
Niedersachsen)
Ämter
Kommunal-
wahlen
Gemeindebürger

Stadtstaaten: Berlin, Hamburg, Bremen

Die Länder Berlin (mit Sonderstatus), Hamburg und Bremen werden üblicherweise als *Stadtstaaten* bezeichnet. Das Wesen des Stadtstaates im heutigen bundesdeutschen (Kommunal-)Verfassungsrecht besteht darin, daß die betreffende Körperschaft auf dem gleichen Territorium sowohl Land der Bundesrepublik Deutschland und damit Staat als auch Gemeinde, nämlich Stadt ist. In der Verfassung von Berlin wird dies in Art. 1 so formuliert: „Berlin ist ein deutsches Land und zugleich eine Stadt." Im Stadtstaat werden somit staatliche und gemeindliche Tätigkeit nicht getrennt. Die Freie und Hansestadt Hamburg ist demnach z. B. als Land Träger der Kultushoheit (Schulen, Universitäten), als Stadt Träger der Flächennutzungs- und Bebauungsplanung (vgl. S. 252 und S. 254). In dem so beschriebenen Sinne sind nur Berlin und Hamburg Stadtstaaten. Demgegenüber besteht das Land Bremen aus den Stadtgemeinden Bremen und Bremerhaven; Bremen wird deshalb nicht als Stadtstaat, sondern als *Städtestaat* bezeichnet.

Die beiden Stadtstaaten Berlin und Hamburg sowie in gewissem Umfang auch der Städtestaat Bremen zeichnen sich dadurch aus, daß sie in unterschiedlicher Ausprägung *zweistufig* aufgebaut sind. Sie sind zwar *Einheitsgemeinden* ohne eine rechtlich selbständige untere Verwaltungsstufe, haben aber mit ihren rechtlich unselbständigen *Bezirken* eine Ebene geschaffen, die der Funktion nach durchaus mit den Gemeinden in den Ländern verglichen werden kann.

Berlin

Die Stadtstaatlichkeit Berlins ist Ergebnis der Auflösung des Freistaats Preußen durch die alliierten Siegermächte im Jahre 1947; sie ist in der Verfassung Berlins von 1950 förmlich festgeschrieben. Die Landesregierung ist der *Senat* von Berlin mit dem Regierenden Bürgermeister an der Spitze und den Senatoren (Ministern) als Ressortchefs der einzelnen Senatsverwaltungen. Das Landesparlament ist das *Abgeordnetenhaus* von Berlin, dessen Mitglieder nach den Grundsätzen eines personalisierten Verhältniswahlrechts gewählt werden. Die Zweistufigkeit des Berliner Verwaltungsaufbaus mit der *Hauptverwaltung* als gesamtstädtischer bzw. Landesverwaltungsebene und der *Bezirksverwaltung* als örtlicher Ebene stammt bereits aus dem Jahre 1920. In der Verfassung von 1950 ist die Bezirksebene ausdrücklich garantiert, da die Bezirke an der Verwaltung nach den Grundsätzen der Selbstverwaltung zu beteiligen sind (Art. 50 Abs. 2). Die 12 Bezirke von Berlin (West) haben demgemäß den Status von Selbstverwaltungseinheiten ohne Rechtspersönlichkeit mit eigenen bezirklichen Organen, der *Bezirksverordnetenversammlung* (BVV) und dem *Bezirksamt*. Für die Aufgabenverteilung zwischen der Haupt- und der Bezirksverwaltung werden nach dem Allgemeinen Zuständigkeitsgesetz (AZG) drei Aufgabenarten unterschieden:

- *Vorbehaltsaufgaben* sind die von der Hauptverwaltung wahrgenommenen Angelegenheiten von übergeordneter Bedeutung;
- *übertragene Vorbehaltsaufgaben* sind die von den Bezirken wahrzunehmenden Aufgaben, bei denen die Bezirke der Fachaufsicht durch die jeweils zuständige Hauptverwaltung unterliegen (z. B. Bauaufsicht);
- die *bezirkseigenen Aufgaben* sind negativ bestimmt und umfassen alles, was nicht Vorbehalts- oder übertragene Vorbehaltsaufgabe ist. In diesem Bereich unterliegen die Bezirke lediglich der Rechtsaufsicht (vgl. S. 22).

Im einzelnen ist die Aufgabenverteilung in Durchführungsverordnungen aufgeführt. Die Bezirke haben Personalhoheit, aber keine Finanz- und Satzungshoheit. Als Organ der überbezirklichen Abstimmung fungiert der *Rat der Bürgermeister,* der aus dem Regierenden Bürgermeister, dem Bürgermeister und den Bezirksbürgermeistern besteht und den Senat in grundsätzlichen Fragen der Gesetzgebung und Verwaltung berät.

Die Bezirksämter sind die *Verwaltungsbehörden* der Bezirke und bestehen aus den für eine Wahlperiode von vier Jahren von der BVV gewählten sechs Bezirksstadträten und dem Bezirksbürgermeister. Die politische Zusammensetzung des Bezirksamts richtet sich nach der BVV. Die Bezirksstadträte werden für die Dauer einer Wahlperiode gewählt. Bezirksstadträte und Bezirksbürgermeister bilden zusammen das Kollegialorgan Bezirksamt, das die Bezirksverwaltung leitet.

Das *politische Vertretungsorgan* des Bezirks ist die BVV, die aus 45 unmittelbar auf vier Jahre gewählten Bezirksverordneten besteht. Die BVVen haben Entscheidungsrechte, Initiativrechte, Kontrollrechte und Wahlrechte. Sie bestimmen die Grundlinien der Verwaltungspolitik des Bezirks, entscheiden u. a. über den Entwurf des Bezirkshaushaltsplans und die Entwürfe von Bebauungsplänen. Sie können dem Bezirksamt im Einzelfall Weisungen erteilen bzw. an seiner Stelle Entscheidungen treffen. Die BVVen wählen insbesondere die Mitglieder des Bezirksamtes und können sie auch mit Zweidrittelmehrheit abwählen. Wie die Gemeindevertretungen (vgl. S. 80) in den Flächenstaaten haben die BVVen eine Vielzahl von Ausschüssen, in denen sich ein Großteil der Arbeit vollzieht. Die inzwischen 11 Bezirke von Berlin (Ost) unterliegen dem Kommunalrecht der DDR (vgl. S. 58). In Berlin (West) gelten zudem eine Reihe alliierter Vorbehalte auf besatzungsrechtlicher Grundlage, die seine völlige Gleichstellung mit den Ländern der Bundesrepublik Deutschland untersagen. Daher darf Berlin (West) nicht vom Bund regiert werden, wobei zugleich nach dem Viermächteabkommen die Verbindungen zwischen dem Bund und Berlin garantiert sind und weiterentwickelt werden dürfen.

Hamburg

Die heutige hamburgische Verwaltungsstruktur stammt in den Grundzügen aus dem Jahre 1949, doch wurden entscheidende Schritte bereits seit 1937 getan. Damals wurde im Zuge großflächiger Eingemeindungen und Gebietsaustauschmaßnahmen die Einheitsgemeinde Hamburg geschaffen. Mit der hamburgischen Verfassung von 1952 wurde festgelegt, daß in Hamburg staatliche und gemeindliche Tätigkeit nicht getrennt werden (Art. 4). Die Landesregierung ist der *Senat* mit dem Ersten Bürgermeister als seinem Präsidenten und den Senatoren als Landesministern. Die Landes- und Gesamtstadtverwaltung besteht aus den *Senatsämtern* (Senatskanzlei, Senatsamt für den Verwaltungsdienst und Staatsarchiv) sowie den *Fachbehörden.* Diese entsprechen einerseits den Ministerien in den Flächenländern, andererseits nehmen sie auch kommunale Aufgaben von gesamtstädtischer Bedeutung wahr. Die Fachbehörden werden im Rahmen der vom Senat beschlossenen Geschäftsverteilung von einzelnen Senatoren geleitet, die in dieser Funktion *„Präses"* genannt werden. Dem Präses steht ein dem Staatssekretär vergleichbarer *Staatsrat* als leitender Beamter zur Seite.

Eine hamburgische Besonderheit sind die *Deputationen.* Sie bestehen aus dem jeweiligen Senator und 15 bürgerlichen Deputierten, die von der Bürgerschaft gewählt werden und nicht der Bürgerschaft angehören dürfen. Die ehrenamtlich tätigen Deputierten wirken an der Willensbildung in den Fachbehörden mit und sind in ihrem jeweiligen Zuständigkeitsbereich die obersten entscheidenden Organe der Fachbehörden. Insoweit ist die Leitungsfunktion des jeweiligen Senators bzw. Behördenpräses eingeschränkt.

Das Landesparlament ist die aus mindestens 120 Abgeordneten bestehende, nach den Grundsätzen der personalisierten Verhältniswahl gewählte *Bürgerschaft.* Die Zweistufigkeit der hamburgischen Verwaltung ist nicht wie in Berlin verfassungsrechtlich garantiert, sondern nur durch das Bezirksverwaltungsgesetz von 1949 (mit späteren Änderungen) geregelt. Danach bestehen auf der unteren Ebene sieben Bezirke mit *Bezirksämtern* und *Bezirksversammlungen.* Die Bezirksämter sind Verwaltungseinheiten für räumliche Teilgebiete der Einheitsgemeinde Hamburg. Ein weitergehender Status von Selbstverwaltungseinheiten wie in Berlin kommt ihnen nicht zu. Die Bezirksämter sind sowohl fachlich als auch regional gegliedert: fachlich in jeweils fünf Dezernate, deren Leiter keine Wahlbeamten sind; regional in *Ortsämter,* die ihrerseits in Fachabteilungen gegliedert sind.

Nach dem Bezirksverwaltungsgesetz führen die *Bezirksämter* selbständig diejenigen Aufgaben durch, die nicht wegen ihrer übergeordneten Bedeutung oder ihrer Eigenart einer einheitlichen Durchführung bedürfen. Der Senat muß danach neue Aufgaben bei Vorliegen dieser Kriterien ausdrücklich für sich reklamieren, sonst fallen sie in den Zuständigkeitsbereich der Bezirke. Die Bezirksämter unterstehen der Aufsicht der Fachbehörden des Senats, wobei zwischen allgemeiner Aufsicht und Aufsicht in fachlichen Angelegenheiten unterschieden wird. Wie in Berlin haben die Bezirke auch in Hamburg keine Finanz- und Haushaltshoheit, wirken aber an der Aufstellung des bezirklichen Haushaltsvoranschlags und bei der Vorbereitung der Finanzplanung mit.

Die *Bezirksversammlungen* (BV) als die politischen Organe der Bezirksebene stellen rechtlich Verwaltungsausschüsse dar, in denen die ehrenamtliche Beteiligung der Bevölkerung ermöglicht wird. Anders als in Berlin sind die BVen keine Organe einer besonderen Selbstverwaltungseinheit Bezirk. Ihre Aufgaben sind im wesentlichen als Mitwirkung an der Tätigkeit der Bezirksämter definiert, nur teilweise haben sie selbständige Entscheidungsbefugnisse. Hierzu gehören z. B. die alleinige Beschlußfassung über die bezirklichen Sondermittel, Kontrollrecht gegenüber dem Bezirksamt, Vorschlag für den Bezirksamtsleiter durch Wahl, Forderung der Abberufung des Bezirksamtsleiters durch Mehrheitsbeschluß. Die jeweils 40 Mitglieder der BVen werden zugleich mit der Bürgerschaft direkt gewählt. Sie verfügen – wie in Berlin – über ein ausgebautes *Ausschußsystem.* Dabei gibt es nicht nur zahlreiche Fachausschüsse, sondern zugleich ein die Gesamtstadt abdeckendes System von *Regionalausschüssen.* Diese sind räumlich entweder für den Bereich eines Ortsamtes als Ortsausschüsse oder für die – meist im Zentrum der Bezirke gelegenen – ortsamtsfreien Bereiche als Kerngebietsausschüsse zuständig. Die Bestellung der jeweils 15 Regionalausschußmitglieder erfolgt mittelbar durch die BVen, wobei deren Sitzverteilung zugrunde gelegt wird. Zugleich werden in großem Umfang sogenannte sachkundige Bürger in die Regionalausschüsse berufen.

Bremen

Als Städtestaat mit den zwei rechtlich selbständigen Stadtgemeinden Bremen und Bremerhaven weist Bremen eine von Berlin und Hamburg deutlich abweichende Struktur auf. Diese wurde entscheidend durch die im Jahre 1945 erfolgende Auflösung des ehemaligen Landkreises Bremen und die Eingliederung der 12 ehemals selbständigen Gemeinden dieses Kreises in das Gebiet der Stadt Bremen bestimmt. Mit der Verfassung von 1947 wurde die Rechtsnatur Bremens als Land sowie der Gemeindestatus der beiden Stadtgemeinden Bremen und Bremerhaven festgelegt. Die Landesregierung ist der *Senat,* der von der Bürgerschaft gewählt wird und dem als Präsident ein *Bürgermeister* sowie ein weiterer Bürgermeister und die Senatoren angehören. Der Landtag ist die aus 100 Mitgliedern bestehende *Bürgerschaft,* die nach dem Verhältniswahlrecht gewählt wird. Das bremische Verfassungsrecht kennt außerdem die Möglichkeit des *Volksentscheides.*

Die Stadtgemeinde Bremerhaven hat eine eigene Stadtverfassung, die der Gemeindeordnung in anderen Flächenländern entspricht und die die Magistratsverfassung (vgl. S. 72) vorsieht. Für die Stadtgemeinde Bremen wurde ein anderer Weg beschritten: Hier werden die Landesorgane Senat und Bürgerschaft zugleich als Organe der Stadtverwaltung mitgenutzt. Für den Bereich von Regierung und Verwaltung bedeutet dies, daß die einzelnen Senatoren nicht nur die Funktion von Landesministern haben, soweit es um die Wahrnehmung von Landesangelegenheiten (z. B. Schul- und Hochschulwesen, Polizei) handelt; sie sind zugleich für den kommunalen Aufgabenbereich der Stadtgemeinde Bremen als Beigeordnete/Dezernenten (vgl. S. 88) tätig. Für den Bereich der politischen Vertretungskörperschaften wird in Art. 148 der bremischen Verfassung folgende Regelung getroffen: Die Gemeindevertretung (vgl. S. 80) der Stadtgemeinde Bremen ist die *Stadtbürgerschaft,* die von denjenigen Mitgliedern der Bürgerschaft (Landtag) gebildet wird, die von den Wählern in der Stadtgemeinde Bremen gewählt worden sind. Der Präsident der Bürgerschaft (Landtagspräsident) ist zugleich Präsident der Stadtbürgerschaft (Vorsitzender der Gemeindevertretung). Während die Stadtgemeinde Bremerhaven keine Bezirke und Stadtteilvertretungen eingerichtet hat, ist die Stadtgemeinde Bremen flächendeckend durch *Ortsämter* und *Beiräte* gegliedert. Die Ortsämter sind Außenstellen der Verwaltung und haben die Aufgabe, die ihnen zugeordneten Beiräte zu unterstützen und – in den Stadtrandbezirken – einzelne übertragene Aufgaben wahrzunehmen. Die Ortsamtsleiter werden vom Senat nach Anhörung der Beiträge haupt- oder ehrenamtlich berufen. Aufsichtsbehörde ist der Senator für Inneres. Die Beiräte sind die politischen Vertretungsgremien auf Bezirksebene. Sie werden in einem indirekten Wahlverfahren entsprechend dem örtlichen Ergebnis der Bürgerschaftswahl gewählt. Ihre Befugnisse bestehen im wesentlichen aus Vorschlags- und Anhörungsrechten in bezirklichen Angelegenheiten. In der Praxis spielen sie in der bremischen Kommunalpolitik eine bedeutende Rolle.

Machalet, M.: Die Berliner Bezirksverwaltung. Stuttgart [2]1974. – Facklam, R.-G./Sakuth, P.: Ortsbeiräte in Bremen. Bremen 1979. – Lange, R.: Selbstverwaltung in Hamburg. Stuttgart 1980. – Schäfer, R.: Stadtteilvertretungen in Großstädten. Teil 2: Länder- und Städteporträts. Berlin 1982. – Die Bundesrepublik Deutschland. Staatshandbuch. Landesausgabe Freie und Hansestadt Hamburg. Hg. v. B. Tiedemann. Köln u. a. 1985.

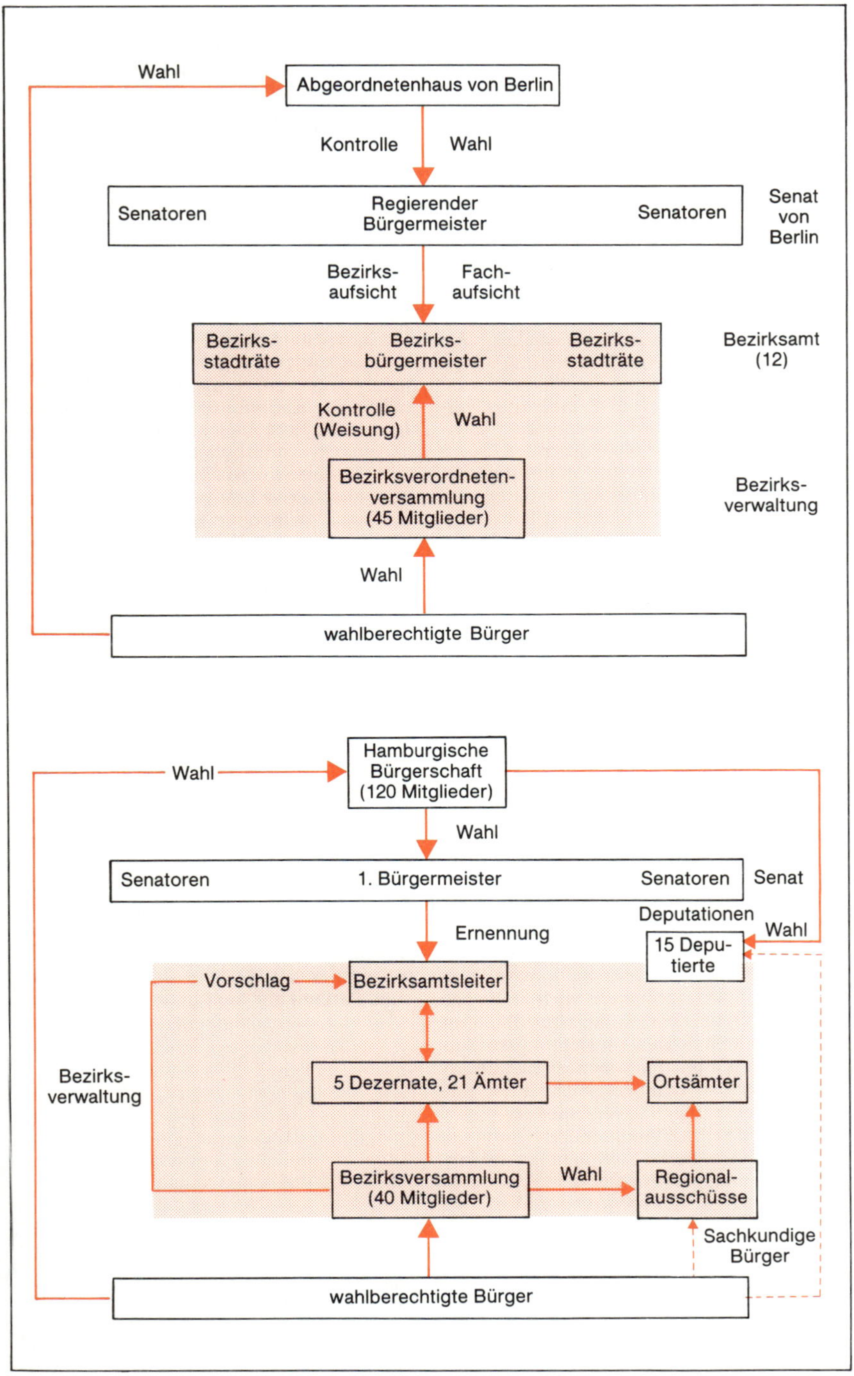
Wahl
Abgeordnetenhaus von Berlin
Kontrolle
Wahl
Senatoren
Regierender Bürgermeister
Senatoren
Senat von Berlin
Bezirks-aufsicht
Fach-aufsicht
Bezirks-stadträte
Bezirks-bürgermeister
Bezirks-stadträte
Bezirksamt (12)
Kontrolle (Weisung)
Wahl
Bezirksverordneten-versammlung (45 Mitglieder)
Bezirks-verwaltung
Wahl
wahlberechtigte Bürger
Wahl
Hamburgische Bürgerschaft (120 Mitglieder)
Wahl
Senatoren
1. Bürgermeister
Senatoren
Senat
Deputationen
Wahl
15 Depu-tierte
Ernennung
Vorschlag
Bezirksamtsleiter
Bezirks-verwaltung
5 Dezernate, 21 Ämter
Ortsämter
Bezirksversammlung (40 Mitglieder)
Wahl
Regional-ausschüsse
Sachkundige Bürger
wahlberechtigte Bürger

Gemeindevertretung

Nach Art. 28 Abs. 1 GG muß das Volk „in den Kreisen und Gemeinden ... eine Vertretung haben, die aus allgemeinen, unmittelbaren, freien, gleichen und geheimen Wahlen hervorgegangen ist“. Die Verfassungen der Länder übernehmen diesen Grundsatz, überlassen aber seine Ausfüllung besonderen Selbstverwaltungsgesetzen, den *Gemeindeordnungen*. Da die Kommunalgesetzgebung zu den Kompetenzen der Länder gehört, unterscheidet sich die Rechtsstellung der Gemeindevertretungen in den einzelnen Ländern.

Dies gilt auch für das Verfahren zur Wahl der Kommunalvertretung (vgl. S. 52).

Die Zahl der in einer Gemeinde zu vergebenden Ratsmandate schwankt zwischen 5 und 91. Der Grundsatz der *Gewissensfreiheit* gilt auch für die Mitglieder einer Gemeindevertretung, obgleich das kommunale Mandat neben parlamentarischen Elementen auch solche eines Ehrenamtes enthält.

Die Unterschiede zwischen den verschiedenen Kommunalverfassungssystemen (vgl. S. 68 bis 79) sind für den *Aufgabenbestand* der Kommunalvertretungen ohne große Bedeutung. Alle Gemeindeordnungen verleihen ihnen die *Satzungshoheit,* d. h. die Befugnis zum Erlaß allgemeinverbindlicher Rechtsnormen (Satzungen, Beschlüsse, vgl. S. 82). Sie üben des weiteren das Recht zur eigenständigen Einnahmen- und Ausgabengestaltung *(Finanzhoheit),* zur Gestaltung des Gemeindegebiets *(Planungshoheit),* zur Organisation der Gemeindeverwaltung *(Organisationshoheit)* und zur Personalwirtschaft *(Personalhoheit)* aus. In umfassenden Aufgabenkatalogen konkretisieren die Gemeindeordnungen diese Befugnisse, z. B. in Bestimmungen über die wirtschaftliche Betätigung der Gemeinden oder über den Betrieb kommunaler Einrichtungen. Anders als staatliche Parlamente beschließen Kommunalvertretungen auch über einzelne Verwaltungsangelegenheiten.

In den Beschlußkompetenzen findet die kommunalpolitische *Zielbildungsfunktion* der Gemeindeparlamente ihren Ausdruck. Die *Kontrolle der Verwaltung* und die *Information der Öffentlichkeit* über kommunale Ziele und Maßnahmen gehören zu den rechtlich nicht ausdrücklich normierten, politisch gleichwohl bedeutsamen Funktionen der kommunalen Vertretungskörperschaft. Die *Wahl der Verwaltungsspitze* ist, außer in Baden-Württemberg und Bayern, gleichfalls ihrem Kompetenzbereich zugeordnet.

In den süddeutschen Ländern gehört der Bürgermeister als stimmberechtigter Vorsitzender der Kommunalvertretung und ihren Ausschüssen an. Er stellt die Tagesordnung für die Ratssitzungen auf. Die übrigen Gemeindeordnungen sehen eine Aufteilung der Verwaltungsführung und der Leitung der Ratsarbeit vor und übertragen letztere einem gewählten Mitglied der Gemeinde- oder Kreisvertretung. Hieraus ergibt sich ein unterschiedlicher Einfluß des Verwaltungschefs auf die Ratsarbeit (vgl. S. 86).

Der Gesetzgeber behandelt die kommunalen Volksvertretungen als *ehrenamtlich arbeitende Kollegialorgane.* Diese Vorstellung entspricht aber kaum noch den tatsächlichen politischen Gegebenheiten. Die Ratsarbeit wird heute weitgehend von den *Fraktionen* bestimmt, zu denen sich die einer Partei oder Wählergruppe angehörigen Ratsmitglieder zusammenschließen. Insbesondere bei der Wahl der Verwaltungsführung spielt die Parteizugehörigkeit der Bewerber eine wesentliche Rolle (vgl. S. 50). Das Wachstum und die Differenzierung der kommunalen Aufgaben stellte die Ratsmitglieder vor die Notwendigkeit, sich auf bestimmte Politikfelder zu spezialisieren. Dadurch wuchs den *Ausschüssen* der Gemeindevertretung (vgl. S. 84) eine Schlüsselstellung im kommunalen Entscheidungsprozeß zu. Auch das Prinzip der Ehrenamtlichkeit wird, insbesondere in den Großstädten, zunehmend zur Fiktion.

Obgleich die Volksvertretung in den Gemeinden und Kreisen ihrer Rechtsstellung nach Verwaltungsorgane sind, hat sich ihre Aufgabenstellung und Arbeitsweise in zunehmendem Maße der staatlicher Parlamente angeglichen (vgl. S. 40).

Borchmann, M./Vesper, E.: Reformprobleme im Kommunalverfassungsrecht. Stuttgart u. a. 1976. – Schönfelder, H.: Rat und Verwaltung im kommunalen Spannungsfeld. Köln u. a. 1979. – Frowein, J. A.: Der Status der kommunalen Vertretungskörperschaft und ihrer Mitglieder. In: Handbuch der kommunalen Wissenschaft und Praxis. Hg. v. G. Püttner. Bd. 2. Berlin u. a. [2]1982.

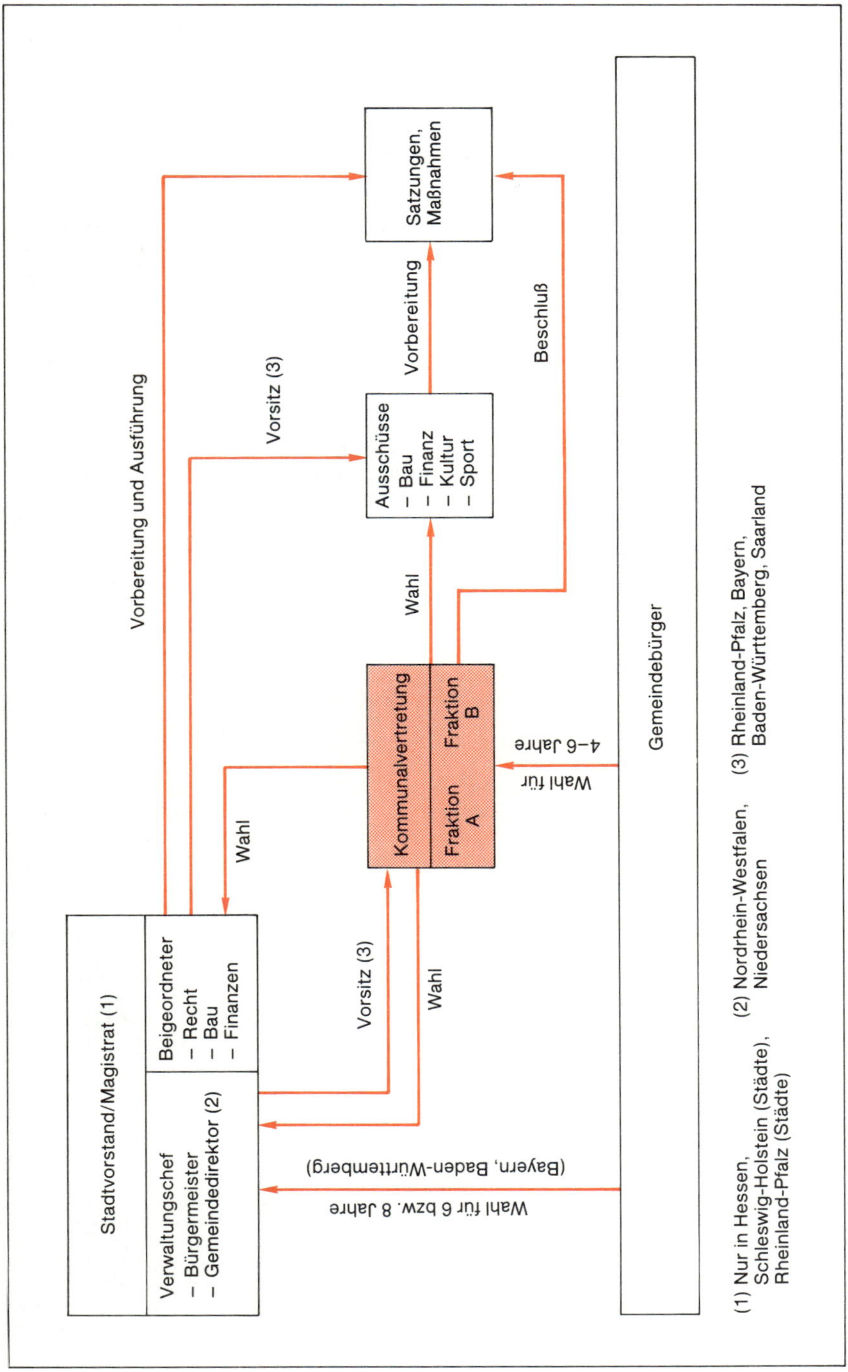
Stadtvorstand/Magistrat (1)
Verwaltungschef
– Bürgermeister
– Gemeindedirektor (2)
Beigeordneter
– Recht
– Bau
– Finanzen
Kommunalvertretung
Fraktion A
Fraktion B
Ausschüsse
– Bau
– Finanz
– Kultur
– Sport
Satzungen, Maßnahmen
Gemeindebürger
Vorbereitung und Ausführung
Vorsitz (3)
Vorbereitung
Beschluß
Wahl
Wahl
Vorsitz (3)
Wahl
Wahl für 4–6 Jahre
Wahl für 6 bzw. 8 Jahre
(Bayern, Baden-Württemberg)
(1) Nur in Hessen, Schleswig-Holstein (Städte), Rheinland-Pfalz (Städte)
(2) Nordrhein-Westfalen, Niedersachsen
(3) Rheinland-Pfalz, Bayern, Baden-Württemberg, Saarland

Satzungen – Beschlüsse – Befangenheit

Die Gemeindevertretungen (vgl. S. 80) handeln durch *Beschlüsse,* die unterschiedliche rechtliche Qualität haben können. (u. a. Verwaltungsakte, Wahlakte, Verträge, Satzungen). Die *Satzung* ist das von der Gemeindevertretung erlassene *Ortsgesetz.* Besonders wichtig sind die Hauptsatzung, Satzungen über Abgaben, Anschluß- und Benutzungszwang (vgl. S. 314), Erschließungsbeiträge (vgl. S. 262), Bebauungspläne (vgl. S. 254), Schlachthöfe (vgl. S. 308) usw. Satzungen sind der Aufsichtsbehörde vorzulegen und in der Regel von ihr zu genehmigen (vgl. S. 22). Die Satzung muß ordnungsgemäß bekanntgemacht werden. Fehler im Verfahren führen zur Rechtswidrigkeit der Satzung. Ein besonders häufiger Fehler ist die Befangenheit von Beteiligten.

Die Gemeindeordnungen in den Ländern der Bundesrepublik Deutschland enthalten detaillierte Bestimmungen über den Ausschluß der Mitwirkung von Mandatsträgern am Zustandekommen von Satzungen und sonstigen Beschlüssen wegen *Befangenheit.* Der generelle Zweck dieser Regelungen liegt darin, die auf einem Ausgleich von Individual- und Gemeininteressen beruhenden Entscheidungen von persönlichen Sonderinteressen der daran mitwirkenden Personen freizuhalten und auf diese Weise das Vertrauen der Öffentlichkeit in die Unvoreingenommenheit der Mandatsträger zu stärken. Wegen der Vielzahl denkbarer Fallkonstellationen, in denen Interessenkonflikte in der Person eines an Kollegialentscheidungen beteiligten Mandatsträgers auftreten können, knüpfen die Befangenheitsvorschriften im Kern lediglich abstrakt an die – reale – *Möglichkeit* eines unmittelbaren bzw. besonderen Vor- oder Nachteils an (Verbot der Mitwirkung, wenn auch nur die Besorgnis der Befangenheit besteht).

Die Bestimmungen über den Ausschluß wegen Befangenheit gelten nicht nur für die abschließende Entscheidung (Beschlußfassung) in einer Angelegenheit, sondern bereits für die Mitberatung *im Vorfeld der Beschlußfassung* selbst. Dies kann insbesondere bei mehrstufigen Entscheidungsfindungsprozessen ein kaum mehr „kalkulierbares Rechtswidrigkeitsrisiko" bedeuten. Herausragendes Beispiel dafür ist das im Bundesbaugesetz verankerte Verfahren zum Erlaß gemeindlicher Bauleitpläne. Bis ein *Bebauungsplan* (vgl. S. 254) als Satzung beschlossen werden kann, muß er eine Vielzahl von Verfahrensschritten durchlaufen, in denen es eine Fülle von Beteiligten, Beratungen und unselbständigen Beschlüssen gibt, für die grundsätzlich von Anfang an das Verbot einer unzulässigen Mitwirkung gilt. Die Bestimmungen über den Ausschluß wegen Befangenheit enthalten gleichzeitig eine *Offenbarungspflicht* für denjenigen, der für seine Person das Vorliegen eines Ausschließungsgrundes annehmen muß.

Die Regelungen über das Mitwirkungsverbot gelten für die Behandlung und Entscheidung von Angelegenheiten des gemeindlichen Wirkungskreises (vgl. S. 20). Dazu gehören alle kommunalpolitisch relevanten Punkte der Tagesordnung eines kommunalen Gremiums und alle den Inhabern eines *Ehrenamtes* oder den ehrenamtlich für die Gemeinde Tätigen übertragenen Aufgaben. Praktisch bedeutsam sind in diesem Zusammenhang Ortssatzungen im materiellen Sinne (mit externen Normadressaten; z. B. Bebauungspläne, Abgabensatzungen), andere ortsrechtliche Bestimmungen (z. B. ordnungsbehördliche Verordnungen, Verordnung über die räumliche Abgrenzung der Schulbezirke) und „einfache" Rats- und Ausschußbeschlüsse (z. B. Beschluß über die Veräußerung gemeindlicher Liegenschaften, Beschluß über die Stundung einer Gewerbesteuerschuld).

Je nach *Rechtsqualität* der Entscheidung beurteilen sich die *Rechtsfolgen* unzulässiger Mitwirkung. Handelt es sich um einen *Verwaltungsakt,* ist dieser rechtswidrig, also wirksam, aber anfechtbar. Ist Gegenstand der Beratung und Beschlußfassung die Schaffung von *Ortsrecht,* zieht ein Verstoß gegen das Mitwirkungsverbot die Nichtigkeit (= Unwirksamkeit) der Satzung oder Verordnung nach sich. Im Falle einer Mitwirkung trotz Kenntnis des Ausschließungsgrundes haftet derjenige, der wissentlich gegen das Mitwirkungsverbot verstößt, für einen der Gemeinde infolge des rechtsfehlerhaften Beschlusses etwa entstehenden Schaden.

Geyer, A.: Das Mitwirkungsverbot für persönlich beteiligte Gemeindevertreter: Unter besonderer Berücksichtigung ihrer Stellung als gewählte Volksvertreter. jur. Dissertation. Hamburg 1968. – Linden, H.: Der Ausschluß bei Interessenkollision nach § 23 der Gemeindeordnung für das Land Nordrhein-Westfalen. jur. Dissertation. Köln 1970.

Bebauungsplanverfahren und denkbare „Risikophasen“ (R) unzulässiger Mitwirkung

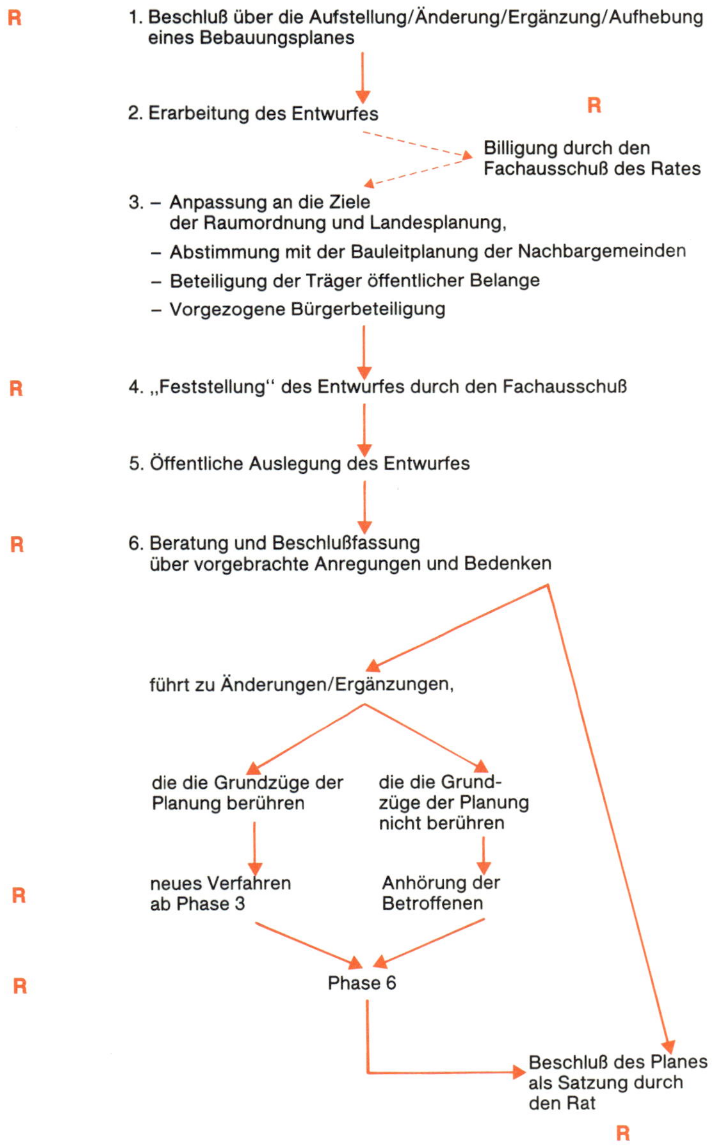

Möglichkeiten für eine „Heilung“ des Verfahrensfehlers im Rahmen des § 155 a, Abs. 1,5 Bundesbaugesetz (falls erforderlich Wiederholung des Verfahrens einschließlich der Phase, in der der Fehler erstmals entstanden ist).

Ausschüsse der Gemeindevertretung

Ausschüsse erfüllen in der kommunalen Selbstverwaltung beratende oder beschließende Funktionen. Im Vordergrund ihrer Tätigkeit steht dabei die Aufgabe, die Gemeindevertretung (vgl. S. 80) zu entlasten.

Der in allen Gemeindeordnungen vorgesehene, für die kommunale Praxis bedeutsamste Typus ist der *beratende Fachausschuß* der Kommunalvertretung. Er bereitet Beschlüsse des Gemeinderates oder Kreistages zu bestimmten Sachfragen vor. Die Gemeinden und Kreise regeln das Ausschußwesen in der Hauptsatzung, in der Geschäftsordnung oder durch einfachen Ratsbeschluß. Lediglich die Bildung einzelner Ausschüsse (Finanzausschuß in Hessen, in Nordrhein-Westfalen und im Saarland; zusätzlich der Rechnungsprüfungsausschuß in Nordrhein-Westfalen) ist vom Gesetz vorgeschrieben *(Pflichtausschüsse)*. Allerdings werden in den Gemeinden der übrigen Länder normalerweise ebenfalls Haushalts- oder Finanzausschüsse eingerichtet, um die Einflußnahme der Kommunalvertretung auf die Gestaltung des Haushaltes sicherzustellen. Zu den wichtigsten Fachausschüssen gehört der Bauausschuß. In den größeren Gemeinden orientiert sich das Ausschußwesen üblicherweise an der Verwaltungsgliederung (vgl. S. 134). In den Ländern, in denen die Süddeutsche Ratsverfassung oder die Bürgermeisterverfassung gilt, führt der Bürgermeister oder der zuständige Beigeordnete bzw. Dezernent den Vorsitz in dem seinem Geschäftsbereich zugeordneten Ausschuß; die Magistrats- und die Direktorialverfassung sehen die Leitung der Ausschußarbeit durch gewählte Ratsmitglieder vor.

Während in Bayern und Hessen nur Ratsmitglieder den Fachausschüssen angehören können, besteht in den übrigen Ländern die Möglichkeit, nicht dem Rat angehörende *sachkundige Bürger* in die Ausschüsse zu entsenden und auf diese Weise die Bürgerbeteiligung (vgl. S. 42) an der Kommunalpolitik zu verbreitern. Die Gemeindeordnung von Nordrhein-Westfalen nimmt die Pflichtausschüsse von dieser Regelung aus. Die Zahl der Ratsmitglieder in den einzelnen Ausschüssen muß die der sachkundigen Bürger stets übertreffen.

Neben den Fachausschüssen erfüllen der *Hauptausschuß* (Pflichtausschuß in Nordrhein-Westfalen und in Schleswig-Holstein) sowie der *Verwaltungsausschuß* in Niedersachsen (Direktorialverfassung, vgl. S. 74) gleichfalls beratende Funktionen. Sie koordinieren die Arbeit der Fachausschüsse und kontrollieren die laufende Verwaltungsarbeit. In Nordrhein-Westfalen verfügt der Hauptausschuß über das Eilentscheidungsrecht, der niedersächsische Verwaltungsausschuß ist für sämtliche Angelegenheiten zuständig, die nicht ausdrücklich dem Rat oder dem Gemeindedirektor (vgl. S. 86) übertragen sind. Als gemischter Ausschuß setzt er sich aus Rats- und Verwaltungsvertretern zusammen.

Die Gemeindevertretung hat das Recht, ihren Ausschüssen zusätzlich zu den beratenden Funktionen *Beschlußkompetenzen* zu übertragen. Die umfassenden Negativkataloge der Gemeindeordnungen stellen allerdings sicher, daß alle wesentlichen Entscheidungen bei der Kommunalvertretung verbleiben.

In den Verfassungen der *Stadtstaaten* (vgl. S. 76) ist für bestimmte Verwaltungsaufgaben die Bildung von *Deputationen* vorgesehen. Ihre Mitglieder werden teils vom Senat entsandt, teils von der Bürgerschaft gewählt. Über ein Mitwirkungsrecht an der Gesetzgebung bzw. an der Vorbereitung kommunaler Satzungen verfügen die Deputationen nicht.

Anders als die Mitgliedschaft im Deutschen Bundestag ist die Mitarbeit in einer Kommunalvertretung nicht ausschließlich als parlamentarisches Mandat zu verstehen. Sie trägt auch Züge eines *Ehrenamtes*, wie etwa an der Verpflichtung der Ratsmitglieder in der ersten Ratssitzung jeder Wahlperiode deutlich wird. Die Annahme von Ehrenämtern gehört zu den Pflichten der Gemeindebürger. Insbesondere in den kleinen Gemeinden sind die *Bürgermeister* (vgl. S. 86) und die *Beigeordneten* (vgl. S. 88) ebenfalls ehrenamtlich tätig. Selbst in Großstädten gibt es einige ehrenamtliche Führungsfunktionen in der Verwaltung oder im Rat (Beigeordnete, Magistratsmitglieder, Ratsvorsitzender in der zweiköpfigen Gemeindeverfassung).

Derlien, H.-U., u. a.: Kommunalverfassung und kommunales Entscheidungssystem. Eine vergleichende Analyse in vier Gemeinden. Meisenheim 1976. – Körner, H.: Ausschüsse, Kommissionen und Deputationen. In: Handbuch der kommunalen Wissenschaft und Praxis. Hg. v. G. Püttner. Bd. 2. Berlin u. a. [2]1982.

Das Ausschußwesen in der kommunalen Praxis am Beispiel der Stadt Mainz

Bezeichnung des Ausschusses	Mitgliederzahl	davon nicht dem Stadtrat angehörig	Vertreter von Behörden/ges. Organisationen
Hauptausschuß	17	–	–
– Unterausschuß für die Überprüfung des Arbeitsmarkts	10	5	4
Finanzausschuß	17	1	–
Ausschuß für bürgerliche Hospizien und Stiftungen	17	9	–
– Altenhilfeausschuß	10	8	6
Ausschuß für Altstadtsanierung	17	6	–
Ausschuß für Grünanlagen/Naherholung	17	4	–
Ausschuß für Rechtsangelegenheiten	17	14	–
Bauausschuß	17	4	–
Jugendwohlfahrtsausschuß	27	17	16
– FachA Jugendhilfe	7	5	4
– FachA Jugendförderung	7	5	4
– FachA Jugendarbeitslosigkeit	7	6	4
– FachA Kindertagesstätten	7	6	4
Kulturausschuß	17	6	–
Landwirtschaftsausschuß	17	12	–
Liegenschaftsausschuß	17	5	–
Park- und Verkehrsausschuß	17	4	–
Personalausschuß	17	5	–
Rechnungsprüfungsausschuß	17	8	–
Schulträgerausschuß	31	23	14
Sozialausschuß	25	13	8
Sportausschuß	21	12	4
Theater- und Musikausschuß	17	8	–
Umweltausschuß	17	7	–
Verdingungsausschuß	17	4	–

Verteilung der Ausschußsitze auf die Ratsfraktionen

– bei 17 Vertretern des Stadtrates	8 SPD	7 CDU	1 GRÜNE	1 FDP
– bei 11 Vertretern des Stadtrates	5 SPD	5 CDU	1 GRÜNE	

Bürgermeister – Gemeindedirektor

Bürgermeister, Oberbürgermeister, Gemeindedirektor, Stadtdirektor und Oberstadtdirektor sind die Bezeichnungen für den Hauptverwaltungsbeamten der Gemeinde in den verschiedenen Gemeindeordnungen. Drei Funktionen sind an der Spitze einer jeden Gemeinde zu erfüllen:
- Vorsitz im Rat,
- Leitung der Verwaltung,
- Vertretung der Gemeinde nach außen (im Sinne von Repräsentation wie von gesetzlicher Vertretung).

Diese Funktionen können zusammengefaßt oder aufgeteilt an Amtsinhaber vergeben werden. Dementsprechend kann man in der Bundesrepublik Deutschland zwei unterschiedliche Typen kommunaler Verfassung unterscheiden:

1. *„Einköpfige"* Verfassungen, in denen diese drei Funktionen zusammengefaßt und von einem einzigen Amtsträger wahrgenommen werden: Bürgermeisterverfassung (vgl. S. 70) in Landgemeinden Schleswig-Holsteins, in Rheinland-Pfalz und im Saarland; Süddeutsche Ratsverfassung (vgl. S. 68) in Baden-Württemberg und Bayern. Hier ist der Amtsträger mit der Bezeichnung (Ober-)Bürgermeister zugleich Vorsitzender des Rates (und aller seiner Ausschüsse, vgl. S. 80 und S. 84), Chef der Verwaltung, Repräsentant und Rechtsvertreter der Gemeinde;

2. *„Zweiköpfige"* Verfassungen, in denen die Funktionen auf zwei Amtsträger aufgeteilt sind: Magistratsverfassung (vgl. S. 72) in den Städten Schleswig-Holsteins und in Hessen; Norddeutsche Ratsverfassung oder Direktorialverfassung (vgl. S. 74) in Niedersachsen und Nordrhein-Westfalen. Der Vorsitzende des Rates wird – wie ein Parlamentspräsident – aus der Mitte des Rates gewählt (auch die Ausschüsse wählen jeweils ihre Vorsitzenden aus ihrer Mitte). An der Spitze der Verwaltung steht hier ein Wahlbeamter auf Zeit, der nicht Mitglied des Rates ist. Er ist zugleich Rechtsvertreter der Gemeinde. Die Repräsentationsfunktion erfüllt in der Norddeutschen Ratsverfassung der Ratsvorsitzende, in der Magistratsverfassung obliegt sie beiden Amtsträgern.

Verwirrend wirkt, daß die Bezeichnungen für die Amtsträger in den verschiedenen Ländern nicht einheitlich sind: In Niedersachsen und Nordrhein-Westfalen führt der Ratsvorsitzende den Titel *(Ober-)Bürgermeister,* wohingegen der Verwaltungschef – je nach Gemeindegröße – *Gemeindedirektor* bzw. *(Ober-) Stadtdirektor* heißt. In allen anderen Ländern ist der Titel *(Ober-)Bürgermeister* dem Verwaltungschef vorbehalten. Überspitzt ließe sich also sagen: In Niedersachsen und Nordrhein-Westfalen heißt der Bürgermeister nur so, ist aber keiner. Der Ratsvorsitzende in Schleswig-Holstein heißt demgegenüber *Bürgervorsteher* bzw. *Stadtpräsident,* in Hessen *Vorsitzender* bzw. *Stadtverordnetenvorsteher.*

Der Blick auf die Funktionsauf- bzw. Kompetenzzuteilung allein reicht nicht aus, wenn man die *Macht eines Bürgermeisters* beurteilen will. Eine Fülle anderer Bestimmungsgründe kommt hinzu, von denen der *Wahlmodus* (vgl. S. 52), die Amtsdauer und die Gemeindegröße (vgl. S. 30) wegen ihrer besonderen Bedeutung genannt seien. Die unmittelbare Wahl durch die Gemeindebürger (Baden-Württemberg, Bayern) vermag dem Bürgermeister weitgehende Unabhängigkeit und einen entsprechenden Handlungsspielraum zu gewähren, kann ihn zu einer Art „Wahlkönig" auf Zeit machen. Im Gegensatz zu allen anderen Ländern ist hier der Bürgermeister auch nicht vorzeitig abwählbar. Die *Amtszeit* des Bürgermeisters (bzw. Gemeinde-/Stadtdirektors) ist – mit Ausnahme von Bayern – überall deutlich länger als die des Rates; darin kommt zum Ausdruck, daß es auf Gemeindeebene kein parlamentarisches System gibt. In die gleiche Richtung weist, daß eine Abwahl nur mit $\frac{2}{3}$-Mehrheit (in Niedersachsen: $\frac{3}{4}$) vorgenommen werden kann.

Die *Gemeindegröße* ist u. a. insofern von Einfluß, als mit sinkender Größe – der Tendenz nach – das Gewicht des Verwaltungschefs steigen kann, und umgekehrt. So wird im Hinblick auf die kleinen und mittleren Gemeinden Niedersachsens und Nordrhein-Westfalens auch von einer Direktorialverfassung (nach dem Gemeinde- bzw. Stadtdirektor als dominierender Figur) gesprochen.

In größeren Gemeinden treten neben den Oberbürgermeister als Verwaltungschef Beigeordnete (vgl. S. 88) als zusätzliche Wahlbeamte, die vielfach ebenfalls den Titel Bürgermeister tragen, aber im üblichen Sinne keine sind.

Derlien, H.-U., u. a.: Kommunalverfassung und kommunales Entscheidungssystem. Eine vergleichende Analyse in vier Gemeinden. Meisenheim 1976. – Wehling, H.-G./Siewert, H.-J.: Der Bürgermeister in Baden-Württemberg. Stuttgart u. a. 1984.

Bürgermeister und Gemeinde-(Stadt-)Direktor

1 Land	2 Bezeichnung des Hauptverwaltungsbeamten (Verwaltungschef)	3 Bezeichnung des Ratsvorsitzenden	4 Charakterisierung der Funktionsverteilung	5 Wahlmodus des Hauptverwaltungsbeamten	6 Amtszeit Jahre des Hauptverwaltungsbeamten	7 Abwahlmöglichkeit des Hauptverwaltungsbeamten
Baden-Württemberg	(Ober-)Bürgermeister	(Ober-)Bürgermeister	einköpfig	unmittelbare Wahl durch die Gemeindebürger	8	nein
Bayern	Erster Bürgermeister Oberbürgermeister (kreisfreie Städte)	Erster Bürgermeister Oberbürgermeister	einköpfig	unmittelbare Wahl durch die Gemeindebürger	6	nein
Hessen	(Ober-)Bürgermeister	Vorsitzender, Stadtverordnetenvorsteher (in Städten)	zweiköpfig	durch den Rat	6	mit $^2/_3$-Mehrheit
Niedersachsen	Gemeinde-(Ober-) Stadtdirektor	(Ober-)Bürgermeister	zweiköpfig	durch den Rat	6 oder 12	mit $^3/_4$-Mehrheit
Nordrhein-Westfalen	Gemeinde-(Ober-) Stadtdirektor	(Ober-)Bürgermeister	zweiköpfig	durch den Rat	8	mit $^2/_3$-Mehrheit
Rheinland-Pfalz	(Ober-)Bürgermeister	(Ober-)Bürgermeister	einköpfig	durch den Rat	10	mit $^2/_3$-Mehrheit
Saarland	(Ober-)Bürgermeister	(Ober-)Bürgermeister	einköpfig	durch den Rat	10	mit $^2/_3$-Mehrheit
Schleswig-Holstein	(Ober-)Bürgermeister	Bürgermeister (in Gemeinden mit ehrenamtlichen Bürgermeistern)	einköpfig	durch den Rat	4	mit $^2/_3$-Mehrheit
		Bürgervorsteher Stadtpräsident (in kreisfreien Städten)	zweiköpfig	durch den Rat	10–12	mit $^2/_3$-Mehrheit

Beigeordnete – Dezernenten

Beigeordneter, Dezernent, Referent sind Bezeichnungen für die Leiter von *Geschäftsbereichen* der Gemeindeverwaltung (Dezernate, Referate), die mehrere Ämter zusammenfassen. Beigeordnete sind in ihrem jeweiligen Bereich *ständige Vertreter des Hauptverwaltungsbeamten* (Bürgermeister bzw. Gemeinde-/Stadtdirektor, vgl. S. 86), im Falle seiner Verhinderung können sie zudem die allgemeine Stellvertretung (z. B. Vorsitz in der Gemeindevertretung oder Wahrnehmung des Eilentscheidungsrechts) ausüben. Es gibt ehrenamtliche (Ratsmitglieder) oder berufsmäßige (Wahlbeamte auf Zeit) Beigeordnete. Letztgenannte heißen in den Städten Hessens Stadträte, in den Gemeinden Bayerns und Niedersachsens berufsmäßige Gemeinde- bzw. Stadträte. Irritierend mag wirken, daß in Niedersachsen mit dem Wort Beigeordneter die Mitglieder des Verwaltungsausschusses (vgl. S. 74) bezeichnet werden. – Beigeordnete in größeren Gemeinden können den Titel Bürgermeister verliehen bekommen (z. B. Baubürgermeister). In ihrem Amt verkörpern die Beigeordneten die Verbindung von Politik und Verwaltung (weshalb sie immer auf Zeit gewählt werden).

Der Aufbau der Gemeindeverwaltung umfaßt in der Regel drei Ebenen: *Ämter,* die zu *Dezernaten/Referaten* gebündelt werden, die dann allesamt dem *Hauptverwaltungsbeamten* als Verwaltungschef unterstehen (vgl. S. 134). Mit abnehmender Gemeindegröße (vgl. S. 30) nimmt nicht nur die Zahl der Ämter ab, auch die Zahl der Ebenen kann sich auf zwei (Chefebene und Ämter) reduzieren. In Gemeinden mit Beigeordneten wird die Aufteilung der Geschäftsbereiche in der Regel einvernehmlich zwischen Verwaltungschef und Rat vorgenommen. Schon in der Ausschreibung von Beigeordnetenstellen werden Aufgaben vorgegeben: Man sucht einen Beigeordneten für das Finanzwesen (Kämmerer), das Bauwesen etc. Wie jedoch die konkrete Zuordnung von Ämtern zu den Dezernaten vorgenommen wird, ist auch eine Machtfrage. So vermag der Organisationsplan einer Stadt wichtige Aufschlüsse über die Machtverhältnisse zu geben, wenn z. B. neben der allgemeinen und der Ordnungsverwaltung auch die Finanzverwaltung, die Zuständigkeit für Sport und für Stadtsanierung dem Dezernat des Oberbürgermeisters zugeteilt sind.

Um die Einheitlichkeit der Verwaltung zu gewährleisten, finden nahezu überall regelmäßig *Beigeordneten-/Dezernentenbesprechungen* statt; sie müssen sich nicht auf den Kreis der Beigeordneten beschränken. Unterschiede nach Ländern bestehen darin, ob es sich dabei um unverbindliche Beratung des Hauptverwaltungsbeamten handelt, ob ein solches Gremium verbindlich vorgeschrieben ist (Nordrhein-Westfalen, Rheinland-Pfalz) oder gar als Organ mit Entscheidungsbefugnissen ausgestattet ist (Magistrat in Hessen und Schleswig-Holstein, Stadtvorstand in größeren Städten von Rheinland-Pfalz).

Aber auch Magistrat und Stadtvorstand sind damit keine parlamentarische Gemeinderegierung. Eine solche Vorstellung ist der deutschen Tradition von kommunaler Selbstverwaltung fremd. So haben denn auch zu den Beigeordnetenstellen durchweg alle Ratsfraktionen entsprechend ihrer Stärke ein Zugriffsrecht (in Baden-Württemberg und Schleswig-Holstein in der Gemeindeordnung verankert); die Amtszeit der hauptberuflichen Beigeordneten ist – außer in Bayern – länger als die des Rates (die der ehrenamtlichen aus der Mitte des Rates naturgemäß nicht); der Bürgermeister ist Vorgesetzter auch der Beigeordneten, mit Weisungsrecht. Dennoch läßt sich im politischen Alltag als Regel erkennen: Je größer die Gemeinde, je ausgeprägter das fachliche und persönliche Profil der Beigeordneten und je stärker deren Rückhalt in „ihrer" Fraktion, desto eher neigt die formell monokratische Struktur der Verwaltung zu einem „exekutiven Pluralismus".

Um zu verhindern, daß die Verwaltung allzu stark an Eigengewicht gewinnt, haben die Gemeindeordnungen Sicherheitsvorkehrungen getroffen, allerdings mit nur mäßigem Erfolg. Dazu gehören auch die Mitgliedschaft von Ratsmitgliedern im Magistrat der schleswig-holsteinischen Städte und die Einrichtung eines Verwaltungsausschusses mit Organcharakter in Niedersachsen. In Bayern haben einige Städte (z. B. München, Augsburg) in ihren Hauptsatzungen die Einrichtungen von Korreferenten verankert: Ratsmitglieder mit besonderen Rechten (Akteneinsicht, Konsultationsanspruch, Mitentscheidungsrechte), die jeweils den Widerpart „ihres" Referenten/Beigeordneten bilden.

Beer, R. R./Laux, E.: Die Gemeinde. München–Wien [3]1981.

Beigeordnete/Dezernenten/Referenten

1 Land	2 Bezeichnung	3 Haupt- und Ehren-amtlichkeit	4 vorgeschrieben ab ... Einwohnern	5 Amtszeit der Hauptamtlichen in Jahren	6 Abwahl-möglichkeit	7 Konferenz der Beigeordneten vorgesehen?
Baden-Württemberg	Beigeordneter	hauptamtlich	10000 (kann)	8	nein	nein
Bayern	berufsmäßiger Gemeinde-(Stadt)rat	hauptamtlich	10000 (kann)	6	nein	nein
Hessen	Beigeordneter Stadtrat (in Städten)	haupt- und ehrenamtlich	jede Gemeinde mindestens 2	6	mit $^2/_3$-Mehrheit	Magistrat mit Entscheidungsrecht[1]
Niedersachsen	Gemeinde-(Stadt-)rat	hauptamtlich	ab 30000 (kann)	6 oder 12	nein	nein
Nordrhein-Westfalen	Beigeordneter	haupt- und ehrenamtlich	jede Gemeinde (kann)	8	mit $^2/_3$-Mehrheit	ohne Entscheidungsrecht
Rheinland-Pfalz	Beigeordneter	haupt- und ehrenamtlich	jede Gemeinde mindestens 1 bis 2	10	mit $^2/_3$-Mehrheit	Stadtvorstand in größeren Städten mit Entscheidungs-recht, sonst ohne Entscheidungsrecht
Saarland	Beigeordneter	haupt- und ehrenamtlich	jede Gemeinde mindestens 1 bis 2	10	mit $^2/_3$-Mehrheit	nein
Schleswig-Holstein	Stadtrat	haupt- und ehrenamtlich	nur in Städten	6–10	mit $^2/_3$-Mehrheit	Magistrat in den Städten mit Entscheidungsrecht

[1]In Städten über 50000 E innerhalb von sechs Monaten nach Beginn der Wahlperiode des Rats mit einfacher Mehrheit.

Einwohner- und Bürgerrechte

Die Gemeinden sind Personenverbände, deren Angehörige die Einwohner und die Bürger der Gemeinde sind. Die Unterscheidung zwischen Einwohnern und Bürgern war bis ins 19. Jahrhundert von erheblicher Bedeutung (vgl. S. 10ff.), ist aber inzwischen vor allem auf die Frage der Wahlberechtigung reduziert. *Einwohner* einer Gemeinde ist, wer in der Gemeinde wohnt. Dabei kommt es nicht auf die Form des Wohnsitzes (Haupt- oder Nebenwohnung) an, sondern nur auf das tatsächliche Innehaben einer Wohnung. Auch Ausländer und Staatenlose sind Einwohner der Gemeinde. *Bürger* einer Gemeinde ist dagegen, wer zu den Gemeindewahlen aktiv wahlberechtigt ist. Danach ist Gemeindebürger, wer das 18. Lebensjahr vollendet hat und Deutscher im Sinne des Art. 116 GG ist. Zusätzlich wird – in den einzelnen Gemeindeordnungen unterschiedlich – eine bestimmte Wohndauer in der Gemeinde vorausgesetzt: in Nordrhein-Westfalen z. B. drei Monate, in Baden-Württemberg sechs Monate. Eine Mehrfachbürgerschaft ist gesetzlich ausgeschlossen, so daß bei mehreren Wohnsitzen nur in der Gemeinde der Hauptwohnung gewählt werden kann. Der Bürgerstatus wird nicht ausdrücklich verliehen, sondern bei Vorliegen der gesetzlichen Voraussetzungen automatisch erworben. Das gleiche gilt für seinen Verlust. Entsprechende Regelungen gelten auch für die Einwohner und Bürger der Kreise.

Als spezifisches *Bürgerrecht* besteht heute vor allem das aktive und passive Gemeindewahlrecht (vgl. S. 52). In unterschiedlicher Form haben die Gemeindebürger in den einzelnen Ländern Mitwirkungsrechte wie Bürgerbegehren, Bürgerentscheid, Bürgerversammlung (vgl. S. 42).

Die Gemeinde*einwohner* haben das Recht zur Benutzung der öffentlichen Einrichtungen der Gemeinde, das Petitions- und Beschwerderecht in gemeindlichen Angelegenheiten sowie – jedenfalls in einem Teil der Länder – politische Mitwirkungsmöglichkeiten wie die Bürger. Das Recht zur Benutzung öffentlicher Einrichtungen bezieht sich z. B. auf Versorgungs- und Verkehrsbetriebe, Museen, Bäder usw. Inhalt und Umfang des Benutzungsanspruchs werden in erster Linie durch den sogenannten Widmungszweck der Einrichtung bestimmt, ferner durch Erwägungen der Gefahrenabwehr oder auch der Gleichbehandlung. Ein Anspruch auf kostenlose Nutzung besteht nicht, desgleichen nicht auf „Ausnutzung“ dieser Einrichtungen, z. B. einer Stadthalle als Veranstaltungsort kommerzieller Sportveranstaltungen. Das Petitions- und Beschwerderecht ergibt sich bereits aus Art. 17 GG, wobei zum Teil noch umstritten ist, ob man sich an den Rat oder an die Verwaltung wenden muß bzw. kann. Mitwirkungsrechte wie die Bürger haben die Einwohner in Baden-Württemberg, Niedersachsen, Nordrhein-Westfalen, Rheinland-Pfalz, Saarland, Schleswig-Holstein.

Als spezifische *Bürgerpflicht* besteht die Pflicht zur Übernahme von ehrenamtlichen Tätigkeiten, die in allen Ländern nur unter bestimmten Voraussetzungen abgelehnt werden kann. Vereinzelt (so in Baden-Württemberg) kann die grundlose Weigerung sogar mit befristetem Entzug des Bürgerrechts sanktioniert werden. Die ehrenamtlich Tätigen unterliegen der Treue- und Verschwiegenheitspflicht. Sie besitzen Anspruch auf eine angemessene Entschädigung.

Einwohnerpflichten sind im wesentlichen die Pflicht zur Tragung kommunaler Lasten sowie zur Duldung von Anschluß- und Benutzungszwang (vgl. S. 314). Die zu tragenden Lasten bestehen in dem sachlichen und persönlichen Aufwand, der für die Aufgabenerfüllung erforderlich ist. Im einzelnen handelt es sich um die Pflicht zur Zahlung kommunaler Steuern, Gebühren und Beiträge (vgl. S. 152ff.) sowie zum Teil auch noch um die sogenannten Hand- und Spanndienste. Diese sind aber nur noch in ländlichen Gemeinden anzutreffen und beinhalten z. B. das Stellen von Fahrzeugen, Material, persönlichen Arbeitsleistungen.

Einwohnerrechte bezüglich der öffentlichen Einrichtungen stehen schließlich auch den *Nichteinwohnern* zu, die im Gemeindegebiet ein Grundstück besitzen oder einen Gewerbebetrieb unterhalten. Generell wird die unterschiedliche rechtliche Stellung von Einwohnern und Nichteinwohnern bei der Nutzung öffentlicher Einrichtungen zunehmend für problematisch gehalten, weil der Einzugsbereich solcher Einrichtungen häufig nicht mehr an der Gemeindegrenze endet (z. B. Schwimmbäder).

Ossenbühl, F.: Die Rechtsstellung von Bürgern und Einwohnern. In: Handbuch der kommunalen Wissenschaft und Praxis. Hg. v. G. Püttner. Bd. 1. Berlin u. a. ²1981.

Die Rechte und Pflichten von Einwohnern und Bürgern in der Gemeinde

Gruppe	Voraussetzungen	Rechte	Pflichten
Einwohner	– Wohnsitz in der Gemeinde – Unabhängig davon, ob Haupt- oder Nebenwohnsitz – Unabhängig von Staatsangehörigkeit – Soweit rechtlich möglich und juristische Personen	– Benutzung öffentlicher Einrichtungen der Gemeinde (z. B. Schulen, Bäder, Bibliotheken, Versorgungsunternehmen etc.) im Rahmen der Benutzungsregelungen – Beschwerderecht – Petitionsrecht – Teilnahme an Bürger- bzw. Einwohnerversammlungen – Teilnahme an Bürgerbeteiligung – Übernahme ehrenamtlicher Tätigkeiten (in Niedersachsen, Nordrhein-Westfalen, Rheinland-Pfalz)	– Steuerpflicht – Gebühren- und Beitragspflicht – Pflicht zur Leistung von Hand- und Spanndiensten – Duldung des Anschluß- und Benutzungszwangs für bestimmte kommunale Einrichtungen (z. B. Wasser-, Abwasserversorgung) – Anliegerpflichten – Übernahme ehrenamtlicher Tätigkeiten (in Nordrhein-Westfalen)
Bürger	– Wohnsitz in der Gemeinde – Deutsche Staatsangehörigkeit – Mindestalter von 18 Jahren – Mindestwohndauer am Ort von 3 oder 6 Monaten	– Wahlrecht, aktiv und passiv – Übernahme ehrenamtlicher Tätigkeit – Beteiligung an Bürgerversammlungen, Bürgerbegehren, Bürgerentscheid (soweit vorgesehen) – sonstige Rechte wie Einwohner	– Übernahme ehrenamtlicher Tätigkeit – sonstige Pflichten wie Einwohner
Nicht-Einwohner	– Nichteinwohner mit Grundbesitz oder Gewerbebetrieb in der Gemeinde	– Benutzung der öffentlichen Einrichtungen, die für Grundbesitz und Gewerbebetrieb von Bedeutung sind. – Beschwerde- und Petitionsrecht	– Tragung der aus Grundeigentum bzw. Gewerbebetrieb sich ergebenden Lasten und Pflichten (z. B. Steuerpflicht, Anliegerpflichten)
Nicht-Einwohner	– Nichteinwohner ohne Grundbesitz/Gewerbebetrieb in der Gemeinde	– nach derzeitiger Rechtslage keine spezifischen Rechte, auch nicht auf Benutzung der öffentlichen Einrichtungen. Diese Auffassung wird zunehmend für überholt gehalten	– Soweit Benutzung öffentlicher Einrichtungen erfolgt, Zahlung der üblichen Nutzungsentgelte

Bürgerversammlung

Zu Bürgerversammlungen kommen die Bewohner einer Gemeinde bzw. eines Teilgebietes einer Gemeinde zusammen, um mit Vertretern der Gemeindeverwaltung lokale Angelegenheiten zu erörtern. Die meisten Gemeindeverfassungen normieren Bürgerversammlungen als Instrument der Bürgerbeteiligung (vgl. S. 42) in der Hand der Gemeinde und nicht in der der Bürger. Denn Bürgerversammlungen werden von der Gemeinde einberufen; sie stellt den Versammlungsleiter, bestimmt die Tagesordnung und entscheidet, inwieweit sie sich mit den Vorschlägen und Empfehlungen der Bürgerversammlung auseinandersetzen und sie berücksichtigen will.

In einigen Ländern weichen die Gemeindeverfassungen jedoch von diesem Grundkonzept der Bürgerversammlung ab; so, wenn sie die Einberufung der Bürgerversammlung nicht ausschließlich ins Belieben der Gemeinde stellen, sondern vorschreiben, daß jährlich mindestens eine Bürgerversammlung stattfinden soll (Baden-Württemberg, Hessen, Rheinland-Pfalz) bzw. muß (Bayern); wenn sie festlegen, daß die Bürger selbst die Abhaltung einer Bürgerversammlung beantragen und durchsetzen können, wenn dieser Antrag von genügend Bürgern unterzeichnet wird (Baden-Württemberg, Bayern); wenn sie es der Bürgerversammlung ermöglichen, die von der Gemeinde aufgestellte Tagesordnung zu ergänzen; und wenn sie die Gemeinde verpflichten, die Vorschläge und Empfehlungen von Bürgerversammlungen innerhalb von drei Monaten zu behandeln (Baden-Württemberg, Bayern), bzw. den Bürgermeister als Versammlungsleiter zumindest noch auffordern, die Gemeindevertretung als das wichtigste Gemeindeorgan über den Verlauf der Bürgerversammlung zu unterrichten (Rheinland-Pfalz). Auf diese Weise kann die Bürgerversammlung auch zu einem Instrument der Bürgerbeteiligung in der Hand der Bürger werden.

Die Frage, wer an Bürgerversammlungen teilnehmen und dort das Wort erhalten kann, lassen die meisten Gemeindeverfassungen ungeregelt. Nur die Gemeindeordnung von Baden-Württemberg bestimmt, daß die Teilnahme auf Einwohner beschränkt werden kann (somit sind sonst auch Bewohner anderer Gemeinden zugelassen), und nur die Gemeindeordnungen von Baden-Württemberg, Rheinland-Pfalz und Bayern legen fest, wer in Bürgerversammlungen das Wort erhalten kann, nämlich Einwohner bzw. Einwohner und Bürger bzw. grundsätzlich nur Gemeindebürger (vgl. S. 90). Ausnahmen kann allerdings in allen drei genannten Ländern der Versammlungsleiter zulassen bzw. die Bürgerversammlung selbst beschließen. Zumindest dort, wo man sich nicht mehr gegenseitig kennt (das heißt in größeren Gemeinden), wird es schwer sein zu kontrollieren, ob diejenigen, die an der Bürgerversammlung teilnehmen und dort sprechen, jeweils den von der Gemeindeverfassung vorgeschriebenen Status „Bürger“ oder „Einwohner“ tatsächlich besitzen.

Positiv beurteilt wird an Bürgerversammlungen, daß sie Gemeindeverwaltung und Bürgern erlauben, in unmittelbarer Kommunikation Meinungen auszutauschen und Standpunkte zu erläutern. Bemängelt wird oft die Art, wie die Gemeindeverwaltungen Bürgerversammlungen durchführen. Kritisiert wird dabei insbesondere, daß die Verwaltungsspitze die Bürgerversammlung zur Profilierung und Leistungsschau benutzt und daß die Vorträge der Fachbeamten oft völlig unverständlich sind. Bemängelt wird ferner das – u. a. durch solche Schwächen bedingte – geringe Interesse vieler Bürger an diesen Veranstaltungen: In Großstädten nehmen höchstens ein bis zwei Prozent der Bürger an den Bürgerversammlungen teil, in Gemeinden bis zu 1 000 Einwohnern ca. 20 Prozent. Verwaltungsvertreter kritisieren an Bürgerversammlungen insbesondere, daß sie oft von „Querulanten, Nörglern und Obstrukteuren“ aller Art beherrscht würden und der „Normalbürger“ kaum zu Wort komme bzw. sich nicht zu Wort melde. Übersehen wird bei dieser Kritik, daß die Verwaltung und v. a. der Bürgermeister die Tagesordnung einer Bürgerversammlung weitgehend vorbestimmen. In ihrer Hand liegt es, ob die Versammlung sich mit „Kleinkram“ beschäftigt und „Beschwerdestunde“ oder Instrument der Initiative ist, aus deren Mitte Anregungen zur Lösung grundlegender Gemeindeprobleme kommen.

Gramke, J.: Praktizierte Bürgernähe. Stuttgart 1978. – Kommunalpolitik im Wandel der Gesellschaft. Hg. v. O. W. Gabriel. Königstein/Ts. 1979. – Thaysen, U.: Bürger-, Staats- und Verwaltungsinitiativen. Heidelberg 1982.

Bürgerversammlung in der Gemeindeordnung von Baden-Württemberg (Stand: September 1984)

§ 20 a Bürgerversammlung

(1) Wichtige Gemeindeangelegenheiten sollen mit den Einwohnern erörtert werden. Zu diesem Zweck soll der Gemeinderat in der Regel einmal im Jahr, im übrigen nach Bedarf eine Bürgerversammlung anberaumen. Bürgerversammlungen können in größeren Gemeinden und in Gemeinden mit Bezirksverfassung oder Ortschaftsverfassung auf Ortsteile, Gemeindebezirke und Ortschaften beschränkt werden. Die Teilnahme an der Bürgerversammlung kann auf die Einwohner beschränkt werden. Die Bürgerversammlung wird vom Bürgermeister unter rechtzeitiger ortsüblicher Bekanntgabe von Zeit, Ort und Tagesordnung einberufen. Den Vorsitz führt der Bürgermeister oder ein von ihm bestimmter Vertreter. In Ortschaften können Bürgerversammlungen auch vom Ortschaftsrat anberaumt werden, die entsprechend den Sätzen 5 und 6 vom Ortsvorsteher einberufen und geleitet werden; die Tagesordnung muß sich auf die Ortschaft beziehen; die Teilnahme kann auf die in der Ortschaft wohnenden Einwohner beschränkt werden; der Bürgermeister ist in jedem Fall teilnahmeberechtigt; bei Teilnahme ist dem Bürgermeister vom Vorsitzenden auf Verlangen jederzeit das Wort zu erteilen.

(2) Der Gemeinderat hat eine Bürgerversammlung anzuberaumen, wenn dies von der Bürgerschaft beantragt wird. Der Antrag muß schriftlich eingereicht werden und die zu erörternden Angelegenheiten angeben; der Antrag darf nur Angelegenheiten angeben, die innerhalb des letzten Jahres nicht bereits Gegenstand einer Bürgerversammlung waren. Er muß von mindestens 10 vom Hundert der Bürger unterzeichnet sein, höchstens jedoch in Gemeinden

mit nicht mehr als 50 000 Einwohnern von	1 500 Bürgern,
mit mehr als 50 000 Einwohnern, aber nicht mehr als 100 000 Einwohnern von	3 000 Bürgern,
mit mehr als 100 000 Einwohnern, aber nicht mehr als 200 000 Einwohnern von	6 000 Bürgern,
mit mehr als 200 000 Einwohnern von	12 000 Bürgern;

das Nähere wird durch das Kommunalwahlgesetz geregelt. Über die Zulässigkeit des Antrags entscheidet der Gemeinderat. Ist der Antrag zulässig, muß die Bürgerversammlung innerhalb von drei Monaten nach Eingang des Antrags abgehalten werden. Sätze 1 bis 5 gelten entsprechend für Ortsteile, Gemeindebezirke und Ortschaften; für die erforderliche Zahl der Unterschriften sind in diesem Fall die Zahlen der dort wohnenden Bürger und Einwohner maßgebend; die zu erörternden Angelegenheiten müssen sich auf den Ortsteil, Gemeindebezirk oder die Ortschaft beziehen.

(3) In der Bürgerversammlung können nur Einwohner das Wort erhalten. Der Vorsitzende kann auch anderen Personen das Wort erteilen.

(4) Die Vorschläge und Anregungen der Bürgerversammlung sollen innerhalb einer Frist von drei Monaten von dem für die Angelegenheit zuständigen Organ der Gemeinde behandelt werden.

Bürgerversammlung in der Gemeindeordnung von Bayern (Stand: September 1984)

Artikel 18 Mitberatungsrecht (Bürgerversammlung)

(1) In jeder Gemeinde hat der erste Bürgermeister mindestens einmal jährlich, auf Verlangen des Gemeinderats auch öfter, eine Bürgerversammlung zur Erörterung gemeindlicher Angelegenheiten einzuberufen. In größeren Gemeinden sollen Bürgerversammlungen auf Teile des Gemeindegebiets beschränkt werden.

(2) Eine Bürgerversammlung ist ferner innerhalb von drei Monaten einzuberufen, wenn das von mindestens 5 v. H., in Gemeinden mit mehr als 10 000 Einwohnern von mindestens 2,5 v. H. der Gemeindebürger unter Angabe der Tagesordnung schriftlich beantragt wird; die Bürgerversammlung kann eine Ergänzung der Tagesordnung beschließen, wenn es spätestens eine Woche vor der Bürgerversammlung bei der Gemeinde schriftlich beantragt wird. Die Tagesordnung darf nur gemeindliche Angelegenheiten zum Gegenstand haben. Die Sätze 1 und 2 gelten entsprechend für Gemeindeteile, die bei Inkrafttreten dieses Gesetzes noch selbständige Gemeinden waren, und in Städten mit mehr als 100 000 Einwohnern für Stadtbezirke; die Tagesordnungspunkte sollen sich vor allem auf den Gemeindeteil oder Stadtbezirk beziehen. Die Einberufung einer Bürgerversammlung nach den Sätzen 1 und 3 kann nur einmal jährlich beantragt werden.

(3) Das Wort können grundsätzlich nur Gemeindebürger erhalten. Ausnahmen kann die Bürgerversammlung beschließen; der Vorsitzende soll einem Vertreter der Aufsichtsbehörde auf Verlangen das Wort erteilen. Den Vorsitz der Versammlung führt der erste Bürgermeister oder ein von ihm bestellter Vertreter.

(4) Empfehlungen der Bürgerversammlungen müssen innerhalb einer Frist von drei Monaten vom Gemeinderat behandelt werden. Diese Frist und die Frist nach Absatz 2 Satz 1 ruhen während der gemäß Art. 32 Abs. 3 Satz 1 bestimmten Ferienzeit.

Bürgerbegehren – Bürgerentscheid

Mit dem Begriff „Bürgerbegehren" bezeichnen die von den einzelnen Ländern erlassenen Gemeindeverfassungen zwei sehr unterschiedliche Dinge: Die Gemeindeordnung von Baden-Württemberg versteht darunter einen aus der Bürgerschaft gestellten Antrag auf Durchführung eines, nur in diesem Bundesland möglichen, *Bürgerentscheides* (§ 21 der baden-württembergischen Gemeindeordnung). Demgegenüber nennt die hessische Gemeindeordnung (§ 8a) das „Bürgerbegehren", was anderswo als „Bürgerantrag" (Baden-Württemberg, Niedersachsen, Saarland) bzw. „Bürgerinitiative" (Rheinland-Pfalz) bezeichnet wird. Um die terminologische Verwirrung zu vervollständigen, bezeichnet die Gemeindeordnung von Nordrhein-Westfalen das „Petitionsrecht" als „Bürgerantrag". Das *„Bürgerbegehren"* in Hessen, der *„Bürgerantrag"* in Baden-Württemberg, Niedersachsen und im Saarland sowie die *„Bürgerinitiative"* in Rheinland-Pfalz eröffnen den deutschen Bürgern (nur in Rheinland-Pfalz den Einwohnern und damit auch den Ausländern in der Gemeinde) die Möglichkeit, das zuständige Gemeindeorgan mit einer bestimmten Angelegenheit zu befassen. Dieses Organ muß diese Angelegenheit beraten und entscheiden, wenn das Bürgerbegehren bzw. der -antrag bzw. die -initiative von einem vorgeschriebenen Prozentsatz der Bürger oder einer vorgeschriebenen Anzahl von Bürgern, abhängig von der jeweiligen Gemeindegröße, unterstützt wird.

Den Bürgerentscheid auf Gemeindeebene läßt allein die Gemeindeordnung von Baden-Württemberg zu. Der Bürgerentscheid hat die Wirkung eines endgültigen Beschlusses der Gemeindevertretung, d. h., er stellt ein Element der direkten Demokratie im sonst grundsätzlich repräsentativ verfaßten kommunalen Entscheidungsprozeß dar. Bürgerentscheide sind nur in „wichtigen Gemeindeangelegenheiten" zulässig. Die Gemeindeordnung Baden-Württembergs stellt einen – von der Gemeinde in ihrer Hauptsatzung noch erweiterbaren – Katalog solcher wichtigen Gemeindeangelegenheiten auf und bestimmt eine Reihe von Angelegenheiten, über die kein Bürgerentscheid stattfinden darf (z. B. innere Organisation der Gemeindeverwaltung). Der Bürgerentscheid wird entweder von der Gemeindevertretung (mit der Mehrheit von zwei Dritteln aller Mitglieder) oder von den Bürgern selbst durch ein Bürgerbegehren eingeleitet. Die zwei am schwersten zu nehmenden Hürden für ein Bürgerbegehren sind folgende: Das Bürgerbegehren muß, was insbesondere in größeren Städten schwierig ist, von mindestens 15 Prozent der Bürger unterzeichnet werden (höchstens jedoch von zwischen 3 000 und 24 000 Bürgern je nach Gemeindegröße); und es muß außerdem einen durchführbaren Vorschlag für die Deckung der Kosten der verlangten Maßnahme enthalten. Mit diesen Bestimmungen soll dem Mißbrauch des Bürgerentscheids als Mittel der Agitation vorgebeugt werden. Die Frage, die der Bürgerentscheid zur Abstimmung stellt, ist in dem Sinne entschieden, in dem sie von der Mehrheit der gültigen Stimmen beantwortet wurde. Diese Mehrheit muß allerdings mindestens 30 Prozent der Stimmberechtigten betragen.

Obwohl immer wieder versucht wurde, den Bürgerentscheid auch in anderen Ländern einzuführen, blieb er bisher auf Baden-Württemberg beschränkt. Er gilt in der repräsentativen Demokratie offenbar immer noch als Fremdkörper, obwohl er dies, wie die Erfahrungen in Baden-Württemberg lehren, keineswegs sein muß. Dort zeigt sich nämlich, daß der Bürgerentscheid weder zu einer Selbstentmachtung von sich aus ihrer Verantwortung stehlenden Gemeindevertretungen geführt noch bewirkt hat, daß die Bürger ständig jede planvolle Kommunalpolitik durchkreuzen. Der Bürgerentscheid scheint vor allem in jenen Fällen sinnvoll zu sein, wo die gewählten Gemeindeorgane ihre Macht mißbrauchen, Partikularinteressen über Gebühr bevorzugen und sich jeder öffentlichen Diskussion entziehen. Zu fragen ist allerdings, ob solche Fälle so häufig sind, daß für sie ein so aufwendiges Verfahren wie das von Bürgerbegehren und Bürgerentscheid vorgehalten werden muß. Zu fragen ist außerdem – und hier liegt wohl das Kernproblem –, ob die Bürger, wie das die Gemeindeordnung von Baden-Württemberg vorsieht, so informiert werden können, daß sie die Frage, die sie entscheiden sollen, sachgerecht zu beantworten in der Lage sind und nicht Manipulationen, von welcher Seite auch immer, erliegen. Die Antwort auf diese Frage hängt vom Vertrauen in die Mündigkeit der Bürger ab.

Kühne, J.-D./Meissner, F.: Züge unmittelbarer Demokratie in der Gemeindeverfassung. Göttingen 1977. – Bürgerinitiativen und repräsentatives System. Hg. v. B. Guggenberger und M. Kempf. Opladen 1978.

Bürgerbegehren / Bürgerentscheid in Baden-Württemberg

Wichtige Gemeindeangelegenheiten sind:
1. die Errichtung, wesentliche Erweiterung und Aufhebung einer öffentlichen Einrichtung, die der Gesamtheit der Einwohner zu dienen bestimmt ist,
2. die Änderung von Gemeindegrenzen und Landkreisgrenzen,
3. die Einführung und Aufhebung der unechten Teilortswahl,
4. die Einführung und Aufhebung der Bezirksverfassung und
5. die Einführung und, ausgenommen den Fall des § 73, die Aufhebung der Ortschaftsverfassung.

Durch die Hauptsatzung kann bestimmt werden, was darüber hinaus als wichtige Gemeindeangelegenheit gilt.

Bürgerentscheid wird durchgeführt, wenn es sich um wichtige Gemeindeangelegenheit handelt

Gemeinderat beschließt Bürgerentscheid (2/3-Mehrheit)

Bürger beantragen Bürgerentscheid (mindestens 15 % der Bürger müssen unterzeichnen)

Frage ist so entschieden, wie sie die Mehrheit der gültigen Stimmen beantwortet (vorausgesetzt, diese Mehrheit beträgt mindestens 30 % der Stimmberechtigten)

Ein Bürgerentscheid findet nicht statt über:
1. Weisungsaufgaben und Angelegenheiten, die kraft Gesetzes dem Bürgermeister obliegen,
2. Fragen der inneren Organisation der Gemeindeverwaltung,
3. die Rechtsverhältnisse der Gemeinderäte, des Bürgermeisters und der Gemeindebediensteten,
4. die Haushaltssatzung (einschließlich der Wirtschaftspläne der Eigenbetriebe), die Gemeindeabgaben und die Tarife der Versorgungs- und Verkehrsbetriebe der Gemeinde,
5. die Feststellung der Jahresrechnung der Gemeinde und der Jahresabschlüsse der Eigenbetriebe,
6. Entscheidungen in Rechtsmittelverfahren sowie über
7. Anträge, die ein gesetzwidriges Ziel verfolgen.

Stadt- und Gemeindebezirke – Ortsteile

Eine große Zahl von Städten und Gemeinden aller Größenklassen hat – vor allem seit den Gebietsreformen (vgl. S. 32) der 1970er Jahre – das Gemeindegebiet in Bezirke, Ortsteile oder Ortschaften gegliedert und dort Bezirksvertretungen, Bezirksbeiräte, Bezirksausschüsse, Ortsräte, Ortsbeiräte oder ähnlich bezeichnete Gremien eingerichtet. Angesichts der länderweise unterschiedlichen Bezeichnungen ist es sinnvoll, generell von Stadtteil- bzw. Ortsteilvertretungen zu sprechen. Diese Gremien sollen auf der Ebene des Stadt- oder Ortsteils dessen Probleme, Interessen und Belange artikulieren und in den kommunalen Entscheidungsprozeß einbringen (vgl. S. 40). Die Stadt-/Ortsteilvertretungen lassen sich somit abgrenzen gegenüber spontanen Bürgerorganisationen auf Stadt-/Ortsteilebene wie Bürgervereinen, -initiativen oder -ausschüssen, die sich selbst allerdings häufig auch als Stadt-/ Ortsteilvertretung verstehen.

Im einzelnen sollen Stadt-/Ortsteilvertretungen folgende Funktionen wahrnehmen:

- *Artikulation* und *Durchsetzung* bezirklicher Interessen,
- *Kontrolle* der gesamtstädtischen Institutionen Rat und Verwaltung,
- *Entlastung* dieser gesamtstädtischen Institutionen im Bereich „kleinteiliger" bezirklicher Angelegenheiten,
- *Integration* der Bürger in die Gemeinde durch Einbindung in den Stadt-/Ortsteil,
- Aktivierung und *„Rekrutierung"* von politischem Personal.

Um diese Aufgaben wahrzunehmen, sind die Stadt-/Ortsteilvertretungen von den Gemeindeordnungen der Länder sehr unterschiedlich ausgestaltet worden. Die wichtigsten Unterschiede betreffen die Größenordnung und Zahl der Bezirke/ Ortsteile und die zugrundeliegenden Einteilungskriterien, die Mitgliederzahl dieser Gremien, ihre Zuständigkeiten sowie das Wahlverfahren. Außerdem stellt die Mehrzahl der Länder keine einheitliche Form der Stadt-/Ortsvertretung bereit. In den meisten Ländern ist die Bildung von Stadt- und Ortsteilen und die Einrichtung von Stadt-/Ortsteilvertretungen in das Ermessen der Gemeinden gestellt. Nur in den Stadtstaaten Berlin, Hamburg und Bremen (vgl. S. 76 ff.), in Niedersachsen (Städte über 200 000 Einwohner), Nordrhein-Westfalen (kreisfreie Städte) und im Saarland ist die Einrichtung solcher Gremien zwingend für das gesamte Stadtgebiet vorgeschrieben.

Bei den Aufgaben der Stadt-/Ortsteilvertretungen lassen sich *Entscheidungsbefugnisse, Anhörungsrechte* und *Beratungs-, Empfehlungs-* und *Vorschlagsrechte* unterscheiden. Die nicht in allen Ländern gegebenen Entscheidungsbefugnisse sind in der Regel nur bescheiden ausgestaltet. Meist handelt es sich um Fragen der Unterhaltung, Ausstattung und Benutzung öffentlicher Einrichtungen von bezirklicher Bedeutung, um kleinere Maßnahmen der Ortsbildpflege (vgl. S. 284) und um die Förderung des bezirklichen Vereinswesens. Von erheblich größerer Bedeutung für die Aktivitäten und die Bedeutung der Stadt- und Ortsteilvertretungen sind ihre Anhörungs-, Vorschlags- und Beratungsrechte. Diese Rechte bestehen grundsätzlich in allen Angelegenheiten von „bezirklicher Bedeutung" und sind meist in den Hauptsatzungen der Gemeinden näher konkretisiert. Obwohl die Stadt- und Ortsteilvertretungen in diesem Bereich nicht entscheiden, sondern nur mitwirken können, zeigt die Praxis, daß eine intensive Nutzung dieser Regelungen in den meisten Fällen durchaus erfolgreich ist. Ganz offensichtlich sind die gesamtgemeindlichen Institutionen und Gremien – Rat und Verwaltung – in aller Regel durchaus bereit, Anliegen der Stadt- und Ortsteile so weit wie möglich Rechnung zu tragen. Die ursprünglich vielerorts geäußerten Befürchtungen, daß die Schaffung solcher dezentraler Institutionen zu einer Vervielfachung von innergemeindlicher „Kirchturmpolitik" und zu unsinnigen Mehrkosten führen werde, haben sich weitgehend als nicht begründet erwiesen. Besonders erfolgreich arbeiten die Stadt- und Ortsteilvertretungen dort, wo der betreffende Stadtbezirk bzw. Ortsteil selbst auf eine längere Tradition zurückblicken kann. In vielen Großstädten, aber auch in Flächengemeinden mit großer räumlicher Ausdehnung sind *Bezirksverwaltungsstellen* oder *Verwaltungsstellen* eingerichtet worden, um ein bürgernäheres Angebot der Verwaltungsdienstleistungen zu ermöglichen.

Schäfer, R.: Stadtteilvertretungen in Großstädten. Teil 1: Grundlagen und Bestandsaufnahme. Teil 2: Länder- und Städteporträts. Berlin 1982. – Kodolitsch, P. von, u. a.: Stadtteilvertretungen in Großstädten. Teil 3: Vergleichende Fallstudien. Berlin 1985.

Grundzüge der landesrechtlichen Regelungen für Stadt- bzw. Ortsteilverfassungen

Land	Bezeichnung der Stadt-/Ortsteile und der Stadt-, Ortsteilvertretung	Regelungsbereich	Verpflichtung zur Stadtteilverfassung	Vorgegebene Kriterien für Bezirkseinteilung	Wahlverfahren	Mitgliederzahl	Entscheidungsbefugnisse	Bezirksverwaltungsstellen o. ä.
Baden-Württemberg	Bezirke, Bezirksvertretung	Gemeinden über 100000 Einw.	nein	nein	m	offen	nein	f
	Ortschaften, Ortschaftsrat	Gemeinden mit räumlich getrennten Ortsteilen	nein	nein	d	offen	f	f
Bayern	Bezirk, Bezirksausschuß	Städte über 100000 Einw.	nein (nur Bezirke)	Geschichte, Namen, Bevölkerungs- und Wirtschaftsverhältnisse	m	offen	f	f
	Bezirk, Bezirksausschuß	Städte über 1000000 Einw.	ja		m	offen	f	f
Berlin	Bezirk, Bezirksverordnetenversammlung	Gesamtstadt	ja	nein	d	45	o	o
Bremen	Stadtteile, Bezirksvertetungen	Bremen Bremerhaven	nein		– –bisher nicht eingerichtet – –			
	Stadt-, Ortsteil Beiräte	Bremen	ja	nein	m	7–19	o	o
Hamburg	Bezirk, Bezirksversammlung	Gesamtstadt	ja	nein	d	41	o	o
Hessen	Ortsbezirk, Ortsbeirat	alle Gemeinden	nein	örtliche Gemeinschaften	d	3–19	f	f
Niedersachsen	Stadtbezirk, Stadtbezirksrat	Städte über 200000 Einw.	ja	Gesamtstadt, mind. 6 Bezirke	d	offen	o	f
	Stadtbezirk oder Ortschaft, Stadtbezirksrat oder Ortsrat	sonstige kreisfreie Städte	nein	mind. 3 Bezirke	d	offen	o	f
	Ortschaft, Ortsrat, Ortsvorsteher	sonstige Gemeinden	nein	mind. 400 Einwohner	d	offen	o	f
Nordrhein-Westfalen	Stadtbezirk, Bezirksvertretung	kreisfreie Städte	ja	Gesamtstadt 3–10 Bezirke	d	11–19	o	o
	Bezirk, Bezirksausschuß, Ortsvorsteher	kreisangehörige Städte	nein		m	offen	f	f
Rheinland-Pfalz	Ortsbezirk, Ortsbeirat	alle Gemeinden	nein	nein	m	3–15	f	f
Saarland	Gemeindebezirk, Ortsrat	alle Gemeinden	nein	Geschichte, Kultur, Namen, Siedlungsstruktur	d	7–21	o	f
	Stadtbezirk Bezirksrat	Gemeinden über 100 000 Einw.	nein		d	15–21	o	f
Schleswig-Holstein	Ortsteil, Ortsbeirat	alle Gemeinden	nein	nein	m	offen	f	–

f = freiwillig; o = zwingend; m = mittelbar durch Rat; d = direkt durch Bürgerschaft

Verbandsgemeinde – Verwaltungsgemeinschaft – Amt – Samtgemeinde

Unter diesen Stichworten sind kommunale Organisationsformen zu verstehen, bei denen die gemeindlichen Aufgaben auf zwei verschiedenen Stufen, der Ortsstufe und einer darüberliegenden Verbandsstufe, erledigt werden. Man bezeichnet diese Organisationsformen auch als Mehrstufen- oder Verbandsmodelle. Sie sollen die Verwaltungskraft der in ihnen zusammengeschlossenen Mitgliedsgemeinden stärken.

1. Unter einer *Verbandsgemeinde* versteht man eine im Land Rheinland-Pfalz entwickelte Sonderform der kommunalen Gebietskörperschaften (§§ 64 bis 73 der GO für Rheinland-Pfalz). Verbandsgemeinden werden aus benachbarten Gemeinden desselben Landkreises, den Ortsgemeinden, gebildet und sind ihrer Rechtsnatur nach ebenfalls Gemeinden und nicht etwa Gemeindeverbände. Die Bildung und Auflösung von Verbandsgemeinden bedarf eines Gesetzes und darf nur „aus Gründen des öffentlichen Wohles" erfolgen. Die Verbandsgemeinde nimmt anstelle der Ortsgemeinden eine Reihe von Selbstverwaltungsaufgaben wahr (z. B. Schulverwaltung, Brandschutz, Wasserversorgung, Abwasserbeseitigung, Aufstellung des Flächennutzungsplanes) und führt außerdem die Verwaltungsgeschäfte der Ortsgemeinden in deren Namen und Auftrag (z. B. Verwaltung gemeindlicher Abgaben). Schließlich obliegt ihr die Erfüllung der den Ortsgemeinden übertragenen staatlichen Aufgaben (z. B. die Führung des Melderegisters, die Durchführung von Wahlen). *Organe* der Verbandsgemeinde sind der Verbandsgemeinderat und der Bürgermeister. Der Verbandsgemeinderat wird unmittelbar von der Bürgerschaft auf fünf Jahre gewählt. Die Amtszeit des vom Verbandsgemeinderat gewählten hauptamtlichen Bürgermeisters beträgt zehn Jahre. Die Finanzierung der Aufgaben der Verbandsgemeinden erfolgt, soweit die eigenen Einnahmen nicht ausreichen, über eine Umlage auf die Ortsgemeinden.

2. Unter der gleichlautenden Bezeichnung *Verwaltungsgemeinschaft* bestehen besondere Verwaltungsformen in den Ländern Baden-Württemberg und Bayern, die inhaltlich jedoch unterschiedlich ausgestaltet sind. In *Baden-Württemberg* können benachbarte Gemeinden desselben Landkreises eine Verwaltungsgemeinschaft bilden oder vereinbaren, daß eine Gemeinde (erfüllende Gemeinde) die Aufgaben eines Gemeindeverwaltungsverbandes erfüllt (vereinbarte Verwaltungsgemeinschaft, §§ 59–62 der GO für Baden-Württemberg). Die Verwaltungsgemeinschaften sind weder Gemeinden noch Gemeindeverbände, sondern Sonderformen kommunaler *Arbeitsgemeinschaften* (vgl. S. 100). Die Begründung einer Verwaltungsgemeinschaft erfolgt grundsätzlich *freiwillig*, ihre Auflösung ist durch Rechtsverordnung des Innenministers nur dann möglich, wenn alle beteiligten Gemeinden, bei einem Gemeindeverwaltungsverband auch dieser, zustimmen. Ansonsten kann nur der Gesetzgeber die Verwaltungsgemeinschaft auflösen.

Zu den Aufgaben der Verwaltungsgemeinschaft gehört neben der Beratung der Mitgliedsgemeinden insbesondere die Erledigung bestimmter Selbstverwaltungsaufgaben (z. B. technische Angelegenheiten bei der Aufstellung der Bebauungspläne, Unterhaltung und Ausbau der Gewässer zweiter Ordnung, Kassen- und Rechnungsgeschäfte). Sie erfüllt außerdem anstelle ihrer Mitgliedsgemeinden in eigener Zuständigkeit die folgenden Aufgaben: Aufstellung des Flächennutzungsplanes, Straßenbaulast für Gemeindeverbindungsstraßen. Die Verbandsversammlung eines Gemeindeverwaltungsverbandes besteht aus den Bürgermeistern und weiteren Vertretern der Mitgliedsgemeinden. Bei der vereinbarten Verwaltungsgemeinschaft wird ein gemeinsamer Ausschuß aus Vertretern der beteiligten Gemeinden gebildet.

In *Bayern* versteht man unter einer Verwaltungsgemeinschaft einen Zusammenschluß benachbarter kreisangehöriger Gemeinden unter Aufrechterhaltung ihrer Selbständigkeit. Rechtsgrundlage ist das Erste Gesetz zur Stärkung der kommunalen Selbstverwaltung vom 27. 7. 1971.

Die Verwaltungsgemeinschaft ist ein *Gemeindeverband* in der Rechtsform einer Körperschaft des öffentlichen Rechts. Ihre Bildung erfolgt auf Antrag der betreffenden Gemeinden durch Rechtsverordnung der Bezirksregierung, die sie auf Antrag oder von Amts wegen auch wieder auflösen kann.

Für den Bereich des eigenen Wirkungskreises obliegt der Verwaltungsgemeinschaft die verwaltungsmäßige Vorbereitung und der verwaltungsmäßige Vollzug der Beschlüsse der Mitgliedsgemeinden sowie die Erledigung aller laufenden Verwaltungsangelegenheiten. Daneben nimmt sie alle Angelegenheiten des übertragenen Wirkungskreises für ihre Mitgliedsgemeinden wahr. *Organe* der Verwaltungsgemeinschaft sind die Gemeinschaftsversammlung und der Gemeinschaftsvorsitzende. Die Gemeinschaftsversammlung besteht aus Vertretern der Mitgliedsgemeinden. Ihr obliegt die Beschlußfassung über grundsätzlich alle Angelegenheiten der Verwaltungsgemeinschaft. Dem Gemeinschaftsvorsitzenden obliegt die Vorbereitung und Durchführung der Beschlüsse sowie die Dienstaufsicht über die Dienstkräfte. Die Verwaltungsgemeinschaft darf von ihren Mitgliedsgemeinden eine Umlage erheben, soweit ihre sonstigen Einnahmen ihren Finanzbedarf nicht decken.

3. *Ämter* sind die im Land *Schleswig-Holstein* bestehenden kommunalen Gebietskörperschaften, die aus Gemeinden desselben Kreises gebildet sind (Amtsordnung für Schleswig-Holstein vom 11. 11. 1977). Ihrer Rechtsnatur nach sind die Ämter Gemeindeverbände. Über den Zusammenschluß von Gemeinden zu Ämtern sowie deren Auflösung entscheidet der Innenminister nach Anhörung der beteiligten *Gemeindevertretungen* (vgl. S. 80) und des *Kreistages* (vgl. S. 114). Aufgabe der Ämter ist es, die Selbstverwaltungsaufgaben der amtsangehörigen Gemeinden durchzuführen, und zwar entsprechend den Beschlüssen der Gemeindevertretungen. Daneben erfüllen sie ihnen durch Gesetz oder Rechtsverordnung zugewiesene Aufgaben für ihre amtsangehörigen Gemeinden (z. B. weisungsgebundene Aufgaben, Kassen- und Rechnungsführung, Vorbereitung der Aufstellung des Haushaltsplanes). Schließlich können die amtsangehörigen Gemeinden dem Amt Selbstverwaltungsaufgaben auch zur eigenständigen Erfüllung übertragen.

Organe der Ämter sind der aus den Bürgermeistern (vgl. S. 86) und weiteren Einwohnern der amtsangehörigen Gemeinden gebildete *Amtsausschuß* sowie der *Amtsvorsteher,* der aus der Mitte des Amtsausschusses für die Dauer der Wahlzeit der Gemeindevertretungen gewählt wird. Der Amtsausschuß trifft alle für das Amt wichtigen Entscheidungen und überwacht deren Durchführung, die ihrerseits Aufgabe des Amtsvorstehers ist.

Zur Finanzierung ihrer Aufgaben erhalten die Ämter jährlich eine *Zuweisung* (vgl. S. 156) des Landes (Amtsdotation). Soweit sie Selbstverwaltungsaufgaben durchführen, haben sie die entstehenden Zweckausgaben auf die beteiligten Gemeinden umzulegen. Reichen die eigenen Einnahmen zur Deckung des Finanzbedarfs nicht aus, so erheben die Ämter von den amtsangehörigen Gemeinden eine Amtsumlage.

4. In *Niedersachsen* können sich Gemeinden eines Landkreises, wenn sie mindestens 400 Einwohner haben, zu *Samtgemeinden* zusammenschließen. Eine Samtgemeinde soll mindestens 7000 Einwohner und darf nicht mehr als 10 Mitgliedsgemeinden haben (§§ 71–79 der Niedersächsischen GO). Ihrer Rechtsnatur nach sind die Samtgemeinden *Gemeindeverbände* und Körperschaften des öffentlichen Rechts. Die Bildung einer Samtgemeinde erfolgt durch Vereinbarung einer Hauptsatzung zwischen den beteiligten Gemeinden. Samtgemeinden können durch Verordnung des Innenministers aufgelöst werden. Den Samtgemeinden ist kraft Gesetzes die Erfüllung bestimmter Aufgaben des eigenen Wirkungskreises der Mitgliedsgemeinden übertragen (z. B. die Aufstellung der Flächennutzungspläne, der Brandschutz, der Bau und die Unterhaltung von Gemeindeverbindungsstraßen). Weitere Aufgaben des eigenen Wirkungskreises können die Mitgliedsgemeinden der Samtgemeinde übertragen. Außerdem erfüllen die Samtgemeinden alle Aufgaben des übertragenen Wirkungskreises der Mitgliedsgemeinden. Schließlich führen sie die Kassengeschäfte ihrer Mitglieder und erheben für diese die gemeindlichen Abgaben.

Organe der Samtgemeinde sind der Samtgemeinderat, der Samtgemeindeausschuß und der Samtgemeindedirektor. Der *Samtgemeinderat* wird unmittelbar von den Bürgern der Mitgliedsgemeinden gewählt. Der *Samtgemeindeausschuß* besteht aus dem Vorsitzenden des Samtgemeinderates, weiteren vom Samtgemeinderat aus seiner Mitte gewählten Beigeordneten sowie dem Samtgemeindedirektor. Der *Samtgemeindedirektor* wird vom Samtgemeinderat für zwölf Jahre gewählt. Samtgemeinden dürfen zur Finanzierung ihrer Aufgaben Gebühren und Beiträge erheben; das Recht der Steuererhebung steht ihnen nicht zu. Sie können von den Mitgliedsgemeinden eine Umlage erheben.

Bogner, W.: Mehrstufige kommunale Organisationseinheiten. In: Handbuch der kommunalen Wissenschaft und Praxis. Hg. v. G. Püttner. Bd. 1. Berlin u. a. ²1981.

Zweckverband – Arbeitsgemeinschaft

Zahlreiche Aufgaben der kommunalen Daseinsvorsorge lassen sich, vor allem in dichter besiedelten Räumen, sinnvoll und wirtschaftlich nicht mehr isoliert in jeder einzelnen Gemeinde erledigen, sondern erfordern eine enge Kooperation, mindestens aber eine Koordination mit den Nachbargemeinden. Für die *zwischengemeindliche* oder *interkommunale Zusammenarbeit* stellt das geltende Recht eine Fülle von Rechtsformen bereit, die teils *öffentlich-rechtlich,* teils *privatrechtlich* ausgestaltet sind. In welcher Form die Zusammenarbeit vollzogen wird, unterliegt der freien Entscheidung der beteiligten Gemeinden.

Die öffentlich-rechtlichen Rechtsformen zwischengemeindlicher Zusammenarbeit beruhen in allen Flächenländern der Bundesrepublik Deutschland auf eigenständigen Landesgesetzen; lediglich in Niedersachsen gilt noch das Reichszweckverbandsgesetz von 1939.

Die in der Praxis bedeutsamsten öffentlich-rechtlichen Formen interkommunaler Zusammenarbeit sind der *Zweckverband,* die *kommunale Arbeitsgemeinschaft* und die *öffentlich-rechtliche Vereinbarung.* Unter einem *Zweckverband* versteht man einen öffentlich-rechtlichen Zusammenschluß von Gemeinden und/oder Gemeindeverbänden zur gemeinsamen Erfüllung bestimmter Aufgaben. Als Körperschaft des öffentlichen Rechtes ist der Zweckverband mit eigener Rechtspersönlichkeit ausgestattet. Allerdings ist er keine Gebietskörperschaft, da ihm die dafür erforderliche Gebietshoheit nicht zukommt. Im Regelfall werden Zweckverbände auf freiwilliger Grundlage gebildet (sogenannte Freiverbände). Mitglieder sind in erster Linie Gemeinden und Gemeindeverbände, daneben können aber auch andere Körperschaften, Anstalten und Stiftungen des öffentlichen Rechts und sogar natürliche und juristische Personen des Privatrechts einem Zweckverband angehören. *Aufgaben* eines Zweckverbandes können alle Angelegenheiten sein, zu deren Wahrnehmung die Mitglieder berechtigt oder verpflichtet sind. Zweckverbände werden insbesondere gebildet für die gemeinsame Wahrnehmung von Aufgaben der Ver- oder Entsorgung (z. B. Wasser- und Energieversorgung, Personennahverkehr, Abwasserbeseitigung, Müllabfuhr), aber auch für die gemeinsame Unterhaltung bestimmter öffentlicher Einrichtungen (z. B. Sporteinrichtungen, Volkshochschulen, Musikschulen). Mit der Entstehung des Zweckverbandes geht die Aufgabe auf den Verband über. Wichtigstes Instrument der Aufgabenerfüllung ist für den Zweckverband die Möglichkeit, Satzungen mit unmittelbarer Geltung für die Einwohner der beteiligten Gemeinden zu erlassen (z. B. Gebührenregelungen). Die Gründung eines Zweckverbandes erfolgt durch Vereinbarung der Verbandssatzung zwischen den Beteiligten sowie durch Genehmigung und öffentliche Bekanntmachung dieser Satzung durch die Aufsichtsbehörde. Entsprechendes gilt auch für die Auflösung von Zweckverbänden. Notwendige Organe des Zweckverbandes sind die von den Verbandsmitgliedern gewählte Verbandsversammlung und der Verbandsvorsitzende bzw. Verbandsvorsteher. Die von der Verbandsversammlung gefaßten Beschlüsse sind für die Mitglieder verbindlich. Zweckverbände unterliegen im übrigen im selben Umfange staatlicher Aufsicht wie die beteiligten Gemeinden.

Die *kommunale Arbeitsgemeinschaft* stellt im Vergleich zum Zweckverband nur eine sehr lockere Form interkommunaler Zusammenarbeit dar, weil weder eine neue Körperschaft begründet noch die Eigenständigkeit der beteiligten Gemeinden berührt wird. Die Arbeitsgemeinschaft beruht auf einer – zumeist schriftlichen – Vereinbarung mit dem Inhalt, bestimmte, die Mitglieder gemeinsam berührende Fragen miteinander zu erörtern, Planungen aufeinander abzustimmen, widerstreitende Interessen auszugleichen und nach Möglichkeit zu gemeinsamen Beschlüssen zu kommen. Solche Beschlüsse erzeugen jedoch keinerlei Bindungswirkung gegenüber den beteiligten Gemeinden. Gegenstand der gemeinsamen Beratungen können alle kommunalen Aufgaben der beteiligten Gemeinden sein (z. B. Standortbestimmung für Einrichtungen, deren Einzugsbereich über das Gebiet der Trägergemeinde hinausreicht, Abstimmung der Terminplanung für Veranstaltungen, Abstimmung der Fahrplangestaltung benachbarter Verkehrsbetriebe u. ä.). Über Organe im strengen rechtstechnischen Sinne verfügt die kommunale Arbeitsgemeinschaft nicht, da sie keine juristische Person ist. Üblicherweise erfolgt jedoch die Beratung und Beschlußfassung in einer Mitgliederversammlung, während die Vorbereitung der Willensbildung in den Händen entweder eines Gremiums (z. B. Arbeitsausschuß) oder einer Einzelperson (Geschäftsführer) liegt.

Zweckverbände

– Wahl der Organe und Willensbildung –

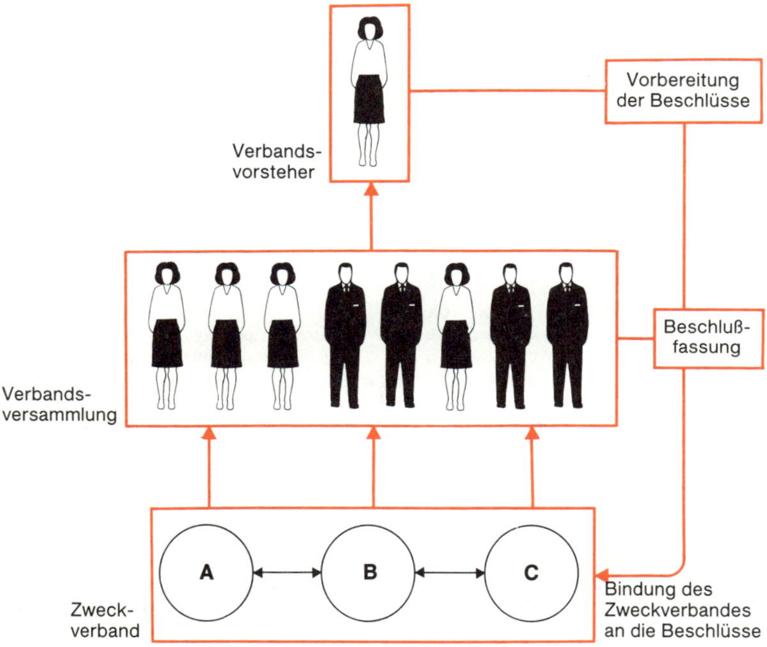

A, B, C = Die am Zweckverband beteiligten Gemeinden

Als weitere Rechtsform ist in diesem Zusammenhang noch die *öffentlich-rechtliche Vereinbarung* zu nennen. Diese ist ein öffentlich-rechtlicher Vertrag des Inhalts, daß eine der beteiligten Gebietskörperschaften bestimmte Aufgaben der übrigen Beteiligten in ihre Zuständigkeit übernimmt oder sich verpflichtet, diese Aufgaben für die übrigen Beteiligten durchzuführen. Durch die Vereinbarung kann die zur Erfüllung gemeinsamer Aufgaben verpflichtete Gemeinde ermächtigt werden, die Benutzung einer Einrichtung durch eine für das gesamte Gebiet geltende Satzung zu regeln. Damit entfaltet eine öffentlich-rechtliche Vereinbarung nicht nur interne Bindungswirkung zwischen den Beteiligten, sondern besitzt auch Außenwirkung gegenüber jedermann. In der Vereinbarung wird den nicht an der Durchführung beteiligten Gemeinden ein Mitwirkungsrecht eingeräumt; außerdem treffen die Vereinbarungen eine Regelung bezüglich der durch die Aufgabendurchführung entstehenden Kosten. Der Abschluß öffentlich-rechtlicher Vereinbarungen bedarf der Schriftform sowie der Genehmigung durch die Aufsichtsbehörde.

Rengeling, H.-W.: Formen interkommunaler Zusammenarbeit. In: Handbuch der kommunalen Wissenschaft und Praxis. Hg. v. G. Püttner. Bd. 2. Berlin u. a. [2]1982.

Landesplanung – Regionalplanung

Landesplanung bezeichnet die zielbezogene staatliche Planung der Raumnutzung und Raumentwicklung. In der Praxis werden die Begriffe Raumordnung und Landesplanung meist gemeinsam bzw. synonym verwendet. Die Landesplanung ist als fachübergreifende Querschnittsplanung auf verschiedenen Ebenen des föderativen Staates angesiedelt:
- auf Bundesebene in den Raumordnungsgrundsätzen des Bundesraumordnungsgesetzes sowie im Bundesraumordnungsprogramm und den Raumordnungsberichten,
- auf Länderebene in Landesraumordnungsprogrammen und Landesplanungsgesetzen mit Bindungswirkungen für Behörden und Gemeinden,
- auf der Ebene der Regionalplanung als Landesplanung für Teilräume mit Anpassungspflicht für die kommunale Bauleitplanung gemäß § 1 Abs. 4 Bundesbaugesetz (vgl. S. 252).

Die Kompetenz für Raumordnung und Landesplanung liegt in der Hauptsache bei den Ländern. Die durch Landesplanungsgesetze geregelte Landesplanung muß allerdings die im Bundesraumordnungsgesetz (1965) als Rahmengesetz formulierten Grundsätze beachten. Die in der Regel als Regierungsprogramme vorgelegten Landesraumordnungsprogramme und Landesentwicklungspläne der Länder sollen die Ressourcen der Fachplanungsträger, der Gemeinden sowie der privaten Investoren in raumordnungspolitisch erwünschte Räume und Standorte lenken. Dazu werden insbesondere folgende Koordinierungsinstrumente eingesetzt: Das *Zentrale-Orte-System* (Ober-, Mittel- und Unterzentren; vgl. S. 30) legt ein flächendeckendes Standortsystem als Vorgabe für die räumliche Verteilung der Infrastruktur fest. Mit *Richtzahlen für Bevölkerung und Arbeitsplätze* werden die Entwicklungsziele grob quantifiziert, und *Versorgungsrichtwerte* dienen zur Bestimmung des Infrastruktur- und Flächenbedarfs in den Regionen. In den Stadtstaaten hat die Flächennutzungsplanung den Rang der Landesplanung. Ansätze einzelner Länder, die Landesplanung mit der Aufgaben-, Investitions- und Finanzplanung zu verknüpfen und so zu einer integrierten Landesentwicklungsplanung fortzuentwickeln (z. B. Hessen), haben sich nicht durchgesetzt. Die Landesplanung beschränkt sich überwiegend auf räumliche Rahmenplanung und läßt der staatlichen Fachplanung sowie der kommunalen Bauleitplanung meist breiten Spielraum.

Die *Regionalplanung* – historisch ein Vorläufer der Landesplanung – hat die im Bundesraumordnungsgesetz und den Länderprogrammen formulierten Ziele der Raumordnung und Landesplanung räumlich und sachlich zu konkretisieren und in Vorgaben für die kommunale Planung umzusetzen. Die Regionalplanung hat Vermittlungsfunktionen zwischen großräumiger Landesplanung und kleinräumiger kommunaler Planung. Regionalpläne arbeiten mit schärferen räumlichen Festsetzungen als die Landesplanung, sie müssen jedoch im Hinblick auf die kommunale Planungshoheit auf parzellenscharfe Aussagen verzichten. Ob wenigstens verbindliche Vorgaben für Gemeindeteile zulässig sind, ist umstritten.

Das Bundesraumordnungsgesetz verpflichtet die Länder zu keiner einheitlichen Organisationsform für die Regionalplanung und enthält auch keine Bestimmungen über Größe und Merkmale der Regionen. Die Regelungskompetenz der Länder hat zu einer Vielfalt der Organisationsstrukturen geführt. Vier Organisationstypen lassen sich unterscheiden:

1. *staatliche* Regionalplanung durch das Innenministerium (Schleswig-Holstein),
2. *kommunalverbandliche* Regionalplanung durch kommunale Regionalverbände (Baden-Württemberg),
3. *gemeinschaftliche* Regionalplanung: Erarbeitung durch eine Planungsstelle beim Regierungsbezirk, Beschluß durch ein Gremium der kommunalen Gebietskörperschaften (Bayern, Hessen, Nordrhein-Westfalen, Rheinland-Pfalz),
4. Regionalplanung durch *Landkreise* (Niedersachsen).

Die eigentliche Festsetzung der Pläne geschieht in jedem Fall durch eine staatliche Instanz. Die Größe der durch Landesgesetze abgegrenzten Planungsregionen liegt zwischen Regierungsbezirken (Nordrhein-Westfalen, Hessen) und Kreisen (Niedersachsen).

Insgesamt zeichnet sich ein Trend von der kommunalverbandlichen zur gemeinschaftlichen Regionalplanung und damit zu mehr staatlichem Einfluß ab.

Schulz zur Wiesch, J.: Regionalplanung in Hessen. Stuttgart u. a. 1977. – Fürst, D./Hesse, J. J.: Landesplanung. Düsseldorf 1981. – Brösse, U.: Raumordnungspolitik. Berlin – New York [2]1982. – Benz, A.: Regionalplanung in der Bundesrepublik Deutschland. Münster 1983.

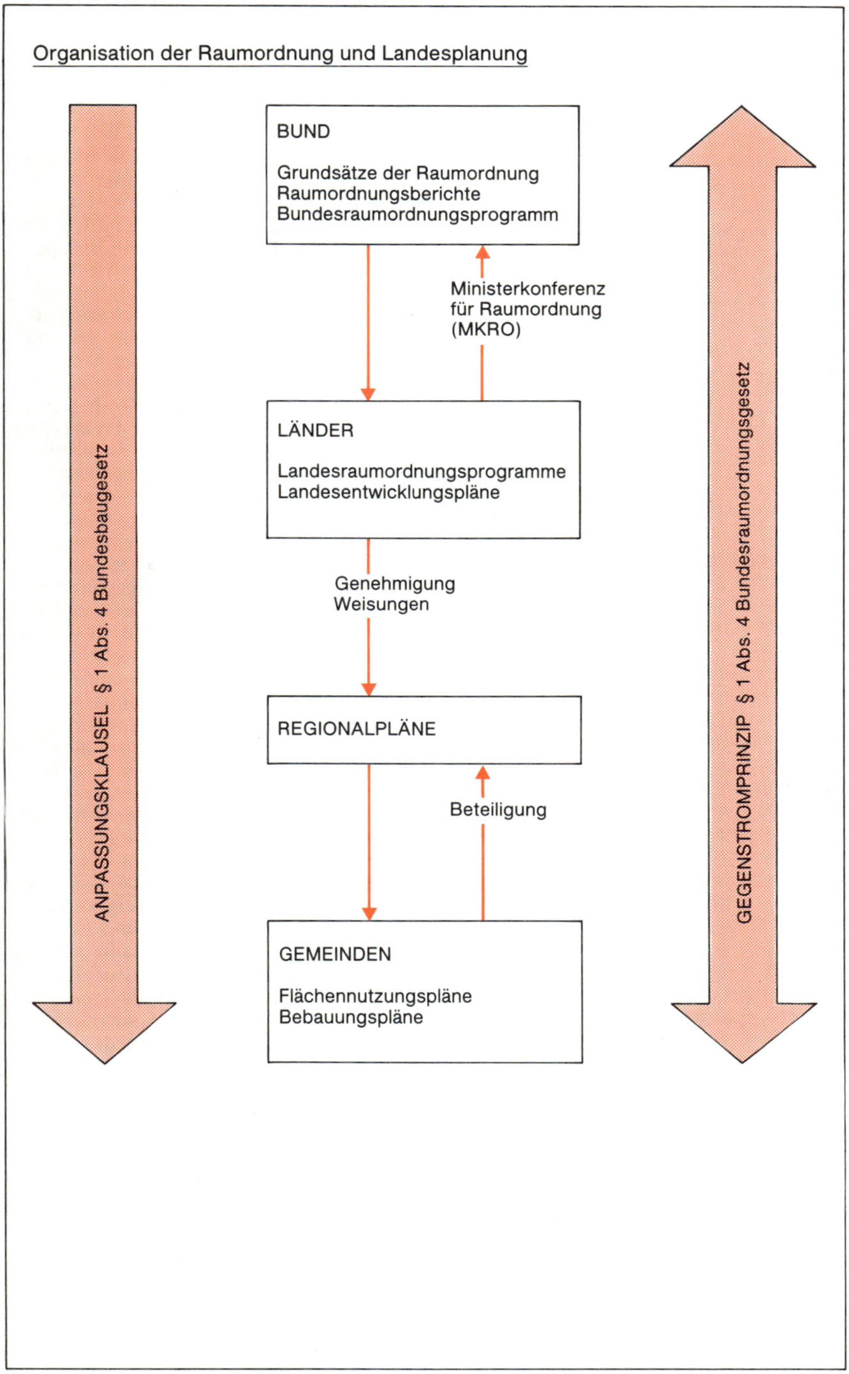
Organisation der Raumordnung und Landesplanung
ANPASSUNGSKLAUSEL § 1 Abs. 4 Bundesbaugesetz
BUND
Grundsätze der Raumordnung
Raumordnungsberichte
Bundesraumordnungsprogramm
Ministerkonferenz
für Raumordnung
(MKRO)
LÄNDER
Landesraumordnungsprogramme
Landesentwicklungspläne
Genehmigung
Weisungen
REGIONALPLÄNE
Beteiligung
GEMEINDEN
Flächennutzungspläne
Bebauungspläne
GEGENSTROMPRINZIP § 1 Abs. 4 Bundesraumordnungsgesetz

Regionalverband – Umlandverband

Regionalverbände sind Zusammenschlüsse von Gemeinden und Landkreisen zur Regelung überörtlicher Planungs- und Verwaltungsprobleme. Sie können entweder als freiwillige Zusammenschlüsse (Freiverbände) oder als Pflichtverbände gebildet werden. Daneben sind auch noch Planungsverbände nach § 4 Bundesbaugesetz möglich. Regionalverbände sind somit Instrumente der interkommunalen Kooperation unter weitgehender Wahrung der Selbständigkeit der beteiligten Gebietskörperschaften.

Einige Länder haben im Rahmen ihrer Regelungskompetenz für die Regionalplanung (vgl. S. 102) *flächendeckende* kommunale Regionalverbände (Pflichtverbände) als Träger der Regionalplanung geschaffen (Baden-Württemberg) oder der staatlichen Mittelinstanz (Regierungspräsident) ein kommunalverbandliches Entscheidungsgremium zugeordnet (Nordrhein-Westfalen, Bayern, Hessen, Rheinland-Pfalz).

Daneben haben sich in allen Verdichtungsgebieten rings um die Kernstädte besondere Planungs- und Verwaltungsverbände in der Regel kraft landesrechtlicher Sondergesetze gebildet. Diese *Umlandverbände* sind in besonderen regionalen und politischen Situationen entstanden und haben ihre Aufgabenstellung und Struktur periodisch verändert. Sie sind, anders als die oben genannten Regionalverbände, nicht nur mit Planungs-, sondern zum Teil auch mit Durchführungsaufgaben betraut.

So sind dem *Zweckverband Großraum Hannover* die Sicherstellung des öffentlichen Personennahverkehrs als gesetzliche Aufgabe zugewiesen und die Aufgaben Regionalplanung, Wirtschaftsförderung und Naherholung durch Zweckverbandssatzung übertragen.

Der *Umlandverband Frankfurt* ist – ähnlich wie der *Stadtverband Saarbrücken* – als Mehrzweckpflichtverband mit der Flächennutzungsplanung und einer Fülle weiterer Aufgaben betraut, während der *Kommunalverband Ruhrgebiet* (KVR) als Rechtsnachfolger des 1920 gebildeten Siedlungsverbandes Ruhrkohlenbezirk vorwiegend Dienstleistungen im Bereich des Umweltschutzes erbringt, nachdem er die Kompetenz zur Regionalplanung an sogenannte Bezirksplanungsräte bei den Regierungspräsidien abgeben mußte. Die übrigen Umlandverbände betreiben als Hauptaufgabe die Flächennutzungsplanung für ihr Verbandsgebiet (*Nachbarschaftsverbände* in Baden-Württemberg) oder erfüllen Koordinationsaufgaben mit rechtlich unverbindlichen Instrumenten (*Verband Kieler Umland*, Planungsverband *Äußerer Wirtschaftsraum München* u. a.).

Das zentrale Beschlußorgan von Regionalverbänden ist die in der Regel indirekt, also von den Vertretungskörperschaften der zugehörigen Gemeinden und Kreise gewählte Verbandsversammlung. Die Direktwahl der Abgeordneten im Großraum Hannover (seit 1974) wurde 1980 vom Landesgesetzgeber wieder abgeschafft. Der einzige Verband mit Direktwahl des Hauptbeschlußorgans, nämlich des Verbandstags, ist gegenwärtig der Umlandverband Frankfurt. Allerdings ist hier die Beschlußfassung über den Flächennutzungsplan dem direkt gewählten Verbandstag entzogen und einer besonderen, indirekt gewählten Gemeindekammer übertragen worden, um Kollisionen mit der Selbstverwaltungsgarantie des Grundgesetzes (Art. 28, vgl. S. 18) zu vermeiden. Die Selbstverwaltungsgarantie in Art. 28 GG verbietet es, einer Gemeinde die Planungshoheit für den Flächennutzungsplan völlig zu entziehen und sie einem anderen Gremium zu übertragen. Durch Quotenregelungen in den Satzungen wird verhindert, daß Kernstädte und Umlandgemeinden sich gegenseitig majorisieren können. Die Finanzierung erfolgt über Umlagen der Mitglieder sowie Gebühren und Beiträge.

In der Verwaltungsreformdiskussion werden Umlandverbände häufig als Übergangsstufe zur Bildung einer „*Regionalstadt*“ bezeichnet. Nach Abschluß der Territorialreformen der siebziger Jahre, die insbesondere in Nordrhein-Westfalen und Niedersachsen bereits Städte mit regionaler Ausdehnung geschaffen haben, scheinen Eingemeindungsstrategien großen Stils mittelfristig nicht mehr durchsetzbar. Daher werden Verbandsmodelle auf absehbare Zeit die typische Form der Bearbeitung von Verflechtungsproblemen in Verdichtungsräumen bleiben. Soweit es dabei nur um die Lösung von Einzelproblemen (z. B. einer gemeinsamen Schulträgerschaft oder der gemeinsamen Wasserversorgung) geht, kommt dafür auch die Rechtsform des *Zweckverbands* (vgl. S. 100) in Frage.

Handbuch der kommunalen Wissenschaft und Praxis. Hg. v. G. Püttner. Bd. 2: Kommunalverfassung. Berlin u. a. [2]1982. – Lehmann-Grube, H./Seele, G.: Die Verwaltung der Verdichtungsräume. Baden-Baden 1983.

Zweckverband Großraum Hannover: Aufbau und Aufgaben

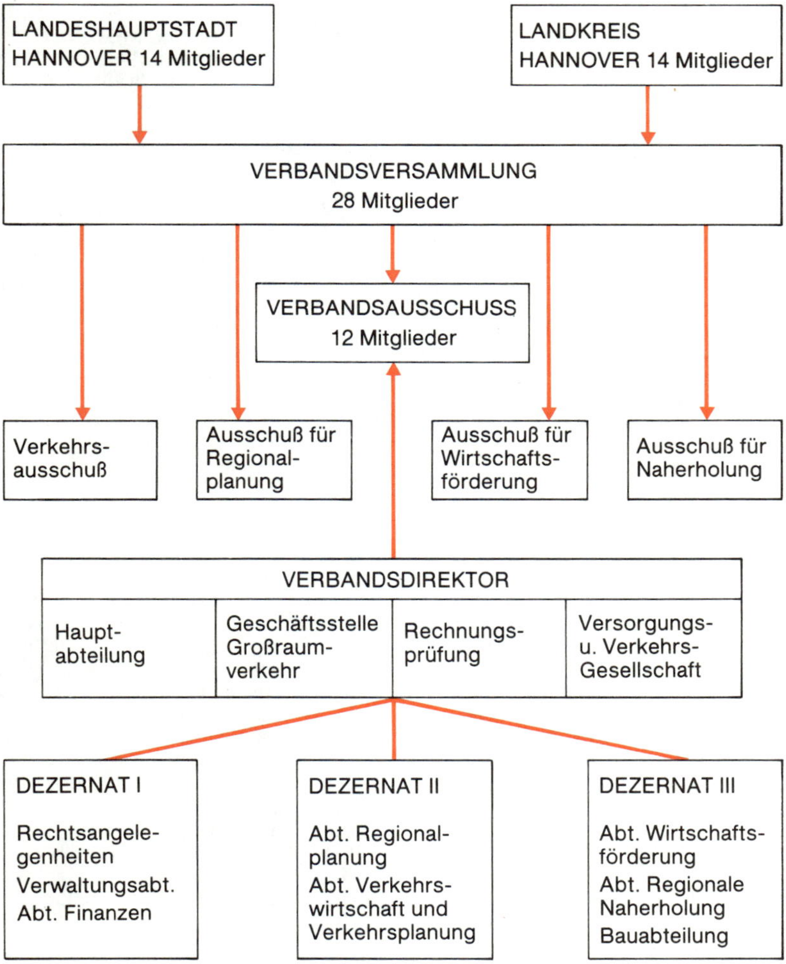

Kreisverwaltung

Die Kreise sind Einrichtungen mit kommunal- und staatspolitischen Funktionen. Sie aktivieren den Bürger in der kommunalen Selbstverwaltung und gehören zur demokratischen Grundlage des sozialen Rechtsstaats. Außerdem stehen die Kreise ihren Bürgern als Verwaltungsträger gegenüber. Sie vollziehen Gesetze, schaffen Einrichtungen der kommunalen Daseinsvorsorge und planen die Entwicklung in ihrem Raum. Der Bürger erlebt den Kreis somit als Behörde, aber auch als Anbieter von Leistungen.

Die Kreise sind *Gebietskörperschaften,* d.h. Körperschaften des öffentlichen Rechts, deren Gebietshoheit einen räumlich abgegrenzten Teil des Staatsgebiets sowie dessen Bewohner erfaßt. Zusätzlich schreiben die Kommunalverfassungsgesetze den Kreisen die Eigenschaft eines *Gemeindeverbandes,* also einer eigenständigen kommunalen Körperschaft mit überörtlichen Aufgaben und dem Recht der Selbstverwaltung für den Aufgabenbereich mehrerer Ortsgemeinden zu. Davon ist die Inanspruchnahme des Kreises für Aufgaben der unteren staatlichen Verwaltungsbehörde zu unterscheiden. Hier leiht sich der Staat gewissermaßen Einrichtungen einer Kommunalverwaltung gegen teilweise Erstattung der Kosten aus.

Diesen unterschiedlichen Funktionen entsprechend, gliedern sich die Kreisaufgaben (vgl. S. 122). Den Kernbereich bilden die eigenen, weisungsfreien Aufgaben, sei es, daß es sich um freiwillige Aufgaben oder um Pflichtaufgaben handelt. Daneben steht der Block jener Aufgaben, die die Kreise als Auftragsangelegenheiten bzw. als Angelegenheiten im „übertragenen Wirkungskreis“ wahrnehmen. Den dritten Block schließlich bilden die Aufgaben der unteren staatlichen Verwaltungsbehörde beim Kreis.

Die Kreise handeln durch ihre Organe. Kreisorgane sind der Kreistag (vgl. S. 114), je nach Landesrecht der Kreisausschuß (vgl. S. 112) bzw. beschließende Ausschüsse des Kreistages sowie der Hauptverwaltungsbeamte als Institution (Landrat [vgl. S. 116] bzw. Oberkreisdirektor [vgl. S. 118]). Die typischen Administrationsaufgaben werden dabei der *Kreisverwaltungsbehörde* als Träger des Verwaltungsvollzugs zugeordnet. Behörde des Kreises ist in Bayern und Baden-Württemberg das *Landratsamt,* in Rheinland-Pfalz und im Saarland die *Kreisverwaltung,* in Hessen und Schleswig-Holstein (außer bei Auftragsangelegenheiten) der *Kreisausschuß* sowie in Niedersachsen und Nordrhein-Westfalen der *Oberkreisdirektor.* Daneben steht in allen Ländern außer Niedersachsen die untere staatliche Verwaltungsbehörde beim Kreis. Deren Funktion nimmt in Baden-Württemberg, Bayern und Rheinland-Pfalz das Landratsamt bzw. die Kreisverwaltung, in Hessen, Nordrhein-Westfalen, Schleswig-Holstein und im Saarland (mit Ausnahme des Stadtverbandes Saarbrücken) dagegen der Hauptverwaltungsbeamte des Kreises wahr.

Die Grundelemente der Kreisverwaltungsbehörde sind der Aufgabenbestand, das Personal sowie die Finanz- und Sachmittel des Kreises. Einzelkomplexe des organisatorischen Aufbaus sind die Aufgabengliederung, die Bildung von aktionsfähigen Organisationseinheiten und die Verknüpfung der Aufgaben (Kompetenzen) mit den Organisationseinheiten. Die funktionelle Organisation beschäftigt sich demgegenüber mit der Regelung des Dienstbetriebs und des Geschäftsablaufs, mit der Kommunikation innerhalb der Verwaltung sowie zwischen der Verwaltung und dem Bürger, mit der Steuerung des Verwaltungsablaufs und mit der Geschäftsverteilung.

Das bei den Kreisverwaltungen in der Bundesrepublik Deutschland tätige Personal umfaßt knapp 100000 Mitarbeiter (darunter etwa 20000 Beamte). Hinzu kommen annäherend 7000 Personen im Landesdienst. Eine ähnlich große Zahl von Mitarbeitern (rd. 100000) ist in den Kreiseinrichtungen und Kreisbetrieben tätig, davon die meisten in den Kreiskrankenhäusern.

Die Kreisverwaltungsbehörde gliedert sich institutionell in den meisten Ländern in Dezernate (in Bayern und teilweise auch in Rheinland-Pfalz „Abteilung“, in Hessen z.T. „Hauptabteilung“ genannt) und Ämter (in Bayern „Sachgebiete“, in Rheinland-Pfalz „Referate“ genannt). Entsprechend einer Empfehlung der *Kommunalen Gemeinschaftsstelle für Verwaltungsvereinfachung* sind bei Kreisen mittlerer Größenordnung ca. 20 Ämter gebildet worden, die im allgemeinen zu vier bis fünf Dezernaten zusammengefaßt sind.

Seele, G.: Bestands-, Verfassungs- und Organisationsstrukturen der Kreise. In: Der Kreis. Ein Handbuch. Hg. v. Verein für die Geschichte der Deutschen Landkreise e.V. Bd. 3: Struktur und Perspektiven der neuen Kreise. Köln–Berlin 1985.

Kreisverwaltung

Kreisverwaltungsbehörde
– in allen Bundesländern –

Behördenbezeichnung

- Kreisverwaltung (Rheinland-Pfalz)
- Landratsamt (Baden-Württemberg, Bayern)
- Oberkreisdirektor (Niedersachsen, Nordrhein-Westfalen)
- Landrat (Schleswig-Holstein für Auftragsangelegenheiten)
- Kreisausschuß (Hessen, Schleswig-Holstein für SVA)

Aufgabenarten

- Freiwillige Selbstverwaltungsaufgaben (SVA)
- Pflichtselbstverwaltungsaufgaben
- Pflichtaufgaben zur Erfüllung nach Weisung (Baden-Württemberg, Hessen, Nordrhein-Westfalen, Schleswig-Holstein)

Untere staatliche Verwaltungsbehörde beim Kreis
– außer in Niedersachsen und beim Stadtverband Saarbrücken

Behördenbezeichnung

- Landratsamt (Baden-Württemberg, Bayern)
- Landrat (Hessen, Saarland, Schleswig-Holstein)
- Kreisverwaltung (Rheinland-Pfalz)
- Oberkreisdirektor (Nordrhein-Westfalen)

Aufgabenumfang

- stark ausgebaute untere Verwaltungsbehörde (Baden-Württemberg, Bayern, Hessen, Rheinland-Pfalz, Saarland)
- vereinzelte Zuständigkeiten (Nordrhein-Westfalen, Schleswig-Holstein)
- keine Zuständigkeiten (Niedersachsen)

Kreisverfassung

Die Verfassung eines Kreises ist gleichbedeutend mit seinem Organgefüge. *Kreisorgane* sind diejenigen personalen Institutionen, deren Wirken kraft Gesetzes unmittelbar der Körperschaft zuzurechnen ist.

Oberstes Organ des Kreises als Selbstverwaltungskörperschaft ist in allen Ländern der Bundesrepublik Deutschland der Kreistag (vgl. S. 114). Alle Kreisordnungen weisen ferner den *Hauptverwaltungsbeamten* (Landrat/Oberkreisdirektor, vgl. S. 116 und S. 118) als Kreisorgan aus. Ein drittes Kreisorgan ist in den meisten Ländern der Kreisausschuß (vgl. S. 112); in einigen Ländern rücken beschließende Ausschüsse des Kreistages in diese Funktion ein.

Die geltenden Kreisverfassungen der Länder lassen sich anhand einiger Eigentümlichkeiten gruppieren.

Die Landkreisverfassungen in Baden-Württemberg und Bayern zeigen eine Hervorhebung des Kreistages; in beiden Ländern fungieren beschließende Ausschüsse des Kreistages neben (Bayern) oder anstelle des Kreisausschusses (Baden-Württemberg). Zugleich ist in beiden Ländern die Stellung des Hauptverwaltungsbeamten relativ stark, weil er zugleich Vorsitzender des Kreistages und des Kreisausschusses bzw. der beschließenden Ausschüsse und Leiter des Landratsamts ist, d. h. der unteren staatlichen Verwaltungsbehörde beim Kreis und der obersten Verwaltungsbehörde des Kreises.

Die Landkreisordnungen für Niedersachsen und Nordrhein-Westfalen betonen das ehrenamtliche Element. Dementsprechend ist z. B. der Hauptverwaltungsbeamte – hier Oberkreisdirektor genannt – weder Vorsitzender des Kreistags noch des Kreisausschusses, sondern nur Leiter der Verwaltung. Der Kreisausschuß hat in beiden Ländern ähnlich einem verkleinerten Kreistag Beschlußkompetenzen.

In den Kreisordnungen von Schleswig-Holstein und Hessen ist der Kreisausschuß nach wie vor die kollegiale Verwaltungsbehörde des Kreises. Insoweit besteht eine gewisse Parallele zur „unechten Magistratsverfassung" nach dem Gemeinderecht der beiden Länder.

Die Landkreisordnungen für Rheinland-Pfalz und das Saarland schließlich zeichnen sich dadurch aus, daß in beiden Ländern der Landrat Landesbeamter ist und sowohl dem Kreistag wie auch dem Kreisausschuß ohne Stimmrecht vorsitzt.

Allen Kreisverfassungen ist gemeinsam, daß der Kreistag die politische Vertretung des Kreises und seiner Bevölkerung ist. Seine überragende Bedeutung kommt darin zum Ausdruck, daß ihm entweder alle wichtigen Angelegenheiten des Kreises vorbehalten sind oder daß er diese an sich ziehen kann, sofern nicht Gesetze ausdrücklich etwas anderes bestimmen.

Der Kreisausschuß ist in Niedersachsen, Nordrhein-Westfalen und im Saarland ein Beschlußgremium des Kreises. In Bayern und Rheinland-Pfalz hat er die Funktion eines Hauptausschusses des Kreistages. In den Ländern Hessen und Schleswig-Holstein ist er die kollegiale Verwaltungsbehörde des Kreises.

Der Hauptverwaltungsbeamte des Kreises (Landrat, Oberkreisdirektor) ist in den meisten Ländern kommunaler Wahlbeamter auf Zeit; Wahlgremium ist – mit Ausnahme Bayerns, wo der Landrat unmittelbar von der Bevölkerung gewählt wird – der Kreistag. In Rheinland-Pfalz und im Saarland haben die Landräte noch den Status eines Landesbeamten; bei der Wahl wirkt aber der Kreistag mit. In Baden-Württemberg hat der Stellvertreter des Landrats den Status des Ersten Landesbeamten; seine Ernennung durch die Landesregierung erfolgt im Einvernehmen mit dem Landrat. Der Hauptverwaltungsbeamte ist Leiter der Kreisverwaltungsbehörde. Ihm ist in allen Bundesländern die laufende Verwaltung zugewiesen. Einige Bundesländer behalten dem Hauptverwaltungsbeamten auch sämtliche weisungsgebundenen Aufgaben vor.

Das geltende Kreisverfassungsrecht ist in der Diskussion. Vor allem geht es um die Institutionalisierung parteipolitischer Aktivitäten, insbesondere die Verankerung der Fraktionen, um den Ausbau der bürgerschaftlichen Mitwirkung (sachkundige Einwohner, Bürgerbegehren, Bürgerentscheid), die Stärkung der Beschlußgremien, die Ausgestaltung der Leitungsebene (Kollegialverfassung, Dezernenten) und den Fortbestand des „zweigleisigen Systems" (hauptamtlicher Verwaltungschef, ehrenamtlicher Kreistagsvorsitzender) in der starken Ausprägung der Länder Nordrhein-Westfalen und Niedersachsen.

Unruh, G.-C. von: Der Kreis. Ursprung und Ordnung einer kommunalen Körperschaft. Köln–Berlin 1965. – Seele, G.: Die Kreisverfassungssysteme. In: Handbuch der kommunalen Wissenschaft und Praxis. Hg. v. G. Püttner. Bd. 2. Berlin u. a. [2]1982.

Kreisverfassung

Kreistag	Kreisausschuß	beschließende Ausschüsse	Hauptverwaltungsbeamter
Niedersachsen, Nordrhein-Westfalen			
Wahlperiode: 5 Jahre Mitglieder: 43–71 (Niedersachsen) 49–77 (Nordrhein-Westfalen) Vorsitz: ehrenamtlicher Landrat	Funktion: Beschlußgremium und Vorbereitung der Kreistagsbeschlüsse Mitglieder: Mind. 8 und Oberkreisdirektor (Niedersachsen) 9–17 (Nordrhein-Westfalen) Vorsitz: ehrenamtlicher Landrat	nicht vorhanden	Amtsbezeichnung: Oberkreisdirektor Wahl: vom Kreistag auf 12 (Niedersachsen) bzw. 8 Jahre (Nordrhein-Westfalen
Hessen, Schleswig-Holstein			
Wahlperiode: 4 Jahre Mitglieder: 51–93 (Hessen) 45–49 (Schleswig-Holstein) Vorsitz: ehrenamtlicher Kreistagsvorsitzender (Hessen), ehrenamtlicher Kreispräsident (Schleswig-Holstein) Ausschüsse zur Vorbereitung (Hessen, Schleswig-Holstein) und zur Überwachung (Schleswig-Holstein)	Funktion: Verwaltungsbehörde des Kreises. Vorbereitung und Durchführung der Kreistagsbeschlüsse Mitglieder: Landrat und 8 vom Kreistag Gewählte (Schleswig-Holstein), Landrat und Beigeordnete (Hessen) Vorsitz: Landrat	Einsetzung durch den Kreistag	Amtsbezeichnung: Landrat Wahl: Vom Kreistag auf 6 (Hessen) bzw. mind. 6 Jahre (Schleswig-Holstein)
Baden-Württemberg, Bayern			
Wahlperiode: 5 (Baden-Württemberg) bzw. 6 Jahre (Bayern) Mitglieder: 36–106 (Baden-Württemberg) 50–70 (Bayern) Vorsitz: Landrat Beratende Ausschüsse	In Baden-Württemberg abgeschafft In Bayern: Hauptausschuß des Kreistags. Mitglieder: Landrat und 10–14 vom Kreistag Gewählte Vorsitz: Landrat	Einsetzung durch den Kreistag	Amtsbezeichnung: Landrat Wahl: Vom Kreistag auf 8 (Baden-Württemberg) bzw. von der Bevölkerung auf 6 Jahre (Bayern)
Rheinland-Pfalz, Saarland			
Wahlperiode: 5 Jahre Mitglieder: 34–50 (Rheinland-Pfalz) 27–45 (Saarland) Vorsitz: Landrat (ohne Stimmrecht)	Funktion: Hauptausschuß (Rheinland-Pfalz) bzw. Beschlußgremium (Saarland) Mitglieder: 7 oder 9 (Rheinland-Pfalz) bzw. 9–15 (Saarland) Vorsitz: Landrat (ohne Stimmrecht)	In Rheinland-Pfalz Einsetzung durch den Kreistag. Im Saarland nicht vorgesehen	Amtsbezeichnung: Landrat Ernennung: Vom Ministerpräsidenten als Landesbeamter mit Zustimmung des Kreistags

Kreisgrößenordnungen

In der Bundesrepublik Deutschland gibt es 237 Kreise (einschließlich des Stadtverbandes Saarbrücken).

Die Kreise sind nach Größe und Einwohnerzahl trotz der *Gebietsreform* zu Ende der 1960er und Anfang der 1970er Jahre nach wie vor sehr unterschiedlich. Die durchschnittliche Einwohnerzahl eines Kreises in der Bundesrepublik beträgt 169 000 Einwohner. Die durchschnittliche Fläche bemißt sich auf knapp 1 000 km^2.

Die größte *Einwohnerzahl* hat der Kreis Recklinghausen mit rund 628 000 Einwohnern, die kleinste der Landkreis Lüchow-Dannenberg mit 49 000 Einwohnern. 13 Kreise haben weniger als 75 000 Einwohner, 48 zwischen 75 000 und 100 000 Einwohner, 112 zwischen 100 000 und 200 0000 Einwohner, 42 Kreise haben 200 bis 300 000 Einwohner und 22 Kreise über 300 000 Einwohner. Die größte *Fläche* hat der Landkreis Emsland mit 2 879,6 km^2. Der flächenkleinste Kreis ist der Main-Taunus-Kreis mit 222,4 km^2. Die Relation hinsichtlich Fläche und Einwohnerzahl beträgt damit jeweils mehr als 10 : 1.

Bei der Flächengröße ist zu bemerken, daß 19 Kreise unter 500 km^2 Fläche und 8 über 2 000 km^2 Fläche haben. Die meisten Kreise, nämlich 194, umfassen in der Fläche zwischen 500 bis 1 500 km^2.

Die einwohnerstarken Kreise sind fast ausschließlich solche in den *Randzonen von Verdichtungsräumen:* Recklinghausen (628 000), Hannover (547 000), Mettmann (482 000), Rhein-Sieg-Kreis (434 000), Märkischer Kreis (419 000), Wesel (415 000), Neuss (409 000) und Erftkreis (402 000). In den meisten dieser Kreise hat die Einwohnerzahl infolge Zuwanderung aus dem Kerngebiet des Verdichtungsraumes, in geringerem Umfang auch durch Zuwanderung aus anderen Teilen der Bundesrepublik, noch immer eine steigende Tendenz.

Die Flächengröße ist weitgehend unabhängig von der jeweiligen Siedlungsstruktur. Zu den flächengroßen Kreisen gehören rein ländlich bestimmte, wie der Kreis Emsland (2 880 km^2), Rotenburg/Wümme (2 070 km^2) und Nordfriesland (2 041 km^2), aber auch Verdichtungskreise wie Hannover (2 084 km^2).

Lange Zeit hindurch war der Kreis die Verwaltungsform des flachen Landes. Das hat sich inzwischen wesentlich geändert; denn nach wie vor gehören 97% der Fläche des Bundesgebietes zum Kreisbereich. Die Bevölkerungsverdichtung hat sich aber weit über die Grenzen der kreisfreien Städte ausgedehnt. In neuerer Zeit sind die Kreise nach siedlungsstrukturellen Gesichtspunkten klassifiziert worden. Da *kreisfreie Städte und Kreise* eine gemeinsame Verwaltungsebene (die Kreisebene) bilden, sind in diese strukturelle Aufgliederung auch die kreisfreien Städte mit aufgenommen. Dabei wurden sechs *Strukturtypen* gebildet:

Typ 1: Kreisfreie Städte mit 100 000 und mehr Einwohnern in Regionen mit großen Verdichtungsräumen (= Kernstädte).

Typ 2: Umlandkreise mit hoher Verdichtung (Verdichtungsfaktor größer als der Durchschnitt aller Umlandkreise des Regionstyps) (= hochverdichtetes Umland).

Typ 3: Umlandkreise mit geringer Verdichtung (Verdichtungsfaktor kleiner als der Durchschnitt aller Umlandkreise des Regionstyps) (= ländliches Umland).

Typ 4: Kreisfreie Städte mit 100 000 und mehr Einwohnern in Regionen mit Verdichtungsansätzen (= Kernstädte).

Typ 5: Kreise im engeren und weiteren Umfeld der Kernstädte des Typs 4 (= ländlich geprägte Kreise).

Typ 6: Kreise einschließlich kreisfreier Städte in ländlichen Regionen (= ländlich geprägte Kreise).

Zusammen mit den kreisfreien Städten und unter Berücksichtigung der Stadtstaaten Berlin, Bremen, Hamburg gibt es in der Bundesrepublik Deutschland 328 Kreiseinheiten. Sie verteilen sich auf die genannten Kreistypen wie folgt: Typ 1: 40, Typ 2: 49, Typ 3: 30, Typ 4: 21, Typ 5: 98, Typ 6: 90.

Trotz des in den Ländern unterschiedlichen Kreisverfassungs- und Organisationsrechts und trotz der erheblichen Unterschiede nach Größe und Einwohnerzahl der Kreise stellen sie eine in sich vergleichbare Verwaltungsebene mit einem bedeutenden Aufgabenbereich dar. Die Wirksamkeit der Betreuung der Kreisbürger mit Infrastruktureinrichtungen, aber auch mit Leistungen der Kreise als untere staatliche Verwaltungsbehörden ist ein wichtiger Beitrag zur Verwirklichung des verfassungsrechtlich gesicherten Sozialstaatsprinzips und damit zur Herstellung annähernd gleichwertiger Lebensverhältnisse in allen Teilen des Bundesgebiets.

Der Kreis: Ein Handbuch. Hg. v. Verein für die Geschichte der Deutschen Landkreise e. V. Bd. 3: Struktur und Perspektiven der neuen Kreise. Köln – Berlin 1985.

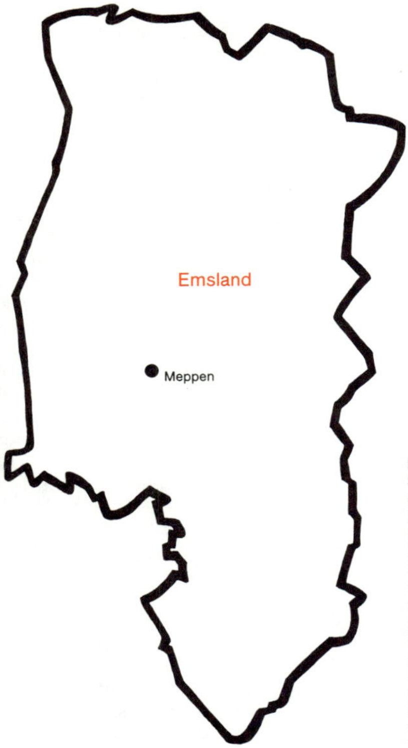

Landkreis Emsland, Landkreis in Niedersachsen entlang der Grenze zu den Niederlanden (60 km); mit 2879,8 km² flächenmäßig größter Kreis in der Bundesrepublik Deutschland; 246875 Einwohner (1984) in 6 Städten, 5 Einheitsgemeinden und 9 Samtgemeinden (mit 50 Mitgliedsgemeinden). Größte Nord–Süderstreckung rund 100 km, größte West–Osterstreckung rund 45 km. – Der früher v. a. landwirtschaftlich geprägte Kreis befindet sich in einem Prozeß der Umstrukturierung; 70% der Kreisfläche werden zwar noch land- und forstwirtschaftlich genutzt, doch ist dieser Bereich an der Wertschöpfung nur noch mit 10% beteiligt. Das Wirtschaftsleben des Kreises bestimmen kleine und mittlere Unternehmen (196 Unternehmen mit mehr als 10 Arbeitnehmern) des Maschinen- und Motorenbaus, der Textilindustrie, der Erdöl- und Erdgasindustrie, der Holz- und Kunststoffverarbeitung. Die industriellen Schwerpunkte befinden sich in Lingen (29 Betriebe), Meppen (21 Betriebe) und Papenburg (26 Betriebe). 16% der Arbeitsplätze im Landkreis Emsland hält das Handwerk vor (u. a. Hoch- und Tiefbau mit 4500 Beschäftigten in 117 Betrieben). Die Arbeitslosigkeit liegt aufgrund der Konzentration von Industrien im Umschichtungsprozeß mit fast 20% erheblich über dem Bundesdurchschnitt (9,4%, Dezember 1985).

Main-Taunus-Kreis, Landkreis in Hessen, zwischen Südhang des Taunus und Main; mit 222,4 km² flächenmäßig kleinster Kreis in der Bundesrepublik Deutschland; rund 201000 Einwohner in 12 Städten und Gemeinden; größte Nord–Süderstreckung 22,9 km, größte West–Osterstreckung 20,5 km. Der Kreis liegt zwischen den Großstädten Wiesbaden und Frankfurt am Main und damit im Herzen des industriell strukturierten Rhein-Main-Gebiets. Zwei Autobahnen führen in den Kreis und sichern neben der Nähe zum Rhein-Main-Flughafen die verkehrsgünstige Lage. Aus dem früher durch Land- und Forstwirtschaft geprägten Gebiet wurde ein durch Industrie und Gewerbe bestimmter Kreis. Allerdings werden noch rund 50% der Kreisfläche für Ackerbau und Weinbau genutzt, 24% der Fläche sind Wald. Die Taunusgemeinden des Kreises sind beliebtes Wohngebiet. Bedingt durch die Lage im Rhein-Main-Gebiet ist die Arbeitslosigkeit unter dem Bundesdurchschnitt.

Kreisausschuß

Die Institution des Kreisausschusses gibt es in allen Kreisordnungen der Länder mit Ausnahme Baden-Württembergs. Er ist eine Besonderheit des Kreisverfassungsrechts, für die es in den meisten Gemeindeordnungen keine vergleichbare Einrichtung gibt. Die Funktion des Kreisausschusses ist in den einzelnen Ländern freilich recht verschieden, auch wenn in der Praxis manche Angleichungen erkennbar sein mögen. Man unterscheidet grundsätzlich drei Gruppen.

In Nordrhein-Westfalen, Niedersachsen und im Saarland ist der Kreisausschuß ein besonderes Organ des Kreises, das von Gesetzes wegen ein breites Spektrum an Entscheidungszuständigkeiten in all den Fällen hat, die nicht dem Kreistag vorbehalten sind und die nicht Geschäfte der laufenden Verwaltung sind, für die ausschließlich der Hauptverwaltungsbeamte verantwortlich ist. Dazu kommen weitere ausdrücklich durch das Gesetz hervorgehobene Aufgaben: Mitwirkung bei der Kommunalaufsicht (Nordrhein-Westfalen, Niedersachsen), Beschlüsse in Dringlichkeitsangelegenheiten (Nordrhein-Westfalen, Saarland), Widerspruchsentscheidung in Selbstverwaltungsangelegenheiten und Beanstandung von Beschlüssen, die das Wohl des Kreises gefährden (Niedersachsen), sowie Planung der Verwaltungsaufgaben (Nordrhein-Westfalen).

Die Funktion eines Hauptausschusses hat der Kreisausschuß in Bayern und in Rheinland-Pfalz. Während er in Bayern nur über diejenigen Angelegenheiten beschließt, die ihm der Kreistag ausdrücklich überträgt, hat er in Rheinland-Pfalz auch eine Reihe gesetzlich zugewiesener Beschlußaufgaben insbesondere im Haushalts- und Personalwesen; ferner obliegen ihm dort die Eilentscheidungen und die Koordinierung der Arbeit der anderen Ausschüsse.

Als kollegiale Verwaltungsbehörde waltet der Kreisausschuß in den Ländern Hessen und Schleswig-Holstein. Hier ist er – neben den gesetzlichen oder ihm vom Kreistag zugewiesenen Aufgaben – insbesondere zuständig für die Ausführung der Beschlüsse des Kreistages, für die Führung der Geschäfte der laufenden Verwaltung und für die gesetzliche Vertretung des Kreises. In Hessen wird ihm ausdrücklich auch die Durchführung von Weisungen und die Verwaltung der öffentlichen Einrichtungen und wirtschaftlichen Betriebe übertragen. Außerdem kann er rechtswidrige oder das Wohl des Kreises beeinträchtigende Beschlüsse des Kreistags beanstanden.

Die Vorbereitung der Kreistagsbeschlüsse ist dem Kreisausschuß in allen Kreisordnungen übertragen. Die meisten Kreisordnungen mit Ausnahme von Bayern, Rheinland-Pfalz und dem Saarland sehen vor, daß der Kreisausschuß die Verwaltung überwacht. Diese beiden Funktionen lassen den Kreisausschuß in den meisten Bundesländern zum eigentlichen Lenkungsorgan des Kreises werden.

In allen Ländern werden die Mitglieder des Kreisausschusses, soweit sie nicht gesetzliche Mitglieder sind, vom Kreistag und (mit Ausnahme Hessens) aus seiner Mitte gewählt. In Nordrhein-Westfalen beträgt die Zahl der Mitglieder 9 bis 17 einschließlich des ehrenamtlichen Landrats, der den Vorsitz führt. Im Saarland hat der Kreisausschuß 9 bis 15 Mitglieder; der hauptamtliche Landrat gehört ihm als Vorsitzender zusätzlich ohne Stimmrecht an. In Niedersachsen sind Mitglieder der ehrenamtliche Landrat als Vorsitzender, sechs Kreistagsmitglieder sowie der Oberkreisdirektor, der aber kein Stimmrecht hat. In Bayern gibt es 11 bis 15 „Kreisräte“ als Mitglieder neben dem vom Volk gewählten Landrat, der den Vorsitz führt und Stimmrecht hat. In Rheinland-Pfalz hat der Kreisausschuß sieben oder neun Mitglieder; den Vorsitz führt der hauptamtliche Landrat ohne Stimmrecht. Der Kreisausschuß in Schleswig-Holstein besteht aus dem hauptamtlichen Landrat als Vorsitzendem mit Stimmrecht und acht ehrenamtlichen Mitgliedern des Kreistages. Nur Hessen kennt eine strenge Trennung zwischen Kreistagsmitgliedern und Kreisausschußmitgliedern. Neben dem Landrat als Vorsitzendem und bis zu zwei hauptamtlichen Beigeordneten gehören ihm ehrenamtliche Beigeordnete an, deren Zahl mindestens so groß sein muß wie die der hauptamtlichen Beigeordneten. Sie dürfen nicht dem Kreistag angehören.

Seele, G.: Die Kreisverfassungssysteme. In: Handbuch der kommunalen Wissenschaft und Praxis. Hg. v. G. Püttner. Bd. 2. Berlin u. a. [2]1982. – Kirchhof, R.: Kreisordnung für das Land Nordrhein-Westfalen. Kommentar. Wiesbaden 1984.

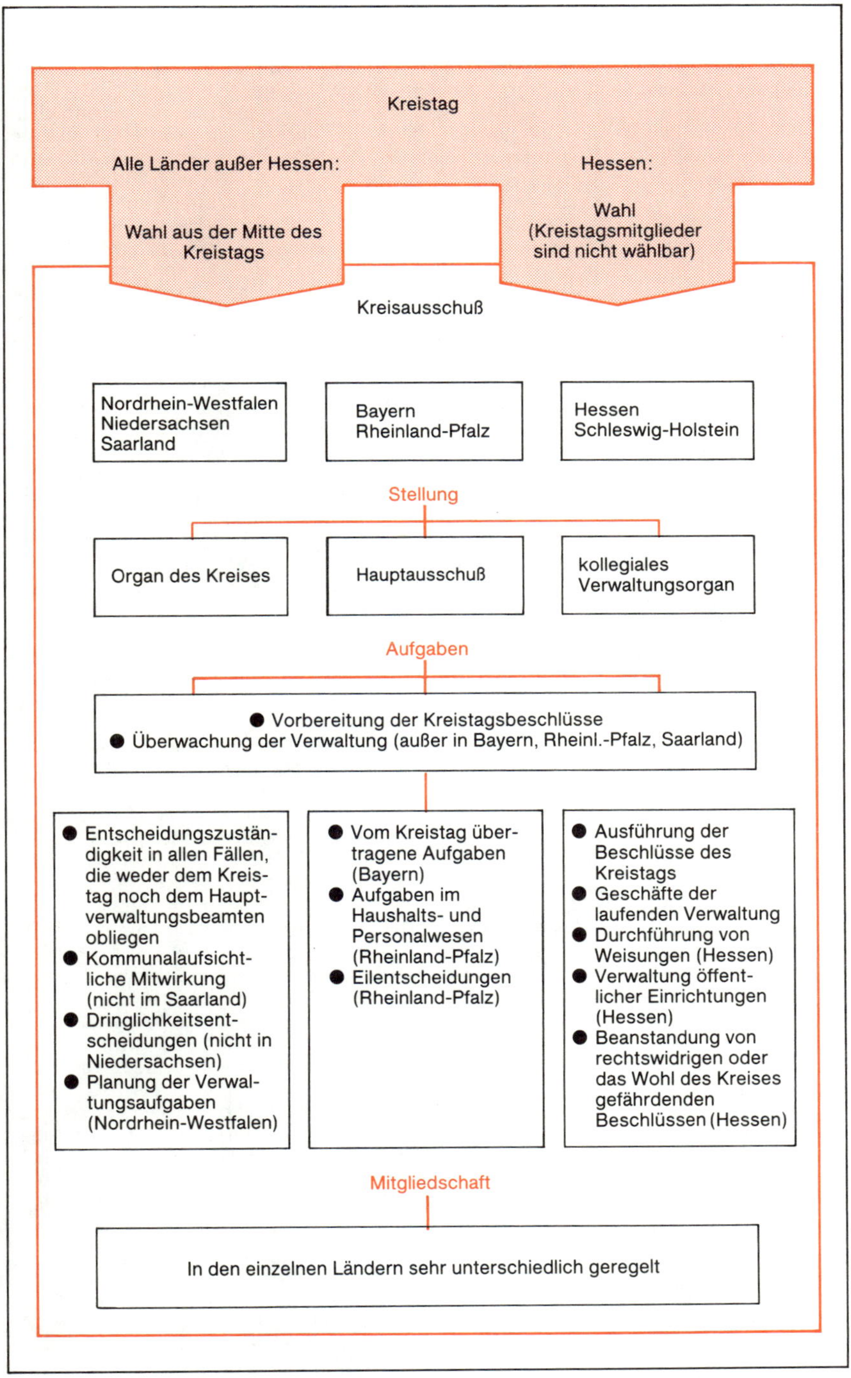
Kreistag
Alle Länder außer Hessen:
Hessen:
Wahl aus der Mitte des Kreistags
Wahl (Kreistagsmitglieder sind nicht wählbar)
Kreisausschuß
Nordrhein-Westfalen Niedersachsen Saarland
Bayern Rheinland-Pfalz
Hessen Schleswig-Holstein
Stellung
Organ des Kreises
Hauptausschuß
kollegiales Verwaltungsorgan
Aufgaben
● Vorbereitung der Kreistagsbeschlüsse
● Überwachung der Verwaltung (außer in Bayern, Rheinl.-Pfalz, Saarland)
● Entscheidungszuständigkeit in allen Fällen, die weder dem Kreistag noch dem Hauptverwaltungsbeamten obliegen
● Kommunalaufsichtliche Mitwirkung (nicht im Saarland)
● Dringlichkeitsentscheidungen (nicht in Niedersachsen)
● Planung der Verwaltungsaufgaben (Nordrhein-Westfalen)
● Vom Kreistag übertragene Aufgaben (Bayern)
● Aufgaben im Haushalts- und Personalwesen (Rheinland-Pfalz)
● Eilentscheidungen (Rheinland-Pfalz)
● Ausführung der Beschlüsse des Kreistags
● Geschäfte der laufenden Verwaltung
● Durchführung von Weisungen (Hessen)
● Verwaltung öffentlicher Einrichtungen (Hessen)
● Beanstandung von rechtswidrigen oder das Wohl des Kreises gefährdenden Beschlüssen (Hessen)
Mitgliedschaft
In den einzelnen Ländern sehr unterschiedlich geregelt

Kreistag

Der Kreistag ist die politische Vertretung des Kreises und seiner Einwohner. Er wird in den meisten Ländern der Bundesrepublik Deutschland auf die Dauer von fünf Jahren gewählt. Der Kreistag ist kein Parlament mit vorwiegend gesetzgeberischen Funktionen; diese machen nur einen Bruchteil seiner Arbeit aus (Erlaß von *Satzungen*). Die Kreistage treffen vielmehr meist Verwaltungsentscheidungen (z. B. Beschlußfassung über Bauvorhaben oder die Einstellung von Personal). Sie zählen daher auch zu den Verwaltungsorganen.

Die Mitglieder der Kreistage heißen in Bayern und Baden-Württemberg *Kreisräte,* sonst *Kreistagsabgeordnete* bzw. *-mitglieder.* Sie sind wie die Parlamentsabgeordneten unabhängig und an keine Weisungen gebunden, besitzen jedoch anders als diese keine Indemnität oder Immunität. Die Mitglieder des Kreistags unterliegen der Treuepflicht und der *Pflicht zur Verschwiegenheit* bei geheimzuhaltenden Angelegenheiten (z. B. Personal- oder Steuersachen). Einige Kreisordnungen schließen bestimmte Beamte von der Wahl zum Kreistag aus (sogenannte *Inkompatibilität* [= Unvereinbarkeit] von Amt und Mandat). Die Zahl der Mitglieder der Kreistage kann je nach Größe der Kreise von weniger als 40 bis über 120 reichen. Teilweise treffen Kreisordnungen (z. B. in Baden-Württemberg) Vorkehrungen, daß die einzelnen Teile des Kreises gleichmäßig in den Kreistagen vertreten sind und keine Stadt ein Übergewicht erhält.

Was die Aufgaben des Kreistages angeht, so sind ihm wichtige Angelegenheiten stets vorbehalten (z. B. Verabschiedung des Haushaltsplans, Einstellung leitender Beamter, Erlaß von Satzungen oder Übernahme neuer Aufgaben). Der Kreistag bestellt in der Regel auch den Hauptverwaltungsbeamten auf Zeit (Landrat [vgl. S. 116], in Nordrhein-Westfalen und Niedersachsen Oberkreisdirektor [vgl. S. 118]). In einigen Ländern (Hessen, Nordrhein-Westfalen, Schleswig-Holstein) kann der Kreistag den Hauptverwaltungsbeamten auch vorzeitig wieder abberufen.

Der Kreistag kann zu seiner Entlastung Ausschüsse bilden, die aber in einigen Ländern (Nordrhein-Westfalen, Niedersachsen) nur vorberatende Funktion haben. Sind beschließende Ausschüsse gebildet, sehen einzelne Kreisordnungen (Baden-Württemberg) Einflußmöglichkeiten oder Rückholrechte des Kreistags vor. Daneben besteht in allen Ländern (mit Ausnahme Baden-Württembergs) ein Kreisausschuß (vgl. S. 112).

Den Vorsitz im Kreistag hat teils ein aus seiner Mitte gewählter ehrenamtlicher Vorsitzender (Hessen, Nordrhein-Westfalen, Niedersachsen, Schleswig-Holstein); er nennt sich in Nordrhein-Westfalen und Niedersachsen „Landrat“, in Schleswig-Holstein *„Kreispräsident“,* in Hessen *„Kreistagsvorsitzender“.* In den übrigen Ländern hat der Hauptverwaltungsbeamte (Landrat) den Vorsitz. Der Kreistagsvorsitzende repräsentiert den Kreis auch nach außen.

Für den Ablauf der Kreistagssitzungen legt der Kreistag Einzelheiten in einer Geschäftsordnung fest. Einige Kreisordnungen sehen Mitbeteiligungsrechte der Einwohner in Form einer Fragestunde (z. B. Baden-Württemberg, Nordrhein-Westfalen) oder der Anhörung Betroffener vor. Die Sitzungen sind in der Regel öffentlich. Im Gegensatz zu den Parlamenten kommt der *Befangenheit* einzelner Mitglieder des Kreistags großes Gewicht zu. Bringt eine Entscheidung dem Mitglied selbst, einem nahen Angehörigen oder dem Arbeitgeber des Mitglieds einen Vor- oder Nachteil, darf dieses Kreistagsmitglied weder an der Beratung noch an der Beschlußfassung mitwirken.

Beschlüsse werden durch offene Abstimmung (bei Sachfragen) und geheime Wahlen (bei Personalentscheidungen) gefaßt. Die Beschlüsse werden vom Hauptverwaltungsbeamten (in Hessen und Schleswig-Holstein vom Kreisausschuß) vollzogen. Der Kreistag überwacht jedoch die Ausführung seiner Beschlüsse, wie er überhaupt den Gang der Verwaltung kontrolliert. Dazu besitzt er ein Auskunfts- und Akteneinsichtsrecht. Der Vorsitzende muß ihn über alle wesentlichen Angelegenheiten des Kreises unterrichten.

Gegen rechtswidrige Beschlüsse des Kreistags muß der Vorsitzende (teils auch der Oberkreisdirektor oder Kreisausschuß) Widerspruch einlegen; dieser hat aufschiebende Wirkung. Der Kreistag muß sich erneut mit der Angelegenheit befassen. Bleibt er bei seiner Entscheidung, muß die Aufsichtsbehörde eingeschaltet werden.

Der Kreis. Ein Handbuch. Hg. v. Verein für die Geschichte der Deutschen Landkreise e. V. Bd. 1: Der Kreis als Institution. Köln–Berlin 1972.

Baden-Württemberg:

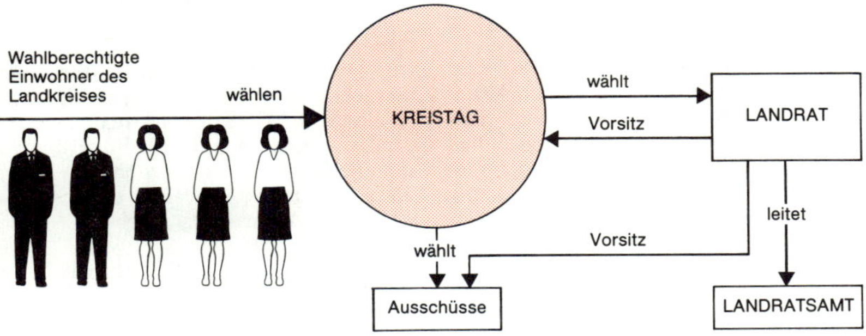

Besonderheiten in Bayern:

- Landrat wird vom Volk gewählt
- Kreistag wählt einen Kreisausschuß als ständigen Ausschuß

Niedersachsen, Nordrhein-Westfalen, Schleswig-Holstein:

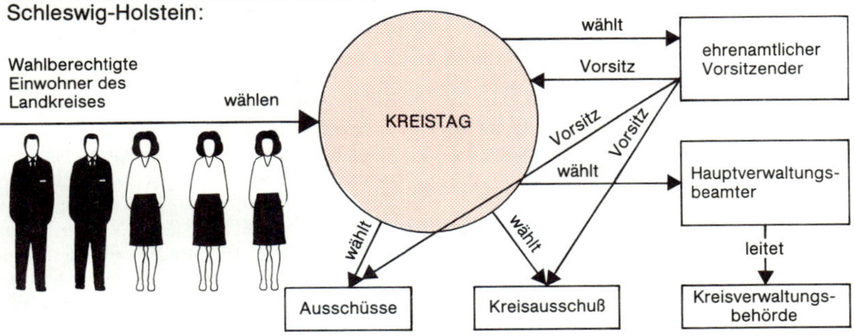

Besonderheiten in Hessen:

- Der Hauptverwaltungsbeamte hat den Vorsitz im Kreisausschuß
- Der Kreisausschuß ist die Verwaltungsbehörde des Kreises. Sie besteht aus dem Landrat und den Kreisbeigeordneten

Rheinland-Pfalz, Saarland:

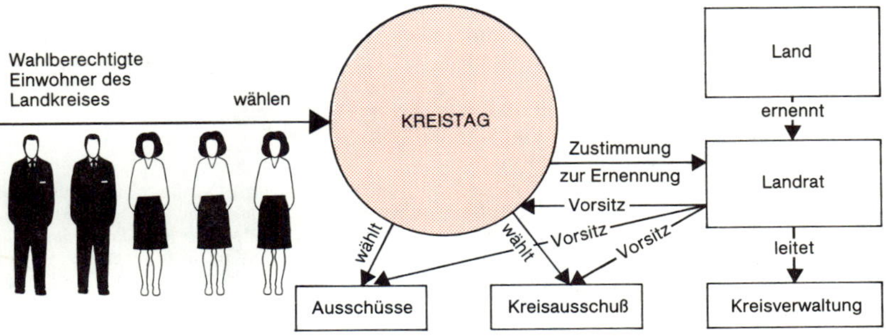

Landrat

Begriff und Institution des Landrats gehen auf die frühere preußische Staats- und Verwaltungsorganisation zurück, die dem Landrat zunächst in dem Steinschen Kreisordnungsentwurf von 1808, dann im Hardenbergschen Kreisedikt von 1812 und schließlich in der preußischen Kreisordnung von 1872 eine festumrissene Stellung für die staatliche Verwaltungseinheit *Kreis* zuwies (vgl. Geschichte der Landkreise, S. 14). Eine parallele Entwicklung war auch in anderen ehemaligen deutschen Ländern zu verzeichnen, auch wenn dort die Bezeichnung Landrat für den leitenden Beamten im Kreis (Amthauptmannschaft, Bezirk) zunächst nicht verwendet wurde.

Landräte gibt es heute in allen acht Flächenländern der Bundesrepublik Deutschland, jedoch mit teilweise differenzierter Stellung und Funktion. Dabei sind zwei große Gruppen zu unterscheiden, innerhalb derer wiederum nicht unerhebliche Unterschiede bestehen:

1. Der Landrat als *Hauptverwaltungsbeamter* des Landkreises sowie *Behördenleiter* der Kreisverwaltungsbehörde (Hessen, Schleswig-Holstein), darüber hinaus zugleich als *Vorsitzender des Kreistages* (Baden-Württemberg) und – soweit er besteht – auch des *Kreisausschusses* (Bayern, Hessen, Rheinland-Pfalz, Saarland);

2. der Landrat als ehrenamtlicher Vorsitzender des Kreistags mit repräsentativer Vertretungsfunktion für den Kreis (Niedersachsen, Nordrhein-Westfalen).

Die Funktionsbereiche der Gruppen 1 und 2 waren bis zum Ende des 2. Weltkriegs in der Rechtsfigur „Landrat“ als Hauptverwaltungsbeamter und Behördenleiter zusammengeschlossen. Eine Trennung von politischer und administrativer Spitze erfolgte dann im nördlichen Teil Deutschlands unter Einwirkung der britischen Besatzungsmacht, die damit eine Demokratisierung der Verwaltung entsprechend dem britischen Vorbild beabsichtigte. Während diese Entwicklung im neugebildeten Land Schleswig-Holstein alsbald zurückgeführt wurde, wobei der Hauptverwaltungsbeamte und Behördenleiter wieder die Bezeichnung Landrat, der Kreistagsvorsitzende die Bezeichnung Kreispräsident erhielt, behielt sie in den Ländern Niedersachsen und Nordrhein-Westfalen bis heute Geltung: Dem Hauptverwaltungsbeamten und Behördenleiter Oberkreisdirektor (vgl. S. 118) steht dort der Kreistagsvorsitzende und politische Repräsentant Landrat gegenüber (sogenannte *Zweigleisigkeit*). Ähnlich verlief die Entwicklung bei der administrativen und politischen Spitze der kreisfreien Städte und kreisangehörigen Gemeinden (Oberstadtdirektor bzw. Gemeindedirektor, Oberbürgermeister bzw. Bürgermeister, vgl. S. 86). Die Stellung des Landrats ist mit dessen Funktionen – in den meisten Ländern – als Hauptverwaltungsbeamter des Kreises und Behördenleiter sowie Kreistagsvorsitzender, bei denen sicher das Hauptgewicht liegt, nicht vollständig beschrieben.

Der Landrat faßt darüber hinaus in seiner Funktion als Behördenleiter die kommunale und staatliche Verwaltung auf der Kreisstufe zusammen. Dies führt zu einer besonders wirkungsvollen und wirtschaftlichen Gesamtverwaltung unter Einschluß einer Vielzahl sozialer, kultureller, schulischer, straßen- und wasserrechtlicher, polizei- und ordnungsrechtlicher, planerischer, wirtschaftlicher und finanzwirtschaftlicher Verwaltungsaufgaben, was dem Ziel der vielberufenen „Einheit der Verwaltung“ entspricht, mit der die angesichts wachsender Spezialisierung besonders notwendige Koordination verbessert werden soll.

Der Landrat ist in vielen Fällen zugleich Vorsitzender oder maßgeblicher Initiator öffentlicher Einrichtungen auf der Kreisstufe, z. B. beim Deutschen Roten Kreuz, bei Sparkassen, Planungsverbänden und -regionen, Verkehrs-, Schul-, Energie- und Wirtschaftsförderungseinrichtungen und -verbänden.

Der Landrat ist Bindeglied und Mittler zwischen Staat und gemeindlicher Selbstverwaltung. Er führt u. a. regelmäßige Besprechungen mit den Bürgermeistern im Kreis und führt die Kommunalaufsicht über die Gemeinden und setzt sich allgemein für die kommunale Selbstverwaltung ein. Er vertritt den Kreis auch in den Organen des kommunalen Spitzenverbandes der Kreise (Deutscher Landkreistag), wobei meist ehrenamtliche Vertreter des Kreises hinzutreten.

Unruh, G.-C. von: Der Landrat. Mittler zwischen Staatsverwaltung und kommunaler Selbstverwaltung. Köln–Berlin 1966. – Die Gemeindeordnungen und die Kreisordnungen in der Bundesrepublik Deutschland. Bearb. v. G. Schmidt-Eichstaedt, I. Stade und M. Borchmann. Stuttgart u. a. 1975 ff. Loseblatt. Stand Sept. 1985. – Seele, G.: Die Kreisverfassungssysteme. In: Handbuch der kommunalen Wissenschaft und Praxis. Hg. v. G. Püttner. Bd. 2. Berlin u. a. ²1982.

Der Landrat in den Ländern der Bundesrepublik Deutschland

Land	Funktion und Stellung
Baden-Württemberg	Hauptamtlicher Kreisbeamter auf Zeit. Wahl durch den Kreistag. Leiter des Landratsamtes als Kreis- und zugleich untere staatliche Verwaltungsbehörde. Vertritt und repräsentiert den Landkreis nach außen. Vorsitzender des Kreistags.
Bayern	Hauptamtlicher Kreisbeamter auf Zeit. Wahl durch die Bürgerschaft (sog. Urwahl). Leiter des Landratsamtes als Kreis- und zugleich untere staatliche Verwaltungsbehörde. Vertritt und repräsentiert den Landkreis nach außen. Vorsitzender des Kreistages und des Kreisausschusses.
Hessen	Hauptamtlicher Kreisbeamter auf Zeit. Wahl durch den Kreistag. Leiter der Kreisverwaltungsbehörde (im Namen des Kreisausschusses) und der unteren staatlichen Verwaltungsbehörde sowie Vorsitzender des Kreisausschusses. Der Kreistag wählt eigenen Vorsitzenden.
Niedersachsen	Ehrenamtlicher Vorsitzender des Kreistages und des Kreisausschusses. Wahl durch den Kreistag aus seiner Mitte. Repräsentant des Kreises.
Nordrhein-Westfalen	Ehrenamtlicher Vorsitzender des Kreistags und des Kreisausschusses. Wahl durch den Kreistag aus seiner Mitte. Repräsentant des Kreises.
Rheinland-Pfalz	Hauptamtlicher Landesbeamter auf Lebenszeit (Bestellung bis 1982) bzw. auf Zeit (Bestellung ab 1983). Ernennung durch das Land – Ministerpräsident – nach Zustimmung des Kreistags. Leiter der Kreisverwaltung als Kreis- und zugleich untere staatliche Verwaltungsbehörde. Vorsitzender des Kreistags und des Kreisausschusses. Vertritt und repräsentiert den Landkreis nach außen. Vertreter der Landesregierung im Landkreis.
Saarland	Hauptamtlicher Landesbeamter auf Lebenszeit. Ernennung durch das Land – Ministerpräsident – nach Zustimmung des Kreistags. Leiter des Landratsamtes als Kreis- und zugleich untere staatliche Verwaltungsbehörde. Vertritt und repräsentiert den Landkreis nach außen.
Schleswig-Holstein	Hauptamtlicher Kreisbeamter auf Zeit. Wahl durch den Kreistag. Leiter der Kreisverwaltungsbehörde (im Namen des Kreisausschusses) und der unteren staatlichen Verwaltungsbehörde sowie Vorsitzender des Kreisausschusses. Der Kreistag wählt eigenen Vorsitzenden (Kreispräsident).

Oberkreisdirektor

Die Bezeichnung „Oberkreisdirektor" für den Hauptverwaltungsbeamten des Kreises gibt es nur in *Nordrhein-Westfalen* und *Niedersachsen.* In beiden Ländern geht das Kreisverfassungsrecht auf Einflüsse der britischen Besatzungsmacht nach 1945 zurück (jedoch ist es keineswegs mit dem britischen Kommunalsystem identisch). Der Oberkreisdirektor ist der hauptamtliche Leiter der Kreisverwaltung, während der ehrenamtliche Landrat dem Kreistag und dem Kreisausschuß vorsteht und die Repräsentationsaufgaben des Kreises wahrnimmt. Diese kommunalverfassungsrechtliche Struktur wird meist mit den Stichworten *Dualismus, Zweigleisigkeit, Doppelspitze* oder Trennsystem gekennzeichnet.

Der Oberkreisdirektor ist kommunaler Wahlbeamter. Er wird vom Kreistag gewählt – in Niedersachsen auf zwölf Jahre (wobei die Amtszeit auf sechs Jahre verkürzt werden kann), in Nordrhein-Westfalen auf acht Jahre. Als Qualifikation muß er die Befähigung zum Richteramt oder zum höheren Verwaltungsdienst haben. Der Kreistag kann den Oberkreisdirektor vor Ablauf der Wahlzeit abberufen. Dafür bedarf es in Nordrhein-Westfalen einer Mehrheit von zwei Dritteln, in Niedersachsen einer Mehrheit von drei Vierteln der Kreistagsmitglieder.

Der Oberkreisdirektor ist neben Kreistag und Kreisausschuß ein Organ des Kreises und mit eigenständigen Rechten und Pflichten ausgestattet. Als *Hauptverwaltungsbeamter* des Kreises ist er zuständig für die „Geschäfte der laufenden Verwaltung". In diesem Bereich unterliegt er in Nordrhein-Westfalen weder den Weisungen des Kreistages oder Kreisausschusses, noch können diese die Entscheidung an sich ziehen, während sie sich in Niedersachsen die Entscheidung vorbehalten können. In beiden Ländern haben Kreistag und Kreisausschuß die Befugnis, die Wahrnehmung der Verwaltungsgeschäfte durch den Oberkreisdirektor zu kontrollieren. Weitere bedeutsame Zuständigkeiten des Oberkreisdirektors sind die Vorbereitung und Durchführung der Beschlüsse des Kreistages und des Kreisausschusses, die gesetzliche Vertretung des Kreises in Rechts- und Verwaltungsgeschäften, die Ausführung von Weisungen der Aufsichtsbehörden und die Aufgaben des Zivil- und Katastrophenschutzes (vgl. S. 190).

Damit der Oberkreisdirektor seine Aufgaben verantwortlich wahrnehmen kann, verleihen ihm die Kreisordnungen die *Organisationshoheit* für die Kreisverwaltung. Er leitet und verteilt die Geschäfte, legt also fest, welche Dezernate und Ämter eingerichtet werden, bewertet die Stellen und setzt die Dienstkräfte der Kreisverwaltung ein. Er hat darüber hinaus volle Weisungsbefugnis gegenüber den Mitarbeitern der Kreisverwaltung und ist deren Dienstvorgesetzter. Der Oberkreisdirektor hat das Recht und die Pflicht, an den Sitzungen des Kreistags teilzunehmen. Er kann zu Punkten der Tagesordnung Stellung nehmen, hat jedoch kein Stimmrecht. Hält er Beschlüsse des Kreistags oder des Kreisausschusses für rechtswidrig, so muß er sie beanstanden, worauf der Kreistag erneut zu entscheiden hat. Bleibt die Meinungsverschiedenheit bestehen, entscheidet die Kommunalaufsichtsbehörde.

Der Oberkreisdirektor nimmt darüber hinaus die Kommunalaufsicht über die kreisangehörigen Gemeinden wahr; in Niedersachsen sind allerdings die sieben großen selbständigen Städte (Hannover, Braunschweig, Osnabrück, Oldenburg [Oldenburg], Wolfsburg, Salzgitter, Wilhelmshaven) ausgenommen. In Nordrhein-Westfalen hat man für die Kommunalaufsicht eine besondere rechtliche Konstruktion gewählt – den Oberkreisdirektor als untere staatliche Verwaltungsbehörde. Das Land „leiht" sich den Oberkreisdirektor sozusagen beim Kreis für staatliche Angelegenheiten aus und gibt ihm insoweit den Status einer eigenen staatlichen Behörde (sogenannte *Organleihe*). Bei einer Reihe von Aufsichtsentscheidungen bedarf der Oberkreisdirektor in beiden Ländern der Zustimmung des Kreisausschusses. In Nordrhein-Westfalen wird das Institut der Organleihe auch für die Polizeiverwaltung und die Schulaufsicht genutzt: Der Oberkreisdirektor ist Chef der Kreispolizeibehörde und bildet gemeinsam mit dem staatlichen Schulrat das Schulamt. Der Vorteil dieser Regelung liegt darin, daß der Verwaltungsaufwand geringer ist und die Koordination mit Kreisaufgaben erleichtert wird.

Seele, G.: Die Kreisverfassungssysteme. In: Handbuch der kommunalen Wissenschaft und Praxis. Hg. v. G. Püttner. Bd. 2. Berlin u. a. [2]1982. – Kirchhof, R.: Kreisordnung für das Land Nordrhein-Westfalen. Wiesbaden 1984. – Oebbecke, J.: Gemeindeverbandsrecht Nordrhein-Westfalen. Köln–Stuttgart 1984.

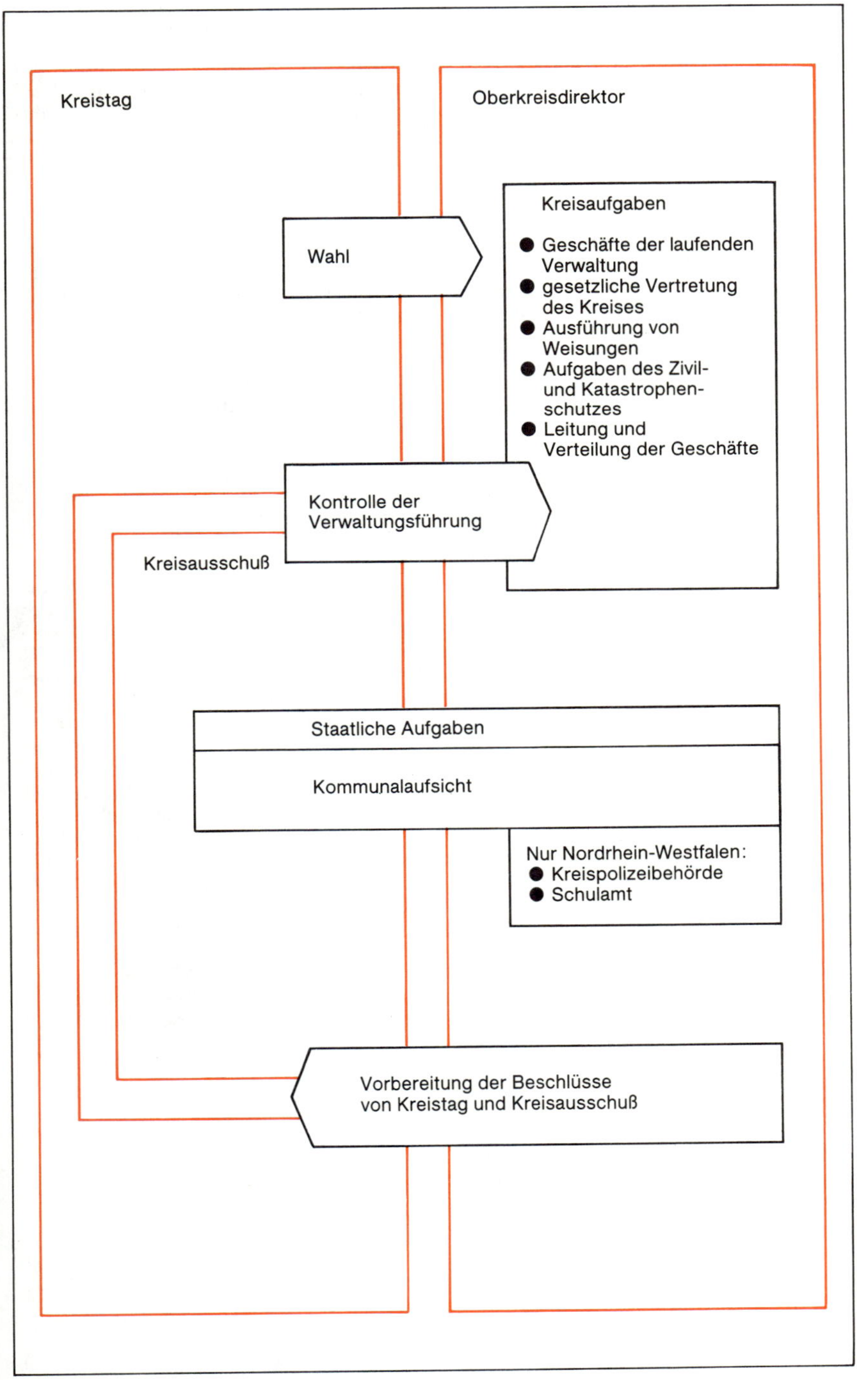
Kreistag
Oberkreisdirektor
Kreisaufgaben
● Geschäfte der laufenden Verwaltung
● gesetzliche Vertretung des Kreises
● Ausführung von Weisungen
● Aufgaben des Zivil- und Katastrophenschutzes
● Leitung und Verteilung der Geschäfte
Wahl
Kontrolle der Verwaltungsführung
Kreisausschuß
Staatliche Aufgaben
Kommunalaufsicht
Nur Nordrhein-Westfalen:
● Kreispolizeibehörde
● Schulamt
Vorbereitung der Beschlüsse von Kreistag und Kreisausschuß

Kreispersonal

Das durch Art. 28 Abs. 2 GG gewährleistete Recht auf Selbstverwaltung umfaßt auch die Befugnis der Landkreise, ihre Angelegenheiten mit eigenem Personal zu erledigen. Die Personalhoheit, nämlich die Entscheidung über die Einstellung und den Einsatz der zur Erledigung der Kreisaufgaben benötigten Mitarbeiter, ist ein wesentliches Merkmal der Selbstverwaltung. In der Gestaltung der Dienstverhältnisse sind die Landkreise allerdings nicht völlig frei. Beamtengesetze und Tarifverträge legen vielmehr die Befähigungsnachweise für die Wahrnehmung bestimmter Aufgaben und die Besoldung der Beamten sowie die Vergütung der Angestellten und die Entlohnung der Arbeiter der Landkreise nach allgemeinen Regeln fest, die auch für andere Bereiche des öffentlichen Dienstes in der gleichen Weise gelten.

Der Kreistag legt in dem jährlich zu beschließenden Stellenplan fest, wie viele Mitarbeiter beschäftigt werden dürfen. Im Stellenplan werden sämtliche Stellen nach den für die Bewertung der Dienstposten maßgeblichen Besoldungsgruppen der Beamten, Vergütungsgruppen der Angestellten und Lohngruppen der Arbeiter erfaßt.

Über die Auswahl, den Einsatz und die Entlassung der Mitarbeiter entscheidet das in der Kreisordnung oder der Hauptsatzung bestimmte Organ des Landkreises. Diese Befugnis kann je nach Landesrecht verschieden zugeordnet sein, entweder dem Kreistag oder dem Kreisausschuß bei Inhabern leitender Dienstposten oder dem Landrat bzw. dem Oberkreisdirektor. Bei diesen Entscheidungen und zahlreichen anderen Maßnahmen, die das Dienstverhältnis und die Verwendung der Mitarbeiter betreffen, ist der Personalrat durch Mitbestimmung, Mitwirkung oder Anhörung zu beteiligen. Die näheren Einzelheiten der Beteiligung regeln die Personalvertretungsgesetze der Länder.

Der Vielfalt der Kreisaufgaben entsprechen die sehr verschiedenartigen fachlichen Anforderungen für eine Tätigkeit in der Kreisverwaltung oder in Einrichtungen der Landkreise. Deshalb werden für zahlreiche Dienstposten besondere Befähigungen vorausgesetzt, die durch eine Ausbildung vor dem Eintritt in den öffentlichen Dienst oder durch eine verwaltungsinterne Ausbildung oder Fortbildung erworben werden.

Außer den Beamten und Angestellten mit den überkommenen verwaltungstypischen Berufsbildern (Juristen, Volks- und Betriebswirte, Beamte und Angestellte des allgemeinen höheren, gehobenen und mittleren Verwaltungsdienstes) sind bei den Landkreisen heute Mitarbeiter zahlreicher Fachrichtungen tätig: Ärzte, Zahnärzte, Tierärzte, Chemiker, Biologen, Diplom-Ingenieure des Bau- und Vermessungswesens und der Landschaftspflege, Psychologen, Philologen, Archivare, Bibliothekare, Musikschullehrer, Sozialarbeiter, Sozialpädagogen, Informatiker, Datenverarbeitungsfachkräfte, Lebensmitteltechniker, Chemotechniker, Chemielaboranten, Lebensmittelkontrolleure, Fleischbeschauer, Gesundheitsaufseher, Desinfektoren, Technische Assistenten, Arzt- und Zahnarzthelferinnen, Krankenpfleger, Bau- und Vermessungstechniker, Technische Zeichner, Reprographen, Feuerwehrleute, Rettungssanitäter, Handwerker verschiedener Berufe, Straßenwärter, Ver- und Entsorger, Deponiewärter, Meßgehilfen, Laborgehilfen, Restauratoren. In dieser Aufzählung sind nicht alle in Frage kommenden Berufsbilder erfaßt, da die den Landkreisen obliegenden Aufgaben in den Ländern unterschiedlich ausgeprägt sind.

Wegen der zunehmenden Differenzierung und Spezialisierung der Verwaltungsaufgaben ist der Anteil der Mitarbeiter mit besonderer fachlicher Vorbildung in den vergangenen 20 Jahren erheblich ausgeweitet worden; dies gilt vor allem für das Sozialwesen und die technischen Fachbereiche. Es ist zu erwarten, daß für die Aufgaben des Umweltschutzes der Bedarf an naturwissenschaftlich vorgebildeten Mitarbeitern weiter wachsen wird.

Am 30. Juni 1983 waren in den Verwaltungen, rechtlich unselbständigen Wirtschaftsunternehmen und Krankenhäusern der 236 Landkreise 176 443 vollbeschäftigte und 41 624 teilzeitbeschäftigte Mitarbeiter tätig.

Siedentopf, H.: Personalwesen der Kreise. In: Der Kreis. Ein Handbuch. Hg. v. Verein für die Geschichte der Deutschen Landkreise e. V. Bd. 2. Köln–Berlin 1976. – Henke, W.: Organisations- und Personalverwaltung. Ebd. Bd. 4. Köln–Berlin 1986.

Personal der Landkreise am 30. 6. 1980 und 30. 6. 1983

		30. 6. 1980		30. 6. 1983
Vollbeschäftigte		172 840		176 443
– Beamte		19 855		21 329
davon Höherer Dienst	2 811		2 819	
Gehobener Dienst	13 314		13 914	
Mittlerer Dienst	3 657		4 538	
Einfacher Dienst	73		58	
– Angestellte		122 812		126 584
davon Höherer Dienst	8 891		10 003	
Gehobener Dienst	16 178		16 499	
Mittlerer Dienst	88 824		92 901	
Einfacher Dienst	8 919		7 181	
– Arbeiter		30 173		28 530
Teilzeitbeschäftigte (mit mindestens der Hälfte der regelmäßigen Wochenarbeitszeit)		36 715		41 624
– Beamte		190		314
davon Höherer Dienst	28		27	
Gehobener Dienst	114		212	
Mittlerer Dienst	48		74	
Einfacher Dienst	–		1	
– Angestellte		18 923		23 094
davon Höherer Dienst	614		668	
Gehobener Dienst	1 008		1 325	
Mittlerer Dienst	15 486		19 242	
Einfacher Dienst	1 815		1 859	
– Arbeiter		17 602		18 216

Quelle: Statistisches Bundesamt

Kreisaufgaben

Der Kreis und seine Gemeinden sind – jeder für sich – selbständige Gebietskörperschaften mit eigener, unmittelbar von der Bevölkerung gewählter Vertretung. Als Glieder einer gestuften Verwaltung nehmen sie kommunale Aufgaben im Verbund wahr. Damit ist gewährleistet, daß die Kommunalverwaltung außerhalb der großen, kreisfreien Städte den Anspruch der Bürger auf Versorgung, Sicherheit und Entwicklung in gleicher Weise wie dort erfüllt. Daneben bildet der Kreis wie auch die kreisfreie Stadt in allen Bundesländern das Gebiet der unteren staatlichen Verwaltungsbehörde.

Man unterscheidet als Aufgaben des Kreises:

1. Aufgaben des *eigenen Wirkungsbereiches (Selbstverwaltungsaufgaben),* die in erster Linie *freiwillig* wahrgenommen, vereinzelt aber auch gesetzlich als *Pflichtaufgaben* deklariert werden;
2. *weisungsgebundene Aufgaben,* die als *„Auftragsangelegenheiten",* „Aufgaben des *übertragenen Wirkungskreises"* oder auch als *„Pflichtaufgaben zur Erfüllung nach Weisung"* bezeichnet werden;
3. Aufgaben der Kreisverwaltung bzw. des Hauptverwaltungsbeamten, die diese als allgemeine untere Verwaltungsbehörde des Landes wahrnehmen.

Beispiele aus dem Bereich des eigenen Wirkungskreises sind die Wirtschaftsförderung, Kreisbildstellen, Büchereien (freiwillige Aufgaben), die Jugendhilfe (vgl. S. 222) oder die örtliche Sozialhilfe (vgl. S. 214) als Pflichtaufgaben. Typische Beispiele für den zweiten Komplex sind etwa die Bauaufsicht oder der Lastenausgleich. Als untere staatliche Verwaltungsbehörde werden beim Kreis insbesondere die Aufgaben der Kreispolizeibehörde, des Katastrophen- und Zivilschutzes (vgl. S. 190), des Ausländerwesens sowie der Kommunal- und Fachaufsicht über kreisangehörige Gemeinden wahrgenommen.

Der überwiegende Teil der Aufgaben ist heute den Kreisen durch Gesetz übertragen, so das Berufsschulwesen (vgl. S. 196), die Straßenverkehrszulassung, der Katastrophen- und Zivilschutz, die örtliche Sozialhilfe, die Jugendhilfe, das Rettungswesen, das Krankenhauswesen (vgl. S. 242) oder die Landespflege. Zum Teil sind die Kreise dabei verpflichtet, bestimmte Einrichtungen zu unterhalten (z. B. Berufsschulen oder Rettungsleitstellen).

Bei den *freiwillig* von den Kreisen wahrgenommenen *Selbstverwaltungsaufgaben* unterscheidet man zwischen übergemeindlichen, ergänzenden und ausgleichenden Aufgaben. Zu den übergemeindlichen zählt man die Überwachung von Luftverschmutzung, den Ausbau und die Verwaltung von Kreisstraßen, die Unterhaltung gemeindeübergreifender Versorgungseinrichtungen, Verkehrsbetriebe und Museen, den Ausbau einer zentralörtlichen Gliederung, Förderung des regionalen Fremdenverkehrs, Unterhaltung großflächiger Naturschutzeinrichtungen oder auch die Verbesserung der übergreifenden kommunalen Wirtschaftsstruktur.

Neben diesem wachsenden Bereich der Kreisaufgaben gibt es weiterhin die sogenannten *Ergänzungsaufgaben.* In dieser Funktion erfüllen die Kreise diejenigen Aufgaben, für die nur die Verwaltungs- und Veranstaltungskraft einzelner, nicht aber aller kreisangehörigen Gemeinden ausreicht. Betroffen sind hier in erster Linie Einrichtungen von Alten- und Jugendheimen, Museen, Theater, Musikschulen und teilweise auch der Personennahverkehr.

Der Kreis sorgt außerdem im Rahmen seiner Ausgleichsfunktion (vgl. S. 132) im Wege finanzieller Zuweisungen an einzelne Gemeinden bzw. durch die Erhebung der Kreisumlage (vgl. S. 126) für einen gewissen Ausgleich der oft sehr unterschiedlichen Leistungskraft der Gemeinden auf seinem Gebiet. Zuschüsse werden insbesondere für den Bau von Schulen, das Feuerlöschwesen, den Bau und die Unterhaltung von Kindergärten (vgl. S. 224), die Errichtung von Sportstätten (vgl. S. 238) oder den Ausbau von Gemeindestraßen gewährt.

Die steigende Bedeutung der Kreisaufgaben innerhalb des kommunalen Bereichs ist auch an Zahlen ablesbar. Während 1980 die Kreisausgaben noch rund 20% der Gesamtausgaben aller Kommunalverwaltungen betrugen, erreichten sie 1985 bereits etwa 25%. Das ist letztlich auch auf die gestiegenen Ansprüche des Bürgers an öffentliche Dienstleistungen und Daseinsvorsorge zurückzuführen.

Die Gemeindeordnungen und die Kreisordnungen in der Bundesrepublik Deutschland. Bearb. v. G. Schmidt-Eichstaedt, I. Stade und M. Borchmann. Stuttgart u. a. 1975 ff. Loseblatt. Stand: Sept. 1985. – Seele, G.: Grundlagen, Strukturen und Abgrenzung der Kreisaufgaben. In: Der Kreis. Ein Handbuch. Hg. v. Verein für die Geschichte der Deutschen Landkreise e. V. Bd. 3: Struktur und Perspektiven der neuen Kreise. Köln–Berlin 1985.

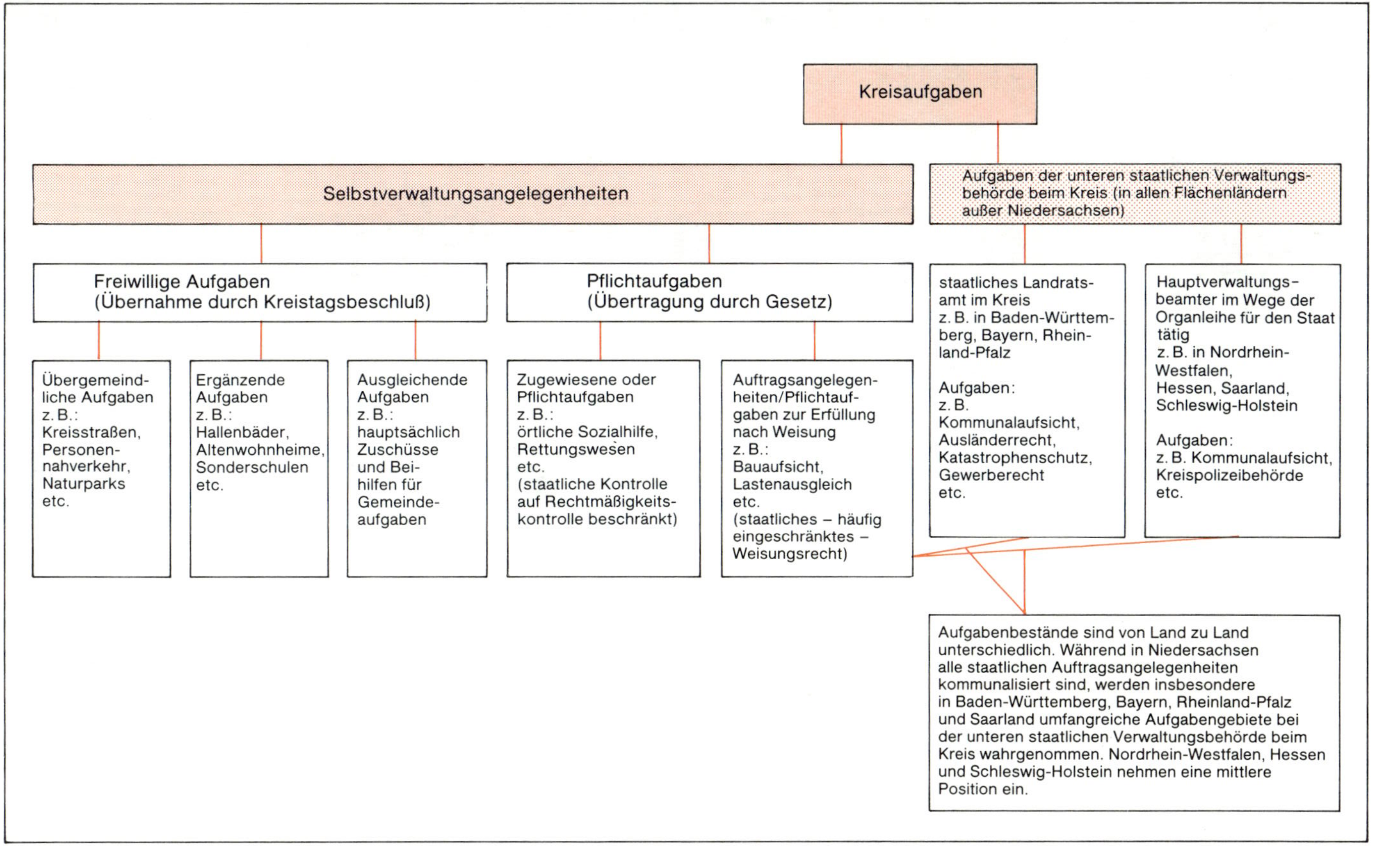
Kreisaufgaben
Selbstverwaltungsangelegenheiten
Aufgaben der unteren staatlichen Verwaltungsbehörde beim Kreis (in allen Flächenländern außer Niedersachsen)
Freiwillige Aufgaben (Übernahme durch Kreistagsbeschluß)
Pflichtaufgaben (Übertragung durch Gesetz)
staatliches Landratsamt im Kreis z. B. in Baden-Württemberg, Bayern, Rheinland-Pfalz
Aufgaben: z. B. Kommunalaufsicht, Ausländerrecht, Katastrophenschutz, Gewerberecht etc.
Hauptverwaltungsbeamter im Wege der Organleihe für den Staat tätig z. B. in Nordrhein-Westfalen, Hessen, Saarland, Schleswig-Holstein
Aufgaben: z. B. Kommunalaufsicht, Kreispolizeibehörde etc.
Übergemeindliche Aufgaben z. B.: Kreisstraßen, Personennahverkehr, Naturparks etc.
Ergänzende Aufgaben z. B.: Hallenbäder, Altenwohnheime, Sonderschulen etc.
Ausgleichende Aufgaben z. B.: hauptsächlich Zuschüsse und Beihilfen für Gemeindeaufgaben
Zugewiesene oder Pflichtaufgaben z. B.: örtliche Sozialhilfe, Rettungswesen etc. (staatliche Kontrolle auf Rechtmäßigkeitskontrolle beschränkt)
Auftragsangelegenheiten/Pflichtaufgaben zur Erfüllung nach Weisung z. B.: Bauaufsicht, Lastenausgleich etc. (staatliches – häufig eingeschränktes – Weisungsrecht)
Aufgabenbestände sind von Land zu Land unterschiedlich. Während in Niedersachsen alle staatlichen Auftragsangelegenheiten kommunalisiert sind, werden insbesondere in Baden-Württemberg, Bayern, Rheinland-Pfalz und Saarland umfangreiche Aufgabengebiete bei der unteren staatlichen Verwaltungsbehörde beim Kreis wahrgenommen. Nordrhein-Westfalen, Hessen und Schleswig-Holstein nehmen eine mittlere Position ein.

Kreisfinanzen

Die Kreise, in einigen Ländern noch Landkreise genannt, sind in der flächendeckenden Verwaltungsorganisation der Bundesrepublik Deutschland auch mit ihrem Finanzvolumen von erheblicher Bedeutung. Es gibt in der Bundesrepublik Deutschland 237 Kreise mit rund 8400 kreisangehörigen Gemeinden und 87 kreisfreie Städte (ohne die Stadtstaaten). Die Kreise umfassen gut 95% des Bundesgebietes mit einem Anteil an der Gesamtbevölkerung von rund 65%.

Die Selbstverwaltungsgarantie der Kreise (Art. 28 Abs. 2 GG) umfaßt, ebenso wie bei den Gemeinden, das Recht auf *Finanzhoheit*. Sie räumt den Kreisen die selbständige Gestaltung der Finanzwirtschaft auf der Grundlage von eigenverantwortlichen Einnahme- und Ausgabeentscheidungen ein. Die Kreistage (vgl. S. 114) als oberste Organe haben somit Anspruch auf einen substantiellen finanzpolitischen Entscheidungsspielraum, innerhalb dessen sie über Art und Umfang von Aufgaben und Ausgaben und ihre haushaltsmäßige Deckung durch entsprechende Einnahmen verfügen können. Ebenso wie bei den Gemeinden erschöpft sich die Finanzhoheit bei den Kreisen nicht nur in der Finanzierung der Pflichtaufgaben oder staatlichen Auftragsangelegenheiten. Sie umfaßt auch die Wahrnehmung und Finanzierung von freiwilligen Selbstverwaltungsaufgaben.

Der Aufgabenbestand und damit auch die Aufgabenstruktur der Kreise sind nicht nur von Land zu Land, sondern auch innerhalb der Länder sehr unterschiedlich. Hierfür sind die Aufgabenverteilung zwischen Land und Kommunen generell, insbesondere die Einbindung der Kreise in die Landesverwaltungsorganisation (z.B. Übertragung von Aufgaben, die sonst eigenen staatlichen Behörden der Kreisstufe oder staatlichen Abteilungen bei den Kreisen zugewiesen sind) und die Aufgabenverteilung zwischen Kreisen und kreisangehörigen Gemeinden ursächlich. Die unterschiedlichen gemeindlichen Strukturen innerhalb der Kreise beeinflussen vor allem den Umfang der Ergänzungs- und Ausgleichsfunktion der Kreise.

Die rechtlichen Schranken der Finanz- und Haushaltsautonomie ergeben sich aus der gesetzlichen Kompetenzordnung im kreisangehörigen Raum. Die Aufgaben der Kreise wie auch der kreisangehörigen Gemeinden werden durch Gesetz einzeln oder generell festgelegt. Für die Gestaltung und Bewertung des *Kreisfinanzsystems* ist diese Aufgabenverteilung auf zwei Ebenen von besonderer Bedeutung. Während in der kreisfreien Stadt die Aufgaben- und Finanzierungskonkurrenz von einem einzigen obersten Organ (Gemeinderat, vgl. S. 80) entschieden wird, muß dies im kreisangehörigen Raum auf zwei politisch und administrativ selbständigen Ebenen (Gemeinderäte und Kreistag) bewältigt werden. Dies erfordert ein hohes Maß an gegenseitiger Rücksichtnahme und kommunalpolitischer Kooperation, damit die Prioritäten auf den beiden Ebenen mit den verfügbaren finanziellen Ressourcen richtig gesetzt werden und eine finanzielle Überforderung der kreisangehörigen Gemeinden vermieden wird.

Die gesetzlichen Bestimmungen für das Haushaltswesen der Kreise ergeben sich aus den jeweiligen Kreisordnungen der Länder in Verbindung mit den entsprechenden Bestimmungen der Gemeindeordnung und den von den Ländern erlassenen Gemeindehaushaltsverordnungen. Volumen und Struktur der Kreisfinanzen spiegeln die Funktionsbedeutung sowie die Verwaltungs- und Veranstaltungskraft der Kreise wider. Dabei gibt es in den einzelnen Ländern, ebenso wie bei den kreisfreien Städten und kreisangehörigen Gemeinden, etliche Unterschiede. Die Kreiseinnahmen (vgl. S. 126) sind unausgewogen, weil wenig eigene Einnahmen neben hohen Zuweisungen stehen; die Kreisausgaben (vgl. S. 128) haben ihre Schwerpunkte bei der sozialen Sicherung, auch beim Schulwesen.

An den Gesamtausgaben der Gebietskörperschaften (Bund, Länder und Kommunen) waren die Gemeinden und Gemeindeverbände im Jahre 1982 mit 24,5% beteiligt. Der Anteil der Kreisausgaben machte 4,4% aus. Von den gesamten kommunalen Ausgaben entfielen 17,8% auf die Kreise. Vom Gesamthaushaltsvolumen der Kreise entfielen 74,4% auf den Verwaltungshaushalt, 25,6% auf den Vermögenshaushalt.

Rehm, F.-K: Finanzverfassung und Finanzhoheit der Kreise. In: Der Kreis. Ein Handbuch. Hg. v. Verein für die Geschichte der Deutschen Landkreise e.V. Bd. 2: Verwaltungsgrundlagen und Finanzen der Kreise. Köln–Berlin 1976. – Kreisfinanzen. Landkreise–Gemeinden–Staat–Verbesserung–Entwicklung. Hg. v. F. Wagener. Göttingen 1982. – Leidinger, A.: Das Kreisfinanzsystem. In: Handbuch der kommunalen Wissenschaft und Praxis. Bd. 6. Berlin u.a. [2]1985.

Gesamtstaatliches Haushaltsvolumen – nur Gebietskörperschaften –

698 267,0 Mill. DM = 100 % (1982)

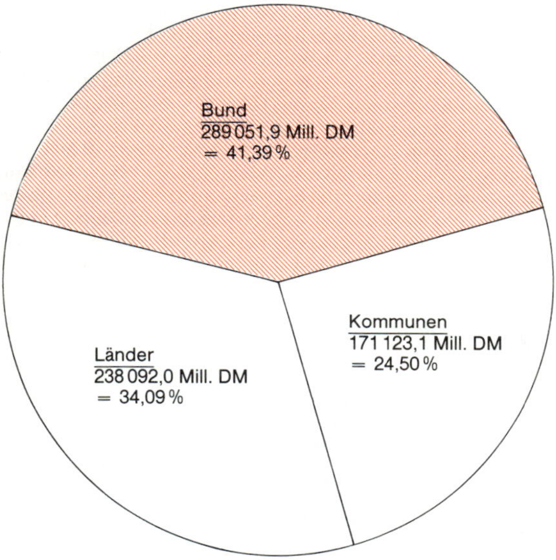

Kommunales Haushaltsvolumen

171 123,1 Mill. DM = 100 % (1982)

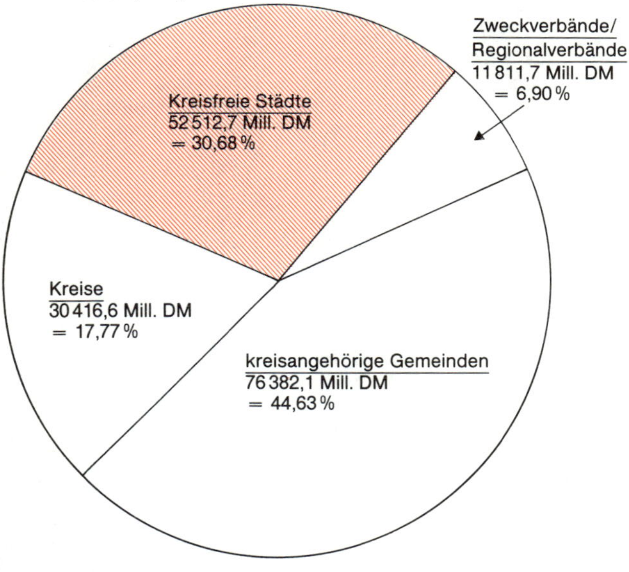

Kreiseinnahmen – Kreisumlage

Die Einnahmen der Kreise richten sich nach dem Finanzsystem, das durch das Grundgesetz, die Länderverfassungen, die Kreisordnungen der Länder, die kommunalen Abgaben- und Steuergesetze der Länder sowie die Länderfinanzausgleichsgesetze bestimmt wird. Die Kreise verfügen über keine verfassungsrechtlich verbürgte eigene Steuereinnahme. Sie können durch Landesgesetz am Aufkommen der örtlichen Verbrauchs- und Aufwandssteuern beteiligt werden. Am Länderanteil der Gemeinschaftssteuern partizipieren die Kreise – ebenso wie die Gemeinden – nach den jeweiligen Länderfinanzausgleichsregelungen entsprechend Art. 106 Abs. 7 GG.

Nach Landesrecht fließen den Kreisen im wesentlichen nur die *Jagdsteuer* und ein Anteil an der *Grunderwerbsteuer* zu. Aufgrund der *Kommunalabgabengesetze* erheben die Kreise *Gebühren* und *Beiträge* (vgl. S. 154). Eine wichtige Einnahmequelle ist für die Kreise der *kommunale Finanzausgleich* (vgl. S. 36). Für die Dotierung und Strukturierung dieses kommunalen Finanzausgleichs haben die Länder einen Gestaltungsraum, um die unterschiedlichen Aufgabenbelastungen der kommunalen Gebietskörperschaften und auch eigene landespolitische Zielvorstellungen berücksichtigen zu können. Die Finanzausgleichsregelungen sind in den einzelnen Ländern unterschiedlich. Gemeinsam ist allen die Aufteilung in allgemeine und zweckgebundene *Zuweisungen.* Im Rahmen der allgemeinen Zuweisungen erhalten die Kreise *Schlüsselzuweisungen,* die, ähnlich wie bei den Gemeinden, unter Berücksichtigung des Ausgabenbedarfs und der Umlagekraft festgesetzt werden. In einzelnen Ländern werden neben den Schlüsselzuweisungen auch noch Kosten für Auftragsangelegenheiten erstattet. Zweckzuweisungen werden den Kreisen zur Durchführung von besonderen Investitionsmaßnahmen gewährt.

Finanzwirtschaftlich und kommunalpolitisch von besonderer Bedeutung ist die *Kreisumlage.* Sie kann von den Kreisen erhoben werden, soweit die eigenen Einnahmen (Steuern, Gebühren, Vermögen, Finanzzuweisungen im Finanzausgleich) nicht ausreichen, um den Ausgabenbedarf zu decken. Diese ursprüngliche Restfinanzierung durch die Kreisumlage ist in den letzten Jahrzehnten zu einer Hauptfinanzierungsquelle geworden. Die Kreisumlage wird mit einem bestimmten, einheitlichen Prozentsatz der Umlagegrundlagen festgesetzt. Umlagegrundlagen sind die Steuerkraftzahlen der kreisangehörigen Gemeinden zuzüglich ihrer Schlüsselzuweisungen. Die Kreisumlage bedarf der Genehmigung durch die kommunale Aufsichtsbehörde. In einigen Ländern sind die Kreise berechtigt oder verpflichtet, die Kreisumlage unterschiedlich festzusetzen (Mehr- oder Minderbelastung). Hiermit soll der unterschiedlichen Leistungs- und Veranstaltungskraft der kreisangehörigen Gemeinden besser Rechnung getragen werden. Größere Gemeinden, die entsprechende eigene Einrichtungen geschaffen haben und unterhalten, werden insoweit nicht zu Lasten herangezogen, die dem Kreis aus solchen Einrichtungen erwachsen, die er für andere kreisangehörige Gemeinden unterhalten muß. Die Festsetzung unterschiedlicher Kreisumlagen erfordert eine besondere kommunalpolitische Behutsamkeit, weil der Kreis mit allen Gemeinden faktisch eine komplexe haushaltswirtschaftliche Einheit darstellt, die durch eine Vielfalt unterschiedlicher Fianzierungs- und Leistungsbeziehungen bestimmt wird.

Wie die folgende Übersicht zeigt, ist die Einnahmestruktur der Kreise unausgewogen: Die Steuereinnahmen (Grunderwerbsteuer, Jagdsteuer) betragen nur 2,6 % der Gesamteinnahmen. Auch der Anteil an Gebühren und ähnlichen zweckgebundenen Abgaben ist mit 6,7 % relativ gering. Der Anteil der Finanzzuweisungen an den Gesamteinnahmen beträgt 33,9 %. Innerhalb der Gesamtzuweisungen machen die allgemeinen Zuweisungen 53,5 % und die Zweckzuweisungen 46,5 % aus. Den Hauptanteil der allgemeinen Zuweisungen stellen die Schlüsselzuweisungen mit 72,7 %. Der Anteil der Kreisumlage an den Gesamteinnahmen beträgt 32,6 %.

Da die Kreise ihre Investitionsvorhaben nicht aus laufenden Einnahmen bestreiten können, sind sie auf Kreditfinanzierungen angewiesen. Der Anteil der Kreise an den gesamten kommunalen Kreditaufnahmen betrug 16,4 %, der Anteil am Schuldenstand aller Kommunalverwaltungen 13,1 %.

Schmidt-Jortzig, E.: Zur Verfassungsmäßigkeit von Kreisumlagesätzen. Grenzen finanzieller Einschnürung des gemeindlichen Handlungsspielraumes. Göttingen 1977. – Friauf, K. H./Wendt, R.: Rechtsfragen der Kreisumlage. Stuttgart 1980.

Einnahmen der Kreise

– in v. H. –
(1982)

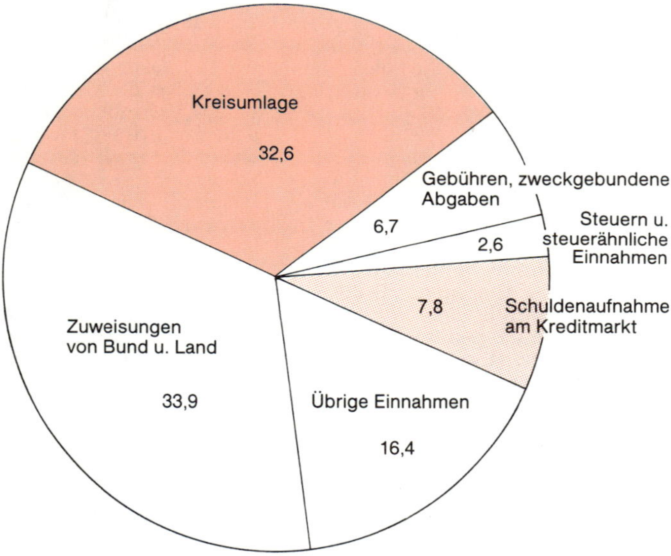

Kreisausgaben

Die vielfältigen Verwaltungszuständigkeiten der Kreise, ihre Dienstleistungen und Einrichtungen spiegeln sich als Kosten in der Ausgabenstruktur der Kreishaushalte wider. In der Gesamtbetrachtung dominieren die laufenden Ausgaben. Daraus wird ersichtlich, daß die Kreise vornehmlich Träger von Geld- und Dienstleistungen sind. Investive Aufgaben sind gegenüber den Städten und Gemeinden wesentlich geringer. Sie fallen, abgesehen vom Straßenbau, auch nicht mit kontinuierlicher Regelmäßigkeit in den einzelnen Kreisen an.

Im Rahmen ihrer *Ergänzungs- und Ausgleichsfunktion* (vgl. S. 132) für die kreisangehörigen Gemeinden unterhalten sie kreiseigene Einrichtungen oder geben Investitions- und/oder Unterhaltungszuschüsse für Infrastrukturmaßnahmen der kreisangehörigen Gemeinden. Die Kreisausgaben entfallen in ihren Schwerpunkten immer mehr auf den Bereich des Gesundheits- und Sozialwesens, des Umweltschutzes und auf den Bereich der öffentlichen Ordnung. Für investive Zwecke (z. B. Straßenbau, Krankenhäuser, Schulen) verbleiben den Kreisen, ähnlich wie den Gemeinden, immer weniger Mittel.

Die *Personalausgaben* aller Verwaltungszweige machen zusammengenommen einen Anteil von 23,0% aus. Hierbei muß man berücksichtigen, daß die Kreise im Gesundheitswesen, Veterinärwesen und Bauwesen, im Katasterwesen, aber auch in anderen allgemeinen Verwaltungszweigen Personal mit besonderen Qualifikationen (z. B. Mediziner, Techniker) beschäftigen. Die Hauptausgabenbereiche (Personalkosten eingeschlossen) sind folgende:

Für die *soziale Sicherung* werden 28,9% der Gesamtausgaben in Anspruch genommen. Die Kreise sind örtliche Träger der Sozialhilfe. In dieser Ausgabenposition sind auch die Kosten für das Jugendwesen sowie die Zuschüsse an freie Träger von sozialen Einrichtungen enthalten. Den Ausgaben der sozialen Sicherung ist z. B. auch die Position „Umlage an regionale Kommunalverbände" zuzurechnen, die 10,5% der Gesamtausgaben ausmacht. Mit dieser Umlage werden nämlich die Aufgaben dieser Verbände (Bezirksverband in Bayern, Landeswohlfahrtsverband in Hessen, Landschaftsverbände in Nordrhein-Westfalen) als überörtliche Träger der Sozialhilfe und als Träger von besonderen Fachkrankenhäusern (z. B. Psychiatrie) und Schulen für Körper- und Lernbehinderte (z. B. Blindenanstalten) finanziert. Für den Bereich der *Schulen* werden 18,6% des Haushaltsvolumens in Anspruch genommen; die Kreise sind vornehmlich Träger der berufsbildenden Schulen.

Die sonstigen Ausgaben der *allgemeinen Finanzwirtschaft* betragen 10,2%, darunter allein der Schuldendienst 7,3%. Die Schulden der Kreise resultieren zum größten Teil aus Investitionsmaßnahmen auf dem Gebiet des Gesundheits- und Schulwesens. Es handelt sich mithin um Investitionen, aus denen wirtschaftliche Erträge nicht mehr erwartet werden können. Der Schuldendienst ist daher in vollem Umfange aus dem Verwaltungshaushalt zu bestreiten. Es liegt im Interesse der kreisangehörigen Gemeinden, daß die Kreise ihre Verschuldung in angemessenen Grenzen halten, damit der laufende Schuldendienst nicht zu einer erheblichen Anhebung der Kreisumlage führt. Für die *allgemeine Verwaltung* (z. B. Ausgaben für Gebäudeunterhaltung, Mieten, Büromittel) werden 6,8% der Gesamtausgaben in Anspruch genommen.

Die Unterhaltung der *Gesundheitsdienste* (z. B. Gesundheitsämter) und der *Sport* umfassen 6,5% der Gesamtausgaben. Die Kosten der Krankenhäuser sind seit 1975 nicht mehr Bestandteil der Kreishaushalte.

Für den *Verkehrsbereich* (z. B. Straßenbau und Straßenunterhaltung sowie sonstige Verkehrsleistungen im öffentlichen Nahverkehr) geben die Kreise 5,6% ihrer Gesamtausgaben aus. Der Bau von Kreisstraßen ist eine besonders wichtige Aufgabe, die der Strukturverbesserung dient. Auf das *Bau- und Wohnungswesen* entfallen 3,3% der Gesamtausgaben. Die *öffentliche Sicherheit und Ordnung* (z. B. Ordnungsbehörden, Ausländerwesen) schlagen mit 3,0% der Gesamtausgaben zu Buche. Für die *Kulturpflege* (z. B. Musikschulen, Museen und Archive) werden 1,2% der Gesamtausgaben ausgegeben. Die Kosten der *wirtschaftlichen Unternehmen* der Kreise betragen 1,0% der Gesamtausgaben.

Der Kreis. Ein Handbuch. Hg. v. Verein für die Geschichte der Deutschen Landkreise e. V. Bd. 2: Verwaltungsgrundlagen und Finanzen der Kreise. Köln–Berlin 1976. – Kreisfinanzen. Landkreise – Gemeinden – Staat – Verbesserung – Entwicklung. Hg. v. F. Wagener. Göttingen 1982.

Ausgaben der Kreise

– in v. H. –
(1982)

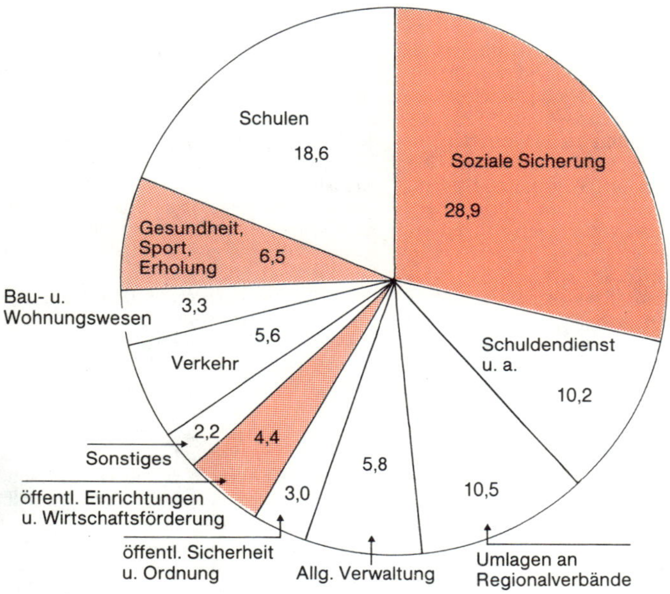

Kreisplanung – Kreisentwicklungsplanung

Die Begriffe *„Kreisentwicklungsplanung"* und *„Kreisentwicklungsprogramm"* sind erst im letzten Jahrzehnt aktuell geworden, weil die Stellung der Kreise in der Raumplanung lange Zeit ungeregelt blieb.

Die *Raumplanung* ist in der Bundesrepublik Deutschland auf vier Ebenen organisiert: Bundesraumordnung, Landesplanung, Regionalplanung (in den Ländern unterschiedlich) und Bauleitplanung (Gemeinden). In diesem System haben die Kreise keine eigene Planungskompetenz, bis auf Niedersachsen, wo sie durch das Landesplanungsgesetz zu Trägern der Regionalplanung bestimmt sind. In den Ländern Nordrhein-Westfalen, Hessen, Rheinland-Pfalz, Baden-Württemberg und Bayern wirken die Kreise in unterschiedlicher Art und Weise in der Regionalplanung mit. In Schleswig-Holstein ist die Regionalplanung weitgehend staatlich organisiert. Hier haben die Kreise aber eine eigene Kreisentwicklungsplanung. Im Saarland gibt es wegen der Kleinheit des Landes keine regionale Untergliederung und damit auch keine Regionalplanung.

In den meisten Ländern sind die Kreise im Rahmen der *Landesplanung* untere staatliche Landesplanungsbehörde mit dem Auftrag, im Kreisgebiet darauf zu achten, daß die unterschiedlichen staatlichen Maßnahmen, soweit sie räumliche Auswirkungen haben, sachgerecht koordiniert werden.

Die Mitwirkung der Kreise an der *Regionalplanung* ist in den Ländern unterschiedlich organisiert. Im Bundesraumordnungsgesetz sind nur sehr allgemeine Regelungen über die kommunale Beteiligung an der Regionalplanung getroffen. In den Ländern haben sich demgemäß unterschiedliche Modelle herausgebildet. In Nordrhein-Westfalen und in Hessen wird die Regionalplanung von Bezirksplanungsräten wahrgenommen, die bei den Regierungspräsidien gebildet sind. In diesen Bezirksplanungsräten wirken Vertreter der Kreise mit. In Bayern, Baden-Württemberg und Rheinland-Pfalz sind regionale Planungsgemeinschaften gebildet worden, in denen Kreise und kreisfreie Städte mitwirken.

Unabhängig von diesen Regelungen des Raumplanungsrechts steht den Kreisen als Gebietskörperschaften eine eigenständige Planungskompetenz für den ganzen Bereich ihrer Kreisaufgaben zu. Diese planende Tätigkeit des Kreises ist gesetzlich nicht weiter geregelt; sie vollzieht sich im gesetzesfreien Raum mit einer Koordinierungsfunktion auch gegenüber den Kreisfachplanungen, z. B. für Straßen- und Wasserbau und den öffentlichen Personennahverkehr. Anders als die gesetzlich geregelte Raumplanung besitzt sie keine rechtliche Verbindlichkeit gegenüber der Bauleitplanung der Gemeinden oder der Landesplanung. Dennoch kann sie faktisch von erheblichem Gewicht sein.

Immer wieder war gefordert worden, auch die Kreisplanung durchgängig gesetzlich zu regeln; damals ging es darum, die bisherige Raumplanung zur Entwicklungsplanung auszubauen. Heute herrscht dagegen die Auffassung vor, daß es keiner gesetzlichen Regelung dafür bedarf, Entwicklungsplanung in dem Sinne zu schaffen, daß die Planungskompetenzen durch Durchführungsmaßnahmen ergänzt werden, für die bestimmte finanzielle Ressourcen festgelegt werden.

Als die Diskussion über den Ausbau der Raumplanung zur Entwicklungsplanung voll im Gange war, schufen die Länder Baden-Württemberg und Schleswig-Holstein gesetzliche Regelungen über eine *Kreisentwicklungsplanung*. Die baden-württembergische Regelung ist inzwischen wieder außer Kraft gesetzt worden, Schleswig-Holstein behielt sie bei.

Kreisentwicklungsplanung nach schleswig-holsteinischem Recht ist nicht in erster Linie Raumplanung, sondern verlangt die Aufstellung von *Kreisinvestitionsprogrammen,* in die auch gemeindliche Investitionen aufgenommen werden, soweit sie über die Gemeinde hinaus von Bedeutung sind. Aufgabenfelder, auf die sich diese Kreisentwicklungsplanung bezieht, sind z. B. Schulen, Sport, kulturelle Einrichtungen, Jugendpflege, soziale Einrichtungen, Gesundheitswesen, Fremdenverkehr und Naherholung, Naturschutz und Landschaftspflege, Verkehrsinfrastruktur, Wasserversorgung, Abwasserbeseitigung, Industrie- und Gewerbeansiedlung, Wohnungsbau und Städtebau sowie kommunale Verwaltungsbauten. Diese Investitionsprogramme werden alle vier Jahre fortgeschrieben.

Ernst, P. Ch.: Verfassungsrechtliche und sonstige rechtliche Vorgaben der Kreisentwicklungsplanung. Ein Beitrag zum Verhältnis von Kreisentwicklungsplanung und Regionalplanung. Stuttgart 1979. – Der Kreis. Ein Handbuch. Hg. v. Verein für die Geschichte der Deutschen Landkreise e. V. Bd. 3: Struktur und Perspektiven der neuen Kreise. Köln–Berlin 1985.

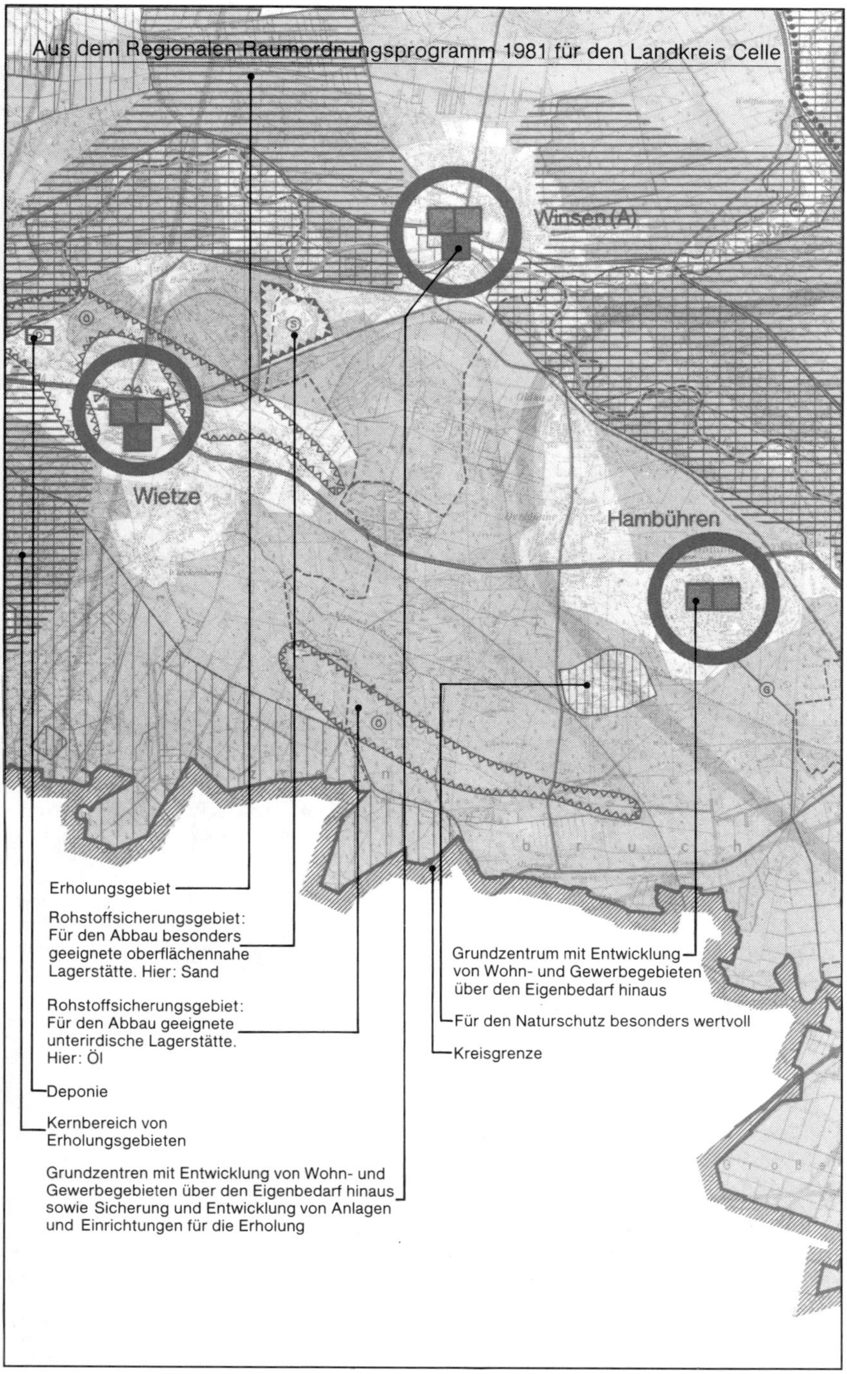
Aus dem Regionalen Raumordnungsprogramm 1981 für den Landkreis Celle
Winsen (A)
Wietze
Hambühren
Erholungsgebiet
Rohstoffsicherungsgebiet: Für den Abbau besonders geeignete oberflächennahe Lagerstätte. Hier: Sand
Rohstoffsicherungsgebiet: Für den Abbau geeignete unterirdische Lagerstätte. Hier: Öl
Deponie
Kernbereich von Erholungsgebieten
Grundzentren mit Entwicklung von Wohn- und Gewerbegebieten über den Eigenbedarf hinaus sowie Sicherung und Entwicklung von Anlagen und Einrichtungen für die Erholung
Grundzentrum mit Entwicklung von Wohn- und Gewerbegebieten über den Eigenbedarf hinaus
Für den Naturschutz besonders wertvoll
Kreisgrenze

Ausgleichsfunktion des Kreises

Im kreisangehörigen Raum teilen sich Kreis und kreisangehörige Gemeinden die Aufgaben der kommunalen Selbstverwaltung, welche die kreisfreien Städte im ganzen wahrnehmen. Der Grund für diese Zweistufigkeit liegt in der geringeren Siedlungsdichte und großen Fläche des kreisangehörigen Raumes. Hier lassen sich nicht alle kommunalen Selbstverwaltungsaufgaben von der Gemeinde erfüllen bzw. ausreichend effizient erfüllen, so daß bestimmte Aufgaben besser vom Kreis als überörtlicher Verwaltungsebene erledigt werden. Durch die Verwaltungstätigkeit der Kreise wird verhindert, daß ein Verwaltungsgefälle zwischen den verdichteten großstädtischen Gebieten und den weniger verdichteten Räumen entsteht *(„äußere Ausgleichsfunktion“)*.

Darüber hinaus wird durch die Tätigkeit des Kreises auch ein Ausgleichseffekt unter den kreisangehörigen Gemeinden eines Kreises selbst erzielt, indem Unterschiede in der Verwaltungskraft der kreisangehörigen Gemeinden kompensiert werden und eine annähernd gleichwertige Betreuung und Versorgung der Bürger mit Verwaltungsleistungen erreicht wird. Diese *„innere Ausgleichsfunktion“* läßt sich in doppeltem Sinne verstehen.

Im weiteren Sinne folgt die ausgleichende Wirkung einfach aus der Existenz des Kreises: Wenn der Kreis bestimmte Aufgaben, z. B. Kreisstraßenbau, Kreisjugendamt, Sozialhilfe, Weiterbildung oder die Trägerschaft von Krankenhäusern wahrnimmt, erzielt er einen ausgleichenden Effekt hinsichtlich der Versorgung der Kreisbevölkerung mit kommunalen Verwaltungsleistungen. Im allgemeinen besteht dieser Beitrag zur Sicherung gleichwertiger Lebensbedingungen darin, daß der Kreis durch Einrichtungen für alle Bürger im Kreis, durch einheitliche Verwaltungsgrundsätze oder einheitliche finanzielle Hilfen ein gleichwertiges Versorgungsniveau für alle kreisangehörigen Gemeinden herstellt. Der Ausgleichseffekt kann sich aber auch auf einen bestimmten Kreisteil beschränken, indem der Kreis hier Einrichtungen schafft, z. B. Schulen oder Krankenhäuser, die im übrigen Kreisbereich von den Gemeinden oder anderen Trägern bereitgestellt werden, so daß dort in geringerem Umfang oder gar nicht an der Einrichtung partizipiert wird.

Ausdruck der Ausgleichsfunktion der Kreise im weiteren Sinne ist auch die Kreisumlage. Sie wird vom Kreis bei den Gemeinden zur Deckung eines Teils des Aufgabenbedarfs des Kreises erhoben (vgl. S. 126). Ihr Maßstab sind nicht die einzelnen Leistungen, die der Kreis für seine Gemeinden erbringt, sondern die Finanzkraft der jeweiligen Gemeinde. Da der Kreis im allgemeinen finanzschwächere Gemeinden mit Verwaltungsleistungen und Förderungsmaßnahmen stärker unterstützt, entstehen oft mittelbare Transferleistungen von den finanzstärkeren zu den finanzschwächeren Gemeinden im Kreis.

Als Ausgleichsfunktion im engeren Sinne bezeichnet man gezielte Hilfen des Kreises zugunsten bestimmter Kreisteile oder Gemeinden. Aufgaben, die der Kreis zu diesem Zweck wahrnimmt, nennt man *Ausgleichsaufgaben*. Hierzu zählen vor allem verwaltungsmäßige Hilfen und Serviceleistungen des Kreises für seine Gemeinden. Beispielsweise arbeiten die Kreise Bauleitpläne aus oder stellen den Gemeinden Brandschutzingenieure, Verkehrsingenieure oder den Statistischen Dienst zur Verfügung.

In der Kommunalrechtswissenschaft ist umstritten, ob als Ausgleichsaufgabe auch die Leistung finanzieller Zuwendungen des Kreises zugunsten der Gemeinden, z. B. die Förderung von Sportanlagen, in Betracht kommt. Gegen diese Möglichkeit wird eingewandt, daß der Finanzausgleich unter den Gemeinden Sache des jeweiligen Landes sei. Überwiegend wird jedoch an der Zulässigkeit finanzieller Zuwendungen des Kreises an seine Gemeinden festgehalten, weil der Unterschied zur verwaltungsmäßigen Unterstützung der Gemeinden nur instrumenteller Natur ist und weil der Kreis auf diese Weise dazu beitragen kann, daß die Aufgabe letztlich von der Gemeinde selbst wahrgenommen wird und nicht wegen deren mangelnder Finanzkraft vom Kreis übernommen werden muß.

Die Ausgleichsfunktion in ihren verschiedenen Wirkungen ist letztlich die Rechtfertigung für die Verwaltungsinstitution „Kreis“. Sie ist einer der wesentlichen Gründe für die gleichmäßige Versorgungs- und Infrastruktur der Bundesrepublik Deutschland.

Friauf, K. H./Wendt, R.: Rechtsfragen der Kreisumlage. Köln u. a. 1980. – Günther, A.: Probleme des Kreisfinanzsystems. Berlin 1980. – Kirchhof, R.: Kreisordnung für das Land Nordrhein-Westfalen. Kommentar. Wiesbaden 1984.

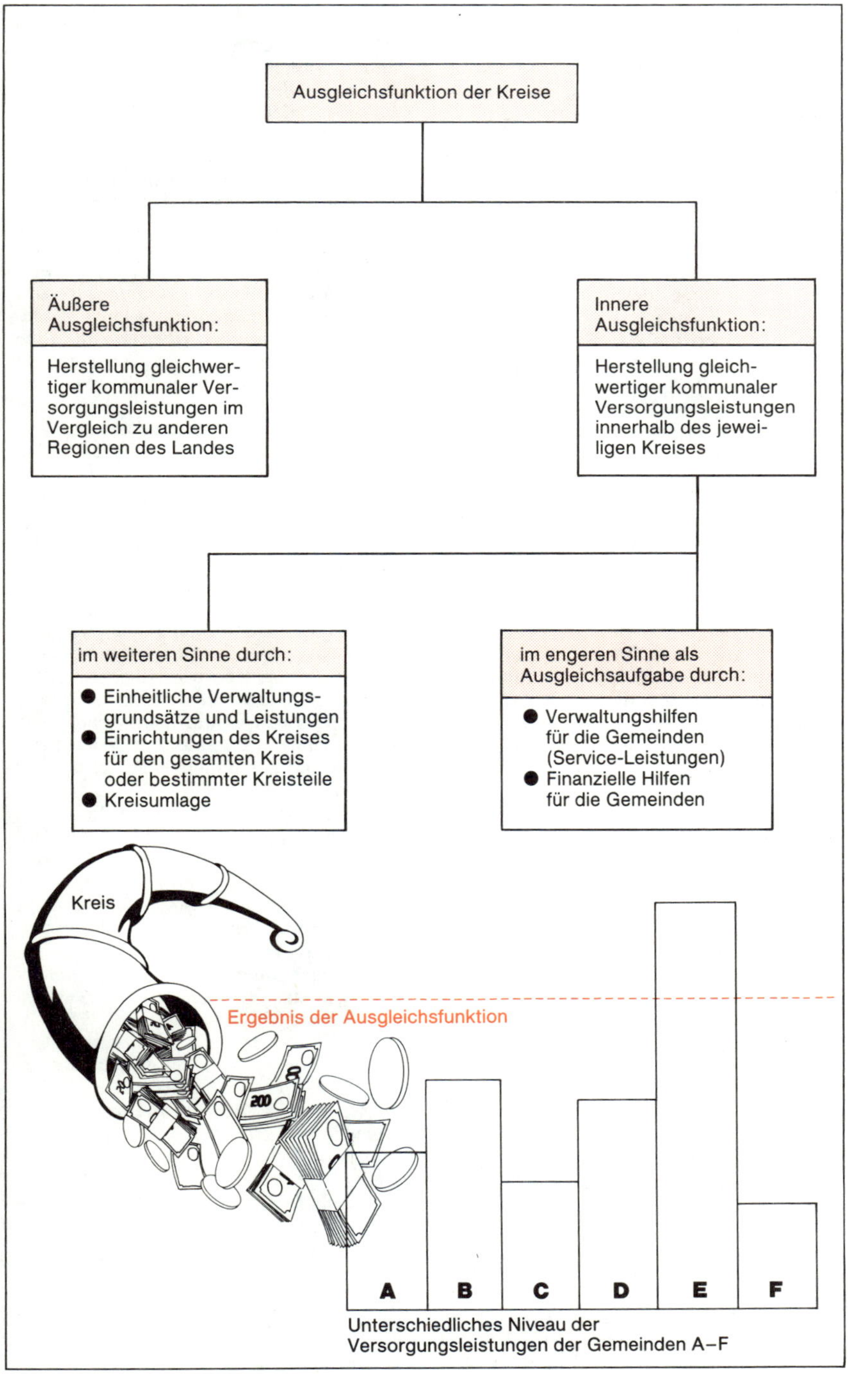

Ausgleichsfunktion der Kreise
Äußere Ausgleichsfunktion:
Herstellung gleichwertiger kommunaler Versorgungsleistungen im Vergleich zu anderen Regionen des Landes
Innere Ausgleichsfunktion:
Herstellung gleichwertiger kommunaler Versorgungsleistungen innerhalb des jeweiligen Kreises
im weiteren Sinne durch:
● Einheitliche Verwaltungsgrundsätze und Leistungen
● Einrichtungen des Kreises für den gesamten Kreis oder bestimmter Kreisteile
● Kreisumlage
im engeren Sinne als Ausgleichsaufgabe durch:
● Verwaltungshilfen für die Gemeinden (Service-Leistungen)
● Finanzielle Hilfen für die Gemeinden
Kreis
Ergebnis der Ausgleichsfunktion
A
B
C
D
E
F
Unterschiedliches Niveau der Versorgungsleistungen der Gemeinden A–F

Ämterorganisation

Zur Selbstverwaltungsgarantie (vgl. S. 18) der Gemeinden gehört auch das Recht auf eigenverantwortliche Gestaltung ihrer internen Organisation (Organisationshoheit). Danach können die Gemeinden – unterhalb der in den Gemeindeordnungen der Länder vorgegebenen kommunalverfassungsrechtlichen Rahmensetzungen – die von ihnen wahrzunehmenden Aufgaben (vgl. S. 20) grundsätzlich nach örtlichen Zweckmäßigkeitserwägungen zusammenfassen und den Aufgabenvollzug bestimmten Organisationseinheiten übertragen. Bereits in den 1950er Jahren hat die Kommunale Gemeinschaftsstelle für Verwaltungsvereinfachung (KGSt) ein grundlegendes Modell der Aufgaben- und Verwaltungsgliederung entwickelt und seither ständig den neueren Entwicklungen angepaßt. Dieses Modell hat in der Praxis eine im wesentlichen einheitliche Ausrichtung der Organisationsgrundlagen in Gemeinden aller Größenklassen und aller Länder der Bundesrepublik Deutschland bewirkt. Die Darstellung der typischen Ämterorganisation der Gemeinden kann sich daher am KGSt-Modell orientieren. In den Gemeinden sind die *Hauptämter* für Fragen der organisatorischen Gliederung und Abläufe fachlich zuständig.

Die Organisation der Gemeindeverwaltung hat die möglichst rationale Verknüpfung von Aufgaben, Personal und Sachmitteln (Finanzen, Gebäude usw.) zum Ziel. Dabei wird zwischen der *institutionellen* Organisation (Aufbau der Verwaltung) und der *funktionellen* Organisation (Ablauf des Verwaltungshandelns) unterschieden.

Mit der KGSt lassen sich nach dem Umfang der Aufgabenerfüllung folgende organisatorische Arbeitseinheiten unterscheiden:

Stelle, Sachgebiet, Abteilung, Amt, Dezernat (Referat), Gesamtverwaltung. Als zentrale organisatorische Gliederungsgröße hat die KGSt das *Amt* festgelegt, weil es am ehesten eine für einen längeren Zeitraum unverändert bleibende Festlegung der Zuständigkeit ermöglicht. Oberhalb der Ämterebene gibt es nur noch das *Dezernat* (Referat) als den Geschäftskreis eines Beigeordneten (vgl. S. 88) sowie den Verwaltungschef (Bürgermeister, Gemeindedirektor, Oberstadtdirektor [vgl. S. 86]). Dieser dreistufige Verwaltungsaufbau ist Ausfluß des sogenannten Minimalprinzips, d. h. der Beschränkung auf möglichst wenige organisatorisch selbständige Verwaltungsebenen. Die Ämter sind die den Vollzug der kommunalen Aufgaben tragenden untersten Organisationseinheiten, die nach außen im Rahmen ihrer Befugnisse als Teileinheiten der Gemeindeverwaltung selbständig in Erscheinung treten. Die Amtsleiter haben die Fach- und Dienstaufsicht gegenüber ihren Mitarbeitern. Die innere Organisation der Ämter ist unterschiedlich und hängt wesentlich von der Gesamtzahl der Mitarbeiter eines Amtes und der sogenannten *Leitungsspanne* ab. Die Leitungsspanne gibt das zahlenmäßige Verhältnis zwischen Vorgesetzten und ihren Mitarbeitern an. Eine allgemein gültige Leitungsspanne gibt es nicht; sie kann im Einzelfall 1:4, aber auch 1:12 betragen. Je nach der Größe des Amtes und den Leitungsspannen sind die einzelnen Stellen (= 1 Arbeitskraft) in Sachbearbeitungsgruppen, diese in Sachgebieten und diese wiederum in Abteilungen zusammengefaßt. In kleineren Ämtern ist die Bildung von Sachgebieten und Abteilungen regelmäßig nicht erforderlich.

Die aufgabenmäßig verwandten Ämter werden im KGSt-Modell zu *Einzelverwaltungen* zusammengefaßt. In der kommunalen Praxis werden diese als Dezernate bezeichneten Geschäftskreise der Beigeordneten jedoch häufig nicht allein nach diesen fachlichen, sondern auch nach politischen und persönlichen Gesichtspunkten gebildet.

Die beschriebene und durch die Ämter bestimmte Organisationsstruktur der Gemeinden wird je nach örtlichen Erfordernissen ergänzt durch besondere organisatorische Einheiten wie Stäbe, Arbeits- und Projektgruppen und Bezirksverwaltungs- bzw. örtliche Nebenstellen.

Die sogenannte *funktionelle Organisation*, d. h. die Organisation der Verwaltungsabläufe wird in den meisten Gemeinden im Grundsatz durch eine zentrale Geschäftsordnung (GO) oder Allgemeine Arbeitsanweisung (AGA) geregelt. Kern dieser Regelungen sind die Fragen der Zusammenarbeit zwischen den kommunalen Ämtern und Dienststellen, der Verkehr mit der Bevölkerung und die Organisation des Geschäftsganges (z. B. Dienstpost, Bearbeitung der Eingänge, Schriftverkehr, Zeichnungsbefugnis, Aktenführung).

Kommunale Gemeinschaftsstelle für Verwaltungsvereinfachung: Verwaltungsorganisation der Gemeinden. Köln 1979.

Rahmengliederungsplan Größenklasse 1 (über 400 000 E)
(nach: Kommunale Gemeinschaftsstelle für Verwaltungsvereinfachung)

1	2	3	4	5	6
Allgemeine Verwaltung	**Finanzverwaltung**	**Rechts-, Sicherheits- und Ordnungsverwaltung**	**Schul- und Kulturverwaltung**	**Sozial-, Jugend- u. Gesundheitsverwaltung**	**Bauverwaltung**
10 Hauptamt	20 Kämmerei	30 Rechtsamt	40 Schulverwaltungsamt	50 Sozialamt	60 Bauverwaltungsamt
11 Personalamt	21 Kasse	31	41 Kulturamt	51 Jugendamt	61 Stadtplanungsamt
12 Statistisches Amt	22 Steueramt	32 Ordnungsamt	42 Bibliothek	52 Sportamt	62 Vermessungs- u. Katasteramt
13 Presseamt	23 Liegenschaftsamt	33 Einwohner- u. Meldeamt	43 Volkshochschule	53 Gesundheitsamt[2]	63 Bauordnungsamt
14 Rechnungsprüfungsamt	24 Amt für Verteidigungslasten[1]	34 Standesamt	44 Musikschule	54 Krankenhäuser	64 Wohnungsförderungsamt
		35 Versicherungsamt	45 Museum	55 Ausgleichsamt	65 Hochbauamt
		36	46 Theater		66 Tiefbauamt
		37 Feuerwehr	47 Archiv		67 Grünflächenamt
		38 Zivilschutzamt			

7	8
Verwaltung für öffentliche Einrichtungen	**Verwaltung für Wirtschaft und Verkehr**
70 Stadtreinigungsamt	80 Amt für Wirtschafts- u. Verkehrsförderung
71 Schlacht- und Viehhof	81 Eigenbetriebe
72 Marktamt	82 Forstamt[3]

[1] Soweit Aufgaben übertragen
[2] Soweit Aufgaben wahrgenommen werden
[3] Je nach örtlichen Verhältnissen

Die so markierten Ämter sind auch in Städten und Gemeinden von 10 000–25 000 Einwohnern vorgesehen

Aufgabenkritik – Verwaltungsvereinfachung

Aufgabenkritik und *Verwaltungsvereinfachung* sind Strategien, mit denen die steigende Flut öffentlicher Aufgaben eingedämmt und der in der öffentlichen Verwaltung vorhandene Aufgabenbestand besser bewältigt werden soll.

Nach einer auf die Kommunale Gemeinschaftsstelle für Verwaltungsvereinfachung (KGSt) zurückgehenden Definition kann Aufgabenkritik als einmalige oder wiederkehrende Überprüfung von normierten Verwaltungszwecken (*Zweckkritik,* Aufgabenkritik im engeren Sinne) und/oder der programmierten Vollzugsmaßnahmen (*Vollzugskritik,* Aufgabenkritik im weiteren Sinne) umschrieben werden. Während bei der Zweckkritik geprüft wird, ob bestimmte Aufgaben von der öffentlichen Hand überhaupt wahrgenommen werden sollen, geht es bei der Vollzugskritik um die Frage, wie jene Aufgaben, an deren Notwendigkeit nicht gezweifelt wird, wirksamer erfüllt werden können. Instrumente der Zweckkritik sind u. a. Bedarfs- und Wirkungsbeobachtungen sowie systematische Zielvergleiche. Im Rahmen der Vollzugskritik kommt es z. B. darauf an, einen angemessenen Personal- und Sachbedarf zu ermitteln und Arbeitsabläufe zu beschleunigen.

Verwaltungsvereinfachung kann zunächst auf jene Aspekte bezogen werden, die in aufgabenkritischen Ansätzen als Bestandteil der Vollzugskritik auftauchen. Ein solches auf die Verwaltungsrationalisierung beschränktes Verständnis wird den Konzepten zur Verwaltungsvereinfachung aber nicht gerecht, weil zu diesen Konzepten beispielsweise auch solche Themen wie *Rechtsbereinigung, Gebiets-* und *Funktionalreformen, Privatisierungsmöglichkeiten* und *Entbürokratisierungsstrategien* gehören. Verwaltungsvereinfachung geht damit weit über das hinaus, was mit der Vollzugskritik angestrebt wird.

Im Hinblick auf die Ziele, die mit der Aufgabenkritik und der Verwaltungsvereinfachung verfolgt werden, ist strittig, ob es sich bei beiden lediglich um einfallsreiche Varianten einer neuen *Sparpolitik* handelt. Gerade in den siebziger Jahren klaffte die Lücke zwischen Staatsausgaben, die u. a. vom Wachstum der öffentlichen Aufgaben in die Höhe getrieben wurden, und Staatseinnahmen, die aufgrund konjunktureller und zum Teil auch struktureller Schwierigkeiten langsamer anstiegen, immer weiter auseinander. Die klassischen Instrumente, den Haushalt auszugleichen (Steuererhöhungen, höhere Kreditaufnahmen und lineare Ausgabenkürzungen), stießen immer stärker an politische Grenzen. Deshalb lag es auch aus finanzpolitischen Gründen nahe, den vorhandenen Aufgabenbestand zu durchforsten und zugleich zu überlegen, wie verbleibende Aufgaben rationeller erledigt werden können.

Das sparpolitische Motiv war jedoch nicht das ursprüngliche und dominierende Antriebsmoment für diese Strategien. Im ersten Bericht der KGSt zur Aufgabenkritik aus dem Jahre 1974 wird ausdrücklich darauf hingewiesen, daß Aufgabenkritik unabhängig von Sparpolitik betrieben werden müsse. Niemand würde seinen Aufgabenbestand kritisch untersuchen, wenn er hiervon für sich selbst lediglich negative Konsequenzen durch Einbußen bei Personal- und Sachmitteln zu befürchten hätte. Aus dem Grunde könnten Aufgabenkritik und Verwaltungsvereinfachung nur dann erfolgreich sein, wenn beide losgelöst von akuten Sparmaßnahmen betrachtet würden.

Dieser Ansatz mußte jedoch angesichts der aus der Verwaltungswissenschaft bekannten Argumente gegen eine Trennung von Aufgaben- und Ressourcenplanung reichlich künstlich erscheinen. Die Erfahrungen mit der Aufgabenkritik haben dann auch gezeigt, daß eine solche Trennung praktisch nicht durchführbar ist. Aufgabenkritik und Verwaltungsvereinfachung weisen, selbst wenn sie nicht primär auf Sparziele gerichtet sind, allein durch ihre Hinweise, welche Aufgaben überflüssig sind, auf Sparpotentiale hin. Überdies wird mit der Aufgabenkritik in Form der Vollzugskritik explizit ein sparsamer Ressourceneinsatz angestrebt. Um jedoch zu vermeiden, daß Aufgabenkritik und Verwaltungsvereinfachung lediglich für finanzpolitische Zwecke instrumentalisiert werden und von Anfang an in den Sog der Sparpolitik geraten, muß immer wieder darauf hingewiesen werden, daß beide Bestandteil der politischen *Aufgabenplanung* sind und daß überzeugende Sparkonzepte nur aus einer solchen Aufgabenplanung abgeleitet werden können.

Dieckmann, R.: Aufgabenkritik in einer Großstadtverwaltung. Berlin 1977. – Röber, M.: Organisationsstruktur und Planungsorganisation. Frankfurt am Main–Bern 1981. – Sparpolitik. Ökonomische Zwänge und politische Spielräume. Hg. v. H. Mäding. Opladen 1983.

Interdependenzen von Aufgabenkritik, Verwaltungsvereinfachung und Sparpolitik

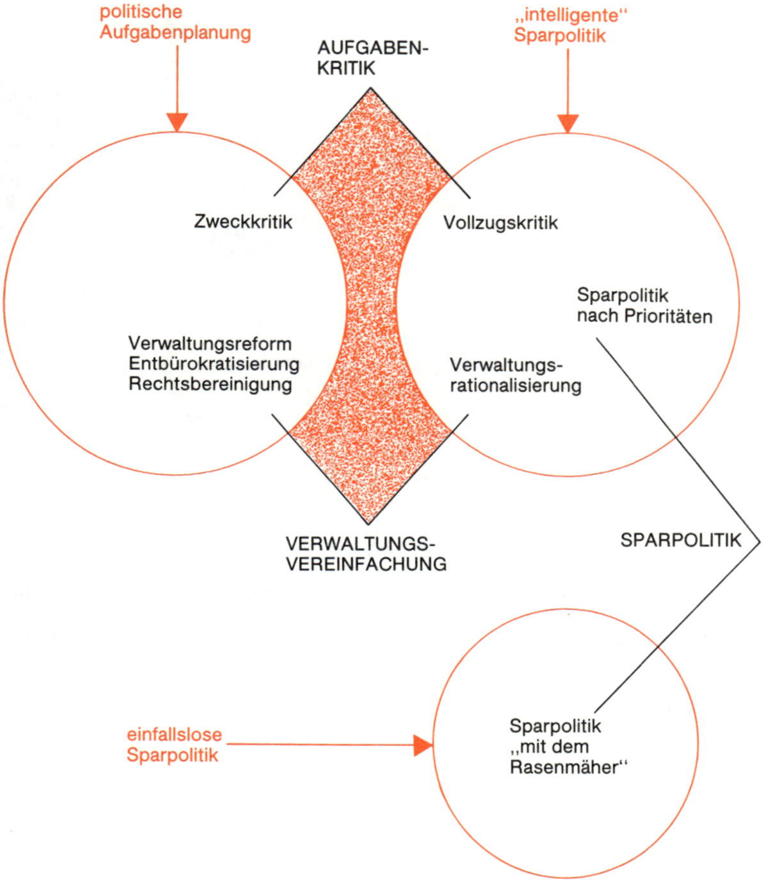

Gemeindepersonal

Der Personalbestand der Kommunalverwaltung hat sich seit 1960 erhöht. Eine wesentliche Ursache ist der Zuwachs von Aufgaben. Der Personalzuwachs ist trotz erheblicher und erfolgreicher Rationalisierungsbemühungen eingetreten. Der Anteil der Angestellten und Teilzeitbeschäftigten hat erheblich zugenommen. In den Aufgabenbereichen „(Vor-)schulische Erziehung und Kultur“ sowie „Gesundheit, Sport, Erholung“ ist der Personalbestand sogar überdurchschnittlich gewachsen. In einem „klassischen“ Aufgabenbereich wie der „öffentlichen Sicherheit und Ordnung“ ist er dagegen unterdurchschnittlich angestiegen, wobei die Arbeitszeitverkürzungen seit 1960 diese Steigerung übertreffen. Die Personalkosten machen etwa 30% des Verwaltungshaushalts einer Gemeinde aus.

Ganz überwiegend werden die Beamten und zu weiten Teilen die Angestellten von den Gemeinden selber ausgebildet. Ausbildungsinhalte werden bei der praktischen Arbeit und auf Studieninstituten (z. B. der Hochschule für Verwaltungswissenschaften in Speyer oder dem Lorenz-von-Stein-Institut für Verwaltungswissenschaften an der Universität Kiel) beziehungsweise Fachhochschulen für Verwaltung vermittelt. Die Gemeinden setzen nicht unerhebliche Mittel für die Fortbildung ein, um Fähigkeiten, Fertigkeiten und Kenntnisse der Mitarbeiter an sich verändernde Aufgabenstellungen anzupassen.

Das *Personalamt* verwaltet die Mitarbeiter. Welche Verwaltungsleistung gefordert wird, zeigen Zahlen zum Personalbestand dreier Stadtverwaltungen und die Tatsache, daß in Großstadtverwaltungen bis zu 400 verschiedene Berufe gezählt werden. Der Vergleich mit örtlichen Unternehmen wird regelmäßig ergeben, daß die Gemeinde ein wichtiger Arbeitgeber ist.

Personalwirtschaftliche Entscheider (Rat, Verwaltungsführung, Personalamt) sehen sich gegenwärtig folgenden Fragestellungen gegenüber:

- Sollen bei gleichbleibendem Personalbestand mehr Spezialisten oder „Generalisten“ eingestellt werden? Der Einsatz von Spezialisten wird nicht selten mit einem geringerem Grad von Anpassungsfähigkeit an den vorhergesagten oder vorhersehbaren Aufgabenwandel gleichgesetzt.
- In welchen Aufgabenbereichen kann die Gemeinde arbeitslose Akademiker einsetzen? Der Personalbedarf der Kommunalverwaltungen wurde bisher weitgehend durch von der Gemeinde ausgebildete Mitarbeiter befriedigt.
- Wie wirkt es sich auf die Qualität der Verwaltungsleistungen aus, wenn der höhere Dienst überwiegend mit Akademikern oder mit Aufstiegsbeamten besetzt wird?
- Welche Chancen und Risiken bietet der vermehrte Einsatz von Frauen? Etwa 60% der Fachschulabsolventen sind Frauen, die in den gehobenen nichttechnischen Verwaltungsdienst streben.
- Wie wirken sich demographische Fakten („Pillenknick“, Ab-/Zuwanderungen) auf die gemeindlichen Aufgaben und damit auf das benötigte Personal aus?
- Wie kann die Gemeinde angesichts der relativ hohen Arbeitslosenquoten ihrer Verantwortung als Arbeitgeber gerecht werden?
- Wie wirkt sich eine weitere Verkürzung der Arbeitszeit auf den Personalbestand aus? Die Arbeitszeitverkürzungen der Vergangenheit haben nicht in allen Aufgabenbereichen einen höheren Personalbestand verursacht.

Menge und Qualität des Personals können gesteuert werden durch den Stellenplan (vgl. S. 140), gute Ausbildung, die Bereitstellung ausreichender Mittel für die Fortbildung, die Besetzung von Führungspositionen mit kompetenten Führungskräften, Personalbedarfsermittlung bei neuen Aufgaben, ständige Aufgabenkritik (vgl. S. 136) u. a. m.

Hentze, J.: Personalwirtschaftslehre 2 Bde. Bern–Stuttgart 1977. – Kuebler, H.: Organisation und Führung in Behörden. Ein praxisorientiertes Studienbuch. Bd. 2: Personalwesen. Stuttgart u. a. [3]1978.

Personalbestände der Gemeinden/Gemeindeverbände 1960 und 1984 in Tausend

(in Klammern: davon Teilzeitbeschäftigte)

Nach Beschäftigungsverhältnissen

	Beamte	Angestellte	Arbeiter	Gemeinden insgesamt	öffentl. Dienst[1]) insgesamt
1960	111	239	235	586 (66)	3002 (194)
1984	147 (3)	599 (109)	376 (141)	1124 (254)	4554 (733)
Veränderung in %	+32	+151	+60	+97 (+284)	+52 (+277)

[1])ohne Soldaten

Nach ausgewählten Aufgabenbereichen der Gemeinden

	politische Führung und zentrale Verwaltung	öffentliche Sicherheit und Ordnung	(Vor-)Schulen, kulturelle Angelegenheiten	Soziale Sicherung	Gesundheit, Sport, Erholung	Wohnungswesen und Gemeinschaftsdienste	rechtlich unselbständige Wirtschaftsunternehmen
1960	143	48	32	54	122	63	122
1984	189	58	71	75	269	123	67
Veränderung in %	+32	+20	+121	+38	+120	+95	–55

	Beamte	Angestellte	Arbeiter	Gesamt
Köln ca. 960000 Einwohner	3491	7023	5075	15589 (Stand: 1985)
Koblenz ca. 114000 Einwohner	358	1178	837	2373 (Stand: 1983)
Amberg ca. 43000 Einwohner	136	703	398	1237 (Stand: 1983)

Quelle: Statistisches Bundesamt. Fachserie 14. Reihe 6: Personal des öffentlichen Dienstes 1984, S. 148

Stellenplan – Personalplanung

Personalplanung bedeutet das Vorausbestimmen des Bestandes und Bedarfes an Personal zu einem künftigen Zeitpunkt, um zukünftige Entwicklungen rechtzeitig zu erkennen und sie bei den heutigen Entscheidungen, z. B. über die Einstellung von Nachwuchskräften, über Aus- und Fortbildungsmaßnahmen oder über Beförderungen, Versetzungen u. ä., berücksichtigen zu können.

Der künftige Personalbedarf einer Kommunalverwaltung ist vor allem von den folgenden vier *Faktoren* abhängig: 1. *Aufgabenentwicklung*, die ihrerseits durch diverse Einflußgrößen bestimmt wird (z. B. Nachfrage nach öffentlichen Leistungen, politische Entscheidungen, Gesetze, Finanzsituation, Umweltentwicklung); 2. *Organisation und Sachmittel* (Arbeitsabläufe, Rationalisierung, Einsatz von Computern usw.); 3. *Arbeitsmarktsituation und Arbeitsrecht* (einschließlich der Entwicklung der Arbeitszeit); 4. *Personalsituation* (Altersstruktur, Leistungsfähigkeit und -bereitschaft).

Personalplanung ist – wie die genannten Faktoren deutlich machen – mit zahlreichen Unsicherheiten behaftet; Prognosen sind demzufolge nur von begrenzter Treffsicherheit. Dennoch sind längerfristige Projektionen zumindest für wichtigere verwaltungseigene Ausbildungsberufe unerläßlich und mit gewissen Toleranzbreiten auch „machbar". Dabei sollte prinzipiell wie folgt vorgegangen werden:

1. Abschätzung des *Ersatzbedarfes* (infolge Erreichens der Altersgrenze, Dienstunfähigkeit, Beurlaubung, Kündigung, Versetzung, Aufstieg usw.) anhand von Personalstatistiken; 2. Prognose des Neu- oder *Zusatzbedarfs* infolge von Aufgabenveränderungen, Arbeitszeitverkürzungen, Rationalisierungen usw. anhand allgemeiner politischer, demographischer, technologischer Prognosen.

Kurzfristiger aufgabenbezogener Personalbedarf wird vielfach auch mit sogenannten *Personalbemessungsverfahren* ermittelt. Neben einfachen Schätzverfahren sind konzeptionelle (z. B. Schüler-Lehrer-Quote) und analytische Bemessungsverfahren verbreitet. Grundidee der analytischen Bemessung: Für häufiger vorkommende Tätigkeitsarten (z. B. Fertigen eines Bescheides) werden mittlere Zeitdauer eines Falles und Zahl der Fälle pro Jahr ermittelt. Das Produkt beider wird durch die Normalleistung eines Mitarbeiters dividiert und so der Personalbedarf für Routinearbeiten formelmäßig ermittelt.

Der *Stellenplan* weist die für eine Verwaltung für notwendig erachteten Stellen (Dienstposten) nach Art (Dienstverhältnisse: Beamte, Angestellte, Arbeiter; ggf. feiner in Berufsgruppen und Hierarchieebenen unterteilt), Bewertung (Besoldungs-, Vergütungs-, Lohngruppe), Anzahl und jeweiligem Betrag (Durchschnittssatz je Entgeltgruppe einschließlich üblicher Zuschläge u. ä.) aus. Er ist Anlage oder Bestandteil des jährlichen *Haushaltsplanes* (vgl. S. 148) und unterliegt daher auch der Beschlußfassung durch die *Gemeindevertretung* (vgl. S. 80). Er ist die finanzwirtschaftliche Ermächtigung der Verwaltung zur Besetzung der darin vorgesehenen Stellen, aber nicht die Verpflichtung zur Stellenbesetzung, denn das Prinzip der Wirtschaftlichkeit muß eingehalten werden. Der Stellenplan muß deshalb nicht mit dem aktuellen Personalbestand übereinstimmen, es kann ja auch unbesetzte Stellen geben.

Da Gemeinden in ihrer Verwaltung über Organisations- und Personalhoheit verfügen, haben sie das Recht zur Einrichtung von Stellen nach eigenen Vorstellungen, was sich in entsprechenden Stellenplänen ausdrückt. Dieses Recht wird indes durch verschiedene bundes- und landesrechtliche Vorschriften begrenzt (z. B. Stellenobergrenzen). Der Stellenplan baut auf der gegebenen Organisationsstruktur auf, wie sie aus dem *Aufgaben-* und *Verwaltungsgliederungsplan* sowie dem *Geschäftsverteilungsplan* ersichtlich ist. Er wird durch *Stellenbeschreibungen* präzisiert. Er hat insofern auch politische Bedeutung, als durch ihn die Intensität der Aufgabenerfüllung wesentlich bestimmt wird.

Eigentlich müßte der Stellenplan jährlich aufgrund einer differenzierten Personalplanung, insbesondere Aufgabenplanung und -kritik (vgl. S. 136), mit Hilfe analytischer Bemessungsverfahren fortentwickelt werden. In der Praxis wird der Vorjahresbedarf allerdings meist ziemlich pauschal fortgeschrieben, seit einiger Zeit durch politische Vorgaben („Nullstellenplan" u. ä.) angereichert. Der Stellenplan wird im laufenden Haushaltsjahr „bewirtschaftet", indem aufgrund seiner Ermächtigung Mitarbeiter eingesetzt, versetzt, befördert und die entsprechenden Stellen umgewandelt, gesperrt oder verlagert werden (vgl. S. 160).

Handbuch des öffentlichen Dienstes. Hg. v. W. Wiese. Bd. 3: Personalwesen. Köln 1982. – Wimmer, P.: Personalplanung. Stuttgart 1985.

Einflußgrößen auf den Personalbedarf

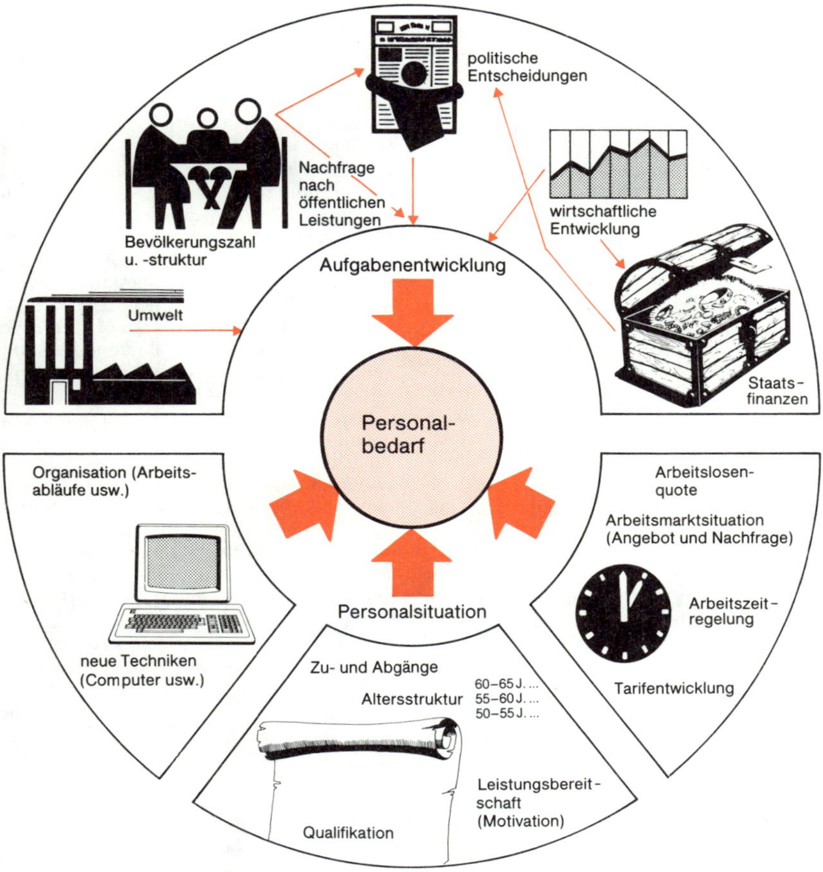

Pressestelle – Öffentlichkeitsarbeit

Pressestellen und Dienststellen für kommunale Öffentlichkeitsarbeit gehören heute zum festen Bestand der Gemeinde-, zunehmend aber auch der Kreisverwaltungen. In den etwa 150 Städten mit mehr als 50000 Einwohnern finden sich unterschiedliche organisatorische Ausgestaltungen dieser Funktionen: vor allem bei den größeren Großstädten als selbständiges Amt, in Kombination mit einer anderen Dienststelle, als sogenanntes Pressereferat, als Abteilung oder Sachgebiet beim Hauptamt oder einem anderen Amt oder ohne eigene Dienststelle. Seit der Einrichtung der ersten städtischen Pressestelle im Jahre 1906 in Magdeburg hat sich der Aufgabenkreis dieser Dienststellen erheblich erweitert. Die ursprüngliche Aufgabe der „Nachrichtengebung aus dem Rathaus" ist heute nur noch ein Teilbereich vielfältiger Aktivitäten. Vor allem in den letzten 15 Jahren hat die kommunale Presse- und Öffentlichkeitsarbeit eine neue Dimension erhalten, weil im Rahmen der kommunalen Planungen Information und Beteiligung der Bürger und der Öffentlichkeit einen neuen Stellenwert erhalten haben (vgl. S. 42). Zwar ist die kommunale Pressestelle nicht in der Lage, in den verschiedenen derzeit vorhandenen Formen der Bürgerbeteiligung die zentrale Rolle als Mittler zur Öffentlichkeit zu spielen. Eine solche Rolle verbietet sich bereits aus fachlichen und verwaltungsökonomischen Erwägungen. Andererseits muß die Presse- und Öffentlichkeitsdienststelle aber bei derartigen Beteiligungsverfahren den zuständigen Fachämtern beratend und möglicherweise auch koordinierend zur Seite stehen, was zusätzliche Anforderungen stellt.

Angesichts der Bedeutung der Pressestelle und der Öffentlichkeitsarbeit kommt der Ausgestaltung der Funktion des Pressereferenten und seiner organisatorischen Einbindung in die Verwaltung besondere Bedeutung zu. Unabhängig von der organisatorischen Ausgestaltung der Pressestelle ist der Pressereferent in aller Regel dem Verwaltungschef unterstellt. Mehr als die Hälfte der Presseamts- bzw. sonstigen Dienststellenleiter dürfen an den Beigeordneten-/Dezernentenkonferenzen (vgl. S. 88) teilnehmen, um unmittelbar Zugang zu wichtigen Informationen im kommunalpolitischen Geschehen zu haben. Von der Persönlichkeit her müssen die Pressereferenten flexible und umfassend vorgebildete Personen sein, die über journalistische und administrative Erfahrung verfügen und zur vertrauensvollen Zusammenarbeit mit den Ämtern der Verwaltung wie mit der örtlichen Presse befähigt sein müssen.

Besondere Bedeutung in der Arbeit der Pressestelle kommt der Zusammenarbeit mit der lokalen Presse zu. Fernsehen und Hörfunk spielen demgegenüber nur in Großstädten bzw. bei besonderen Anlässen eine Rolle. Das Verhältnis von Pressestelle und lokaler Presse wird im allgemeinen als gut bezeichnet, doch ist es nicht ohne Probleme. Diese liegen vor allem im fachlichen Bereich, da die Mehrzahl der Lokalredaktionen der wachsenden Komplexität der kommunalen Aufgaben und dem Sachverstand der kommunalen Verwaltung schon aus Gründen der personalen Kapazität nicht gewachsen sind. Die Herausgabe amtlicher Bekanntmachungen in Form des Amtsblattes hat in zahlreichen Städten und Gemeinden eine über die trockene Verkündung neuer Satzungen und Tarife hinausgehende Bedeutung für die gemeindliche Selbstdarstellung und lokale Öffentlichkeit. Gerade in kleineren Städten und Gemeinden finden in diesen Publikationen die örtlichen Vereine (vgl. S. 48) Raum für die Darstellung ihrer vielfältigen Aktivitäten. Die sogenannten Neuen Medien (vgl. S. 210) stellen auch die Pressestelle vor neue Aufgaben. Die kommunalen Dienststellen für Presse- und Öffentlichkeitsarbeit stehen – wie auch die staatlichen Pressestellen – unter dem verfassungsrechtlichen Gebot der parteipolitischen Enthaltsamkeit. Dieses Gebot gilt nicht etwa nur zu Wahlkampfzeiten, sondern durchgängig. In der Praxis bedeutet dies, daß sich die Ratsfraktionen für ihre Öffentlichkeitsarbeit nicht des Presseamtes bedienen dürfen. Andererseits ist es den Gemeinden nicht verwehrt, ihre Pressestellen und Öffentlichkeitsarbeit in die allgemeine „Gemeindepflege" oder „Imagewerbung", z. B. als „Standort-Marketing" in der kommunalen Gewerbepolitik (vgl. S. 302), einzuschalten.

Kommunale Entwicklungsplanung. Arbeitshilfe. Hg. v. Deutschen Institut für Urbanistik. Teil 2: Öffentlichkeitsarbeit. Berlin 1974. – Müller, Ewald: Bürgerinformation. Kommunalverwaltung und Öffentlichkeit. Köln-Stuttgart [2]1977.

Presse- und Öffentlichkeitsarbeit

(Aufgabengliederungsplan der Kommunalen Gemeinschaftsstelle für Verwaltungsvereinfachung)

1 Information von Presse, Rundfunk, Fernsehen, Nachrichtenagenturen und anderen Medien

2 Vorbereitung und Durchführung von Pressekonferenzen, Pressebesichtigungen, Vermittlung von Interwiews, Betreuung von Journalisten

3 Zusammenarbeit mit anderen Pressestellen und Informationsdiensten

4 Vertretung und Förderung gemeindlicher Interessen in Literatur, Publizistik, Film, Bild und anderen Medien

5 Publizistische Beratung von Rat und Verwaltung, Inneninformattion, Herausgabe eines Pressespiegels

6 Planung und Koordinierung der gemeindlichen Öffentlichkeitsarbeit einschließlich der Imagepflege und des visuellen Erscheinungsbildes

7 Bürgerinformation über gemeindliche Planungen und Aktivitäten durch Publikationen, audiovisuelle Mittel, Ausstellungen, Veranstaltungen oder besondere Einrichtungen

8 Koordinierung der Herausgabe, der Redaktion und der Gestaltung aller gemeindlicher Publikationen und audiovisuellen Mittel, Herausgabe und Redaktion der Verwaltungsberichte

9 Stadtwerbung, soweit nicht Aufgabengruppe 80 zugewiesen

10 Herausgabe amtlicher Bekanntmachungen

11 Auftragserteilung für Anzeigen

Gemeindestatistik

Bereits 1861 wurde in Bremen das erste statistische Amt einer deutschen Stadt eingerichtet. Seit über 100 Jahren, beginnend mit der ersten „Conferenz der Directoren der statistischen Bureaux deutscher Städte" im Jahre 1879, gibt es den organisierten Erfahrungsaustausch und die fachliche Zusammenarbeit zwischen den statistischen Dienststellen der Städte. Das rasante Städtewachstum und seine Begleiterscheinungen waren seinerzeit für die Stadtverantwortlichen so drängend geworden, daß sie diese Entwicklungen fachlich kompetent erfassen und beobachten lassen wollten. Hierfür wurden zentrale statistische Dienststellen eingerichtet. Die statistische Information bedarf der Einordnung, des Vergleichs. Neben der Beobachtung zeitlicher Veränderung ist der Vergleich mit anderen Städten besonders geeignet, Ausmaß und Veränderungen eines Sachverhaltes in der eigenen Stadt zu bewerten.

Mit den jeweiligen Problemen der Städte haben sich auch die *Themen der Statistik* vielfach verändert. Waren es zunächst beispielsweise Herkunft und Zusammensetzung der Zuwanderung in Städte, die Behausung der Stadtbewohner, Verteilung von Wohlstand und Armut sowie die Struktur der Arbeitsplätze, so sind heute neben Wirtschaftsentwicklung und Beschäftigung die Umbruchsituation des Wohnungsmarktes, die Umweltqualität und die Effizienzbeobachtung von Verwaltungsmaßnahmen Themen der Gemeindestatistik.

Die Gemeinden sind in die *Amtliche Statistik* eingebunden. Die 17 Volkszählungen zwischen 1871 und 1970, die eine allgemein zugängliche, vergleichbare Datengrundlage für die Entwicklung der deutschen Städte bilden, wurden zu einem erheblichen Teil von den Gemeinden getragen. Wesentliche Säulen der aktuellen Amtlichen Statistik, so die *Bevölkerungsstatistik* und die *Statistik der Bautätigkeit,* sind ohne ständige Mitwirkung der Gemeinden undenkbar. Dennoch ist die Gemeindestatistik bislang eine freiwillige Aufgabe.

Mit dem *Volkszählungsurteil* des Bundesverfassungsgerichtes vom 15. 12. 1983 wurden nicht nur Teile des Gesetzes für eine Volkszählung 1983 für verfassungswidrig erklärt. Das höchste deutsche Gericht schätzt die mit der modernen Datenverarbeitung verbundenen Gefahren so hoch ein, daß es bereits die Erhebung, Speicherung und Weitergabe von Daten, nicht erst deren Nutzung als Eingriff in die Persönlichkeitsrechte wertet. Das Grundrecht der „informationellen Selbstbestimmung" darf nur durch Gesetz beschränkt werden. Gleichzeitig bestätigt das Bundesverfassungsgericht die Notwendigkeit einer umfassenden, kontinuierlichen sowie laufend aktualisierten Information über die wirtschaftlichen, ökologischen und sozialen Zusammenhänge. Zur Ausfüllung der kommunalen Selbstverwaltungsgarantie im Grundgesetz (vgl. S. 18) müssen auch die Gemeinden in der Lage sein, die zur Fundierung ihrer Entscheidungen benötigten statistischen Informationen in eigener Verantwortung beschaffen und organisieren zu können. Dazu ist die gesetzliche Absicherung der Gemeindestatistik und ihre organisatorische Abschottung erforderlich. Letzteres koppelt aus praktischen Gründen die Gemeindestatistik an eine Mindestgröße der Gemeinden bzw. Gemeindeverwaltung.

Auswertungsgrundlage der Gemeindestatistik ist ein *Raumbezugssystem,* das die Einzeladressen (Straße und Hausnummer) den Straßenabschnitten, Baublöcken und beliebigen Distrikten (Statistische Bezirke usw.) zuordnet. Die im kommunalen statistischen Informationssystem gespeicherten Daten aus verschiedenen Quellen können jeweils auf ihrer kleinsten gemeinsamen räumlichen Ebene verknüpft und ausgewertet werden. Die Ergebnisse der Gemeindestatistik werden in Tabellen, Grafiken und thematischen Karten dokumentiert sowie im Rahmen der Stadtforschung analysiert. Während die Veröffentlichungen der Statistischen Landesämter und das Statistische Jahrbuch Deutscher Gemeinden in der Regel nur Gemeindeergebnisse beinhalten, gehen die statistischen Veröffentlichungen der Gemeinden auch auf innergemeindliche Strukturen und Prozesse ein.

Städtestatistik und Stadtforschung. Hg. v. Verband Deutscher Städtestatistiker. Hamburg 1979. – Breuer, H./Krupp, H. J./Appel, G.: Statistik im Spannungsfeld der Gesellschaft. Hamburg 1984. – Datennotstand und Datenschutz. Hg. v. Statistischen Bundesamt. Stuttgart–Mainz 1985.

Beispiele für die Darstellung statistischer Informationen

a) Tabelle

Genehmigte Bauvorhaben in Wuppertal

Jahr	Wohngebäude			Nichtwohngebäude		
	insgesamt	darin Wohnungen	Baukosten	insgesamt	Rauminhalt[1)]	Baukosten
	Anzahl	Anzahl	1 000 DM	Anzahl	1 000 m^3	1 000 DM
	Januar bis August d. J.					
1980	370	863	114 195	129	242,8	42 077
1981	204	589	80 265	116	127,1	29 969
1982	157	543	72 294	156	125,9	26 783
1983	170	647	83 309	97	97,5	23 195
1984	196	702	95 353	139	328,5	81 302
1985	157	504	67 033	93	98,6	16 574
	Jahreswerte					
1980	602	1 283	171 563	214	534,8	91 042
1981	397	1 198	152 770	197	263,3	52 877
1982	223	854	111 489	224	177,2	36 068
1983	274	1 037	137 775	163	281,9	50 975
1984	304	1 057	141 237	216	556,9	141 885

1) Einschließlich Baumaßnahmen an bestehenden Gebäuden.

b) Säulengrafik

Umsatz je Arbeitsstunde im Wuppertaler Bauhauptgewerbe

Öffentl. Bau · Gewerbl. Bau · Wohnungsbau · Bau insgesamt

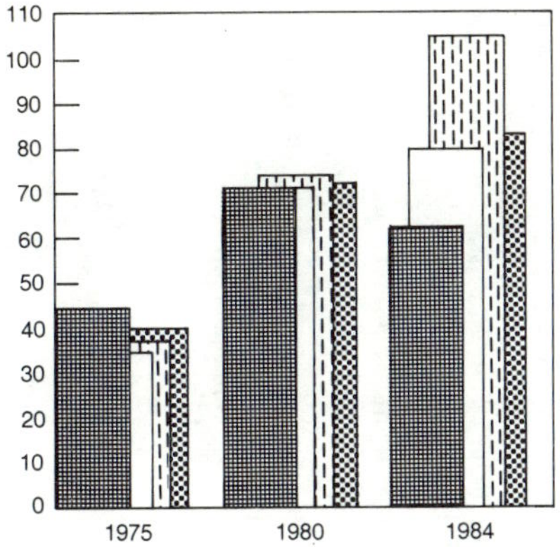

c) Kurvendiagramm

Wuppertal: Bevölkerungsreproduktion durch Geburten

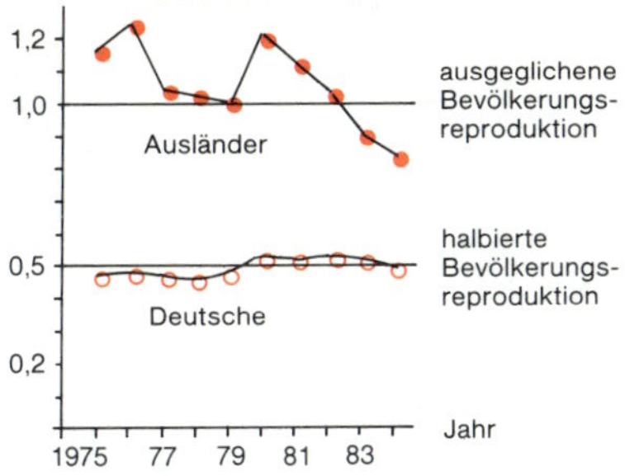

d) thematische Karte

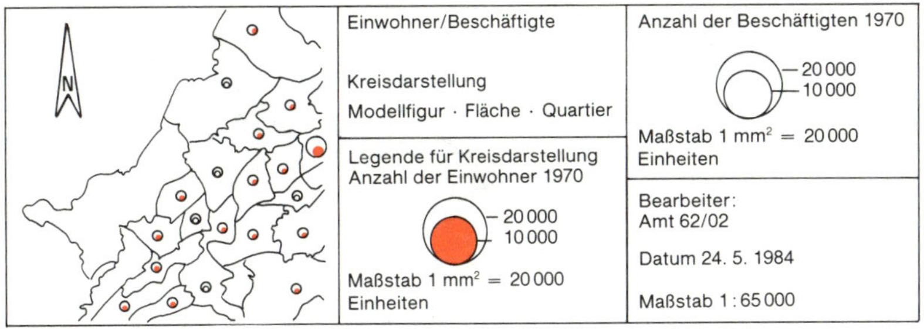

Rechnungsprüfungsamt

Dem Rechnungsprüfungsamt obliegt als besonderem Teil der Gemeindeverwaltung die ständige Kontrolle der Ausgaben und Einnahmen auf der Grundlage des Gemeindehaushalts (vgl. S. 148).

Rechnungsprüfungsämter sind einzurichten in kreisfreien Städten und in großen und mittleren kreisangehörigen Städten sowie in Gemeinden mit mehr als 20 000 Einwohnern (in Niedersachsen: mehr als 30 000 Einwohnern); andere Gemeinden können bzw. sollen ein Rechnungsprüfungsamt einrichten, wenn ein Bedürfnis hierfür besteht und die Kosten im angemessenen Verhältnis zum Umfang der Verwaltung stehen.

Das Rechnungsprüfungsamt ist dem obersten Gemeindeorgan, also dem Rat (Gemeinderat, Gemeindevertretung), unmittelbar verantwortlich und in seiner sachlichen Tätigkeit unmittelbar unterstellt. Aufträge zur Prüfung der übrigen Verwaltung werden deshalb vom obersten Gemeindeorgan erteilt. Eingeschränkt, z. B. in Nordrhein-Westfalen innerhalb seines Amtsbereichs, kann auch der Hauptverwaltungsbeamte, also der Bürgermeister oder der Gemeindedirektor, unter Mitteilung an den Vorsitzenden des Rates dem Rechnungsprüfungsamt Aufträge erteilen. Entsprechendes gilt für den Ersten Bürgermeister (in Bayern) und für den Gemeindevorstand (in Hessen).

Das Rechnungsprüfungsamt ist bei der Wahrnehmung seiner Aufgaben unabhängig und nur dem Gesetz unterworfen. Dies wird besonders gesichert: Der *Leiter des Rechnungsprüfungsamtes* – in Bayern auch sein Stellvertreter – muß Beamter sein, der Leiter und die Prüfer dürfen Zahlungen für die Gemeinde weder anordnen noch ausführen. Sie dürfen nicht Mitglieder des Rates sein, dürfen eine andere Stellung in der Gemeinde nur innehaben, wenn das mit ihren Prüfungsaufgaben vereinbar ist, und dürfen oder sollen keine engen verwandtschaftlichen Beziehungen zum Bürgermeister bzw. Gemeindedirektor, zum Kämmerer oder zum Kassenverwalter und dessen Stellvertreter haben.

Das Rechnungsprüfungsamt prüft:

1. ob die *Haushaltssatzung* und der *Haushaltsplan* der Gemeinde eingehalten worden sind;
2. ob die einzelnen *Einnahmen* und *Ausgaben* sachlich und rechnerisch begründet sind und ob nach den geltenden Vorschriften verfahren worden ist;
3. ob *Jahresrechnung* und *Vermögensnachweise* ordnungsgemäß aufgestellt sind;
4. ob *wirtschaftlich und sparsam verfahren* wird, insbesondere, ob Aufgaben mit geringerem Personal- oder Sachaufwand oder auf andere Weise wirksamer hätten erfüllt werden können.

Ergibt die Prüfung der Rechnung Unstimmigkeiten, so hat die übrige Gemeindeverwaltung die erforderliche Aufklärung beizubringen. Das Ergebnis der Prüfung ist schriftlich niederzulegen. Einzelheiten des Ablaufs und der Form der vorzunehmenden Prüfungen, z. B. die Art und Weise der laufenden Prüfung der Kassenvorgänge oder der Anordnung auf Auszahlung oder Annahme von Geldleistungen der Gemeinde oder der Vergabe von Leistungen und Bauaufträgen, werden auf der Grundlage der Gemeindeordnung durch besondere Anweisungen der Gemeindeverwaltung geregelt.

Die Stadtstaaten Berlin, Hamburg und Bremen haben als Länder die Rechnungsprüfung aufgrund ihrer Verfassungen bzw. durch Gesetz jeweils ihren besonderen Verhältnissen entsprechend geregelt. Besondere gesetzliche Bestimmungen gelten auch für die überörtliche Rechnungsprüfung, die z. B. Eigenbetriebe und Krankenhäuser unter Einbeziehung der Buchführung kontrolliert und die u. a. zu prüfen hat, ob zweckgebundene Zuweisungen (vgl. S. 156) der Länder oder des Bundes bestimmungsgemäß verwendet worden sind.

Die Gemeindeordnungen und die Kreisordnungen in der Bundesrepublik Deutschland. Bearb. v. G. Schmidt-Eichstaedt, I. Stade und M. Borchmann. Stuttgart u. a. 1975 ff. Loseblatt. Stand Sept. 1985. – Schieder, H./Ludyga, H. J.: Gemeindeordnung für den Freistaat Bayern. Köln u. a. [5]1983. – Kunze, R./Bronner, O./Katz, A.: Die Gemeindeordnung für Baden-Württemberg. Stuttgart [4]1984. Loseblatt. – Gemeindeordnung Nordrhein-Westfalen. Hg. v. P. M. Mombaur. Köln u. a. [29]1985.

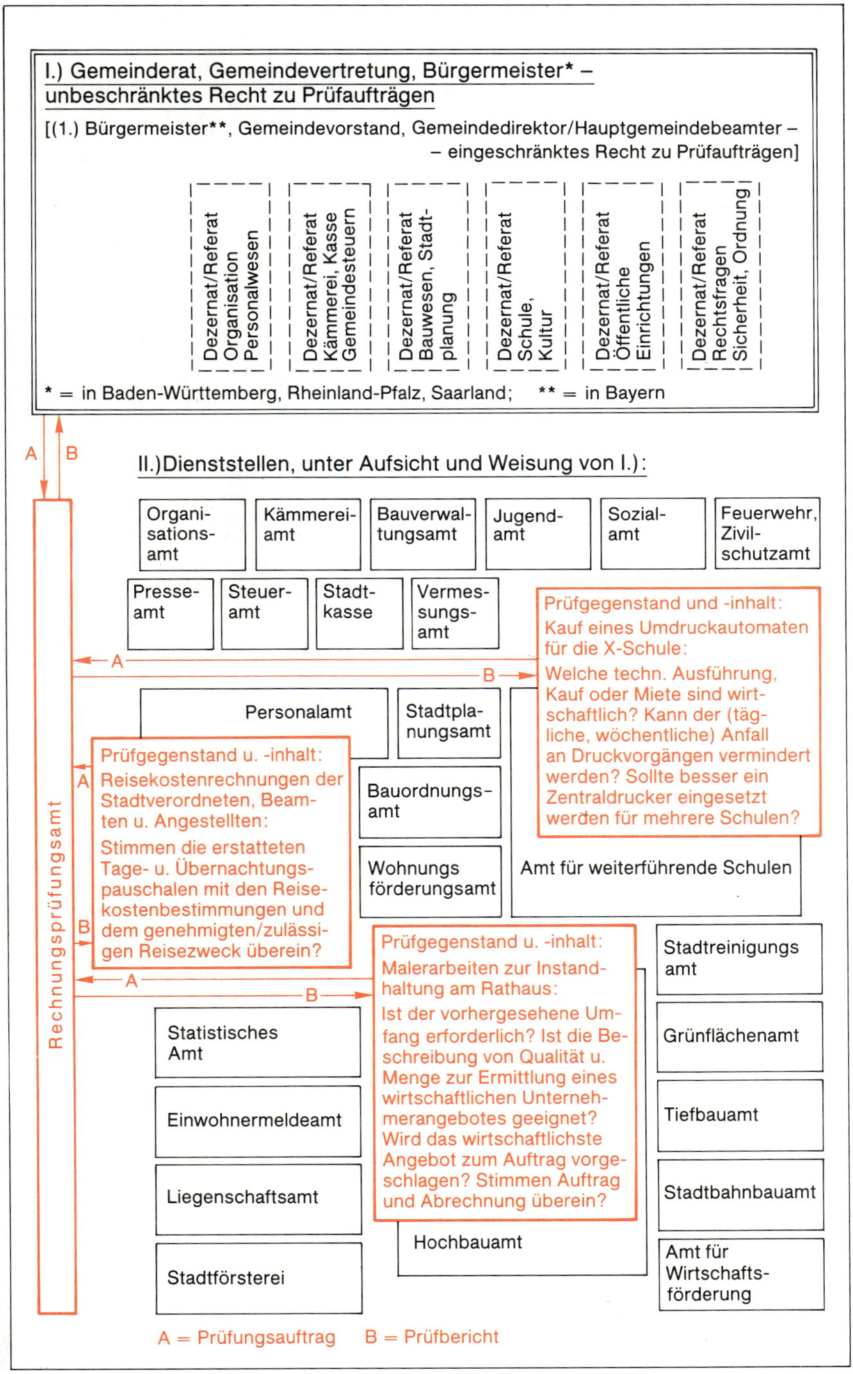

I.) Gemeinderat, Gemeindevertretung, Bürgermeister* – unbeschränktes Recht zu Prüfaufträgen
[(1.) Bürgermeister**, Gemeindevorstand, Gemeindedirektor/Hauptgemeindebeamter – – eingeschränktes Recht zu Prüfaufträgen]
Dezernat/Referat Organisation Personalwesen
Dezernat/Referat Kämmerei, Kasse Gemeindesteuern
Dezernat/Referat Bauwesen, Stadtplanung
Dezernat/Referat Schule, Kultur
Dezernat/Referat Öffentliche Einrichtungen
Dezernat/Referat Rechtsfragen Sicherheit, Ordnung
* = in Baden-Württemberg, Rheinland-Pfalz, Saarland; ** = in Bayern
A
B
II.)Dienststellen, unter Aufsicht und Weisung von I.):
Organisationsamt
Kämmereiamt
Bauverwaltungsamt
Jugendamt
Sozialamt
Feuerwehr, Zivilschutzamt
Presseamt
Steueramt
Stadtkasse
Vermessungsamt
Prüfgegenstand und -inhalt: Kauf eines Umdruckautomaten für die X-Schule: Welche techn. Ausführung, Kauf oder Miete sind wirtschaftlich? Kann der (tägliche, wöchentliche) Anfall an Druckvorgängen vermindert werden? Sollte besser ein Zentraldrucker eingesetzt werden für mehrere Schulen?
Personalamt
Stadtplanungsamt
Prüfgegenstand u. -inhalt: Reisekostenrechnungen der Stadtverordneten, Beamten u. Angestellten: Stimmen die erstatteten Tage- u. Übernachtungspauschalen mit den Reisekostenbestimmungen und dem genehmigten/zulässigen Reisezweck überein?
Bauordnungsamt
Wohnungsförderungsamt
Amt für weiterführende Schulen
Rechnungsprüfungsamt
Prüfgegenstand u. -inhalt: Malerarbeiten zur Instandhaltung am Rathaus: Ist der vorhergesehene Umfang erforderlich? Ist die Beschreibung von Qualität u. Menge zur Ermittlung eines wirtschaftlichen Unternehmerangebotes geeignet? Wird das wirtschaftlichste Angebot zum Auftrag vorgeschlagen? Stimmen Auftrag und Abrechnung überein?
Stadtreinigungsamt
Grünflächenamt
Tiefbauamt
Stadtbahnbauamt
Amt für Wirtschaftsförderung
Statistisches Amt
Einwohnermeldeamt
Liegenschaftsamt
Stadtförsterei
Hochbauamt
A = Prüfungsauftrag B = Prüfbericht

Haushalt – Haushaltsstruktur

Der Haushaltsplan enthält Angaben über die voraussichtlichen *Ausgaben* (vgl. S. 160 und S. 162) zur Erfüllung der jeweiligen Aufgaben einer Kommune in dem bevorstehenden Haushaltsjahr und die voraussichtlichen *Einnahmen* (vgl. S. 152 bis 156) zur Finanzierung dieser Ausgaben. Der Haushaltsplan beruht auf einem Entwurf der Verwaltung und wird nach Beratung vom Rat (vgl. S. 80) beschlossen. Er ist damit auch Ausdruck der politischen Prioritäten hinsichtlich Art und Umfang der geplanten Aufgabenerfüllung. Im Gegensatz zum Haushaltsplan, der die geschätzten Einnahmen und Ausgaben im voraus veranschlagt, stellt die *Haushaltsrechnung* als Ergebnis der Haushaltsführung des abgelaufenen Haushaltsjahres die tatsächlichen Einnahmen und Ausgaben fest.

Der Gemeindehaushalt ist – im Gegensatz zu den Haushalten von Bund und Ländern – in zwei Teilhaushalte unterteilt, den Verwaltungs- und den Vermögenshaushalt. Der *Verwaltungshaushalt* erfaßt alle laufend im Rahmen der Verwaltung bzw. der Erfüllung kommunaler Aufgaben anfallenden Ausgaben, zu denen vor allem Personalausgaben (vgl. S. 160), laufender Sachaufwand (vgl. S. 162), soziale Leistungen und Zinsen gehören, sowie die zu ihrer Finanzierung dienenden Einnahmen, insbesondere Steuern (vgl. S. 152), Gebühren (vgl. S. 154) und allgemeine Zuweisungen vom Land (vgl. S. 156). Der *Vermögenshaushalt* umfaßt die vermögenswirksamen Ausgaben und Einnahmen, insbesondere die Investitionen (Ausgaben für Baumaßnahmen und Erwerb von Sachvermögen, vgl. S. 166) und die Investitionszuweisungen von Bund und Land, Veräußerungserlöse, Beiträge sowie Verschuldungsvorgänge (Aufnahme und Tilgung von Krediten [vgl. S. 158]) und Rücklagenbewegungen (Zuführungen und Entnahmen). Im Verwaltungshaushalt muß zumindest ein – als Pflichtzuführung bezeichneter – Überschuß der Einnahmen über die Ausgaben erwirtschaftet werden, der dem Vermögenshaushalt vor allem zur Gewährleistung der ordentlichen Schuldentilgung zuzuführen ist. Darüber hinausgehende Zuführungen, die auch als „freie Spitze" bezeichnet werden, sind besonders als Eigenmittel für die Investitionsfinanzierung von Bedeutung.

Die Kommunalhaushalte sind in zehn *Einzelpläne* (0 bis 9) unterteilt, die eine *Gliederung nach Aufgabenbereichen* darstellen. Die größten Ausgabenanteile beanspruchen gegenwärtig die soziale Sicherung mit dem Hauptbestandteil Sozialhilfe, der Bereich Gesundheit/Sport/Erholung, in dem die Krankenhausausgaben dominieren, sowie der Bereich Bau- und Wohnungswesen/Verkehr, zu dem Straßenbau und -unterhaltung gehören. Als markanteste Veränderungen dieser Struktur im vergangenen Jahrzehnt sind zu nennen: deutliche Anteilsverluste bei Schulen und Straßen sowie stark zunehmende Anteile der Sozialhilfe-, aber auch der Krankenhausausgaben.

Da die kommunalen Aufgaben überwiegend Dienstleistungscharakter haben, bestehen die kommunalen Ausgaben zu fast einem Drittel aus *Personalausgaben;* ihr Anteil war im vergangenen Jahrzehnt relativ konstant. Eindeutig zunehmende Tendenz weisen die Anteile des laufenden Sachaufwands (auf ca. 20%) und der sozialen Leistungen (auf ca. 13%) auf. Dagegen war der *Investitionsanteil,* der bis Mitte der 1970er Jahre noch über 30% lag, insbesondere seit 1980 stark rückläufig. Er beträgt gegenwärtig (1986) nur noch etwa 20%.

Bei der *Finanzierung der Kommunalhaushalte* spielen – im Gegensatz zu Bund und Ländern – neben Steuereinnahmen (vor allem Gewerbesteuer, Gemeindeanteil an der Einkommensteuer, Grundsteuer) auch andere Einnahmearten, insbesondere Zuweisungen von Bund und Land für laufende und investive Zwecke sowie Gebühren und Beiträge, eine gewichtige Rolle. Stark rückläufig war in den letzten Jahren die Finanzierung über Kredite (vgl. S. 158), die 1984 nur 1,8% der Einnahmen ausmachten. Die Nettokreditfinanzierungsquote lag 1982 noch bei 4,2%, 1972 dagegen sogar über 10%.

Schmid, Hansdieter: Der Haushaltsplan – Kein Buch mit sieben Siegeln. Schwäbisch Hall 1984. – Karrenberg, H./Münstermann, E.: Gemeindefinanzbericht des Deutschen Städtetags. Köln jährlich.

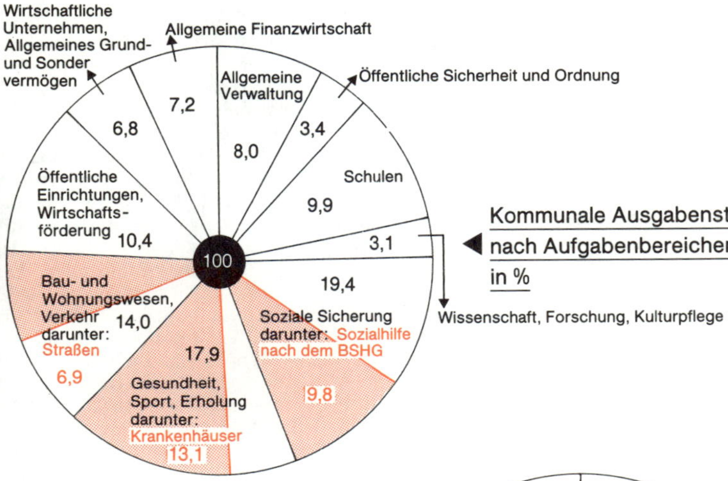

Kommunale Ausgabenstruktur nach Aufgabenbereichen in %

Kommunale Ausgabenstruktur nach Arten in %

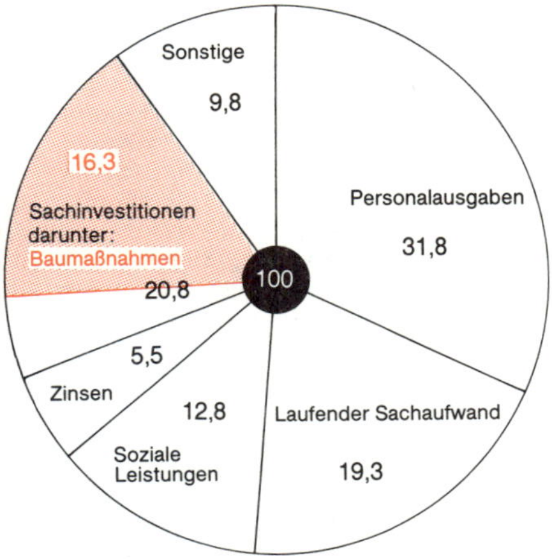

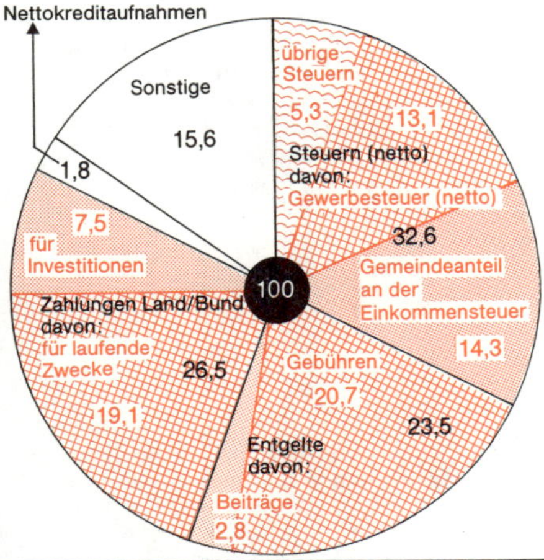

Struktur der kommunalen Haushaltsfinanzierung in %

Mittelfristige Finanz- und Investitionsplanung

Der gemeindliche Haushaltsplan wird für jedes Jahr neu aufgestellt. Diese Arbeit ist nicht möglich ohne eine Beurteilung auch der Frage, wie die finanzielle Situation der Gemeinde sich in den kommenden, über das Haushaltsjahr hinausreichenden Jahren entwickeln wird. Als Bestandteil des Haushaltsplanes ist daher jährlich eine mehrjährige Finanzplanung vorzulegen, die aus zwei Teilen besteht: dem eigentlichen Finanzplan und dem Investitionsprogramm. Der Planungszeitraum umfaßt das kommende Haushaltsjahr und die darauf folgenden drei Jahre, zusätzlich werden die (Soll-)Ausgaben aus dem laufenden Haushalt aufgeführt. Für diesen Zeitraum hat sich der Begriff *„mittelfristig"* eingebürgert.

Grundlage der Finanzplanung ist das *Investitionsprogramm.* Es enthält alle mittelfristig geplanten bzw. bereits begonnenen Investitionen und Investitionsförderungsmaßnahmen nach Aufgabenbereichen geordnet und mit den auf die einzelnen Planungsjahre entfallenden Raten. Kleinere Maßnahmen dürfen zusammengefaßt werden. Als zusätzliche Information werden in vielen Gemeinden auch die erwarteten Zuweisungen und die Folgekosten der Investitionen aufgeführt; bei Projekten, die sich über den Planungszeitraum hinaus erstrecken, wird zudem der voraussichtliche Gesamtaufwand genannt.

Im *Finanzplan* sind Umfang und Zusammensetzung der voraussichtlichen Ausgaben nach Arten (Personalausgaben, Investitionen usw.) und deren Deckungsmöglichkeiten durch Steuern, Kredite usw. gegenübergestellt. Eine Aufteilung nach einzelnen Aufgabenbereichen erfolgt hierbei nicht. Die Planungswerte sollen möglichst realistisch geschätzt werden. Da die Prognose vieler Einnahme- und Ausgabearten für die einzelne Gemeinde nur schwer möglich ist, sollen die Innenminister der Länder dafür rechtzeitig Orientierungsdaten bekanntgeben. Diese Daten sind den örtlichen Verhältnissen anzupassen.

Mit der Finanzplanung werden mehrere Ziele verfolgt. Erstens soll sie eine koordinierte Planung für den gesamten öffentlichen Bereich ermöglichen. Mit Hilfe der Finanzstatistik werden die Ergebnisse der Finanzplanung aller Gemeinden sowie des Bundes und der Länder zusammengefaßt. Dem *Finanzplanungsrat,* dem Vertreter aller Gebietskörperschaften angehören, dienen diese Planzahlen zur Ermittlung volks- und finanzwirtschaftlicher Eckwerte, auf deren Grundlage dann Empfehlungen für eine konjunkturgerechte Haushaltspolitik der Gebietskörperschaften gegeben werden. Der Erfolg dieser Koordinierungspolitik ist bisher weitgehend ausgeblieben; das liegt u. a. daran, daß die Empfehlungen für die einzelne Gemeinde nicht verbindlich sind.

Zweitens – und dies ist für die Gemeinde noch wichtiger – dient die Finanzplanung der Gemeinde selbst zur Beurteilung ihrer künftigen finanziellen Leistungsfähigkeit. Insbesondere bei einer größeren Kreditaufnahme (vgl. S. 158) ist zu prüfen, ob die künftigen Einnahmen ausreichen werden, um auch die zusätzlichen Tilgungen und Zinsen tragen zu können. Berücksichtigt werden muß dabei auch, daß die mit den Krediten finanzierten Investitionen wiederum Folgekosten auslösen können. Der mittelfristige Planungszeitraum ist für diese Berechnungen allerdings in der Regel zu kurz bemessen.

Drittens ist schließlich die Aufstellung des Investitionsprogramms ein Vorgang von kommunalpolitischem Gewicht. Die einzelnen Ämter melden dazu ihren aus den Fachplanungen abgeleiteten Bedarf an investiven Mitteln an. Da dieser Bedarf die verfügbaren finanziellen Mittel in der Regel überschreitet, müssen Verwaltung und Gemeinderat eine Auswahl der gewünschten Investitionsprojekte in Form einer Dringlichkeitsliste vornehmen. Bis zur endgültigen Fassung des Investitionsprogramms findet sehr oft ein mehrmaliger Abgleich der Investitionswünsche mit den finanziellen Möglichkeiten der Gemeinde statt. Eine schließliche Aufnahme in das Programm bedeutet zwar noch nicht, daß ein Investitionsprojekt auch tatsächlich durchgeführt wird – eine Entscheidung darüber fällt erst im betreffenden Haushalt – , doch kann die Verwaltung mit der vorbereitenden Planung beginnen bzw. weitermachen.

Scheel, W./Steup, J.: Gemeindehaushaltsrecht Nordrhein-Westfalen. Kommentar. Köln u. a. [4]1981. – Meichsner, E./Seeger, R./Steenbock, R.: Kommunale Finanzplanung. Köln [2]1982. Loseblatt. Stand Jan. 1985.

Mittelfristige Finanzplanung der Stadt Stuttgart (verkürzt)

	EINNAHMEN in Mill. DM	1984	1985	1986	1987	1988	AUSGABEN in Mill. DM	1984	1985	1986	1987	1988
VERWALTUNGSHAUSHALT	Steuern	1075	1099	1149	1210	1229	Personalausgaben	558	578	594	615	636
	Allg. Zuweisungen	313	310	310	316	349	Sächl. Verwalt.- u. Betriebsausg.	645	659	677	693	711
	Einnahmen aus Verwaltung und Betrieb	628	675	693	713	734	Zuweisungen und Zuschüsse	430	475	489	509	526
	Sonstige Finanzeinnahmen	296	299	301	302	303	Sonstige Finanzausgaben	677	671	693	724	743
	Einnahmen des Verwaltungshaushaltes	2311	2383	2452	2541	2616	Ausgaben des Verwaltungshaushaltes	2311	2383	2452	2541	2616
VERMÖGENSHAUSHALT	Zuführung vom Verwaltungshaushalt	214	187	174	173	183	Zuführung an Rücklagen	17	16	17	17	17
	Rückflüsse von Darlehen, Einn. aus d. Veräußerung v. Sachen	191	139	40	40	40	Gewährung v. Darlehen, Zuweisungen etc.	164	124	129	116	93
							Vermögenserwerb	187	152	82	78	71
	Zuweisungen und Zuschüsse	85	80	79	75	63	Baumaßnahmen	247	268	243	228	218
	Einnahmen aus Krediten	150	181	243	271	215	Tilgung von Krediten	74	71	75	133	114
	Sonstige Einnahmen	53	51	14	15	13	Sonstige Ausgaben	4	7	4	2	1
	Einnahmen des Vermögenshaushalts	693	638	550	574	514	Ausgaben des Vermögenshaushalts	693	638	550	574	514

Investitionsprogramm 1984–1988 (Ausschnitt)

Haushaltsstelle	VKZ	Aufgabenbereich Investitionsvorhaben, Investitionsförderung	Voraussichtlicher Gesamtaufwand DM	Zu decken in den Jahren 1984 und früher DM	1985 DM	1986 DM	1987 DM	1988 DM
7		**Öffentliche Einrichtungen, Wirtschaftsförderung** (Fortsetzung)						
7020		**Hauptklärwerk Mühlhausen** (Fortsetzung)						
	152	Betriebs- und Sozialgebäude, 1. Bauabschnitt						
9350		Einrichtung	100000	100000				
9400		Bau	3750000	3650000	100000			
	155	Zulaufgerinne, Verteilerbauwerk und Schneckenpumpwerk						
9560		Abdeckung	850000	490000	360000			
	157	Betriebs- und Sozialgebäude, 2. Bauabschnitt, 1. Teil						
9350		Einrichtung	60000		60000			
9400		Bau	2540000	720000	1680000	140000		
	158	Klärgasaufbereitungsanlage und Faulraumbeheizung						
9560		Bau	3300000	300000	2000000	1000000		
	159	Erweiterung der biologischen Stufe, 1. Bauabschnitt						
9560		Bau	15000000		500000	6000000	5000000	3500000

Quelle: Haushaltsplan der Landeshauptstadt Stuttgart 1985

Gemeindeeinnahmen: Steuern

Steuern sind die wichtigste eigene Finanzierungsquelle der Kommunen. Sie machen im Durchschnitt rund ein Drittel der Einnahmen einer Gemeinde aus. Jeweils etwa ein Viertel der Einnahmen ergibt sich aus Gebühren und Beiträgen (vgl. S. 154) sowie aus Zuweisungen (vgl. S. 156) vom Land. Die restlichen Anteile werden durch sonstige Einnahmen (z. B. Verkaufserlöse, Zinseinnahmen) oder durch Kredite (vgl. S. 158) finanziert.

Bis zur Gemeindefinanzreform von 1969 war die *Gewerbesteuer* mit einem durchschnittlichen Anteil von fast 80% am Steueraufkommen die Hauptsteuerquelle der Städte und Gemeinden. Seit 1970 verfügen sie mit dem *Gemeindeanteil an der Lohn- und Einkommensteuer* über eine zweite gleich wichtige Steuerquelle. Die restlichen Gemeindesteuereinnahmen entfallen überwiegend auf die *Grundsteuer,* während der Finanzierungsbeitrag der *sonstigen Gemeindesteuern* (Anteil an der *Grunderwerbsteuer, Hundesteuer, Vergnügungssteuer* u. a.) relativ gering ist.

Bemessungsgrundlagen der *Gewerbesteuer* sind heute der Gewerbeertrag und das Gewerbekapital. Darüber hinaus konnte in einigen Ländern bis 1979 auch die Lohnsumme besteuert werden (Lohnsummensteuer). Durch Multiplikation des *Gewerbeertrags* (= Gewinn lt. Einkommensteuerberechnung) sowie des anhand des Betriebsvermögens errechneten *Gewerbekapitals* mit den Steuermeßzahlen von 5% bzw. 2‰ ergeben sich die sogenannten Steuermeßbeträge; diese werden zum einheitlichen Steuermeßbetrag zusammengefaßt. Der weit überwiegende Teil des einheitlichen Steuermeßbetrages (durchschnittlich fast $^9/_{10}$) beruht auf dem Gewerbeertrag. Auf den einheitlichen Meßbetrag wird als Multiplikator der *Hebesatz* angewandt, der von der einzelnen Gemeinde selbst festgesetzt wird. Der bundesdurchschnittliche Gewerbesteuerhebesatz liegt inzwischen etwa bei 350. Das Hebesatzrecht der Gemeinden ist ein unverzichtbares Element der kommunalen Finanzautonomie.

Durch zahlreiche Eingriffe des Gesetzgebers in die Substanz der Gewerbesteuer seit Mitte der 1970er Jahre hatte diese Steuerquelle deutlich an Gewicht verloren (Anteile am Steueraufkommen 1972: 44,2%; 1982: 39,0%), während der Anteil der Gemeindebeteiligung an der Lohn- und Einkommensteuer entsprechend zugenommen hatte (1972: 39,8%; 1982: 45,1%). Inzwischen haben sich diese beiden Anteile einander wieder etwas angeglichen. In Städten, in denen die Wirtschaftstätigkeit konzentriert ist, überwiegt nach wie vor die Gewerbesteuer, in typischen Wohnortgemeinden dagegen der Gemeindeanteil an der Lohn- und Einkommensteuer.

Am Aufkommen der *Lohn- und Einkommensteuer* sind die Gemeinden zunächst mit 14% beteiligt worden. Gleichzeitig wurde eine *Gewerbesteuerumlage* von anfänglich durchschnittlich etwa 40% eingeführt, die die Städte und Gemeinden aus dem Aufkommen der Gewerbesteuer nach Ertrag und Kapital zu gleichen Teilen an Bund und Länder abführen müssen. Als Ausgleich für die Eingriffe des Bundesgesetzgebers, insbesondere für die Abschaffung der Lohnsummensteuer im Jahr 1980, wurde der Gemeindeanteil an der Lohn- und Einkommensteuer inzwischen auf 15% erhöht und die Gewerbesteuerumlage mehrfach reduziert. Der durchschnittliche Umlageanteil am Gewerbesteueraufkommen lag 1984 nur noch bei knapp 15%.

Die *Verteilung des 15%igen Gemeindeanteils an der Lohn- und Einkommensteuer* auf die einzelnen Städte und Gemeinden erfolgt in den einzelnen Ländern gemäß Art. 106 Abs. 5 GG nach Maßgabe der Lohn- und Einkommensteuerleistungen der Einwohner, die allerdings nur bis zu bestimmten, im Gemeindefinanzierungsreformgesetz festgelegten Höchstbeträgen (den sogenannten Sockelbeträgen) berücksichtigt werden. Steuerzahler mit extrem hoher Einkommensteuer kommen ihrer Wohnsitzgemeinde damit nicht zugute. Die für die Festsetzung der Verteilungsschlüssel benötigten Informationen werden den Lohn- und Einkommensteuerstatistiken entnommen. Infolgedessen erfolgen alle drei Jahre Neuverteilungen des Gemeindeanteils an der Lohn- und Einkommensteuer.

Die *Grundsteuern* werden für unbebaute, land- und forstwirtschaftlich genutzte Grundstücke (Grundsteuer A) und für bebaute Grundstücke (Grundsteuer B) jeweils gesondert berechnet. Die Gemeinden besitzen auch für die Grundsteuern ein eigenes *Hebesatzrecht.*

Elsner, H.: Das Gemeindefinanzsystem. Köln 1979. – Kinzl, O.: Das Gemeindesteuerrecht. Köln u. a. 1979. – Karrenberg, H.: Die Bedeutung der Gewerbesteuer für die Städte. Stuttgart u. a. 1985.

Berechnungsbeispiel für die Gewerbesteuer eines Einzelhändlers:

1. Gewerbesteuer nach Gewerbeertrag			
Einkommensteuerpflichtige Einkünfte aus Gewerbebetrieb			200 000,00 DM
+ Hinzurechnungen:			
50 % der Dauerschuldzinsen			10 000,00 DM
50 % der Miete für einen angemieteten Lagerraum			6 000,00 DM
			216 000,00 DM
− Kürzungen:			
1,2 % des Einheitswertes der im Eigentum des Betriebsinhabers stehenden Geschäftsräume	1 000,00 DM		
50 % der Einnahmen aus Vermietung von Räumen des Betriebsgebäudes	12 000,00 DM		13 000,00 DM
Gewerbeertrag:			203 000,00 DM
Steuermeßbetrag:			
Für die ersten	15 000,00 DM	0 v. H.	= 0,00 DM
Für die weiteren	3 600,00 DM	1 v. H.	= 36,00 DM
Für die weiteren	3 600,00 DM	2 v. H.	= 72,00 DM
Für die weiteren	3 600,00 DM	3 v. H.	= 108,00 DM
Für die weiteren	3 600,00 DM	4 v. H.	= 144,00 DM
Für die restlichen	173 600,00 DM	5 v. H.	= 8 680,00 DM
			9 040,00 DM
2. Gewerbesteuer nach Gewerbekapital			
Einheitswert des Betriebsvermögens			600 000,00 DM
+ Hinzurechnung: 50 % der Dauerschulden			100 000,00 DM
− Kürzungen: Einheitswert des Betriebsgrundstücks			83 300,00 DM
Gewerbekapital			616 700,00 DM
Steuermeßbetrag 2 ‰	= 1 233,00 DM		
+ Steuermeßbetrag nach dem Gewerbeertrag	= 9 040,00 DM		
Einheitlicher Steuermeßbetrag	= 10 273,00 DM		
Bei einem Hebesatz von 300% beträgt die Steuerschuld			30 820,00 DM

Struktur der Gemeindesteuern 1968

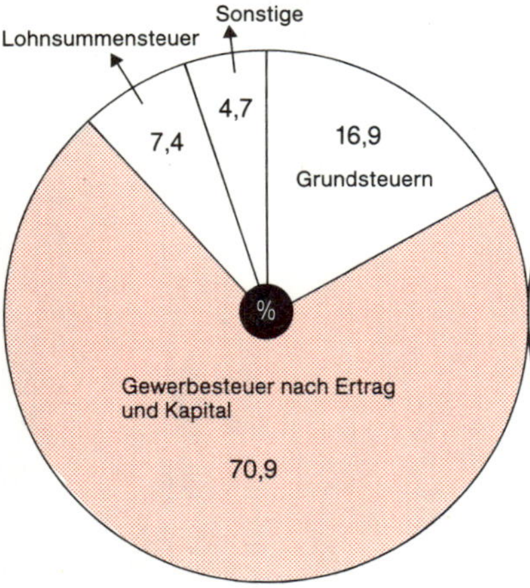

Struktur der Gemeindesteuern 1984

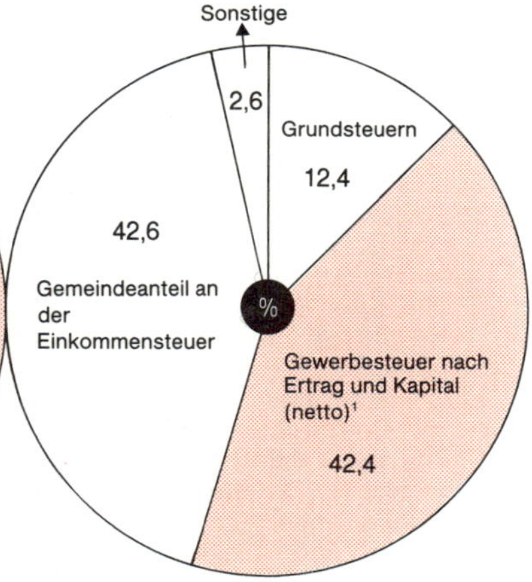

[1] Aufkommen abzügl. Gewerbesteuerumlage

Gemeindeeinnahmen: Gebühren – Beiträge

Die Kommunen sollen ihre Aufgaben möglichst weitgehend durch Erhebung von Leistungsentgelten, insbesondere durch Gebühren und Beiträge, finanzieren. Beispielsweise verpflichtet die nordrhein-westfälische Gemeindeordnung in § 63 Abs. 2 die Gemeinden, die „zur Erfüllung ihrer Aufgaben erforderlichen Einnahmen 1. soweit vertretbar und geboten aus speziellen Entgelten für die von ihr erbrachten Leistungen, 2. im übrigen aus Steuern zu beschaffen, soweit die sonstigen Einnahmen nicht ausreichen".

Gebühren und Beiträge knüpfen an öffentliche Einzelleistungen an. Sie sind „Abgaben mit Anspruch auf Gegenleistung" und unterscheiden sich insofern von den Steuern, bei denen ein Anspruch des Zahlenden auf eine konkrete Gegenleistung des Staates oder der Gemeinde nicht gegeben ist. Eine *Gebühr* kann nur dann gefordert werden, wenn der Bürger eine bestimmte öffentliche Leistung wie z. B. ein Hallenbad tatsächlich in Anspruch genommen hat. *Beiträge* können schon dann eingefordert werden, wenn der Betroffene nur die Möglichkeit hat, eine öffentliche Leistung (z. B. eine Erschließungsstraße) in Anspruch zu nehmen.

Rechtsgrundlagen für die Erhebung von Gebühren und Beiträgen sind die Kommunalabgabengesetze der Länder, spezielle Gesetze (wie z. B. das Bundesbaugesetz für die Erschließungsbeiträge) sowie die örtlichen Gebühren- und Beitragssatzungen.

Die Übersicht über die *Entwicklung der kommunalen Gebühreneinnahmen* zeigt, daß gerade in den letzten Jahren die Kommunen zur Konsolidierung ihrer Etats ihre Gebührensätze erhöht haben. Während 1961 die Gesamt-Deckungsquote der Gebühreneinnahmen noch 11,7% betrug, wurden 1985 fast 22% der kommunalen Gesamtausgaben über Gebühren finanziert.

Einer derart expansiven Gebührenpolitik sind indessen administrative, rechtliche, ökonomische und auch politische Grenzen gesetzt. Insbesondere durch die inzwischen realisierten *Kostendeckungsgrade* bei den einzelnen Gebührenhaushalten werden zukünftige Handlungsspielräume der Gebührenpolitik entscheidend eingeengt. Die Ergebnisse einer empirischen Analyse des Deutschen Städtetages aus dem Jahre 1983 zeigen, daß bei den quantitativ bedeutsamsten Gebührenhaushalten – den Einrichtungen zur Abwasser- und Abfallbeseitigung – eine Vollkostendeckung weitgehend erreicht ist. Gebührenüberschüsse dürfen aber grundsätzlich nicht erwirtschaftet werden.

Während also in den meisten „klassischen" Gebührenhaushalten das Gebot der Kostendeckung realisiert ist, Gebührenerhöhungen hier also nur noch im Rahmen der Kostensteigerungen in den einzelnen Gebührenhaushalten zu erwarten sind, zeigt sich bei Bädern, Volkshochschulen, Musikschulen, Theatern und Konzerten sowie Museen ein völlig anderes Bild. Bei diesen Einrichtungen werden die Ausgaben lediglich zwischen 27% (Musikschulen) und sogar nur 1,9% (Büchereien) gedeckt. Ganz offensichtlich sind bei der Kalkulation dieser Gebühren das *Äquivalenzprinzip* (d. h. das Prinzip der Angemessenheit zwischen Leistung und Gegenleistung im Sinne annähernder Gleichwertigkeit) und das Kostendeckungsgebot aufgehoben bzw. abgeschwächt worden. Die Nutzung dieser Einrichtung entspricht in starkem Maße einem öffentlichen Interesse. Mithin hat die Gebühr bei diesen Einrichtungen weniger den Charakter eines speziellen Entgeltes als vielmehr den eines Instrumentes zur Nachfragelenkung. Die Höhe der von den Benutzern zu entrichtenden Abgaben orientiert sich hier primär an sozial-, gesundheits- und kulturpolitischen Zielsetzungen unter Berücksichtigung individueller Nachfragestrukturen. Der niedrige Kostendeckungsgrad und die damit verbundenen hohen Finanzierungsdefizite sind insoweit das Ergebnis der politischen Willensbildung in der einzelnen Gemeinde.

Bohley, P.: Gebühren und Beiträge. Tübingen 1977. – Karrenberg, H./Münstermann, E.: Gemeindefinanzbericht des Deutschen Städtetags. Köln jährlich.

Kostendeckungsgrade städtischer Gebührenhaushalte 1983

Kostendeckungsgrade in %

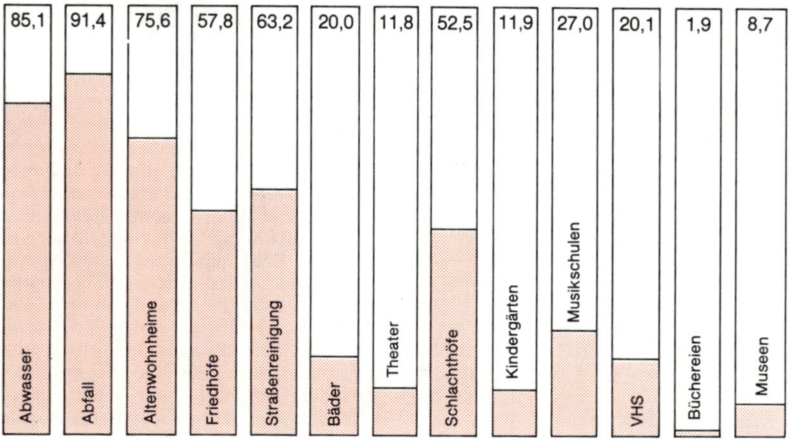

Quelle: Karrenberg, H. und Münstermann, E.: Gemeindefinanzbericht 1985, in: „der städtetag", Heft 2, 1985, S. 99.

Kommunale Deckungsquoten in der Entwicklung

Einnahmeart v. H.[1]	1961	1975	1980	1981	1982	1983	1984[s]	1985[s]
Steuern (netto)	39,2	29,9	32,9	30,3	30,7	32,7	33,8	34,3
darunter:								
Gewerbesteuer/n (netto)	30,4	12,2	13,9	11,9	11,9	13,2	14,1	14,0
Einkommensteueranteil	–	12,8	14,2	11,7	13,9	14,4	14,6	15,2
Entgelte	14,5	19,7	20,2	20,7	22,0	.	.	.
davon:								
Beiträge	2,8	3,0	2,8	2,8	2,8	.	.	.
Gebühren	11,7	16,7	17,4	17,9	19,2	21,4	21,8	21,6
Zahlungen Land/Bund	23,5	28,1	28,3	27,6	27,4	26,5	26,5	26,9
Nettokreditaufnahmen	6,8	6,7	3,0	4,0	4,2	1,8	0,8	0,6

[s] Schätzung unter Berücksichtigung einer Repräsentativerhebung der Bundesvereinigung der kommunalen Spitzenverbände.
[1] Gemessen an den Ausgaben ohne besondere Finanzierungsvorschläge; einschließlich des Finanzvolumens der kaufmännisch buchenden Krankenhäuser.
Eigene Schätzung und Berechnung nach Angaben des Statistischen Bundesamtes.

Gemeindeeinnahmen: Zuweisungen

Zuweisungen sind finanzielle Direktleistungen des Landes an seine Städte und Gemeinden. Sie dienen insbesondere dem kommunalen Finanzausgleich (vgl. S. 36).

Die Grobstruktur der Zuweisungen weist zwei Zuweisungsarten aus: die allgemeinen Zuweisungen und die Zweckzuweisungen. Die allgemeinen Zuweisungen können von den Kommunen für beliebige Zwecke verwendet werden; sie vergrößern als eine Art Steuerersatz den finanziellen Handlungsspielraum der Kommunen. Die Zweckzuweisungen sind dagegen an bestimmte Aufgabenbereiche oder auch an einzelne kommunale Objekte, z. B. ein Neubauprojekt, gebunden. Durch Zweckzuweisungen kann das kommunale Handeln teilweise gravierend beeinflußt werden.

Die Einflußmöglichkeit des Landes auf seine Kommunen über Zweckzuweisungen muß nach der Zuweisungspraxis differenziert betrachtet werden. Bei den regelgebundenen Zuweisungen, z. B. aus dem Kraftfahrzeugsteuerverbund in Nordrhein-Westfalen, sind Gesamtvolumen und Verteilungsschlüssel durch den Gesetzgeber fixiert, der Einfluß der Landesexekutive ist bei der Vergabe entsprechend gering. Bei dem Großteil der Zweckzuweisungen hat der Gesetzgeber für bestimmte Zwecke aber lediglich Globalbeträge ausgewiesen; die weitere Verteilung der einzelnen Zuschüsse liegt – nach entsprechendem Antrag der Kommunen – im Ermessen der zuständigen Landesbehörde. Dementsprechend kann die Exekutive schon über Bewilligung bzw. Versagung dieser „Ermessenszuweisungen" sowie über die Feinstruktur der „angebotenen" Zweckdotationen das Ausgabeverhalten der Kommunen erheblich beeinflussen.

Die von den Kommunen wie auch von der Wissenschaft erhobene Kritik an den Zweckzuweisungen, die nicht zuletzt auch die damit verbundenen Informations- und Koordinationsprobleme umfaßt, hat in den letzten Jahren zu einem Abbau von Zweckzuweisungen und zu einer Reduzierung der damit vielfach gekoppelten Regelungsdichte geführt. Seit 1975 ist der Anteil der für Kommunen disponiblen allgemeinen Zuweisungen von 44,6% auf fast 53% angestiegen; die Quote der Zweckzuweisungen ist entsprechend geschrumpft.

Bei einer Betrachtung von Struktur und Entwicklungstendenzen der Zweckzuweisungen nach Aufgabenbereichen fallen folgende Trends besonders auf: Die Zuweisungen für Schulbau sind drastisch zurückgenommen worden, weil wegen der zurückgehenden Geburtenzahlen keine neuen Schulen mehr benötigt werden. Dagegen erfordert der expandierende Sozialbereich eine wachsende Quote staatlicher Leistungen. Die Zuweisungen in den Verkehrssektor behalten ihre herausragende Bedeutung. Schließlich werden vor allem in den letzten Jahren staatliche Finanzhilfen verstärkt zur Deckung der laufenden Ausgaben und weniger zur Finanzierung kommunaler Investitionen verwendet.

Und auch folgende für die Kommunen kritische Entwicklung ist unübersehbar: Zunehmend wurde ab 1980 die *Zuweisungspolitik* in den Ländern den *Sanierungszielen der Staatsfinanzen* untergeordnet. Die Finanzausgleichsleistungen an Kommunen von 1980 bis 1983 entwickelten sich insgesamt mit einem klaren Minus, während die Länder im gleichen Zeitraum zur Bewältigung ihrer eigenen Aufgaben immer noch zusätzliche Finanzmittel mobilisieren konnten – und zwar insgesamt jahresdurchschnittlich um eine Zunahme von 3,5%. Betrachtet man weiterhin die „differenzierte" Haushalts- und Finanzpolitik im Ländervergleich, dann fällt auf, daß insbesondere diejenigen Länder, die ihre Kommunen über den Finanzausgleich am stärksten „zur Kasse" gebeten haben, bei der Dotierung ihrer eigenen Fachetats vergleichsweise expansiv vorgingen. Ganz offensichtlich haben sich bei den internen Haushaltsberatungen in manchen Ländern die Fachressorts mit ihren vermeintlichen Sachzwängen gegenüber den Interessenwahrern der Kommunen – in der Regel den Innenministern – durchsetzen können. Der kommunale Finanzausgleich wurde damit z. T. zur „Reservekasse" der Länder umfunktioniert.

Münstermann, E./Becker, Hubert: Finanzausgleichsleistungen an Kommunen. Ein Vergleich der Finanzausgleichsysteme in den Bundesländern. Köln 1978. – Karrenberg, H./Münstermann, E.: Gemeindefinanzbericht des Deutschen Städtetags. Köln jährlich.

Differenzierte Zuweisungspolitik im Länderspiegel

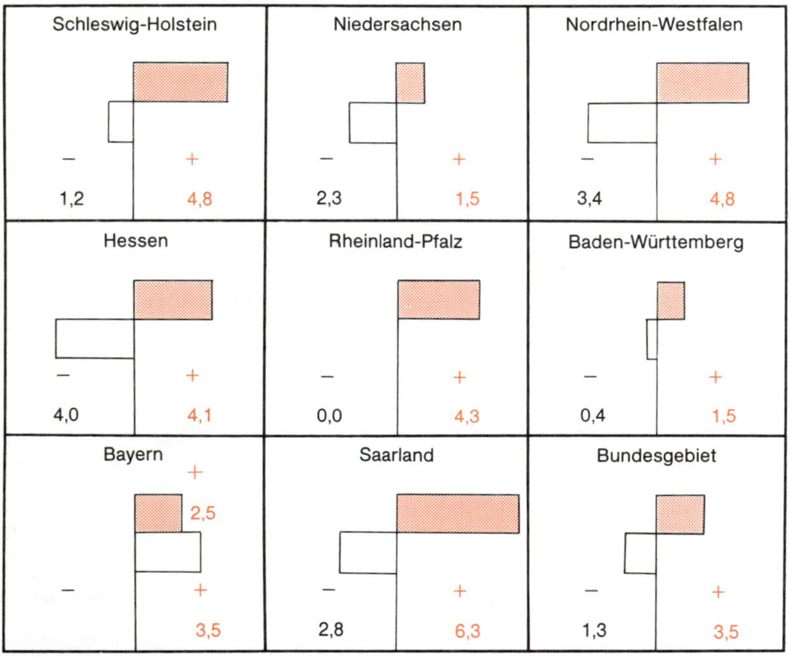

Jahresdurchschnittliche Veränderungsraten 1980–1983

Quelle: Karrenberg, H. und Münstermann, E.: Gemeindefinanzbericht 1985, in: „der städtetag", Heft 2, Stuttgart 1984, S. 92.

☐ Zuweisungen an Gemeinden
▨ Landesausgaben ohne Zuweisungen

Struktur und Entwicklung des kommunalen Finanzausgleichs 1975 bis 1984

Zuweisungen nach Arten	1975	1976	1977	1978	1979	1980	1981	1982	1983	1984
Struktur der Gesamtzuweisungen in v. H.										
Allgemeine Zuweisungen	44,6	45,5	47,3	47,6	48,6	50,3	51,9	52,0	51,4	52,9
Zweckzuweisungen	55,4	54,5	52,7	52,4	51,4	49,7	48,1	48,0	48,6	47,1
Struktur der Zweckzuweisungen in v. H.[1]										
davon für:										
Schulwesen	21,1	20,0	22,8	20,2	20,0	18,5	17,3	17,9	17,5	17,6
darunter: Schulbau	15,0	13,8	14,2	11,1	9,9	8,2	7,9	7,7	7,4	7,6
Soziale Sicherung	10,5	12,3	11,8	11,8	12,6	13,5	12,3	15,8	16,5	18,3
Gesundheit, Sport, Erholung	15,2	15,6	13,3	12,8	11,3	11,5	15,0	15,0	15,4	14,6
Wasserwirtschaft u. a.	13,2	11,9	13,3	16,2	16,5	14,9	11,6	11,5	11,3	11,3
Verkehr	28,0	29,2	27,7	26,3	26,7	27,2	27,9	27,9	26,7	27,0
darunter: Straßenbau- und -unterhaltung	21,8	22,8	21,8	20,4	20,4	20,9	21,8	21,5	20,2	19,7
Sonstiges	12,1	11,2	11,0	13,0	13,0	14,5	15,4	12,1	12,6	11,3
Entwicklung der Gesamtzuweisungen (1975 = 100)[2]										
Insgesamt	100	98,1	107,6	123,2	132,3	144,6	142,2	142,5	142,3	147,6
davon:										
Laufende Zuweisungen	100	103,8	118,7	136,6	148,0	165,8	168,7	170,7	168,7	179,8
Investitionszuweisungen	100	96,2	104,9	118,9	125,8	131,0	120,1	117,7	120,3	117,3

[1] Differenzen in den Summen sind rundungsbedingt.
Eigene Zusammenstellung und Berechnungen nach Angaben des Bundesministeriums für Finanzen.
[2] Gesamtzuweisungen 1975: rd. 29,6 Mrd. DM

Kreditaufnahmen

Ein Kredit (Darlehen) ist, so definiert das kommunale Haushaltsrecht, das unter der Verpflichtung zur Rückzahlung von Dritten aufgenommene Kapital mit Ausnahme der Kassenkredite. Nach den Gemeindeordnungen bzw. Kreisordnungen dürfen mit Krediten keine laufenden Ausgaben des Verwaltungshaushalts einer Kommune, sondern nur im *Vermögenshaushalt* veranschlagte Investitionen (vgl. S. 164) und Investitionsförderungsmaßnahmen finanziert werden (vgl. Haushalt, S. 148). Der Kredit wird dennoch nicht für ein einzelnes Investitionsvorhaben aufgenommen, sondern er ist ein Teil der Gesamtdeckung der Ausgaben des Haushaltes. Die Kreditaufnahme ist nur zulässig, wenn eine andere Finanzierung nicht möglich ist oder wirtschaftlich unzweckmäßig wäre, also vor allem, wenn die Finanzmittel aus Entgelten (Gebühren und Beiträgen [vgl. S. 154]), Steuern (vgl. S. 152), staatlichen Zuweisungen (vgl. S. 156) und sonstigen Einnahmen nicht ausreichen. Zulässig ist aber auch die Ablösung von Krediten durch andere Kredite (Umschuldung). Hierbei spielen die Kreditkonditionen, wie Laufzeit, Tilgung, Zinskosten, eine wichtige Rolle. Die kommunalen Kreditentscheidungen haben vielfältige haushalts- und finanzpolitische Gesichtspunkte zu berücksichtigen (Schuldenmanagement).

Der Gesamtbetrag der vorgesehenen Kreditaufnahmen ist in der gemeindlichen (zumeist jährlichen) Haushaltssatzung festzusetzen; das ist die *Kreditermächtigung*. Dieser Gesamtbetrag der Kredite bedarf der Genehmigung der zuständigen Kommunalaufsichtsbehörde (vgl. S. 22). Die Aufsichtsbehörde prüft im Genehmigungsverfahren, ob die Kreditverpflichtungen der Kommune mit ihrer dauernden Leistungsfähigkeit, d. h. mit den absehbaren finanziellen Möglichkeiten, die Verzinsung und die Tilgung der Schulden aufzubringen, in Einklang stehen. Die Genehmigung kann mit Auflagen und Bedingungen verbunden werden, z. B. mit der Herabsetzung des Kreditgesamtbetrages. Nach den Gemeindeordnungen einiger Länder kann sich die Aufsichtsbehörde in dieser Genehmigungsverfügung die Einzelgenehmigung für jeden Kredit vorbehalten.

Eine aufsichtsbehördliche *Einzelgenehmigung von Krediten* kommt im übrigen nur unter wenigen, gesetzlich bestimmten Voraussetzungen in Betracht, nämlich wenn die kommunale Kreditaufnahme nach § 19 des Gesetzes zur Förderung der Stabilität und des Wachstums der Wirtschaft durch Rechtsverordnung der Bundesregierung zur Abwehr einer Störung des gesamtwirtschaftlichen Gleichgewichts insgesamt beschränkt worden ist oder wenn eine Landesregierung durch Rechtsverordnung für die Aufnahme jedes einzelnen Kredites die Genehmigung der Kommunalaufsichtsbehörde verlangt, weil Gefährdungen (etwa eine Überbeanspruchung) des Kreditmarktes drohen.

Es ist seit Jahren Praxis, daß die Kommunen Kredite als Schuldscheindarlehen aufnehmen. Kommunale Anleihen hat es nur vereinzelt gegeben. Sicherheiten für diese Kommunalkredite dürfen grundsätzlich nicht bestellt werden; die Aufsichtsbehörde kann Ausnahmen zulassen. Für den Beschluß über die Aufnahme des einzelnen Kredites ist die Vertretungskörperschaft der Kommune (Gemeinderat, Kreistag) zuständig.

Der Anteil der Kredite an der Finanzierung des Vermögenshaushaltes ist situationsbedingt in den einzelnen Kommunen unterschiedlich. Er hängt u. a. davon ab, welche Mittel aus laufenden Einnahmen des Verwaltungshaushalts für Investitionen erwirtschaftet werden können und wie hoch die staatlichen Zweckzuweisungen für Investitionen sind. Maßgeblich ist naturgemäß im übrigen das für vertretbar gehaltene Investitionsvolumen. Die Kommunen insgesamt hatten am 31. Dezember 1984 101,2 Mrd. DM Schulden.

Kassenkredite sind kein Mittel zur anteiligen Finanzierung des Vermögenshaushaltes; sie dienen vielmehr zur Sicherung der Zahlungsbereitschaft (Liquidität) der Gemeinde. Der Höchstbetrag der Kassenkredite wird ebenfalls in der Haushaltssatzung festgesetzt. Er bedarf der Genehmigung der Aufsichtsbehörde, wenn er einen bestimmten Teil (zumeist $^1/_5$ oder $^1/_6$) der im gemeindlichen Verwaltungshaushalt veranschlagten Einnahmen übersteigt.

Die Gemeindeordnungen und die Kreisordnungen in der Bundesrepublik Deutschland. Bearb. v. G. Schmidt-Eichstaedt, I. Stade und M. Borchmann. Stuttgart u. a. 1975 ff. Loseblatt. Stand Sept. 1985. – Klein, R. R.: Kommunale Schuldenpolitik. Stuttgart u. a. 1977. – Scheel, W./Steup, J.: Gemeindehaushaltsrecht Nordrhein-Westfalen. Köln [4]1981.

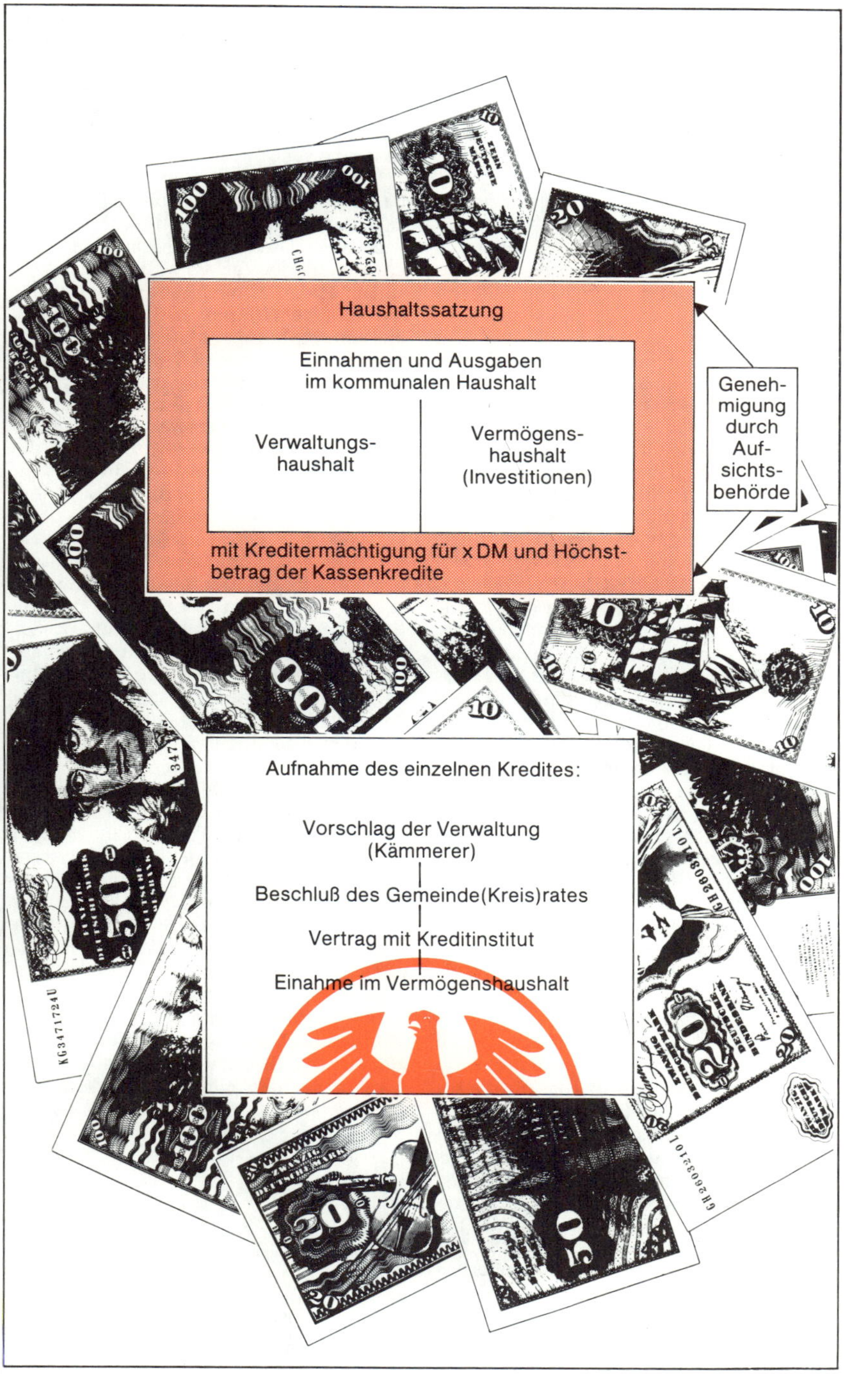
Haushaltssatzung
Einnahmen und Ausgaben im kommunalen Haushalt
Verwaltungshaushalt
Vermögenshaushalt (Investitionen)
mit Kreditermächtigung für x DM und Höchstbetrag der Kassenkredite
Genehmigung durch Aufsichtsbehörde
Aufnahme des einzelnen Kredites:
Vorschlag der Verwaltung (Kämmerer)
Beschluß des Gemeinde(Kreis)rates
Vertrag mit Kreditinstitut
Einahme im Vermögenshaushalt

Gemeindeausgaben: Personalausgaben

Die kommunalen Ausgaben lassen sich sechs Hauptausgabearten zuordnen:

- den Personalausgaben
- dem Laufenden Sachaufwand
- den sozialen Leistungen
- den Zinszahlungen
- den Sachinvestitionen
- sonstigen Ausgaben.

Innerhalb dieser Ausgabearten sind die Personalausgaben seit Mitte der 1970er Jahre die Ausgabeart mit dem höchsten Anteil an den gesamten Ausgaben der Städte, Gemeinden und Gemeindeverbände. Die hohen *Zuwachsraten der Personalausgaben* in der ersten Hälfte der 1970er Jahre haben deren Anteil an den gesamten kommunalen Ausgaben, der in den 1960er Jahren bei etwa einem Viertel lag, schnell auf über 30% ansteigen lassen. Seit dieser in erster Linie in den damaligen Tarifabschlüssen begründeten Zunahme, die sich gleichzeitig mit einem entsprechenden Rückgang der Investitionsquote vollzog, schwankte die durchschnittliche kommunale Personalausgabenquote zwischen 32,1% (1984) und 29,5% (1980).

In den frühen 1980er Jahren waren viele Kommunen durch die Notwendigkeit der Haushaltskonsolidierung zu einem sehr restriktiven personalwirtschaftlichen Kurs gezwungen, freiwerdende Stellen wurden häufig nicht mehr besetzt, neue Stellen kaum noch geschaffen. Auf diese Weise konnten die Kommunen ihren durchschnittlichen Personalausgabenzuwachs im Zeitraum von 1981 bis 1984 auf 2,5% bis 3% jährlich begrenzen. Daß sich der Anteil der Personalausgaben an den Gesamtausgaben dennoch auch in diesen Jahren erhöht hat, ist darauf zurückzuführen, daß im gleichen Zeitraum die gesamten Ausgaben aufgrund eines beispiellosen Rückgangs der kommunalen Investitionstätigkeit fast überhaupt nicht mehr zugenommen haben.

Die Entwicklung der Personalausgaben ist bei den Kommunen in viel stärkerem Maß von den *Tarifabschlüssen* für die bei Bund, Ländern und Gemeinden beschäftigten Angestellten und Arbeiter abhängig als bei Bund und Ländern. Rund drei Viertel der kommunalen Personalausgaben bestehen aus Angestelltenvergütungen und Arbeiterlöhnen, während die Beamtenbezüge und die Versorgungsbezüge (Ruhegehälter, Hinterbliebenenbezüge u. ä.) eine untergeordnete Rolle spielen. Bei Bund und Ländern entfallen dagegen jeweils etwa zwei Drittel der Personalausgaben auf Beamten- und Versorgungsbezüge, die nicht tarifvertraglichen Regelungen unterliegen, sondern von Bund und Ländern durch Besoldungsgesetze geregelt werden. Insofern können die Kommunen in geringerem Maß als Bund und Länder die Entwicklung ihrer Personalausgaben selbst beeinflussen.

In der Tatsache, daß rund ein Drittel aller kommunalen Ausgaben auf Personalausgaben entfällt, spiegelt sich der überwiegende Dienstleistungscharakter der kommunalen Aufgaben wider. Wie im privaten Dienstleistungsgewerbe erfordert die Aufgabenerfüllung in den Kommunen meist in erheblichem Maß den Einsatz von Personal. Das nebenstehende Schaubild 2 zeigt für den Durchschnitt aller Kommunen, wie sich die Personalausgaben auf das gesamte *kommunale Aufgabenspektrum* verteilen, und verdeutlicht, wo die *Schwerpunkte des Personaleinsatzes* liegen. Den größten Teil beansprucht der Einzelplan 5 mit dem Hauptbestandteil Krankenhäuser, in denen inzwischen fast ein Viertel aller kommunalen Personalausgaben anfallen. Bei dem relativ geringen Anteil der Schulen ist zu beachten, daß die Lehrerbesoldung fast ausschließlich Sache der Länder ist und sich deshalb nicht in den Kommunal-, sondern in den Länderhaushalten niederschlägt. Auch bei den Anteilen des Einzelplans 4 (z. B. Einrichtungen der Jugendhilfe, der stationären und ambulanten Altenhilfe) und des Einzelplans 7 (z. B. Abfall- und Abwasserbeseitigung) ist zu berücksichtigen, daß die Erfüllung dieser Aufgaben vielfach durch nichtkommunale Träger (private Anbieter) oder öffentliche Unternehmen in bestimmten Rechtsformen erfolgt, deren Personalausgaben sich ebenfalls nicht in den Kommunalhaushalten niederschlagen. Diese Unterschiede in der Art der Aufgabenerfüllung erschweren – neben unterschiedlichen örtlichen Aufgabenstellungen und Prioritäten – auch den Vergleich der Personalausgabenhöhe und -struktur in den einzelnen Städten und Gemeinden.

Karrenberg, H./Münstermann, E.: Gemeindefinanzbericht des Deutschen Städtetags. Köln jährlich. – Statistisches Jahrbuch Deutscher Gemeinden. Hg. v. Deutschen Städtetag. Köln jährlich.

Struktur der Personalausgaben nach Arten

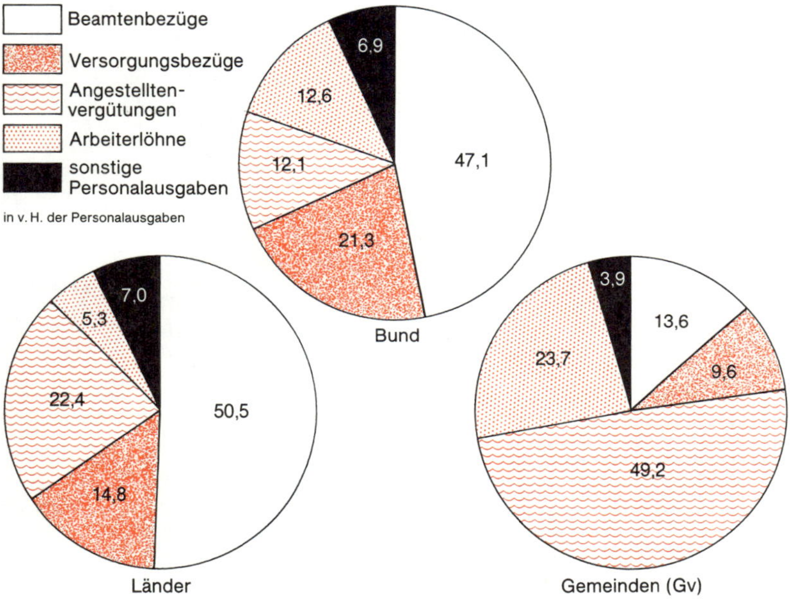

Struktur der kommunalen Personalausgaben nach Aufgabenbereichen

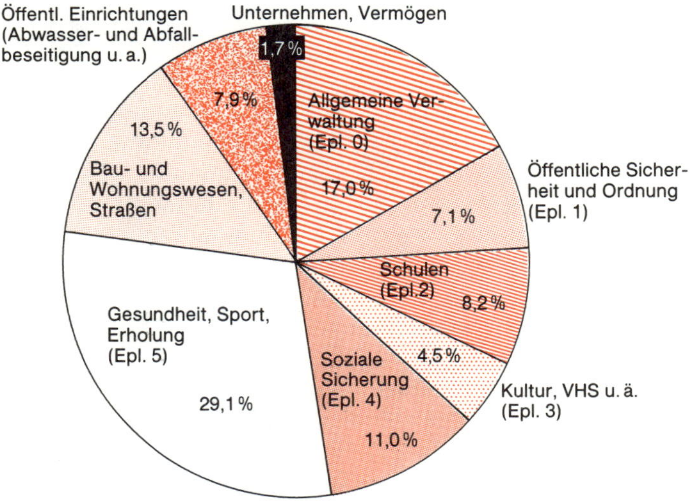

(Epl. = Einzelplan im Haushaltsplan der Kommune)

Gemeindeausgaben: Sachaufwand – Soziale Leistungen

Der *Laufende Sachaufwand* ist ein finanzstatistischer Ausdruck für die Sachausgaben, die im Rahmen der Verwaltung und des Betriebs von Einrichtungen meist regelmäßig anfallen und nicht – wie z. B. Investitionsausgaben – vermögenswirksam sind. Dieser nach den Personalausgaben (vgl. S. 160) zweitgrößte Ausgabenblock in den kommunalen Verwaltungshaushalten (vgl. S. 148) wies im vergangenen Jahrzehnt eine überdurchschnittliche Zunahme auf, so daß sich sein Anteil an den gesamten kommunalen Ausgaben von knapp 16% Mitte der 1970er Jahre auf inzwischen über 20% erhöht hat. 1984 war der Laufende Sachaufwand der Kommunen mit fast 31 Mrd. DM sogar erstmals größer als ihre Investitionsausgaben.

Der Aufwand für die *Unterhaltung von Hoch- und Tiefbauten* und die Kosten der *Bewirtschaftung von Grundstücken und baulichen Anlagen* sind darunter die quantitativ bedeutsamen Teile. Außerdem gehören zum Laufenden Sachaufwand Ausgaben für Geräte, Ausstattungs- und Ausrüstungsgegenstände, soweit sie nicht als Investitionen im Vermögenshaushalt gelten, Geschäftsausgaben (Bürobedarf, Post- und Fernmeldegebühren u. ä.), Kosten der Fahrzeugunterhaltung, gezahlte Mieten und Pachten, gezahlte Steuern und Versicherungsbeiträge, Schülerbeförderungskosten und anderes mehr. Jeweils etwa ein Viertel des gesamten Sachaufwandes der Kommunen fällt in den *Aufgabenbereichen Schulen und Gesundheit/Sport/Erholung* mit dem Schwerpunkt Krankenhäuser (ca. 20%) an. Es folgen mit einem Anteil von etwa je einem Achtel das *Bau- und Wohnungswesen* mit dem Schwerpunkt Straßen (einschließlich Straßenbeleuchtung und -reinigung ca. 10%) und die *öffentlichen Einrichtungen* mit den Schwerpunkten Abfall- und Abwasserbeseitigung. Die Anteile aller übrigen Aufgabenbereiche liegen jeweils unter 10%.

Die kommunalen Ausgaben mit der größten Dynamik sind die *sozialen Leistungen,* die den drittgrößten Ausgabenblock darstellen. Ihr Anteil an den gesamten Ausgaben der Kommunen hat sich von 1980 bis 1984 um ca. $2\frac{1}{2}$%-Punkte (auf 13,2%) und damit fast ebenso stark erhöht wie in den vorangegangenen zwei Jahrzehnten. Es handelt sich bei diesen sozialen Leistungen in erster Linie um Geld- und Sachleistungen (auch in Form von Berechtigungsscheinen) sowie um die Kosten der Unterbringung in sozialen Einrichtungen, auch bei teilstationärer Betreuung. Darunter überwiegen die *Sozialhilfeleistungen* bei weitem; ihr Anteil ist inzwischen auf rund drei Viertel der sozialen Leistungen bzw. rund 10% der gesamten Ausgaben der Kommunen gestiegen und steigt weiter. Die Leistungen für Sozialhilfeempfänger in Anstalten, Heimen u. ä. nehmen besonders stark zu; sie haben sich im Zeitraum 1974 bis 1983 sogar verdreifacht. Seit 1980 weisen aber auch die Sozialhilfeleistungen außerhalb von Einrichtungen, auf die knapp 40% der gesamten kommunalen Sozialhilfe entfallen, weit überdurchschnittliche Zuwachsraten auf. Dies beruht u. a. auf stark zunehmenden Sozialhilfeleistungen für *Arbeitslose,* die keine oder eine zu geringe Arbeitslosenunterstützung erhalten. Unter den übrigen sozialen Leistungen weisen auch diejenigen der *Jugendhilfe* – im Gegensatz zu den Leistungen für Kriegsopfer – eine gemessen an der Gesamtausgabenentwicklung überdurchschnittliche Zunahme auf.

Neben diesen sozialen Leistungen, die sich inzwischen auf über 20 Mrd. DM belaufen, geben die Kommunen noch über 10 Mrd. DM im Sozialbereich für Personal- und Sachausgaben, Zuschüsse an nichtkommunale Träger sozialer Einrichtungen u. ä. aus. Über die Hälfte davon entfällt auf Personalausgaben. Besonders stark erhöht wurden bis 1981 die *Zuschüsse an soziale Einrichtungen* in nichtkommunaler Trägerschaft; die Notwendigkeit der Haushaltskonsolidierung führte dann aber – zumindest zwischenzeitlich – zu starken Kürzungen.

Karrenberg, H./Münstermann, E.: Gemeindefinanzbericht des Deutschen Städtetags. Köln jährlich. – Statistisches Jahrbuch Deutscher Gemeinden. Hg. v. Deutschen Städtetag. Köln jährlich.

Dynamik der kommunalen Sozialausgaben

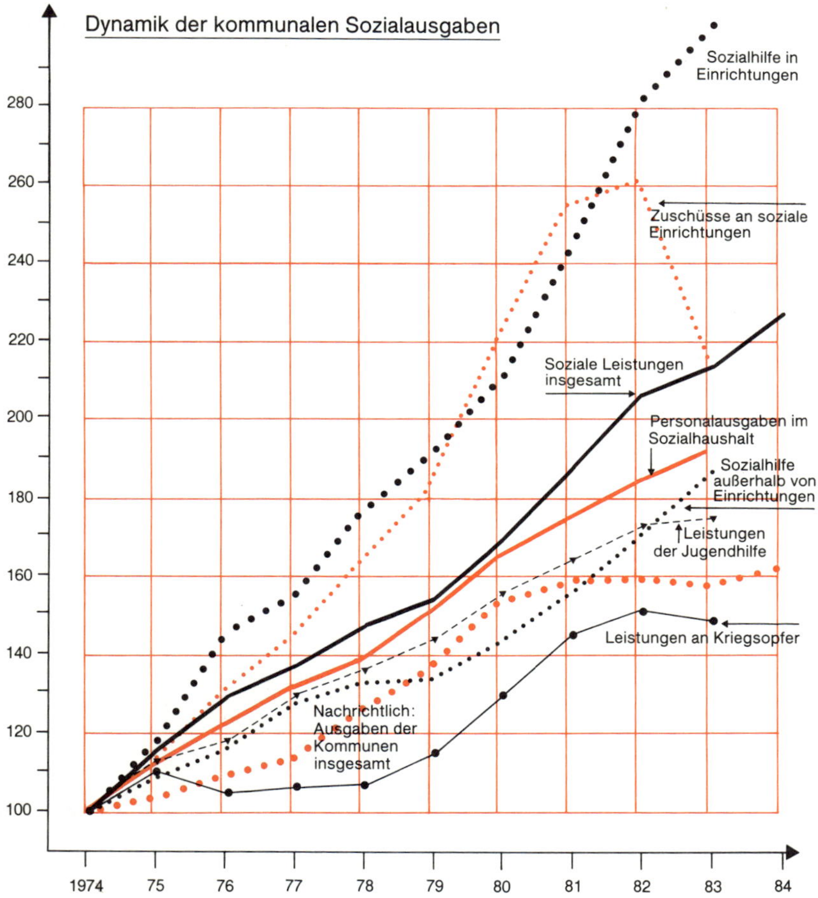

Struktur des Laufenden Sachaufwandes der Kommunen

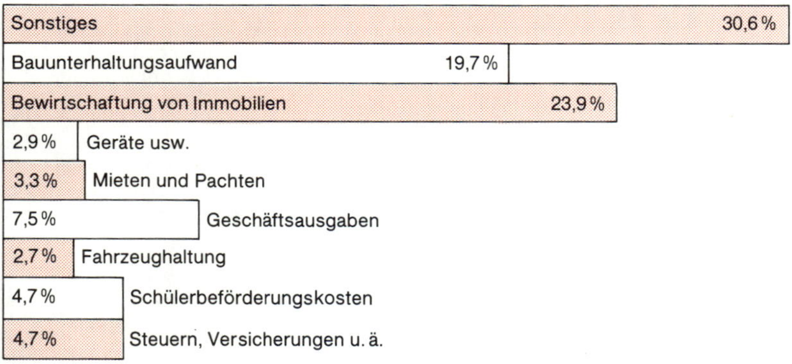

Gemeindeinvestitionen

Die Investitionen der Gemeinden umfassen die Anschaffung oder Herstellung von Anlagegütern *(Sachinvestitionen)* und die Finanzierung von Sachinvestitionen bei Dritten *(Finanzinvestitionen).* Rund 86% der Investitionen entfallen auf Sachinvestitionen. Die Sachinvestitionen lassen sich wiederum in Baumaßnahmen (67%) wie Schul- oder Straßenbau, in den Erwerb von beweglichen Sachen (6%), z. B. von Fahrzeugen oder EDV-Anlagen, sowie in den Erwerb von unbeweglichen Sachen (13%), also von Grundstücken und Gebäuden, aufteilen. Im Gegensatz zum Sachaufwand (vgl. S. 162) handelt es sich hier um Güter, die nicht im laufenden Jahr verbraucht werden, sondern auch in den kommenden Jahren und Jahrzehnten noch Leistungen abgeben.

Die *Sachinvestitionen* dienen zunächst einer Erhöhung der Lebensqualität der Bürger, denen durch Schwimmhallen, Schulen, Sportplätze, Theater usw. ein größeres Leistungsangebot vermittelt wird. Daneben sind sie wichtige Vorleistungen für das Wachstum von Industrie und Gewerbe in einer Region. Man denke dabei nur an den Güterverkehr auf der Straße oder an die Abwasserbeseitigung. Schließlich wird ein kleinerer Teil der Sachinvestitionen auch für die Unterbringung der Verwaltung der Gemeinden z. B. in Rathäusern benötigt.

Die *Finanzinvestitionen,* auch Investitionsförderungsmaßnahmen genannt, werden in den Erwerb von Beteiligungen (3%), z. B. an städtischen Gesellschaften, die Gewährung von zinsgünstigen Darlehen (3%) und Zuschüsse an Dritte (8%) unterteilt. Die Zuschüsse an Dritte fließen überwiegend an gemeinnützige Organisationen und Wohnungsbaugesellschaften, wenn und weil diese Aufgaben erfüllen, für die sonst die Gemeinde zuständig wäre.

Der *Anteil der Sachinvestitionen an den gemeindlichen Ausgaben* insgesamt ist in den letzten Jahren stark gesunken. Während dieser Anteil 1964 noch 40% betrug, ging er bis 1974 auf 33% zurück; weitere 10 Jahre später lag er unter 20%. Dieser Trend wurde u. a. auch durch die Folgekosten der Investitionen bestimmt; denn jedes zusätzliche Gebäude braucht Personal, Heizung, bauliche Unterhaltung usw. Diese Folgekosten können erstens sehr hoch sein – bei personalintensiven Bereichen wie Kindergärten überschreiten sie in kurzer Zeit die Baukosten des Gebäudes –, zweitens entstehen sie fortlaufend und kumulieren sich daher. Im Laufe der Zeit kann sich daraus eine so starke Belastung der Ausgaben des Verwaltungshaushalts entwickeln, daß für weitere Investitionen nicht mehr genügend Mittel zur Verfügung stehen.

Der *Bedarf an Investitionen* unterliegt Veränderungen, die durch unterschiedliches Wachstum von Bevölkerungsgruppen, andere Nachfrage durch die Wirtschaft, neue Normen, z. B. im Umweltbereich, oder Sättigungen in einzelnen Bereichen hervorgerufen werden können. Ein Beispiel für Sättigung ist der Schulbau: In den sechziger Jahren wurde angenommen, daß der „Bildungsnotstand“ nur durch den Bau von neuen Schulen beseitigt werden könnte. Seitdem ist der vorhandene Schulraum stark ausgeweitet worden, während gleichzeitig die Zahl der Schüler zurückging, mit der Folge, daß heute kaum noch neue Schulen gebaut werden. Die Investitionen in den Schulbau sind deshalb in den letzten Jahren reduziert worden. In andere Aufgabenbereiche, z. B. die Abwasserbeseitigung, wurde hingegen mehr investiert, um die Verunreinigung der Flüsse und Seen zu mindern.

Die Höhe der durchgeführten Investitionen hängt weniger vom Bedarf als vielmehr von den vorhandenen finanziellen Mitteln ab. In Zeiten des wirtschaftlichen Aufschwungs, wenn die kommunalen Steuereinnahmen und die Zuweisungen vom Land reichlich fließen, verstärken die Gemeinden im allgemeinen ihre Investitionstätigkeit, was wiederum zu einem Anheizen der Konjunktur führt. Umgekehrt reduzieren die Gemeinden im wirtschaftlichen Abschwung ihre Investitionen, verringern damit die Aufträge vor allem an das Baugewerbe und fördern somit tendenziell die Arbeitslosigkeit. Dieses „prozyklische“ Verhalten der Gemeinden ist aus wirtschaftspolitischen Gründen unerwünscht. Viele Gemeinden sind jedoch an der Grenze ihrer Verschuldungsmöglichkeiten angelangt, können sich also im Abschwung nicht weiter verschulden. Eine Ausweitung der Investitionen ist dann nur durch höhere Zuweisungen von Land oder Bund oder durch die Entnahme aus Rücklagen möglich, die im Aufschwung gebildet wurden.

Flämig, Ch.: Kommunale Investitionen – Investitionsverhalten und Rahmenbedingungen. In: Handbuch der kommunalen Wissenschaft und Praxis. Hg. v. G. Püttner. Bd. 6. Berlin u. a. ²1985.

Kommunale Investitionen[1] 1983 in Millionen DM

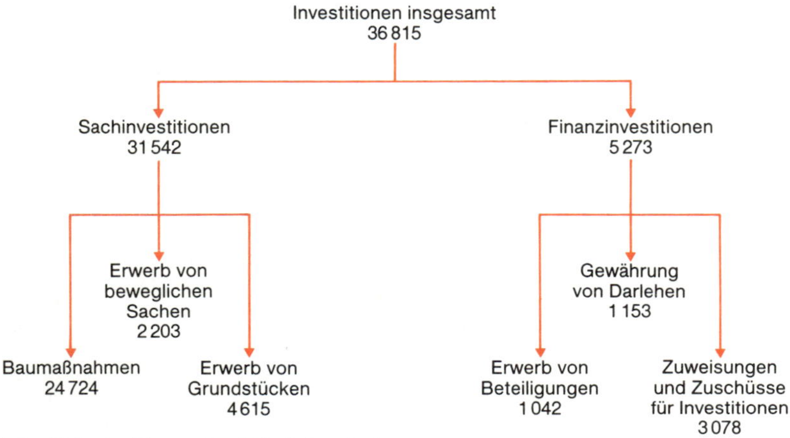

[1] einschl. Krankenhäuser mit kaufmännischem Rechnungswesen; ohne Zahlungen zwischen Gemeinden

Quelle: Statistisches Bundesamt

Struktur der kommunalen Sachinvestitionen 1974 und 1983

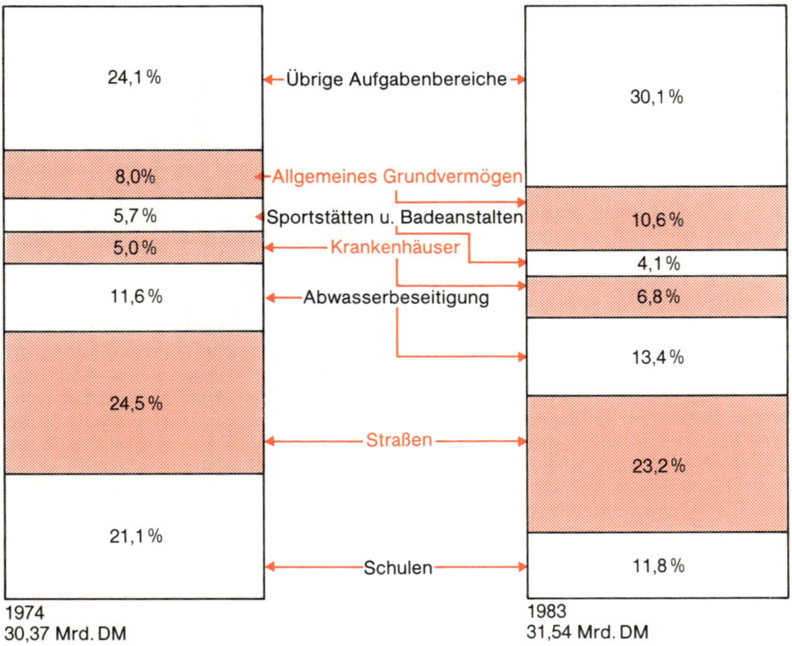

Quelle: Statistisches Bundesamt

Gemeindevermögen

Das Gemeindevermögen besteht aus der Gesamtheit der Sachen und Rechte, die einer Gemeinde gehören. Es wird haushaltstechnisch in das *Anlagevermögen* und das *Finanzvermögen* unterteilt. Das *Anlagevermögen* setzt sich seinerseits aus den Sachanlagen, das sind unbebaute und bebaute Grundstücke (Liegenschaften, vgl. S. 168) und bewegliche Sachen mit einem Wert von über 800 DM, und den Finanzanlagen zusammen; zu den Finanzanlagen zählen Beteiligungen an Unternehmen, Kapitalanlagen bei Zweckverbänden und Forderungen aus Darlehen, z. B. an Wohnungsbaugesellschaften oder Sportvereine. Das *Finanzvermögen* entspricht im wesentlichen dem Bestand an Rücklagen und wird hauptsächlich aus Einlagen bei Sparkassen und Banken gebildet. Die Schulden der Gemeinden werden dabei nicht berücksichtigt.

Zur *Verwaltung des Gemeindevermögens* gibt es in den Gemeindeordnungen eine Reihe von Grundsätzen. So sollen Gemeinden Vermögensgegenstände nur erwerben, wenn diese zur Erfüllung der Aufgaben benötigt werden. Das vorhandene Vermögen ist pfleglich und wirtschaftlich zu verwalten, d. h., es ist durch die notwendigen Unterhaltungsaufwendungen in einem funktionsfähigen Zustand zu halten. Nicht mehr gebrauchte Vermögensgegenstände dürfen veräußert („versilbert") werden, allerdings in der Regel nur zu ihrem vollen Wert. Das Finanzvermögen ist so anzulegen, daß ein angemessener Ertrag erzielt wird, ohne daß eine ausreichende Sicherheit vernachlässigt wird. Gewinnspekulationen sind daher nicht zulässig.

Über das vorhandene Vermögen ist ein *Bestandsverzeichnis* zu führen, aus dem Art und Menge sowie Standort der Gegenstände zu entnehmen sind. Eine Bewertung des Gemeindevermögens ist nur für diejenigen Einrichtungen vorzunehmen, die überwiegend aus Gebühren finanziert werden, wie Abwasser- und Abfallbeseitigung. Nur in einzelnen Städten wird auch das gesamte Vermögen bewertet. Gliedert man z. B. das Vermögen der Stadt Nürnberg in Höhe von rund 3 Mrd. DM (1983) auf nach Aufgabenbereichen oder nach Vermögensgruppen, ergeben sich völlig verschiedene Bilder. Bei den Aufgabenbereichen dominieren die Schulen mit 13,7 % und die Wohn- und Geschäftsgrundstücke mit 13,8 % Anteil am Vermögen. Bei der Gliederung nach Vermögensgruppen liegen die bebauten Grundstücke (29,5 %) und der Tiefbau (22,7 %) vorn. Das Vermögen berechnet sich aus den Anschaffungswerten der in der Vergangenheit gekauften Güter abzüglich der inzwischen erfolgten Abschreibungen. Der tatsächliche Wert des Vermögens ist heute höher, da aufgrund der Geldinflation heute für diese Güter höhere Preise bezahlt werden müßten als in der Vergangenheit.

Die *Höhe des Vermögens aller Gemeinden* (ohne Stadtstaaten) kann nur für Teilbereiche angegeben werden. Gemessen in Preisen des Jahres 1984 wird der Wert der Bauten und beweglichen Anlagegüter abzüglich der Abschreibungen (ohne wirtschaftliche Unternehmen) etwa bei 610 Mrd. DM gelegen haben, das entspricht rund 10 700 DM pro Einwohner in der Bundesrepublik. Etwa 30 % dieses Vermögens bestehen aus Straßen, rund 27 % entfallen auf Schulen und kulturelle Einrichtungen, ein Viertel machen die kommunalen Gemeinschaftsdienste aus und 10 % der Bereich der sozialen Einrichtungen und des Gesundheitswesens. Über den Wert der Grundstücke und wirtschaftlichen Unternehmen ist nichts bekannt, hingegen läßt sich nachweisen, daß die Gemeinden Anfang 1985 ein Finanzvermögen von knapp 20 Mrd. DM an Einlagen bei Sparkassen und Banken besaßen.

Der größte Teil des Gemeindevermögens ist, gemessen an der erwarteten Nutzungsdauer des Vermögens, noch recht jung. Anfang 1980 waren etwa zwei Drittel der Hochbauten nicht älter als 20 Jahre. Bedingt durch mangelnde Bauüberwachung, Verwendung technisch nicht ausgereifter Verfahren, schlechte Bauausführung und zunehmende Umweltbelastungen zeigen sich aber auch an recht jungen Bauwerken viele Schäden, deren Beseitigung erhebliche finanzielle Mittel erfordert. Daneben ist der Teil des Gemeindevermögens zu sanieren, der Altersschäden aufweist oder heutigen Ansprüchen an Feuersicherheit, Hygiene u. ä. nicht mehr genügt. Schließlich muß beachtet werden, daß das vorhandene Sachvermögen ständig gepflegt werden muß, eine Regel, gegen die die Gemeinden bei knapper finanzieller Situation häufig verstoßen. Als Faustregel kann gelten, daß bei Hochbauten etwa 1,2 % des Wertes jährlich für bauliche Unterhaltung aufzubringen sind.

Scheel, W./Steup, J.: Gemeindehaushaltsrecht Nordrhein-Westfalen. Kommentar. Köln u. a. [4]1981. – Reidenbach, M.: Verfällt die öffentliche Infrastruktur? Berlin 1986.

Gemeindevermögen
Vermögen der Stadt Nürnberg zum 31. 12. 1983
(Gesamtvermögen 2,98 Mrd. DM bewertet nach den Anschaffungswerten abzüglich Abschreibungen)

Vermögen nach Aufgabenbereichen

Rathäuser und Ämtergebäude	1,3 %
Feuerlöschwesen	0,8 %
Schulen	13,7 %
Denkmal- und Naturschutz	2,2 %
Soziale Sicherung	3,1 %
Krankenhäuser	2,6 %
Bäder	0,9 %
Straßen	8,6 %
Abwasserbeseitigung	8,2 %
U-Bahn	6,2 %
Städtische Werke	10,3 %
Wohn- und Geschäftsgrundstücke	13,8 %
Sonstige Aufgabenbereiche	28,3 %

Vermögen nach Vermögensgruppen

Unbebaute Grundstücke		15,0 %
Bebaute Grundstücke		29,5 %
Betriebsanlagen		2,8 %
Tiefbau		22,7 %
Baudenkmäler, Kunstwerke, Bilder		2,4 %
Bewegliches Vermögen		2,4 %
Zwischensumme	Sachanlagen	74,9 %
+	Finanzanlagen	20,7 %
Zwischensumme	Anlagevermögen	95,6 %
+	Finanzvermögen (Rücklagen u. ä.)	4,4 %
Gesamtvermögen		100 %

Quelle: Haushaltsplan der Stadt Nürnberg 1985

Liegenschaften

Das Wort „Liegenschaft" stammt aus dem Sachenrecht als Gegenstück zur „Fahrnis" und bezeichnet das unbewegliche Gut, die Immobilie, das *Grundstück.* Da das Bürgerliche Gesetzbuch im Grundsatz keine Sonderrechte an wesentlichen Bestandteilen einer Sache anerkennt, zählen auch *Gebäude,* sonstige *bauliche Anlagen* und *Pflanzungen* als wesentliche Bestandteile zu den Liegenschaften.

Das Gemeindevermögen (vgl. S. 166) besteht ganz überwiegend aus Liegenschaften: Straßen und Grünanlagen, Friedhöfen, Spiel- und Sportplätzen, Schulen, Kindergärten, Sport- und Verwaltungsbauten. Deshalb ordnet die klassische Ämterverteilung die Liegenschaftsverwaltung der *Finanzverwaltung* – Kämmerei – zu. Aus der Sicht der Nutzung werden die Liegenschaften aber in mancher Stadt und Gemeinde vom *Baudezernat* oder *-amt* mitverwaltet, was als Bündelung verwandter Aufgaben sachgerecht und personalsparend ist: Ist doch keine öffentliche Bautätigkeit, insbesondere keine Erschließung von Bauland (vgl. S. 250), denkbar, zu der nicht zuvor Grundstücke beschafft werden müßten. Auch sind die Zweckmäßigkeit von Erwerb und Verkauf, der Verkehrswert und die Verwertbarkeit von Grundstücken aus den Vorgaben der Bauleitplanung abzuleiten, so daß vielfache Verknüpfungen mit dem Planungs- und Bauwesen bestehen.

Die öffentliche Hand verwaltet ihre Grundstücke zunächst wie jeder Privatmann: Sie erwirbt und verkauft, verleiht dingliche Rechte (Erbbaurecht, Dienstbarkeiten) oder Schuldrechte (Miete, Pacht) an Grundstücken. Aber schon diese Tätigkeit steht, da das Geld der Bürger dafür eingesetzt wird, unter der Weisung der Gemeindeordnungen, daß über Vermögensgegenstände nur dann verfügt, daß sie überhaupt nur dann erworben werden dürfen, wenn dies zur Erfüllung der gemeindlichen Aufgaben erforderlich ist. Das schließt eine auf die Aufgabenerfüllung gerichtete *Bodenvorratspolitik* nicht aus. Die Abgabe von Vermögen unter Wert und der Verkauf zum Verkehrswert oberhalb bestimmter Wertgrenzen müssen von der kommunalen Aufsichtsbehörde genehmigt werden.

Zur planmäßigen Abwicklung öffentlicher Aufgaben – z. B. Vorbereitung privater Bautätigkeit durch Baulanderschließung, Bau von Ver- und Entsorgungsleitungen, Straßen und öffentlichen Einrichtungen – sind den Städten und Gemeinden über die jedermann zugänglichen Möglichkeiten des privaten Grundstücksverkehrs hinaus *Sonderrechte und -pflichten* im Liegenschaftsbereich eingeräumt bzw. auferlegt. Sie sind überwiegend bundeseinheitlich im Bundesbaugesetz verankert.

Da ist zunächst das *allgemeine Vorkaufsrecht:* Jeden Kaufvertrag muß der beurkundende Notar der Gemeinde mitteilen; diese prüft, ob ein Vorkaufsrecht nach den gesetzlichen Voraussetzungen – Lage im Gebiet eines Bebauungsplans (vgl. 254) oder Bodenordnungsverfahrens (vgl. 264) oder in einem Bereich, für den die Aufstellung eines Bebauungsplans beschlossen ist – besteht und ob sie es ausüben will. Das Wohl der Allgemeinheit muß nach dem Gesetz die Ausübung rechtfertigen. Dem Erwerber, in dessen Rechte und Pflichten die Gemeinde durch den Vorkauf eintritt, sind bestimmte Möglichkeiten zur Abwendung eingeräumt, z. B. kann er sich verpflichten, das Grundstück dem Bebauungsplan entsprechend innerhalb einer angemessenen Frist zu bebauen. Auch ist der Verkauf an Verwandte begünstigt, soweit das Grundstück nicht als Gemeinbedarfsfläche gebraucht werden soll.

Außerdem ist den Gemeinden ein *besonderes Vorkaufsrecht* in bestimmten Gebieten eingeräumt, die in der Regel durch Satzung zu bestimmen sind: zur Erhaltung historischer Bauanlagen, zur Verwirklichung städtebaulicher Entwicklung und zur Beschaffung von Ersatzland für Grundstückseinbußen durch städtebauliche Maßnahmen.

Wenn das Wohl der Allgemeinheit es erfordert und der Zweck im Einzelfall anders nicht erreicht werden kann, sind die Gemeinden durch das Bundesbaugesetz – und ggf. spezielle Landesgesetze – berechtigt, Grundstücke gegen Entschädigung zu *enteignen.* Die sachlichen Voraussetzungen sind denen des Vorkaufsrechts ähnlich. Die Entschädigung für Eigentumsverlust oder -beschränkung (etwa durch Eintragung belastender Rechte) oder Verlust oder Beschränkung von Rechten ist regelmäßig zum Verkehrswert in Geld zu leisten, auf Antrag in Ersatzland, wenn der Betroffene dies für seine eigenen Aufgaben (Beruf, Erwerbstätigkeit) braucht. Durchgeführt werden solche Verfahren von der höheren Verwaltungsbehörde (Regierungspräsident, Bezirksregierung).

Baur, F.: Lehrbuch des Sachenrechts. München [13]1985.

Kommunale Liegenschaften (nach der Haushaltsplangliederung)

0 Allgemeine Verwaltung

Rathaus und sonstige Verwaltungsbauten

1 Öffentliche Sicherheit und Ordnung

Polizeiämter und -stationen
Feuerwachen
Rettungsdienste

2 Schulen

Grund- und Hauptschulen
Realschulen
Gymnasien
Berufsschulen
Sonderschulen

3 Wissenschaft, Kulturpflege

Museen und Sammlungen
Theater und Konzertsäle
Volkshochschule
Büchereien

4 Soziale Sicherung

Kindergärten
Spielplätze
Sozialstationen
Altenheime

5 Gesundheit, Sport, Erholung

Krankenhäuser
Sportstätten
Frei- und Hallenbäder
Park- und Gartenanlagen

6 Bauwesen und Verkehr

Straßen, Wege, Plätze
Parkplätze
Wasserläufe

7 Öffentliche Einrichtungen

Abwasseranlagen
Abfallbeseitigung
Märkte und Messen
Schlachthöfe
Fuhrpark, Bauhof
Friedhöfe

8 Wirtschaftl. Unternehmen allgemeines Grundvermögen

Bauten für Versorgungs- und Verkehrsunternehmen
kommunale Wohnbauten
land- und forstwirtschaftliche Grundstücke
Kur- und Badebetriebe
Gastwirtschaften u. ä.

Rechtsamt – Kommunale Rechtsberatung

Das Rechtsamt hat den Grundsatz der Gesetzmäßigkeit der Verwaltung nach Art. 20 Abs. 3 GG in der Behörde zu gewährleisten. Es ist gleichsam die juristische Stabsstelle der Behördenleitung und damit auch das *Justitiariat der Verwaltung*. Das Rechtsamt wird immer dann eingeschaltet, wenn aus einzelnen Verwaltungsvorgängen heraus Rechtsstreitigkeiten entstehen, spätestens dann, wenn es darüber zum Prozeß kommt. Das Rechtsamt hat somit Vorgänge aus allen Aufgabenbereichen der Kommunalverwaltung zu bearbeiten. Seine Mitarbeiter beraten die eigenen Dienststellen und treten im Bedarfsfall für sie auch vor Gericht auf. Auch ohne vorhergehenden Rechtsstreit soll das Rechtsamt bei allen Angelegenheiten von grundsätzlicher oder erheblicher rechtlicher Bedeutung mitwirken. Im einzelnen und darüber hinaus kann das Rechtsamt folgende Aufgaben haben:

- Prüfung der Rechtmäßigkeit von Beschlüssen der örtlichen Verwaltungsorgane
- Prüfung von Dienstaufsichtsbeschwerden und Mitzeichnung der Antworten des Behördenchefs
- Mitwirkung bei der Abfassung und dem Abschluß rechtlich bedeutsamer Verträge
- Mitwirkung bei der Abgabe wichtiger Willenserklärungen, Verpflichtungen und Zusagen
- Prüfung von Schenkungen, testamentarischen Zuwendungen und Verpflichtungen durch Auflagen (§§ 525, 2194 BGB)
- Mitwirkung bei dem Entwurf von Vorschriften und Allgemeinverfügungen
- Mitwirkung bei Schadenersatzansprüchen und Rückgriffen gegen Verwaltungsangehörige
- Haftpflichtangelegenheiten, Regulierung von Schadenersatz-, Schadensausgleichs- und Entschädigungsansprüchen Dritter gegen die Behörde
- Mahn- und Zwangsvollstreckungssachen
- Unterstützung der Verwaltung bei Schwierigkeiten im Umgang mit Gerichten (etwa in Vormundschaftssachen) und Rechtsanwälten
- Mitwirkung in Widerspruchsverfahren (§§ 72, 73 Verwaltungsgerichtsordnung) und bei Erstattung von Kosten im Vorverfahren
- Mitwirkung in schwierigen Bußgeldverfahren nach dem Gesetz über Ordnungswidrigkeiten
- Strafanzeigen und Strafanträge
- Schiedsmannsangelegenheiten
- Untersuchungsführer und Vertreter der Einleitungsbehörde in förmlichen Disziplinarverfahren gegen Beamte
- Ermittlungsführer in Zwangspensionierungsverfahren gegen Beamte
- Abnahme von Versicherungen an Eides Statt
- Beglaubigung von deutschen öffentlichen Urkunden zwecks Gebrauchs im Ausland
- Mitwirkung in Staatsangehörigkeitssachen
- Vorbereitung der Änderung von Familiennamen und von Namensfeststellungen
- Änderung von Vornamen
- Ausbildung von Rechtsrefrendaren und Praktikanten
- Einsatz von Beamten auf Probe des höheren Verwaltungsdienstes.

Mit Rücksicht auf die an sie gestellten hohen fachlichen und dienstlichen Anforderungen ist es notwendig, daß der Leiter und der stellvertretende Leiter sowie die Referenten des Rechtsamts die Befähigung zum Richteramt nach dem Deutschen Richtergesetz besitzen, also „Volljuristen“ sind.

Alle Bürger haben einen gesetzlichen Anspruch auf *Rechtsberatung im Verwaltungsverfahren* (§ 25 Verwaltungsverfahrensgesetz; §§ 14, 15 Sozialgesetzbuch – Allgemeiner Teil –). Ob diese Rechtsberatung durch das Rechtsamt oder durch die sachlich zuständige Dienststelle (z. B. durch das Sozialamt für Sozialhilfeangelegenheiten) wahrgenommen wird, ist eine Frage des Einzelfalles. Manche Gemeinden nehmen die Aufgabe der Rechtsberatung auch im Rahmen einer allgemeinen *Bürgerberatungsstelle* wahr. Für wirtschaftlich schlecht gestellte Bürger gibt es in der Regel die Möglichkeit, bei *Rechtsberatungsstellen der Sozialämter* von dort angestellten Juristen in schwierigen Lebenslagen Rechtsauskunft zu erhalten.

Organisation des kommunalen Rechtswesens. Gutachten der Kommunalen Gemeinschaftsstelle für Verwaltungsvereinfachung. Köln 1977. – Schmidt, Johann/Roithmeier, H.: Kommunen vor Verwaltungsgerichten. Stuttgart 1979.

Modell für das Rechtsamt einer Großstadt

1. Amtsleiter
   Leitender Direktor
   Besoldungsgruppe B 2 BBO[1]
   Jurist mit der Befähigung zum Richteramt
2. Chefsekretärin
   Vergütungsgruppe Vc BAT[2]
   Vorzimmeraufgaben, Geschäftsstelle, Schreibdienst
3. Stellvertretender Amtsleiter
   Leitender Direktor
   Besoldungsgruppe A 16 BBO
   Jurist mit der Befähigung zum Richteramt
   Leitungsaufgaben aus allen Bereichen
4. Sekretärin
   Vergütungsgruppe VIb BAT
   Vorzimmeraufgaben, Schreibdienst, Prozeßregister
5. Referent
   Direktor
   Besoldungsgruppe A 15 BBO
   Jurist mit der Befähigung zum Richteramt
   Aufgaben aus allen Gebieten, Buchstaben A–E
   Hinweis: Die Aufgabenzuteilung nach Buchstaben ist zu empfehlen, weil sie allen Kollegen den Gesamtüberblick verschafft.
6. Referent
   Direktor
   Besoldungsgruppe A 15 BBO
   Jurist mit der Befähigung zum Richteramt
   Aufgaben aus allen Gebieten, Buchstaben F–K
7. Referent
   Direktor
   Besoldungsgruppe A 15 BBO
   Jurist mit der Befähigung zum Richteramt
   Aufgaben aus allen Gebieten, Buchstaben L–R
8. Referent
   Oberrat
   Besoldungsgruppe A 14 BBO
   Jurist mit der Befähigung zum Richteramt
   Aufgaben aus allen Gebieten, Buchstaben S–Z
9. Hauptsachbearbeiter
   Amtsrat
   Besoldungsgruppe A 12 BBO
   Büroleiter
   Sachbearbeitung, Buchstaben A–K
10. Sachbearbeiter
    Amtmann
    Besoldungsgruppe A 11 BBO
    Sachbearbeitung, Buchstaben L–Z
11. Angestellte
    Vergütungsgruppe VII BAT
    Schreibdienst, Registratur

[1] BBO = Bundesbesoldungsordnung,
[2] BAT = Bundes-Angestellentarifvertrag

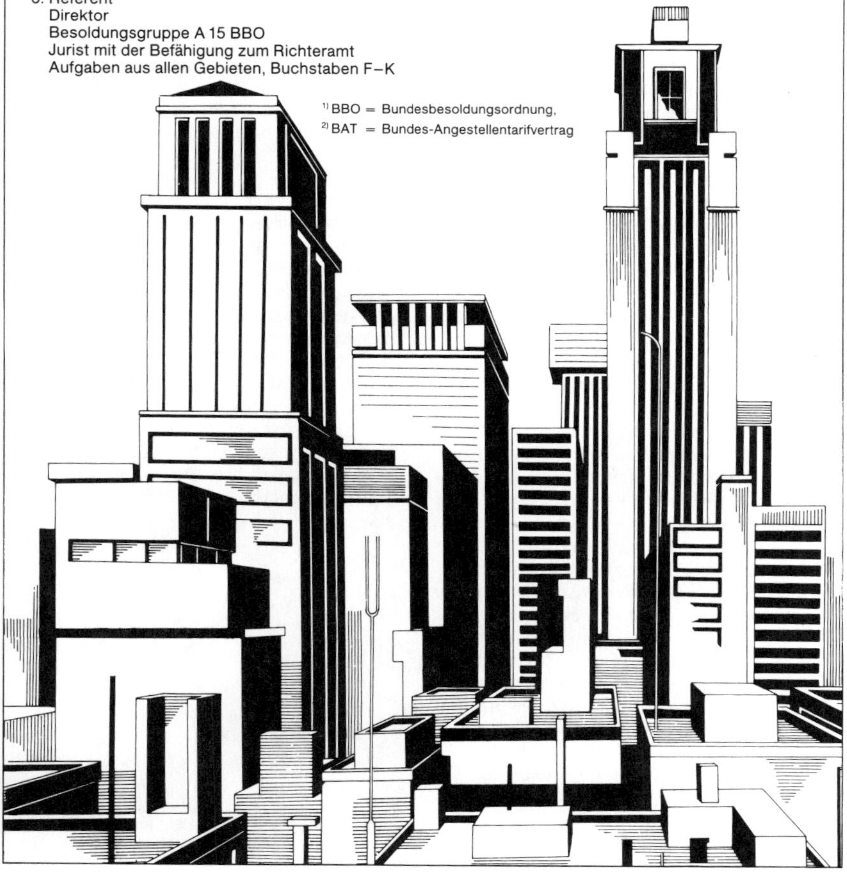

Rechtsmittel gegen kommunale Entscheidungen

Der gemäß Art. 19 Abs. 4 GG gegenüber der öffentlichen Gewalt garantierte Rechtsschutz wird durch Rechtsmittel und andere Rechtsbehelfe verwirklicht. Das Verfahren richtet sich im kommunalen Bereich in der Regel nach der *Verwaltungsgerichtsordnung* (VwGO) und dem nach Landesrecht anzuwendenden *Verwaltungsverfahrensgesetz* (VwVfG).

Das bedeutsamste Rechtsmittel gegen kommunale Entscheidungen ist der *Widerspruch.* Er dient dazu, vor Anrufung des zuständigen Gerichts in einem verwaltungsinternen Verfahren nachzuprüfen, ob der erlassene *belastende Verwaltungsakt* (z. B. ein Erschließungsbeitragsbescheid) oder die Ablehnung des Antrages auf Vornahme des *begünstigenden Verwaltungsaktes* (z. B. eine Gewerbeerlaubnis) rechtmäßig und zweckmäßig ist (§§ 68, 69 VwGO). Der Widerspruch ist innerhalb eines Monats nach Bekanntgabe der Entscheidung schriftlich oder zur Niederschrift bei der zuständigen Behörde zu erheben (§ 70 VwGO). Bei unterbliebener oder fehlerhafter Rechtsmittelbelehrung beträgt die Frist aber grundsätzlich ein Jahr (§ 58 VwGO). Allerdings ist die Behörde nach ständiger Rechtsprechung des Bundesverwaltungsgerichts berechtigt, auch einen verspäteten Widerspruch sachlich zu bescheiden und so den Klageweg uneingeschränkt freizugeben. Eine Wiedereinsetzung in den vorigen Stand (§ 70 Abs. 2 VwGO) erübrigt sich dadurch.

Falls die Behörde den Widerspruch gegen ihren Bescheid für begründet hält, hilft sie ihm ab und entscheidet ferner über die Kosten des Widerspruchsverfahrens.

Hilft die Behörde dem Widerspruch nicht ab, so ergeht ein *Widerspruchsbescheid,* den bei Aufgaben des übertragenen Wirkungskreises (vgl. S. 20) die nächsthöhere Behörde, also das zuständige Landratsamt oder der Regierungspräsident, bei Selbstverwaltungsangelegenheiten die Selbstverwaltungsbehörde oder Ausschüsse oder Beiräte erlassen. Der Widerspruchsbescheid muß begründet und mit einer Rechtsmittelbelehrung versehen werden und wird dann zugestellt; er bestimmt auch, wer die Kosten des Widerspruchsverfahrens ganz oder zum Teil zu tragen hat.

Der Widerspruch hat ebenso wie die Anfechtungsklage, von Ausnahmen abgesehen, *aufschiebende Wirkung:* Die Maßnahme der Behörde, insbesondere ein belastender Verwaltungsakt, kann während des Rechtsstreits also nicht in Kraft treten. In besonders begründeten Fällen kann die Behörde jedoch zur Beschleunigung des Verfahrens durch Anordnung der sofortigen Vollziehung des Verwaltungsaktes diese aufschiebende Wirkung ausschließen (§ 80 Abs. 1–3 VwGO). Als Rechtsbehelf hiergegen kann der Betroffene *vorläufigen Rechtsschutz* gemäß § 80 Abs. 5–7 VwGO beantragen. Danach kann das Gericht der Hauptsache die aufschiebende Wirkung ganz oder teilweise wiederherstellen. Wenn es um einen begünstigenden Verwaltungsakt geht, kann der Bürger unter Umständen durch eine *„einstweilige Anordnung“* eine vorläufige Sicherstellung seiner Rechte erreichen. Gegen die entsprechenden Beschlüsse des Verwaltungsgerichts steht allen Beteiligten die *Beschwerde* an das Oberverwaltungsgericht oder den Verwaltungsgerichtshof zu. Bei erfolglosem Widerspruch kann der Betroffene innerhalb eines Monats nach Zustellung des Widerspruchsbescheides gegen den belastenden Verwaltungsakt die *Anfechtungsklage* oder gegen die Ablehnung des Antrages auf Vornahme des begünstigenden Verwaltungsaktes die *Verpflichtungsklage* vor dem Verwaltungsgericht erheben. Bei Säumnis der Behörde ist die Klage regelmäßig nach drei Monaten ohne Vorverfahren als Untätigkeitsklage zulässig. Die Kosten des jeweiligen Verfahrens trägt der unterliegende Teil.

Weitere Rechtsmittel im Verwaltungsstreitverfahren sind die *Berufung* an das Oberverwaltungsgericht oder den Verwaltungsgerichtshof und die *Revision* an das Bundesverwaltungsgericht. Für Streitigkeiten über *Amtspflichtverletzungen* und über öffentlich-rechtliche *Entschädigungen* sind dagegen in der Regel die Zivilgerichte (Landgerichte, Oberlandesgerichte, Bundesgerichtshof) zuständig.

Kopp, F. O.: Verwaltungsverfahrensgesetz. München [3]1983. – Redeker, K./Oertzen, H. J. von: Verwaltungsgerichtsordnung. Kommentar. Stuttgart u. a. [8]1985.

Rechtsmittelverfahren und vorläufiger Rechtsschutz

1. Widerspruch: §§ 68, 69 VwGO
   § 79 VwVfG
   Widerspruchsfrist: 1 Monat – § 70 VwGO –
   oder
   1 Jahr – § 58 VwGO –
   Behörde hilft ab: § 72 VwGO
   §§ 79, 80 VwVfG
   Behörde hilft nicht ab: §§ 73, 185 Absatz 2 VwGO
   §§ 79, 80 VwVfG

2. Anfechtungsklage
   oder
   Verpflichtungsklage
   vor dem
   Verwaltungsgericht: §§ 40, 42, 74, 81 VwGO
   (auch als
   Untätigkeitsklage: § 75 VwGO)

3. Berufung
   an
   Oberverwaltungsgericht/Verwaltungsgerichtshof:
   §§ 124–131 VwGO

4. Revision
   an das
   Bundesverwaltungsgericht: §§ 132–145 VwGO

5. Vorläufiger Rechtsschutz bei Anordnung der sofortigen Vollziehung: §§ 80, 146 Absatz 1 VwGO

Ordnungsamt

Die Länder führen gemäß Art. 30 GG ihre eigenen Gesetze und nach Art. 83 GG auch die meisten Bundesgesetze zur Gefahrenabwehr aus. Dabei bedienen sich die Länder auch der Kommunen als Ausführungsinstanzen. Die Ordnungsämter der Städte, Kreise und Gemeinden werden auf diese Weise als *untere Instanzen der allgemeinen Ordnungsbehörden* bei der Abwehr von Gefahren für die öffentliche Sicherheit und Ordnung tätig. Die Ordnungsämter erfüllen ihre Aufgaben der Gefahrenabwehr neben der *Polizei,* deren Dienststellen nicht in die Kommunalverwaltungen eingegliedert sind. Nicht eingegliedert ist insbesondere die sogenannte Vollzugspolizei: Schutz-, Kriminal-, Wasserschutz- und Bereitschaftspolizei. Diese Polizeibehörden sind reine Landesbehörden.

Nach dem 2. Weltkrieg wurde in allen Ländern, wenn auch in unterschiedlichem Maße, die Eingliederung der unteren Instanz der allgemeinen Ordnungsbehörden in die Kommunalverwaltungen vollzogen. Die Aufgabe der Gefahrenabwehr ist für die Ordnungsämter der Kommunen aber nach wie vor nicht Teil ihrer Selbstverwaltung, sondern eine staatliche Angelegenheit im Rahmen des übertragenen Wirkungskreises als Auftragsangelegenheit oder Pflichtaufgabe nach Weisung. Im Ordnungsamt, das dem Dezernat oder Referat Rechts-, Sicherheits- und Ordnungsverwaltung unterstellt ist, sind die verschiedenen Ordnungsaufgaben der einzelnen Fachverwaltungen zusammengefaßt, z. B. bei der Abfallbeseitigung, für die eigentlich ja die Stadtreinigung (vgl. S. 318) zuständig ist oder bei der Unterbringung Obdachloser, um eine effektive Gefahrenabwehr vor Ort zu gewährleisten. Dabei unterstehen die kommunalen Ordnungsämter der *Fachaufsicht* der übergeordneten allgemeinen Ordnungsbehörde, z. B. dem Regierungspräsidenten, und damit letztlich dem ressortmäßig zuständigen Landesminister. Der Staat erspart sich damit den Aufbau einer eigenen Behördenorganisation auf dem Gebiet der Gefahrenabwehr; er nutzt die Sachkompetenz und Ortsnähe der kommunalen Verwaltung, behält aber die nötigen Lenkungsmöglichkeiten. Das Ordnungsamt ist durchgängig in allen Größenklassen von Kreisen und Gemeinden vorhanden. Zur Vermeidung von Ämterhäufungen nimmt es in kleineren Gemeinden – je nach Größe – auch die Aufgaben Einwohner- und Meldewesen, Zivilschutz, Personenstand, Sozialversicherung und Feuerwehr wahr, zu deren Erfüllung in größeren Gemeinden eigene Ämter gebildet werden.

Zu unterscheiden von den kommunalen Ordnungsämtern sind die vor allem in Kreisstädten und in größeren Städten vorzufindenden *staatlichen Sonderordnungsbehörden,* die als eigenständige (untere) Landesbehörden die Aufgabe der Gefahrenabwehr für spezifische, spezialgesetzlich geregelte Bereiche wahrnehmen (z. B. Berg- und Oberbergämter, Gewerbeaufsichtsämter, Eichbehörden, Gesundheitsämter, Veterinärämter, Forstämter). Der *Polizei* (Schutzpolizei) verbleibt die Zuständigkeit für unaufschiebbare notwendige Maßnahmen und für ihr landesrechtlich zugewiesene Aufgaben.

Rechtsgrundlage für die Anwendung ordnungsbehördlicher Befugnisse sind zunächst die Spezialgesetze zur Gefahrenabwehr (z. B. Bundes-Immissionsschutzgesetz, Gewerbeordnung, Bundes-Seuchengesetz, Tierseuchengesetz), und wenn diese nicht eingreifen, nachrangig die allgemeinen Polizei- und Ordnungsgesetze der Länder. Schutzgüter sind in jedem Fall die *öffentliche Sicherheit* (Bestand des Staates und seiner Einrichtungen, alle Individualgüter wie Leben, Gesundheit, Freiheit, Ehre und Vermögen des einzelnen, Gesamtheit der Rechtsvorschriften) sowie die *öffentliche Ordnung* (Gesamtheit der ungeschriebenen Regeln, deren Beachtung nach der jeweils herrschenden Auffassung als unentbehrliche Voraussetzung für ein gedeihliches menschliches Zusammenleben angesehen wird). Ordnungsbehördliche *Befugnisse* sind neben *Hinweis* und *Warnung* die *Einzelmaßnahme* (im konkreten Einzelfall wird eine bestimmte Verhaltensweise aufgegeben), die *Erlaubnis* (wegen der regelmäßig auftretenden Gefahren wird eine bestimmte Tätigkeit von einer behördlichen Genehmigung abhängig gemacht, z. B. Gewerbeerlaubnis, Baugenehmigung) und die *Verordnung* (für einen generell gefährlichen Lebensbereich wird eine besondere Regelung der Gefahrenabwehr geschaffen).

Ehrhardt, J./Kunze, C.: Ordnungsverwaltung im Schatten der Polizei. Untersuchungen zum Verhältnis und zur Zusammenarbeit von Ordnungsbehörden und Polizei. Berlin 1982. – Verwaltungsgesetze des Bundes und der Länder. Begr. v. M. von Brauchitsch, neu hg. v. C. H. Ule. Bd. 3, 1. Halbbd.: Allgemeines Polizei- und Ordnungsrecht. Bearb. v. E. Rasch. Köln u. a. [2]1982. – Götz, V.: Allgemeines Polizei- und Ordnungsrecht. Göttingen [8]1985.

Aufgaben eines gemeindlichen Ordnungsamtes (nach Aufgabengliederung KGSt)

Allgemeine ordnungsbehördliche Aufgaben

Versammlungs-, Vereins- und Pressewesen

Umweltschutz →
- Immissionsschutz
- Lärmbekämpfung
- Abfallbeseitigung
- Ordnungsbehördliche Maßnahmen der Umwelt

Obdachlosenunterbringung

Ordnungsbehördliche Aufgaben

Jugendschutz

Waffen und Sprengstoffe

Natur- und Landschaftsschutz

Jagd und Fischerei

Feld- und Forstaufsicht

Gewerbeangelegenheiten →
- Allgemeine
- Gaststätten
- Reisegewerbe
- Handwerksbetriebe
- Schornsteinfegerangelegenheiten
- Genehmigung und Überwachung sonstiger Gewerbe
- Genehmigungspflichtige gewerbliche Betätigung

Sammlungen und Lotterien

Fundangelegenheiten

Feuer- und Betriebssicherheit

Schädlingsbekämpfung

Bekämpfung übertragbarer Krankheiten

Unterbringung nach den Freiheitsentziehungsgesetzen

Überwachung der Prostitution

Straßenverkehrsangelegenheiten →
- Fahrerlaubnisse
- Zulassung von Kraftfahrzeugen
- Gewerbemäßiger Kraftfahrzeugverkehr
- Verkehrserziehung
- Überwachung des ruhenden Verkehrs
- Sondernutzungserlaubnisse nach Wegerecht und Straßenverkehrsrecht
- Verkehrsregelung

Arzneimittel- und Giftüberwachung außerhalb von Apotheken
Lebensmittelüberwachung

Bußgeldangelegenheiten nach dem Ordnungswidrigkeitengesetz

Zentraler Ermittlungsdienst

Veterinärwesen →
- Aufgaben des Amtstierarztes nach Landesrecht
- Tierseuchenbekämpfung
- Tierschutz, Tiergesundheit
- Mitwirkung bei der Tierzucht
- Schlachttier- und Fleischbeschau
- Tierkörperbeseitigung
- Körungen

Gewerbebehörden

Die Gewerbebehörden erfüllen Ordnungsaufgaben im Bereich der gewerblichen Wirtschaft. Ihnen obliegt insbesondere der *Schutz der Allgemeinheit vor unzuverlässigen Gewerbetreibenden.* Zuständig sind, entsprechend dem Verwaltungsaufbau der einzelnen Länder, die Ordnungsämter der Städte und Gemeinden (vgl. S. 174), die Kreisverwaltungsbehörden und die (Bezirks)regierungen (in den Stadtstaaten die Bezirks- bzw. Ortsämter). Die oberste Aufsicht über die Gewerbebehörden führen die Wirtschaftsminister (-senatoren). Die Gewerbebehörden sind von den rein staatlichen *„Gewerbeaufsichtsämtern“* zu unterscheiden, die als technische Behörden den Arbeitsministern (-senatoren) nachgeordnet sind und denen u.a. der Arbeits-, Strahlen- und Maschinenschutz, teilweise auch der Immissionsschutz obliegt.

Das *Instrumentarium der Gewerbebehörden* stellt sich entweder als Regelung der Berufswahl (z.B. bei Erlaubnispflichten) oder als Regelung der Berufsausübung (z.B. bei Anzeige- und Auskunftspflichten) dar. Aus dem Grundrecht der *Berufs- und Gewerbefreiheit* folgt, daß die Freiheit der Berufswahl (Art. 12 GG) nur eingeschränkt werden darf, soweit der Schutz besonders wichtiger Gemeinschaftsgüter es zwingend erfordert. Dementsprechend dürfen die meisten gewerblichen Tätigkeiten erlaubnisfrei ausgeübt werden. Eine gewerbliche Betätigung kann

- im „stehenden Gewerbe“ (Grundform gewerblicher Tätigkeit in Verbindung mit einer gewerblichen Niederlassung),
- im „Reisegewerbe“ (z.B. Vertreter an der Haustür, Straßenhändler, Schausteller auf Volksfesten)
- oder im Rahmen des „Marktverkehrs“ (mit der Folge der Marktfreiheit für festgesetzte Messen, Ausstellungen, Groß- und Wochenmärkte sowie Spezial- und Jahrmärkte)

ausgeübt werden.

Beginn, Veränderung und Beendigung von Tätigkeiten im stehenden Gewerbe sind den Gewerbebehörden anzuzeigen. Die Anzeigepflicht dient einer wirksamen Gewerbeüberwachung und soll die Prüfung ermöglichen, ob Bedenken gegen die Zuverlässigkeit des Gewerbetreibenden bestehen. Die Ausübung eines Gewerbes muß von der Gewerbebehörde ganz oder teilweise untersagt werden, wenn ihr Tatsachen vorliegen, aus denen die Unzuverlässigkeit des Gewerbetreibenden für dieses Gewerbe hervorgeht. Die Untersagung muß aber zum Schutz der Allgemeinheit oder der im Betrieb beschäftigten Arbeitnehmer erforderlich sein. *Erlaubnispflichten* bestehen nur dort, wo sie besonders vorgeschrieben sind, z.B. für die Schaustellung von Personen, die Aufstellung von Spielgeräten und den Betrieb von Spielhallen, das Bewachungsgewerbe, für die Tätigkeit als Versteigerer, Makler und Bauträger, für Tätigkeiten im Reisegewerbe und den Betrieb von Gaststätten. Sind die gesetzlichen Voraussetzungen (Zuverlässigkeit usw.) erfüllt, hat der Gewerbetreibende einen Anspruch auf Erteilung der Erlaubnis; fallen diese Voraussetzungen später fort, ist über einen Widerruf der Erlaubnis zu entscheiden.

Im Rahmen der *Gaststättenaufsicht* kommt der Erteilung von Auflagen (z.B. Hygiene, Schutz vor Lärm und Gerüchen) eine besondere Bedeutung zu. Für die selbständige Ausübung eines *Handwerks* ist grundsätzlich die Ablegung der Meisterprüfung erforderlich.

Das Gewerberecht gehört als „Recht der Wirtschaft“ zur konkurrierenden Gesetzgebungsbefugnis des Bundes. Die zentralen gewerberechtlichen Regelungen sind in der *Gewerbeordnung* enthalten, einem traditionsreichen Gesetz aus dem Jahre 1869, das vielfach geändert noch heute gilt. Weitere Bestimmungen finden sich in sogenannten „gewerberechtlichen Nebengesetzen“, so vor allem im *Gaststättengesetz* und in der *Handwerksordnung.*

Gewerberechtliche Vorschriften gelten grundsätzlich nur dann, wenn eine Tätigkeit gewerbsmäßig ausgeübt wird. Gewerbe im Sinne der Gewerbeordnung ist jede nicht sozial unwertige, auf Gewinnerzielung gerichtete und auf Dauer angelegte selbständige Tätigkeit, ausgenommen Urproduktion, freie Berufe und bloße Verwaltung eigenen Vermögens.

Kienzle, W.: Das Gaststättengesetz. Kommentar. Köln [8]1982. – Robinski, S.: Gewerberecht. München 1983. – Landmann, R. von/Rohmer, G.: Gewerbeordnung. Kommentar. 3 Bde. Bd. 1/2 München [14]1984, Bd. 3 Stand Dez. 1985. Loseblatt.

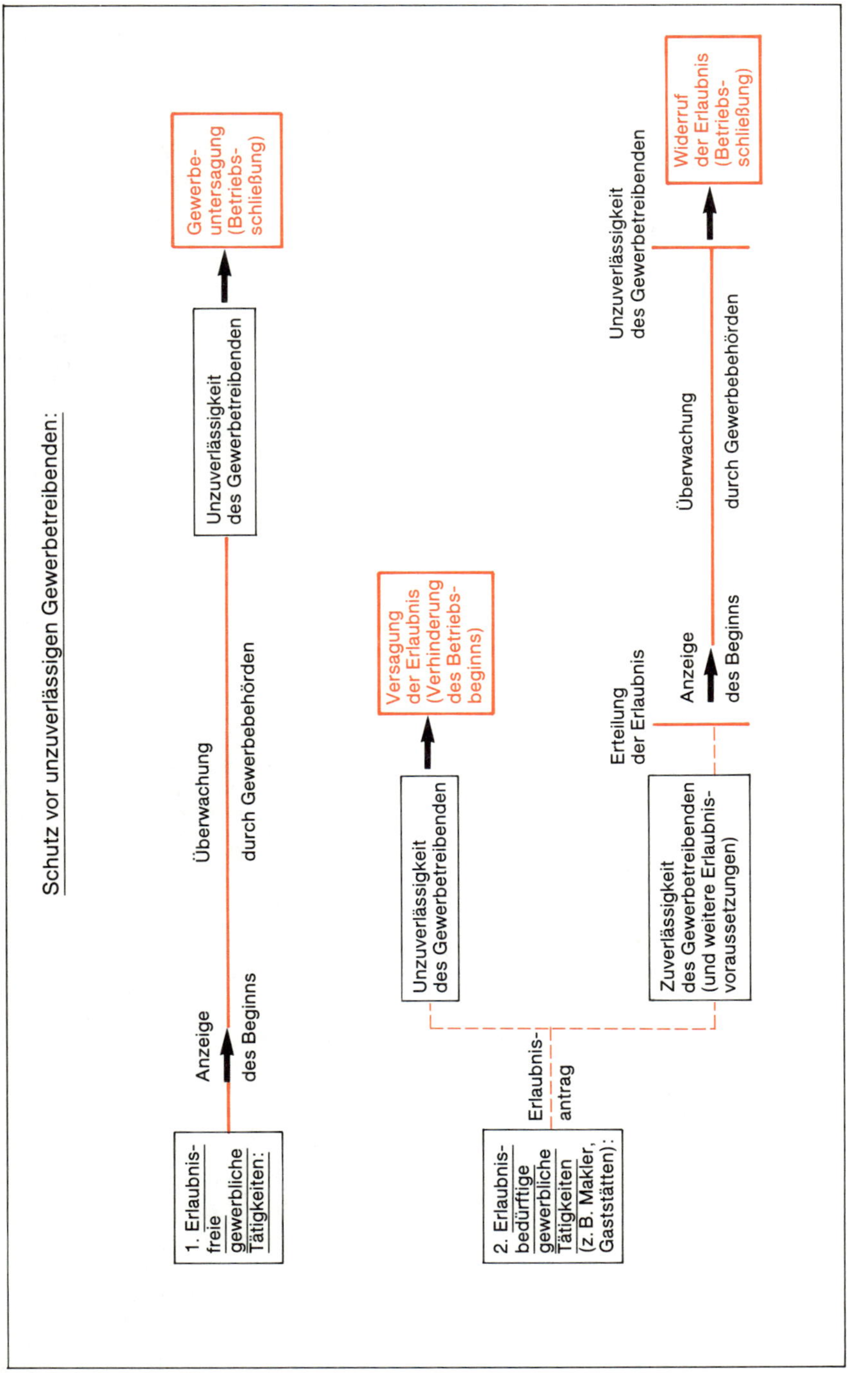
Schutz vor unzuverlässigen Gewerbetreibenden:
1. Erlaubnis-freie gewerbliche Tätigkeiten:
Anzeige des Beginns
Überwachung durch Gewerbebehörden
Unzuverlässigkeit des Gewerbetreibenden
Gewerbe-untersagung (Betriebs-schließung)
2. Erlaubnis-bedürftige gewerbliche Tätigkeiten (z. B. Makler, Gaststätten):
Erlaubnis-antrag
Unzuverlässigkeit des Gewerbetreibenden
Versagung der Erlaubnis (Verhinderung des Betriebs-beginns)
Zuverlässigkeit des Gewerbetreibenden (und weitere Erlaubnis-voraussetzungen)
Erteilung der Erlaubnis
Anzeige des Beginns
Überwachung durch Gewerbebehörden
Unzuverlässigkeit des Gewerbetreibenden
Widerruf der Erlaubnis (Betriebs-schließung)

Meldewesen

Nach den Meldegesetzen der Länder haben die Meldeämter der Gemeinden – in Rheinland-Pfalz des Landes – die in ihrem Zuständigkeitsbereich wohnenden Einwohner zu registrieren, um deren Identität und Wohnungen feststellen und nachweisen zu können. In die bei den Meldeämtern geführten *Melderegister* werden für jede Person, soweit zutreffend, die folgenden Daten aufgenommen: Familiennamen, frühere Namen, Vornamen, akademische Grade, Ordens-/Künstlernamen, Tag und Ort der Geburt, Geschlecht, erwerbstätig/nicht erwerbstätig, gesetzlicher Vertreter, Staatsangehörigkeit, Religion, Anschriften von Haupt- und Nebenwohnung, Tag des Ein- und Auszugs, Familienstand, Ehegatte, minderjährige Kinder, Ausstellung/Gültigkeit des Personalausweises/Passes, Übermittlungssperren, Sterbetag und -ort.

Diese Angaben unterliegen einem speziellen *Meldegeheimnis,* auf das die Mitarbeiter der Meldeämter besonders verpflichtet werden. Dadurch wird den Erfordernissen des Datenschutzes Rechnung getragen.

Erhoben werden die Daten beim Bezug einer Wohnung, denn „wer eine Wohnung bezieht, hat sich bei der Meldebehörde anzumelden“ bzw. abzumelden, wenn er aus einer Wohnung auszieht. Nutzt ein Bürger mehrere Wohnungen, so muß er angeben, welche Wohnung nach den gesetzlichen Kriterien die Hauptwohnung ist. Im Gegensatz zu der bis 1983 gültigen Regelung, die eine subjektive Bestimmung der Hauptwohnung durch den Bürger selbst zuließ, wird nunmehr im Regelfall die vorwiegend benutzte Wohnung als Hauptwohnung in das Melderegister eingetragen. Dies hat in letzter Zeit verschiedentlich zu Auseinandersetzungen zwischen Bürgern und Meldeämtern und zu Klagen vor Verwaltungsgerichten geführt. Der Ort der Hauptwohnung ist bedeutsam, weil nur hier verschiedene Bürgerrechte ausgeübt werden (z. B. das Wahlrecht) und die Behörden bestimmte Verwaltungsakte für den Bürger vornehmen können wie z. B. die Ausstellung von Personalausweisen/Pässen und Lohnsteuerkarten.

Das Melderegister ist kein öffentliches Register, sondern lediglich eine innerdienstliche Datei, aus der aber im Wege der Amtshilfe auch anderen Behörden, entsprechend den Regelungen der Meldegesetze, Angaben zur Verfügung gestellt werden. Auch Private können Auskünfte erhalten, wenn die im Meldegesetz im einzelnen festgelegten Bedingungen für eine *Melderegisterauskunft* erfüllt sind. Eine sogenannte einfache Melderegisterauskunft über Name, Vorname, akademischen Grad und Anschrift wird jedermann auf Anfrage gegen eine Gebühr erteilt, sofern keine Auskunftssperre, etwa bei gefährdeten Personen, verfügt worden ist. Eine „erweiterte Melderegisterauskunft“, bei der auch Geburtsdatum, Familienstand, Staatsangehörigkeit, frühere Anschriften, Tag des Ein- und Auszugs, der gesetzliche Vertreter und ggf. Sterbetag und -ort übermittelt werden können, darf dann erteilt werden, wenn der Anfragende ein berechtigtes Interesse (z. B. bei Erbschaftsangelegenheiten, Rechtsstreitigkeiten, Kindschaftssachen) glaubhaft machen kann und Auskünfte nicht auf einem anderen Weg zu erhalten sind. In diesem Fall hat die Meldebehörde den Betroffenen über die Erteilung der erweiterten Melderegisterauskunft unter Angabe des Datenempfängers unverzüglich, d. h. gleichzeitig oder sogar vorher, zu unterrichten. Diese Benachrichtigung kann lediglich dann unterbleiben, wenn der Datenempfänger einen Rechtsanspruch geltend machen kann (z. B. als Gläubiger), dessen Realisierung bei einer Mitteilung verhindert würde. Während einfache Melderegisterauskünfte laufend in großer Zahl erteilt werden (z. B. in Köln jährlich ca. eine halbe Million), sind erweiterte Melderegisterauskünfte im Vergleich dazu selten (in Köln im Jahr weniger als 500).

Eine Auskunft aus dem Melderegister kann dem einzelnen Bürger auch selbst nützlich sein, wie das folgende Beispiel zeigt. Jemand fliegt nach Berlin und, da keine Verpflichtung besteht, immer einen Personalausweis mit sich zu führen, läßt er diesen zu Hause. Der Rückflug ist jedoch nur möglich, wenn der Reisende sich ausweisen kann. Der prüfende Beamte am Flughafen in Berlin kann nun anstelle der Vorlage eines Ausweises ersatzweise beim zuständigen Meldeamt der Heimatgemeinde des Reisenden rückfragen und sich die mündlich gegebenen Angaben bestätigen lassen. Bei dieser Feststellung der Identität entsteht nur ein geringer zusätzlicher Zeitaufwand.

Melderecht des Bundes und der Länder. Kommentar. Tl. 1: Bundesrecht. Bearb. v. K. Medert und W. Süßmuth. Köln u. a. 1981. Loseblatt. Stand 1984. – Datensatz für das Meldewesen. Hg. v. der Bundesvereinigung der kommunalen Spitzenverbände. Köln 1982. Loseblatt.

Anlage 1

Tages-stempel der Melde-behörde

Bitte die gerasterten Flächen nicht beschriften!

Anmeldung bei der Meldebehörde

(Bitte Hinweise beachten)

Neue Wohnung

① Tag des Einzugs | Postleitzahl, Gemeinde | Gemeindekennzahl

14.12.85 | 6802 Ladenburg

Straße, Haus-Nr.: Nürnberger Str. 115

② Hat eine der zur Anmeldung kommenden Personen früher schon einmal hier gewohnt? ☐ Ja ☒ Nein

③ Wohnt im neuen Wohnort bereits a) Ehegatte? ☐ Ja ☒ Nein b) Elternteil? (bei Minderjährigen) ☐ Ja ☐ Nein

Bisherige Wohnung

④ Tag des Auszugs | Postleitzahl, Gemeinde | Gemeindekennzahl

13.12.85 | 5000 Köln 1

Straße, Haus-Nr.: Adenauerufer 530

Kreis, Land:

⑤ Wird diese bisherige Wohnung beibehalten? ☐ Ja ☒ Nein

⑥ Hat eine der zur Anmeldung kommenden Personen eine weitere Wohnung? ☐ Ja ☒ Nein

⑦ Jetzige Hauptwohnung: Ladenburg | Bisherige Hauptwohnung: Köln

Personen, die angemeldet werden:

Lfd. Nr.	⑧ Familienname, Geburtsname	⑨ Vornamen (sämtliche, Rufname unterstreichen)
1	Schmitz, Anneliese	<u>Anneliese</u> Erika
2		
3		
4		

Lfd. Nr.	⑩ Familienstand	⑪ Eheschließung (Datum und Ort)	Familienbuch auf Antrag angelegt? Ja	Nein	⑫ Staatsangehörigkeit(en)	⑬ Welcher Kirche oder Religionsgesellschaft gehören Sie an?
1	led.				deutsch	ev.
2						
3						
4						

Lfd. Nr.	⑭ Geburtstag T T M M J J	⑮ Geschlecht männl.	weibl.	⑯ Geburtsort	⑰ Wohnung am 1.9.1939, Gemeinde, Kreis, Land (Bundesvertriebenengesetz)
1	29.02.40		x	Flensburg	
2					
3					
4					

Lfd. Nr.	⑱ Beruf	⑲ Erwerbstätig? Ja	Nein	⑳ Benötigen Sie eine Steuerkarte? Ja	Nein	Welche Steuerkl.?
1	Fremdsprachenkorrespondentin	x		x		1
2						
3						
4						

Lfd. Nr.	㉑ Personalausweis: Nr., ausgestellt am, in (Ort), gültig bis	㉒ Paß: Nr., ausgestellt am, in (Ort), gültig bis
1	X 3854279 29.6.84 Köln	
2		
3		
4		

Datum

Ladenburg, 14.12.85

Anneliese Schmitz
(Unterschrift eines der Meldepflichtigen)

NW 123/2000 X - Deutscher Gemeindeverlag GmbH - 6/83

Bitte mit Schreibmaschine (1 ½ zeilig) oder Kugelschreiber (kräftig schreiben, möglichst Druckschrift) ausfüllen!

Hinweis gemäß § 10 Abs. 2 Datenschutzgesetz NW:
Die erfragten personenbezogenen Daten werden gemäß §§ 13, 16 Abs. 4, 17 bis 19 des Meldegesetzes NW erhoben.

Paß- und Personalausweiswesen

Die Personalausweisgesetze der Länder bestimmen, daß jede Person im Bundesgebiet, die das 16. Lebensjahr vollendet hat und der allgemeinen Meldepflicht unterliegt, verpflichtet ist, einen Personalausweis oder einen Paß zu besitzen und ihn auf Verlangen einer zur Prüfung der Personalien ermächtigten Behörde vorzulegen. Diese Bestimmung bedeutet jedoch nicht, daß ein Bürger seinen Personalausweis oder Paß im Inland immer bei sich haben muß – wie etwa den Kraftfahrzeugschein beim Führen eines Fahrzeuges. Nur die Einwohner von West-Berlin müssen sich aufgrund der alliierten Rechtsvorschriften stets ausweisen können.

Der *Personalausweis* ist primär ein inländisches Ausweisdokument; da der Paß- und Sichtvermerkzwang zunehmend gelockert wurde, kann der Personalausweis in vielen Fällen aber auch als Reisedokument für Reisen in europäische Staaten verwendet werden. Der *Paß* („Reisepaß") – auch im Inland anstelle eines Personalausweises gültig – ist ein besonderes Ausweisdokument, das nach seiner Zwecksetzung zum Verlassen und Betreten der Bundesrepublik Deutschland und zum Aufenthalt im Ausland dient.

Personalausweis und Paß müssen jeweils bei der zuständigen Gemeinde (Samtgemeinde, Verbandsgemeinde oder Verwaltungsgemeinschaft) beantragt werden und werden dort auch ausgestellt. Zuständige Gemeinde ist immer der Ort der Hauptwohnung (vgl. S. 178).

Will man einen Personalausweis oder Paß beantragen, müssen außer dem ausgefüllten Antragsformular zwei Lichtbilder, die Heirats- oder Geburtsurkunde und bei Minderjährigen die Ausweise der Erziehungsberechtigten vorgelegt werden; bei einer Verlängerung genügt die Einreichung des Ausweises bzw. Passes. Ändern sich Anschrift oder Familienstand, muß dies der Gemeinde mitgeteilt werden, sie ändert dann die Ausweisdokumente entsprechend. Die Ausstellung des Personalausweises, der in der derzeitigen Form zunächst für fünf Jahre gilt und jeweils zweimal für weitere fünf Jahre verlängert werden kann, ist gebührenfrei; für die Ausstellung eines Passes, der nur einmal für fünf weitere Jahre verlängert wird, ist eine Gebühr in Höhe von derzeit 10,– DM zu entrichten. Ist ein Ersatz für einen unbrauchbar gewordenen oder abhanden gekommenen Personalausweis erforderlich, so wird hierfür ebenfalls eine Gebühr, und zwar von derzeit 2,– DM, erhoben.

Bisher sind rund eine halbe Million Personalausweise und Pässe sowie etwa 15 000 Blankoformulare für die Ausstellung von Ausweisen und Pässen als abhanden gekommen gemeldet worden. Der Verlust dieser Papiere wird von den Landeskriminalämtern und dem Bundeskriminalamt zentral registriert. Dabei werden Name und Anschrift sowie die Seriennummer des Ausweises bzw. Passes festgehalten. Im Falle einer widerrechtlichen Benutzung eines abhanden gekommenen und unter Umständen gefälschten Ausweises kann bei einer Kontrolle über die registrierte Seriennummer die mißbräuchliche Verwendung festgestellt werden.

Weil die Ausweise und Ausweisdokumente in ihrer derzeit üblichen Form in so großer Zahl widerrechtlich genutzt werden und relativ leicht verfälscht oder ganz gefälscht werden können, hat der Deutsche Bundestag beschlossen, ab 1. April 1987 einen neuen fälschungs- und verfälschungssicheren sowie maschinell lesbaren Personalausweis und Reisepaß einzuführen. Der neue Personalausweis wird aus einer praktisch nicht nachahmungsfähigen verschweißten Plastikkarte bestehen, die zu Bruch geht, sobald jemand versuchen sollte, die Daten dieses Ausweises zu verändern. Sowohl der neue Personalausweis als auch der Reisepaß enthalten eine Lesezone, die ein maschinelles Einlesen bestimmter Daten bei Grenzkontrollen und Fahndungsmaßnahmen ermöglicht. Die Lesezone enthält jeweils den Namen und das Geburtsdatum des Ausweis- bzw. Paßinhabers sowie die Seriennummer und Gültigkeitsdauer des Personalausweises bzw. Passes. Die Seriennummer darf keine Daten über die Person des Ausweisinhabers oder Hinweise auf solche Daten enthalten und auch nicht so verwendet werden, daß mit ihrer Hilfe ein Abruf personenbezogener Daten aus Dateien oder eine Verknüpfung von Dateien möglich ist.

Beim künftigen *Europapaß,* der in den zwölf Ländern der Europäischen Gemeinschaft ausgegeben wird, ist eine besonders gestaltete fälschungssichere Seite vorgesehen.

Melderecht des Bundes und der Länder. Kommentar. Tl. 1: Bundesrecht. Bearb. v. K. Medert und W. Süßmuth. Köln u.a. 1981. Loseblatt. Stand 1984.

Muster des künftigen Personalausweises der Bundesrepublik Deutschland

Vorderseite

Rückseite

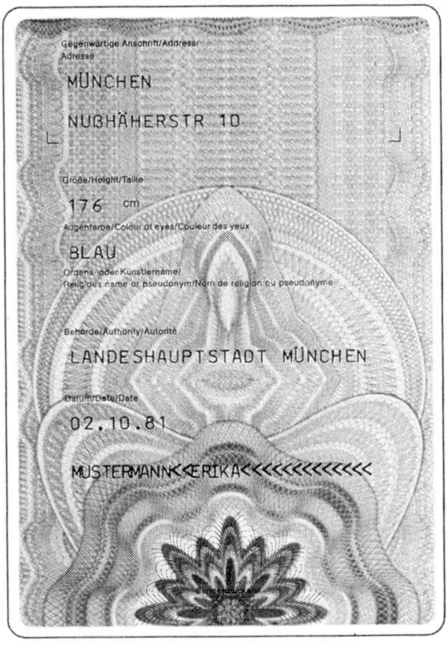

Datenverarbeitung in der Kommunalverwaltung

Die Organisation der automatisierten Datenverarbeitung (ADV) in den Städten und Gemeinden ist länderweise sehr unterschiedlich. Als Ende der 1960er/Anfang der 1970er Jahre begonnen wurde, den Computer auch zur Erledigung von Massenaufgaben in den Kommunalverwaltungen einzusetzen (Einwohnerwesen, Haushalts-, Kassen-, Rechnungswesen, Personalwesen usw.), bestand – bedingt durch die technischen Vorgaben der Großrechner, die rationell erst bei einem Mindestaufgabenvolumen eingesetzt werden konnten – Einigkeit darüber, daß gemeinsame Lösungen für jeweils mehrere kommunale Gebietskörperschaften anzustreben waren. Die gemeinsame kommunale Datenverarbeitung bestimmte somit am Anfang das Organisationskonzept. Neben einer Grundsatzempfehlung der Kommunalen Gemeinschaftsstelle für Verwaltungsvereinfachung (KGSt), Datenverarbeitungszentralen für die Zusammenarbeit jeweils mehrerer Gemeinden und Kreise in einer Größenordnung von 400 000 bis 500 000 Einwohnern zu bilden, wurden in verschiedenen Ländern konkrete regionale Abgrenzungen in Zusammenarbeit des Kommunalbereichs mit staatlichen Stellen empfohlen. In *Baden-Württemberg* sind auf diese Weise neun Datenverarbeitungszentralen gebildet worden, in *Hessen* fünf kommunale Gebietsrechenzentren als eigenständige Körperschaften des öffentlichen Rechts, in *Rheinland-Pfalz* übernahmen fünf Stadtverwaltungen die Trägerschaft kommunaler Gebietsrechenzentren. In ähnlicher Weise bildeten sich Zusammenschlüsse in *Nordrhein-Westfalen* und *Niedersachsen,* wobei unterschiedliche vertragliche Gestaltungen gewählt wurden (öffentlich-rechtliche Vereinbarung, Bildung eines Zweckverbandes etc.). Zentrale Einrichtungen wurden in *Bayern* mit der Anstalt für Kommunale Datenverarbeitung in Bayern (AKDB) und mit der Datenzentrale *Schleswig-Holstein* als staatliche kommunale Anstalt geschaffen.

Gemeinsam ist allen diesen Organisationsformen, daß der Beitritt zu einer Datenverarbeitungszentrale in jedem Falle freiwillig ist. Neben den skizzierten Zusammenschlüssen haben daher einzelne Städte, unter besonderer Berücksichtigung der eigenen Organisation, autonome Lösungen gewählt. Für die 8 500 Gemeinden erfolgt derzeit eine automatisierte Bearbeitung von Verwaltungsvorgängen in etwa 150 gemeinsamen bzw. örtlichen Datenverarbeitungszentralen. Die gemeinsamen kommunalen Datenverarbeitungszentralen haben auf Länderebene jeweils Arbeitsgemeinschaften bzw. Koordinierungsausschüsse gebildet.

Im Zuge der fortschreitenden technischen Entwicklung hat sich das Aufgabenspektrum der Datenverarbeitungszentralen in den letzten Jahren z. T. erheblich verändert. Auf der einen Seite wurden durch Dezentralisierung, insbesondere bei der Datenerfassung, sowie durch den Einsatz von Verfahren, die einen Dialog von einer entfernten Stelle mit der Zentrale ermöglichen, Aufgaben von der Zentrale weg wieder an den Platz des Sachbearbeiters verlagert; auf der anderen Seite aber ist in vielen Fällen den Datenverarbeitungszentralen über die ursprüngliche Datenverarbeitung hinaus eine Zuständigkeit für den gesamten Bereich der *Büroautomation* zugeordnet worden.

Ohne den Einsatz der Datenverarbeitung wäre heute eine effiziente Verwaltung nicht mehr möglich; die Vorteile einer automatisierten Bearbeitung werden daher in allen Bereichen der Kommunalverwaltung genutzt. Den Anforderungen des Datenschutzes und der Datensicherung wird dabei, über die gesetzlichen Vorschriften hinaus, in umfassender Weise Rechnung getragen.

Die jährlichen Ausgaben (Sach- und Personalkosten) für den ADV-Einsatz in den kommunalen Datenverarbeitungszentralen und städtischen Rechenzentren belaufen sich auf etwa 1,2 Mrd DM, das sind 0,7 % der Gesamtausgaben kommunaler Haushalte. Die Aufwendungen aller Datenverarbeitungsanwender in der Bundesrepublik Deutschland dürften in einem Jahr bei etwa 39 Mrd. DM liegen; der kommunale Anteil macht somit rund 3 % aus.

Krane, H.-G./Seidel, E.: Einführung in die kommunale Datenverarbeitung. München 1982. – Beeckmann, H.: Verwaltungsautomation – Technikunterstützte Informationsverarbeitung. Köln 1985.

Vom Ablochbeleg zum Bildschirm

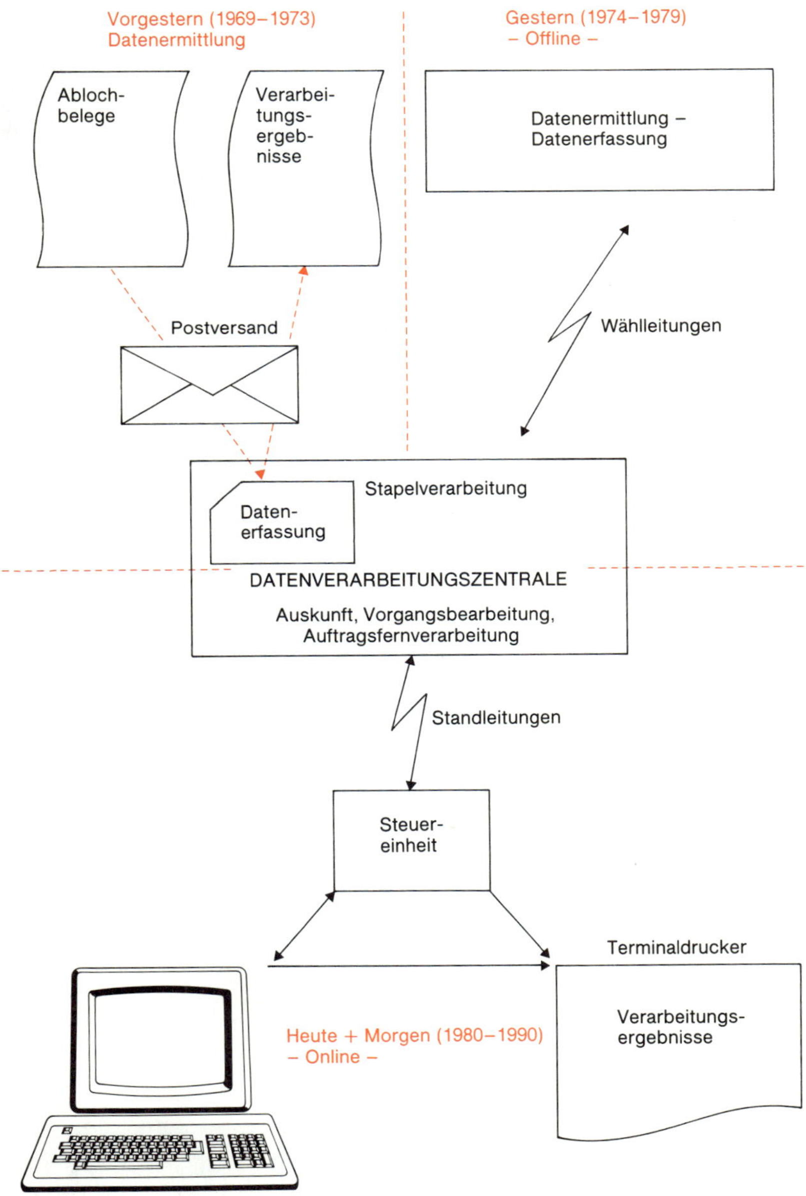

Dargestellt am Beispiel der kommunalen Datenverarbeitungszentrale Hellweg-Sauerland, Iserlohn

Standesamt – Personenstandswesen

Das Standesamt ist eine gemeindliche Behörde im Bereich der inneren Verwaltung. Jede Gemeinde und jedes gemeindefreie Gebiet muß einem Standesamtsbezirk zugeordnet sein, ähnlich wie die Aufteilung eines Wahlgebietes in Wahlkreise. Für jeden Standesamtsbezirk sind Standesbeamte in der erforderlichen Anzahl zu bestellen. Diese bundeseinheitlichen Regelungen beruhen auf dem *Personenstandsgesetz.* Die Aufgaben des Standesbeamten sind Angelegenheiten des Staates, die den Gemeinden zur Erfüllung nach Weisung bzw. als Auftragsangelegenheiten übertragen sind (Kommunale Aufgaben, vgl. S. 20).

Die *Mitwirkung bei der Eheschließung* ist zwar die bekannteste, aber nicht der Schwerpunkt der standesamtlichen Tätigkeit; Hauptaufgaben sind vielmehr die *Beurkundungen in den Personenstandsbüchern* und von Erklärungen für die Personenstandsbücher. Dabei steht der Standesbeamte funktionell dem Notar nahe, obwohl das Beurkundungsgesetz von 1969 für ihn nicht gilt. Zu den Beurkundungstätigkeiten des Standesbeamten gehören die Beurkundung von Geburt, Eheschließung und Tod (Personenstand) sowie die Anlegung von *Familienbüchern.* Zu diesem Zweck führt der Standesbeamte ein Geburten-, ein Heirats-, ein Sterbebuch sowie Familienbücher (Personenstandsbücher), der Standesbeamte des Standesamts I in Berlin (West) führt außerdem das Buch für Todeserklärungen. Örtlich zuständig für die Beurkundung der Geburt ist der Standesbeamte, in dessen Bezirk das Kind geboren ist, für die Beurkundung eines Sterbefalles der Standesbeamte, in dessen Bezirk der Tod eingetreten ist (Territorialitätsprinzip). Auf den Wohnort der Eltern des Kindes bzw. des Verstorbenen kommt es nicht an. Der Tod wird auch im Standesamt des Geburtsortes im Geburtenbuch vermerkt. Bei einem rechtlichen Interesse (z.B. Erbschaftsangelegenheiten) erteilen die Standesämter die entsprechenden Auskünfte.

Vor der Eheschließung erläßt der Standesbeamte das *Aufgebot.* Es wird eine Woche lang öffentlich ausgehängt. Zuständig für die Bestellung des Aufgebots und die Eheschließung ist der Standesbeamte, in dessen Bezirk einer der Verlobten seinen Wohnsitz oder gewöhnlichen Aufenthalt hat. Unter mehreren zuständigen Standesbeamten haben die Verlobten die Wahl.

Das *Familienbuch* besteht seit 1958 und wird von Amts wegen im Anschluß an jede Eheschließung oder auf Antrag für eine Eheschließung im Ausland angelegt. Es hat die Form einer Karteikarte und enthält Vor- und Familiennamen, Beruf, Geburtstag und -ort, Eheschließung sowie Eltern der Ehegatten. Das Familienbuch ist ständig fortzuführen (gemeinsame Kinder, Eheauflösung usw.) und darf nicht mit dem Stammbuch der Familie verwechselt werden. Es „wandert" und wird von dem Standesbeamten am jeweiligen Wohnort der Eheleute aufbewahrt.

Das *Personenstandswesen* orientiert sich am Personenstandsrecht. Hierzu gehören im weiteren Sinn auch Rechtsgebiete wie etwa Eherecht, Kindschaftsrecht, Staatsangehörigkeitsrecht sowie im Hinblick auf die starke Berührung mit Ausländern Grundzüge des Internationalen Privatrechts. Als Personenstand wurde ursprünglich die Zugehörigkeit eines Menschen zu einer bestimmten Familie bezeichnet. Abstammung, Alter, Geschlecht, Familienstand, Verwandtschaft und gegebenenfalls Ehe und Schwägerschaft bilden den Sammelbegriff „Personenstand", ergänzt um Vor- und Familiennamen.

Der *Standesbeamte* ist rechtlich selbständig, insoweit vergleichbar mit dem Rechtspfleger bzw. Richter. Der Dienstvorgesetzte hat nicht das Recht, in fachlichen Angelegenheiten Weisungen zu erteilen. Lehnt der Standesbeamte die Vornahme einer Amtshandlung ab, so kann er auf Antrag der Beteiligten oder der Aufsichtsbehörde nur durch das Amtsgericht dazu angehalten werden. Auf das gerichtliche Verfahren sind die Vorschriften des Gesetzes über die Angelegenheiten der freiwilligen Gerichtsbarkeit anzuwenden.

Internationales Ehe- und Kindschaftsrecht. Begr. v. A. Bergmann, hg. v. M. Ferid. Frankfurt am Main [5]1976ff. Loseblatt. Stand Okt. 1985. – Schütz, W.: 100 Jahre Standesämter in Deutschland. Frankfurt am Main 1977. – Personenstandsgesetz und Ehegesetz. Hg. v. E. Quester, R. Büchner und H. Bornhofen. Frankfurt am Main [4]1986.

Beurkundungen durch den Standesbeamten

1. in den Personenstandsbüchern

Geburt — Eheschließung — Tod

Änderung des Personenstandes

Anerkennung oder gerichtliche Feststellung der Vaterschaft, Feststellung der Nichtehelichkeit, Namenserteilung (Einbenennung) Legitimation, Ehelicherklärung, Annahme als Kind, Namensänderungen des Kindes,

Tod, Todeserklärung, Scheidung, Aufhebung oder Nichtigerklärung der Ehe, Namenserklärungen und -änderungen der Ehegatten, Austritt aus einer Kirche oder Religionsgesellschaft,

jede sonstige Änderung des Personenstandes

2. aus den Personenstandsbüchern (Personenstandsurkunden)

beglaubigte Abschriften,
Geburtsscheine,
Geburts-, Heirats- und Sterbeurkunden,
Abstammungsurkunden,
Auszüge aus dem Familienbuch,
mehrsprachige Personenstandsurkunden

3. Sonstiges

Willenserklärungen über Namensführung von Ehegatten und Kindern,
Anerkennungen der Vaterschaft,
Ehefähigkeitszeugnisse für Deutsche zur Eheschließung im Ausland,
Einwilligungen,
eidesstattliche Versicherungen in Personenstandsangelegenheiten,
Kirchenaustrittserklärungen

Bestattungswesen

Aus dem religiösen Totenkult, der uns bereits aus der Frühgeschichte des Menschen bekannt ist, hat sich in der Neuzeit in vielen zivilisierten Staaten ein rechtlich geordnetes Bestattungswesen entwickelt, das die Bestattung verstorbener Menschen nach den jeweiligen Vorstellungen von Pietät und Würde regelt. Im föderalistischen System der Bundesrepublik Deutschland wurden von jedem Land gesetzliche Vorschriften in Form eines *Bestattungsgesetzes* geschaffen.

Zu den wesentlichen Regelungen eines Bestattungsgesetzes gehört die Leichenschaupflicht, die Behandlung und Beförderung von Leichen sowie die Bestattung. Im Abschnitt Bestattung wird bestimmt, daß jeder Tote zu bestatten ist (Bestattungspflicht), wer die Bestattung zu veranlassen hat (Bestattungspflichtige Personen), wie bestattet (Bestattungsart) und wo bestattet (Bestattungsort) wird. Bei der Bestattungsart wird unterschieden zwischen Erdbestattungen und Feuerbestattungen, die auf einem Friedhof oder in einem Krematorium erfolgen und damit auch gleichzeitig den Bestattungsort bestimmen. Die Bestattung eines Verstorbenen ist frühestens 48 Stunden nach Eintritt des Todes und ausschließlich auf einem Friedhof oder in einem Krematorium zulässig. Dies gilt ebenso für die Beisetzung einer Urne, die in der Regel nicht an die Angehörigen oder einen Beauftragten ausgehändigt werden darf.

Während Krematorien ausschließlich von den Kommunen betrieben werden, werden Friedhöfe auch von den Kirchen und anderen Religionsgemeinschaften unterhalten. Das Friedhofswesen regeln die jeweiligen Träger durch ein *Friedhofsgesetz* oder eine Satzung. Neben allgemeinen Vorschriften des Friedhofsgesetzes oder der Satzung, die unter anderem das Verhalten auf den Friedhöfen (Friedhofsordnung) und die Art und den Umfang gewerblicher Tätigkeiten von Gärtnereien oder Steinmetzbetrieben bestimmen, sind die Vorschriften hervorzuheben, in denen das Nutzungsrecht an Grabstätten, die Ruhezeit nach der Beisetzung und die verschiedenen Arten von Grabstätten ihre Regelung finden. Bei der Art der Grabstätten wird, durch die Bestattungsart bestimmt, unterschieden zwischen Erdgrabstätten und Urnengrabstätten. Erd- und Urnengrabstätten gliedern sich in Reihengrabstätten und Sondergrabstätten. Mit Urnenreihengrabstätten vergleichbar sind anonyme Gemeinschaftsgrabstätten (Urnen- und Aschengemeinschaftsgrabstätten), die seit einigen Jahren von verschiedenen Friedhofsverwaltungen in städtischen Ballungsräumen unterhalten werden. Neben diesen unterirdischen Urnengrabstätten eröffnet sich weiterhin die Möglichkeit, eine Urne in einer Urnenwandgrabstätte (Kolumbarium) oberirdisch beisetzen zu lassen.

Mit der Beisetzung beginnt der Ablauf der Ruhezeit, die bei einer Erdbestattung oder einer Urne nach der Feuerbestattung mindestens 20 Jahre beträgt. Innerhalb dieses Zeitraumes ist eine Aufgabe der Grabstätte nur dann gestattet, wenn der Verstorbene erneut auf einer anderen Grabstätte beigesetzt wird (Umbettung). Nach Ablauf dieser gesetzlichen Ruhezeit werden Reihengrabstätten und Gemeinschaftsgrabstätten von der Friedhofsverwaltung aufgelöst und eingeebnet. Sie können anschließend neu belegt werden. Eine Verlängerung des Nutzungsrechts an einer solchen Grabstätte ist nicht möglich. Dagegen kann das Nutzungsrecht an Sondergrabstätten und Urnenwandgrabstätten nach Ablauf der gesetzlichen Ruhezeit beliebig oft um 5, 10, 15 oder 20 Jahre verlängert werden. Bei diesen Grabstätten sind weitere Beisetzungen, bis zu einer bestimmten Anzahl, die durch die Größe der Grabstätte bestimmt wird und abhängig von der jeweiligen Ruhezeit ist, gestattet. Nach jeder weiteren Beisetzung verlängert sich die Ruhezeit auf 20 Jahre. Sowohl für Särge als auch für Urnengefäße gilt, daß sie aus vergänglichem Material bestehen müssen und sich im Laufe der Ruhezeit im Erdreich auflösen sollen. Darüber hinaus müssen Särge, die für Feuerbestattungen bestimmt sind, frei von unverbrennbaren Stoffen sein, und sie dürfen bei der Einäscherung nicht zu Gefahren oder Beeinträchtigungen der Umwelt führen.

Schließlich sind auch die Grabausstattung (Flachgrab oder Anlage eines Grabhügels), die Grabpflege (Art und Umfang der Bepflanzung) und das Errichten von Grabmälern (Maße, Material) gesetzlich geregelt. Ziel aller Vorschriften auf dem Gebiet des Bestattungs- und Friedhofswesens ist es, eine ordnende Funktion auszuüben und die notwendige Pietät und Würde zu garantieren.

Gaedke, J.: Handbuch des Friedhofs- und Bestattungsrechts. Köln [5]1983.

Ablauf einer Bestattung

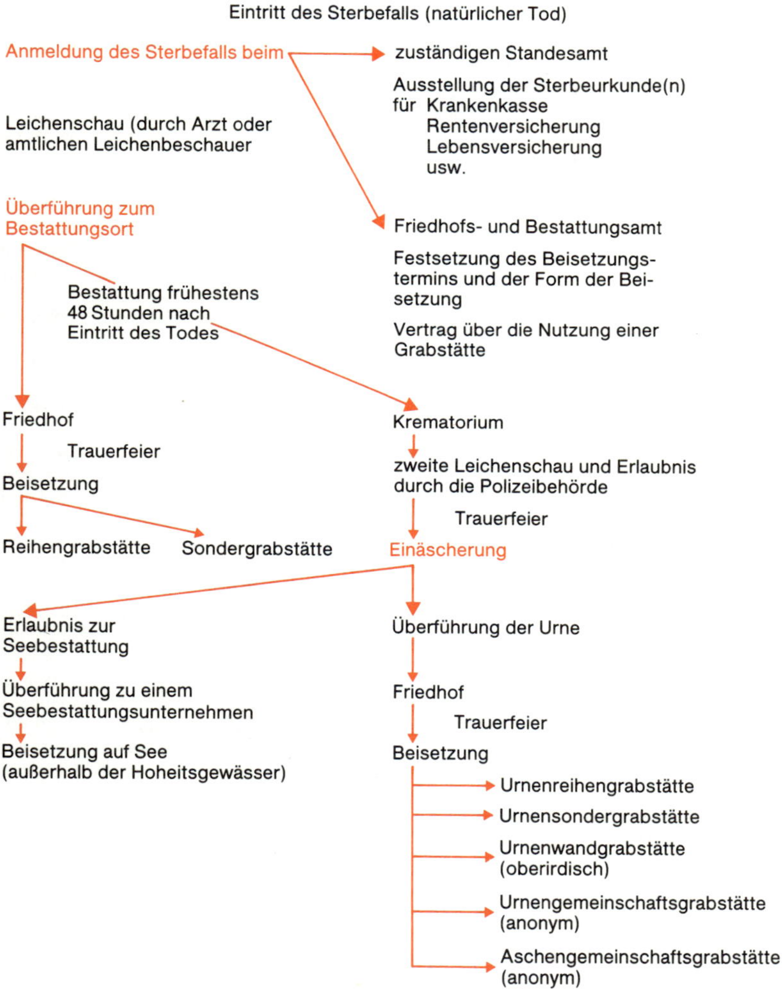

Feuerwehr

Die Feuerwehren sind eine der ältesten Einrichtungen der Gemeinden. Jede Gemeinde (Gemeinde, kreisangehörige Stadt, kreisfreie Stadt) hat eine Feuerwehr. Im Regelfall ist dies eine *freiwillige Feuerwehr.* Die Angehörigen der freiwilligen Feuerwehr nehmen ihren Dienst ehrenamtlich neben ihrem Hauptberuf wahr. Seit wenigen Jahren werden auch Frauen in die freiwilligen Feuerwehren aufgenommen. Alle kreisfreien Städte (oder Stadtkreise) haben eine *Berufsfeuerwehr,* neben der im Regelfall auch freiwillige Feuerwehren unterhalten werden; eine Großstadt wie Frankfurt am Main hat derzeit (1985) 28 freiwillige Feuerwehren, überwiegend in den Vororten. Die Berufsfeuerwehr besteht aus beamteten Dienstkräften des höheren, gehobenen und mittleren Dienstes. Die größeren kreisangehörigen Städte unterhalten freiwillige Feuerwehren mit hauptamtlichen Kräften. Diese erfüllen besondere Aufgaben, die eine ständige Präsenz erfordern (etwa Leitstelle der Feuerwehr).

Die *Feuerwehren haben die Aufgabe* der Brandbekämpfung, der technischen Hilfeleistung bei Unglücksfällen und des Krankentransport- und Rettungsdienstes. Die Tätigkeit der Feuerwehren im Krankentransport- und Rettungsdienst ist von Land zu Land und innerhalb eines Landes sehr unterschiedlich, weil in diese Aufgabe auch die Hilfsorganisationen (Arbeiter-Samariter-Bund, Deutsches Rotes Kreuz, Johanniter-Unfall-Hilfe, Malteser-Hilfsdienst) eingebunden sind.

Die Aufgabe der Feuerwehren ist durch die Feuerschutzgesetze der Länder den Gemeinden als Pflichtaufgabe übertragen, in einigen Ländern als pflichtige Selbstverwaltungsaufgabe, in anderen als Pflichtaufgabe zur Erfüllung nach Weisung (vgl. S. 20). Die Gemeinden unterstehen in der Wahrnehmung der Aufgabe dem Kreis (Kreisbrandmeister), den Bezirksregierungen (Bezirksbrandmeister und Feuerschutzdezernenten) und dem Innenminister. Die Feuerwehren sind neben diesen Aufgaben auch in den Katastrophenschutz (vgl. S. 190) und die Zivilverteidigung eingebunden. Sie bilden dort einen wichtigen Fachdienst.

Die *Ausbildung der Feuerwehrkräfte* findet auf der unteren Ebene durch die Gemeinden und Kreise statt. Alle Länder unterhalten Landesfeuerwehrschulen, auf denen die mittleren und gehobenen Führungskräfte ausgebildet werden. Die Dienstkräfte des mittleren Dienstes der Feuerwehren, die die größte Zahl der Einsatzkräfte stellen, müssen über eine abgeschlossene handwerkliche Ausbildung verfügen, bevor sie für ihren Dienst in der Feuerwehr ausgebildet werden. Die Führungskräfte der Feuerwehren im höheren Dienst müssen ein abgeschlossenes naturwissenschaftliches Hochschulstudium nachweisen. Sie leisten danach einen Vorbereitungsdienst ab, der über den Deutschen Städtetag organisiert wird. Sie legen eine Staatsprüfung vor einem Prüfungsausschuß ab, der aus erfahrenen Dienstkräften des höheren Dienstes besteht.

Die *Kosten der Feuerwehren* hat jede Gemeinde selbst zu tragen. Die Länder leisten jedoch aus dem Aufkommen der von den Feuerversicherungsgesellschaften zu entrichtenden Feuerschutzsteuer beachtliche Zuschüsse zu den Kosten der Feuerwehren, insbesondere bei den Investitionskosten (Bau von Feuerwachen, Anschaffung von Spezialfahrzeugen).

Die Angehörigen der freiwilligen Feuerwehren sind im *Deutschen Feuerwehrverband* zusammengeschlossen (etwa 1 Million Mitglieder, Generalsekretariat in Bonn), der sich in Landesfeuerwehrverbände und Kreisfeuerwehrverbände gliedert. Seit Mitte der siebziger Jahre können auch die Angehörigen der Berufsfeuerwehren oder die Berufsfeuerwehren selbst Mitglied im Deutschen Feuerwehrverband werden. Die Leiter der Berufsfeuerwehren der Bundesrepublik Deutschland bilden die Arbeitsgemeinschaft der Leiter der Berufsfeuerwehren (AGBF), die in fachlich ausgerichteten Arbeitsgruppen Analysen und Konzepte für die weitere Entwicklung des Feuerwehrwesens in der Bundesrepublik Deutschland erstellt.

Neben den öffentlichen Feuerwehren gibt es in großen Unternehmen mit besonderen Brandgefährdungen *Betriebsfeuerwehren* und *Werkfeuerwehren.* Während die Betriebsfeuerwehr eine private Einrichtung eines Unternehmens ist, hat die Werkfeuerwehr die Funktion einer öffentlichen Feuerwehr und fällt insoweit voll unter die Anforderungen, die an öffentliche Feuerwehren gestellt werden. Es gibt in der Bundesrepublik Deutschland 766 Werkfeuerwehren und 578 Betriebsfeuerwehren.

Wolff, H. J./Bachof, O.: Verwaltungsrecht. Ein Studienbuch. Bd. 3. München [4]1978. – Drews, B., u. a.: Gefahrenabwehr. Bd. 2. Bearb. v. W. Martens. Köln u. a. [9]1986.

Feuerwehren

Aufbau und Aufsicht

Innenminister
(Abteilung Brandschutz etc.)

Landesbeirat

Landesfeuerwehrschule

Regierungspräsident
(Brandschutzdezernent/Bezirksbrandmeister)

Kreis
(Kreisbrandmeister)

kreisfreie Stadt
Berufsfeuerwehr/Freiwillige Feuerwehr

Stadt/Gemeinde (Stadt-/Gemeindebrandmeister)
Freiwillige Feuerwehr (teils mit hauptamtl. Kräften)

Organisation des Feuerwehrverbandes und Beratungsgremien

Deutscher Feuerwehrverband
(Präsident und
Generalsekretariat)

Landesfeuerwehrverbände (Landesvorsitzende)

Kreisfeuerwehrverbände (Kreisvorsitzende)

Stadt (Orts-)feuerwehrverbände

AGBF* Bund
mit mehreren
Arbeitsgruppen

AGBF Länder

* Arbeitsgemeinschaft der Berufsfeuerwehren

Katastrophenschutz – Zivilverteidigung

Von einer Katastrophe spricht man, wenn durch einen Unglücksfall, durch eine Explosion, ein Naturereignis oder ein ähnliches Ereignis Schäden für Menschen und Sachen in einem Umfang eingetreten sind oder unmittelbar bevorstehen, daß sie mit den üblicherweise zur Verfügung stehenden Verwaltungsmitteln nicht beseitigt oder abgewendet werden können. Dies gilt etwa bei großflächigen Überschwemmungen, großflächigen Waldbränden, Explosionen, die über ein Gebäude oder eine Firma hinaus Straßenzüge oder Stadtteile erfassen oder bei einem Flugzeugabsturz über städtischen Verdichtungsräumen. Solche Katastrophen können in Friedenszeiten oder in Kriegszeiten eintreten.

Die *Bekämpfung von Katastrophen in Friedenszeiten* ist Angelegenheit der Länder. Diese haben zur Bekämpfung von Katastrophen Landeskatastrophenschutzgesetze erlassen und Katastrophenabwehrpläne aufgestellt. Die Innenminister sind die für die Katastrophenabwehr zuständigen obersten Landesbehörden. Auf der mittleren Verwaltungsebene sind die Regierungspräsidenten obere Katastrophenschutzbehörden. Für den örtlichen Katastrophenschutz sind die Landkreise und kreisfreien Städte zuständig. Die Hauptverwaltungsbeamten (Oberbürgermeister bzw. Oberstadtdirektoren sowie Landräte bzw. Oberkreisdirektoren) der genannten Kommunen sind für die Maßnahmen und Planungen im Rahmen des Katastrophenschutzes verantwortlich. Sie haben eine Katastrophenschutzleitung aufzustellen. Das gleiche gilt für die Regierungspräsidenten und den Innenminister.

Im Katastrophenschutz wirken Einrichtungen und Einheiten verschiedener Fachdienste zusammen, so der Brandschutzdienst, der Bergungsdienst, der Instandsetzungsdienst, der Sanitätsdienst, der Fernmeldedienst und der Versorgungsdienst. In den Katastrophenschutz sind neben den Feuerwehren und der Bundesanstalt Technisches Hilfswerk auch die *privaten Hilfsorganisationen,* wie das Deutsche Rote Kreuz, der Malteser Hilfsdienst, die Johanniter-Unfall-Hilfe und der Arbeiter-Samariter-Bund einbezogen.

Die übergeordneten Katastrophenschutzbehörden können sich jederzeit in die Katastrophenabwehr einschalten und u. U. auch die Leitung der Katastrophenabwehr übernehmen. Wenn die Instrumentarien nach den Landeskatastrophenschutzgesetzen und Katastrophenschutzplänen im Frieden eingesetzt werden sollen und müssen, hat die zuständige Katastrophenschutzbehörde den *Katastrophenalarm* auszulösen.

Im *Spannungs- und Verteidigungsfall* richten sich alle Maßnahmen des Katastrophenschutzes und der Zivilverteidigung nach Bundesrecht. Nach dem *Gesetz über die Erweiterung des Katastrophenschutzes* von 1968 sind die Länder, die Gemeinden und Gemeindeverbände für den erweiterten Katastrophenschutz insofern verantwortlich, als sie die im Gesetz vorgesehenen Maßnahmen im Auftrag des Bundes durchführen müssen. Der Bund hat für den erweiterten Katastrophenschutz und die Zivilverteidigung *besondere Bundesbehörden und Einrichtungen* geschaffen. Dazu gehören das Bundesamt für Zivilschutz als Bundesoberbehörde, die Bundesanstalt Technisches Hilfswerk, der Bundesverband für den Selbstschutz und die Akademie für zivile Verteidigung.

Der Bund kann im Spannungs- und Verteidigungsfall auf die Katastrophenschutzbehörden und Einrichtungen der Länder und Kommunen zurückgreifen. Für den Spannungs- und Verteidigungsfall werden sie durch Mittel und Maßnahmen des Bundes verstärkt. Die vom Bund zur Verfügung gestellte zusätzliche Ausrüstung wird von den Ländern auf die kreisfreien Städte und die Landkreise verteilt. Der Bundesminister des Innern legt – nach Abstimmung mit dem jeweiligen Innenminister oder Innensenator – die Stärke und die Gliederung des erweiterten Katastrophenschutzes in den Ländern fest. Dazu werden ebenfalls Fachdienste gebildet, die auf die bereits bestehenden Katastrophenschutzeinheiten zurückgreifen. Zum Dienst im Katastrophenschutz können sich freiwillige Helfer verpflichten, die aus diesem Grund vom Wehrdienst freigestellt werden.

Für die *Zivilverteidigung* sind in großem Umfang Vorsorgemaßnahmen erforderlich; dazu gehören u. a. Maßnahmen zur Ernährungssicherstellung, zur Errichtung von Ernährungsämtern und Pläne zum Schutz der Gesundheit.

Die Zivilbehörden arbeiten in Angelegenheiten der Zivilverteidigung mit den militärischen Dienststellen, v. a. mit den Kommandobehörden des Territorialheeres (Verteidigungsbezirks- bzw. Verteidigungskreiskommandos) zusammen.

Weißbuch 1985: Zur Lage und Entwicklung der Bundeswehr. Hg. v. Bundesminister der Verteidigung. Bonn 1985. – Drews, B. u. a.: Gefahrenabwehr. Köln u. a. [9]1986.

Katastrophenschutz/Zivilverteidigung

(Spannungs- und Verteidigungsfall)

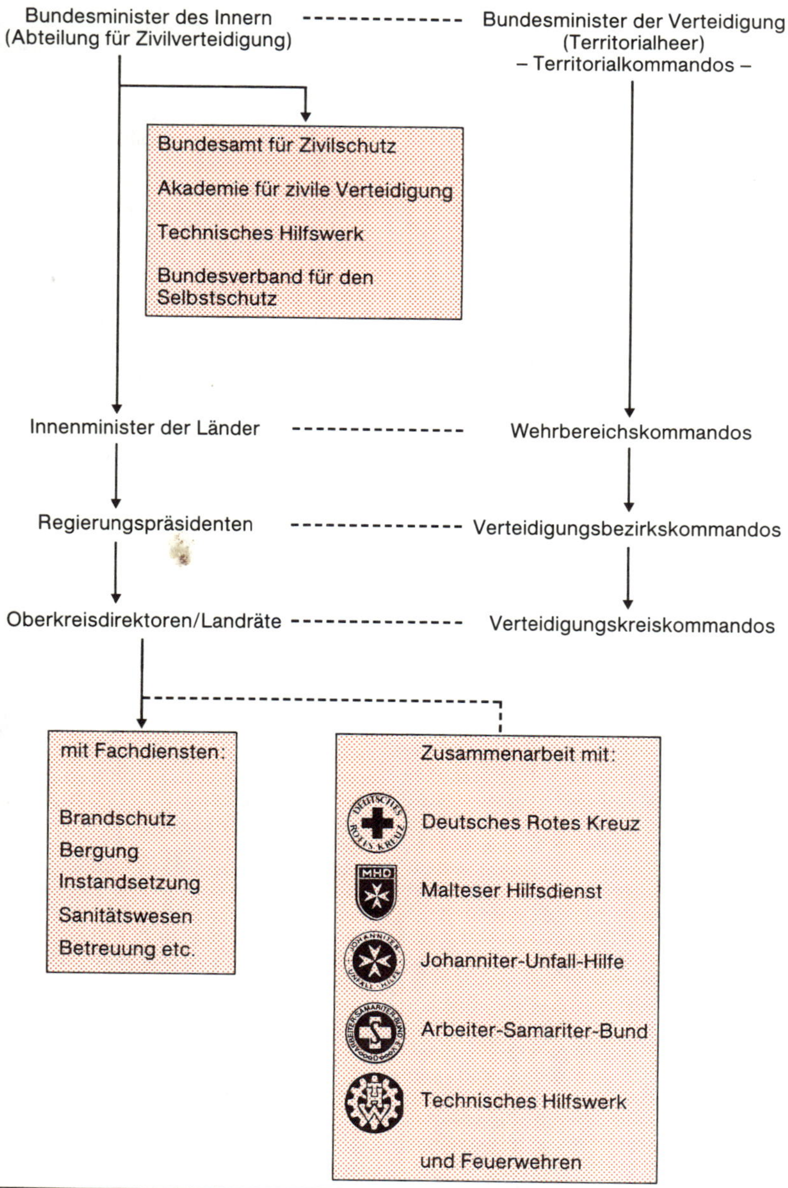

Schulen

Das gesamte Schulwesen in der Bundesrepublik Deutschland steht unter der Aufsicht des Staates. Andererseits haben die Gemeinden das Recht und die Pflicht, alle Angelegenheiten der örtlichen Gemeinschaft in eigener Verantwortung im Rahmen der Gesetze zu regeln. Von diesem historisch gewachsenen und auch im Grundgesetz für die Bundesrepublik Deutschland verankerten Spannungsverhältnis ist die Verantwortung für das Schulwesen bestimmt. Kommunale Selbstverwaltung und staatliche Schulaufsicht führten zu der Trennung von inneren (Schulaufsicht) und äußeren (Schulträgerschaft) Schulangelegenheiten.

Die *Schulaufsicht* umfaßt die Rechte und Pflichten des Staates für die gesamte Unterrichts- und Erziehungsarbeit, die Lehrpläne und die Beaufsichtigung des Lehrpersonals. Demgegenüber sind die *Schulträger* für die Organisation (Errichtung, Ausstattung, Erweiterung, Zusammenlegung, Teilung und Auflösung von Schulen), die laufende Schulverwaltung (nichtlehrendes Personal wie Sekretärinnen und Hausmeister) und den laufenden Sachbedarf (Lehr- und Lernmittel, Schülerbeförderung) zuständig.

Die Schulträgerschaft wird durch Ländergesetzgebung geregelt. Im allgemeinen gilt das Prinzip der Gebietsidentität (Dekkungsgleichheit der Schulträgerschaft mit dem Schuleinzugsbereich der jeweiligen Schulformen). Die Gemeinden sind überwiegend Schulträger für *Grund-* und *Hauptschulen*. Je nach ihrer Größe sind sie zur Übernahme der Schulträgerschaft für *weiterführende Schulen, Sonderschulen* und *Berufsschulen* (vgl. S. 196) teils berechtigt, teils verpflichtet. Daneben gibt es freiwillige gemeinsame Trägerschaften von Gemeinden. In Bayern sind staatliche Schulen außerhalb der kommunalen Schulträgerschaft weit verbreitet, in Hessen und Niedersachsen sind die Kreise in der Regel Träger der weiterführenden Schulen in kreisangehörigen Gemeinden.

Die Gemeinden finanzieren die Kosten der Schulträgerschaft nach dem Gesamtdeckungsprinzip ihres Haushaltes. Den zahlreichen Pflichtaufgaben der Gemeinden (u. a. denen der Schulträgerschaft) wird durch die Beteiligung an den Gemeinschaftsteuern von Bund und Ländern im Rahmen des Finanzausgleichs Rechnung getragen. Darüber hinaus fördern die Länder mit Zweckzuweisungen die *Schulbauten*.

Die Hoheit über das *Lehrpersonal* und damit auch die Kosten liegt bei den Ländern (Ausnahme Rheinland-Pfalz und Bayern bei den kommunalen neben den – überwiegend – staatlichen Schulen). Die Gemeinden haben bei den von ihnen getragenen Schulen in den Ländern unterschiedliche Mitwirkungsrechte bei der Besetzung von Lehrer-, Beförderungs- und Schulleiterstellen. Die letzte Entscheidung treffen allerdings überall die Schulaufsichtsbehörden. Die Verantwortung und die Kosten für das nichtlehrende Personal liegen bei den Schulträgern.

Die *Grenzen zwischen inneren und äußeren Schulangelegenheiten* sind in der Schulwirklichkeit häufig fließend. Durch ortsbezogene Schulgründungen, durch Festlegung von Größe, Lage und Ausstattungsschwerpunkten, durch Modell- und *Schulversuche* können Gemeinden nachhaltig auf das Schulwesen einwirken, schulische Initiativen aufnehmen und eigene Initiativen bei der Schulaufsicht durchsetzen. In einem erweiterten Verständnis der kommunalen Schulträgerschaft richten Gemeinden z. B. *Schulberatungsstellen* ein, initiieren die Zusammenarbeit von Schulen mit sozialen Diensten, fördern die Zusammenarbeit von Schul- und Vereinssport und die Berufsvorbereitung besonders von benachteiligten Jugendlichen. Zunehmende Bedeutung gewinnt die Förderung des inneren Schullebens, besonders der *Schulkultur*. Diese Entwicklung hat die Wiederentdeckung der Stadt als Lern- und Erfahrungswelt für die Schulen gefördert.

Neben den staatlichen Schulaufsichtsbehörden wird die Verwaltung der gemeindlichen Schulträgerschaft durch *Schulämter* wahrgenommen, die nach unterschiedlichen Gemeindeverfassungen in die Verantwortung der Vertretungskörperschaften (Schulausschuß, Rat) eingebunden sind.

Insgesamt hat die doppelt dezentralisierte Schulverfassung in der Bundesrepublik (mit der föderalen und der kommunalen Verantwortung) zu einem vielfältigen Schulwesen geführt. Besonders von der engen kommunalen Verbindung mit dem Schulwesen gingen und gehen zahlreiche Reformimpulse aus.

Das gegliederte Schulwesen in der Bundesrepublik Deutschland. Hg. v. H. Wollenweber. Paderborn 1980. – Handbuch der kommunalen Wissenschaft und Praxis. Hg. v. G. Püttner. Bd. 4: Die Fachaufgaben. Berlin u. a. 1983. – Zimmer, J./Niggemeyer, E.: Macht die Schule auf, laßt das Leben rein. Weinheim 1985.

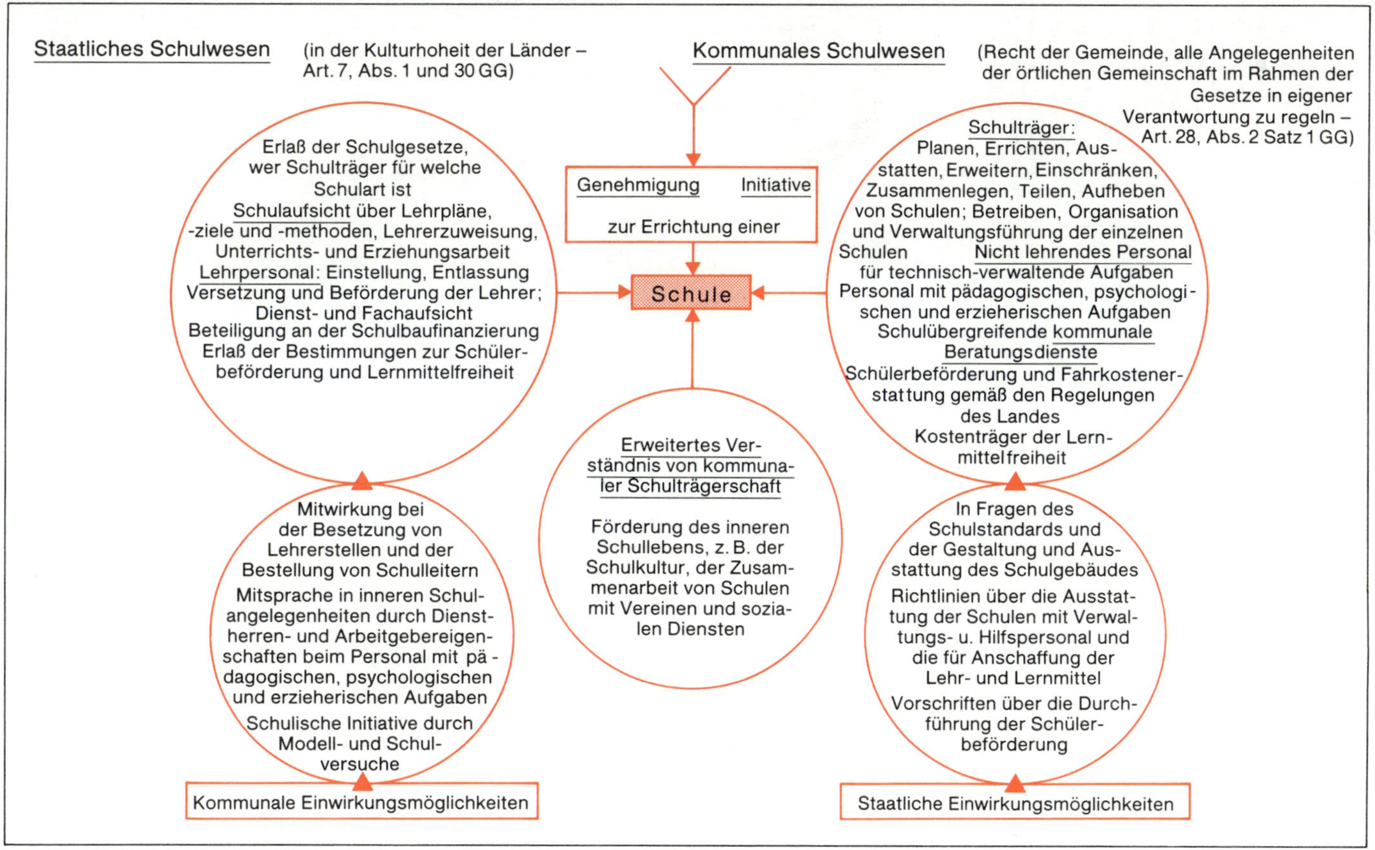
Staatliches Schulwesen
(in der Kulturhoheit der Länder – Art. 7, Abs. 1 und 30 GG)
Kommunales Schulwesen
(Recht der Gemeinde, alle Angelegenheiten der örtlichen Gemeinschaft im Rahmen der Gesetze in eigener Verantwortung zu regeln – Art. 28, Abs. 2 Satz 1 GG)
Erlaß der Schulgesetze, wer Schulträger für welche Schulart ist
Schulaufsicht über Lehrpläne, -ziele und -methoden, Lehrerzuweisung, Unterrichts- und Erziehungsarbeit
Lehrpersonal: Einstellung, Entlassung Versetzung und Beförderung der Lehrer; Dienst- und Fachaufsicht
Beteiligung an der Schulbaufinanzierung
Erlaß der Bestimmungen zur Schülerbeförderung und Lernmittelfreiheit
Genehmigung
Initiative
zur Errichtung einer
Schule
Schulträger:
Planen, Errichten, Ausstatten, Erweitern, Einschränken, Zusammenlegen, Teilen, Aufheben von Schulen; Betreiben, Organisation und Verwaltungsführung der einzelnen Schulen
Nicht lehrendes Personal für technisch-verwaltende Aufgaben
Personal mit pädagogischen, psychologischen und erzieherischen Aufgaben
Schulübergreifende kommunale Beratungsdienste
Schülerbeförderung und Fahrkostenerstattung gemäß den Regelungen des Landes
Kostenträger der Lernmittelfreiheit
Mitwirkung bei der Besetzung von Lehrerstellen und der Bestellung von Schulleitern
Mitsprache in inneren Schulangelegenheiten durch Dienstherren- und Arbeitgebereigenschaften beim Personal mit pädagogischen, psychologischen und erzieherischen Aufgaben
Schulische Initiative durch Modell- und Schulversuche
Erweitertes Verständnis von kommunaler Schulträgerschaft
Förderung des inneren Schullebens, z. B. der Schulkultur, der Zusammenarbeit von Schulen mit Vereinen und sozialen Diensten
In Fragen des Schulstandards und der Gestaltung und Ausstattung des Schulgebäudes
Richtlinien über die Ausstattung der Schulen mit Verwaltungs- u. Hilfspersonal und die für Anschaffung der Lehr- und Lernmittel
Vorschriften über die Durchführung der Schülerbeförderung
Kommunale Einwirkungsmöglichkeiten
Staatliche Einwirkungsmöglichkeiten

Volkshochschulen

Volkshochschulen gibt es dem Namen nach und in nennenswerter Zahl in Deutschland seit den Anfängen der Weimarer Republik. Die Initiative zur Gründung ging meist von einzelnen Persönlichkeiten aus. Das Engagement der Gemeinden für diese *Weiterbildungseinrichtungen* machte sich in aller Breite erst nach 1945 bemerkbar. Seit dieser Zeit hat u.a. der Deutsche Städtetag mehrfach zur Bedeutung der Volkshochschule Stellung genommen. Am häufigsten wird zitiert, sie habe

"– die Kommunikation zu fördern und damit der Vereinzelung entgegenzuwirken,
– Spielräume zu schaffen und damit ein Gegengewicht gegen die Zwänge des heutigen Lebens zu setzen,
– die Reflexion herauszufordern und damit bloße Anpassung und oberflächliche Ablenkung zu überwinden."

In Empfehlungen zur Organisation umgesetzt ist diese Aufgabenbestimmung in einem Gutachten der *Kommunalen Gemeinschaftsstelle für Verwaltungsvereinfachung*. Die Strukturvorschläge sind allerdings, insbesondere was die Anstellung hauptberuflich pädagogischen Personals anlangt, regional unterschiedlich realisiert, weil für die organisatorische Entwicklung die Kulturhoheit der Länder bestimmend ist. Sie förderten lange Zeit *Erwachsenenbildung* auf freiwilliger Basis. Erst nach 1970 wurden in den meisten Bundesländern gesetzliche Regelungen verabschiedet. Aufgrund abweichender Förderungsrichtlinien blieb aber die Organisationsstruktur unterschiedlich. Während es in Hessen und Niedersachsen zu Zusammenschlüssen auf Kreisebene gekommen ist, blieb die Selbständigkeit kleiner Einrichtungen in Bayern und Schleswig-Holstein erhalten. In Baden-Württemberg und Nordrhein-Westfalen wiederum gibt es Mischformen, auch in Form von Zweckverbänden. Der Anteil der Einrichtungen, deren Träger Gebietskörperschaften sind, hat sich in den letzten Jahren auf 57% erhöht. Aber auch die Einrichtungen in der Trägerschaft eines eingetragenen Vereins stehen über den finanziellen Förderungsanteil in der Obhut der Gemeinden und Kreise.

Die Volkshochschulen bestreiten ihre Arbeit im Durchschnitt zu einem Drittel aus Teilnehmergebühren. Ihr Angebot hat sich im Laufe von vier Jahrzehnten mit den wechselnden gesellschaftlichen Anforderungen und Mentalitäten gewandelt. Anknüpfend an das Selbstverständnis in der Weimarer Zeit begannen sie nach 1945 als Stätte der Selbstbesinnung und der konkreten Lebenshilfe. In den 1960er Jahren erhielt die Vermittlung von überprüfbaren Qualifikationen sowie der *2. Bildungsweg* eine größere Bedeutung. Der Ausbau in den 1970er Jahren hat zu einer Verstärkung der Zielgruppenarbeit geführt. Heute machen sich technische Entwicklung und ökologische Sorge im Angebot bemerkbar. Das verstärkte psychologische Reflexionsbedürfnis ist ebenso aufgegriffen worden wie die immer häufigere Frage nach der Sicherung der Gesundheit. Allein die politische Bildung ist in den Hintergrund getreten. Die Volkshochschule als eine Einrichtung, die dem Pluralismus verpflichtet ist, steht hier vor Schwierigkeiten, seitdem politische Bildung mehr als Einübung der Interessendurchsetzung denn als Verstehenshilfe für Aufbau und Funktion des Gemeinwesens ausgelegt wird.

Das Angebot hat immer aus einem gemeinsamen Kern und aus örtlich bedingten Besonderheiten bestanden. Zwischen 1960 und 1980 hat sich ein deutlicher Annäherungsprozeß der Angebots-Themen vollzogen. Eine gegenläufige Entwicklung ist in den letzten Jahren eingetreten, weil sich viele, aber nicht alle Volkshochschulen an Programmen der Arbeitsverwaltung beteiligen. Sieht man davon ab, ist es weiterhin so, daß das Angebot im Durchschnitt etwa zu einem Drittel aus Sprachkursen besteht, zu je einem Viertel sozialkulturelle und berufliche Bildung betrifft und zu einem weiteren Fünftel die Bereiche Gesundheit und Hauswirtschaft umfaßt.

Die inhaltliche Spannweite des Angebots entspricht den Erwartungen und Bedürfnissen der Adressaten. Unter dem Leitprinzip der Teilnehmerorientierung gibt es eine Vielfalt der Veranstaltungsformen (vom Einzelvortrag über den Unterrichtskurs bis zum Gesprächskreis), der Verbindlichkeitsgrade und der Anspruchsebene (vom Alphabetisierungskurs bis zum Kontaktstudium). Der Anteil der mittleren Altersgruppe (25–40 Jahre) hat im letzten Jahrzehnt beträchtlich zugenommen, ebenso der Anteil der Frauen, der bis auf 70% gestiegen ist.

25 Jahre Deutscher Volkshochschul-Verband. Hg. v. H. Dolff. Braunschweig 1978. – Strzelewicz, W., u.a.: Bildung und Lernen in der Volkshochschule. Braunschweig 1979.

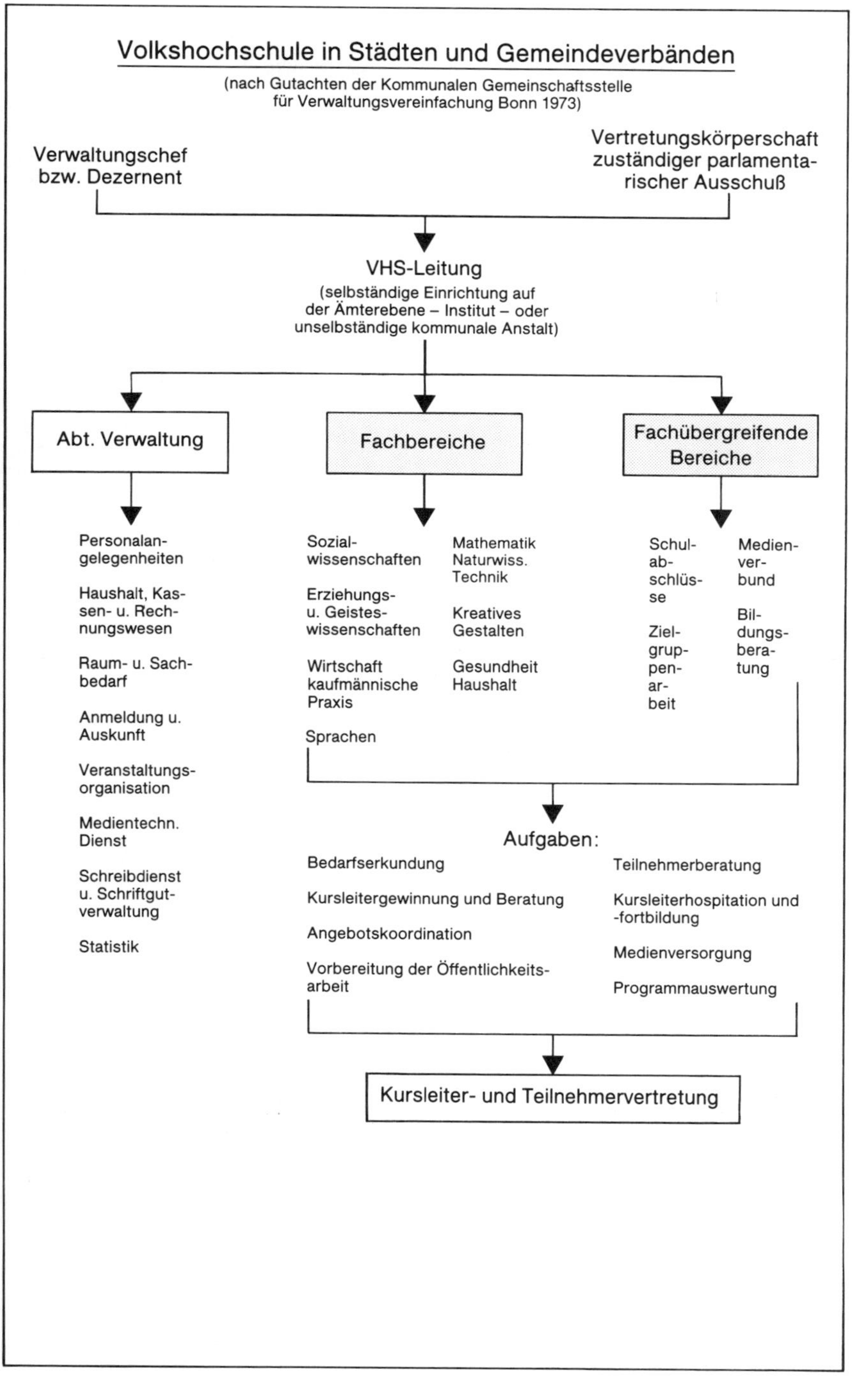
Volkshochschule in Städten und Gemeindeverbänden
(nach Gutachten der Kommunalen Gemeinschaftsstelle für Verwaltungsvereinfachung Bonn 1973)
Verwaltungschef bzw. Dezernent
Vertretungskörperschaft zuständiger parlamentarischer Ausschuß
VHS-Leitung
(selbständige Einrichtung auf der Ämterebene – Institut – oder unselbständige kommunale Anstalt)
Abt. Verwaltung
Fachbereiche
Fachübergreifende Bereiche
Personalangelegenheiten
Haushalt, Kassen- u. Rechnungswesen
Raum- u. Sachbedarf
Anmeldung u. Auskunft
Veranstaltungsorganisation
Medientechn. Dienst
Schreibdienst u. Schriftgutverwaltung
Statistik
Sozialwissenschaften
Erziehungs- u. Geisteswissenschaften
Wirtschaft kaufmännische Praxis
Sprachen
Mathematik Naturwiss. Technik
Kreatives Gestalten
Gesundheit Haushalt
Schulabschlüsse
Zielgruppenarbeit
Medienverbund
Bildungsberatung
Aufgaben:
Bedarfserkundung
Kursleitergewinnung und Beratung
Angebotskoordination
Vorbereitung der Öffentlichkeitsarbeit
Teilnehmerberatung
Kursleiterhospitation und -fortbildung
Medienversorgung
Programmauswertung
Kursleiter- und Teilnehmervertretung

Berufsschulen

Wie alle Schulen stehen die *berufsbildenden Schulen* gemäß Art. 7 GG unter der Aufsicht des Staates. Die Trägerschaft liegt bei den Gemeinden, insbesondere bei den Kreisen und kreisfreien Städten. Die berufsbildenden Schulen sorgen sowohl für den Übergang vom Bildungs- zum Beschäftigungssystem wie für die vertiefende berufliche Fachbildung. Die damit verbundenen Probleme haben die innere Konsolidierung des berufsbildenden Schulwesens verzögert und Erschwernisse für die kommunale Schulentwicklungsplanung gebracht.

Die *Schulentwicklungsplanung* sichert bedarfsbezogen die in den Schulgesetzen der Bundesländer geregelte Pflicht vor allem der Kreise und kreisfreien Städte zur Errichtung, zum Bau, zur Unterhaltung und Ausstattung beruflicher Schulen. Da die kommunale Selbstverwaltung auf die örtliche bzw. regionale Gemeinschaft verpflichtet ist, wirkt sich die regionale Wirtschaftsstruktur durch den jeweiligen Bedarf an Arbeitskräften auf die kommunale Schulpolitik und Schulentwicklungsplanung aus. So bieten wirtschaftsschwache Regionen, in denen es ein geringeres Angebot an betrieblichen Ausbildungsplätzen gibt, auch weniger Berufsschulplätze an; andererseits haben Verdichtungsräume mit einseitiger Industriestruktur zwar viele Schulplätze, aber eine geringere Auswahl von Ausbildungsberufen. Rezession und Abwanderung, Zuwanderung und Wirtschaftswachstum in einer Region stellen die Schulträger vor wechselnde Anpassungserfordernisse in der Zahl der Lehrkräfte, der Schulräume und in der Schulausstattung. Entscheidend für die Phase der Schulentwicklungsplanung 1985–1995 ist z. B. die voraussichtliche Halbierung der Zahl von Berufsschülern.

Das berufsbildende Schulwesen konnte durch die zum Berufsbildungsgesetz (1969) führende Entwicklung und dann durch dieses Gesetz für das Bildungswesen stärker geöffnet werden. Im Entwurf der Fortschreibung des Bildungsgesamtplans (1982) wurde die Aufgabe der berufsqualifizierenden Bildungsgänge als Vermittlung einer qualifizierten fachlichen Ausbildung und als Förderung der Persönlichkeitsentwicklung beschrieben. Nach wie vor blieb die Berufsbildung dem Beschäftigungssystem stark verpflichtet. 1983 besuchten von den insgesamt 2,5 Mill. Berufsschülern etwa 1,8 Mill. Schülerinnen und Schüler eine Berufsschule, in der die Berufsausbildung an zwei Lernorten, nämlich im Betrieb und in der Berufsschule, erfolgt (duales System).

Eine unübersehbare Vielfalt von Einrichtungen mit ländereigenen Sonderformen hat sich ausgebildet. Insgesamt können Berufsqualifikationen im dualen System (herkömmliche Berufsschule), aber auch in beruflichen Vollzeitschulen (Berufsgrundbildungsjahr, Berufsfachschulen, Berufskollegs, Berufsaufbauschulen) sowie in sonstigen Berufsbildungseinrichtungen außerhalb der schulischen und betrieblichen Berufsausbildung (berufsvorbereitende/berufsbefähigende Bildungsgänge, überbetriebliche Ausbildungsstätten, außerschulische Jugendbildung, Weiterbildung) erworben werden. Träger dieser Einrichtungen sind in der Regel die Städte und Kreise, aber auch freie und private Organisationen, Industrie- und Handelskammern bzw. Handwerkskammern sowie der Staat (Fachschule). Berufliche Vollzeitschulen sind bei der Bekämpfung der Jugendarbeitslosigkeit bedeutsam („Warteschleifen“).

Die Berufsschule gliedert sich in Fachrichtungen: die Bergberufsschule, die gewerblich-technische, die gewerblich-hauswirtschaftliche, die kaufmännische und die landwirtschaftliche Berufsschule. Mehrere Fachrichtungen können in einer Schule vereinigt werden (Bündelschulen, vielfach als Kreisberufsschulen). Entsprechend dem Bedarf können innerhalb einer Fachrichtung selbständige Schulen gebildet werden (z. B. metallgewerbliche Berufsschulen). Die Schüler werden zu Fachklassen für die einzelnen Berufe oder Fachgruppenklassen für verwandte Berufe zusammengefaßt. Bei geringer Schülerzahl werden aus einem größeren Einzugsbereich „Bezirksfachklassen“ oder sogar Zentralberufsschulen für das ganze Land bzw. das ganze Bundesgebiet gebildet.

Besondere Sorge der kommunalen Schulträger gilt der Einbeziehung der behinderten sowie der ausländischen Schüler in das berufsbildende Schulwesen.

In der Schulausstattung sind die gewerblich-technischen berufsbildenden Schulen wegen der erforderlichen Werkstätten besonders teuer. Die berufsbildenden Schulen sind führend in der Einführung der elektronischen Datenverarbeitung.

Berufliches Schulzentrum in regionaler Planung. Hg. v. H. J. Rosenthal. Wiesbaden 1970. – Abraham, K.: Industrielle Arbeitswelt als Bildungsraum. Bern–Frankfurt am Main 1984.

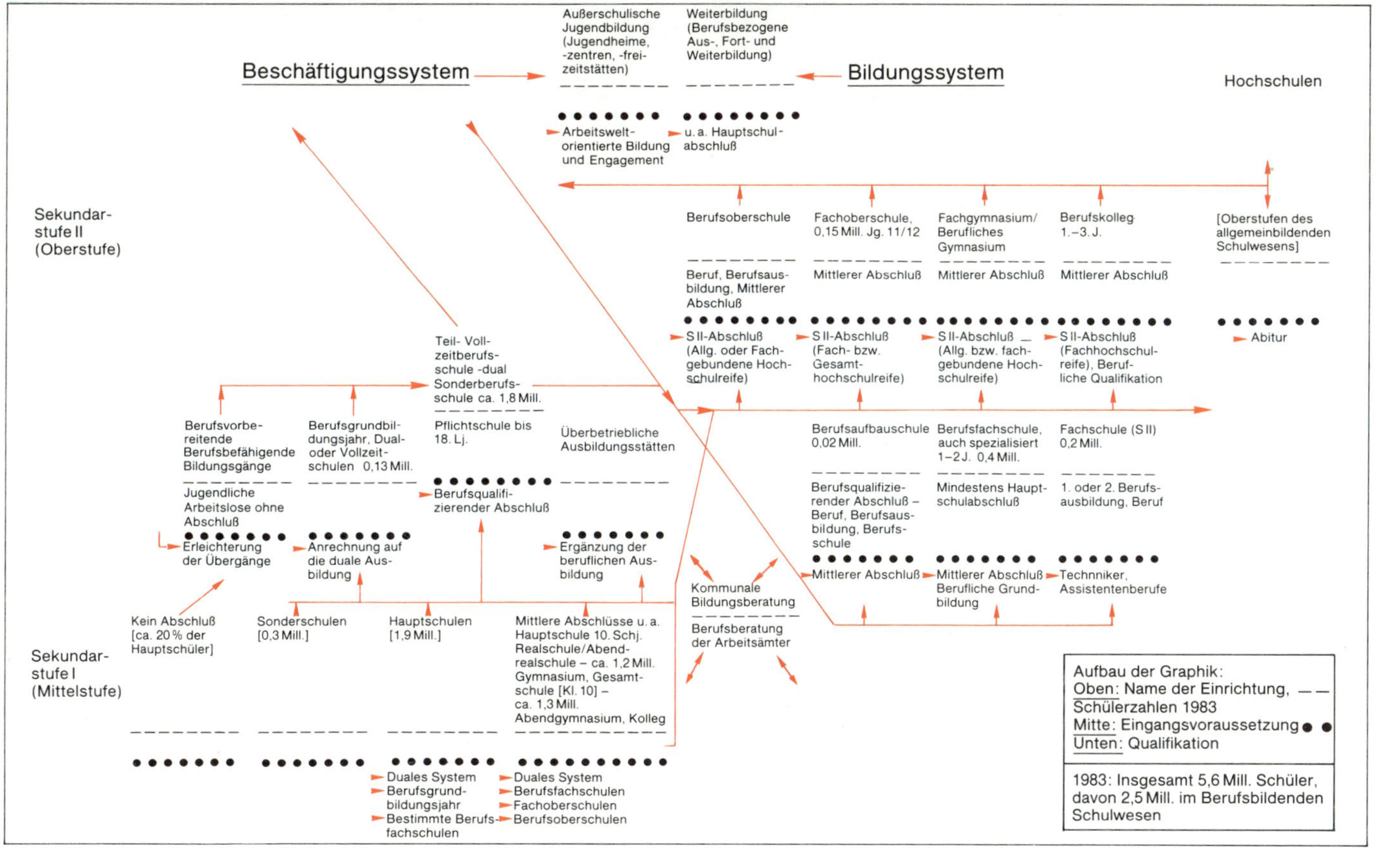

Beschäftigungssystem
Bildungssystem
Hochschulen
Außerschulische Jugendbildung (Jugendheime, -zentren, -freizeitstätten)
Arbeitswelt-orientierte Bildung und Engagement
Weiterbildung (Berufsbezogene Aus-, Fort- und Weiterbildung)
u. a. Hauptschulabschluß
Sekundarstufe II (Oberstufe)
Berufsoberschule
Beruf, Berufsausbildung, Mittlerer Abschluß
S II-Abschluß (Allg. oder Fachgebundene Hochschulreife)
Fachoberschule, 0,15 Mill. Jg. 11/12
Mittlerer Abschluß
S II-Abschluß (Fach- bzw. Gesamthochschulreife)
Fachgymnasium/ Berufliches Gymnasium
Mittlerer Abschluß
S II-Abschluß – (Allg. bzw. fachgebundene Hochschulreife)
Berufskolleg 1.–3. J.
Mittlerer Abschluß
S II-Abschluß (Fachhochschulreife), Berufliche Qualifikation
[Oberstufen des allgemeinbildenden Schulwesens]
Abitur
Teil- Vollzeitberufsschule -dual Sonderberufsschule ca. 1,8 Mill.
Pflichtschule bis 18. Lj.
Berufsqualifizierender Abschluß
Berufsvorbereitende Berufsbefähigende Bildungsgänge
Jugendliche Arbeitslose ohne Abschluß
Erleichterung der Übergänge
Berufsgrundbildungsjahr, Dual- oder Vollzeitschulen 0,13 Mill.
Anrechnung auf die duale Ausbildung
Überbetriebliche Ausbildungsstätten
Ergänzung der beruflichen Ausbildung
Berufsaufbauschule 0,02 Mill.
Berufsqualifizierender Abschluß – Beruf, Berufsausbildung, Berufsschule
Mittlerer Abschluß
Berufsfachschule, auch spezialisiert 1–2 J. 0,4 Mill.
Mindestens Hauptschulabschluß
Mittlerer Abschluß Berufliche Grundbildung
Fachschule (S II) 0,2 Mill.
1. oder 2. Berufsausbildung, Beruf
Techniker, Assistentenberufe
Kommunale Bildungsberatung
Berufsberatung der Arbeitsämter
Sekundarstufe I (Mittelstufe)
Kein Abschluß [ca. 20 % der Hauptschüler]
Sonderschulen [0,3 Mill.]
Hauptschulen [1,9 Mill.]
Duales System
Berufsgrundbildungsjahr
Bestimmte Berufsfachschulen
Mittlere Abschlüsse u. a. Hauptschule 10. Schj. Realschule/Abendrealschule – ca. 1,2 Mill. Gymnasium, Gesamtschule [Kl. 10] – ca. 1,3 Mill. Abendgymnasium, Kolleg
Duales System
Berufsfachschulen
Fachoberschulen
Berufsoberschulen
Aufbau der Graphik:
Oben: Name der Einrichtung, Schülerzahlen 1983
Mitte: Eingangsvoraussetzung
Unten: Qualifikation
1983: Insgesamt 5,6 Mill. Schüler, davon 2,5 Mill. im Berufsbildenden Schulwesen

Kommunale Kulturpolitik

Kulturpolitik ist in der Bundesrepublik Deutschland – abgesehen von Bildung, Wissenschaft und Forschung – vorrangig eine Angelegenheit der Gemeinden. Deren Kompetenz zur *Kulturarbeit* folgt aus ihrem durch Art. 28 Abs. 2 GG gewährleisteten Selbstverwaltungsrecht. Die Gemeinden sind zur kulturellen Daseinsvorsorge verpflichtet, in der Entscheidung über deren Umfang und Ausgestaltung aber frei. Ihrer Natur nach sind kulturelle Betätigungen Angelegenheiten der örtlichen Gemeinschaft. Die Kreise sind deshalb zur Wahrnehmung kultureller Aufgaben nur insoweit berufen, als diese nach objektiven Kriterien lediglich überörtlich wahrgenommen werden können.

Inhalt kommunaler Kulturpolitik ist die vorausschauende Gestaltung und Pflege des geistigen Klimas in der Gemeinde, das durch Freiheitlichkeit, Duldsamkeit und Vielseitigkeit gekennzeichnet sein sollte. Kommunale Kulturpolitik muß zur Konsumwelt ein Gegengewicht bilden, das gleichzeitig zu einer sinnvollen Nutzung der ständig zunehmenden berufsfreien Zeit befähigt. Dies bedingt die Förderung von Kreativität und Innovationsvermögen des einzelnen sowie seine Motivation zu kritischer Überlegung und geistiger Auseinandersetzung. Möglichst alle Bevölkerungsschichten sollten am kulturellen Leben beteiligt werden. Das setzt eine Einbeziehung populärer Kulturäußerungen und künstlerischen Laienschaffens voraus. Die alternative Kulturarbeit (vgl. S. 212) entwickelt Angebote außerhalb der etablierten Kulturpraxis. Soziokulturelle Arbeit spricht Bevölkerungsgruppen in ihrem sozialen Umfeld im Stadtteil oder am Arbeitsplatz an.

Kommunale Kulturpolitik ist ein wichtiges Mittel, die *Identifikation des Gemeindebewohners mit seiner Gemeinde* zu stärken. Die Landesplanung definiert den Zentralitätswert einer Gemeinde unter wesentlicher Berücksichtigung ihrer *kulturellen Infrastruktur.* Die großen kommunalen Kulturinstitute bilden zudem einen beachtenswerten Wirtschaftsfaktor. Der Anteil der Kulturausgaben (vgl. S. 162) an den Gesamtausgaben der Gemeinden weist allenthalben eine steigende Tendenz auf.

Traditionell unterhalten die Gemeinden eigene Kultureinrichtungen. Jede Gemeinde mit zentralörtlichen Funktionen verfügt über Volkshochschule (vgl. S. 194), öffentliche Bibliothek und Musikschule. In Mittelstädten treten eine Spielstätte für Theater (vgl. S. 200) und Konzerte, historisches Museum (vgl. S. 206), Kunstmuseum oder -galerie und Archiv (vgl. S. 204) hinzu. Großstädte unterhalten zusätzlich eigene Orchester und Ensembles für das Sprech-, Musik- und Tanztheater sowie wissenschaftliche Museen, Archive und Bibliotheken. Neuerdings werden in vielen Gemeinden *kommunale Kinos, Jugendkunstschulen* und soziokulturelle Zentren aufgebaut.

Alle diese Einrichtungen werden organisatorisch in einem *Kulturamt* zusammengefaßt, dem weitere Aufgaben obliegen wie z. B. Denkmalschutz (vgl. S. 286) und Denkmalpflege. Im Kulturamt nimmt eine zentrale Verwaltungsabteilung die Verwaltungsarbeiten für die fachlich selbständigen Kultureinrichtungen wahr. Einzelne Großstädte führen bestimmte Kulturinstitute als selbständige Ämter. Aufgabe des Kulturamtes ist es auch, für die kulturelle Betätigung der Gemeindebewohner außerhalb der kommunalen Einrichtungen günstige Rahmenbedingungen zu sichern. Dies geschieht z. B. durch finanzielle Zuwendungen oder durch das Bereitstellen von Räumen für *kulturelle Vereine* und *freie Gruppen,* die das Kulturleben einer jeden Gemeinde wesentlich mitgestalten.

Fachlich unterstehen die Leiter der gemeindlichen Kultureinrichtungen ebenso wie der Kulturamtsleiter einem *Kulturdezernenten* (-referenten), der als Beigeordneter oder berufsmäßiges Gemeinderatsmitglied die Kulturarbeit koordiniert und dem Hauptgemeindebeamten bzw. der Gemeindevertretung verantwortlich ist. Die Vertretungskörperschaft bildet einen besonderen Kulturausschuß. Sie legt allgemeine Richtlinien für die gemeindliche Kulturarbeit fest und entscheidet in Angelegenheiten von grundsätzlicher Bedeutung.

Hoffmann, Hilmar: Kultur für alle. Perspektiven und Modelle. Frankfurt am Main [2]1981. – Kulturarbeit in der kommunalen Praxis. Hg. v. E. Pappermann, P. M. Mombaur und J. Th. Blank. Köln 1984.

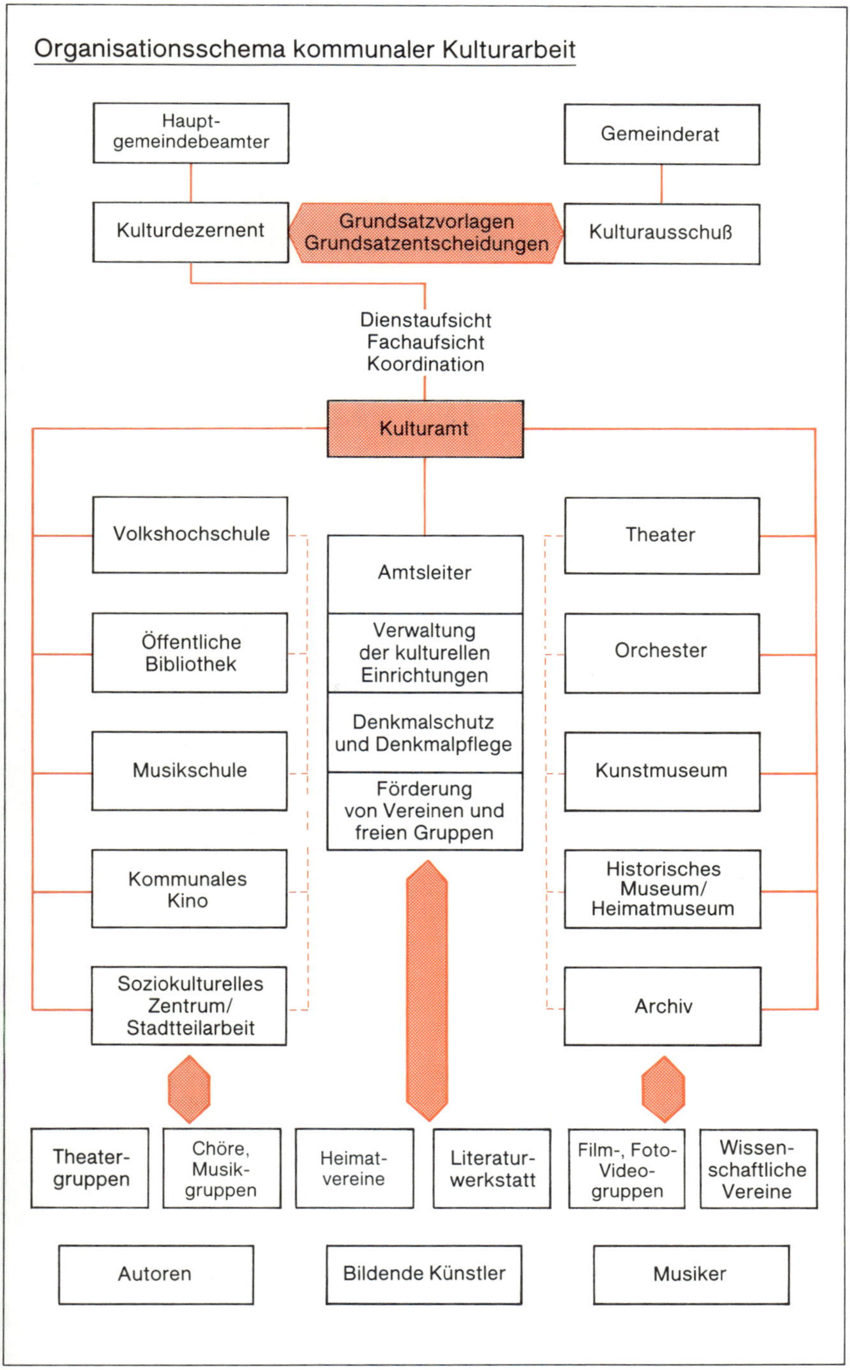
Organisationsschema kommunaler Kulturarbeit
Haupt-gemeindebeamter
Gemeinderat
Kulturdezernent
Grundsatzvorlagen Grundsatzentscheidungen
Kulturausschuß
Dienstaufsicht
Fachaufsicht
Koordination
Kulturamt
Volkshochschule
Öffentliche Bibliothek
Musikschule
Kommunales Kino
Soziokulturelles Zentrum/ Stadtteilarbeit
Amtsleiter
Verwaltung der kulturellen Einrichtungen
Denkmalschutz und Denkmalpflege
Förderung von Vereinen und freien Gruppen
Theater
Orchester
Kunstmuseum
Historisches Museum/ Heimatmuseum
Archiv
Theater-gruppen
Chöre, Musik-gruppen
Heimat-vereine
Literatur-werkstatt
Film-, Foto-Video-gruppen
Wissen-schaftliche Vereine
Autoren
Bildende Künstler
Musiker

Theater

Über ein Drittel der Kulturausgaben bundesdeutscher Städte entfallen auf ihre *Bühnen* (Oper, Ballett, Schauspiel). Bei kleineren Städten mit eigenem Ensemble können die Subventionen bis zu drei Vierteln des gesamten Kulturetats ausmachen. Dafür wird allerdings auch (fast) jeden Abend „live“ gespielt – wenn es sein muß, mit 100 und mehr Akteuren auf der Bühne und mit vielen anderen im Orchestergraben, „hinter der Bühne“, in Werkstätten, Bühnentechnik, Verwaltung, Dramaturgie usw. Städtische Bühnen sind teuer: 1,5 Mrd. DM investierten Länder und Städte 1985 für ihre Stadt- und Staatstheater. Eine Institution wie z. B. die Städtischen Bühnen Frankfurt am Main mit Schauspiel und Oper beschäftigt 1 062 feste Mitarbeiter (1986), darunter Ballett, Chor und Orchester, einschließlich 300 solistischen Mitarbeitern wie auch solchen mit festen, aber auf Spielzeiten begrenzten Verträgen. Die Kostenstruktur eines Großbetriebes wie der Frankfurter Bühnen sah (1986) folgendermaßen aus:

	Einnahmen	Ausgaben
Schauspiel (mit Kammerspiel)	1 936 000 DM	25 348 300 DM
Oper	5 381 000 DM	58 745 830 DM
gemeinsame Verwaltung und Technik	–	2 948 600 DM
	7 317 000 DM	87 042 730 DM

Im Bundesdurchschnitt wird von den Bühnen etwa ein Achtel der Aufwendungen durch die Eintrittsgelder wieder eingespielt. Weitaus die meisten Kosten bei den Bühnen sind Personalausgaben; sie sind damit auch ein beachtlicher Arbeitsmarktfaktor wie überhaupt von erheblicher Bedeutung für die örtliche Wirtschaft. Über 90 % der Kosten bei den Bühnen sind feste Ausgaben. Die vielkritisierte Supergage für die berühmte Primadonna, die teure Ausstattung für ein kurzlebiges Bühnenbild beanspruchen nur einen minimalen Teil des Gesamtetats.

Nicht alle der 85 Bühnenbetriebe in 75 Gemeinden (Stand 1981) sind kommunal: 18 von ihnen sind (als Staats- oder Landestheater) in der Rechtsträgerschaft der Länder, 27 haben mehrere Träger. Unabhängig davon, ob die Gemeinde oder das Land der Rechtsträger ist, kann ein Theater als Regiebetrieb (mit künstlerischer Freiheit des Intendanten und Autonomie seiner Arbeit, im übrigen aber in rechtlicher Unselbständigkeit und kameralistischer Rechnungsführung) oder (seltener) als öffentlich-rechtlicher Eigenbetrieb mit selbständiger Rechnungsführung geführt werden. Daneben gibt es – zum Teil subventioniert – ca. 100 Privattheater.

Von Schillers „moralischer Anstalt“ über die Agitationsbühne und das bewußtseinsbildende Theater bis zur kommentierenden Begleitung gesellschaftlicher Lebensprozesse war ernsthaftes Theater nie bloße Unterhaltung oder nur Mittel zur Flucht aus dem Alltag. Nie aber auch waren das Vergnügen, die Unterhaltung, das Kulinarische aus dem Theater völlig verbannt. Der Dreiklang seiner Leitwerte aus Bildung, Aufklärung, Unterhaltung hat in unterschiedlichen Mischungsverhältnissen im Verlaufe der gesamten Theatergeschichte Geltung und Resonanz behalten.

Differenziert ist der Weg vom Text bis zur Aufführung: Die Dramaturgie schlägt dem Intendanten Stücke vor, die er in den Kontext eines Spielplans bindet. Der Regisseur und seine Mitarbeiter (Produktionsdramaturg, Bühnenbildner) entwikkeln zumeist in 3 bis 8 Wochen Probenzeit die „Inszenierung“, die auch bei größter „Werktreue“ eine schöpferische Interpretation der Vorlage bedeutet; gemeinsam mit Bühnen- und Kostümbildnern, Maskenbildnern, den Werkstätten und der Requisite realisiert er die Tendenz des Stükkes und den Stil. Nach Haupt- und Generalprobe kommt es zur Premiere und zu weiteren, vom Abendspielleiter beaufsichtigten Aufführungen für Abonnenten und Freiverkauf. Die Qualität der Arbeit von Abonnements- und Kartenbüro sowie Pressestelle und Werbung bestimmt die Serviceleistung für das Publikum. Die Verwaltung sichert die rechtlichen und materiellen Voraussetzungen für den Gesamtbetrieb, der einen eigenen Betriebs- oder Personalrat hat.

Hoffmann, Hilmar: Kultur für alle. Frankfurt am Main ²1981. – Hofmann, Jürgen: Kritisches Handbuch des westdeutschen Theaters. Berlin 1981. – Kulturarbeit in der kommunalen Praxis. Hg. v. E. Pappermann, P. M. Mombaur und J. Th. Blank. Köln–Stuttgart 1984.

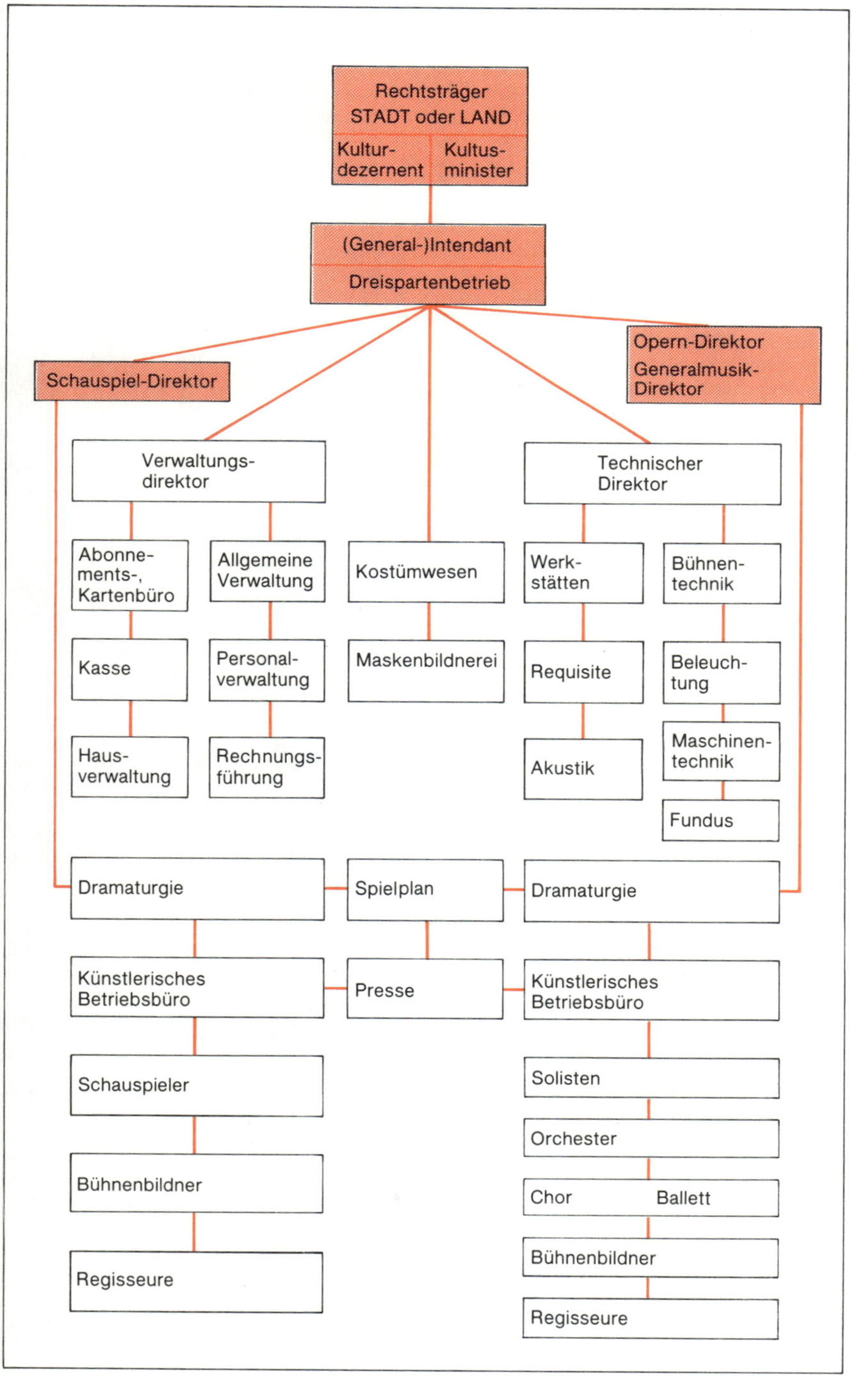

Rechtsträger
STADT oder LAND
Kultur-dezernent
Kultus-minister
(General-)Intendant
Dreispartenbetrieb
Schauspiel-Direktor
Opern-Direktor
Generalmusik-Direktor
Verwaltungs-direktor
Technischer Direktor
Abonne-ments-, Kartenbüro
Allgemeine Verwaltung
Kostümwesen
Werk-stätten
Bühnen-technik
Kasse
Personal-verwaltung
Maskenbildnerei
Requisite
Beleuch-tung
Haus-verwaltung
Rechnungs-führung
Akustik
Maschinen-technik
Fundus
Dramaturgie
Spielplan
Dramaturgie
Künstlerisches Betriebsbüro
Presse
Künstlerisches Betriebsbüro
Schauspieler
Solisten
Orchester
Chor
Ballett
Bühnenbildner
Bühnenbildner
Regisseure
Regisseure

Bibliotheken

Ursprünglich von Vereinen als ein Beitrag zur Lösung sozialer Probleme durch Bildung ins Leben gerufen, stehen die *Öffentlichen Bibliotheken* heute grundsätzlich in öffentlich-rechtlicher Trägerschaft; sie gehören zu den kommunalen Kultur- und Bildungseinrichtungen mit der größten Breitenwirkung und zielen auf das ganze soziale Spektrum einer Gemeinde. Die kommunale Öffentliche Bibliothek versteht sich als kultureller Dienstleistungsbetrieb, der mit zur Erfüllung des Art. 5 GG beitragen soll, nach dem jeder Bürger das Recht hat, „seine Meinung in Wort, Schrift und Bild frei zu äußern und zu verbreiten und sich aus allgemein zugänglichen Quellen ungehindert zu unterrichten". Dem dient die Sammlung, Erschließung, Bereitstellung und Vermittlung geeigneter *Medien,* z. B. Druckschriften wie Zeitungen, Zeitschriften und Bücher sowie Bild- und Tonträger wie Schallplatten, Tonkassetten, Filme und Dia-Serien und in jüngster Zeit auch Videokassetten.

Die Medien sind überwiegend im Freihandbereich dem Benutzer unmittelbar zugänglich. Ton- und Bildträger können meistens in Phonotheken bzw. Videotheken auch angehört und angesehen werden. Die meisten Medien können über die Ausleihe für einen bestimmten Zeitraum mit nach Hause genommen werden.

Die kommunale Öffentliche Bibliothek soll nicht nur Orientierung und freie Meinungsbildung fördern, sondern vor allem auch Hilfen bei der Aus- und Fortbildung geben und eine sinnvolle Freizeitgestaltung unterstützen. Stark in den Vordergrund getreten ist darüber hinaus die Ausgestaltung der Bibliothek als Stätte der Begegnung mit einer Vielzahl weiterer Betätigungs- und Veranstaltungsmöglichkeiten.

Der Gedanke einer sozialen Verpflichtung in der Kulturarbeit liegt dem Aufbau von Bibliotheksnetzen in größeren Kommunen zugrunde, um näher am Bürger arbeiten zu können: *Stadtteilbibliotheken* bedienen vor allem Hausfrauen, Kinder oder ältere Menschen. In Stadtrandgebieten, Streusiedlungen und ländlichen Bereichen übernehmen *Fahrbibliotheken* diese Aufgabe. Sonderformen wie feste Krankenhaus- und Altersheimbibliotheken, Bibliotheken in Strafanstalten oder entsprechende mobile Bücherdienste kommen hinzu. Auch die Integration ausländischer Arbeitnehmer und ihrer Familien wird vielerorts durch zielgerichtete fremdsprachliche Angebote unterstützt. Ein besonderer Schwerpunkt kommunaler Bibliotheksarbeit liegt in der Zusammenarbeit mit Schulen. Schulbibliothekarische Arbeitsstellen unterstützen die Betreuung von Schüler- und Lehrerbibliotheken. Vielfach sind Stadtteilbibliotheken in Schulen integriert und mit den *Schulbibliotheken* verbunden.

Der Grundsatz, daß auch in der kommunalen Öffentlichen Bibliothek nach Möglichkeit jedes benötigte Druckwerk vermittelbar sein soll, läßt sich nur durch die Zusammenarbeit mit den wissenschaftlichen Bibliotheken anderer Träger – in erster Linie den Hochschul- und Spezialbibliotheken – in Form des Leihverkehrs verwirklichen.

In unterschiedlicher Weise arbeiten die Öffentlichen Bibliotheken mit den verschiedenen Kultur- und Bildungseinrichtungen am Ort zusammen: Bilderbücher, Tonträger und Spiele können vorschulischen Einrichtungen wie Kindergärten zur Verfügung gestellt werden. Die Medienversorgung von Volkshochschulen (vgl. S. 194) und anderen Einrichtungen der Erwachsenenbildung kann von der Bibliothek mit übernommen werden. Gelegentlich sind beide Institutionen in einem Haus untergebracht, so daß eine gemeinsame Nutzung der Geräteausstattung möglich ist. Eine ähnliche Kooperation ist mit den Städtischen *Bild- und Filmstellen* möglich. Bei der Präsentation und Ausleihe von Werken der bildenden Kunst können Museen und Galerien Hilfestellung leisten, umgekehrt die Bibliotheken Material für die museumspädagogische Arbeit liefern.

In Städten mit eigenem Theater kann die Öffentliche Bibliothek Arbeitsmaterial für die Dramaturgie liefern und weiterführende Literatur, Schallplatten etc. anbieten. In den meisten Fällen gibt es darüber hinaus eine Vielzahl gemeinsamer Veranstaltungsmöglichkeiten.

Auch die Literaturförderung durch die Bibliothek ist in Kommunen jeder Größenordnung möglich. Autoren können sich in der Bibliothek einem größeren Publikum vorstellen. Die Bibliothek kann als örtliches oder regionales *Literaturarchiv* Sammlungsort für Erstpublikationen junger Autoren sein.

Süberkrüb, H.: Die Öffentliche Bibliothek der Stadt auf dem Weg in die Achtziger Jahre. Bad Honnef [2]1980. – Kulturarbeit in der kommunalen Praxis. Hg. v. E. Pappermann, P. M. Mombaur und J. Th. Blank. Köln 1984.

Kommunales Bibliotheksnetz

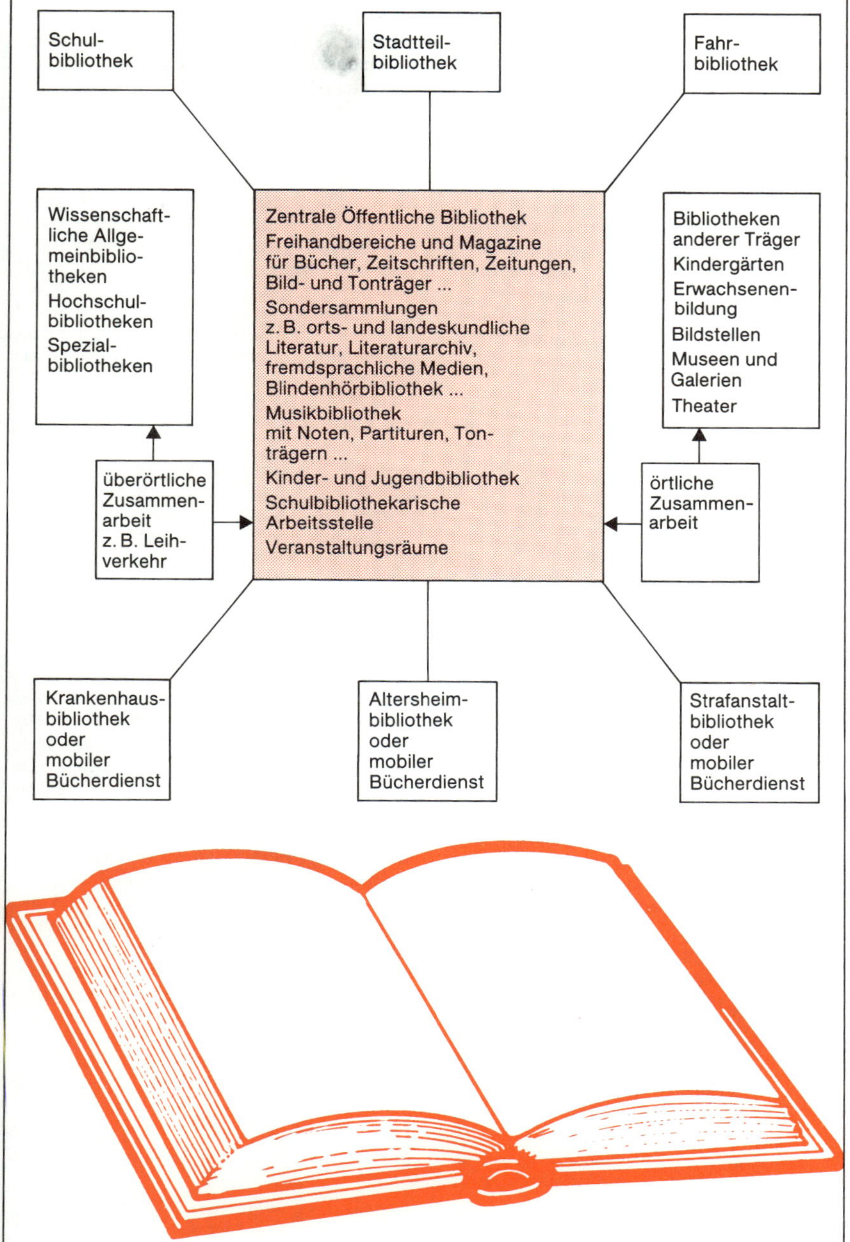

Kommunale Archive

1985 gab es in der Bundesrepublik Deutschland rund 630 *Stadt-* und *Gemeindearchive* sowie etwa 70 *Kreisarchive*. Archive großer Städte mit langer Tradition wie Köln, Frankfurt am Main oder München sind mit bis zu 40 Mitarbeitern, davon 20 ausgebildeten Archivaren besetzt. In den Städten unter 200 000 Einwohnern nimmt die Zahl der Archive mit hauptamtlichen Facharchivaren ab. In der Größenklasse unter 50 000 Einwohnern überwiegt die neben- bzw. ehrenamtliche Besetzung der Archive; die meisten Städte und Gemeinden unter 20 000 Einwohnern besitzen kein eingerichtetes Archiv. Den nicht fachlich besetzten Kommunalarchiven helfen im Land Nordrhein-Westfalen die Archivfachstellen der Landschaftsverbände, in den anderen Bundesländern benachbarte Kreis-, Stadt- oder Staatsarchive.

Mit bis zu 150 000 Urkunden, die bis um 900 zurückreichen, und 15 Regalkilometern Akten meist aus dem 19. und 20. Jahrhundert stehen die größten Stadtarchive den bedeutenderen Staatsarchiven nicht nach. Die Kommunalarchive sind nach Umfang und Alter der Bestände höchst unterschiedlich; die Größe der Städte spielt dabei gegenüber anderen Kriterien, wie z. B. historische Bedeutung, eine untergeordnete Rolle. Einige Stadtarchive verfügen über umfangreiche *Bildsammlungen* mit über 100 000 Blatt. In einer Reihe von Großstädten und Mittelstädten bilden Stadtarchive mit Museen (vgl. S. 206), Bibliotheken (vgl. S. 202) usw. eine Einheit.

Die Kommunalarchive erfassen und erschließen das Informationsgut (Urkunden, Akten, Amtsbücher, Karten, Bilder, Mikrofilme, Tonträger, audiovisuelle Materialien) ihrer Verwaltungen, soweit es nicht mehr laufend benötigt und wegen seiner Bedeutung auf Dauer aufbewahrt wird; nicht mehr ständig benötigte, aber aus Rechtsgründen noch aufzubewahrende Unterlagen werden in einem *Zwischenarchiv* gelagert. Darüber hinaus sammeln die Kommunalarchive *Quellen zur Geschichte* ihrer Gebietskörperschaften, die außerhalb ihrer Verwaltungen entstanden sind. Dieses Material stellen sie für die Benutzung bereit und leisten selbst Beiträge zur Erforschung der *Stadt-, Gemeinde-* bzw. *Kreisgeschichte*. Die meisten fachlich besetzten Kommunalarchive geben Schriftenreihen und Zeitschriften heraus. Sie unterstützen auf diese Weise zusätzlich die Stadtgeschichtsschreibung, die sich in den Publikationen der Archive niederschlägt. Den Geschichtsvereinen, die sich oft um Archive bilden, wird so ebenfalls Hilfe geleistet. Sie geben oftmals die für die Erforschung der näheren Heimat wichtigen Quellen heraus.

Diese traditionellen Aufgaben erfahren durch das wachsende Interesse breiter Bevölkerungskreise an der Vergangenheit des näheren Lebensraumes seit einiger Zeit eine Ausweitung. Danach sollen die Kommunalarchive die Ergebnisse der wissenschaftlichen Forschungen den Bürgern durch allgemeinverständliche Darstellungen, Ausstellungen, Vorträge, Filme, Dia-Serien usw. vermitteln und an Jubiläumsveranstaltungen, Stadt- und Ortsteilfesten mitwirken. Es wird erwartet, daß sie in den Schulen, Volkshochschulen (vgl. S. 194) usw. mitarbeiten, um der Jugend die *Heimatgeschichte* möglichst konkret und realistisch nahezubringen.

In jüngster Zeit erhalten die Kommunalarchive für ihre Sammlungen als Ergebnis neuer Informationstechnik auch moderne Datenträger wie z. B. Lochkarten, Magnetbänder bzw. -platten, Bildplatten. Sie können ihrerseits die neuen Techniken bei der Verzeichnung und Ordnung der Archivalien einsetzen. Dieser Prozeß der tiefgreifenden Umbildung des Archivwesens ist aber noch im Anfangsstadium.

Für die Arbeit der Kommunalarchive bedeuten die *Datenschutzregelungen* sowie die Bestimmungen zum Schutz der Persönlichkeitsrechte in den verschiedenen Gesetzen zum Sozial- und Melderecht und zur Statistik sachlich nichts Neues. Sie machen aber eine bisher noch fehlende gesetzliche Grundlage für die Übernahme und Benutzung von Beständen aus der Verwaltung zwingend erforderlich, weil sonst historisch wertvolle Quellen nicht in die Archive gelangen, sondern der Vernichtung anheimfallen oder nicht benutzt werden können. *Archivgesetze* sind auf Bundesebene und in den Ländern in Vorbereitung oder schon in der parlamentarischen Beratung.

Franz, E. G.: Einführung in die Archivkunde. Darmstadt 1974. – Kommunales Archiv. Gutachten der Kommunalen Gemeinschaftsstelle für Verwaltungsvereinfachung. Köln 1985.

Aufgaben-Gliederungsplan eines großen Kommunalarchivs

a) Gesamtaufgaben

Verwaltung

Erledigung von Organisationsangelegenheiten

Personalsachen

Haushalts-, Kassen- und Rechnungssachen

Schreibarbeiten

Materialbeschaffung

Öffentlichkeitsarbeit

Erarbeitung und Herausgabe von Veröffentlichungen

Erarbeitung von Ausstellungen

Halten von Vorträgen, Führungen usw.

Fachberatung der Benutzer

Erteilung von Auskünften

Archivtechnik

Restaurierung von beschädigten Dokumenten

Fotoarbeiten

Buchbinderarbeiten

Kopieren von Vorlagen

Betreuung und Wartung der Informationstechniken

b) nach Beständen

1. Archivbestände

Übernahme des Informationsgutes aus der Verwaltung und von anderen Trägern, Vereinen, Firmen usw.

Lagern im Zwischenarchiv bis zur Archivreife

Bewerten der Archivwürdigkeit

Vernichten des nichtarchivwürdigen Informationsgutes

Verzeichnen, Ordnen und Erschließen des archivwürdigen Informationsgutes

Auswerten des Archivgutes

2. Sammlungen und Dokumentation

Erfassung und Übernahme von Nachlässen, Autographen, Flugblättern, Plakaten, Bildern, Tonträgern, Filmen, Video- und Fernsehaufzeichnungen

Auswahl, Ausschneiden und Aufkleben von Zeitungsartikeln

Verzeichnen, Ordnen und Erschließen des Sammlungsgutes

Führen der Chronik

Herstellen von Niederschriften über Zeugenbefragungen

3. Archivbibliothek

Auswahl und Bestellung der anzuschaffenden Bücher, Manuskripte, Zeitschriften, Zeitungen usw.

Beschaffung der „Grauen Literatur" wie amtlicher Drucksachen, Firmen- und Vereinsschriften usw.

Erledigung des Tauschverkehrs mit anderen Instituten usw.

Erledigung der Akzession und Katalogisierung der Neuzugänge

Erschließung der Bestände durch Sach- und andere Kataloge

Museen

Das *Museum* ist eine Sammlung erhaltenswerter natur- und kulturhistorischer Objekte, die der Öffentlichkeit zugänglich ist. Je nach Art der Sammlung werden verschiedene Museumstypen unterschieden, viele Museen umfassen aber mehrere Sammelgebiete.

Aufgaben der Museen sind Sammeln, Forschen und Vermitteln. Dabei sind das Sammeln und das Forschen Voraussetzungen für die Vermittlung, mit der das Museum nach außen wirksam wird. In der *Ausstellungs- und Bildungsarbeit* wird heute der Schwerpunkt der Aufgaben des Museums gesehen. Außer den eigenen Beständen zeigen die meisten Museen Wechsel- und Wanderausstellungen, die besonderes Besucherinteresse finden. Ausschließlich Wechselausstellungen zeigen *Kunsthallen*.

Für 1984 meldeten von insgesamt 2025 Museen in der Bundesrepublik Deutschland 1586 Museen 56747784 Besucher (einige Museen zählen ihre Besucher nicht, einige sind geschlossen). Mehr als die Hälfte der an der Besucherstatistik beteiligten Museen (892) hatten weniger als 10000 Besucher, vier hatten mehr als 1 Million und 128 weitere über 100000 Besucher.

Bei 972 Museen sind Träger Gemeinden bzw. Gemeindeverbände, bei 219 Museen Bund und Länder, bei 558 Museen Vereine, bei 276 Museen Sonstige (Kirchen, Unternehmen, Private usw.). Viele von Vereinen getragene Museen werden aber tatsächlich weitgehend (wirtschaftlich) von Gemeinden oder Gemeindeverbänden unterhalten durch Finanzierung und/oder Zurverfügungstellung von Gebäuden und Personal.

Die Gemeinden sind zur Errichtung und Unterhaltung von Museen als kulturelle Einrichtungen verpflichtet im Rahmen der kommunalen Daseinsvorsorge. Die Unterhaltung ist eine nicht durch Spezialgesetze geregelte Selbstverwaltungsangelegenheit.

Das kommunale Museum ist eine unselbständige Anstalt; rechtlich selbständig ist es, wenn es durch einen eigenen Träger, z. B. von einem Verein, getragen wird. In kleineren Gemeinden ist das Museum dem Kulturamt angegliedert. In großen Gemeinden können Museen ein eigenes Amt innerhalb des Kulturdezernates bilden.

Der Museumsleiter hat das Museum im Rahmen der im Haushalt zur Verfügung stehenden Mittel verantwortlich zu führen. Rat oder Verwaltung sollen auf die fachlichen Aufgaben (Ankäufe und Ausstellungen) keinen Einfluß nehmen. Der Museumsleiter muß eine einschlägige wissenschaftliche Ausbildung (je nach dem Charakter des Museums als Kunstwissenschaftler, Volkskundler, Archäologe, Historiker, Techniker, Naturwissenschaftler) haben und hauptamtlich tätig sein (Ausnahmen sind nur bei kleinen Heimatmuseen vertretbar). Dem Museumsleiter untergeordnet ist das weitere Museumspersonal, für das ebenfalls gilt, daß bestimmte Funktionen eine eigenständige wissenschaftliche oder fachliche Ausbildung erfordern (Kustoden, Restauratoren, Präparatoren).

Die Unterhaltung eines Museums erfordert laufende Mittel zur Bewirtschaftung des Museumsgebäudes, für das Museumspersonal und zur Instandhaltung des Ausstellungsgutes, darüber hinaus aber auch kontinuierlich Mittel zur Erweiterung des Bestandes (Ausnahme: abgeschlossener historischer Bestand), zur Durchführung von (Wechsel-)Ausstellungen, für die ergänzende Bildungsarbeit sowie für Publikationen und Werbung.

Museumsgebäude erfordern besondere Einrichtungen für Klimatisierung, Beleuchtung, Einbruchsicherung usw. Außer den Ausstellungsflächen sind weitere Publikumsbereiche wie Vortragssaal, Cafeteria, Malklasse und Museumsverkaufsstand (für Ansichtskarten, Museumsführer, Diaserien, Repliken von Ausstellungsstücken usw.) wichtig; hinzu kommen Verwaltungs-, Sozial- und Technikräume sowie Werkstätten und Depots. Wenn als Museumsgebäude historische Bauten (Rathäuser, Bauernhäuser, Schlösser, Burgen, Klöster) genutzt werden sollen, sind diese entsprechend umzubauen.

Für den Erfolg eines Museums und seine Wirksamkeit in der Bevölkerung sind nicht nur Information und Werbung, sondern auch der Anreiz günstiger Lage entweder im Ortskern oder in einem Erholungs- und Freizeitbereich mit guten öffentlichen Verkehrsverbindungen und Parkmöglichkeiten mitbestimmend.

Hoffmann, Hilmar: Kultur für alle. Perspektiven und Modelle. Frankfurt am Main [2]1981. – Bewahren und Ausstellen – die Forderung des kulturellen Erbes in Museen. Hg. v. H. Auer. München u. a. 1984. – Kulturarbeit in der kommunalen Praxis. Hg. v. E. Pappermann, P. M. Mombaur und J. Th. Blank. Köln 1984.

Kommunale Museen

Museumstypen

Kulturgeschichtliche Museen
- Heimatkundliche, volkskundliche u. stadtgeschichtliche Museen, Museumsdörfer;
- Schlösser- und Burgen-Museen;
- Erinnerungs- u. Gedenkstätten f. historische Ereignisse u. Persönlichkeiten;
- Kulturgeschichtliche Spezialmuseen (z. B. Musik, Theater, Zeitungswesen);
- völkerkundliche Museen.

Kunstmuseen
- Museen für Malerei, Plastik, Architektur, Archäologie;
- Museen für Kunstgewerbe, Kunsthandwerk oder kunsthandwerkliche Techniken (z. B. Keramik, Textilien, Tapeten);
- Kunsthallen (nur Wechselausstellungen).

Technische u. Wissenschaftsmuseen
- Naturhistorische Museen (Zoologie, Botanik, Geologie, Paläontologie);
- Museen der exakten Naturwissenschaften (z. B. Medizin, Pharmazie, Chemie);
- Museen für Technik (z. B. Verkehr, Schiffahrt, Bergbau, Textilmaschinen).

Aufgaben des Museums

Sammeln
- Ankauf, Schenkung, Leihgabe;
- Aufbewahrung, Inventarisierung;
- Konservierung, Restaurierung, Präparierung

Forschen
- Bestimmung, Systematisierung;
- Wissenschaftl. Darstellung u. Auswertung.

Vermitteln
- Ausstellung (Dauer- u. Wechselausstellung);
- Erläuterung (Beschriftung, Schaubild, Führung, audio-visuelle Hilfsmittel);
- Veröffentlichung (Kataloge, Bücher);
- Begleitende Veranstaltungen (Vorträge, Malkurse, Aktionen).

Museumspersonal

Leiter
- Wissenschaftliches Personal
  - Kustoden
  - Mus.-Pädagogen
  - wiss. Volontäre
- Technisches Personal
  - Restauratoren Präparatoren
  - Ausstell.-Techniker
  - Haustechniker
- Verwaltungspersonal
  - Verwalt.-Sachbearb. Sekretariat
  - Kasse, Aufsicht
  - Hausmeister Reinigungspersonal

Kommunale Musikförderung

Die öffentliche Hand buchte 1983 für die Musikpflege Ausgaben von knapp 700 Mill. DM. Davon bestritten die Kommunen fast 75%, etwa 23% entfielen auf die Länder und 2,5% auf den Bund. Zusätzlich rund 1,5 Mrd. DM können für Aufgaben der musikalischen Bildung und Ausbildung an Schulen und Hochschulen eingesetzt werden.

1984 besuchten allein 650000 überwiegend jugendliche Schüler fast 700 öffentliche, weitgehend von Kommunen finanzierte Musikschulen.

Damit wird eine besondere Verantwortung der Kommunalverwaltung für die Kultur, folglich auch für das Musikleben deutlich. Allerdings hieße es die Perspektiven kommunaler Musikförderung verkürzen, wollte man sie auf bloße Nützlichkeitsorientierung begrenzen. Musik in ihren aktiven und passiven Erlebnisformen ist gewiß auch mehr als ein Ausgleich für die Einwirkungen des Alltags. Sie weckt und formt unsere Gefühls- und Phantasiekräfte. Dem Intellekt erschließt sie die Dimensionen und die Vielfalt akustischer Erkenntnisfähigkeit. Über die Erfolgserlebnisse aus Gestaltungserfahrungen trägt sie zur Persönlichkeitsbildung bei und kultiviert in gemeinsamem Musizieren auch unser soziales Verhalten.

Bei einem solchen Verständnis von Musik erhält kommunale Musikförderung als ein Bestandteil öffentlicher Daseinsvorsorge eine Perspektive, der in einer Periode zunehmender Freizeit, wachsender Vereinzelung, stärkerer Verflachung der Programmangebote der Medien (Fernsehen, Rundfunk, Video) sowie sich vertiefenden Spannungsverhältnisses des Menschen zur Natur und Technik besondere Bedeutung zukommt.

Die Kommunen nehmen mit ihren vielfältigen institutionellen Möglichkeiten und mit Zuwendungen einen wesentlichen Teil der Musikförderung wahr.

Die *Musikschulen* sind Bildungseinrichtungen für Kinder, Jugendliche und Erwachsene. Sie haben die musikalische Grundausbildung, die Heranbildung des Nachwuchses für das *Laienmusizieren,* die Begabtenfindung und -förderung sowie die Studienvorbereitung (vorberufliche Fachausbildung) zur Aufgabe. Sie führen die Schüler zur eigenen Musikausübung hin, ohne dabei jedoch auf eigene geistige Durchdringung des Stoffes durch Hör-Erziehung und Kurse theoretischer Art zu verzichten. Die Musikschulen ergänzen den Musikunterricht der allgemeinbildenden Schulen; sie haben ihre Schwerpunkte in der Instrumentalausbildung sowie in den verschiedenen Formen eines Ensemblemusizierens (z.B. Chor, Orchester, Kammermusik- und Percussions-Gruppen sowie Bands). Der Vorbereitung auf einen intensiven Instrumental- und Vokalunterricht der Musikschule dienen die von ihr angebotenen Kurse Musikalische Früherziehung, an denen 4- bis 6jährige Kinder teilnehmen können. Alternativ dazu werden für 6- bis 8jährige Kinder zweijährige Kurse *Musikalische Grundausbildung* angeboten. Als ausbaubedürftig erweisen sich in den meisten Musikschulen insbesondere die Jazz-, Rock- und Pop-Musikangebote. In der außerschulischen Jugendbildung der kommunalen Jugendämter hat die Förderung der freien Jazz-, Rock- und Popmusik-Szene durch Bereithalten von Übungsräumen und Organisation von Nachwuchswettbewerben zunehmende Bedeutung. Vielfach nicht gebührend beachtet wird, daß das Musikleben in den Kommunen in erheblichem Maße von kulturellen Vereinen, kirchlichen Einrichtungen und Bürgerinitiativen geprägt wird. Insbesondere sind die kleinen und mittleren Gemeinden sowie die ländlichen Regionen auf ein vielfältiges Vereinsleben angewiesen. In den Großstädten sind die kulturellen Vereine insbesondere nach den kommunalen Gebietsreformen zu Trägern einer dezentralisierten Kulturarbeit in den einzelnen Stadtbezirken geworden. In etwa 60000 Gruppierungen (Chöre, Orchester, Blaskapellen, Folklore-Gruppen etc.) sind etwa 4 Mill. Laienmusiker zusammengeschlossen. Die ungewöhnlich große Zahl aktiver Sänger und Instrumentalisten in Vereinen und Kirchenorganisationen ist nur vergleichbar mit der großen Mitgliederstärke der Sportverbände.

Der am deutlichsten hervortretende Faktor im Musikleben einer Stadt sind die Konzert- und Musikveranstaltungen. Neben Kommunen und Staat mit ihren Musiktheatern, Orchestern und Gastspielangeboten leisten freie Träger und gewerbliche Veranstalter einen wesentlichen Beitrag zum musikalischen Veranstaltungsgeschehen.

Kulturarbeit in der kommunalen Praxis. Hg. v. E. Pappermann, P. M. Mombaur und J. Th. Blank. Köln–Stuttgart 1984. – Kommunale Musikförderung. Hg. von der Konrad-Adenauer-Stiftung. Recklinghausen 1985.

Schwerpunkt kommunaler Musikförderung: Musikschule

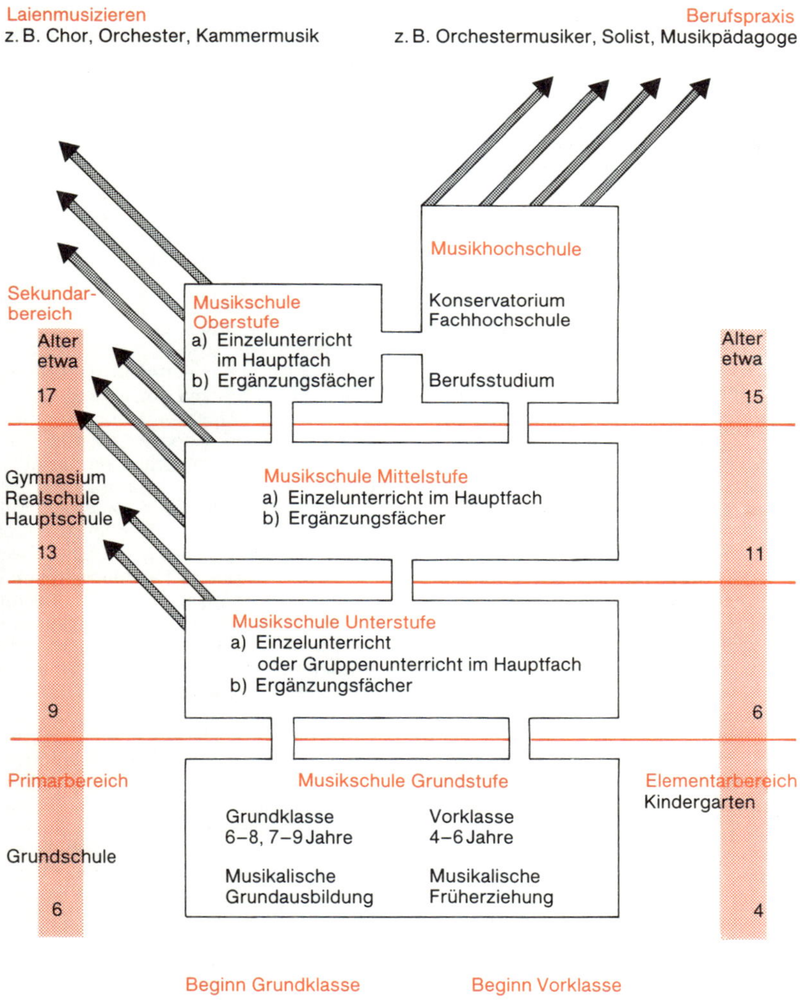

Quelle: Strukturplan des Verbandes Deutscher Musikschulen

Lokalfunk – Kabelfernsehen – Neue Medien

Neuere elektronische Kommunikationstechniken werden kommunale *Öffentlichkeitsarbeit* (vgl. S. 142), *Bürgerbeteiligung* (vgl. S. 42) und Verwaltungsarbeit verändern. Ob drahtloser *Lokalfunk (Hörfunk* eher als das aufwendige *Fernsehen)* mit schwachen Sendern Chancen hat, hängt ab von der Freigabe notwendiger UKW- und Fernsehfrequenzen durch die *Deutsche Bundespost* (die bei der Zuteilung abhängig ist von der Entscheidung des jeweiligen Landes), weiterhin von der staatsfreien Finanzierung aus Spenden und Werbeeinnahmen. Wie auch bei *örtlichen Kabelfernsehnetzen* ist eine *kommunale Programmträgerschaft* unzulässig, abgesehen von Bekanntmachungen und besonderen Bildungsprogrammen.

Auf landesgesetzlicher Grundlage wäre die Errichtung von kommunalen Anstalten für Kabel- oder drahtlosen Lokalfunk möglich. Bei pluralistischer Kontrolle durch gesellschaftlich wichtige Gruppen und Staatsunabhängigkeit der Trägerinstitution könnte von der Kommune im Rahmen legitimer Öffentlichkeitsarbeit Programm geliefert werden; auch Übertragung von Anhörungen und Parlamentssitzungen wäre denkbar (vgl. auch S. 48).

Unbedenklich ist als „Angelegenheit der örtlichen Gemeinschaft" nach Art. 28 Abs. 2 GG die Nutzung lokaler Kabel durch die Kommunen für sogenannte *Fernwirk- und Fernmeßdienste* wie Verkehrsüberwachung, Straßenbeleuchtungskontrolle, Erfassen des Strom-, Gas- und Wasserverbrauchs sowie für Informationen über kommunale Dienste wie Termine, Zuständigkeiten, Steuerpflichten, Öffnungszeiten, amtliche Bekanntmachungen.

Die Deutsche Bundespost ist Netzträgerin für alle Telekommunikationssysteme nach § 1 *Fernmeldeanlagengesetz* und § 14 *Postverwaltungsgesetz*. Sie kann nach § 2 des Fernmeldeanlagengesetzes auch Dritte mit der Errichtung einzelner Fernmeldeanlagen beauftragen und nach § 49 a der Fernmeldeordnung auch private Breitbandnetze zulassen. Kooperationsmodelle mit anderen Trägern und Betreibern wurden so möglich.

Nach § 1 des aus dem Jahre 1899 stammenden und heftig umstrittenen Telegraphenwegegesetzes ist die Post berechtigt, die Verkehrswege für ihre öffentlichen Zwecken dienenden Leitungen zu benutzen; sie muß allerdings berechtigte kommunale Interessen berücksichtigen, wie Ort und Zeit der Verlegung, Mitnutzung durch die Kommune. Eine Rahmenvereinbarung der kommunalen Spitzenverbände mit der Deutschen Bundespost vom 19. 7. 1983 stellt eine kommunale Beteiligung an der Planung von *Breitbandverteilnetzen* sicher; nötig sind allerdings jeweils einzelne Verträge. Die Verkabelung geht aus Rentabilitätsgründen von städtischen Ballungsgebieten aus und baut allmählich kleinere Kabelinseln auf, verbunden mit *Glasfaserfernleitungen* oder direkt von *Satellitenempfangszentralen* mit Programmen versorgt. *Kupferkoaxialkabel* dienen der Hörfunk- und Fernsehversorgung; Telefon- und Datenleitungen werden extra ausgelegt. Die Mitnutzung außerhalb der postalischen Dienste „Telefax" (Fernkopieren), „Teletex" (Schriftübermittlung), Fernschreiben und der Fernwirk- und Fernmeßdienste sowie „Bildschirmtext" ist in der Regel nur per gemieteter Standleitung möglich. Nach Einführung verbesserter Telefonverbindungen im ISDN-System (Integrated Services Digital Network) ab 1988 – vorab schon vereinzelt für verwaltungsinterne Kommunikation genutzt – und ab 1990 in einem Breitband-*(Glasfaser-)*Kabel für alle Dienste (auch Bildfernsprechen, Videokonferenz, Hörfunk und Fernsehen, Datenübertragung) dürften die eingangs genannten Wirkungen eintreten. Bekanntmachungen einschließlich anhörungspflichtiger Planungsmaßnahmen können durch lokale elektronische Medien, durch „elektronische Anschlagtafeln" (Monitore in Informationszellen, leicht zugänglich und bedienbar) verbreitet werden. Verbindliche Auskünfte sind dann durch Anschluß an einen Informationspool und Vernetzung in Bürgerberatungsstellen und Verwaltungsnebenstellen auch auf dem Lande möglich. Auch Mitteilungen von Vereinen, Gruppen, Parteien können so verbreitet werden. Für kommunale Archive, Bibliotheken und Volkshochschulen ergeben sich neue Aufgaben.

Jarren, O.: Kommunale Kommunikation. München 1984. – Lokalradio für die Bundesrepublik. Hg. v. O. Jarren und P. Widlok. Berlin 1985. – Mombaur, P. M.: Neue Medien – Neue Aufgaben und Chancen für die Gemeinden. In: Handbuch der kommunalen Wissenschaft und Praxis. Hg. v. G. Püttner. Bd. 6. Berlin u. a. [2]1985. – Jost, E.: Die Beteiligung der Gemeinden an den „Neuen Techniken" im Medienbereich. München 1986.

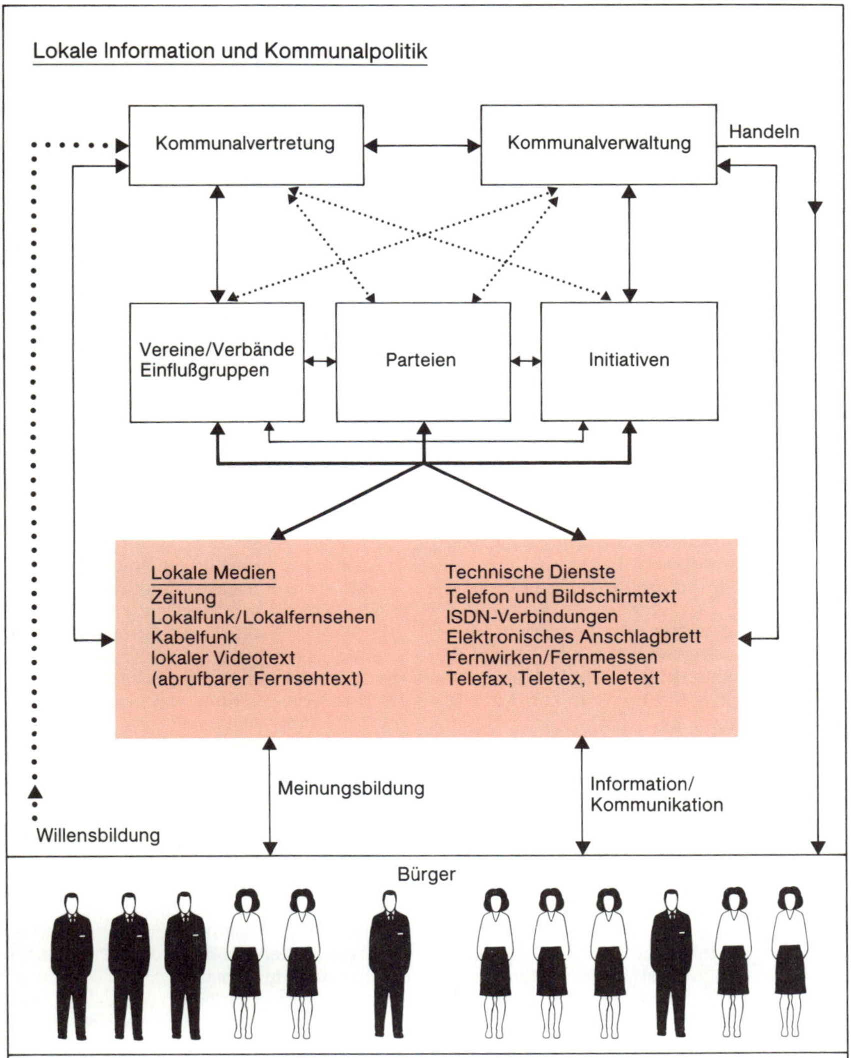

Modell „Kommunales Informationsnetz" (Weiterentwickelt nach Jarren, 1974)

Alternative Kulturförderung

Eine kulturpolitische Neubesinnung als ein Ergebnis der studentischen Protestbewegung gegen die „Kultur der Herrschenden" einerseits und eines Erwachens kultureller Ambition und Aktivität außerhalb der traditionellen Kulturzentren andererseits rückte Anfang der siebziger Jahre den Begriff *„alternative Kultur"* in den Vordergrund kulturpolitischer Diskussionen. „Alternative Kulturpolitik" verfolgte das Ziel, das Bürgerrecht auf Kultur durch eine Demokratisierung des Kulturbetriebs zu verwirklichen. Das richtete sich zunächst gegen die traditionellen Kulturinstitutionen – Opern, Schauspielhäuser, Museen –, die in den öffentlichen Haushalten rund 90% der *Kultursubventionen* beanspruchen.

Die 1973 vom Deutschen Städtetag veröffentlichten Empfehlungen „Bildung und Kultur als Element der Stadtentwicklung" definierten „Kultur für alle" als eine kommunale Gemeinschaftsaufgabe. Doch noch 1984 wurden nur etwa 2% der Kultursubventionen in den Kommunen für „sonstige kulturelle Aufgaben" (darunter auch die „alternativen Kulturangebote") aufgewandt. Das entspricht einer geschätzten Summe von rund 90 Mill. DM für die gesamte Bundesrepublik Deutschland (bei einer Bezugsgröße von 4,5 Mrd. DM kommunaler Kultursubventionen jährlich).

„Alternative Kultur" ist nichtinstitutionalisierte Kultur in weitgehend freier – d.h. privater – Trägerschaft, die jedoch der öffentlichen Hilfe (z. B. bei der Bereitstellung von Räumen) bedarf. *„Neue Kulturorte"*, in denen sich Rockbands, freie Theatergruppen, Frauenwerkstätten, Gesangvereine, Ökogruppen, Mieterinitiativen, Hobbyclubs usw. treffen, sind z.B. in stillgelegten, aber erhaltenswerten Fabriken mit z.T. kulturhistorisch bedeutsamer Bausubstanz entstanden. Aber auch *„Kulturläden"* für die „Kultur um die Ecke" (Beispiel Nürnberg), Kulturkneipen, Kommunikationszentren – und auch die Rückkehr der Kultur in die Städte (Straßen, Märkte, Parks) gehören dazu. Damit verbindet sich eine Aufwertung der *„Amateurkultur"*; zugleich entstehen neue Tätigkeitsfelder und Existenzmöglichkeiten für Künstler in neuen Partnerschaften, z.B. mit Werbegemeinschaften, sozialen Einrichtungen, politischen Organisationen, Nachbarschaften, aber auch mit traditionellen Kultureinrichtungen, die durch diese Entwicklung zu einer Öffnung für ein breiteres Publikum gezwungen werden, um ihre Kulturetats zu rechtfertigen.

Aus alledem entstanden *neue Kulturvermittlungsformen*, in denen der Künstler auch als Anreger kreativer Prozesse fremdbestimmtem Konsumverhalten des Bürgers entgegenwirkt und diesen ermutigt, seine Freizeit phantasievoll selbst zu gestalten. Als *„Soziokultur"* ist dies in Intention und Wirkungen „politische Kultur", weil sie inhaltlich Bezug nimmt auf die Lebenswirklichkeit des Bürgers und ihn für gesellschaftliche Zusammenhänge und Fehlentwicklungen zu sensibilisieren sucht. Sie will Fähigkeit und Bereitschaft zur Selbstbestimmung fördern. Sie schafft Anlässe für Kommunikation und Erprobungsräume für neue Lebensmodelle.

Alternative Kulturangebote wollen aber auch die Zugangsschwellen zu den traditionellen Kulturformen abbauen helfen, indem sie die Kluft zwischen der „Kultur von oben" und der „Kultur von unten" zu überbrücken versuchen. Das setzt die Anerkennung und Einbeziehung der vorhandenen kulturellen Traditionen aller gesellschaftlichen Gruppen voraus. Zur „alternativen Kultur" werden auch die kulturellen Aktivitäten alternativer gesellschaftlicher Gruppen gerechnet, die auf die Wiederherstellung zerstörter Lebenszusammenhänge zielen.

„Alternative Kultur" hat eine neue Kulturtopographie geschaffen. Das betrifft die dezentralen, bürgernahen Kulturorte innerhalb eines Gemeinwesens; die Entwicklung der Stadtteilkulturarbeit in den Großstädten hat inhaltlich und organisatorisch davon profitiert. Aber auch in kleineren Städten und Gemeinden mit geringer finanzieller Leistungskraft sind in den siebziger Jahren Modelle demokratischer Kulturvermittlung entstanden.

Kulturarbeit. Die Innenpolitik von morgen. Hg. v. R. Silkenbeumer. Hannover 1980. – Glaser, H./Stahl, K. H.: Bürgerrecht Kultur. Frankfurt am Main u.a. 1983. – Kulturarbeit in der kommunalen Praxis. Hg. v. E. Pappermann, P. M. Mombaur und J. Th. Blank. Köln 1984.

Alternative Kulturangebote

Orte →

Stadtteil, Wohnumfeld
Märkte, Straßen, Plätze, Parks u. a.
Kulturläden
Kulturkneipen
Kommunikationszentren (sozio-kulturelle Zentren)
Kommunale Galerien und Kinos
Offene (Kunst-)Werkstätten und Treffs
Soziale Brennpunkte u. a.

Partner →

Kulturämter und traditionelle Kulturinstitutionen
politische und soziale Gruppen
Kulturgruppen und -vereine
Bürgerinitiativen
Soziale „Randgruppen" u. a.

Formen →

neue Kulturvermittlungsformen (siehe auch „Orte")
kulturelle Zielgruppenarbeit
neue Kooperationsformen (mit gesellschaftlichen Gruppen)
kulturpädagogische Maßnahmen
mobile Kulturangebote (Kultur in der Stadt)
Stadt(teil)feste
Straßentheater
Stadtschreiber / Stadtfilmer / Stadtkünstler
Bereitstellung von räumlichen und technischen Bedingungen
Alternative Zeitungen (u. a. Info-Medien) u. a.

Inhalte / Ziele →

Demokratisierung des Kulturbetriebs
Förderung und Pflege der Basiskultur/Alltagskultur
Förderung von Kreativität und Kommunikationsfähigkeit
Weckung der Bereitschaft zur Selbstbestimmung
Erprobung neuer Lebensmodelle
Rekonstruktion zerstörter Lebenszusammenhänge
Umwandlung von Kultur-Konsumverhalten in aktive Kultur-Partizipation
(Re-)Integration sozialer Randgruppen
Gegensteuerung gegen Isolationstendenzen in der Gesellschaft u. a.

Kommunale Sozialhilfe

Die *Sozialhilfe,* früher als öffentliche Fürsorge bezeichnet, steht als ein Teil des Sozialleistungssystems neben Sozialversicherung, Arbeitslosenversicherung und Kriegsopferversorgung. Sie tritt ein, wo weder sonstige staatliche Leistungen noch Unterhalt Dritter, eigenes Einkommen oder Vermögen dem einzelnen die Führung eines menschenwürdigen Lebens sichern.

Die heutige Sozialhilfe entwickelte sich aus der Armenpflege, die bis etwa 1300 nur von Einzelpersonen und später v. a. von Orden und Klöstern betrieben wurde. Zünfte und Gilden, ebenso wie die Genossenschaften der Handwerker und Gesellen sorgten in den Städten für ihre verarmten Mitglieder. Armut wurde vornehmlich als Problem der öffentlichen Ordnung verstanden; viele Städte erließen z. B. Bettelverbote und Armenordnungen. Seit dem 16. Jahrhundert übernahmen die Städte zunehmend selbst die Aufgabe der Armenfürsorge, v. a. in Armenhäusern und Hospitälern. Für die Entwicklung der staatlichen Sozialhilfe bedeutsam war das Gesetz des Norddeutschen Bundes über den Unterstützungswohnsitz von 1870, das die Gemeinde zur Unterstützung verpflichtete, in der ein Hilfsbedürftiger seinen Wohnsitz hatte. 1924 erfolgte eine Neuordnung der Armenfürsorge, die im Kern bis 1961 geltendes Recht blieb. 1961 wurde die Sozialhilfe im *Bundessozialhilfegesetz* (BSHG) kodifiziert und zur Durchführung örtlichen und überörtlichen Trägern (als sogenannten öffentlichen Sozialhilfeträgern) übertragen.

Örtliche Träger der Sozialhilfe sind die kreisfreien Städte und Landkreise. Die Landkreise können ihre kreisangehörigen Gemeinden zur Durchführung der Aufgaben heranziehen. Überörtliche Träger der Sozialhilfe sind staatliche Stellen oder kommunale Regionalverbände (z. B. Landschaftsverbände und Landeswohlfahrtsverbände). Auch sie ziehen die örtlichen Träger zur Durchführung ihrer Aufgaben heran.

Auf Sozialhilfe besteht in den wesentlichen Bereichen ein einklagbarer Rechtsanspruch. Er richtet sich in der Regel gegen die Stadt oder den Kreis, wo sich der Hilfesuchende aufhält.

Aufgegliedert ist die Sozialhilfe in *Hilfe zum Lebensunterhalt* (Ernährung, Kleidung, Wohnung, persönliche Bedürfnisse) und Hilfe in besonderen Lebenslagen (z. B. Krankenhilfe, Eingliederungshilfe für Behinderte, Hilfe zur Pflege, Hilfe zur Überwindung besonderer sozialer Schwierigkeiten, Altenhilfe [vgl. S. 220]). Zur kommunalen Sozialhilfe gehört auch die Sorge um die Obdachlosen.

Für die Durchführung des Bundessozialhilfegesetzes sind grundsätzlich die örtlichen Träger zuständig. Die Ausgaben der kreisfreien Städte und Kreise für die Finanzierung der Sozialhilfe betrugen nach Abzug von Erstattungen (z. B. von anderen Sozialleistungsträgern und Unterhaltsverpflichteten) im Jahre 1984 rd. 15 Mrd. DM und haben seit längerem steigende Tendenz.

Die Arbeit wird in den kommunalen Bereichen durch die *Sozialverwaltung* (Sozialämter) geleistet. Die *Sozialämter* nehmen die Anträge auf Sozialhilfe entgegen, ermitteln auch selbst Hilfebedürftigkeit, zahlen die Hilfe zum Lebensunterhalt aus und gewähren auch persönliche Hilfe (Information, Beratung). Soweit nicht andere Organisationen (insbesondere Träger der freien Wohlfahrtspflege) tätig sind, unterhalten die öffentlichen Sozialhilfeträger auch eigene Dienste und Einrichtungen (Allgemeiner Sozialdienst/Familienfürsorge, Suchtberatung, Behindertenberatung, Alteneinrichtungen, Behindertenwerkstätten usw.)

Die kommunale Sozialhilfe muß immer wieder neue Aufgaben übernehmen. So wirkte sie in den letzten Jahrzehnten bei der Eingliederung der Heimatvertriebenen und Flüchtlinge mit und wurde in die Betreuung von Übersiedlern aus der DDR und Aussiedlern aus Osteuropa einbezogen. Die Aufnahme der *ausländischen Arbeitnehmer* (vgl. S. 226) mit ihren Angehörigen kam hinzu. Zu weiteren Herausforderungen an die kommunale Sozialhilfe wurden die Betreuung von Asylbewerbern während der oft jahrelangen Anerkennungsverfahren und insbesondere die Hilfen für die stark angestiegene Zahl von längerfristig *Arbeitslosen.* Ständig ausgebaut und verbessert wurden die Hilfen für die wachsende Zahl alter und pflegebedürftiger Menschen und die Behindertenhilfe, die sich von bloßem Bewahren zur möglichst umfassenden Eingliederung in die Gesellschaft gewandelt hat.

Gottschik, H./Giese, D.: Das Bundessozialhilfegesetz. Kommentar. Köln u. a. [8]1983. – Fachlexikon der sozialen Arbeit. Hg. v. Deutschen Verein für Öffentliche und Private Fürsorge. Stuttgart u. a. 1980.

Ausgaben[1] und Einnahmen der Sozialhilfe

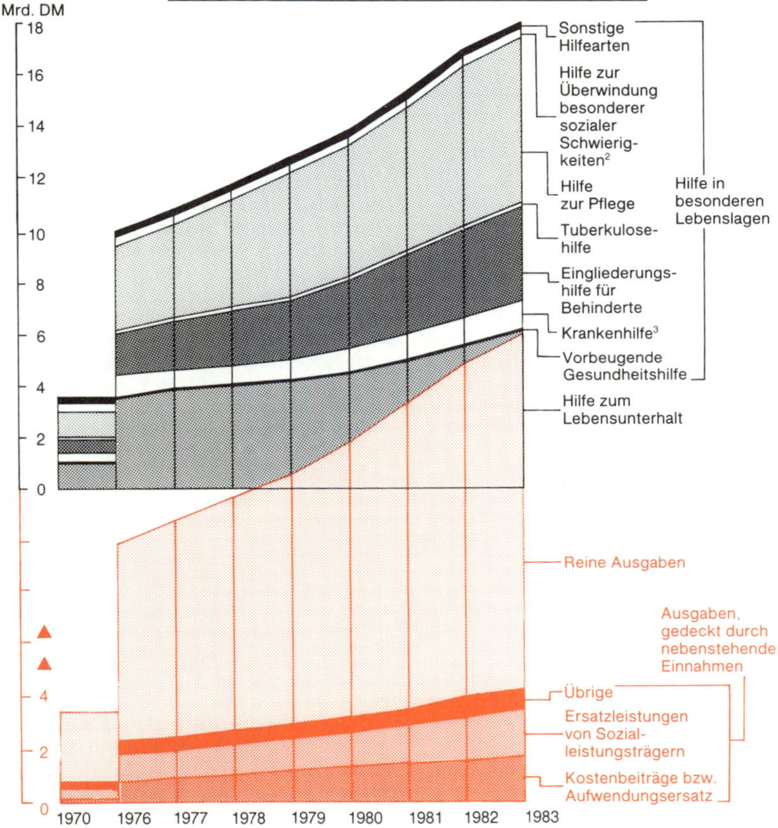

[1] Ausgaben nach Hilfearten. – [2] Bis 1970 „Hilfe für Gefährdete". – [3] Ab 1978 einschließlich Hilfe bei Schwangerschaft oder bei Sterilisation, Hilfe zur Familienplanung.

Ausgaben der Sozialhilfe nach Hilfearten

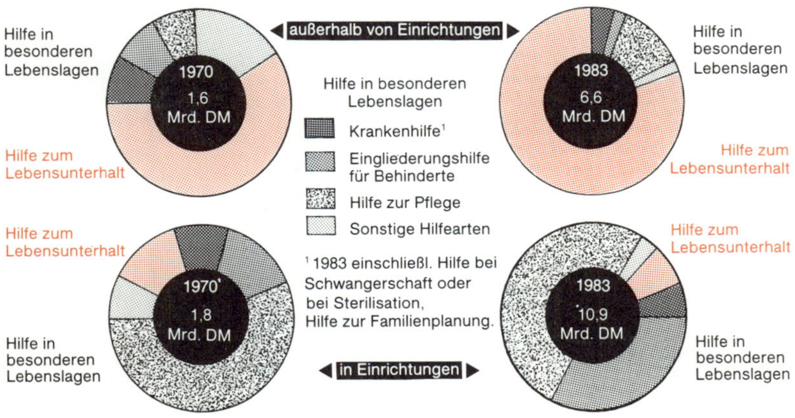

[1] 1983 einschließl. Hilfe bei Schwangerschaft oder bei Sterilisation, Hilfe zur Familienplanung.

Freie Träger – Subsidiarität

Nicht nur im engeren sozialen Bereich, sondern z. B. auch in der Jugendhilfe und im Krankenhauswesen wird ein Teil der Aufgaben nicht von den Städten, Kreisen und Gemeinden, sondern von *„freien Trägern"* wahrgenommen. Hervorgegangen aus der kirchlichen Armen- und Siechenpflege und dem gesellschaftlichen Engagement bestimmter Gruppen, arbeiten in diesem Feld insbesondere die Verbände der *freien Wohlfahrtspflege*. Die wichtigsten Verbände sind zusammengefaßt in der „Bundesarbeitsgemeinschaft der freien Wohlfahrtspflege": Arbeiterwohlfahrt, Deutscher Caritasverband, Deutscher Paritätischer Wohlfahrtsverband, Deutsches Rotes Kreuz, Diakonisches Werk der Evangelischen Kirche in Deutschland und Zentralwohlfahrtsstelle der Juden in Deutschland. Daneben besteht eine Vielzahl anderer Zusammenschlüsse und Gruppierungen, z. T. als Selbsthilfeorganisationen (u. a. die Behinderten- und Hinterbliebenenverbände).

Die Verbände der freien Wohlfahrtspflege in der Bundesrepublik Deutschland finanzieren und unterhalten rund 40% der Krankenhausbetten, 60% der Heime für alte Menschen, 70% der Kinder- und Jugendheime, 80% der Kindergärten und 90% der Behindertenwerkstätten. Bei ihnen sind rund 700000 Personen hauptamtlich beschäftigt; dazu kommt eine sicher doppelt so hohe Zahl ehrenamtlicher Helferinnen und Helfer. Freie Träger sind – regional unterschiedlich stark – in nahezu allen Feldern des sozialen Bereichs tätig. Traditionelle Schwerpunkte sind die Beratung und Betreuung alter Menschen und Behinderter (auch durch Sozialstationen [vgl. S. 218]). Die Stellung der freien Träger und ihr Verhältnis zu den öffentlichen Trägern sind für die Sozial- und Jugendhilfe im Bundessozialhilfegesetz (BSHG) und im Jugendwohlfahrtsgesetz (JWG) rechtlich gesichert. Garantiert wird die Selbständigkeit der freien Träger in Zielsetzung und Durchführung ihrer Aufgaben. Das sogenannte *Subsidiaritätsprinzip* regelt das Zusammenwirken zwischen öffentlicher und freier Sozial- und Jugendhilfe. Öffentliche Träger sollen (helfend, unterstützend, „subsidiär") eigene Einrichtungen nur dann schaffen, wenn geeignete Einrichtungen freier Träger nicht vorhanden sind, nicht ausgebaut oder geschaffen werden können. Wird Hilfe im konkreten Fall durch einen freien Träger geleistet, so sollen die öffentlichen Träger von eigenem Tätigwerden absehen. Durch das Bundesverfassungsgericht wurden die entsprechenden Vorschriften des Jugendwohlfahrts- und des Bundessozialhilfegesetzes in ihrem Wesensgehalt bestätigt. Das Gericht betonte als Kerngedanken des Subsidiaritätsprinzips den Grundsatz der partnerschaftlichen Zusammenarbeit zwischen öffentlicher und freier Wohlfahrtspflege.

Auf der einen Seite bleibt der öffentliche Träger ebenso Planungsverantwortlicher wie Adressat von Rechtsansprüchen des einzelnen Hilfesuchenden. Auf der anderen Seite sind die freien Träger davor geschützt, durch umfassende Aktivitäten der öffentlichen Seite funktionslos zu werden. Es besteht die Verpflichtung zur angemessenen – auch finanziellen – Unterstützung der freien Träger durch die öffentliche Hand.

Das Bundesverfassungsgericht hat wesentlich zur Entkrampfung des Nebeneinanders von öffentlicher und freier Wohlfahrtspflege beigetragen. In den letzten Jahrzehnten entwickelte sich vor Ort eine an der gemeinsamen Aufgabenstellung orientierte Zusammenarbeit. Trotz unvermeidlicher Differenzen in einzelnen Sachfragen und bei konkreten Projekten wird nicht mehr in Frage gestellt, daß die freie Wohlfahrtspflege ein fester Bestandteil des Systems sozialer Hilfen auf kommunaler Ebene ist.

Die Zahlen zur Entwicklung der wichtigsten Arten von Einrichtungen, die von Verbänden der freien Wohlfahrtspflege getragen werden, zeigen von 1970 bis 1984 eine Verlagerung von Schwerpunkten bei insgesamt wachsendem Angebot und Personalaufwand.

Bauer, R.: Wohlfahrtsverbände in der Bundesrepublik. Weinheim – Basel 1978. – Fachlexikon der sozialen Arbeit. Hg. v. Deutschen Verein für öffentliche und private Fürsorge. Stuttgart 1986.

Übersicht zur zahlenmäßigen Entwicklung ausgewählter Einrichtungsarten von 1970 bis 1984

Einrichtungsgruppe	Stand 1.1.19..	Einrichtungen	Plätze	hauptamtliche Vollzeitbeschäft.	hauptamtliche Teilzeitbeschäft.	hauptamtliche Beschäft. insgesamt	jeweilige Veränderung in Prozent (Basis 1970/1981): Einrichtungen	Plätze	hauptamtl. Besch. insg.
Krankenhäuser	1970	1205	227794	132786	21075	153861	–	–	–
	1975	1137	232000	169699	37276	206975	– 6	+ 2	+ 35
	1981	1018	226866	185121	40989	226110	– 16	± 0	+ 47
	1984	1036	223943	184868	48137	233005	– 14/+ 2	– 2/– 1	+ 51/+ 3
Heime der Jugendhilfe	1970	3479	236080	32442	6684	39126	–	–	–
	1975	3076	247817	37582	10893	48475	– 12	+ 5	+ 24
	1981	2957	223393	37655	11199	48854	– 15	– 5	+ 25
	1984	3083	229389	37506	12756	50262	– 11/+ 4	– 3/+ 3	+ 28/+ 3
Kindergärten	1970	11749	858160	35111	3400	38511	–	–	–
	1975	15275	1117518	57095	9145	66240	+ 30	+ 30	+ 72
	1981	16386	1001469	61554	14581	76135	+ 39	+ 17	+ 98
	1984	16449	991330	61702	24843	86545	+ 40/± 0	+ 16/– 1	+ 125/+ 14
Erholungs- u. Kurheime	1970	1471	81642	10198	2051	12249	–	–	–
	1975	1361	83792	10630	2996	13626	– 7	+ 3	+ 11
	1981	1364	84854	10466	3285	13751	– 7	+ 4	+ 12
	1984	1162	71475	8046	2600	10646	– 21/– 15	– 13/– 16	– 13/– 22
Ambulante sozialpflegerische Dienste	1970	10275	–	12925	8220	21145	–	–	–
	1975	8953	–	11369	7767	19136	– 13	–	– 10
	1981	5499	–	12691	10964	23655	– 47	–	+ 12
	1984	5183	–	14705	13619	28324	– 50/– 6	–	+ 34/+ 20
Heime für alte Menschen	1970	3302	185021	35348	9552	44900	–	–	–
	1975	3540	231257	44223	18747	62970	+ 7	+ 25	+ 40
	1981	4037	270943	58868	24785	83653	+ 22	+ 46	+ 86
	1984	4023	290614	66895	27939	94834	+ 22/± 0	+ 57/+ 7	+ 111/+ 13
Heime für Behinderte	1970	536	51955	11892	1423	13315	–	–	–
	1975	614	62820	21841	4371	26212	+ 15	+ 21	+ 97
	1981	914	72100	28918	6444	35362	+ 71	+ 39	+ 166
	1984	1081	78612	32515	7424	39939	+ 102/+ 18	+ 51/+ 9	+ 200/+ 13
Einrichtungen insgesamt	1970	52478	2151569	309121	72767	381888	–	–	–
	1975	58361	2479932	396764	116129	512893	+ 11	+ 15	+ 34
	1981	58086	2381506	448838	144032	592870	+ 11	+ 11	+ 55
	1984	60517	2437541	484895	171589	656484	+ 15/+ 4	+ 13/+ 2	+ 72/+ 11

Sozialstationen

Unter Sozialstationen versteht man die Bündelung ambulanter sozialpflegerischer Dienste *(Krankenpflege, Haus- und Familienpflege, Altenpflege)* in einer gemeinsamen Anlauf- und Vermittlungsstelle. Andere gebräuchliche Bezeichnungen sind z. B. Dienstleistungszentrum, Diakoniestation, Caritas-Pflegestation, Zentrum für ambulante pflegerische Dienste, Zentralstation.

Die Sozialstation ist ein wesentliches Instrument kommunaler Daseinsvorsorge. Sie ist im Gesamtgefüge sozialer Dienste als Schnittstelle sowohl zwischen dem System der Gesundheitsversorgung und dem ambulanter sozialpflegerischer Dienste als auch zwischen dem institutionellen und dem „vorinstitutionellen" Hilfesystem anzusehen. Ihre Bedeutung wird klar, wenn man den Anteil alter Menschen an der Gesamtbevölkerung betrachtet. Der Anteil der über 64jährigen, die sogenannte Altenquote, stieg von 9,4% (1950) auf 13,2% (1970) und betrug 1984 14,6% (rund 8,9 Mill. Menschen). 1978 lebten in der Bundesrepublik Deutschland 2,5 Millionen Hilfebedürftige zu Hause. Den größten Anteil an dieser Zahl haben mit 1,7 Millionen die alten, über 64 Jahre alten Menschen. 1978 waren dies 18,2% der Gesamtbevölkerung über 64 Jahre. Diese Zahlen werden nach einer Studie des Diakonischen Werks der EKD weiter ansteigen. Die Sozialstation ermöglicht dem Menschen, wenn er hilfe- und pflegebedürftig wird, in seiner Wohnung zu bleiben. Eine Heimaufnahme wird verzögert oder sogar entbehrlich. Die Fachkräfte der Sozialstationen, d. h. Krankenpfleger, Altenpfleger, Familienpfleger, Pflegehilfskräfte und ungelernte Kräfte – auch Zivildienstleistende –, pflegen und betreuen vor allem kranke und alte Menschen, helfen bei der Haushaltsführung, bei der Bewältigung von Alltagsproblemen und bei der Überwindung von Einsamkeit. Die Sozialstation verhilft dem Menschen zu der ihm noch möglichen Selbständigkeit, wodurch ein Leben in Abhängigkeit sowie körperliche, soziale und seelische Not vermieden werden sollen.

Zur Verbesserung des Wirkungskreises aller ambulanten sozialen Dienste soll die Sozialstation andere Dienste, z. B. mobile Hilfsdienste wie *Mahlzeitendienste, Gemeindepflegedienste,* Dorfhelferinnen, spezielle Dienste wie psychosoziale Dienste, in ihr Tätigkeitsfeld einbeziehen oder vermitteln. Sie soll bestehende oder mögliche ehrenamtliche Hilfen, Nachbarschaftshilfen und die Mithilfe der Familie stützen und aktivieren.

Träger der Sozialstationen sind Kirchengemeinden und die Träger der freien Wohlfahrtspflege (vgl. S. 216), meist die sogenannten freien Träger Arbeiterwohlfahrt (AWO), Deutscher Paritätischer Wohlfahrtsverband (DPWV), Deutsches Rotes Kreuz (DRK), Diakonisches Werk der EKD, Caritasverband, vereinzelt auch kommunale Träger.

In den meisten Ländern werden die Sozialstationen aus Landesmitteln gefördert, und zwar jeweils nach besonderen Richtlinien, die in den einzelnen Ländern gewisse Schwerpunkte und einen unterschiedlichen Förderungsumfang festlegen.

Ende des Jahres 1984 gab es insgesamt 1632 von den Ländern geförderte Sozialstationen. Finanziert werden die Sozialstationen in unterschiedlicher Höhe je nach Art der erbrachten Leistung von den Gemeinden, Städten und Kreisen als Trägern der Sozialhilfe wie auch in Verantwortung für die allgemeine Daseinsvorsorge; ferner von den Krankenkassen, durch Zuschüsse des Landes, Beiträge des Benutzers und eine Eigenleistung des Trägers der Sozialstation. Vergleiche der durchschnittlichen Kosten zeigen, daß das Angebot der Sozialstation für sich allein gesehen in der Regel kostengünstiger ist als ein entsprechendes stationäres Angebot, z. B. in einem Pflegeheim oder einem Krankenhaus.

Die erreichbare Effektivität ambulanter Dienste setzt eine wirtschaftlich durchdachte Organisation der Sozialstation voraus, orientiert am Hilfe- und Pflegebedarf der betroffenen Menschen.

Kretschmann, R., u. a.: Bestandsaufnahme derzeit praktizierter Formen der Finanzierung und Organisation ambulanter Pflege. Sankt Augustin 1983. – Forum Sozialstation. Synopse der Förderrichtlinien der Landessozialministerien für die Sozialstationen in den Bundesländern. Rheinbach 1984. – Heinemann-Knoch, M./Rijke, J. de/Schachtner, Ch.: Alltag im Alter. Über Hilfsbedürftigkeit und Sozialisationen. Frankfurt am Main–New York 1985. – Buttler, G., u. a.: Wege aus dem Pflegenotstand. Ordnungspolitische Prinzipien einer Reform der Pflegesicherung alter Menschen. Baden-Baden 1985.

Die Sozialstation im Spektrum der sozialen Dienste

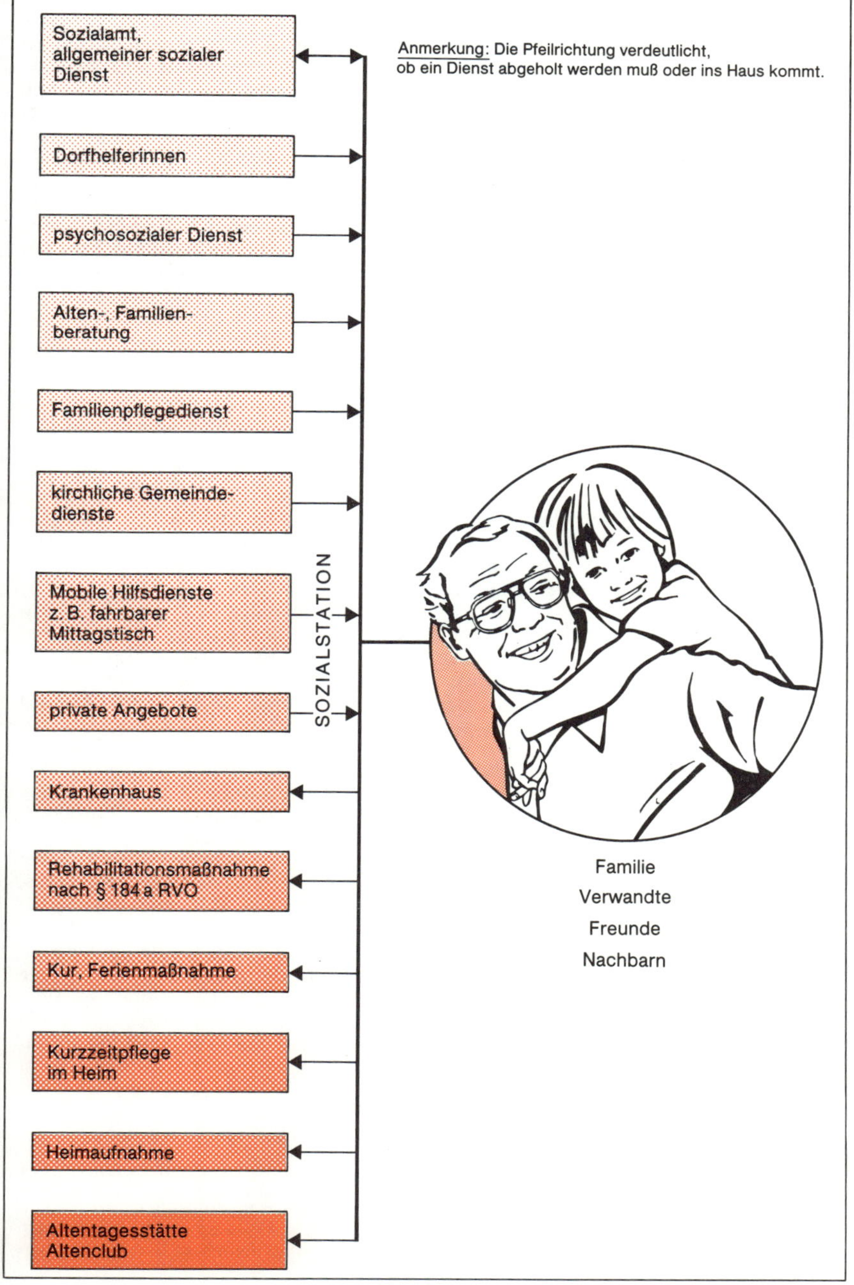

Medizinischer Fortschritt und allgemein günstigere Lebensbedingungen haben bewirkt, daß die Lebenserwartung für den Menschen gestiegen ist. Immer mehr Bürger erreichen ein hohes Alter, der Bevölkerungsanteil der Hochbetagten wird in den kommenden Jahren weiter zunehmen. Überwiegend können die älteren Menschen die Beschwernisse des Alters aus eigener Kraft oder mit Hilfe ihrer Familie meistern. Organisierte Hilfen durch die Gemeinschaft sollen nur dort einsetzen, wo nicht mehr auf familiäre Hilfe zurückgegriffen werden kann oder familiäre Hilfe nicht mehr ausreicht (z. B. bei dauernder Pflegebedürftigkeit).

Die *kommunale* Altenhilfe ist dadurch zu einem wichtigen Teil der gesamten Altenhilfe und der *Altenpolitik* geworden. Ihr Inhalt und Umfang wird vielfach in kommunalen Altenplänen festgelegt.

Die Ziele auch der kommunalen Altenhilfe sind in §75 des *Bundessozialhilfegesetzes* (BSHG) beschrieben. Altenhilfe soll dazu beitragen, Schwierigkeiten, die durch das Alter entstehen, zu verhüten, zu überwinden oder zu mildern. Sie soll alten Menschen Möglichkeiten geben, am Leben in der Gemeinschaft teilzunehmen. Daraus ergeben sich folgende Teilaufgaben:

1. Sicherung des sozialen Existenzminimums (notwendiger Lebensunterhalt) für alte Menschen, die kein ausreichendes Einkommen (Renten, Versorgungsbezüge), kein verwertbares Vermögen (Grundstücke, Sparguthaben, Wertpapiere) und keine unterhaltspflichtigen nahen Angehörigen (Ehegatten, Kinder) haben, durch *Hilfe zum Lebensunterhalt* nach dem Bundessozialhilfegesetz. Diese Hilfe besteht im allgemeinen aus einem Betrag nach festem Regelsatz, den tatsächlichen Kosten für das Wohnen, einem Mehrbetrag für alte Menschen sowie aus einmaligen Beihilfen für größere Anschaffungen. Für nicht krankenversicherte alte Menschen wird als Leistung der Sozialhilfe auch Krankenhilfe gewährt.

2. Betrieb von Einrichtungen für alte Menschen *(Altenwohnheime, Altenheime, Altenkrankenheime,* neuerdings an einigen Orten auch *Altentagesheime)* oder Unterstützung von Wohlfahrtsverbänden (vgl. S. 216), die solche Einrichtungen unterhalten. Die Kosten für Wohnung und Pflege in diesen Heimen werden nach bestimmten Pflegesätzen in Rechnung gesetzt (in Ausnahmefällen wird auch eine einmalige größere Zahlung verlangt, die abgewohnt werden kann, z. B. in sogenannten *Wohnstiften*), die der Heimbewohner selbst zahlen muß oder die auch die Sozialhilfe als *Hilfe zur Pflege* übernimmt.

Die Pflegesätze sind heute so hoch, daß 75–90% aller alten Menschen in Heimen Sozialhilfe in Anspruch nehmen müssen. Das ist sozialpolitisch unbefriedigend. Eine Absicherung der Pflegekosten im Rahmen der Sozialversicherung oder durch ein Pflegegeldgesetz wird daher angestrebt.

Das herkömmliche *Altenheim* für rüstige alte Menschen nimmt an Bedeutung ab. Wer in ein Heim muß, braucht in aller Regel ein *Krankenheim* (für die Rehabilitation altersbedingter Behinderungen) oder ein *Pflegeheim* (bei dauernder altersbedingter Pflegebedürftigkeit).

3. Bau und Förderung von altengerechten Wohnungen durch Gemeinden, Wohnungsbaugesellschaften oder Private.

4. Förderung von *Gesundheits- und Pflegediensten* (Mahlzeitendienst, Haushaltshilfe, Wäschedienst, Fußpflegedienst, häusliche Krankenpflege), die überwiegend von Kirchen und Wohlfahrtsverbänden geleistet werden, organisiert in Gemeindediensten oder Sozialstationen (vgl. S. 218). Diese Dienste werden immer wichtiger, denn der Anteil der alten Menschen an der Bevölkerung nimmt zu, und im Interesse ihrer Selbständigkeit und Bewegungsfreiheit möchten (und sollten) alte Menschen möglichst in ihrer eigenen Wohnung bleiben.

5. Förderung von Geselligkeit und persönlichen Kontakten: *Altentagesstätten, Altenerholung,* spezielle preisermäßigte Angebote für Theaterbesuche, Museumsbesuche u. ä.; Besuchsbeihilfen.

Die Bewältigung dieser Aufgaben ist in der Regel den Sozialämtern zugewiesen. Sie vermitteln z. B. Hilfen oder helfen bei der Suche nach Altenheim- oder Pflegeheimplätzen und setzen in Verbindung mit den Trägern der freien Wohlfahrtspflege die Ziele des §75 BSHG in praktische Arbeit um. Die Sozialämter haben dabei die Schwierigkeit, daß sich ihr Handeln immer im Spannungsfeld zwischen dem Selbstbestimmungsrecht der rat- oder hilfesuchenden Menschen und obrigkeitsstaatlichem Fürsorgedenken bewegt.

Sozialpolitik nach 1945. Hg. v. R. Bartholomäi. Bonn 1977. – Sozialpolitik für ältere Menschen. Hg. v. M. Dieck und G. Naegele. Heidelberg 1978. – Älter werden in Deutschland. Ober-Olm 1986.

Altenhilfe in der Gemeinde

- Leistungen der Sozialhilfe: Hilfe zum Lebensunterhalt (Stadt oder Kreis)
- Leistungen der Sozialhilfe: Hilfe zur Pflege (Land-, Landschafts- oder Landeswohlfahrtsverband)
- altersgerechte Wohnung (Gemeinden, Wohnungsgesellschaften)
- Gesundheitshilfsdienste (Gemeinden, Kirchengemeinden, Wohlfahrtsverbände, Vereine)
- Haushalts- und Pflegehilfsdienste (Gemeinden, Kirchengemeinden, Wohlfahrtsverbände, Vereine)
- Heime, Wohnheime, Altenheime, Krankenheime, Pflegeheime (Gemeinden, Kirchengemeinden, Wohlfahrtsverbände, private Heime)
- Förderung von Geselligkeit und persönlichen Kontakten (Gemeinden, Kirchengemeinden, Wohlfahrtsverbände, Vereine)

Jugendhilfe – Jugendwohlfahrtsausschuß

Jugendhilfe bezeichnet einerseits nach § 2 des Jugendwohlfahrtsgesetzes (JWG) die Maßnahmen zur Förderung der Jugendwohlfahrt, andererseits Gegenstand, Ziel und Zweck der Tätigkeit ihrer öffentlichen Träger wie auch der freien Träger (vgl. S. 216), die zur Mitarbeit herangezogen und damit auch gefördert werden müssen. Jugendhilfe ist Sozialleistung im Rahmen des Sozialgesetzbuchs (SGB I: Grundsätze, SGB X: Verfahren) und dient dem Wohl der Kinder, Jugendlichen und im besonderen Falle auch jungen Erwachsenen im Sinne des „Rechts des Kindes auf Erziehung zur leiblichen, seelischen und gesellschaftlichen Tüchtigkeit" nach § 1 JWG. Jugendhilfe im materiellen Sinne ist auch im Jugendgerichtsgesetz (JGG), den Jugendschutzgesetzen und allgemeinen Sozialleistungsgesetzen geregelt. Sie versteht sich subsidiär; in erster Linie wird der Anspruch des Kindes auf Erziehung von Eltern und Familie erfüllt.

Jugendhilfe umfaßt als *Jugendpflege* (d. h. Jugendbildung und -arbeit) Angebote an junge Menschen in den Bereichen Freizeit, Erholung, internationale Begegnung, politische und musisch-kulturelle Bildung in Einrichtungen bei den sogenannten Häusern der offenen Tür und anderen Jugendfreizeitstätten, Jugenderholungsheimen und -bildungsstätten. Diese Angebote sind grundsätzlich an alle jungen Menschen gerichtet. Mit *Jugendfürsorge* werden Maßnahmen für jene Jugendlichen bezeichnet, deren Wohl gefährdet ist. Notwendige Hilfen dieser Art sind nicht von einem Antrag abhängig, sondern werden von Amts wegen geleistet. Als Erziehungshilfe ist Jugendfürsorge nach Art. 6 GG generell von der Zustimmung der Eltern oder sonstiger Personensorgeberechtigter abhängig. Die Zustimmung kann aber durch Beschluß des Vormundschaftsgerichts (§§ 57, 64 JWG; §§ 1666, 1666a BGB) ersetzt werden, falls dies erforderlich ist. Im Ausnahmefall wird eine Erziehungshilfe durch Urteil des Jugendgerichts bestimmt. Sie bezieht neben pädagogischen und therapeutischen auch jugendsportliche und jugendpflegerische Maßnahmen in ihr Programm ein.

Eigenständige Bedeutung in der Jugendhilfe haben Erziehungs-, Familien- und Jugendberatung sowie Erziehung und Bildung in den verschiedenen, nach Altersstufen differenzierten Kindertageseinrichtungen (Kinderkrippen und -krabbelstuben, Kindergärten und Horte [vgl. S. 224]), ferner die Jugendberufshilfe und die Jugendsozialarbeit sowie der arbeitsrechtliche, erzieherische und strafrechtliche *Jugendschutz*, dessen Gebote und Verbote sich im Sinne der Vorbeugung und Gefahrenabwehr an die Erwachsenen wenden. Amtspflegschaft und Amtsvormundschaft, Adoptionsvermittlung, Vormundschafts- und Familiengerichtshilfe haben familienrechtlichen, die Jugendgerichtshilfe nach § 38 JGG jugend(straf)rechtlichen Charakter. Der Rechtsweg führt – je nach Gegenstand der Klage – zum Verwaltungs-, Vormundschafts-, Familien- und Jugendgericht.

Örtliche Jugendhilfe wird auf der Basis der Aufgabenkataloge der §§ 4–6 JWG vom obligatorisch vorgeschriebenen kommunalen *Jugendamt* in allen Kreisen und kreisfreien Städten sowie nach besonderer landesrechtlicher Vorschrift auch in kreisangehörigen Gemeinden geleistet. Diesen kommunalen Trägern werden vom Gesetzgeber organisatorische Vorgaben gemacht: Die Jugendhilfe ist durch das Jugendamt als Fachbehörde zu leisten (§ 16 JWG). Die generellen und finanziell bedeutsamen Entscheidungen sind grundsätzlich dem *Jugendwohlfahrtsausschuß* vorbehalten, in den neben Mitgliedern der gemeindlichen Vertretungskörperschaft aufgrund von Vorschlägen der Jugendverbände und Jugendhilfevereinigungen „Verbandsmitglieder" mit Stimmrecht zu wählen sind. Beratende Mitglieder repräsentieren insbesondere Gesundheitsamt, Vormundschafts- oder Familiengericht und Kirchen. Dieser kommunale Jugendwohlfahrtsausschuß ist vor bestimmten Beschlüssen nicht nur des Haupt- oder Kreisausschusses (z. B. Einstellung des Jugendamtsleiters), sondern auch der Vertretungskörperschaft (z. B. Festsetzung des Etats) zu hören. Die Entscheidungen des Jugendwohlfahrtsausschusses sind in den Rahmen der Beschlüsse der Vertretungskörperschaft gestellt. Entsprechendes gilt für die *überörtliche Jugendhilfe* der Landesjugendämter.

Seit langem wird angestrebt, den gesamten Rechtsbereich gesetzlich neu auszugestalten. 1980 scheiterte das vom Deutschen Bundestag bereits beschlossene Jugendhilfegesetz am Veto des Bundesrates, seit 1983 hat die Bundesregierung diese Bestrebungen wieder aufgenommen.

Grundriß der Jugendhilfe. Bearb. v. K. Abel. Köln–Stuttgart [4]1982. – Jugendwohlfahrtsgesetz. Kommentar. Bearb. v. K. W. Jans und G. Happe. Köln [12]1985. Loseblatt.

Entscheidungswege in der kommunalen Jugendhilfe

I Vertretungskörperschaft (Kreistag/Rat der Stadt oder Gemeinde)	I Entscheidungen von übergeordneter Bedeutung jeglicher Art
II Hauptausschuß	II Allgemeine administrative Entscheidungen
III Jugendwohlfahrtsausschuß	III Entscheidungen von grundsätzlicher oder besonderer finanzieller Bedeutung für die Jugendhilfe (im Rahmen der Entscheidungen zu I)
IV Verwaltung (Hauptverwaltungsbeamter/Jugendamt)	IV Entscheidungen der laufenden Verwaltung

Ausführung der Entscheidungen[1]

Nach § 16 JWG	Hauptverwaltungsbeamter (Oberkreisdirektor/Oberstadtdirektor/Stadtdirektor/Gemeindedirektor)
Handelt in Vertretung (i. V.) des Hauptverwaltungsbeamten	Jugendhilfedezernent[2]
Nach § 16 JWG; handelt im Auftrag (i. A.) des Hauptverwaltungsbeamten	Jugendamtsleiter – Amtsleitung – Jugendhilfeplanung – Finanzen und Kosten

Erziehungsberatungsstelle[3]	Eltern- und Familienhilfe	Jugendpflege und Jugendschutz	Adoptionsvermittlungstelle[4]	Erziehungshilfe[5]	Allgemeiner Sozialdienst[5]	Vormundschafts-, Pflegschaftswesen mit Gerichtshilfe[5]	Jugendgerichtshilfe mit Außendienst
Psychotherapeutische Einrichtungen; Nebenstellen	Familienbildungseinrichtungen; Kindertageseinrichtungen	Jugendfreizeitstätten; Jugenderholungseinrichtungen		Hauptamtliche Erziehungsbeistandschaft; Heime u. a. Einrichtungen			

[1] Modell, andere Formen sind zulässig, soweit sie mit dem JWG, insbesondere § 16, und sonstigem Bundes- und Landesrecht vereinbar sind.
[2] Vertreter des Hauptverwaltungsbeamten für jeweils mehrere Aufgabenbereiche. Das Jugendamt ist häufig mit anderen Ämtern des Sozialleistungsbereichs im „Sozialdezernat", nicht selten aber auch mit dem Schulamt und dem Sportamt verbunden.
[3] Oft dem Dezernenten unmittelbar unterstellt.
[4] Nach § 2 des Adoptionsvermittlungsgesetzes vom 2. 7. 1976 obligatorische Fachabteilung.
[5] Wie hier für Erziehungshilfe und Vormundschaftsangelegenheiten i. w. S. nimmt der Allgemeine Sozialdienst als genereller sozialpädagogischer Außendienst Ermittlungs-, Entscheidungs- und Ausführungsaufgaben in verschiedenen Sozialleistungsbereichen wahr, ist aber wegen der Organisationsvorschrift des § 14 Abs. 3 JWG dem Jugendamt zuzuordnen. Statt seiner sind auch andere Formen mit weiterer Spezialisierung der Sozialen Dienste des Jugendamts (z. B. Pflegekinderspezialdienst) denkbar.

Kindergärten – Kindertagesstätten

Kindergärten sind Einrichtungen der Jugendhilfe (vgl. S. 222), die Kinder vom vollendeten dritten Lebensjahr bis zum Beginn der Schulpflicht betreuen, fördern, erziehen und bilden. Der Kindergarten als Elementarbereich im Gesamtbildungswesen nimmt einen eigenständigen Erziehungs- und Bildungsauftrag wahr; wesentlicher Bestandteil dieses Auftrages ist die Ergänzung und Unterstützung der Erziehung des Kindes in der Familie. Der Besuch des Kindergartens ist freiwillig und erfolgt in der Regel vormittags und nachmittags oder auch nur vormittags. An den Kosten für die Kindergärten haben sich im allgemeinen die Eltern mit einem monatlichen Kindergartenbeitrag zu beteiligen. Der Beitrag wird von den Kindergartenträgern festgesetzt und sinkt, sobald zwei oder mehr Kinder einer Familie den Kindergarten besuchen. Häufig kommen zu dem monatlichen Beitrag aber noch weitere Beiträge für bestimmte Leistungen des Kindergartens, z. B. Getränkegeld, wenn die Kinder kein eigenes Getränk mitbringen, oder Bastelgeld, wenn besondere Bastelmaterialien gekauft werden sollen. In wirtschaftlichen Notfällen sind die Kindergartenträger oft bereit, auf den Elternbeitrag zu verzichten bzw. den Elternbeitrag zu senken, sofern nicht das Jugendamt den Elternbeitrag übernimmt.

In Tagesstätten, die in einigen Bundesländern auch Tagheime heißen, werden Kinder ganztägig aufgenommen und betreut – also auch über die Mittagszeit – mit Mittagessen und Ruhezeit. *Kindertagesstätten* werden vielfach als kombinierte Einrichtungen geführt: Unter einem Dach befinden sich Gruppen für Kinder im Kindergartenalter, *Hortgruppen* für Schulkinder und *Krippen* oder *Krabbelstuben* für Kinder unter drei Jahren bzw. altersgemischte Gruppen für Kinder im Alter bis zu 6 Jahren oder von 3 bis 15 Jahren. Der Bedarf an Tagesstättenplätzen für alle Altersstufen steigt aufgrund der wachsenden Zahl alleinerziehender Eltern an.

Träger von Kindergärten und Kindertagesstätten sind in der Regel die Städte sowie die Gemeinden und Gemeindeverbände mit und ohne Jugendamt und die Träger der freien Jugendhilfe (§ 5 Abs. 4 Jugendwohlfahrtsgesetz), darunter in erster Linie die Kirchen. Nach der amtlichen Statistik befinden sich 8 938 Tageseinrichtungen für Kinder in kommunaler und 16 760 in freier Trägerschaft. Differenziert man nach Art der Einrichtung, so ergibt sich folgendes Bild:

Von den Kindergärten waren 7 088 in kommunaler Trägerschaft, 15 375 in freier und gemeinnütziger Trägerschaft. Gewisse Unterschiede lassen sich feststellen bei den Einrichtungen für unter dreijährige Kinder und für Schulkinder. 549 Einrichtungen für Kinder unter drei Jahren sind in öffentlicher und 311 in freier gemeinnütziger Trägerschaft; für Schulkinder werden 1 301 Horte in öffentlicher und 1 074 in freier gemeinnütziger Trägerschaft gezählt. Diese Einrichtungen sind in der Regel Tagesstätten; der Kindergarten mit Tagesstättenangebot befindet sich erfahrungsgemäß zumeist in der Hand des öffentlichen Trägers.

Soweit Plätze für Kinder der verschiedenen Altersstufen fehlen, insbesondere auch in Tagesstätten, hat das Jugendamt im Rahmen seiner Planungsverantwortung dafür Sorge zu tragen, daß geeignete Einrichtungen in ausreichendem Umfang zur Verfügung stehen. Soweit freie Träger oder kommunale Träger (z. B. kleine Gemeinden) nicht bereit oder in der Lage sind, solche Einrichtungen zu schaffen, ist das Jugendamt verpflichtet, diese selbst zu betreiben.

Kindergärten erhalten in den meisten Ländern nach der Regelung eines jeweils besonderen Kindergartengesetzes finanzielle Zuschüsse. In den Ländern und in den Bereichen (Krippen, Horte usw.), für die keine spezielle finanzielle Verpflichtung der Jugendämter durch Ausführungsgesetze zum Jugendwohlfahrtsgesetz festgelegt ist, haben die Jugendämter die Pflicht, sich in angemessener Höhe finanziell zu beteiligen. Daneben tritt für die Kinder aus finanziell schwachgestellten Familien wirtschaftliche Jugendhilfe ein – als Entlastung vom Elternbeitrag.

Fachberater begleiten die pädagogische Arbeit in den Tageseinrichtungen für Kinder durch Beratung und Fortbildung. Diese Fachberater werden angestellt von Jugendämtern oder Spitzenverbänden der freien Wohlfahrtspflege. In der Regel werden regionale Arbeitskreise gebildet, in denen alle Fachberater Grundsätze zu Planungsfragen und für die pädagogische Arbeit entwickeln.

Tageseinrichtungen für Kinder. Hg. v. H. Merker und F. J. Schulte. Köln–Stuttgart 1982. – Domscheit, St./Kühn, M.: Die Kindergartenreform. Frankfurt am Main 1984.

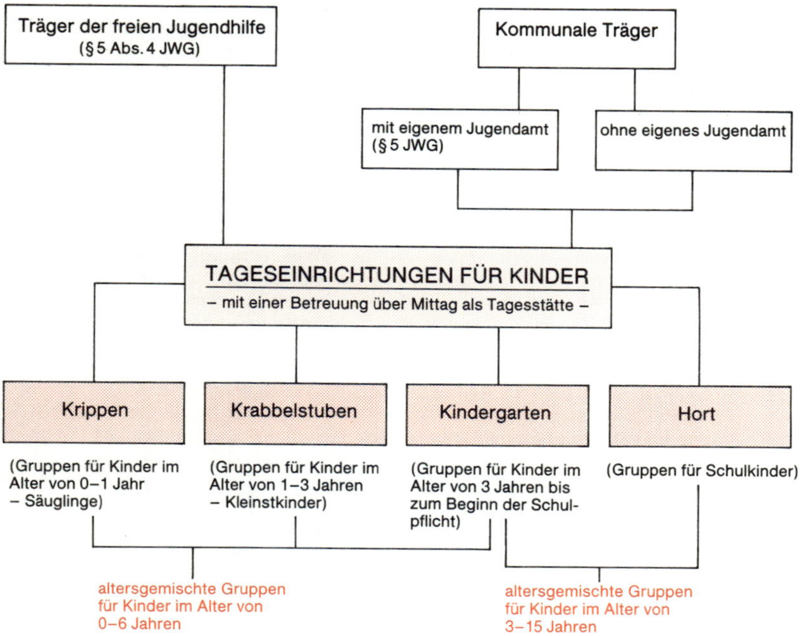
Träger der freien Jugendhilfe
(§ 5 Abs. 4 JWG)
Kommunale Träger
mit eigenem Jugendamt
(§ 5 JWG)
ohne eigenes Jugendamt
TAGESEINRICHTUNGEN FÜR KINDER
– mit einer Betreuung über Mittag als Tagesstätte –
Krippen
Krabbelstuben
Kindergarten
Hort
(Gruppen für Kinder im Alter von 0–1 Jahr – Säuglinge)
(Gruppen für Kinder im Alter von 1–3 Jahren – Kleinstkinder)
(Gruppen für Kinder im Alter von 3 Jahren bis zum Beginn der Schulpflicht)
(Gruppen für Schulkinder)
altersgemischte Gruppen für Kinder im Alter von 0–6 Jahren
altersgemischte Gruppen für Kinder im Alter von 3–15 Jahren

Ausländer in den Gemeinden

Ausländer stellen (1984/1985) ca. 7% der Wohnbevölkerung der Bundesrepublik Deutschland. Die ursprünglichen Anwerbebedingungen sowie die Tatsache, daß ausländische Arbeitnehmer überwiegend auf Arbeitsplätzen mit geringerer Qualifikation beschäftigt sind, führten dazu, daß Ausländer sich in bestimmten Regionen, vor allem in großstädtischen Ballungsgebieten, konzentrieren. Daher liegen dort z. T. die Ausländeranteile erheblich über dem Durchschnitt (Frankfurt am Main 24%, Stuttgart 18%, München 16%).

In einzelnen Wohnvierteln kommt es hier zu nochmals wesentlich höheren *Ausländerkonzentrationen.* Es handelt sich oft um Altbauquartiere mit schlechter Bausubstanz und unterdurchschnittlicher Ausstattung und demzufolge niedrigen Mieten. Die Folge derartiger Konzentrationsprozesse ist regelmäßig eine Überlastung der sozialen Infrastruktur, die in den betreffenden Wohngebieten oft sowieso schon ungenügend war. Die gesteigerte Präsenz von Ausländern führt teilweise zu emotionalen Abwehrreaktionen bei der deutschen Bevölkerung: Man fühlt sich fremd im eigenen Stadtteil, befürchtet Lernbehinderungen für die eigenen Kinder in der Schule. Es kann zu sozialen Spannungen kommen. Häufig wird das Quartier unattraktiv für deutsche Mieter, so daß Ausländer verstärkt zuziehen und so erst eigentliche Prozesse regionaler Segregation einsetzen.

Die *sozialen Probleme der Ausländer,* resultieren z. T. schon allein aus der Tatsache, daß die meisten Ausländer den unteren Sozialschichten angehören (niedriges Einkommen, geringe Qualifikation, allgemeine soziale Bildungsbarrieren). Hinzu treten Probleme, die durch den Ausländerstatus bedingt sind: eingeschränkte Rechte, die die Reglementierung wesentlicher Lebensbereiche mit sich bringen (oft nur befristete Aufenthaltserlaubnis, Ausweisung unter bestimmten Umständen möglich, Arbeitserlaubnis, begrenzter Familiennachzug, keine staatsbürgerlichen Rechte). Soziale Benachteiligungen verschiedener Art, vor allem auch auf dem Arbeitsmarkt, Diskriminierungserscheinungen und Tendenzen zum Rückzug in soziale und kulturelle Isolation sind oft die Folge.

Wesentliche Faktoren des skizzierten Problemzusammenhanges können von den Gemeinden nicht unmittelbar beeinflußt werden: Ausländerrecht, Bildungs- und Arbeitsmarktpolitik liegen außerhalb ihrer Kompetenz. *Einfluß- und Gestaltungsmöglichkeiten der Gemeinden* gibt es dagegen in folgenden Bereichen:

1. Wohnungsbau und Stadtplanung: Verbesserung der Wohnungsqualität und der Infrastruktur in Ausländerballungsgebieten.
2. Soziale Dienste: Fortbildung der deutschen und Einstellung ausländischer Fachkräfte. Zum Teil werden für besondere Zielgruppen besondere Angebote geschaffen (z. B. Frauenläden).
3. Weiterbildung und Kulturarbeit: Sprachkurse und andere Bildungsangebote an den Volkshochschulen. Kulturelle Veranstaltungen von und mit Ausländern geben diesen Gelegenheit zur Selbstdarstellung und Kontaktaufnahme mit der deutschen Bevölkerung.

Die Lage der Ausländer unterliegt historischen Veränderungen. Mit dem *Anwerbestopp* im Jahre 1973 setzte ein verstärkter Familiennachzug ein, der die Integrationsprobleme und damit die Anforderungen an das Bildungssystem und die sozialen Dienste verschärfte. Mittlerweile ist es mit dem Abebben des Familiennachzuges und der durch Zeitablauf bedingten Verfestigung der Rechtspositionen zu sozialen Koloniebildungen der in Deutschland ansässigen Ausländergruppen gekommen. Die Orientierungs- und Existenzsicherungsprobleme gehen zurück, dafür tritt mit dem Heranwachsen der jungen Ausländergeneration der Konflikt zwischen Heimatkultur und deutscher Umwelt in den Vordergrund in Gestalt von Auseinandersetzungen zwischen den Generationen und zwischen den Geschlechtern.

Auf der anderen Seite läßt die dauerhafte Ansiedlung Selbsthilfepotentiale bei den Ausländern, etwa in Gestalt von Ausländervereinen, wachsen, die sozialpolitisch genutzt werden können. Zugleich werden zunehmend Forderungen nach politischer und sozialer Mitwirkung von Ausländern artikuliert. Hier bieten die in vielen Gemeinden eingerichteten Ausländerbeiräte Ansatzpunkte für die praktische Umsetzung.

Ausländer in der Bundesrepublik Deutschland und in der Schweiz. Hg. v. H. J. Hoffmann-Nowotny und K. O. Hondrich. Frankfurt am Main 1981. – Stang, H.: Ausländerintegration in der kommunalen Praxis. Köln-Stuttgart 1982. – Koch-Arzberger, C.: Die schwierige Integration. Opladen 1985.

Soziale Probleme der Ausländer und Maßnahmen der öffentlichen Hand

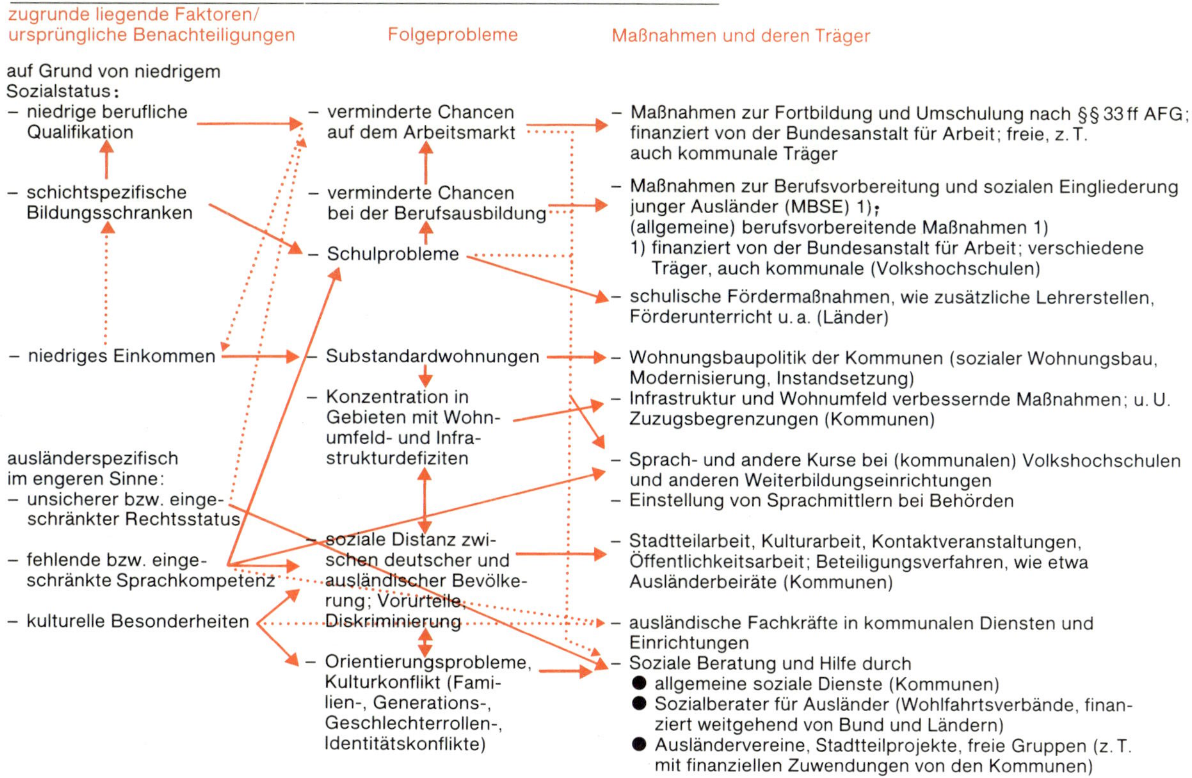

Die Pfeile innerhalb bzw. zwischen der ersten und der zweiten Spalte symbolisieren kausale Abhängigkeiten. Die Pfeile, die zur dritten Spalte weisen, bezeichnen exemplarisch die wichtigsten Lösungsmöglichkeiten für die Probleme.

Durchgezogene Pfeile bezeichnen die hauptsächlichen, punktierte Pfeile die sonstigen Zusammenhänge. Weder die Aufzählungen (besonders die Spalte 3) noch die aufgezeigten Zusammenhänge sind vollständig; vieles hat nur exemplarischen Charakter.

Asylbewerber

Art. 16 Abs. 2 Satz 2 des Grundgesetzes für die Bundesrepublik Deutschland ordnet an: *„Politisch Verfolgte genießen Asylrecht“.* Unter Asyl versteht man einen Ort (früher oft nur ein Gebäude wie eine Kirche oder ein Kloster), wo der dahin Flüchtende vor der Gewalttätigkeit oder der Rache seiner Verfolger Schutz findet. Wem das Asylrecht gewährt wird, der genießt innerhalb des Schutzbereichs dieses Rechts das Aufenthaltsrecht. Einen uneingeschränkten Anspruch, ein einklagbares subjektives Recht auf Asylgewährung für politisch Verfolgte gibt es in der vom Grundgesetz formulierten unbedingten Form derzeit nur in der Bundesrepublik Deutschland. Unter anderem diese Tatsache hat dazu beigetragen, daß sich insbesondere seit dem Ende der 1970er Jahre jährlich zwischen 20 000 und 100 000 Menschen aus allen Teilen der Welt in der Bundesrepublik Deutschland um Asyl bewerben. Auf dem bisherigen Höhepunkt 1980 waren es 108 000 Menschen. Derzeit kommen sie bevorzugt aus Sri Lanka (Tamilen), aus Bangladesch, aus Pakistan (Sunniten), aus der Türkei, Syrien, dem Iran und dem Irak (Kurden), aus Ghana, aus dem Libanon, aus Afghanistan und auch aus Staaten des Ostblocks.

Insgesamt hielten sich 1986 rund 600 000 Asylbewerber und Asylberechtigte in der Bundesrepublik Deutschland auf. Aussicht auf Anerkennung als politisch Verfolgte hat von den Bewerbern nur etwa ein Zehntel. Die übrigen sind sogenannte *Wirtschaftsflüchtlinge,* die in die Bundesrepublik Deutschland kommen, um an deren gegenüber ihrem Heimatland besseren Wirtschaftsstandard teilzuhaben.

Die Kommunen wirken an der Entscheidung über die Asylgewährung nicht mit. Diese Entscheidung ist beim *Bundesamt für die Anerkennung ausländischer Flüchtlinge* in Zirndorf bei Nürnberg zentralisiert. Die kommunalen Ausländerbehörden nehmen lediglich die Anträge entgegen, haben den Ausländer anzuhören und die Unterlagen dann an das Bundesamt weiterzuleiten. Für die weitere Dauer des Asylverfahrens, das bei Ausschöpfung aller Rechtsmittel mehrere Jahre dauern kann, beschränkt sich die Tätigkeit der kommunalen Ausländerbehörde darauf, dem Ausländer alle 6 Monate seine Aufenthaltsgestattung zu erteilen. Für die Städte, Gemeinden und Kreise sind die Asylbewerber dennoch von großer praktischer Bedeutung, weil die Flüchtlinge nach ihrer Einreise nach einem bestimmten Schlüssel auf die Länder verteilt werden und die jeweilige Aufenthaltsgemeinde durch Bereitstellung von Unterkünften und Gewährung von Sozialhilfe für ihren Unterhalt zu sorgen hat.

Die Sozialhilfe (vgl. S. 214) kann in Geld, aber auch in Naturalien ausgehändigt werden; insbesondere die Unterbringung und Verpflegung in Gemeinschaftsunterkünften kommen in Frage. In der Regel mieten die betroffenen Kommunen Wohnungen an, belegen Hotels und Pensionszimmer durch Privatverträge, machen gemeindeeigene Häuser (Schulen, Jugendheime, Notunterkünfte) für die Asylbewerber frei und bringen sie dort unter. Die Kosten dafür sind sehr erheblich. Ein Erstattungsanspruch der Kommunen gegen das Land, das die betreffenden Flüchtlinge zugewiesen hat, besteht im Grundsatz nicht.

Die Asylbewerber können sich der Unterbringung in Gemeinschaftsunterkünften und dem Angewiesensein auf Sozialhilfe zunächst nicht dadurch entziehen, daß sie eine bezahlte Arbeit aufnehmen. Denn während der ersten zwei Jahre des Aufenthalts erhalten Asylbewerber – von Ausnahmen abgesehen – keine *Arbeitserlaubnis.* Dies schafft teilweise erhebliche psychische und soziale Spannungen, weil arbeitswillige Asylbewerber an der Arbeitsaufnahme gehindert werden, die deutsche Bevölkerung andererseits Arbeitsscheu annimmt, die man nicht zu unterstützen bereit ist. Ob die Asylbewerber von den Sozialhilfebehörden zu gemeinnützigen Arbeiten herangezogen werden dürfen, ist vor dem Hintergrund der fehlenden Arbeitserlaubnis noch umstritten.

Erweist sich ein Antrag auf Asylgewährung als unbegründet, so wird der Bewerber in sein Heimatland ausgewiesen und notfalls abgeschoben. Dies gilt in der Regel nicht für Asylbewerber aus Ostblockstaaten. Auch gegen die Ausweisung und Abschiebung können noch Rechtsmittel geltend gemacht werden.

Kimminich, O.: Der Aufenthalt von Ausländern in der Bundesrepublik Deutschland. Baden-Baden 1980. – Beitz, W. G./Wollenschläger, M.: Handbuch des Asylrechts. Baden-Baden 1981.

Asylbewerber in der Bundesrepublik Deutschland

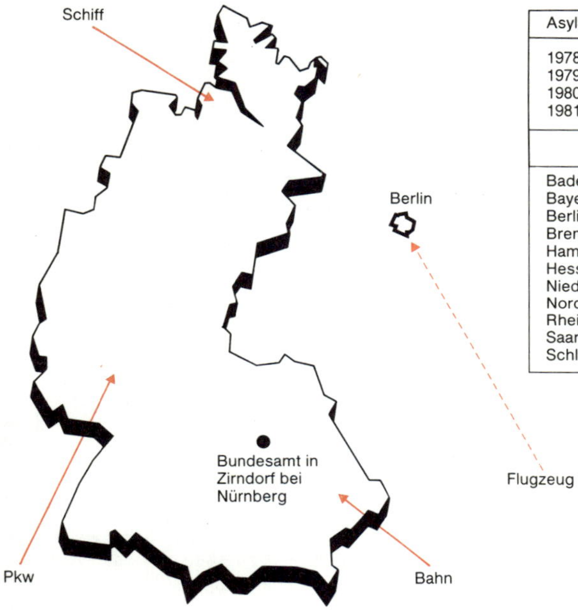

Asylbewerber seit 1978			
1978:	37 136	1982:	37 432
1979:	51 493	1983:	19 793
1980:	107 818	1984:	35 278
1981:	49 394	1985:	73 832

Verteilungsschlüssel	
Baden-Württemberg	15,1 %
Bayern	17,4 %
Berlin	2,6 %
Bremen	1,3 %
Hamburg	3,3 %
Hessen	9,2 %
Niedersachsen	11,5 %
Nordrhein-Westfalen	27,9 %
Rheinland-Pfalz	5,8 %
Saarland	1,8 %
Schleswig-Holstein	4,1 %

Stationen des Asylbewerbungsverfahrens

1. **Einreise** – Asylantrag bei der nächsten Ausländerbehörde (Stadt, Kreis)
2. Vorläufige **Aufnahme** am Ort bzw. im Land der Einreise.
3. **Verteilung** auf die Bundesländer; in den Bundesländern auf bestimmte Gemeinden. Für die Dauer des Entscheidungsverfahrens: **Aufenthaltsgewährung.**
4. **Entscheidung** über die Asylgewährung durch das Bundesamt in Zirndorf. Mitteilung der Entscheidung durch die zuständige Ausländerbehörde. Gegen die Ablehnung des Asylantrags ist ein **Widerspruchsverfahren** nicht zulässig. Möglich ist nur die
5. **Klage** vor dem für die Ausländerbehörde des Antragstellers zuständigen **Verwaltungsgericht.**
6. Die zuständige Kammer des Verwaltungsgerichts kann die Entscheidung einem ihrer Mitglieder als **Einzelrichter** übertragen.
7. Wenn die Kammer des Verwaltungsgerichts die Klage als offensichtlich unzulässig oder offensichtlich unbegründet abweist, ist die **Berufung und Revision** gegen diese Entscheidung **ausgeschlossen.**
8. In allen anderen Fällen ist die **Berufung** nur **zulässig,** wenn sie vom Verwaltungsgericht ausdrücklich **zugelassen** wird.
9. Gegen die Nichtzulassung der Berufung gibt es die **Nichtzulassungsbeschwerde** an das Berufungsgericht.
10. Ist der Asylantrag abgelehnt, so fordert die Ausländerbehörde den Ausländer unverzüglich zur Ausreise auf, setzt ihm eine Ausreisefrist und droht ihm für den Fall, daß er nicht fristgemäß ausreist, die **Abschiebung** an.
11. Wenn etwaige **Rechtsmittel** gegen die Ablehnung des Asylantrags sowie gegen die Androhung der Abschiebung erfolglos bleiben, kann der Ausländer nach Ablauf der gesetzten Frist (bzw. nach Rechtskraft der gerichtlichen Entscheidung) in sein Heimatland abgeschoben werden; dies geschieht jedoch nicht in allen Fällen.

Arbeitslose

In der Bundesrepublik Deutschland hat die Zahl der Arbeitslosen erstmals im November 1982 die Zweimillionengrenze überschritten. Im Jahresdurchschnitt 1985 waren 2,3 Mill. der abhängigen Erwerbspersonen arbeitslos; das entspricht einer Arbeitslosenquote von 9,3%. Ein baldiger erheblicher Rückgang dieser Zahl ist nicht zu erwarten. Selbst bei relativ optimistischen Annahmen zur weiteren wirtschaftlichen Enwicklung wird auch in den 1990er Jahren die Gefahr anhaltend hoher Arbeitslosigkeit bestehen.

Die Folgen und Nebenwirkungen der Arbeitslosigkeit zeigen sich in erster Linie am Wohnort der Betroffenen. Städte und Gemeinden stehen deshalb völlig unabhängig von gesetzlichen Regelungen und Zuständigkeiten in der Arbeitsmarkt- und Sozialpolitik im Mittelpunkt dieses Problembereichs. Das Thema Arbeitslosigkeit, früher vorwiegend bundespolitisch behandelt, ist in den vergangenen Jahren immer stärker auch ein zentrales kommunalpolitisches Problem geworden.

Obwohl eine originäre gemeindliche Zuständigkeit für diesen Bereich nicht besteht, initiieren und fördern die Kommunen aus sozialer Verpflichtung gegenüber ihren Bürgern und auch als Arbeitgeber eine Vielzahl von Maßnahmen, die sie zum Teil auch selbst durchführen, um insbesondere jüngeren Arbeitslosen den Start in das Arbeitsleben zu erleichtern. Arbeitsmarktpolitische Initiativen und Maßnahmen zur Milderung der Folgen der Arbeitslosigkeit sind seit einigen Jahren fester Bestandteil kommunaler Aktivitäten. Sie konzentrieren sich – neben der Schaffung zusätzlicher Arbeits- und Ausbildungsplätze im eigenen Bereich – auf Beratung und Information sowie auf Betreuung von Arbeitslosen, Bildungsmaßnahmen zur schulischen und beruflichen Qualifizierung, Arbeitsbeschaffungsmaßnahmen nach dem Arbeitsförderungsgesetz, Arbeitshilfen nach dem Bundessozialhilfegesetz, finanzielle Vergünstigungen für Arbeitslose und auf die Wirtschaftsförderung. Besondere Bedeutung kommt Maßnahmen zu, die Arbeitslosigkeit unmittelbar beseitigen, also wenn arbeitslose Sozialhilfeempfänger in Beschäftigungen mit arbeitsvertraglicher Grundlage vermittelt werden können. In diesem Zusammenhang ist auch die Einleitung und Förderung von örtlichen Beschäftigungsinitiativen durch die Kommunen zu nennen. Unabhängig von ihren unterschiedlichen Tätigkeitsfeldern, Rechtsformen, Organisationskonzepten sowie qualitativen und quantitativen Beschäftigungseffekten zielen alle diese Maßnahmen in erster Linie auf die Schaffung von Dauerarbeitsplätzen.

Die anhaltend hohe Arbeitslosigkeit, insbesondere die Zunahme der Langzeitarbeitslosigkeit, und die Probleme der jüngeren Menschen, nach der Ausbildung einen Arbeitsplatz zu finden, haben zu einer schnell wachsenden Zahl von Hilfebedürftigen geführt, die (nach Maßgabe der Arbeitslosenversicherung) keine oder nicht ausreichende Leistungen der Arbeitsämter erhalten, um die Kosten für den notwendigen Lebensunterhalt zu decken. Die Folge sind überproportional ansteigende kommunale Ausgaben bei der Sozialhilfe (vgl. S. 162).

Nach einer Repräsentativerhebung der kommunalen Spitzenverbände und der Bundesanstalt für Arbeit war im September 1985 in 39% aller Fälle Arbeitslosigkeit der Hauptgrund für die Inanspruchnahme der Sozialhilfe (Hilfe zum Lebensunterhalt). In knapp 60% der Haushalte hatte das arbeitslos gemeldete Mitglied keine Ansprüche auf Leistungen der Bundesanstalt für Arbeit. 5% der Haushalte bezogen Arbeitslosengeld. Da die Arbeitslosenversicherung nur rund 60% des Arbeitslosigkeitsvolumens finanzierte, wurde von kommunaler Seite eine Anpassung der Zugangsvoraussetzungen und der Leistungsnormen des Arbeitsförderungsgesetzes an die veränderte Arbeitsmarktsituation verlangt.

Wehling, H. G., u.a.: Arbeitslosigkeit. Stuttgart 1984. – DST-Beiträge zur Sozialpolitik. Hg. v. Deutschen Städtetag. Reihe D. Heft 19: Kommunale Aktivitäten im Bereich Arbeitslosigkeit. Köln 1986.

Ursachen für den Bezug von Sozialhilfe

– Hilfe zum Lebensunterhalt –

Haushalte mit Hilfe zum Lebensunterhalt (außerhalb von Einrichtungen) im Sept. 1985: 760 186; davon mit mindestens einer arbeitslos gemeldeten Person: 264 938 (Bundesrepublik Deutschland einschließlich Berlin [West])

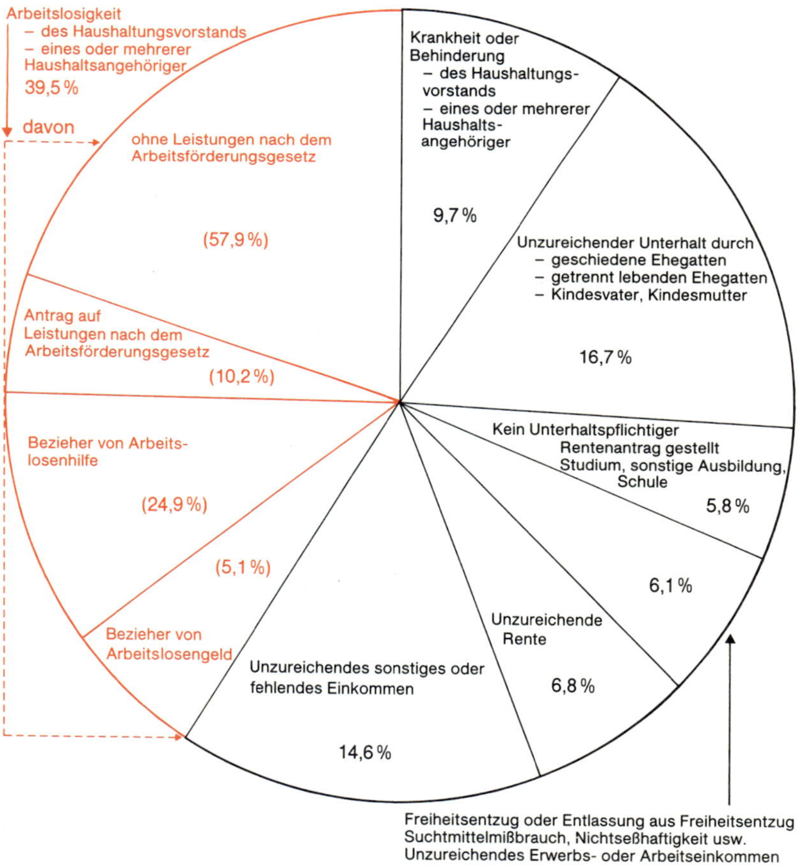

Quelle: Ergebnisse der Sonderuntersuchung der kommunalen Spitzenverbände und der Bundesanstalt für Arbeit zum Zusammenhang von Arbeitslosigkeit und Sozialhilfebezug im September 1985.

Obdachlose

Als obdachlos gilt, wer ohne Wohnung ist, wessen Wohnung ohne menschenwürdige Ausstattung ist, wer nicht in der Lage ist, sich und seinen Familienangehörigen eine Wohnung zu beschaffen (oder zu erhalten), wer in einer der öffentlichen Hand gehörenden Unterkunft untergebracht oder aufgrund entsprechender gesetzlicher Vorschriften in eine Normalwohnung eingewiesen ist. Neuere Definitionsversuche lehnen sich an diese Kategorien an, verwenden jedoch über den eingetretenen oder drohenden Wohnungsverlust hinaus als zusätzliches Abgrenzungskriterium den Bedarf der Betroffenen, öffentliche Hilfe in Anspruch zu nehmen, um ihre Wohnung zu erhalten bzw. sich neuen Wohnraum zu beschaffen.

Obdachlose im engeren Sinne sind nicht die „Landfahrer“ und „Nichtseßhaften“. *Landfahrer* sind Personen, die im Sippen- oder Familienverband oder in sonstigen Gruppen nach besonderen, vor allem ethnisch bedingten, gemeinsamen Wertvorstellungen leben und mit einer beweglichen Unterkunft zumindest teilweise umherziehen (§ 3 der Verordnung zur Durchführung des § 72 des Bundessozialhilfegesetzes). Nach § 4 dieser Verordnung sind *Nichtseßhafte* Personen, die ohne gesicherte wirtschaftliche Lebensgrundlage umherziehen oder die sich zur Vorbereitung auf eine Teilnahme am Leben in der Gemeinschaft oder zur dauernden persönlichen Betreuung in einer Einrichtung für Nichtseßhafte aufhalten. Neue sozialwissenschaftliche Erkenntnisse über die Entstehung und Verbreitung von Nichtseßhaftigkeit rechnen Nichtseßhafte als „alleinstehende Wohnungslose“ dem Kreis der Obdachlosen zu.

Die Definitions- und Abgrenzungsproblematik hat für die Praxis große Bedeutung, weil die Bestimmung der „Zielgruppe“ Obdachlose ausschlaggebend für die Konzeption wirksamer Hilfen ist.

Verläßliche Angaben über die Zahl der Obdachlosen in der Bundesrepublik existieren nicht. Obdachlosenstatistiken werden nur punktuell geführt. Je nach Definition rechnen Schätzungen mit etwa 60 000 obdachlosen Haushalten mit zusammen rund 200 000 Personen. Während in den 1970er Jahren Obdachlosigkeit nach vorherrschender Meinung zu einer sozialpolitisch vernachlässigbaren Restgröße geworden war, sind seit Beginn der 1980er Jahre einer Untersuchung in Nordrhein-Westfalen zufolge wieder größere Bevölkerungsgruppen durch einen Anstieg der Räumungsklagen von Wohnungsverlust bedroht gewesen.

Die Gründe der Obdachlosigkeit (Verlust der Wohnung) sind vielfältig. Einige Hauptursachen sind Zahlungsrückstände bei der Miete, unzumutbares Verhalten der Mieter (Aggressivität, Vandalismus, Unsauberkeit, Alkoholismus u. a.) oder vertragswidriger Gebrauch der Wohnung. Mietrückstände sind der häufigste Grund für Neueinweisungen in Obdachlosenunterkünfte. Unzumutbares Verhalten der Mieter und vertragswidriger Gebrauch der Wohnung haben dagegen nur geringe Bedeutung. Mietzahlungsrückstände sind ein Indikator für finanzielle Notlagen der Familien. Einkommensausfälle, häufig als Folge lang andauernder Arbeitslosigkeit, zusammen mit anderen Faktoren, wie z. B. hohe Verschuldung, persönliche Belastung (z. B. Scheidung) oder auch mangelnde Inanspruchnahme rechtlich zur Verfügung stehender Hilfen sind Ursachen der finanziellen Probleme von Familien.

Obdachlosigkeit gilt rechtlich als Zustand, der die öffentliche Sicherheit und Ordnung gefährdet. Die örtliche Ordnungsbehörde (vgl. S. 174) hat diesen Zustand zu beseitigen (Gefahrenabwehr). Die Ordnungsbehörde führt diese Aufgabe nach besonderen Gesetzen (Ordnungsbehördengesetze der Länder) durch. Die Ordnungsbehörde greift ein, wenn sie von eingetretener oder drohender Obdachlosigkeit erfährt, z. B. wenn der Gerichtsvollzieher die bevorstehende Zwangsräumung einer Wohnung mitteilt.

Die Ordnungsbehörde weist im allgemeinen den von Obdachlosigkeit Bedrohten in eine gemeindliche (Obdachlosen-)Unterkunft ein, was vielfältige Einschränkungen gegenüber dem Mieterstatus zur Folge hat. Die Behörde kann allerdings auch in Fällen, in denen ein Mieter durch gerichtliches Räumungsurteil obdachlos geworden ist oder wird, soviel Wohnraum in seiner bisherigen Wohnung in Anspruch nehmen (Beschlagnahme), als für ein notdürftiges einstweiliges Obdach erforderlich ist. Diese „*Wiedereinweisung*“ bedarf jedoch besonderer Prüfungen. Die Ordnungsbehörde muß sich vorrangig um die Beschaffung eines anderen Obdachs bemühen. Auf keinen Fall darf ein rechtskräftiges Räumungsurteil praktisch dauernd außer Kraft gesetzt werden, indem das Notstandsrecht der Wiedereinweisung wiederholt in Anspruch genommen wird.

Ordnungsbehördliche Maßnahmen zur Verhinderung und Beseitigung von Obdachlosigkeit stehen bei den Gemeinden nicht im Vordergrund. Aus den Artikeln 20 und 28 GG erwächst das Gebot zur Ausgestaltung des Gemeinwesens als Sozialstaat. Hieraus ergibt sich die vorrangige Pflicht der Gemeinden, der Obdachlosigkeit vor allem mit vorbeugenden Maßnahmen zu begegnen.

Die Bestimmungen des Sozialgesetzbuches (SGB) und in seiner Konkretisierung des *Bundessozialhilfegesetzes* (BSHG) und des *Jugendwohlfahrtsgesetzes* (JWG) regeln die Rechtsansprüche der Betroffenen und die Pflichten der Städte und Kreise als örtliche Träger der Sozial- und Jugendhilfe (vgl. S. 214 und S. 222) im Obdachlosenwesen. Im Rahmen des BSHG sind insbesondere die Vorschriften über die „Hilfe zum Lebensunterhalt" (§§ 11 ff.) und unter den „Hilfen in besonderen Lebenslagen" vor allem die „Hilfe zur Überwindung besonderer sozialer Schwierigkeiten" (§ 72) die wesentlichen Rechtsgrundlagen der kommunalen Obdachlosenhilfe. Wichtigster Ansatzpunkt der Hilfeleistung der Städte und Kreise ist die Vermeidung der Obdachlosigkeit.

Eingewiesene Obdachlose haben unter erheblichen psychischen, sozialen und wirtschaftlichen Folgeschäden zu leiden. Obdachlosigkeit verursacht oder fördert den Verfall gesellschaftsorientierter Einstellungen und Verhaltensweisen. Die Fähigkeit der Betroffenen, ihre Wohnungsversorgung aus eigener Kraft zu sichern, wird drastisch verringert. Soweit Familien mit Kindern betroffen sind, vervielfachen sich die Folgeprobleme sowohl qualitativ als auch quantitativ. Letzlich werden die kommunalen Finanzen durch die Einweisung in eine kommunale Unterkunft erheblich stärker belastet als durch präventive Maßnahmen. In Wissenschaft und Praxis ist deswegen weitgehend unbestritten, daß vorbeugende Maßnahmen der Obdachlosenhilfe Vorrang vor der Unterbringung in kommunalen Unterkünften haben.

Vorbeugende Obdachlosenhilfe besteht in persönlichen und finanziellen Einzelfallhilfen. Es sind in der Regel Beratungshilfen, Gespräche mit Vermietern, Hinweise zum Umgang mit Schulden und Gespräche mit Gläubigern. Insbesondere der Schuldnerberatung kommt in diesem Rahmen wachsende Bedeutung zu. Zu den vorbeugenden Hilfen gehören ferner Verhandlungen mit dem Vermieter über Ratenzahlungsvereinbarungen oder Mietgarantien. Hierzu zählt auch die Übernahme von Mietrückständen aus Mitteln der Sozialhilfe unter den Voraussetzungen des § 15a BSHG mit der Folge, daß z. B. eine bereits ausgesprochene fristlose Kündigung wegen Zahlungsverzugs unwirksam wird (§ 554 Abs. 2 Nr. 2 BGB).

Der stetige Ausbau der präventiven Obdachlosenhilfe durch die Gemeinden ist die Erklärung dafür, daß die Zahl der Obdachlosen in den letzten Jahren trotz der zeitweiligen Zunahme der Zwangsräumungsverfahren konstant gehalten, in einigen Städten sogar gesenkt werden konnte.

Wenn der Verlust der Wohnung trotz vorbeugender Maßnahmen nicht verhindert werden kann, werden die Betroffenen möglichst schnell wieder mit einer Wohnung versorgt. Hierzu werden gemeindeeigene Wohnungen bereitgestellt oder Wohnungen angemietet und/oder Mietgarantien gegeben.

Obdachlosenhilfe ist eine „Querschnittsaufgabe" der verschiedenen kommunalen Fachämter, an der unter Federführung der Sozialverwaltung insbesondere beteiligt sind: Sozialamt, Jugendamt, Ordungsamt, Amt für Wohnungswesen, Gesundheitsamt, Schulverwaltungsamt, Stadtplanungsamt, Liegenschaftsamt. In einigen Städten sind entsprechende Abteilungen gebildet worden, bei denen sämtliche Funktionen der Obdachlosenhilfe zusammengeführt werden.

Neben und in enger Kooperation mit den Kommunalbehörden arbeiten auf dem Feld der Obdachlosenhilfe zahlreiche freie Vereinigungen und Organisationen (z. B. Wohlfahrtsverbände, Kirchen, Selbsthilfegruppen).

Hinweise zur Arbeit in sozialen Brennpunkten. Hg. v. Deutschen Städtetag. Köln 1979. – Schuler, G./Sauter, H.: Obdachlosigkeit und Soziale Brennpunkte in Hessen. Darmstadt 1983. – Randgruppenbildung im ländlichen Raum/Armut und Obdachlosigkeit. Schriftenreihe des Bundesministers für Jugend, Familie und Gesundheit. Bd. 146. Bonn 1984. – Ursachen von Obdachlosigkeit. Hg. v. Ministerium für Arbeit, Gesundheit und Soziales des Landes Nordrhein-Westfalen. Düsseldorf 1984.

Selbsthilfe

Selbsthilfe ist ein zentraler Begriff und eine wichtige Arbeitsform in der Sozialhilfe wie in der kommunalen Sozialarbeit. Dies hängt vor allem zusammen mit dem im sozialen Bereich praktizierten Subsidiaritätsprinzip. Dieses Prinzip verlangt einerseits, daß größere Gemeinschaften keine Aufgaben an sich ziehen, die kleinere Gemeinschaften erledigen können. Andererseits muß die größere Gemeinschaft der kleineren helfen, ihre Aufgaben zu erfüllen. Für den Bereich der Sozialhilfe bedeutet dies, daß Eigeninitiativen oder Initiativen freier Träger (vgl. S. 216) Vorrang vor staatlichem oder kommunalem Handeln haben sollen.

Vornehmstes Ziel der Sozialhilfe ist es, sich überflüssig zu machen und den Hilfeempfänger so zu stellen, daß er keine Sozialhilfe mehr braucht. Zur persönlichen Hilfe in der Sozialhilfe gehört, Selbsthilfe einzuüben, zu stärken, zu fördern. Leistungen der Sozialhilfe sollen, wenn möglich, *Hilfe zur Selbsthilfe* sein, z. B. Hilfe zur Haushaltsführung, um so weit als möglich den eigenen Haushalt weiter führen zu können; Hilfe zur Entschuldung, um ohne öffentliche Unterstützung in der Wohnung bleiben zu können; Vermittlung eines gemeinnützigen Arbeitsplatzes, um berufliche Fähigkeiten und Arbeitsmotivation zu erhalten; Hilfe zur behindertengerechten Ausstattung eines Arbeitsplatzes, damit auch der Behinderte eigenes Einkommen erwerben kann.

Selbsthilfe und ihre Aktivierung entsprechen einer gesellschaftspolitischen Forderung, die auf die Gefahren für die Selbständigkeit, die Selbstsicherheit und das Selbstbewußtsein von Menschen durch deren Abhängigkeit von anonymen bürokratischen Großorganisationen – auch und gerade Organisationen, die Sozialleistungen verteilen – aufmerksam macht. Es werden zwei ganz verschiedene Wege aus dieser Gefahr gewiesen, die allerdings beide die soziale Sicherheit der Betroffenen unter bestimmten Umständen stark einschränken können: 1. der Weg, eigene Bedürfnisse zu entwickeln und sich so von fremdbestimmten Bedürfnissen unabhängig zu machen (Suche nach alternativen Lebensformen); 2. der Weg, die staatliche Umverteilung (hohe Sozialleistungen bei hoher Steuerlast und hohen Versicherungsbeiträgen) einzuschränken, von Staats wegen nur noch für dringende Lebensbedürfnisse aufzukommen und mehr Eigenvorsorge zu ermöglichen (Selbsthilfe statt Staatshilfe).

Selbsthilfe kann auch als eigener Anteil an der Entscheidung über das richtige Maß und die richtige Form einer grundsätzlich von der Gesellschaft zu erbringenden Hilfe gesehen werden. Selbsthilfe nach diesem Verständnis ist das Ziel der *Selbsthilfegruppen* und Verbände, die in den letzten 20 Jahren vor allem von Behinderten, chronisch Kranken, Suchtabhängigen und vielen anderen Betroffenen ins Leben gerufen wurden. Selbsthilfegruppen sind freiwillige Zusammenschlüsse von Menschen mit gleichgelagerten Problemen; die Gruppenangehörigen helfen sich gegenseitig ohne professionell geschulte Kräfte. Oft sind diese Gruppen aber an Institutionen der Sozialhilfe lose angebunden (z. B. an Caritas oder Diakonisches Werk der EKD), so daß gegebenenfalls auch professionelle Kräfte (Sozialarbeiter, Psychologen, Ärzte) zur Verfügung stehen. Die Zusammenarbeit mit solchen Gruppen ist ein wichtiger Bestandteil kommunaler Sozialarbeit geworden. Bei den Sozialämtern, den Dienststellen von Caritas, Diakonischem Werk, Landeswohlfahrtsverbänden usw. können im Bedarfsfall Kontaktadressen genannt werden.

Aus öffentlichen Mitteln werden Selbsthilfegruppen verschiedentlich Zuschüsse zum Anlauf und Weiterführen der Arbeit gewährt. Aufgrund ihrer inneren Struktur und ihrer relativen Ferne zur Verwaltung kommen diese Gruppen aber oft nur schwer an öffentliche Mittel. Unabhängige Kontaktstellen dienen bundesweit der Erfahrungs- und Informationsvermittlung unter den Gruppen. Auf längere Sicht ist eine (auch finanzielle) Entlastung von Einrichtungen der Gesundheits- und Sozialversorgung möglich.

Pankoke, E., u. a.: Neue Formen gesellschaftlicher Selbsterneuerung in der Bundesrepublik Deutschland. Göttingen 1976. – Lokale Sozialpolitik und Selbsthilfe. Hg. v. Th. Olk und H.-U. Otto. Darmstadt-Neuwied 1985. – Kommunale Sozialpolitik. Hg. v. J. Krüger und E. Pankoke. München 1985.

Selbsthilfe:

sich selber helfen (können)
stärkt Selbstachtung,
Selbstsicherheit und
Selbstverantwortung

Weniger gesetzlich vorgeschriebene (zwangsweise) Abgabenbelastungen und Leistungsansprüche bei eigener, freiwilliger Vorsorge		Selber machen, was man braucht: Selbsthilfe als Alternative zur Abhängigkeit von gesellschaftlich vermittelten oder aufgesetzten Bedürfnissen
Leistungen zur Unterstützung von Selbsthilfe in der Sozialhilfe	Persönliche Hilfe in der Sozialhilfe zur Einübung und Stärkung der Befähigung zur Selbsthilfe	Mitwirkung und Mitbestimmung der Betroffenen über Maß und Form der Hilfen

Kommunale Sportförderung – Sportvereine

Die Gemeinden und Kreise fördern den *Breitensport.* Er umfaßt sowohl den vorwiegend in Vereinen organisierten wettkampforientierten Sport als auch den „Freizeitsport". Unter „Freizeitsport" soll hier der nicht wettkampforientierte Sport verstanden werden; er kann von Sportvereinen betreut oder auch unorganisiert ausgeübt werden.

Nicht zum Breitensport gehört der *Hochleistungssport.* Ihn zu fördern ist eine Aufgabe der Sportorganisationen, der Länder (über die Schulen) und des Bundes. Die Kommunen beschränken sich auf flankierende Maßnahmen. Der Berufssport gehört ebenfalls nicht zum Breitensport.

Wegen des hohen gesundheitlichen Wertes der Sportausübung sollen dafür möglichst viele Menschen gewonnen werden; es wird der „Sport für alle" angestrebt. Die kommunale Förderung erstreckt sich daher im Grundsatz sowohl auf den in den Vereinen als auch auf den unorganisiert ausgeübten Sport. Jedoch hat die Praxis erwiesen, daß auf die Dauer nur die Sportvereine eine optimale Wirkung der eingesetzten öffentlichen Mittel gewährleisten. Die Vereine sind daher die Hauptadressaten der kommunalen Sportförderung.

Ein Schwerpunkt der kommunalen Breitensportförderung liegt in der *städtebaulichen Flächensicherung* (Bauleitplanung [vgl. S. 252]) für Sport- und Freizeiteinrichtungen (vgl. S. 238). Auf den gesicherten Flächen können dann die notwendigen Sportstätten gebaut und vorgehalten werden. Für die Beteiligung der Sportseite an der Bauleitplanung kommt dem Sportamt als Kontakt- und Informationsstelle bei der Bürgerbeteiligung nach dem Bundesbaugesetz eine besondere Bedeutung zu.

Die *direkte finanzielle Förderung* ist dem Einzelfall und der Entwicklung angepaßt. Sie kann in der Unterstützung besonders breitenwirksamer Sportveranstaltungen, der Förderung des Jugendsports oder in der Stiftung von Preisen bestehen. Nicht im wohlverstandenen Interesse eines Sportvereins liegen Zuschüsse zum laufenden Vereinsbetrieb, weil zur Vereinsautonomie auch die Finanzverantwortung gehört, die nicht erschlaffen darf.

Personalkosten von Sportvereinen, z. B. Übungsleiterentgelte, werden nicht selten zu je einem Drittel vom Verein, vom Land und von der Kommune finanziert. Dieses Flickwerk zweier öffentlicher Zuschußgeber und der damit verbundenen Doppelaufsicht über die zweckentsprechende Verwendung öffentlicher Gelder sollte wegen der von den Vereinen beanspruchten Eigengestaltung ihres Sportbetriebes geändert werden. Notwendige öffentliche Zuschüsse zu Personalkosten des Sports sollten von den Ländern pauschal an die Landessportbünde fließen, die ihrerseits die Verteilung und Überwachung übernehmen.

Bedeutsam ist auch die *ideelle Sportförderung,* z. B. die Koordination zur Vermeidung sich überschneidender Veranstaltungen, Unterstützung durch Verkehrsregelung, Ausgleich und Abwägung zu anderen Belangen (z. B. Umweltschutz) und Beratung von Sportvereinen. Die großen Aktionen des Deutschen Sportbundes wie Zweiter Weg, Trimm dich durch Sport, Sport und Gesundheit sowie Spielfeste und Lauftreffs werden unterstützt. Oft legen die Kommunen bei der Neugestaltung von Erholungseinrichtungen auch die sogenannten Trimm-dich-Pfade an.

Ein gutes Funktionieren der kommunalen Sportförderung erfordert eine vertrauensvolle Partnerschaft zwischen der Sportorganisation und der Kommune. Vielerorts hat sich durchgesetzt, daß Stadtsportbund (Kreissportbund) einerseits und kommunales Sportamt andererseits ständig Fühlung halten. Im Stadtsportbund (Kreissportbund) findet eine erste Abklärung der Gesamt- und Einzelinteressen des Sports statt. Die kommunale Anlaufstelle für den Sport ist sodann das Sportamt. Es prüft die Erfolgsaussichten, schlägt gegebenenfalls andere Möglichkeiten vor und setzt so die Belange des Sports unter Einschaltung beteiligter Ämter und der zuständigen Organe in kommunales Handeln um. In umgekehrter Richtung unterrichtet das Sportamt die Sportorganisation über sportrelevante Vorhaben der Kommune, damit die Belange der Sportvereine rechtzeitig berücksichtigt werden können.

Im kommunalpolitischen Raum haben die Räte *Sportausschüsse* gebildet. Die meisten Gemeindeordnungen sehen die Heranziehung sachkundiger Bürger für derartige Fachausschüsse des Rates vor.

Mathieu, Th.: Sport und Freizeit. In: Handbuch der kommunalen Wissenschaft und Praxis. Hg. v. G. Püttner. Bd. 4. Heidelberg ^{2}1983. – Blank, E.: Sportförderung der Gemeinden. In: Der Sport in der Bundesrepublik Deutschland. Hg. v. K. H. Gieseler. Wiesbaden 1983.

Kommunale Sportförderung, Sportvereine am Beispiel einer Stadt

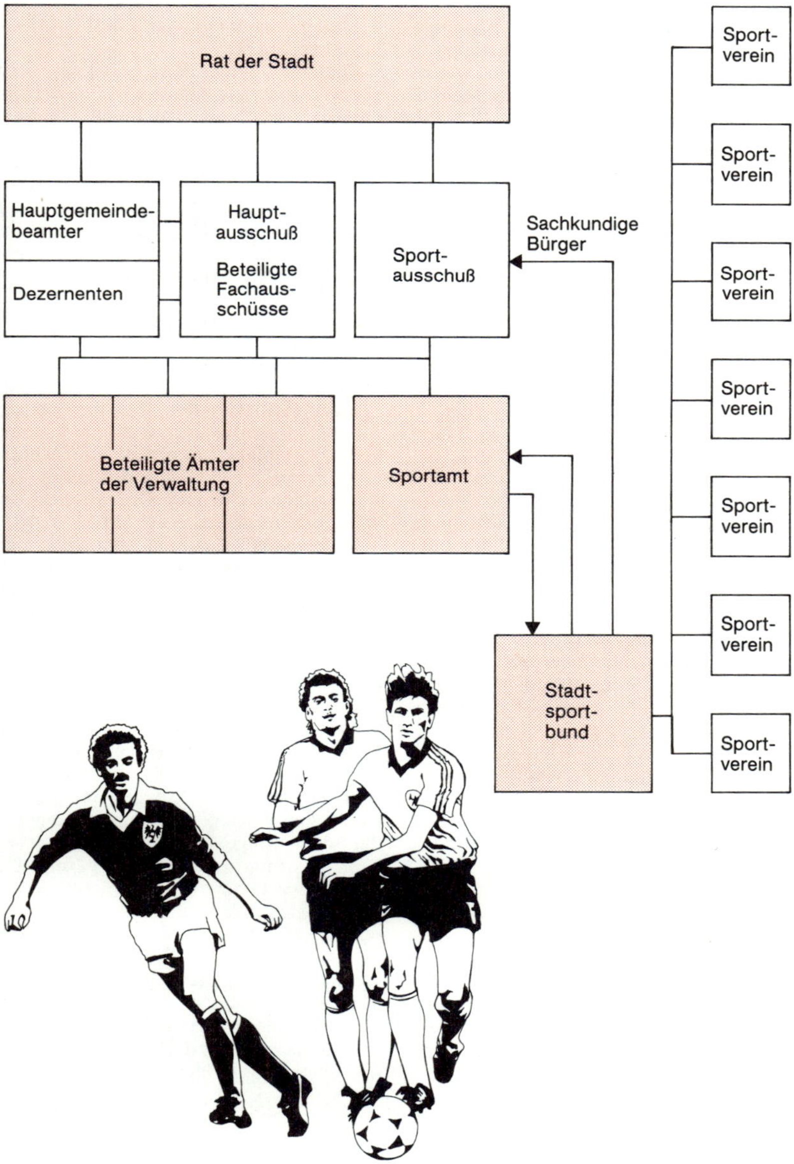

Sport- und Freizeiteinrichtungen

Die Sportstätten sind in der gemeindlichen *Bauleitplanung* (vgl. S. 252) vorzusehen. Diese stellt die erforderlichen Flächen planerisch sicher und die Beziehung zu den Wohngebieten, zum Verkehr und zum Umweltschutz her. Daneben empfiehlt sich die Aufstellung eines *Sportstättenleitplans,* um die Sportentwicklung sorgfältig zu analysieren und den langfristigen Bedarf an Sportstätten, gegebenenfalls in zwischengemeindlicher Zusammenarbeit, zu ermitteln.

Zu unterscheiden ist zwischen Kernsportstätten und speziellen Anlagen. *Kernsportstätten* sind die Grundausstattung, nämlich Sportplätze, Sporthallen und Schwimmbäder. *Spezielle Anlagen* sind die auf eine oder mehrere Sportarten beschränkten, meist aufwendigeren Sportanlagen. Hierher gehören u. a. Tennis- und Squashhallen, Golfplätze, Reit- und Schießanlagen, Rollschuhbahnen. Auch die großen Freizeitbäder mit ihrem großen Angebot an Freizeiteinrichtungen (Sauna, Solarium, großer Spielbereich usw.) sind hierher zu zählen.

Freizeiteinrichtungen, wenn sie wie hier im Zusammenhang mit Sporteinrichtungen genannt werden, sind je nach ihrem Typ entweder den Kernsportstätten oder den speziellen Anlagen zuzuordnen. Ihre Besonderheit besteht darin, daß sie der nicht wettkampforientierten Sportausübung dienen und für Einzel-, Gruppen- und Familiennutzung geeignet sind. Es kann auf wettkampfgerechte Maße verzichtet werden; dafür soll aber für die noch nicht oder nicht mehr sporttreibenden Mitbenutzer (z. B. Kleinkinder und betreuende Familienmitglieder) Platz und Raum mit entsprechenden Einrichtungen vorgesehen sein. Bestehende Sportstätten können zusätzlich Freizeiteinrichtungen werden. Dieses geschieht bei vielen *kommunalen Bädern* durch Auffächerung ihres Angebots in Sonderzeiten für Spiel und Spaß, Ballspiele, Freigabe für bestimmte Gruppen (z. B. Mutter und Kind, Senioren) u. ä.

Die Kernsportstätten werden überwiegend von den Gemeinden getragen, zu einem geringeren Teil auch von den Kreisen. Es gibt aber auch Kernsportstätten, die den Sportvereinen gehören. Der Träger muß grundsätzlich die *Errichtungs- und Unterhaltungskosten* aufbringen. Ist ein Sportverein Träger, so wird seine im Verhältnis zu Vereinen ohne eigene Sportstätte höhere Kostenbelastung durch kommunale Zuschüsse im allgemeinen ausgeglichen. Zu den Baukosten geben die Länder Zuschüsse, die im einzelnen unterschiedlich hoch, jedoch im Bundesdurchschnitt etwas mehr als $\frac{1}{3}$ der Baukosten betragen. Der Bund ist mit finanziellen Hilfen entsprechend seiner verfassungsmäßigen Zuständigkeit auf bestimmte Gebiete beschränkt.

Die *Unterhaltungskosten* sind eine überproportional wachsende Größe, weil mit jeder neuen Sportstätte neue Unterhaltungskosten dazukommen. Sie haben bundesweit den Betrag von jährlich 1,5 Milliarden DM bereits überschritten. Man versucht, diese sogenannten Folgekosten in Grenzen zu halten, indem Sportvereine während ihrer Übungsstunden die Verantwortung für die kommunale Anlage übernehmen.

Bei den speziellen Anlagen verteilt sich die Trägerschaft auf Kommunen, Vereine und kommerzielle Unternehmen. Die Zahl der kommerziell betriebenen Sportanlagen (Squashhallen, Thermen) nimmt zu; es hat sich gezeigt, daß die Benutzer von Sportanlagen durchaus zur Zahlung eines höheren Eintrittspreises bereit sind, wenn ihnen dafür gute Organisation und viel Komfort geboten werden.

Kommunale Zuschüsse an die nicht kommunalen Träger sind möglich (vgl. S. 236). Sie richten sich nach folgenden Kriterien: höchste Ausnutzbarkeit für den Breiten- und Freizeitsport, Eignung für alle Altersgruppen, voraussehbar dauernder Bedarf und gesundheitlicher Bezug.

Die Kommunen machen von der ihnen gesetzlich eingeräumten Möglichkeit, ihre Sportstätten nicht kostendeckend an Dritte zu überlassen, häufig Gebrauch, weil die sportliche Nutzung im öffentlichen Interesse liegt. Kernsportstätten werden demzufolge den Vereinen überwiegend gebührenfrei oder gegen geringe Gebühren überlassen. Bei Sportarten, die höhere Kosten verursachen, ist eine Kostenbeteiligung angemessen. Je weniger eine Sportanlage für den Breitensport, insbesondere den Jugendbreitensport, genutzt wird, desto höher wird der Kostenanteil der Benutzer angesetzt. Insgesamt ist der Kostendeckungsgrad der kommunal betriebenen Sportanlagen aber recht gering.

Sport- und Freizeitanlagen in der kommunalen Planung. Hg. v. Bundesinstitut für Sportwissenschaft. Köln 1981. – Schilde, K.: Freizeit und Sport. Berlin 1983.

Kommunale Sport- und Freizeiteinrichtungen

A. Zuständigkeit für Planung, Bau und Unterhaltung

	Kernsportstätten: Sportplätze	Kernsportstätten: Sporthallen	Kernsportstätten: Bäder	Spezielle Anlagen: z. B.: Tennis- und Squashhallen, Golfplätze, Reit- und Schießanlagen
Bauleitplanung	Gemeinden			Gemeinden
Sportstättenleitplan	Gemeinden			Gemeinden
Träger	überwiegend Gemeinden, Kreise, daneben auch Sportvereine			unterschiedlich: Gemeinden, Kreise, Vereine, Kommerzielle
Errichtungskosten a) Grund u. Boden, Erschließung	überwiegend Gemeinden, Kreise			Träger
b) Baukosten	ca. 2/3 Kommunen; 1/3 Länder			Träger; je nach Förderungswürdigkeit kommunale- und Landeszuschüsse
Unterhaltungskosten	Gemeinden, Kreise; bei Vereinsträgerschaft kommunale Zuschüsse			Träger

B. Investitionen der Gemeinden und Kreise (ohne Grund und Boden und Erschließung) sowie Nachfolgekosten (Unterhaltungskosten) in Mill. DM

Jahr	Investitionskosten	Nachfolgekosten
1961–1975 (Laufzeit des Goldenen Planes)	10930	1974 650 1975 864,36
1976	1227,65	915
1977	1408	998
1978	1695,65	1092,5
1979	1543,05	1206,7
1980	1572,92	1310,28
1981	1361,25	1416,09

Kommunale Gesundheitsfürsorge

Der *öffentliche Gesundheitsdienst* ist neben der ambulanten und stationären medizinischen Versorgung eine der drei Säulen des gegliederten Gesundheitssystems der Bundesrepublik Deutschland. Als Teil des öffentlichen Gesundheitswesens umfaßt er alle Einrichtungen des öffentlichen Dienstes, die dazu bestimmt sind, unmittelbar den Gesundheitszustand der Bevölkerung zu ermitteln und laufend zu überwachen, drohende Gefahren festzustellen und zu beseitigen oder auf die Beseitigung hinzuwirken sowie die Gesundheit der Bevölkerung zu erhalten und zu fördern. Verantwortlich für den öffentlichen Gesundheitsdienst ist die Gesundheitsfachverwaltung. *Staatliche Gesundheitsämter* bestehen in den Städten und Kreisen in Baden-Württemberg, Bayern, Rheinland-Pfalz und im Saarland. Als Besonderheit gibt es in Stuttgart, München, Nürnberg und Augsburg *kommunale Gesundheitsämter.* In Schleswig-Holstein, Nordrhein-Westfalen, Hessen und Niedersachsen sind die Gesundheitsämter durch landesrechtliche Regelungen den Kreisen und kreisfreien Städten übertragen worden. In den Stadtstaaten Berlin, Hamburg und Bremen wird zwischen staatlicher und kommunaler Verwaltung nicht unterschieden.

Die gesetzliche Grundlage wurde mit dem *Gesetz über die Vereinheitlichung des Gesundheitswesens* vom 3. Juli 1934 geschaffen, das zur einheitlichen Durchführung des öffentlichen Gesundheitsdienstes das Gesundheitsamt allgemein einführte. Näheres regeln die Durchführungsverordnungen aus dem Jahre 1935.

Die Aufgaben der Gesundheitsämter regeln sich auch heute noch nach dem sogenannten Vereinheitlichungsgesetz, sofern nicht Spezialgesetze (z. B. Bundesseuchengesetz) und die hierzu ergangenen Ausführungs- und Zuständigkeitsverordnungen den Gesundheitsämtern neue Aufgaben zugewiesen und die Länder eigene Gesetze erlassen haben. Über eine Reform des öffentlichen Gesundheitsdienstes wird seit Jahren diskutiert, da Aufgabenstellung und Organisation vielfach als nicht mehr zeitgemäß angesehen werden. Die Gesundheitsministerkonferenz hat 1972 einen Musterentwurf für Landesgesundheitsgesetze erarbeitet. Bisher haben lediglich Schleswig-Holstein und Berlin Landesgesundheitsgesetze erlassen. Im Rahmen der Reformüberlegungen ist auch das vom Bund geförderte Modellgesundheitsamt Marburg-Biedenkopf entstanden.

Der öffentliche Gesundheitsdienst nimmt sowohl hoheitliche *(Gesundheitsschutz)* als auch fürsorgerische Aufgaben *(Gesundheitshilfe)* als Pflichtaufgaben wahr. Bei den hoheitlichen Aufgaben handelt der Amtsarzt im staatlichen Auftrag; sie sind daher kommunalpolitisch nicht zu beeinflussen.

Die fürsorgerischen Aufgaben hingegen sind durch kommunalpolitische Einflüsse und Entscheidungen mitbestimmt. Zu den Aufgaben der *Gesundheitsaufsicht* gehören die Allgemeine Medizinalaufsicht, die Aufsicht über die Berufe und Einrichtungen (Krankenhäuser, Altenheime, Pflegeheime und ähnliche Einrichtungen) des Gesundheitswesens, die Apothekenaufsicht. Als Aufgaben des *Gesundheitsschutzes* werden Orts- und Wohnhygiene, Schul- und Kindergartenhygiene, Gewerbehygiene, Heimhygiene, Leichen- und Bestattungswesen, Seuchenvorsorge, Seuchenabwehr, Verhütung und Bekämpfung übertragbarer Krankheiten bei Menschen, Geschlechtskrankenfürsorge, Tuberkulosenfürsorge, Schutzimpfungen sowie sonstiger Gesundheitsschutz wahrgenommen. Zur *Gesundheitspflege* zählen Fürsorge für Behinderte, Jugendgesundheitspflege einschließlich Jugendzahnpflege, gesundheitliche Fürsorge und Vorsorge für Mütter, Kinder und Jugendliche sowie psychisch Kranke und Suchtkranke und amts-, gerichts- und vertrauensärztliche Gutachtertätigkeit. Der öffentliche Gesundheitsdienst muß sich in Zukunft verstärkt Aufgaben im Umweltschutz, in der Gesundheitsvorsorge bei besonders gefährdeten Bevölkerungsgruppen, in der Sozialpsychiatrie und Sozialpädiatrie, bei der Bekämpfung des Drogen- und Rauschmittelmißbrauchs und vor allem bei der Verbesserung von gesundheitlicher Aufklärung und Gesundheitserziehung, aber auch beim Ausbau der Jugendzahnpflege mit Förderung der Zahngesundheit durch Kariesprophylaxe annehmen. Ein öffentlicher Gesundheitsdienst, der die an ihn gestellten Ansprüche erfüllen soll, muß über qualifiziertes Personal und gute Einrichtungen verfügen. Seine Weiterentwicklung wird u. a. davon abhängen, ob es gelingt, die Tätigkeit in diesem Bereich insbesondere für junge Ärzte, u. a. auch finanziell, attraktiv zu machen.

Der Arzt des öffentlichen Gesundheitsdienstes. Das grüne Gehirn. Hg. v. L. Federhen. Stuttgart 1967. – Grundriß des öffentlichen Gesundheitswesens. Hg. v. H. J. Femmer. Bielefeld [21]1985.

Gesundheitsämter und Personal der Gesundheitsämter am 31. Dezember 1981 nach Ländern

	Bundesgebiet	Schleswig-Holstein	Hamburg	Niedersachsen	Bremen	Nordrhein-Westfalen	Hessen	Rheinland-Pfalz	Baden-Württemberg	Bayern	Saarland	Berlin (West)
Gesundheitsämter insgesamt	320	15	7	46	5	54	25	39	37	74	6	12
staatlich	159	–	7	–	–	–	–	39	36	71	6	–
kommunal	161	15	–	46	5	54	25	–	1	3	–	12
Ärzte, -innen, hauptamtlich, mit staatsärztlicher Prüfung	852	37	25	82	9	207	69	41	127	217	8	30
Ärzte, -innen, hauptamtlich, ohne staatsärztliche Prüfung	1 424	72	65	100	34	396	118	70	168	121	27	253
Ärzte, -innen, nebenamtlich	1 879	50	78	448	22	495	105	143	51	386	36	65
Zahnärzte, -innen, hauptamtlich	315	15	7	23	5	129	37	2	42	16	2	37
Zahnärzte, -innen, nebenamtlich	1 563	115	9	310	1	34	8	25	11	1 044	6	–
Gesundheitsingenieure, -innen	58	13	6	7	–	20	5	1	5	1	–	–
Gesundheitsaufseher, -innen	997	35	18	143	29	242	77	49	98	170	20	116
Desinfektoren, -innen	242	15	–	20	24	79	12	–	11	8	2	71
Med.-techn. Assistenten, -innen	553	33	26	88	18	218	48	29	48	14	10	21
Med.-techn. Laboratoriumsassistenten, -innen	83	2	2	5	–	28	1	1	25	8	1	10
Med.-techn. Radiologieassistenten, -innen	54	–	–	1	–	16	1	–	13	6	1	16
Sozialarbeiter, -innen	2 488	82	74	300	29	590	119	135	169	398	37	555
Sozialmedizinische Assistenten, -innen	485	6	–	40	–	127	29	35	103	119	26	–
Arzthelfer, -innen[1]	1 197[3]	74	95	92	31	485	125[3]	23	39	–	15	218
Zahnarzthelfer, -innen	330	22	16	24	6	147	40	2	27	4	1	41
Verwaltungspersonal	3 582[4]	120	122	366	125	936	244	167	329	767[4]	50	356
Schreibkräfte[1]	1 689	85	–	186	30	524	149	111	287	–	17	300
Sonstige Personen mit staatlicher Anerkennung[1,2]	221[5]	5	–	6	14	–	25[5]	1	9	–	–	161

[1] Ohne Bayern.
[2] Ohne Nordrhein-Westfalen.
[3] In Hessen ohne Gemeinde- und Krankenschwestern.
[4] In Bayern einschl. Schreibkräfte.
[5] In Hessen einschl. Gemeinde- und Krankenschwestern.

Quelle: „Daten des Gesundheitswesens", Ausgabe 1983, Bd. 152, Schriftenreihe des Bundesministers für Jugend, Familie und Gesundheit, Stuttgart, S. 221.

Kommunale Krankenhäuser

Das Krankenhauswesen in der Bundesrepublik Deutschland ist historisch gewachsen. Aus Hospitälern, die zunächst der Armen- und Krankenpflege dienten, haben sich infolge der Entwicklung und des Fortschritts von Medizin und Technik moderne, hochleistungsfähige Krankenhäuser entwickelt. Die Krankenhäuser wurden aus freiem Entschluß von freigemeinnützigen, kommunalen, staatlichen und privaten Trägern errichtet und betrieben. Erst spät haben sich gesetzliche Grundlagen entwickelt. Aufgrund der einschränkenden Bestimmungen der Pflegesatzverordnung des Bundes vom 31. 8. 1954 wurden den Krankenhäusern die ihnen entstehenden Selbstkosten nicht erstattet. Die sogenannte Krankenhaus-Enquete vom 19. 5. 1969 stellte für das Jahr 1968 ein Defizit von 2 Mrd. DM fest. Dem Bund ist schließlich im Jahre 1969 durch eine Änderung des Grundgesetzes in Art. 74 Nr. 19a die konkurrierende Gesetzgebung „über die wirtschaftliche Sicherung der Krankenhäuser und Regelung der Krankenpflegesätze" und im Rahmen des Art. 104a eine Mitfinanzierungskompetenz eingeräumt worden. Auf dieser Grundlage wurde das *Gesetz zur wirtschaftlichen Sicherung der Krankenhäuser und zur Regelung der Krankenhauspflegesätze* (KHG) vom 29. 6. 1971 sowie die *Verordnung zur Regelung der Krankenhauspflegesätze* (BPflVO) vom 25. 4. 1973 erlassen. Damit wurde die wirtschaftliche Sicherung der Krankenhäuser eine öffentliche Aufgabe. Die Investitionskosten wurden auf die öffentlichen Hände von Bund, Ländern und Gemeinden verlagert und nur die Benutzerkosten den Krankenkassen und Selbstzahlern angelastet (sogenannte duale Finanzierung).

Die Länder verabschiedeten *Landeskrankenhausgesetze* und erklärten die Sicherstellung der Krankenhausversorgung zur öffentlichen Aufgabe. Nach den meisten Landeskrankenhausgesetzen obliegt sie neben dem Land den kreisfreien Städten und Kreisen. Die Krankenhausverwaltung wird damit von den kommunalen Gebietskörperschaften nicht mehr als freiwillige Selbstverwaltungsaufgabe, sondern als Pflichtaufgabe wahrgenommen. Darüber hinaus sind sie von den Ländern verpflichtet worden, sich sowohl an den Investitionskosten der eigenen kommunalen als auch der freigemeinnützigen Krankenhäuser zu beteiligen. Krankenhäuser werden nur gefördert, wenn sie in den von den Ländern aufzustellenden *Krankenhausbedarfsplänen* aufgenommen sind. Die Beteiligung der Gemeinden und Gemeindeverbände an der Krankenhausbedarfsplanung beschränkte sich in der Regel auf eine Anhörung. Einzelne Landeskrankenhausgesetze enthalten Bestimmungen über die Organisation und innere Struktur der Krankenhäuser. In Hessen, Rheinland-Pfalz und Nordrhein-Westfalen müssen die Krankenhäuser z. B. als organisatorisch und wirtschaftlich eigenständige Betriebe geführt werden, d. h., die kommunalen Krankenhäuser dürfen nicht mehr als Regiebetrieb, sondern müssen wie Eigenbetriebe geführt werden.

Von 1972 bis Ende 1984 haben Bund, Länder und Gemeinden rund 46,2 Mrd. DM für Krankenhausinvestitionen aufgebracht. Damit konnten seit langem geplante Neubauten, dringende Ersatzbauten und Wiederbeschaffungsmaßnahmen finanziert werden. Bereits Mitte der 70er Jahre aber geriet das Krankenhausfinanzierungsgesetz angesichts der sogenannten *Kostenexplosion im Gesundheitswesen* in massive Kritik. Bei den Reformen des KHG und der BPflVO stand das Ziel der finanziellen Stabilisierung der gesetzlichen Krankenversicherung und damit der Kostendämpfung im Vordergrund. Dies führte zu erneuten Defiziten der Krankenhäuser und zu einem Antragsstau für Investitionen in Höhe von 12 bis 15 Mrd. DM. Die Städte und Kreise haben allein im Jahre 1980 Zuschüsse von rund 700 Mill. DM (ohne Stadtstaaten) an kommunale und freigemeinnützige Krankenhäuser geleistet, um sie funktionsfähig zu erhalten.

Mit dem *Krankenhaus-Neuordnungsgesetz* (KHNG) vom 20. 12. 1984 sowie der geänderten Bundespflegesatzverordnung vom 21. 8. 1985 soll durch verstärkte Anreize zur wirtschaftlichen Betriebsführung und einer Vorauskalkulation der Pflegesätze in Form eines Budgets das Ziel der Kostendämpfung weiter verfolgt werden. Da der Bund die Mischfinanzierung im Krankenhausbereich aufgegeben hat, indem er sich nicht mehr unmittelbar an der Krankenhausfinanzierung beteiligt, beschränkt sich das KHNG auf rahmenrechtliche Regelungen und überläßt die Ausführung im einzelnen den Ländern.

Altenstetter, Ch.: Krankenhausbedarfsplanung. München 1985. – Jung, K.: Krankenhausfinanzierungsgesetz. Köln–Stuttgart [2]1985.

Krankenhäuser und Personal am 31. 12. 1980 sowie Krankenversorgung im Jahre 1980

Gemeinde (a = insgesamt, b = gemeindlich)		Akutkrankenhäuser insges.	Planmäßige Betten insges.	Davon Betten für: innere Krankheiten	Chirurgie	Hals, Nasen, Ohren	Gynäkologie u. Geburtshilfe	sonstige Fachrichtungen	Ärzte insges.
		1	2	3	4	5	6	7	8
Gemeinden mit ... bis unter ... Einwohnern									
1 000 000 und mehr	a	158	53 380	16 051	12 592	1 499	5 001	18 237	9 814
	b	30	29 212	8 905	5 561	782	2 272	11 692	5 520
500 000–1 000 000	a	174	60 893	17 216	15 936	2 525	7 113	18 103	9 304
	b	35	18 795	4 761	3 983	653	1 595	7 803	2 896
200 000–500 000	a	169	55 738	15 897	14 649	2 319	6 744	16 129	8 422
	b	19	13 972	4 444	3 021	506	1 062	4 939	1 974
100 000–200 000	a	195	60 073	16 374	16 252	2 583	7 800	17 064	9 778
	b	23	15 898	4 203	4 266	567	1 925	4 937	2 215
100 000 und mehr	*a*	*696*	*230 084*	*65 538*	*59 429*	*8 926*	*26 658*	*69 533*	*37 318*
	b	*107*	*77 877*	*22 313*	*16 831*	*2 508*	*6 854*	*29 371*	*12 605*
50 000–100 000	a	228	61 529	18 239	17 251	2 287	8 772	14 980	7 917
	b	38	19 720	6 396	5 577	651	2 793	4 303	2 474
20 000–50 000	a	304	81 243	27 919	26 023	3 217	11 947	12 137	8 706
	b	48	14 042	4 909	4 532	485	2 089	2 027	1 537
Zusammen	a	1 228	372 856	111 696	102 703	14 430	47 377	96 650	53 941
	b	193	111 639	33 618	26 940	3 644	11 736	35 701	16 616

Gemeinde		Und zwar: weiblich	Belegärzte	Ausländer	Krankenpflegepersonal insges.	Darunter Ausländer	Medizinal-Hilfspersonal	Apothekenpersonal	Verwaltungs- u. Wirtschaftspersonal	Stationär behandelte Patienten 1980	Pflegetage 1980 in 1 000	Bettenausnutzung 1980 %
		9	10	11	12	13	14	15	16	17	18	19
1 000 000 und mehr	a	2 229	782	337	29 631	2 291	10 710	546	26 392	1 006 768	16 389	84
	b	1 322	34	216	16 960	1 303	6 554	341	16 010	513 168	8 801	82
500 000–1 000 000	a	1 939	491	1 268	31 792	3 534	12 975	551	24 938	1 243 380	18 238	82
	b	841	2	402	11 377	927	4 430	181	7 023	374 120	5 534	80
200 000–500 000	a	1 693	499	1 085	29 468	1 895	8 997	486	21 329	1 153 982	17 044	83
	b	422	12	233	8 673	519	2 217	147	5 361	298 570	4 208	82
100 000–200 000	a	1 977	1 180	1 170	33 554	2 078	13 384	559	25 586	1 345 756	18 417	83
	b	427	37	363	9 761	769	3 204	148	5 882	378 262	4 685	81
100 000 und mehr	*a*	*7 838*	*2 952*	*3 860*	*124 445*	*9 798*	*46 066*	*2 142*	*98 245*	*4 749 886*	*70 088*	*83*
	b	*3 012*	*85*	*1 214*	*46 771*	*3 518*	*16 405*	*817*	*34 276*	*1 564 120*	*23 228*	*81*
50 000–100 000	a	1 439	528	1 163	28 991	1 163	9 801	450	19 854	1 320 842	18 585	83
	b	460	129	332	9 482	255	2 835	176	6 476	393 544	5 938	82
20 000–50 000	a	1 531	826	1 488	35 936	1 390	10 952	581	24 644	1 812 387	24 597	84
	b	262	151	267	6 613	227	1 905	100	4 074	307 648	4 299	83
Zusammen	a	10 808	4 306	6 511	189 372	12 351	66 819	3 173	142 743	7 883 115	113 270	83
	b	3 734	365	1 813	62 866	4 000	21 145	1 093	44 826	2 265 312	33 465	82

Quelle: Statistisches Jahrbuch deutscher Gemeinden, 68. Jahrgang, 1981, Hrg. v. Deutschen Städtetag, Köln, S. 266

Ausgleichsämter

Durch die Lastenausgleichsgesetzgebung wurde nach dem 2. Weltkrieg eine Grundlage geschaffen, die Schäden und Verluste zwischen den vom Krieg und seinen Folgen betroffenen und andererseits den verschont gebliebenen Bevölkerungsteilen nach den Grundsätzen sozialer Gerechtigkeit und in Berücksichtigung volkswirtschaftlicher Möglichkeiten auszugleichen. Am 18. 8. 1949 wurde das *Soforthilfegesetz* (Gesetz zur Milderung dringender sozialer Notstände) verkündet, das durch das *Lastenausgleichsgesetz* (LAG) vom 14. 8. 1952 abgelöst wurde. Beide Gesetze leiteten in der Bundesrepublik Deutschland eine Vermögensumschichtung zugunsten der Menschen ein, die durch Krieg und Vertreibung um ihr Eigentum gekommen waren oder aber ihre Ersparnisse durch die Währungsreform verloren hatten. Zur Aufbringung der Entschädigung wurde ein Ausgleichsfonds (Sondervermögen des Bundes) geschaffen, der durch diejenigen finanziert wurde, deren Vermögen durch die Kriegseinwirkung nicht verlorengegangen war und denen entsprechende Abgaben, z. B. die Vermögensabgabe, die Hypothekengewinnabgabe und die Kreditgewinnabgabe mit zum Teil 30jähriger Laufzeit, abgefordert wurden. Heute stellt der Bund die Mittel für den Ausgleichsfonds gänzlich zur Verfügung.

Zur *Feststellung von Vertreibungs-, Ost- und Kriegssachschäden* dient das Feststellungsgesetz (FG) vom 21. 4. 1952, dessen Ziel es ist, a) den Lastenausgleich durch eine Schadensfeststellung vorzubereiten, b) die Vermögensverluste der Geschädigten zu dokumentieren. Die Feststellung von Schäden in der Sowjetischen Besatzungszone (heute DDR) und in Berlin (Ost) regelt das Beweissicherungs- und Feststellungsgesetz (BFG) vom 22. 5. 1965. Zusätzlich gibt es seit 1969 das *Reparationsschädengesetz* (RepG) für die Abgeltung von Reparations-, Restitutions-, Zerstörungs- und Rückerstattungsschäden. Feststellbare Schäden können an land- und forstwirtschaftlichem Vermögen, Grundvermögen und Betriebsvermögen, aber auch an Kapitalansprüchen aller Art entstanden sein. Die festgestellten Schäden führen in der Regel zu Ausgleichsleistungen nach dem Lastenausgleichsgesetz, die auf Antrag an das für den ständigen Aufenthalt des Geschädigten zuständige Ausgleichsamt gewährt werden, das in der Regel über die Anträge selbst entscheidet. Antragsberechtigt sind nicht nur unmittelbar Geschädigte, sondern auch deren Erben. Als Ausgleichsleistungen werden u. a. gewährt: Hauptentschädigung, Kriegsschadenrente, Hausratsentschädigung und Altsparerentschädigung (nach dem Altsparergesetz).

Die Ausgleichsverwaltung hat folgenden *organisatorischen Aufbau:* als Bundesoberbehörde das Bundesausgleichsamt (BAA), die Landesausgleichsämter (LAÄ) – größtenteils mit Außenstellen bei den Bezirksregierungen – als oberste Landesbehörden und die Ausgleichsämter (AÄ) als Behörden der unteren (örtlichen) Instanz für jeden Landkreis und Stadtkreis innerhalb der allgemeinen Verwaltung (in Bayern sind die bei den einzelnen Landkreisen eingerichteten Ausgleichsämter keine Kommunal-, sondern Landesbehörden). Die Fachaufsicht über die Ausgleichsämter üben die Landesausgleichsämter aus. Bei den Ausgleichsämtern, bei den in den Ländern eingerichteten Beschwerdeausschüssen sowie bei den Verwaltungsgerichten wurden „Vertreter der Interessen des Ausgleichfonds“ (VIA) bestellt, die darüber wachen, daß über die Mittel des Ausgleichsfonds im Einklang mit dem Gesetz verfügt wird. Zur Unterstützung der Ausgleichsämter bei der Schadensfeststellung wurden bei bestimmten Landesausgleichsämtern 34 Heimatauskunftstellen (Vertreibungsgebiete) und sieben Auskunftstellen (DDR) gebildet, die für jeweils einen besonderen Heimatbereich zuständig sind. Sie begutachten Anträge von Vertriebenen und Flüchtlingen auf Schadensfeststellung, erteilen Auskünfte und benennen Zeugen und Sachverständige.

An Mitteln wurden aus dem Ausgleichsfonds bis heute etwa 127 Mrd. DM aufgebracht. Die Ausgleichsverwaltung hatte rund 20000 Bedienstete, die aufgrund des Erledigungsstandes bis Ende 1984 auf rund 4800 Mitarbeiter abgebaut werden konnte. Ende 1984 waren im Bereich des Feststellungsgesetzes von über 12 Millionen eingegangenen Anträgen rund 99% erledigt; im Bereich des Beweissicherungs- und Feststellungsgesetzes waren dies von über 720000 Anträgen knapp 94%; hinzu kommen noch Anträge nach dem Reparationsschädengesetz, bei denen von über 111000 bis Ende 1984 rund 97% bearbeitet waren. Nach heutigem Stand sind jetzt noch etwa 125000 Anträge zu bearbeiten.

Haack, W./Kusch, M.: Lastenausgleich für Flüchtlinge und Aussiedler. Stuttgart 1982.

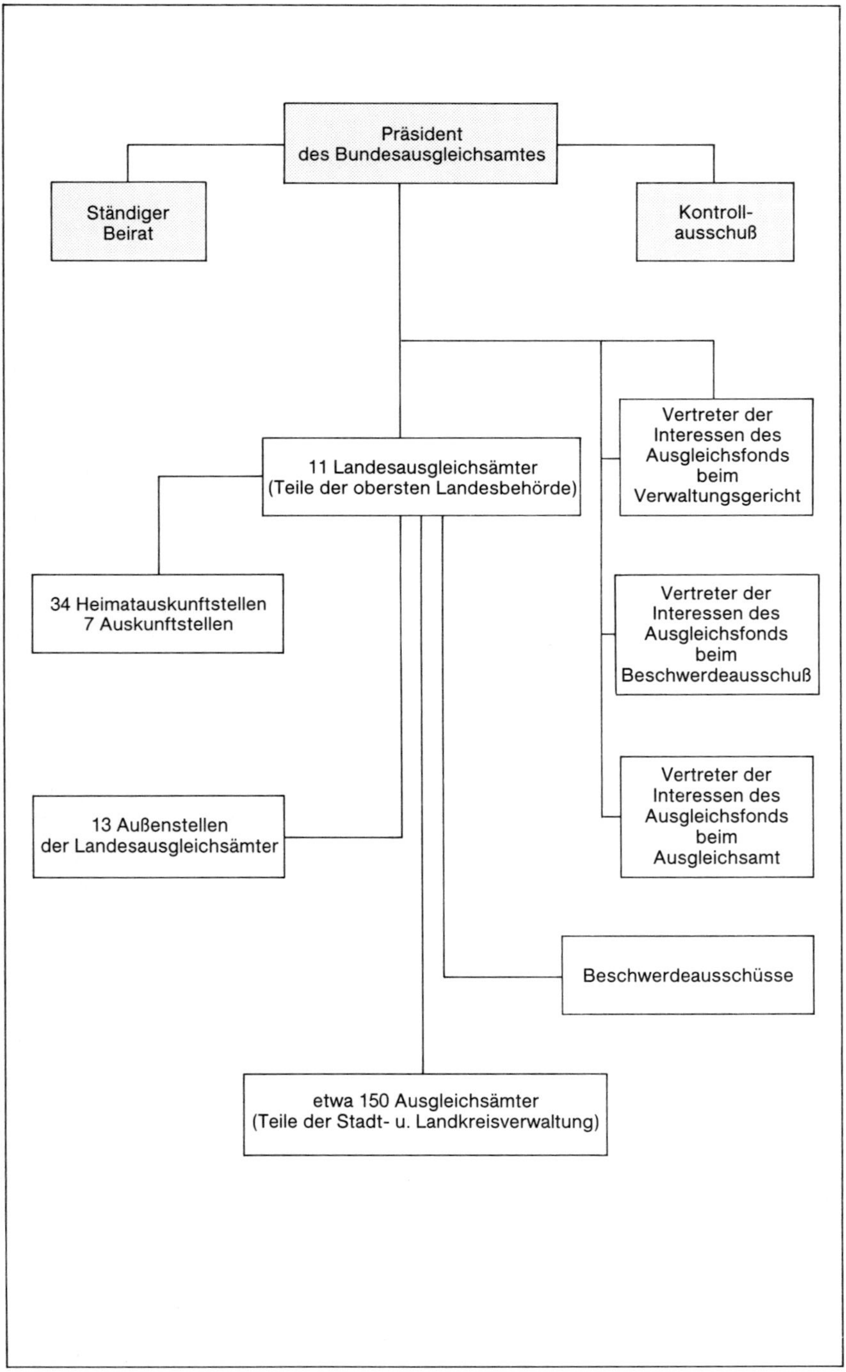
Präsident
des Bundesausgleichsamtes
Ständiger
Beirat
Kontroll-
ausschuß
11 Landesausgleichsämter
(Teile der obersten Landesbehörde)
Vertreter der
Interessen des
Ausgleichsfonds
beim
Verwaltungsgericht
34 Heimatauskunftstellen
7 Auskunftstellen
Vertreter der
Interessen des
Ausgleichsfonds
beim
Beschwerdeausschuß
13 Außenstellen
der Landesausgleichsämter
Vertreter der
Interessen des
Ausgleichsfonds
beim
Ausgleichsamt
Beschwerdeausschüsse
etwa 150 Ausgleichsämter
(Teile der Stadt- u. Landkreisverwaltung)

Stadtplanung – Städtebau

Stadtplanung/Städtebau als gezielte Beeinflussung der Entwicklung von städtischen Siedlungen ist in ihren Ansätzen so alt wie das Bestehen von Städten. Der Grundriß und die Gestalt der Stadt spiegeln die jeweiligen politischen, sozialen, wirtschaftlichen und kulturellen Gegebenheiten und beeinflussen Sein und Bewußtsein ihrer Bewohner. In den Stadtstaaten der *klassischen Zeit Griechenlands* (etwa 500 bis 336 v. Chr.) wirkten neben kultischen Bedingungen rationale Denkweisen philosophischer und naturwissenschaftlicher Art auf Standortwahl und Anlage von Siedlungen ein. Wachsendes Bewußtsein der Bürger führte zu neuen Anforderungen an die innere Struktur der Städte (Theater, Gymnasien, Stadion, Verwaltungsgebäude, Bäder). Von den Römern wurden zum Teil Ideen und formale Prinzipien der griechischen Stadtbaukunst übernommen, zum Teil wirkten auch etruskische Anlagen, wie z. B. das Schema der Ost-West-Achse und der Nord-Süd-Achse nach, die auch die römischen Stadtgründungen in den besetzten Gebieten bestimmten (z. B. Köln).

Kennzeichen der *mittelalterlichen Städte* in Europa ist das Gegen- und Miteinander von Adel, Kirche und Bürgern. Im Städtebau stellen sich diese Machtpositionen in der Zuordnung ihrer Bauten dar (z. B. Zuordnung von Dom, Rathaus und Zunfthäusern in Bremen). Die Bemühungen der „Stadtbürger" nach Unabhängigkeit führten zu charakteristischen Stadtgestaltungen. Erkämpfte Rechte und Baufreiheit machten die Städte für die Abhängigen attraktiv (vgl. S. 10). Die europäischen mittelalterlichen Städte haben keine einheitliche formale Grundstruktur. Es gibt je nach Topographie bzw. Siedlungskern und -anlaß (Kaufmannsniederlassung, Burg, Kolonisation) die verschiedensten Pläne (Langzeile in Bern, Radialplan in Soest, Quadratplan in Worms); entscheidend ist, daß der mittelalterliche Städtebau weder ein Produkt des zufälligen natürlichen Wachstums noch die Leistung eines einzelnen ist. Er ist das Produkt gemeinschaftlicher Gestaltung, bürgerlicher, fürstlicher und geistlicher Kräfte.

Erst in der *Zeit der Renaissance* wird die Stadt als Ganzheit betrachtet und vorwiegend nach formalen und zweckrationalen Gesichtspunkten entworfen. Formale Leitbilder sind Regelmäßigkeit, Symmetrie und Harmonie. Die Aufwendungen der Städte für Verteidigungsmaßnahmen erzwangen ökonomische, konzentrierte Grundrisse. Die in dieser Zeit entwickelte Idee der Idealstadt verbreitete sich von Italien aus über ganz Europa; in Deutschland griff sie A. Dürer auf. Nach den Formprinzipien der Idealstadt ließen die absolutistischen Fürsten neue Städte als Staffage für ihre Schlösser planen.

Mit dem Beginn des 19. Jahrhunderts, mit der Industrialisierung, erlangte die Stadtplanung dann eine neue Qualität. Der Boden, der sich seit dem frühen Mittelalter im Obereigentum der weltlichen und geistlichen Landesherren, später auch der Stadtgemeinden befunden hatte und dem einzelnen Bauherrn nur zur zeitlich begrenzten Nutzung überlassen war, wurde jetzt uneingeschränktes Eigentum des einzelnen und damit der unmittelbaren privaten Nutzung und Verwertung zugänglich gemacht. Die Steuerungsinstrumente der absolutistischen Stadtplanung versagten deshalb, und ihre Ziele wurden abgelöst. Die seitherige Geschichte der Stadtplanung läßt sich in drei große Abschnitte einteilen:

1. die *Phase der relativen Ohnmacht der Stadtplanung* gegenüber dem freizügigen Wirken der Mechanismen der privaten Bau- und Bodenwirtschaft (bis 1875);

2. die *Phase der Schaffung von ersten Planungsgesetzen* (z. B. preußisches Fluchtliniengesetz von 1875) und der langsamen Verbesserung bzw. Verschärfung der Bauordnungen, insbesondere unter gesundheitspolitischen Gesichtspunkten (1875 bis 1918);

3. die *Phase der Einrichtung eines in sich geschlossenen Planungssystems* im Sinne von Bodennutzungsplanung, Bebauungsplanung und Infrastrukturplanung unter Hervorhebung sozialpolitischer Gesichtspunkte (1918 bis 1970). Die *gegenwärtige Stadtplanung* (allgemeiner: Siedlungsplanung) ist gekennzeichnet durch die gezielte Beeinflussung der Entwicklung von Städten, Stadtteilen und Dörfern, der örtlichen Lebensbedingungen der Einwohner und Beschäftigten durch die öffentliche Hand, unter Beteiligung der Bürger.

In der Zeit von 1800 bis 1875 ist ein schwindender Einfluß der öffentlichen Hand und zunehmende Privatisierung der Stadtplanung erkennbar. Die Stadterweiterungspläne von Groß- und Mittelstädten verkommen (gegenüber der absolutistischen Stadtplanung) zu reinen Straßenplänen. Die Einrichtung einer modernen Infrastruktur (Straßenbau, Einrichtung der Kanalisation, Eisenbahnbau) und die damit verbundenen öffentlichen Investitionen stehen nicht nur im Dienste der Industrialisierung; sie bewirken auch eine Erhöhung der Bodenwerte der privaten Baugrundstücke. Das geltende Bauordnungsrecht bietet kaum Handhaben, die bauliche Ausnutzung der privaten Grundstücke wirksam zu begrenzen. Dies ebnet den Weg zu den wilhelminischen „Mietskasernenvierteln“.

Während des *zweiten Zeitabschnittes* (1875 bis 1918) werden die Grenzen zwischen dem Einfluß der Gemeinden und dem der privaten Bodeneigentümer auf die Entwicklung der Städte präzisiert und die Verfahrensweisen für das Zustandekommen von *Bebauungsplänen* (vgl. S. 254) und deren Durchführung genauer bestimmt. Unter dem Druck der wachsenden gesundheitspolitischen und wohnungsreformerischen Bewegungen werden Planungsgesetze und neue *Bauordnungen* geschaffen, die zu einer gewissen Verringerung der baulichen Ausnutzbarkeit der Grundstücke führen. Zur Kontrolle der Art der baulichen Nutzung besteht jedoch noch kaum eine Handhabe. So treten zur hohen Bebauungsdichte und Überbelegung der Wohnungen in den Arbeitervierteln oft kleine und mittlere Industriebetriebe als massive Störfaktoren hinzu. In der zweiten Hälfte dieses Zeitabschnitts wird die kommunale Planungsverwaltung ausgebaut, und es erfolgt eine Professionalisierung der Stadtplanung (eigene Publikationen, Gründung von Lehrstühlen an Technischen Hochschulen).

Die Zeit von 1918 bis 1970 ist durch grundlegende Reformen im Bereich des Bau- und Planungsrechtes sowie der Wohnungs- und Siedlungspolitik bestimmt, die ihre maßgeblichen Impulse aus der Zeit der Weimarer Republik beziehen. Die Möglichkeiten des wesentlich verbesserten Instrumentariums (z. B. *preußisches Wohnungsgesetz* von 1918, *preußische Einheitsbauordnung für die Städte* von 1919, *Aufbaugesetze* der Länder nach 1945, *Bundesbaugesetz* von 1960, *Musterbauordnung* von 1960, *Städtebauförderungsgesetz* von 1971) werden aber nur bedingt ausgenutzt. Sie stoßen an die politisch-ökonomischen Grenzen, insbesondere der geltenden Bodenordnung (vgl. S. 268). Die großen gemeinnützigen Wohnungsunternehmen als ursprüngliche Träger der Wohnungsreform unterscheiden sich als Groß-Eigentümer in ihrem Marktverhalten zunehmend weniger von den privaten Grundstückseigentümern. Stadtplanung ist einseitig auf Wohnungsbau und Verkehrsplanung ausgerichtet. Die Kritik daran hat seit etwa 1970 zu Ansätzen einer integrierten, ganzheitlichen Stadtplanung geführt, die sich in der Erweiterung und Reorganisation der kommunalen Planungsverwaltung, der Einrichtung von staatlichen und kommunalen Forschungsinstituten und der Gründung eigener Studiengänge für Stadt- und Regionalplanung äußert.

Die *Aufgabe der gegenwärtigen Stadtplanung* liegt insbesondere in der Steuerung der Entwicklung der Bodenaufteilung (Parzellierung), Bodennutzung, Standortverteilung, Bebauung, Erschließung und Bepflanzung sowie der zielgerechten Koordination der privaten und öffentlichen Baumaßnahmen innerhalb des Gemeindegebietes auf der Grundlage der sozialen und wirtschaftlichen Bedingungen und Entwicklungstendenzen. Stadtplanung im heutigen Sinne ist Querschnittsplanung, d. h., sie ist grundsätzlich auf alle Lebensbereiche (Wohnen, produzierendes Gewerbe, Handel und Dienstleistungen, öffentliche Versorgungseinrichtungen, Verkehrswesen, Grün- und Freiflächen), deren flächenmäßigen und baulichen Niederschlag, und damit auf fast alle Ressorts der öffentlichen Verwaltung bezogen. Querschnittsplanung begleitet die Gesamtentwicklung der Gemeinde oder eines Teilgebietes, im Zweifel unter Hintanstellung von Ressort- bzw. Einzelinteressen.

Ziele der Stadtplanung sind die Sicherung und Weiterentwicklung der Qualität der örtlichen Lebensbedingungen in ihrer sozialen, ökonomischen, baulich-räumlichen und ökologischen Dimension, und zwar insbesondere

1. bezüglich der Bodenaufteilung, Bodennutzung und Standortverteilung (für das gesamte Gemeindegebiet):

- Erfüllung des Flächenbedarfs und der Standortanforderungen der Bedarfsträger (private Haushalte, Wirtschaftsunternehmen, öffentliche Institutionen usw.) nach ihren spezifischen Nutzungsansprüchen;
- Berücksichtigung der arbeitsteiligen Ergänzung und des Schutzes vor gegenseitigen Störungen zwischen den unterschiedlichen Bedarfsträgern, d. h. das Bemühen, einander ergänzende Nutzungsarten in Nachbarschaft zueinander zu bringen und einander störende Nutzungen auseinanderzuhalten;
- Gewährleistung der wechselseitigen Erreichbarkeit von Wohnstätten, Arbeitsstätten, öffentlichen Versorgungseinrich-

tungen, Konsum- und Freizeiteinrichtungen; gleichzeitig Festlegung ihrer Standorte derart, daß die zentralen Einrichtungen gut ausgelastet sind und wirtschaftlich betrieben werden können;

insgesamt: Sicherung und Weiterentwicklung des Nutzungs- und Standortgefüges im Gebiet der Gemeinde unter Abwägung der unterschiedlichen Interessen, unter Beachtung der dabei zu erwartenden Konflikte und unter besonderer Berücksichtigung der wirtschaftlich und sozial schwachen Bevölkerungsgruppen;

2. bezüglich der Bebauung, Erschließung und Bepflanzung (für Teile des Gemeindegebietes):
- Sicherung der Zugänglichkeit der einzelnen Grundstücke;
- Sicherstellung der Kommunikationsbeziehungen über ein entsprechend kleinteiliges Straßen- und Wegenetz;
- Schaffung guter Orientierungsmöglichkeiten durch geeignete Kenntlichmachung des Straßen- und Wegenetzes in der dritten Dimension (Bebauung);
- Sicherstellung einer gewissen Flexibilität in der faktischen Nutzung der öffentlichen und privaten Flächen, für die Errichtung der Einzelgebäude und für deren Veränderung;
- Sicherung hygienischer Standards;

insgesamt: Zueinanderordnung der Gebäude und sonstigen Anlagen zu einem sinnvoll nutzbaren, technisch und ästhetisch befriedigenden Bebauungs-, Erschließungs- und Außenraumsystem einschließlich Festlegung der Dimensionen, Ausstattungs- und Nutzungsregeln für den städtischen Außenraum (Straßen, Plätze, Parkanlagen usw.).

Instrumente der Stadtplanung sind insbesondere der Flächennutzungsplan (vgl. S. 252) und der Bebauungsplan (Bauleitpläne), das Baugenehmigungsverfahren (vgl. S. 256), die kommunale Bodenpolitik (vgl. S. 268), die öffentlichen Investitionen sowie Anreize für private Investitionen.
- Mittels des *Flächennutzungsplans* und des *Bebauungsplans* können Optionen und Restriktionen festgelegt werden, die besagen, welche Grundstücke zu welchen Zwecken genutzt oder nicht genutzt und welcher Art Gebäude oder sonstige Anlagen welcher Größe und in welcher Anordnung darauf errichtet oder nicht errichtet werden dürfen.
- Mittels des *Baugenehmigungsverfahrens* kann die Errichtung von Gebäuden und sonstigen Anlagen, d. h. die gesamte Bautätigkeit, durch die Gemeinde kontrolliert und damit u. a. die Realisierung der Bauleitpläne überwacht werden.
- Mittels der *kommunalen Bodenpolitik* einschließlich der Verfahren der Bodenordnung und Enteignung kann der jeweilige Flächenbedarf für öffentliche Bauvorhaben gedeckt, aber auch der Erwerb von planungstechnisch wichtigen Grundstükken und deren Wiederveräußerung unter geeigneten Auflagen durchgeführt werden.
- Mittels der *öffentlichen Investitionen* in soziale, kulturelle und technische Einrichtungen, insbesondere auch der Verkehrserschließung, Energie- und Wasserversorgung usw., werden Vorbedingungen für die Nutzung von Grundstücken und die Errichtung von Gebäuden geschaffen oder diese verweigert.
- Mittels finanzieller und anderer Anreize (z. B. Werbung und Beratung) für *private Investitionen* werden insbesondere der Wohnungsbau, die Wohnungsmodernisierung und die Gewerbeansiedlung gefördert und dadurch u. a. die Realisierung von Bauleitplänen beeinflußt.

Das vielseitige zur Verfügung stehende Instrumentarium, der beachtliche Stand des Ausbaus der kommunalen Planungsverwaltung und die gute Qualifikation der ausgebildeten Stadt- und Regionalplaner bzw. Raumplaner können allerdings nicht darüber hinwegtäuschen, daß einer integrierten und ganzheitlichen und weitsichtigen, bürgernahen und demokratischen Stadtplanung („kommunale Entwicklungsplanung“) vielerorts erhebliche politische Widerstände entgegenwirken.

Braunfels, W.: Abendländische Stadtbaukunst. Köln 1976. – Gruber, K.: Die Gestalt der deutschen Stadt. München [4]1983. – Stadterweiterungen 1800–1875. Von den Anfängen des modernen Städtebaus in Deutschland. Hg. v. G. Fehl und J. Rodriguez-Lores. Hamburg 1983. – Schmidt-Urban, P.: Städtebauliche Planung und sozialer Anspruch. Berlin 1985.

Stadtplanung/Städtebau als Aufgabe der Städte und Gemeinden

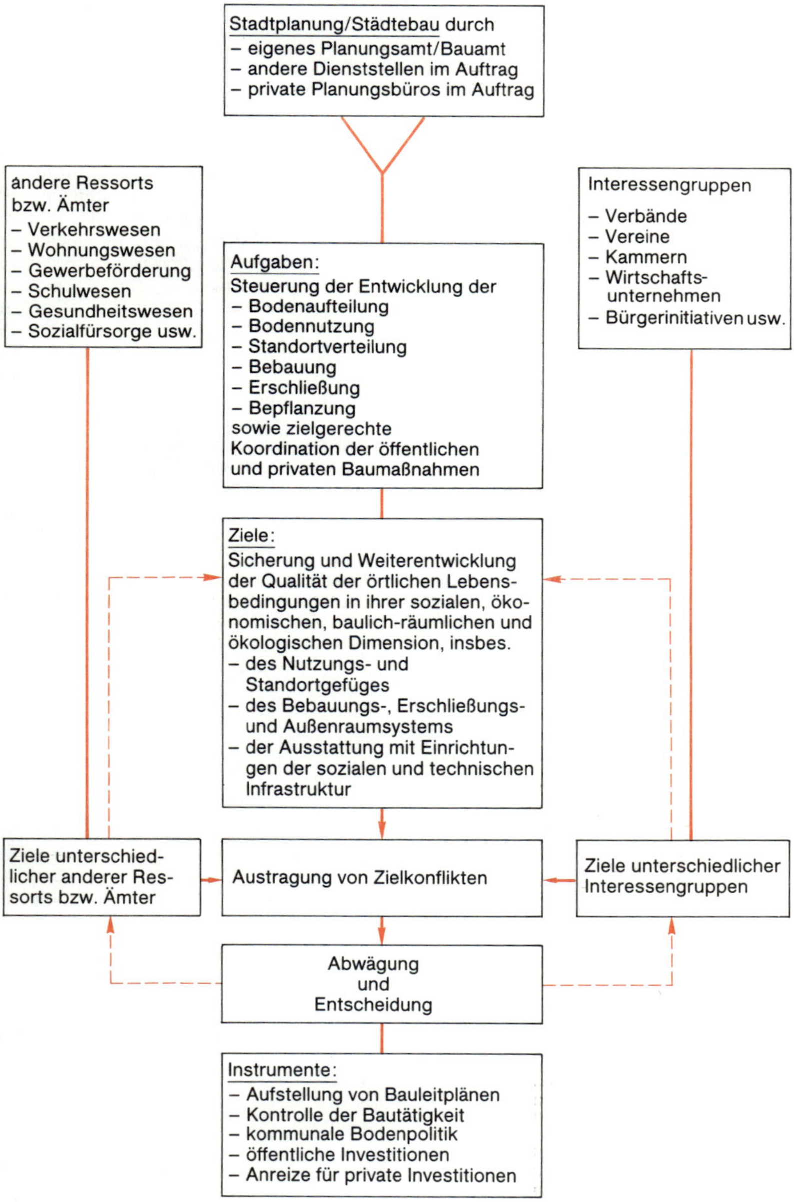

Baufreiheit – Baugebiete

Baufreiheit ist das Recht des Eigentümers, sein Grundstück nach Belieben zu bebauen. Im Gebiet der Bundesrepublik Deutschland ist dieses Recht im Interesse einer geordneten städtebaulichen Entwicklung der Gemeinden öffentlich-rechtlich beschränkt, und zwar unterschiedlich in *Baugebieten* verschiedener Zweckbestimmung und im Außenbereich.

Soll ein Vorhaben durchgeführt werden, das der Errichtung, der Änderung oder der Nutzungsänderung baulicher Anlagen dient, so kann dieses Vorhaben 1. *im Geltungsbereich eines Bebauungsplanes* gelegen sein (§ 30 Baugesetzbuch): Die Festsetzungen über die Arten der baulichen Nutzung bestimmen das Baugebiet, dem das Vorhaben zugehört; oder 2. *innerhalb der im Zusammenhang bebauten Ortsteile* gelegen sein (§ 34 Baugesetzbuch): Die Eigenart der näheren Umgebung bestimmt das Baugebiet, dem das Vorhaben zugehört; oder 3. nicht innerhalb der im Zusammenhang bebauten Ortsteile und nicht innerhalb des Geltungsbereichs eines Bebauungsplanes gelegen sein: Es handelt sich um ein Vorhaben im *Außenbereich* (§ 35 Baugesetzbuch).

Aufgrund der Ermächtigung des Baugesetzbuches bestimmt die *Baunutzungsverordnung* die im Bebauungsplan festzusetzenden Baugebiete, die Art der in den Baugebieten unterschiedlich zulässigen Nutzung und das jeweils zulässige Höchstmaß der baulichen Nutzung, bezogen auf die Grundstücksfläche. Die Baugebiete sind zum Beispiel als Kleinsiedlungsgebiete (Kurzbegriff: WS), reine Wohngebiete (WR), allgemeine Wohngebiete (WA), Mischgebiete (MI), Kerngebiete (MK), Gewerbegebiete (GE) und Industriegebiete (GI) sowie Sondergebiete (SO) anhand der jeweils zulässigen Vorhaben beschrieben und festgesetzt. Ungefähr entsprechend der genannten Reihenfolge ist stufenweise ein sich steigerndes Höchstmaß der baulichen Nutzung vorgesehen. Im einzelnen regelt dies die Baunutzungsverordnung durch 1. die *„Geschoßflächenzahl“*, d.h. die Festsetzung der zulässigen Summe aller Geschoßflächen des Vorhabens, bezogen auf die Fläche des Baugrundstücks; 2. die *„Grundflächenzahl“*, d.h. die Festsetzung der zulässigen Summe aller bebauten Flächen des Vorhabens, bezogen auf die Fläche des Baugrundstücks; 3. die verbindlich vorgeschriebene oder zulässige Zahl der *Vollgeschosse*. Abweichend davon wird in Industriegebieten (GI) das Maß der baulichen Nutzung durch die Grundflächenzahl sowie durch die *„Baumassenzahl“* festgesetzt: Durch letztere wird bestimmt, wieviel m^3 Baumasse je m^2 Grundfläche zulässig sind.

Ein Vorhaben ist zulässig, wenn es im Geltungsbereich eines Bebauungsplanes dem dort festgesetzten Baugebiet entspricht, weiteren Festsetzungen des Bebauungsplanes und sonstigen baurechtlichen Vorschriften nicht widerspricht (§ 30 Baugesetzbuch); oder wenn es innerhalb der im Zusammenhang bebauten Ortsteile sich dem durch die Eigenart der näheren Umgebung bestimmten Baugebiet im Sinne der Baunutzungsverordnung und in die für die Landschaft charakteristische Siedlungsstruktur einfügt, die Erschließung gesichert ist und sonstige öffentliche Belange nicht entgegenstehen. Die Anwendung des § 30 und des § 34 schließt sich gegenseitig aus.

Im „Außenbereich“ (§ 35 Baugesetzbuch) ist die Baufreiheit auf wenige Zweckbestimmungen der baulichen Nutzung eingeschränkt: Ein Vorhaben kann dort verwirklicht werden, wenn es zum Beispiel Zwecken der Landwirtschaft oder zugehörigen Wohnzwecken dient, es sich um ein Vorhaben für die öffentliche Versorgung oder einen ortsgebundenen gewerblichen Betrieb handelt oder um ein solches, das wegen seiner besonderen Anforderungen an die Umgebung in der geschlossenen Ortslage nicht ausgeführt werden kann. Das Vorhaben ist zulässig, wenn öffentliche Belange, z.B. Ziele der Raumordnung, des Umweltschutzes oder der Wasserwirtschaft, nicht entgegenstehen. Es darf nicht die natürliche Eigenart der Landschaft beeinträchtigen oder den Ansatz zur Bildung künftiger Splittersiedlungen geben. In geeigneter Weise, z.B. durch einen entsprechenden Eintrag im Grundbuch, ist sicherzustellen, daß nach Durchführung des Vorhabens dieses nicht später in unzulässiger Weise genutzt wird. Andererseits besteht hinsichtlich der Baugestalt und der Form der Baukörper größere Baufreiheit: Einzelheiten, z.B. Geschoßzahl, Gebäudetiefe oder Dachform, sind nicht so festgelegt, als wenn ein Bebauungsplan besteht oder es sich um ein Vorhaben innerhalb der bebauten Ortslage handelt.

Broy-Bülow, C.: Baufreiheit und baurechtlicher Bestandschutz. Berlin u.a. 1982. – Ernst, W., u.a.: Bundesbaugesetz. Kommentar. München [4]1984. Loseblatt.

Ortslage am Stadtrand

Darstellung auf Grundlage der Deutschen Grundkarte

Geltungsbereich eines Bebauungsplanes = Baugebiet entsprechend § 30 des Bundesbaugesetzes

Im Zusammenhang bebauter Ortsteil = Baugebiet entsprechend § 34 des Bundesbaugesetzes

WA Allgemeines Wohngebiet (Festsetzung der zulässigen Nutzung aufgrund der Baunutzungsverordnung)

Außenbereich nach § 35 des Bundesbaugesetzes

Flächennutzungsplan

Durch die Aufstellung von Bauleitplänen wird die bauliche und sonstige Nutzung der Grundstücke in der Gemeinde vorbereitet und geleitet. Die *Bauleitplanung* ist das zentrale Instrument der Gemeinden zur Ordnung der städtebaulichen Entwicklung. Diese Ordnung findet ihren sichtbaren Ausdruck in der Regelung der Nutzung des Grund und Bodens – und zwar sowohl der baulichen als auch der Nutzung zu sonstigen Zwecken, wie z. B. als Grünflächen – durch Bauleitpläne. Das Baugesetzbuch (BauGB) unterscheidet dabei zwei Arten von Bauleitplänen: Der *Flächennutzungsplan* ist der vorbereitende, der *Bebauungsplan* (vgl. S. 254) ist der verbindliche Bauleitplan (§ 1 Abs. 2 BauGB). Die Bauleitplanung ist also grundsätzlich zweistufig.

Der *Flächennutzungsplan* stellt für das ganze Gemeindegebiet und für einen längeren Zeitraum die sich aus der beabsichtigten städtebaulichen Entwicklung ergebende Art der Bodennutzung nach den voraussehbaren Bedürfnissen der Gemeinde in den Grundzügen dar (§ 5 Abs. 1 BauGB). Der Flächennutzungsplan hat eine doppelte Aufgabe: Zum einen ist er Grundlage des verbindlichen Bauleitplans, des Bebauungsplans. Im Regelfall ist die Aufstellung des Flächennutzungsplans förmliche Voraussetzung und inhaltliche Bindung für die Bebauungspläne; der Bebauungsplan ist also aus dem Flächennutzungsplan abzuleiten (§ 8 Abs. 2 BauGB).

Zum anderen hat der Flächennutzungsplan diejenigen Vorgaben aufzunehmen, die ihm durch die Ziele der *Raumordnung und Landesplanung* oder durch vorrangige Fachplanungen gesetzt werden. In dieser Hinsicht hat der Flächennutzungsplan eine Programmausführungsfunktion.

Wesentlicher *Inhalt des Flächennutzungsplans* sind die für die Bebauung vorgesehenen Flächen. Die Darstellungen werden beim Flächennutzungsplan, wie beim Bebauungsplan, durch Zeichnung, Farbe, Schrift oder Text getroffen. Neben der Karte kann der Flächennutzungsplan auch einen Textteil enthalten, der insbesondere für die Entwicklungsabsichten und deren Durchsetzung wichtig ist. Die Darstellungen machen den materiellen Gehalt des Flächennutzungsplanes aus. Sie haben die planerischen Festlegungen der Gemeinde zum Inhalt.

Die zulässige Art der baulichen Nutzung wird in der Regel nur durch die relativ unspezifischen Bauflächen (z. B. Wohnbauflächen, gewerbliche Bauflächen) dargestellt. Darüber hinaus können aber mit den Baugebieten (reine, allgemeine oder besondere Wohngebiete, Dorf-, Misch-, Kern-, Gewerbe-, Industrie-, Kleinsiedlungs- oder Sondergebiete) auch schon präzisere Darstellungen getroffen werden. Mögliche weitere Darstellungen beziehen sich auf die Ausstattung mit Einrichtungen des Gemeinbedarfs (wie z. B. Schulen, Krankenhäuser, Kirchen, Museen), auf die wichtigen Verkehrsflächen, die Grünflächen und die Wasserflächen sowie z. B. die Flächen für die Landwirtschaft. Der Flächennutzungsplan hat dabei nur die Aufgabe der Bereichs- und Entwicklungscharakterisierung, nicht aber die der exakten Grenzziehung. Die zeichnerischen Darstellungen des Flächennutzungsplans werden ergänzt durch einen Erläuterungsbericht, der den Plan und die in ihm zum Ausdruck kommenden Entwicklungsabsichten der Gemeinde näher begründen und damit auch den Bürgern verständlich machen soll.

Der Flächennutzungsplan bindet die Gemeinde selbst sowie nach § 7 BauGB auch die öffentlichen Planungsträger, soweit sie ihm nicht widersprochen haben. Er entfaltet aber keine rechtsverbindliche Wirkung gegenüber dem einzelnen Bürger. Jedoch kann eine konkrete standortbezogene Aussage des Flächennutzungsplans der Zulässigkeit eines Vorhabens im Außenbereich, das nicht mit der dargestellten Bodennutzung übereinstimmt, entgegenstehen. Das Verfahren für die Aufstellung eines Flächennutzungsplans entspricht im wesentlichen dem für die Aufstellung von Bebauungsplänen (vgl. S. 254).

Während der Flächennutzungsplan die flächenbezogene örtliche Gesamtplanung der Gemeinde enthält, ist die *Raumordnung* die übergemeindliche Gesamtplanung. Raumordnung, Landesplanung und Regionalplanung beschränken sich nicht auf die Planung der Grundstücksnutzung, sondern umfassen auch die sonstigen raumbedeutsamen Bereiche, wie zum Beispiel Wirtschaft, Verkehr, Umwelt oder Bevölkerung. Die Bauleitplanung hat sich in dieses Geflecht der übergeordneten raumbezogenen Planungen einzufügen. Die Bauleitpläne sind daher den Zielen der Raumordnung und Landesplanung anzupassen (§ 1 Abs. 4 BauGB).

Battis, U./Krautzberger, M./Löhr, R. P.: Bundesbaugesetz. Kommentar. München 1985.

Rechtliche Grundlagen und Planungsebenen

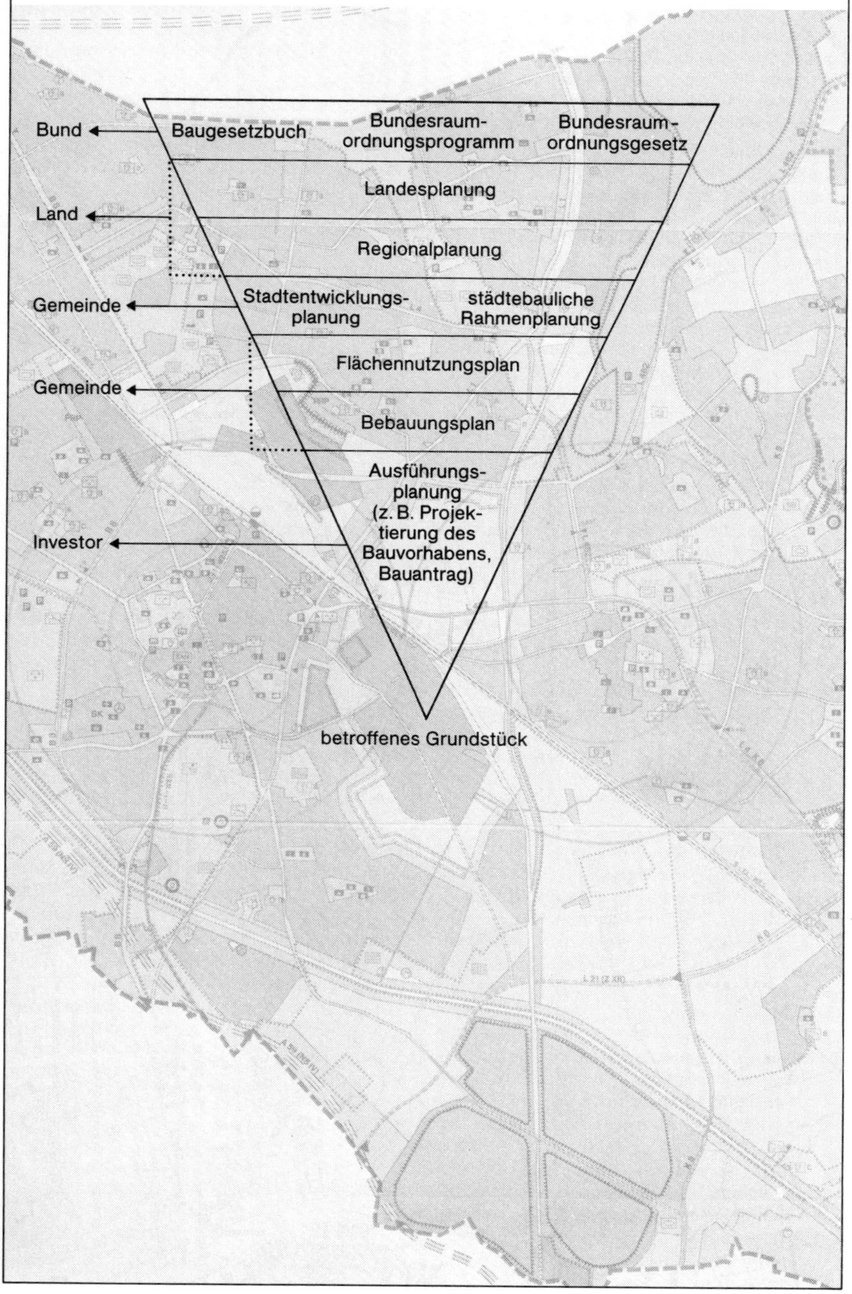

Bebauungspläne

Bebauungspläne sind das Hauptinstrument der kommunalen Bauleitplanung, mit ihrer Hilfe wird die bauliche Nutzung eines Gebiets rechtsverbindlich festgesetzt. Im Gegensatz zum *Flächennutzungsplan,* der stets zusammenhängend für das gesamte Gemeindegebiet aufgestellt werden muß, werden Bebauungspläne immer nur für einzelne, kleinere Flächen innerhalb der Städte und Gemeinden aufgestellt. In den Innenstädten sind Bebauungspläne im Durchschnitt für eine Fläche von bis zu 4 ha vorgesehen, weiter am Stadtrand werden die Gebietszuschnitte größer, hier sind es durchschnittlich 10 ha.

Die wichtigsten Festsetzungen in einem Bebauungsplan betreffen die Art und das Maß der baulichen Nutzung sowie die Bauweise. Durch die Art der baulichen Nutzung wird ausgesagt, ob ein Gebiet z. B. als Wohngebiet, als Gewerbegebiet oder als Industriegebiet genutzt werden darf. Durch Festsetzungen zum Maß der baulichen Nutzung wird festgelegt, wieviele Stockwerke ein Gebäude haben und welcher Anteil des Grundstücks nicht überbaut werden darf. Durch die Bauweise wird angegeben, ob die Gebäude zusammenhängend in einer Reihe gebaut werden sollen (z. B. als geschlossene Straßenrandbebauung) oder ob Einzelhäuser oder Doppelhäuser zu errichten sind. In der *Baunutzungsverordnung* kann man Einzelheiten über Art und Maß der baulichen Nutzung sowie über die Bauweise nachlesen.

Neben diesen Festsetzungen enthalten die Bebauungspläne z. B. die Flächen für Gemeinbedarf (Schulen), die Verkehrsflächen (Straßen, Fußgängerbereiche), die öffentlichen und privaten Grünflächen (Parkanlagen, Kleingärten, Sportplätze) oder Flächen, die aus Umweltschutzgründen freigehalten werden müssen.

Das *Aufstellungsverfahren für einen Bebauungsplan* ist gesetzlich genau geregelt. Zunächst ist vorgeschrieben, daß ein Bebauungsplan aus dem Flächennutzungsplan entwickelt werden muß. Dadurch soll gewährleistet werden, daß der Gesamtzusammenhang der städtebaulichen Planung beachtet wird. An der Diskussion über den Inhalt eines Bebauungsplans müssen sowohl die Bürger (so früh wie möglich) als auch die daran interessierten öffentlichen Dienststellen (die Träger öffentlicher Belange) beteiligt werden. Wenn der Bebauungsplanentwurf fertig gezeichnet ist, muß er noch einmal vier Wochen öffentlich ausgelegt werden, damit sich jedermann darüber informieren kann, welche Festsetzungen vorgesehen sind. Nach dieser Auslegungsfrist und wenn nichts mehr geändert werden soll, wird der Bebauungsplan von der Gemeindevertretung als Satzung (vgl. S. 82), d. h. als Ortsgesetz beschlossen. Bevor dieses Ortsgesetz in Kraft treten kann, muß es allerdings der staatlichen höheren Verwaltungsbehörde zur Kontrolle vorgelegt werden. Wenn die höhere Verwaltungsbehörde nicht binnen drei Monaten etwas beanstandet, wird der Bebauungsplan als rechtsverbindlich bekanntgemacht; er kann von jedermann im gemeindlichen Planungsamt eingesehen werden.

Wer meint, daß er durch einen Bebauungsplan einen ungerechtfertigten Nachteil erleidet oder zu erwarten hat, kann den Bebauungsplan vor dem Oberverwaltungsgericht durch eine *Normenkontrollklage* angreifen. Eine rechtliche Überprüfung eines Bebauungsplanes kann vom Bürger auch dadurch herbeigeführt werden, daß er die Baugenehmigungsbehörde auf Erteilung einer bisher versagten Baugenehmigung verklagt *(Verpflichtungsklage),* oder dadurch, daß er die einem Nachbarn erteilte Baugenehmigung angreift (*Nachbarklage,* vgl. S. 260). Im Verlauf eines solchen Verfahrens wird der Bebauungsplan, der für das betreffende Gebiet aufgestellt ist, vom Gericht nebenbei mitgeprüft.

Es dürfte heute kaum eine Gemeinde in der Bundesrepublik geben, in der noch kein Bebauungsplan existiert. Man darf aber auch nicht davon ausgehen, daß alle Gebiete, die bereits bebaut oder zur Bebauung vorgesehen sind, mit einem Bebauungsplan „überplant" sind. Bundesweit sind nur etwa 50–60 % der für eine Besiedlung freigegebenen Fläche (das sind ca. 11 % der Gesamtfläche) mit einem Bebauungsplan versehen. Die Zulässigkeit der Bebauung auf den übrigen Bauflächen richtet sich danach, ob sich das Vorhaben in die vorhandene Umgebung einfügt (vgl. S. 250).

Schäfer, R./Schmidt-Eichstaedt, G.: Praktische Erfahrungen mit dem Bundesbaugesetz. Melle 1983. – Fickert, H. C./Fieseler, H.: Baunutzungsverordnung. Kommentar. Köln–Stuttgart [5]1985. – Finkelnburg, K./Ortloff, K. M.: Öffentliches Baurecht. München [2]1986.

Das Verfahren zur Aufstellung eines Bebauungsplans in einer Mittelstadt (50 000–100 000 Einwohner)

	Beteiligte
1	Eigentümer/Bauwillige
2	Bauträger
3	Anlieger/Öffentlichkeit
4	Externe Planer
5	Gemeinderat/Ausschüsse
6	Verwaltung
7	Träger öffentl. Belange
8	Stadtteilvertretung
9	Genehmigungsbehörde

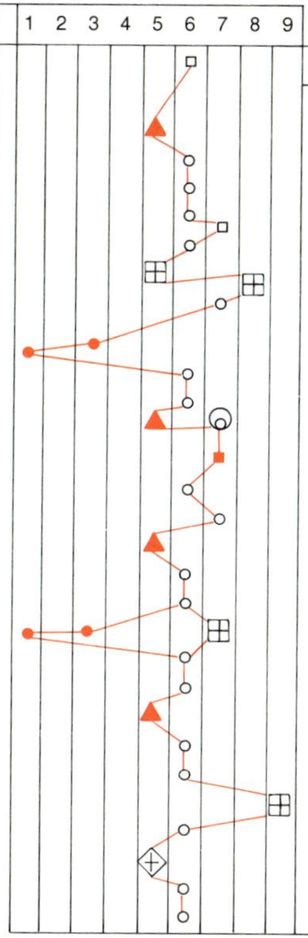

Verfahrensschritt	Zeitbedarf (variabel)
Vorabklärung im Vorfeld	12 Wochen
Vorlage/Vorbereitung Aufstellungsbeschluß	4 Wochen
Aufstellungsbeschluß	10 Wochen
Bekanntmachung des Aufstellungsbeschlusses	(5 Wochen)[1]
Bestellen der Kartengrundlage	(4–14 Wochen)[1]
Bebauungsplan-Vorentwurf/Bebauungsalternativen	14 Wochen
Vorlage/Billigung der Planalternative	4 Wochen
Billigung der Planalternativen (Planungsausschuß)	3 Wochen
Behandlung der Planalternativen im Bezirksausschuß/Stadtteilvertretung	(5–8 Wochen)[1]
Bürgerbeteiligung	5 Wochen
Entwurfsüberarbeitung	12 Wochen
Vorlage/Billigung der Planalternative	4 Wochen
Billigung der Planalternative (Planungsausschuß)	3 Wochen
Beteiligung der TÖB[2]	10 Wochen
Entwurfsüberarbeitung	4 Wochen
Vorlage/Auslegungsbeschluß	4 Wochen
Auslegungsbeschluß	10 Wochen
Bekanntmachung der Auslegung	5 Wochen
Benachrichtigung der TÖB[2]	(1 Woche)[1]
Auslegung	8 Wochen
Entwurfsüberarbeitung	4 Wochen
Vorlage/Satzungsbeschluß	4 Wochen
Satzungsbeschluß	10 Wochen
Benachrichtigung der Bürger	(2 Wochen)[1]
Vorlage an Regierungspräsident	4 Wochen
Genehmigung durch Regierungspräsident	14 Wochen
Vorlage/Offenlegungsbeschluß	4 Wochen
Beitritts- und Offenlegungsbeschluß	12 Wochen
Bekanntmachung der Offenlegung	5 Wochen
Schlußbericht an Regierungspräsident	(2 Wochen)[1]

ca. 3 Jahre

Verfahrensschritte zur Entwicklung eines Bebauungsplans aus dem Flächennutzungsplan

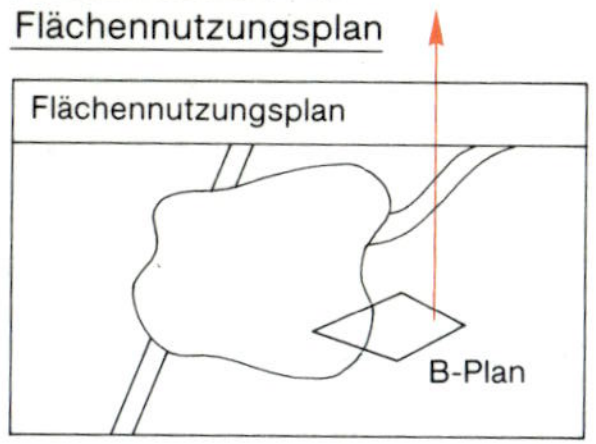

Ereignissymbolik:

- Zustimmung
- Anregung/Vorschlag
- Antrag
- Zustimmung unter Auflagen
- Auftrag
- Kritik
- Einspruch/Bedenken
- Beschluß
- Konflikt

[1]Ohne Auswirkung auf Laufzeit

[2]TÖB = Träger öffentlicher Belange

Baugenehmigung

Die *Bauordnungen* der Länder der Bundesrepublik Deutschland bestimmen, daß die Errichtung, die Änderung, die Nutzungsänderung und der Abbruch baulicher Anlagen der Baugenehmigung bedürfen, soweit in der jeweiligen Bauordnung nichts anderes ausdrücklich bestimmt ist. Nicht erforderlich ist eine Baugenehmigung z. B. für Gebäude ohne Aufenthaltsräume, Toiletten oder Feuerstätten mit einem umbauten Raum bis zu 30 m^3, für Masten und Unterstützungen für Freileitungen oder für Gewächshäuser bis zu 4 m Firsthöhe. Auch genehmigungsfreie Vorhaben müssen aber den materiellen Vorschriften der jeweiligen Landesbauordnung entsprechen.

Die Baugenehmigung wird aufgrund eines *Bauantrags* und aufgrund von sogenannten *Bauvorlagen* erteilt. Der *Bauantrag* bedarf der Schriftform. Unter *Bauvorlagen* werden die zur Beurteilung des Bauvorhabens und die zur Bearbeitung des Bauantrags erforderlichen Unterlagen verstanden. Der Bauantrag muß vom Bauherrn und dem Entwurfsverfasser unterschrieben sein. Sind Bauherr und Grundstückseigentümer verschiedene Personen, kann die Zustimmung des Grundstückseigentümers zu dem Bauvorhaben gefordert werden.

Bauvorhaben für genehmigungsbedürftige Gebäude mit mehr als zwei Vollgeschossen oder mehr als 1 500 m^3 umbauten Raumes in den Geschossen und die Änderung wesentlich tragender Bauteile in diesen Gebäuden müssen von einem sogenannten bauvorlageberechtigten Entwurfsverfasser unterschrieben sein. Bauvorlageberechtigt ist, wer aufgrund des Architekten- oder Baukammergesetzes des jeweiligen Landes die Bezeichnung Architekt oder aufgrund des Gesetzes zum Schutz der Berufsbezeichnung Ingenieur als Angehöriger einer Fachrichtung des Bauingenieurwesens die Berufsbezeichnung Ingenieur führen darf.

Vor Einreichung eines Bauantrags kann auf schriftlichen Antrag des Bauherrn hin zu einzelnen Fragen des Bauvorhabens ein schriftlicher Bescheid *(Vorbescheid)* der Baugenehmigungsbehörde erteilt werden. Der Vorbescheid gilt in der Regel zwei Jahre. Die Geltungsdauer der Baugenehmigung beträgt in der Regel drei Jahre.

Die *Landesbauordnungen* der Länder der Bundesrepublik Deutschland sind in ihren wesentlichen Inhalten gleich. Sie orientieren sich an einer sogenannten *Musterbauordnung,* die zuletzt am 11. Dezember 1981 von der Ministerkonferenz der Arbeitsgemeinschaft der für das Bau-, Wohnungs- und Siedlungswesen zuständigen Minister und Senatoren der Länder verabschiedet worden ist. Daneben gibt es eine Fülle von Durchführungs- oder Ausführungsbestimmungen, die als Rechtsverordnungen der Länder bauaufsichtsrechtliche Sonderprobleme behandeln. Die Bauaufsichtsbehörde (vgl. S. 258) kann *Ausnahmen* bzw. *Befreiungen* von den Bestimmungen der Landesbauordnung gewähren. *Ausnahmen* können von nicht zwingenden Vorschriften gestattet werden. Von zwingenden Vorschriften der Landesbauordnung kann *Befreiung* erteilt werden, wenn Gründe des Wohls der Allgemeinheit die Abweichung erfordern oder die Durchführung der Vorschrift im Einzelfall zu einer offenbar nicht beabsichtigten Härte führen würde und die Abweichung mit den öffentlichen Belangen vereinbar ist.

Im Ergebnis soll die Baugenehmigung sicherstellen, daß die Erhaltung der öffentlichen Sicherheit und Ordnung gewährleistet bleibt. Die Vorschriften der jeweiligen Landesbauordnungen sind also unter dem Gesichtswinkel der öffentlich-rechtlichen Gefahrenabwehr zu sehen. Die Landesbauordnungen bestimmen einheitlich, daß die Baugenehmigung zu erteilen ist, wenn das Vorhaben den einschlägigen öffentlich-rechtlichen Bestimmungen entspricht. Die schriftlich zu erteilende Baugenehmigung besagt demnach, daß dem Bauvorhaben aus der Sicht des öffentlichen Rechts Bedenken nicht entgegenstehen. Was dabei alles geprüft wird, ist im Artikel „Bauüberwachung – Bauaufsicht“ (vgl. S. 258) aufgelistet.

Vor Erteilung der Baugenehmigung darf mit der Ausführung eines Vorhabens, abgesehen von der Einrichtung der Baustelle, nicht begonnen werden. Wer ohne Baugenehmigung baut, begeht Verwaltungsunrecht, handelt also ordnungswidrig. Die Sanktion für den Gesetzesverstoß besteht in einer Geldbuße nach dem Gesetz über die Ordnungswidrigkeiten.

Gaentzsch, G.: Öffentliches Baurecht. Grundriß für Verwaltung und Wirtschaft. Köln–Stuttgart 1978. – Finkelnburg, K./Ortloff, K.-M.: Öffentliches Baurecht. München ^{2}1986.

Baugenehmigung

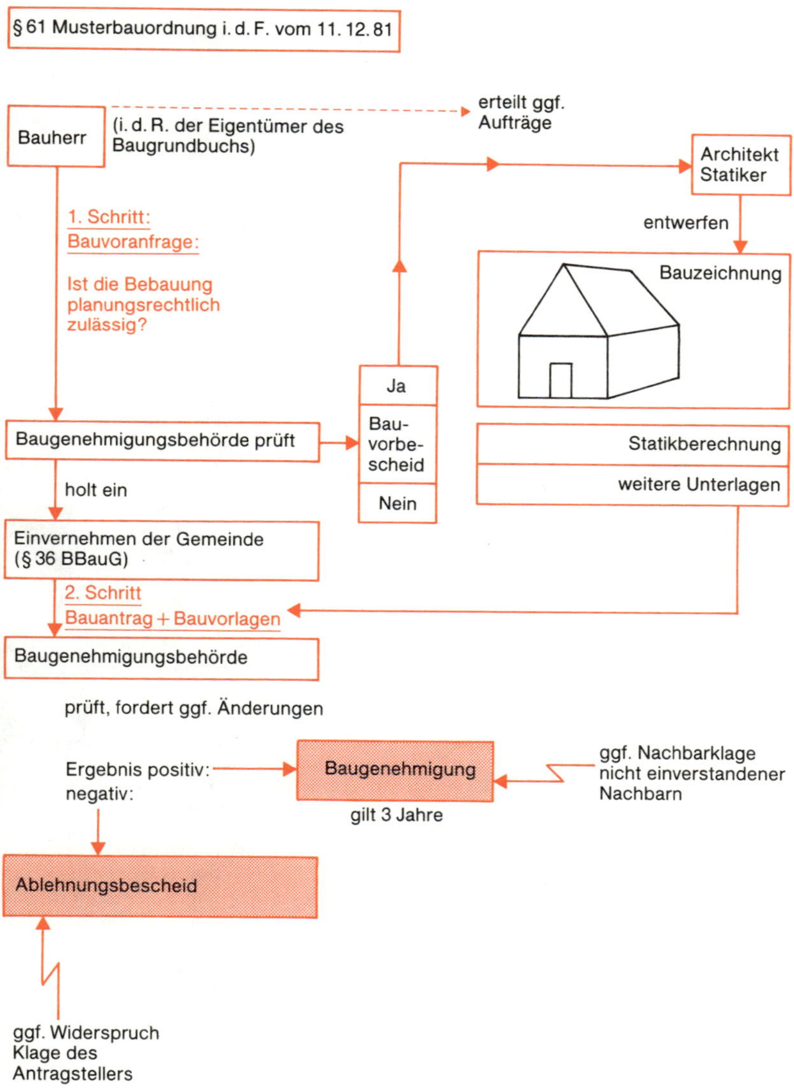

Bauüberwachung – Bauaufsicht

Nach den gesetzlichen Bestimmungen der *Bauordnungen* der Länder der Bundesrepublik Deutschland (vgl. S. 256) ist die Ausführung genehmigungsbedürftiger Bauvorhaben daraufhin zu überwachen, ob die Vorschriften des öffentlichen Rechts beachtet werden. Zu diesen Vorschriften gehören nicht nur die gesetzlichen Bestimmungen der jeweiligen Landesbauordnung (Landesrecht) und die auf der Grundlage der jeweiligen Bauordnung erlassenen Ausführungs- bzw. Durchführungsvorschriften (Rechtsverordnungen), sondern auch die gesetzlichen Bestimmungen des Bundes insbesondere im Bereich des Planungs-, Naturschutz, Immissionsschutz-, Energieeinsparungs- und Gewerberechts. Zuständig für die Bauüberwachung in diesem Sinne sind die *Bauaufsichtsbehörden* (= Baugenehmigungsbehörden). Die Überwachung darf stichprobenweise geschehen. Die Bauaufsichtsbehörden können verlangen, daß Beginn und Beendigung bestimmter Bauarbeiten angezeigt werden. Sie dürfen Proben von Baustoffen und Bauteilen und, soweit erforderlich, auch aus fertigen Bauteilen nehmen.

Diese Bauüberwachung vollzieht sich im Rahmen der *allgemeinen Bauaufsicht*. Der Aufgabenkreis der Bauaufsicht bezieht sich darauf, die Rechtmäßigkeit insbesondere der nachfolgenden Vorgänge und Vorhaben zu überwachen:
- Bebauung der Grundstücke mit Gebäuden,
- Einrichtung der Zugänge und Zufahrten auf Grundstücke,
- Einhaltung der Abstandsflächen,
- Einhaltung der Grundstücksgrenzen,
- Überwachung der nicht bebaubaren Flächen,
- Einrichtung von Kinderspielplätzen,
- Einrichtung von Gemeinschaftsanlagen.

Bei den *baulichen Anlagen* selbst müssen folgende Punkte überwacht werden:

Die Standsicherheit, der Schutz gegen Feuchtigkeit, Korrosion und Schädlinge, Brandschutz, Wärmeschutz, Schallschutz und Erschütterungsschutz, Verkehrssicherheit, die Baustoffe, Bauteile und Einrichtungen, Bauarten und Prüfzeichen, die technische Beschaffenheit von Wänden, Decken, Dächern und Vorbauten sowie von Treppen, Rettungswegen, Aufzügen und Öffnungen; ferner die haustechnischen Anlagen und Feuerungsanlagen (Lüftungsanlagen, Installationsschächte, Wärme- und Brennstoffversorgungsanlagen, Wasserversorgungsanlagen, Anlagen für Abwasser und Niederschlagswasser, Einleitung für Abwasser in Kläranlagen, Abwassersammelgruben, Sickeranlagen, Abfallschächte, Anlagen für feste Abfallstoffe), die Aufenthaltsräume und Wohnungen einschließlich der Kellergeschosse und Dachräume, die Bäder und Toilettenräume sowie die besonderen Anlagen wie Stellplätze, untergeordnete Gebäude, bauliche Anlagen und Räume besonderer Art und bauliche Maßnahmen für besondere Personengruppen.

Die Bauaufsichtsbehörden sind berechtigt, Grundstücke und bauliche Anlagen sowie zur Verhütung dringender Gefahr für die öffentliche Sicherheit und Ordnung auch Wohnungen zu betreten. Die Bauaufsichtsbehörden können die *Einstellung von Bauarbeiten* anordnen, wenn die Ausführung eines genehmigungsbedürftigen Bauvorhabens entgegen den Vorschriften der jeweiligen Landesbauordnung begonnen wurde oder wenn bei der Ausführung eines Bauvorhabens von den genehmigten Bauvorlagen abgewichen oder gegen baurechtliche Vorschriften verstoßen wird. Die Landesbauordnungen bestimmen, daß die Bauaufsichtsbehörde die Baustelle versiegeln oder die an der Baustelle vorhandenen Baustoffe, Bauteile, Geräte, Maschinen und Bauhilfsmittel in amtlichen Gewahrsam bringen darf, wenn unzulässige Bauarbeiten trotz schriftlich oder mündlich verfügter Einstellung fortgesetzt werden.

Die Bauaufsichtsbehörde kann die teilweise oder vollständige *Beseitigung baulicher Anlagen* anordnen, wenn auf andere Weise rechtmäßige Zustände nicht hergestellt werden können, falls bauliche Anlagen im Widerspruch zu öffentlich-rechtlichen Vorschriften errichtet oder geändert werden. Ebenso kann bei einer Benutzung von baulichen Anlagen, die dem öffentlichen Recht widerspricht, die Benutzung untersagt werden.

Gaentzsch, G.: Öffentliches Baurecht. Grundriß für Verwaltung und Wirtschaft. Köln–Stuttgart 1978. – Finkelnburg, K./Ortloff, K.-M.: Öffentliches Baurecht. München [2]1986.

Bauüberwachung – Bauaufsicht

Allgemeine Bauaufsicht

über:

- Gebäude
- Abstandsflächen
- Kinderspielplätze
- Stellplätze
- Zaunanlagen
  usw.

Konkrete Bauüberwachung

Prüfliste

- Standsicherheit
- Feuersicherheit
- Hygiene
- Belüftung
- Besonnung
- Geprüfte Baustoffe
- Energieleitungen
- Be- und Entwässerung
  ...usw.

Bei Verstoß gegen baurechtliche Vorschriften

- Anordnung der Einstellung der Bauarbeiten
- Versiegelung der Baustelle
- Beseitigung baulicher Anlagen

Nachbarklage

Ein Nachbar, der von einem Bauvorhaben betroffen wird, das auf einem anderen Grundstück realisiert wird bzw. werden soll, kann dagegen mit einer Klage vor dem örtlich zuständigen Verwaltungsgericht vorgehen (sogenannte *Nachbarklage*). Liegt für das Bauvorhaben bereits eine Baugenehmigung vor, so ist die Klage des Nachbarn auf *Aufhebung der Baugenehmigung* und – je nach Stand der Realisierung – auf Erlaß einer *Abrißverfügung* gerichtet. Ist das Bauwerk ohne Genehmigung errichtet worden (sogenannter Schwarzbau), so begehrt der Nachbar mit seiner Klage allein den Erlaß der Abrißverfügung. Die Klage richtet sich gegen die Baubehörde bzw. das jeweilige Land, der Bauherr wird an dem Verfahren als Beigeladener beteiligt. Das Klageverfahren ist nach den Bestimmungen der Verwaltungsgerichtsordnung erst dann zulässig, wenn der Nachbar das vorgeschaltete Widerspruchsverfahren erfolglos durchgeführt hat.

Will der Nachbar die Aufhebung einer Baugenehmigung erreichen, so muß er zunächst bei der zuständigen Baubehörde *Widerspruch* gegen diese Erlaubnis einlegen. Wird dem Nachbarn die Baugenehmigung durch die Behörde bekanntgegeben und wird er dabei auf seine Rechtsschutzmöglichkeiten schriftlich hingewiesen (Rechtsbehelfsbelehrung), so muß dieser Widerspruch innerhalb eines Monats nach Bekanntgabe eingelegt werden. Erfährt der Nachbar auf andere Weise von dem Vorhaben – Presse, tatsächliche Anschauung –, so ist der Widerspruch spätestens innerhalb eines Jahres zu erheben. Nach Ablauf dieser Frist ist die Genehmigung bestandskräftig und damit im Klagewege vor dem Verwaltungsgericht nicht mehr angreifbar. Die Rechte des Nachbarn können im Einzelfall allerdings auch vor der genannten Jahresfrist verwirken, wenn es dem Nachbarn nach Treu und Glauben zumutbar war, früher gegen das Vorhaben vorzugehen, und der Bauherr mit einer Klage bzw. einem Widerspruch nicht mehr rechnen mußte. Wendet sich der Nachbar gegen einen *„Schwarzbau"* (d.h. ein illegales Vorhaben), so hat er zunächst einen Antrag auf Erlaß einer Abrißverfügung bei der zuständigen Baubehörde zu stellen. Wird dieser Antrag abschlägig beschieden und ist auch der Widerspruch erfolglos, so ist die Klage vor dem Verwaltungsgericht zulässig.

Der Erfolg der Nachbarklage setzt zunächst voraus, daß das Vorhaben im Widerspruch zu den Bestimmungen des Baurechts steht (z. B. Verstoß gegen Feuerschutzbestimmungen oder Festsetzungen eines Bebauungsplanes).

Die Klage ist allerdings nur dann begründet, wenn der Nachbar durch das Vorhaben in seinen eigenen gesetzlich geschützten Rechten, in seinen *„subjektiven Rechten"*, verletzt wird. Es genügt also nicht, wenn das Bauvorhaben gegen irgendwelche baurechtlichen Bestimmungen verstößt; vielmehr müssen gerade solche Vorschriften verletzt sein, die wenigstens auch dem Schutz des Klägers dienen. Solche Vorschriften werden *„nachbarschützend"* genannt.

Nachbarschützende Bestimmungen finden sich in den Landesbauordnungen, z. B. in Regelungen über den Grenzabstand (Bauwich). Dem Schutze des Nachbarn dienen ferner teilweise die Festsetzungen der Bebauungspläne, z. B. kann sich der Nachbar in einem als allgemeines Wohngebiet ausgewiesenen Bereich gegen einen störenden Gewerbebetrieb zur Wehr setzen. Schließlich kann die Nachbarklage auch auf das Eigentumsrecht des Art. 14 GG gestützt werden, wenn der Nachbar durch das Vorhaben schwer und unerträglich betroffen wird.

Von der Einreichung der Nachbarklage bis zu einem erstinstanzlichen Urteil vergeht regelmäßig lange Zeit, in der das umstrittene Bauwerk häufig bereits vollendet wird. Der Nachbar kann in dieser Situation versuchen, im Verfahren des einstweiligen Rechtsschutzes vor dem Verwaltungsgericht einen Baustopp zu erreichen. Der Antrag auf Gewährung des einstweiligen Rechtsschutzes ist begründet, wenn das Vorhaben offensichtlich im Widerspruch zu baurechtlichen Bestimmungen steht. Muß der Bauherr aufgrund einer verwaltungsgerichtlichen Entscheidung die Bauarbeiten einstweilen einstellen und gelangt das Gericht später im Hauptverfahren der Nachbarklage zu der Erkenntnis, daß die Baugenehmigung doch zu Recht erteilt worden ist, so kann der Bauherr vom klagenden Nachbarn keinen Ersatz für den eingetretenen Verzögerungsschaden verlangen. Dies gilt auch bei Nachbarklagen gegen sogenannte Großanlagen (z. B. Kernkraftwerke, Flugplätze).

Finkelnburg, K./Ortloff, K.-M.: Öffentliches Baurecht. München [2]1986.

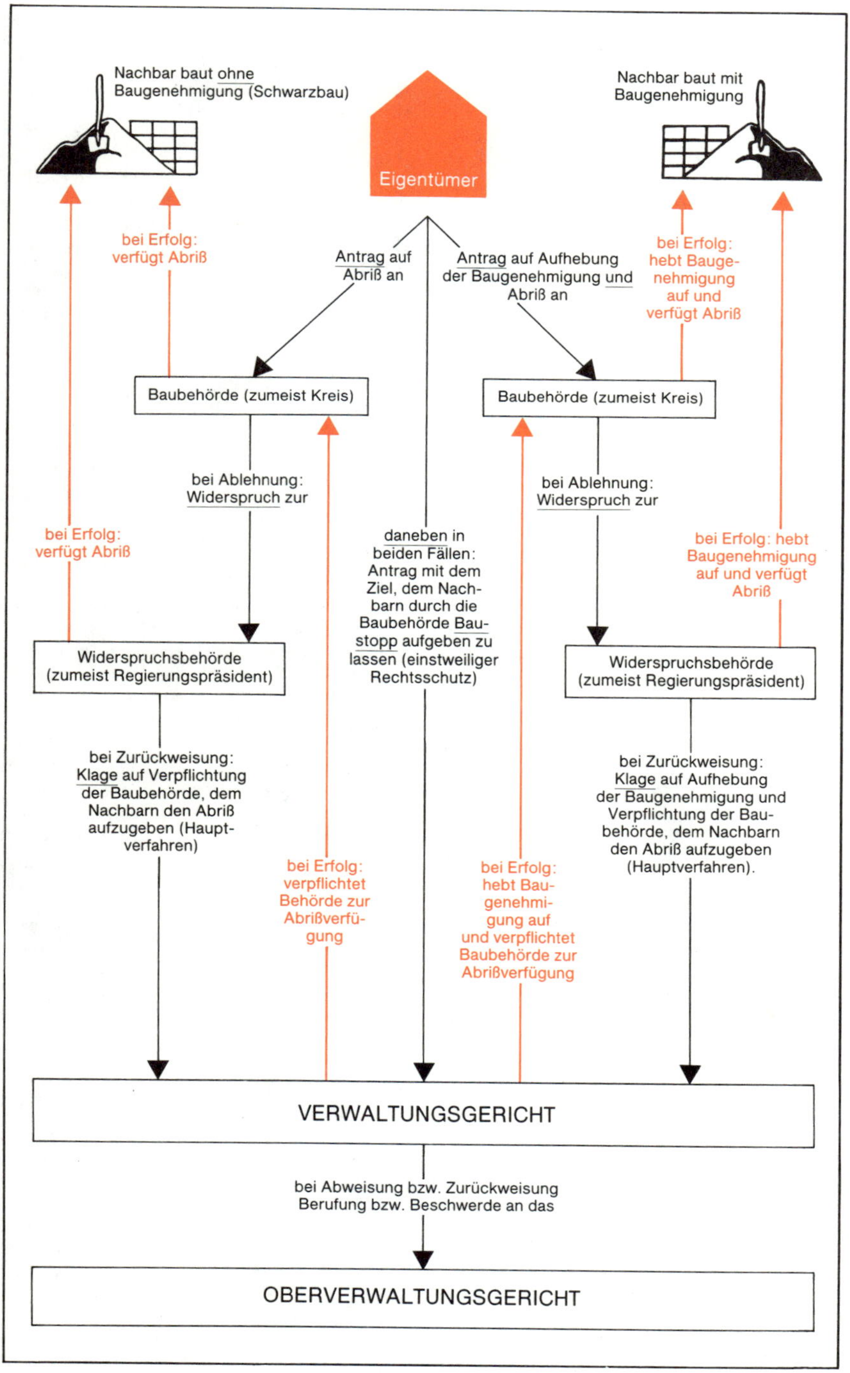

Nachbar baut ohne Baugenehmigung (Schwarzbau)
Eigentümer
Nachbar baut mit Baugenehmigung
bei Erfolg: verfügt Abriß
Antrag auf Abriß an
Antrag auf Aufhebung der Baugenehmigung und Abriß an
bei Erfolg: hebt Baugenehmigung auf und verfügt Abriß
Baubehörde (zumeist Kreis)
Baubehörde (zumeist Kreis)
bei Ablehnung: Widerspruch zur
bei Ablehnung: Widerspruch zur
bei Erfolg: verfügt Abriß
daneben in beiden Fällen: Antrag mit dem Ziel, dem Nachbarn durch die Baubehörde Baustopp aufgeben zu lassen (einstweiliger Rechtsschutz)
bei Erfolg: hebt Baugenehmigung auf und verfügt Abriß
Widerspruchsbehörde (zumeist Regierungspräsident)
Widerspruchsbehörde (zumeist Regierungspräsident)
bei Zurückweisung: Klage auf Verpflichtung der Baubehörde, dem Nachbarn den Abriß aufzugeben (Hauptverfahren)
bei Zurückweisung: Klage auf Aufhebung der Baugenehmigung und Verpflichtung der Baubehörde, dem Nachbarn den Abriß aufzugeben (Hauptverfahren).
bei Erfolg: verpflichtet Behörde zur Abrißverfügung
bei Erfolg: hebt Baugenehmigung auf und verpflichtet Baubehörde zur Abrißverfügung
VERWALTUNGSGERICHT
bei Abweisung bzw. Zurückweisung Berufung bzw. Beschwerde an das
OBERVERWALTUNGSGERICHT

Erschließungsbeitrag

Zu den Kosten der erstmaligen Herstellung bestimmter Teile der Grundausstattung eines Baugebietes sind Erschließungsbeiträge zu leisten. Was als Erschließung anzusehen ist, regelt seit 1960 einheitlich für das Gebiet der Bundesrepublik Deutschland das Bundesbaugesetz (seit 1987: Baugesetzbuch). Danach sind *Erschließungsanlagen* die öffentlichen, zum Anbau bestimmten Straßen, Wege und Plätze; Sammelstraßen innerhalb von Baugebieten, die nicht selbst zum Anbau bestimmt, aber zur Erschließung notwendig sind; Grünanlagen, soweit diese der Erschließung dienen oder Erschließungsanlagen zugehören; Kinderspielplätze innerhalb der Baugebiete; Anlagen zum Schutz von Baugebieten gegen schädliche Umwelteinwirkungen, auch dann, wenn sie nicht Bestandteil der Straßenverkehrs- und Grünanlagen sind. Beiträge zu den Kosten dieser Anlagen können unter bestimmten Voraussetzungen erhoben werden, insbesondere soll ein Bebauungsplan (vgl. S. 254) vorliegen.

Andere für die bauliche Nutzung notwendige Anlagen, z. B. Wasser-, Gas- und Elektroleitungen sowie solche für die Abwässer aus den Baugrundstücken sind keine Erschließungsanlagen im Sinne des Bundesbaugesetzes. Die Kosten hierfür werden nach anderen Regeln abgerechnet. Sind Erschließungsanlagen endgültig hergestellt, werden spätere Baumaßnahmen nicht mehr als Erschließung angesehen. Es handelt sich dann um Verbesserung oder Instandsetzung. Beiträge zu Kosten solcher Maßnahmen werden nach den (landesgesetzlichen) Regelungen über Kommunalabgaben erhoben.

Das Baugesetzbuch geht vom „beitragsfähigen *Erschließungsaufwand*“ aus: Über das Maß des „Erforderlichen“ Hinausgehendes kann nicht abgerechnet werden. Entsprechendes gilt für Anlagen, die vom Eigentümer selbst hergestellt sind. Mindestens 10% des beitragsfähigen Erschließungsaufwandes muß die Gemeinde selbst bezahlen. Der Erschließungsaufwand umfaßt auch die Kosten für Erwerb und Freilegung der Flächen, ferner für die Herstellung von Beleuchtung und Entwässerung der Erschließungsanlagen. Kosten für Brücken, Unterführungen und zugehörigen Rampen sind nicht Bestandteil; Kosten für Fahrbahnen von Straßen überörtlicher Verkehrsbedeutung nur insoweit, als diese für die Erschließung der angrenzenden Baugrundstücke eine größere Breite haben. Die Übernahme vorhandener gemeindlicher Erschließungsanlagen läßt beitragsfähigen Erschließungsaufwand entstehen. Kinderspielplätze sind selbständige Erschließungsanlagen. Durch sie „erschlossen“ sind Grundstücke, die nicht weiter als ungefähr 200 Meter entfernt gelegen sind.

Die Erschließung ist Aufgabe der Gemeinde, soweit nicht nach anderen Vorschriften als denen des Bundesbaugesetzes ein anderer sie durchführt. Die Gemeinde kann die Erschließung durch Erschließungsvertrag auf einen Dritten übertragen.

Der *Pflicht zur Leistung von Erschließungsbeiträgen* unterliegen Grundstücke, für die eine bauliche oder gewerbliche Nutzung festgesetzt ist, sobald sie entsprechend genutzt werden dürfen. Ist ein Grundstück schon so genutzt und nach herrschender Auffassung Bauland, unterliegt es ebenfalls der Beitragspflicht. Beitragspflichtig ist, wer im Zeitpunkt der Zustellung des Beitragsbescheides Grundstückseigentümer ist. Der Erbbauberechtigte tritt an seine Stelle. Ist die Erschließung auf einen Dritten übertragen, kann die Gemeinde Erschließungsbeiträge nicht mehr erheben. Zur Vermeidung von Härten ist im Einzelfall die Zahlung in Raten oder Rentenform zugelassen. Die Gemeinden regeln durch Satzung Art und Umfang der Anlagen, die zur Ermittlung des beitragsfähigen Erschließungsaufwandes heranzuziehen sind, und die Art der Ermittlung und Verteilung des Aufwandes, ferner die Merkmale der endgültigen Herstellung.

Im Wege der *Kostenspaltung* kann der Erschließungsbeitrag für Grunderwerb, Freilegung und Teile der Erschließungsanlagen jeweils selbständig erhoben werden. Die Art und Weise wird durch Satzung der Gemeinde geregelt. Die einmal wirksam ausgesprochene Kostenspaltung darf nicht mehr geändert werden. Die Gemeinde kann den beitragsfähigen Erschließungsaufwand nach tatsächlich entstandenen Kosten oder nach Einheitssätzen ermitteln. Letztere sind durch Satzung zu bestimmen.

Schlichter, O.: Bundesbaugesetz. Kommentar. Köln u.a. [3]1979. – Schmidt, Hans: Handbuch des Erschließungsrechts. Köln u.a. [5]1981. – Quaas, M.: Erschließungs- und Erschließungsbeitragsrecht. München 1985.

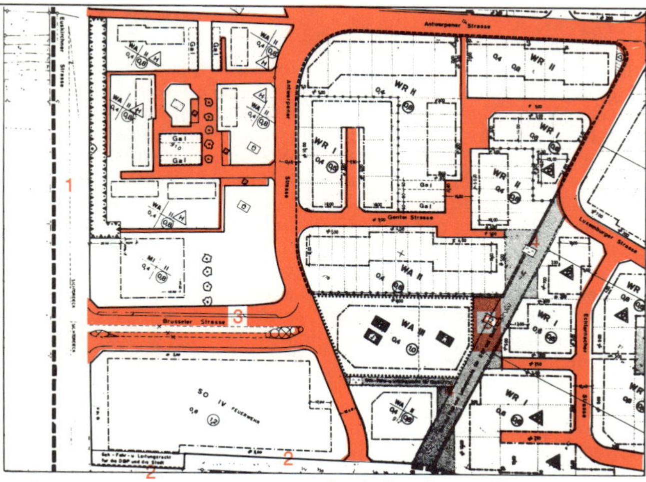

Erschließungsanlagen:

- Erschließungsanlagen, zu deren Kosten Beiträge zu erheben sind
- 1 Bundesstraße, anbaufrei, vor Beginn der Erschließung des Baugebietes vorhanden
- 2 Weg und Straße, vor Beginn der Erschließung des Baugebietes vorhanden
- 3 Straße mit Fahrbahnen größerer Breite, als für die Erschließung der angrenzenden Baugrundstücke erforderlich: nach Satzung der Gemeinde ist nur der dargestellte Flächenanteil beitragsfähig
- 4 (zusätzliche) Grünfläche
- 5 Kinderspielplatz

Baugebiet – Ausschnitt aus einem Bebauungsplan

Zeichen der Kartenunterlage:

- Gemarkungsgrenze
- Flurgrenze
- Flurstücksgrenze

Weitere Signaturen siehe DIN 18702 und Katastervorschriften

Art der baulichen Nutzung:

- WR Reine Wohngebiete
- WA Allgemeine Wohngebiete
- MI Mischgebiete
- SO Sondergebiete

Grünflächen:

- Grünflächen
- Parkanlage
- Spielplatz

Maß der baulichen Nutzung:

- III Zahl der Vollgeschosse als Höchstgrenze
- 0,4 Grundflächenzahl
- (0,7) Geschoßflächenzahl

Bauweise, Baulinien, Baugrenzen:

- Nur Hausgruppen als Gartenhofhäuser gem. § 17 Absatz 2 der Baunutzungsverordnung zulässig
- H Nur Hausgruppen zulässig
- Baugrenze
- 0,0 Bebauungstiefe (Vermaßung)

Sonstige Darstellungen und Festsetzungen:

- Flächen für Stellplätze oder Garagen
- Ga Garagen
- Mit Geh-, Fahr- und Leitungsrechten zu belastende Flächen
- Abgrenzung unterschiedlicher Nutzung innerhalb des Baugebiets
- Grenze des räumlichen Geltungsbereiches des Bebauungsplanes

Bauliche Anlagen und Einrichtungen für den Gemeinbedarf:

- Kirche
- Kindertagesstätte oder Kindergarten
- J Jugendheim

Verkehrsflächen:

- Straßenverkehrsflächen
- P Öffentliche Parkflächen
- Straßenbegrenzungslinie, Begrenzung sonstiger Verkehrsflächen

Besondere Festsetzungen:

- Besonders festgesetzte, nicht überbaubare Grundstücksfläche

Nutzungsregelungen zum Schutz der Landschaft:

- Zu erhaltender Baum

Sonstige Planzeichen:

- Fläche für Vorkehrungen gegen schädliche Umwelteinwirkungen: Schutzwall

Unverbindliche Eintragungen:

- H Bushaltestelle
- Kanaldeckel
- Vorgeschlagene Grundstücksgrenze

Bodenordnung: Umlegung – Grenzregelung

Das im Baugesetzbuch normierte Bodenrecht kennt drei Möglichkeiten, Bauland eigentumsrechtlich aufzubereiten: die Grenzregelung, die Umlegung und die Enteignung. Die durchführenden Stellen sind vom Grundgesetz verpflichtet, den „geringstmöglichen Eingriff" zu wählen. Die *Grenzregelung* ist dazu bestimmt, nicht selbständig bebaubare Grundstücke oder Teile davon zu tauschen oder einseitig zuzuteilen. Sie eignet sich also in der Regel nicht zur Aufbereitung eines neuen Baugebiets, weil keine öffentlichen Verkehrsflächen u. ä. ausgeschieden werden können, die zur Erschließung von Bauland unentbehrlich sind. Die *Umlegung* dagegen ist dazu bestimmt, Ackerflächen in Bauland umzugestalten durch Bildung von Bauplätzen und öffentlichen Bedarfsflächen, während die *Enteignung* das Mittel ist, um öffentlichen Grundstücksbedarf aus Privathand dem Bedarfsträger zuzuweisen. Die Enteignung darf aber nur erfolgen, wenn eine andere Einigung nicht möglich ist und sie für ein im öffentlichen Interesse liegendes Unternehmen (z. B. Straßenbau) erfolgt.

Den Regelfall bildet die Umlegung als ein gesetzlich geregeltes Grundstückstauschverfahren. Das Gesetz geht von dem Gedanken aus, daß alle Grundstücksgrenzen zunächst beseitigt werden und die Fläche zur „Einwurfmasse" vereinigt wird. Jeder Beteiligte erhält einen Zuteilungsanspruch, der entweder durch prozentualen Flächenabzug aus der Einwurffläche ermittelt wird (Flächenumlegung) oder dem Wert der Einwurffläche entsprechen soll (Wertumlegung). Man setzt dabei voraus, daß der Grundstückswert vom Ackerland bis zur Baureife stufenweise steigt durch Bauerwartung, Bauleitplanung, Bodenordnung und Erschließung. Der Wertzuwachs durch Bodenordnung wird abgeschöpft zugunsten der Gemeinde, die ihrerseits die Verfahrenskosten trägt.

Der Umlegungsausschuß, den die Gemeinde bestellt und dem in der Regel der Vermessungsamtsleiter vorsitzt, hat die Aufgabe, für die geplante Bebauung, die der Bebauungsplan durch Bauweise, Geschoßzahl, überbaubare Flächen, Nutzungsziffern und Erschließungsflächen vorgibt, geeignete Grundstücke zu bilden und den Beteiligten zuzuteilen. Die Flächen für den öffentlichen Bedarf werden zuvor ausgeschieden.

Bei der Zuteilung läßt sich nicht vermeiden, daß das neue Grundstück größer oder kleiner als der Zuteilungsanspruch ist und mancher mit geringem Anspruch keinen Bauplatz erhält. Sofern Gemeinschaftseigentum mit anderen nicht angenommen wird, werden solche Differenzen zwischen Anspruch und Zuteilung mit Geld ausgeglichen. Ebenso werden bauliche Anlagen, Pflanzungen, Rechte an und Lasten auf Grundstücken mit dem Geldwert in Rechnung gestellt.

Der Verfahrenslauf wird durch Ratsbeschluß eingeleitet. Die beteiligten Grundstücke erhalten im Grundbuch einen Umlegungsvermerk. Von der Bekanntmachung des Einleitungsbeschlusses ab bedürfen Verfügungen über die Grundstücke, die deren Wert steigern, der Genehmigung der Umlegungsstelle. Nur wenn das Verfahren dadurch erschwert wird, darf sie versagt werden.

Nach einmonatiger Auslegung eines Bestandsverzeichnisses beginnen die Einzelerörterungen vor dem Ausschuß, in denen Wünsche und Möglichkeiten der Zuteilung abgestimmt werden. Das Ergebnis ist schließlich der Umlegungsplan mit zugehörigem Umlegungsverzeichnis, in denen alle Veränderungen der Grundstücke nach Form und Lage, Lasten und Rechten und der Geldausgleich geregelt sind. Nach wiederum einmonatiger Auslegung und auszugsweiser Zustellung an die Beteiligten – und ergebnislosem Verstreichen der Rechtsmittelfrist – stellt die Umlegungsstelle die Unanfechtbarkeit fest. Damit wird der alte Rechtszustand durch den neuen ersetzt, und die Eigentümer werden in den Besitz der neuen Grundstücke eingewiesen. Das Grundbuch wird entsprechend berichtigt.

Gegen die Entscheidungen des Umlegungsausschusses steht der Rechtsweg vor den Kammern für Baulandsachen offen.

Wie eingangs erwähnt, beschränkt sich die *Grenzregelung* auf Austausch oder einseitige Zuteilung nicht selbständig bebaubarer Grundstücke oder deren Teile. Wegen des geringen Umfangs der betroffenen Flächen kann hier – im Gegensatz zur Umlegung – darauf verzichtet werden, zuvor einen Bebauungsplan aufzustellen. Das Verfahren wird vornehmlich angewandt, um Grundstücken im bebauten Gemeindegebiet einen für Bauzwecke geeigneten Zuschnitt zu geben. Wertänderungen werden auch hier durch Geld ausgeglichen.

Dieterich, H.: Baulandumlegung – Recht und Praxis. München 1985.

Bodenwertzuwachs und Bodenordnung

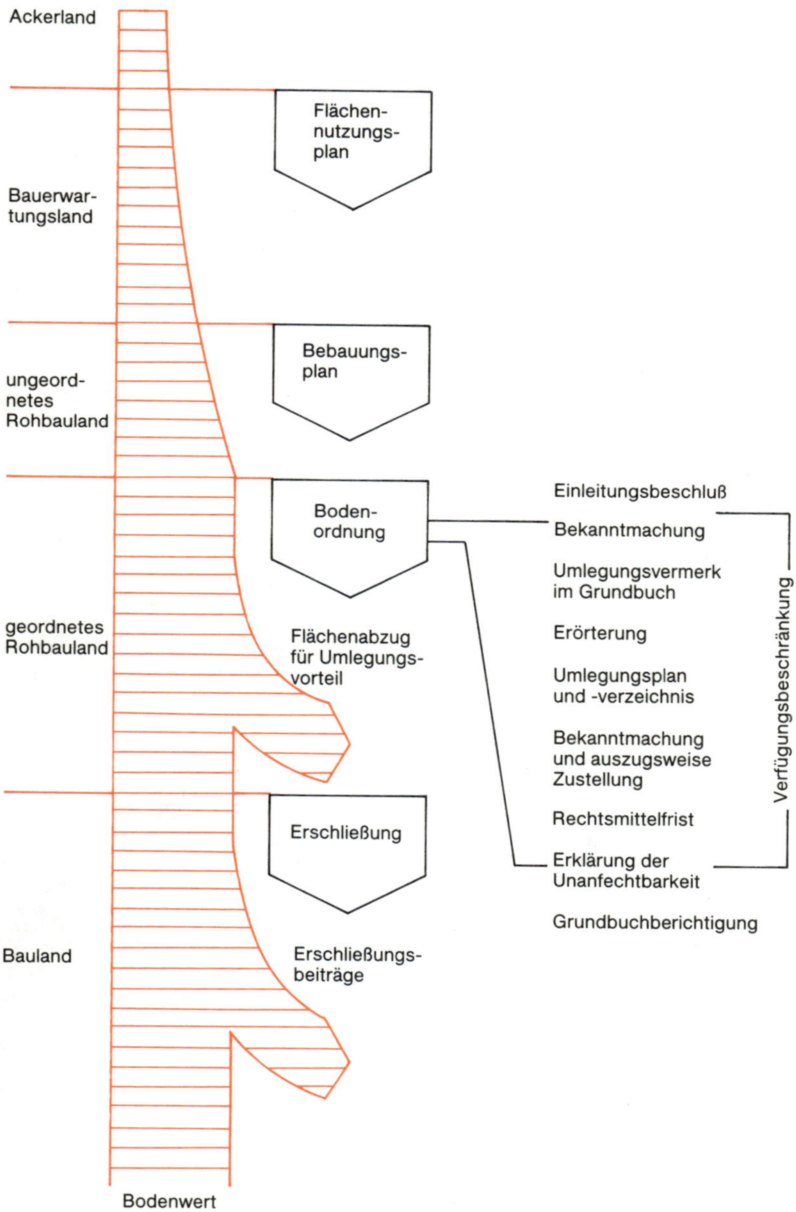

Vermessungs- und Katasterwesen

Das kommunale Vermessungswesen beginnt in Deutschland mit dem preußischen Fluchtliniengesetz von 1875, mit dem die kommunale Planung eingeführt wurde. Aufgabe des Vermessungswesens ist es, durch Erd-, Landes-, Projekt- und Einzelvermessung nach den Methoden der Geodäsie kartographische Grundlagen für Planungen und Einzelvorhaben zu erstellen. Das Katasterwesen wurde in Deutschland erstmals in der napoleonischen Zeit in den französischen Rheinlanden eingeführt, um eine gerechte Besteuerung des Grundbesitzes zu ermöglichen. Unter Kataster wird ein amtliches Grundstücksverzeichnis verstanden, das Grundlage für die Besteuerung, für das Grundbuch ist, als Unterlage für Planungszwecke, für die Wirtschaft, für die Kartenerstellung und Statistik dient. Das Vermessungs- und Katasterwesen ist in der Bundesrepublik Deutschland Sache der Länder. Zuständig für die Wahrnehmung dieser Aufgaben sind in der Regel ein Landesvermessungsamt als Landesoberbehörde sowie Kataster- und Vermessungsämter. In Nordrhein-Westfalen sind die Katasterbehörden in die Kreise und kreisfreien Städte eingegliedert. In den kreisfreien Städten und Kreisen sind in der Bauverwaltung Vermessungs- und Katasterämter eingerichtet.

Die gemeindlichen Vermessungs- und Katasteraufgaben umfassen folgende Bereiche: Aufgaben der Landes- und Ingenieurvermessung, Kartographie und Reprographie, Arbeiten für die Bauleitplanung und Landschaftsplanung, Aufgaben in der Bodenordnung (vgl. S. 264) und im Bereich des Erschließungsbeitragsrechts (vgl. S. 262), der Bodenbewertung (vgl. S. 268) sowie die Führung des Liegenschaftskatasters. Die amtlichen Karten des Liegenschaftskatasters und das amtliche topographische Landeskartenwerk reichen vielfach nicht für die spezielleren gemeindlichen Bedürfnisse aus. Daher haben die Großstädte durchweg zusätzlich eigene sogenannte *Stadtgrundkarten* sowie eine Fülle thematischer *Sonderkarten und -pläne* entwickelt. Auf Stadtplänen in den Maßstäben 1 : 10 000 oder auch 1 : 50 000 können so Informationen über komplexe Zusammenhänge dargestellt werden, wie z. B. die Darstellung von Erhebungsergebnissen und Konzeptionen für die räumliche Planung oder für sonstige Konzepte der Stadtentwicklungsplanung (vgl. S. 270). Als Hilfsmittel der Darstellung dienen dabei u. a. Einzelsignaturen, Liniensignaturen, Flächensignaturen, unterschiedliche Farbgebungen, Kartogramme und Kartodiagramme. Zum Teil dienen die Karten als Nachweise für Sachverhalte und Planungen, die aufgrund gesetzlicher Vorschriften ständig verfügbar sein müssen, u. U. auch von den Bürgern eingesehen werden können und bei Veränderungen angepaßt werden müssen (z. B. Flächennutzungsplan [vgl. S. 252], Bebauungspläne [vgl. S. 254], Richtwert- und Kaufpreiskarten [vgl. S. 268]). Bei der Projektplanung werden Karten vor allem zur Planung und Durchführung von Maßnahmen des Hoch- und Tiefbaus (vgl. S. 298) erstellt.

Für den einzelnen Bürger ist das Vermessungs- und Katasteramt vor allem im Zusammenhang mit Bauvorhaben und mit der Grundsteuer von Bedeutung. Das Kataster ist das einzige Verzeichnis, in dem alle Liegenschaften, Grundstücke und grundstücksgleichen Rechte und Gebäude nachgewiesen sind, auch die im Grundbuch nicht nachgewiesenen Grundstücke. Im einzelnen enthält das Liegenschaftskataster neben der Karte das Flurbuch, das Liegenschaftsbuch, das Eigentümerverzeichnis, das alphabetische Namensverzeichnis, das Gebäudebuch und das Straßenverzeichnis. Diese Buchangaben werden zunehmend auf EDV umgestellt. Liegenschaftskataster und Grundbuch müssen kontinuierlich in Übereinstimmung gehalten werden, was durch gegenseitige Informationspflichten über Veränderungen erreicht wird.

Die kommunalen Vermessungs- und Katasterdienststellen haben wichtige Aufgaben im Bereich der Bodenordnung (vgl. S. 264) zu erfüllen, wo neue Grundstücke geschaffen und vermessen werden müssen. Diese Aufgabe ist häufig bei Sanierungs- und Stadterneuerungsmaßnahmen (vgl. S. 280) besonders wichtig. Im Bereich der Erschließung fallen vor allem Abrechnungen nach dem Bundesbaugesetz, dem Kommunalabgabengesetz und dem Fluchtliniengesetz an. Bei den Vermessungs- und Katasterämtern der kreisfreien Städte und Kreise sind z. T. die Geschäftsstellen für die Gutachterausschüsse für die Ermittlung von Grundstückswerten eingerichtet.

Kriegel, O.: Katasterkunde in Einzeldarstellungen. 13 Hefte u. 2 Ergänzungslieferungen. Karlsruhe 1973–82.

Aufgabengruppe 62: Vermessung und Kataster

1 Grundlagenvermessung

1.1 Aufbau, Ergänzung und Erhaltung geodätischer Festpunktfelder und Bezugssysteme für Lage und Höhe

1.2 Durchführung von Neuvermessungen

2 Liegenschaftskataster

2.1 Einrichtung, Erneuerung und Fortführung des Liegenschaftskatasters nach Landesrecht

2.2 Urkundsvermessungen und sonstige Vermessungen

2.3 Übernahme von Vermessungen anderer Stellen

2.4 Auskünfte und Auszüge aus dem Liegenschaftskataster; Ausstellung von Grenz-, Gebäudeeinmessungs-, Entfernungs-, Zweckdienlichkeits-, Freistellungs- und ähnlichen Bescheinigungen

2.5 Beurkundung und Beglaubigung von Anträgen auf Vereinigung und Teilung; Unschädlichkeitszeugnisse

2.6 Aufgaben bei der Bodenschätzung

2.7 Erhaltung der Übereinstimmung von Grundbuch und Liegenschaftskataster

3 Topographische Vermessung; Photogrammetrie

3.1 Erfassung der Oberflächengestaltung sowie der ober- und unterirdischen topographischen Objekte; Lage- und Höhenpläne

3.2 Topographischer Meldedienst

3.3 Photogrammetrische Geländevermessung; Luftbilder und Luftbildkarten; Luftbildauswertung

4 Ingenieurvermessung

4.1 Vermessungsarbeiten für den Hoch-, Tief- und Gartenbau; Trassierungs- und Absteckungsberechnungen; Absteckung nach Lage und Höhe; Durchführungskontrollen; vermessungstechnische Bauwerksüberwachungen

4.2 Einrichtung und Fortführung eines Leitungskatasters

5 Vermessungsaufgaben für Bauleitplanung, Landschaftsplanung und Bauordnung

6 Kartographie; Reprotechnik

6.1 Kartographische Originalherstellung

6.2 Reproduktionstechnische Originalherstellung für Karten und Pläne; Mikrographie

6.3 Architektur- und städtebauliche Fotografie

6.4 Druck- und Vervielfältigung von Karten und Plänen

7 Bodenordnung

7.1 Federführung für die Ordnungsmaßnahmen nach Bundesbaugesetz und Städtebauförderungsgesetz, Mitwirkung bei den vorbereitenden und planerischen Aufgaben

7.2 Umlegung, Grenzregelung

7.3 Geschäftsstelle des Umlegungsausschusses

7.4 Vertretung der Gemeinde in Flurbereinigungsverfahren

7.5 Enteignungen

7.6 Federführung bei Bodenverkehrsgenehmigung nach Bundesbau- und Städtebauförderungsgesetz

7.7 Prüfung der gesetzlichen Voraussetzungen für das Vorkaufsrecht

8 Grundstücksbewertung

8.1 Aufgaben der Geschäftsstelle des Gutachterausschusses nach dem Bundesbaugesetz

8.2 Wertermittlung für Grundstücke, Gebäude, Entschädigungen, Vermögensvor- und -nachteile im Rahmen gesetzlicher Verfahren nach dem Bundesbaugesetz und Städtebauförderungsgesetz, für die Bauleitplanung, für den Grundstücksverkehr der Gemeinde und für sonstige Zwecke

8.3 Vermögensbewertung, steuerliche Bewertung und Feuerversicherungbewertung für den gemeindlichen Grundbesitz

8.4 Wertauskünfte, Stellungnahme zu Wertangaben und Wertgutachten, Mietwerte von Dienstwohnungen u. ä.

8.5 Mitarbeit bei der Einheitsbewertung der Finanzverwaltung

9 Mitwirkung bei Baugenehmigungen

10 Benennung von Straßen und Plätzen, Grundstücks- und Gebäudenumerierung

11 Ermittlung grundstücksbezogener Schlüsselzahlen für Beiträge und Gebühren, Straßenanliegerbescheinigungen

12 Ermittlung, Sammlung und Auswertung flächenbezogener Daten, insbesondere

12.1 Aufbau und Fortführung der Grundstücksdatenbank einschließlich Gebäudebuch

12.2 Aufbau und Fortführung von allgemeinen regionalen Gliederungs- und Lokalisierungssystemen

12.3 Sammlung und Auswertung von Baugrund- und Grundwasseruntersuchungen, von Umweltschutzdaten über Lärm, Luft-, Wasser- und Bodenverschmutzung

Bodenpolitik – Bodenpreise

Unter Bodenpolitik im allgemeinen Sinne werden alle Maßnahmen verstanden, mit denen die öffentliche Hand auf die *Bodenverteilung* (Distribution) und die *Bodennutzung* (Allokation) Einfluß nimmt. Da der Boden unentbehrliche Daseinsgrundlage des Menschen ist, kommt der Bodenpolitik seit jeher besondere staats-, wirtschafts- und sozialpolitische Bedeutung zu; die Art und Weise der Bodenpolitik ist stark abhängig von der jeweiligen verfassungsrechtlichen Grundordnung. Unter dem Grundgesetz ist die Bodenpolitik bestimmt durch Art. 14 und 15 GG, in denen einerseits das Eigentum garantiert, andererseits der Sozialpflichtigkeit des Eigentums ein besonderer Rang beigemessen wird.

Träger der Bodenpolitik sind insbesondere der Bund, die Länder und die Gemeinden. Während sich die bodenpolitische Tätigkeit des Bundes und der Länder vornehmlich auf gesetzgeberische Maßnahmen beschränkt (Steuerrecht, Bau- und Planungsrecht), liegt die Aufgabe der Gemeinden vor allem darin, Grund und Boden dort rechtzeitig und zu einem als tragbar verstandenen Preis verfügbar zu machen, wo er für die Verwirklichung bestimmter Zielvorstellungen gebraucht wird, sei es für die Nutzung als Gemeinbedarfsfläche (z. B. als Straße) oder sei es zur Deckung des Baulandbedarfs der Bevölkerung. Die dazu erforderlichen Instrumente sind den Gemeinden vor allem durch das Bundesbaugesetz (Baugesetzbuch) an die Hand gegeben. Das Baugesetzbuch regelt allerdings mehr die *Ausweisung von Bauland* durch Planung, Plansicherung, Bodenordnung und Erschließung; die *Verwirklichung* der in den Bauleitplänen vorgesehenen Nutzung kann dagegen nur selten erzwungen werden, wenn die Grundeigentümer nicht selbst interessiert sind. Die als Zwangsmaßnahmen in Betracht kommenden sogenannten *Planverwirklichungsgebote* (Bau-, Pflanz- und Abbruchgebot) sind ebenso wie die Möglichkeiten der Vorkaufsrechtsausübung und der Enteignung nur in Einzelfällen von Bedeutung.

Vor allem die allgemeinen wirtschaftlichen Rahmenbedingungen sowie die steuerliche Unterbewertung des Grundbesitzes (Einheitsbewertung 1964 als Bemessungsgrundlage für Grund-, Vermögen-, Erbschaft- und Schenkungssteuer) haben dazu beigetragen, daß dem vielerorts in nicht unbeträchtlichem Maße vorhandenen *Baulandpotential* eine große unbefriedigte *Bodennachfrage* gegenübersteht. Baureifes Land wird selbst dann noch als bevorzugtes und „krisensicheres“ Anlagegut vom Eigentümer zurückgehalten, wenn dieser selbst keine Bauabsichten hat. Eine städtebaulich unerwünschte Zersiedlung des Außenbereichs mit erheblichen Folgekosten für die Infrastruktur sowie ein überdurchschnittlicher Bodenwertzuwachs sind die Folgen. Einen Überblick über das jeweilige *Bodenpreisniveau* in den verschiedenen Gemeindegebieten vermitteln die von den Gutachterausschüssen für Grundstückswerte in der Regel alljährlich zu ermittelnden durchschnittlichen Lagewerte für das Bauland (Bodenrichtwerte). Sie werden in *Bodenrichtwertkarten* bekanntgemacht, die jedermann einsehen kann.

Um die Verhältnisse auf dem Bodenmarkt zu verbessern, werden in der kommunalen Bodenpolitik Wege gesucht, das ausgewiesene Bauland in angemessener Zeit seiner Nutzung zuzuführen, z. B. durch eine langfristige Bodenvorratspolitik oder dadurch, daß sich die Gemeinde vor Verleihung von Baurechten zwischenzeitliche Verfügungsrechte über das Grundeigentum sichert. Der in den Verfassungen Bayerns (Art. 161) und Bremens (Art. 45) enthaltene Auftrag, Bodenwerterhöhungen für die Allgemeinheit nutzbar zu machen, soweit sie ohne besonderen Kapital- und Arbeitsaufwand entstanden sind (so schon Art. 155 der Weimarer Reichsverfassung), findet lediglich in der „Abschöpfung“ umlegungs-, sanierungs- und entwicklungsbedingter Werterhöhungen in den einschlägigen Veranstaltungsgebieten zum Zwecke der finanziellen Entlastung der Gemeinde auch seine bodenpolitische Ausformung. Ein sogenannter Planungswertausgleich hat hingegen keinen Eingang in das Städtebaurecht finden können. Auf dem Gebiet des Steuerrechts sind vor allem die Forderungen nach einer Entprivilegierung des Grundbesitzes durch eine zeitnahe und in möglichst kurzen Zeitabständen zu wiederholende Einheitsbewertung des Grundbesitzes sowie nach erneuter Einführung einer erhöhten Grundsteuer für unbebaute baureife Grundstücke (Baulandsteuer) zu erwähnen.

Bielenberg, W.: Städtebauförderungsgesetz. Kommentar. München [2]1985. Loseblatt. Stand: Okt. 1985.

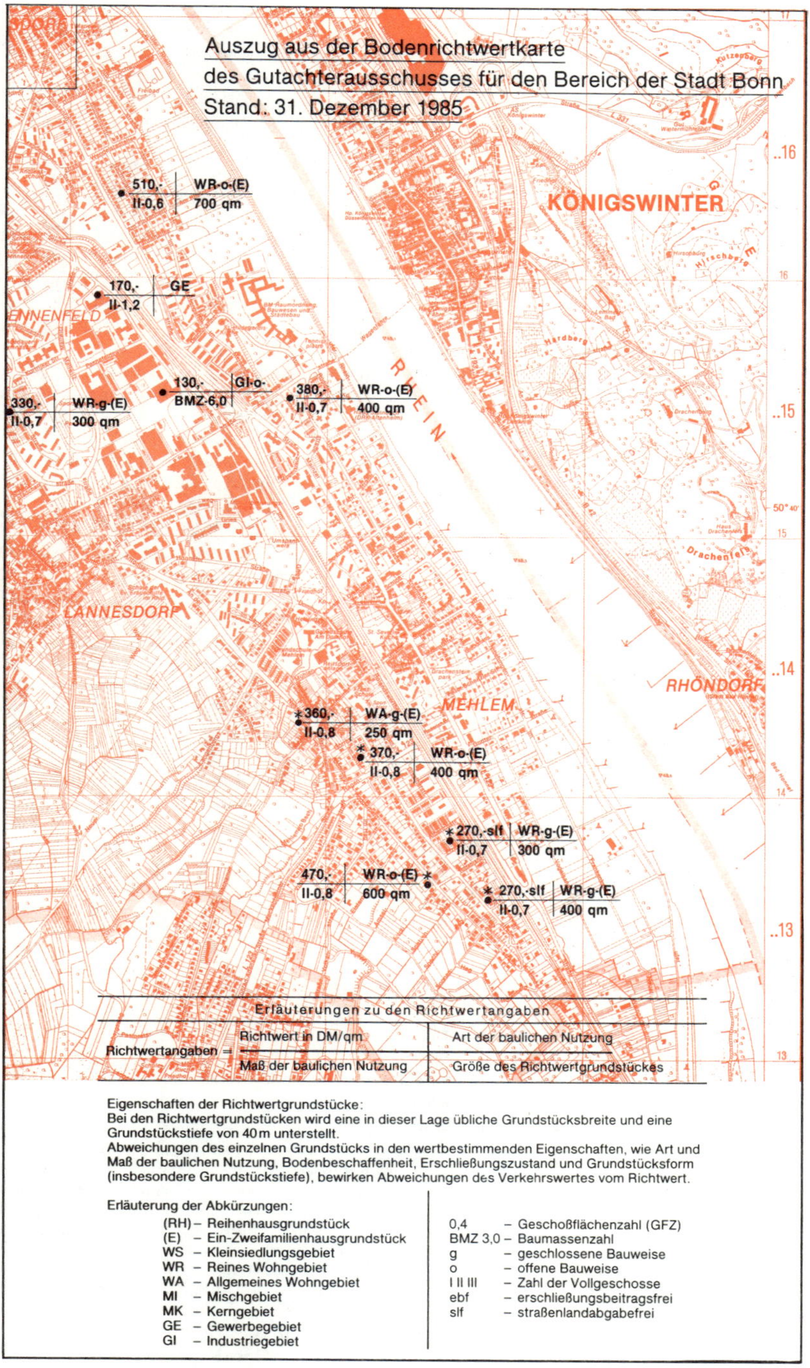

Erläuterungen zu den Richtwertangaben

Richtwertangaben =	Richtwert in DM/qm	Art der baulichen Nutzung
	Maß der baulichen Nutzung	Größe des Richtwertgrundstückes

Eigenschaften der Richtwertgrundstücke:
Bei den Richtwertgrundstücken wird eine in dieser Lage übliche Grundstücksbreite und eine Grundstückstiefe von 40 m unterstellt.
Abweichungen des einzelnen Grundstücks in den wertbestimmenden Eigenschaften, wie Art und Maß der baulichen Nutzung, Bodenbeschaffenheit, Erschließungszustand und Grundstücksform (insbesondere Grundstückstiefe), bewirken Abweichungen des Verkehrswertes vom Richtwert.

Erläuterung der Abkürzungen:

(RH)	– Reihenhausgrundstück	0,4	– Geschoßflächenzahl (GFZ)
(E)	– Ein-Zweifamilienhausgrundstück	BMZ 3,0	– Baumassenzahl
WS	– Kleinsiedlungsgebiet	g	– geschlossene Bauweise
WR	– Reines Wohngebiet	o	– offene Bauweise
WA	– Allgemeines Wohngebiet	I II III	– Zahl der Vollgeschosse
MI	– Mischgebiet	ebf	– erschließungsbeitragsfrei
MK	– Kerngebiet	slf	– straßenlandabgabefrei
GE	– Gewerbegebiet		
GI	– Industriegebiet		

Stadtentwicklungsplanung

Stadtentwicklung umfaßt die Gesamtheit aller gestalteten und zufälligen materiellen und immateriellen Vorgänge, die eine Stadt bzw. die Städte insgesamt verändern. So sind die Industrialisierung des 19. Jahrhunderts oder der Wiederaufbau nach den Zerstörungen des Zweiten Weltkrieges wesentliche Abschnitte historischer Stadtentwicklung (vgl. S. 10ff.). Mit Stadtentwicklungsplanung wird dagegen die zielgerichtete und planvolle, alle gemeindlichen Handlungsbereiche umfassende Gestaltung einer Stadt verstanden. Diese Aufgabe, die im allgemeinen Sprachgebrauch häufig mit Stadtentwicklung gleichgesetzt wird, hat sich in den deutschen Städten – beginnend in den 1960er Jahren – in den 1970er Jahren herausgebildet. Grundlage war eine lebhafte öffentliche Diskussion über die negativen Folgen des Städtewachstums („Rettet unsere Städte jetzt" als Motto der Hauptversammlung 1971 des Deutschen Städtetages).

Die institutionelle und organisatorische Ausprägung der Stadtentwicklungsplanung in den Städten ist unterschiedlich. Sie ist insbesondere abhängig von der Stadtgröße. Am häufigsten sind eigene Ämter für Stadtentwicklungsplanung (oft in Verbindung mit verwandten Aufgaben) und Stabs- bzw. Referatsorganisationen, die meist der Verwaltungsführung unmittelbar zugeordnet sind. Besonderes Kennzeichen ist ihre ämter- und dezernatsübergreifende Arbeitsweise in Arbeitskreisen und Projektgruppen. Auf seiten der Gemeindevertretung (vgl. S. 80) wird die Stadtentwicklungsplanung in der Regel von Ausschüssen (vgl. S. 84) behandelt, die sich außerdem u. a. mit Stadtplanung, Wirtschaftsförderung oder Umweltfragen befassen.

In einer ersten Phase der Stadtentwicklungsplanung dominierte die Arbeit an Gesamtkonzepten. Eine Reihe von Städten haben umfassende Stadtentwicklungspläne oder -programme erstellt (u. a. München, Köln, Dortmund, Hannover). Räumlich-funktionale Entwicklungskonzepte – das sind räumliche Ordnungsmodelle, die die Eigenart und Lebendigkeit der städtischen Teilräume und ihrer Zentren zum Gestaltungsziel machen – haben in vielen Städten die überbordende Cityentwicklung und die baulandorientierte Siedlungstätigkeit geordnet und frühere, städtebaulich orientierte Leitbilder abgelöst. Typisch für die erste Phase der Stadtentwicklungsplanung waren außerdem die an normierten Bedarfswerten ausgerichteten Fachentwicklungsplanungen, die den stufenweisen Aufbau einer flächendeckenden Versorgung mit Kindergärten, Spielplätzen, Schulen, Jugend- und Alteneinrichtungen, Sportstätten usw. zum Ziel hatten.

Mit Beginn der 1980er Jahre sind grundsätzliche Veränderungen der Rahmenbedingungen sichtbar geworden, die die Stadtentwicklung beeinflussen. Zu nennen sind insbesondere: die langfristige Abnahme der Bevölkerungszahl und ihre Auswirkungen auf die Nachfrage nach Wohnungen, Arbeitsplätzen und kommunalen Dienstleistungen; Wirtschaftsentwicklung und neue Technologien in ihren Auswirkungen auf Arbeitsvolumen und Standortstrukturen; die Umweltkrise; die kommunalen Finanzen; wachsende arbeitsfreie Zeit und neue Anforderungen an die kommunale Sozial- und Kulturpolitik. Die Stadtentwicklung im Übergang zur postindustriellen Gesellschaft erfordert neue Orientierungen, um Anpassungsprozesse zu stützen bzw. Anpassungsschwierigkeiten abzumildern, Entwicklungschancen zu nutzen und notwendige Optionen offenzuhalten. Es ist Aufgabe der Stadtentwicklungsplanung, die ablaufenden Entwicklungstendenzen zu beobachten und zu analysieren (Bericht zur Stadtentwicklung) sowie neue, gegebenenfalls alternative Entwicklungsperspektiven für den politischen Entscheidungsprozeß zu formulieren.

Kommunale Entwicklungsplanung in der Bundesrepublik Deutschland. Ergebnisse einer Umfrage. Hg. v. d. Kommunalen Gemeinschaftsstelle für Verwaltungsvereinfachung. Köln 1980. – Probleme der Stadtentwicklung. Hg. v. Deutschen Städtetag. Köln 1981. – Menschengerechte Stadt. Aufforderung zur humanen und ökologischen Städteerneuerung. Hg. v. Kirchenamt der EKD. Gütersloh [3]1985. – Ahrens, P. P./Zierold, H.: Entwicklungsplanung in Kommune und Region. Dortmund 1986.

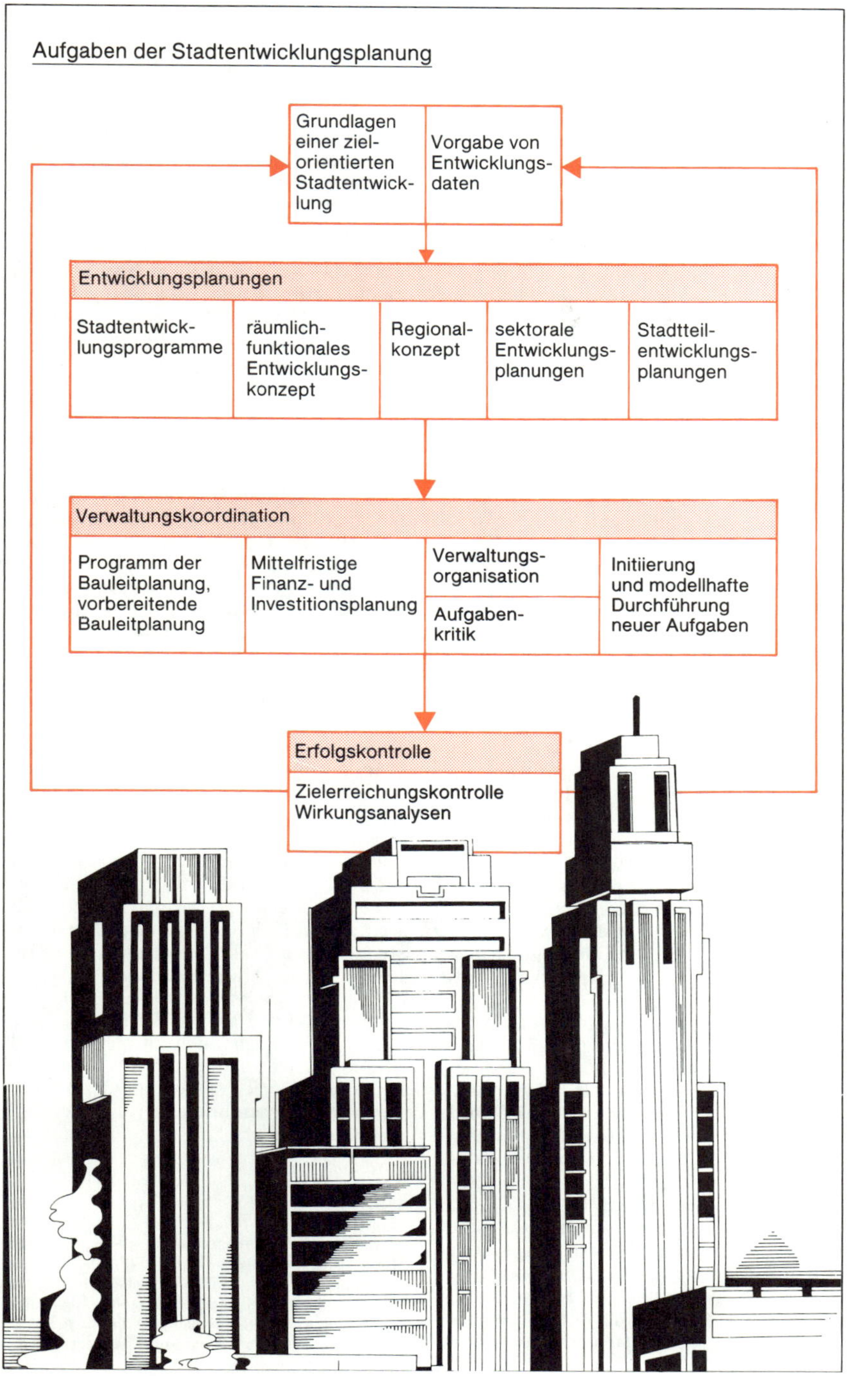
Aufgaben der Stadtentwicklungsplanung
Grundlagen einer zielorientierten Stadtentwicklung
Vorgabe von Entwicklungsdaten
Entwicklungsplanungen
Stadtentwicklungsprogramme
räumlich-funktionales Entwicklungskonzept
Regionalkonzept
sektorale Entwicklungsplanungen
Stadtteilentwicklungsplanungen
Verwaltungskoordination
Programm der Bauleitplanung, vorbereitende Bauleitplanung
Mittelfristige Finanz- und Investitionsplanung
Verwaltungsorganisation
Aufgabenkritik
Initiierung und modellhafte Durchführung neuer Aufgaben
Erfolgskontrolle
Zielerreichungskontrolle
Wirkungsanalysen

Dorfentwicklungsplanung

Das Dorf ist ein wesentlicher Bestandteil der Siedlungsstruktur der Bundesrepublik Deutschland. Nachdem es über Jahrzehnte hinweg ganz im Schatten städtischer Entwicklungen stand, beginnt es wieder Aufmerksamkeit auf sich zu lenken und wird zunehmend als eine Alternative zu städtischen Siedlungsformen gesehen. Die Dörfer haben jedoch vor allem nach dem Zweiten Weltkrieg einen tiefgreifenden Strukturwandel durchgemacht (vgl. S. 16). Aus Bauerndörfern sind zum größten Teil Wohn-, Industrie- oder Fremdenverkehrsdörfer geworden. Diese Entwicklung ist bei der Mehrzahl nicht problemlos verlaufen. Sie sind heute meist zweigeteilt in den alten, oft vernachlässigten Ortskern und das neue, vorstädtisch geprägte Neubaugebiet am Ortsrand. Wenn aber das Dorf als eigenständige Siedlungseinheit mit unverwechselbarem Gepräge erhalten und weiterentwickelt werden soll, sind gezielte planerische Anstrengungen erforderlich.

Hier liegt der Ansatzpunkt der Dorfentwicklungsplanung, denn das Instrumentarium der Bebauungsplanung (vgl. S. 254) und des Städtebauförderungsgesetzes (vgl. S. 280) hat sich als wenig praktikabel für die kleinräumigen Verhältnisse des Dorfes besonders in den alten Ortslagen erwiesen.

Dagegen hat sich in zunehmendem Maß die Aufstellung eines örtlichen Entwicklungskonzepts (= Dorfentwicklungsplan) bewährt. Seine Aufgabe ist es, den Rahmen für künftige Entwicklungen abzustecken und einzelne Maßnahmen, seien sie öffentlicher oder privater Natur, in ein Gesamtbild einzuordnen. Auch die seit Jahren betriebene Förderung der Dorfentwicklung durch Bund und Länder setzt durchweg planerische Vorarbeiten dieser Art voraus.

Da in den Dörfern trotz vergrößerter Verwaltungseinheiten (vgl. S. 32) die eigene Planungskapazität oft nicht ausreicht, vollzieht sich die Dorfentwicklungsplanung zu einem großen Teil in der Zusammenarbeit mit freien Planungsbüros. Dabei zeichnet sich eine veränderte Rolle für den Planer ab: Nicht der dominierende Experte ist gefragt, der Gutachten und Pläne liefert, sondern der unterstützende Partner, der in der Lage ist, mit der Verwaltung, dem Gemeinderat und vor allem mit der Bevölkerung zusammenzuarbeiten. Für die Dorfentwicklungsplanung ist es von entscheidender Bedeutung, daß die Bürger aktiv in die Planungsarbeiten eingebunden werden – sei es durch Informations- und Diskussionsveranstaltungen oder durch Arbeitskreise.

Inhaltlich lassen sich die Aussagen des örtlichen Entwicklungskonzepts folgenden Bereichen zuordnen: Das Nutzungskonzept regelt die räumliche Verteilung der verschiedenen Nutzungen im Dorf und entscheidet damit über Mischung oder Trennung von Funktionen.

Das Konzept für Verkehr und Freiflächen klärt Fragen der Erschließung und des Verkehrs, um darauf aufbauend Straßen und Plätze als öffentlichen Raum für die örtliche Gemeinschaft zu gestalten.

Das Grünordnungskonzept befaßt sich mit dem Verhältnis zwischen Siedlung und Natur, wobei die Beziehungen des Ortes zur umgebenden Landschaft sowie die Gestaltung des innerörtlichen Grüns im Vordergrund stehen.

Das Gestaltungskonzept umfaßt alle öffentlichen und privaten Maßnahmen, die sich auf das Ortsbild in seiner Eigenart und Unverwechselbarkeit auswirken. Es enthält damit Aussagen sowohl zur Gestalt des Dorfes in seiner Gesamtheit als auch zu Einzelheiten der Bebauung und Begrünung.

Die programmatische Umsetzung dieser Aussagen erfolgt in der Regel in einem Maßnahmen- und Investitionskatalog. Dabei werden die im örtlichen Entwicklungskonzept erarbeiteten Maßnahmen im Hinblick auf ihre Durchführung sachlich und zeitlich geordnet.

Was die rechtliche Stellung der Dorfentwicklungsplanung betrifft, so sprechen die bisherigen Erfahrungen dafür, das örtliche Entwicklungskonzept nicht durch weitreichende Rechtswirkungen zu belasten, sondern es als Rahmenplan vom Gemeinderat beschließen zu lassen.

Insgesamt zielt damit die Dorfentwicklungsplanung darauf ab, die Entwicklung der Dörfer ganzheitlich zu steuern, und dies in einer Form, die auf die Besonderheiten des Dorfes mit seinen kleinräumigen Verhältnissen und engen sozialen Beziehungen eingeht.

Baldauf, G.: Ortsplanung im ländlichen Raum. Stuttgart 1980. – Heck, L./Schmidt, J. A.: Dorf bleib Dorf. Leitbild, Entwicklungsprogramm, Gestaltungsempfehlungen. Recklinghausen 1984. – Dorfentwicklungsplanung. Hg. v. Informationszentrum Raum und Bau der Fraunhofer-Gesellschaft. Stuttgart 1985.

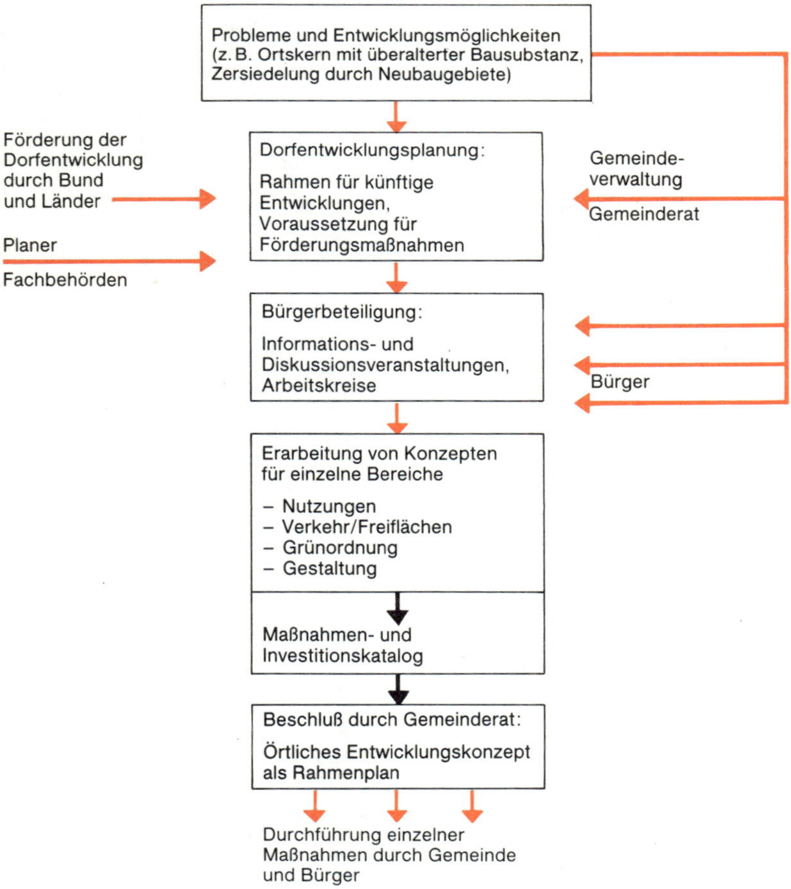

Probleme und Entwicklungsmöglichkeiten (z. B. Ortskern mit überalterter Bausubstanz, Zersiedelung durch Neubaugebiete)
Förderung der Dorfentwicklung durch Bund und Länder
Planer
Fachbehörden
Dorfentwicklungsplanung:
Rahmen für künftige Entwicklungen, Voraussetzung für Förderungsmaßnahmen
Gemeinde-verwaltung
Gemeinderat
Bürgerbeteiligung:
Informations- und Diskussionsveranstaltungen, Arbeitskreise
Bürger
Erarbeitung von Konzepten für einzelne Bereiche
– Nutzungen
– Verkehr/Freiflächen
– Grünordnung
– Gestaltung
Maßnahmen- und Investitionskatalog
Beschluß durch Gemeinderat:
Örtliches Entwicklungskonzept als Rahmenplan
Durchführung einzelner Maßnahmen durch Gemeinde und Bürger

Wohnungspolitik

Die Wohnung gehört zu den Grundbedürfnissen der Menschen. Wohnungsbau und Wohnungspolitik sind die Maßnahmen des Bundes, der Länder und der Gemeinden zur Versorgung der Bevölkerung mit Wohnraum. Dies umfaßt Neubau, Erhaltung, Bewirtschaftung und Verteilung von Wohnungen. In den Gemeinden sind die Ämter für Wohnungswesen hierfür zuständig (vgl. S. 278).

Die Wohnungspolitik nach dem Zweiten Weltkrieg war geprägt durch große Wohnungsnot. Im Vordergrund standen deshalb die Wiederherstellung von zerstörten Wohnungen und vor allem der Bau neuer Wohnungen. Aufgrund dieser Notsituation unterlagen die Wohnungen der Wohnraumbewirtschaftung. Vermietung und Miethöhe wurden behördlich kontrolliert. Gesetzliche Grundlage für den Neubau von Sozialwohnungen war das I. Wohnungsbaugesetz von 1950 (Förderung mit zinslosen oder zinsverbilligten Darlehen aus öffentlichen Mitteln, staatlich festgelegte Richtsatzmiete). 1956 folgte das II. Wohnungsbaugesetz (Einführung der Kapitalmarktdarlehen, des Kostenmietenprinzips, Verstärkung der Eigentumsförderung), das in seinen Grundzügen heute noch Basis der Wohnungsbaupolitik ist. Mit dem „Gesetz über den Abbau der Wohnungszwangswirtschaft und über ein soziales Mietrecht" (Abbaugesetz) wurde 1960 die Liberalisierung des Wohnungsmarktes eingeleitet. In Städten und Kreisen, in denen die Anzahl der Wohnungen etwa der Anzahl der Haushalte entsprach, wurde die Mietpreisfreigabe eingeführt („weißer Kreis"). Dort, wo ein Defizit (größer als 3%) an Wohnungen bestand, galt weiterhin die Mietpreisbindung („schwarzer Kreis"). Mit den „weißen Kreisen" wurden jedoch gleichzeitig Kündigungsschutzgesetze und das Wohngeld (vgl. S. 276) zum Ausgleich sozialer Härten eingeführt.

Der Stand der Wohnungsversorgung heute ist kaum noch ein quantitatives Problem, dies auch vor dem Hintergrund rückläufiger Bevölkerungszahlen. Engpässe der Wohnungsversorgung sind vielmehr Folgen von Verteilungsproblemen und mangelnder Zugänglichkeiten zwischen den unterschiedlichen Wohnungsteilmärkten. Geringes Wirtschaftswachstum, stagnierende Einkommen und hohe Arbeitslosigkeit bedeuten für den Wohnungsmarkt, daß der Anteil der Haushalte mit geringem Einkommen steigt. Gleichzeitig nehmen die preisgünstigen Wohnungsbestände ab, durch: Modernisierung, Umwandlung von Miet- in Eigentumswohnungen, Auslaufen von Bindungen bei älteren preisgünstigeren Sozialwohnungen und auch durch nachfragebedingte Mietsteigerungen in den Althausbeständen. Für den sozialen Wohnungsbau kommt ein besonderes Problem hinzu. Mit dem Wohnungsbauänderungsgesetz von 1965 wurde das Fördersystem endgültig umgestellt zugunsten einer reinen Kapitalmarktfinanzierung. Die zeitlich befristeten und jährlich abnehmenden staatlichen Zuschüsse beziehen sich auf die Aufwendungen (Zinsen) für das vom Bauherrn aufgenommene Fremdkapital (Aufwandssubvention). Diese wachstumsorientierte Mietenkonstruktion ging von der Erwartung aus, daß die programmierten Mietsteigerungen über wachsende Einkommen getragen werden könnten. Heute wird deutlich, daß diese Kostenmietenkonstruktion nicht realisierbar ist. Nachsubventionen als wohnungspolitischer Eingriff zur Sicherung tragbarer Mieten sind notwendig. Besonders deutlich wird das Problem durch die räumliche Konzentration in den nach diesem Fördersystem gebauten Großsiedlungen (vgl. S. 282) der 1960er und 1970er Jahre.

Insgesamt hat sich seit Beginn der 1970er Jahre die Handlungsebene der Wohnungspolitik verlagert von der Neubaupolitik zur Wohnungsbestandspolitik (Stadterneuerung). Dies zeigt sich auch an dem weitgehenden Rückzug des Bundes aus der objektbezogenen Neubauförderung und der Kompetenzverlagerung dieser Aufgabe auf die Länder. Ein Schwerpunkt der Bundespolitik liegt in der Ausweitung der subjektbezogenen Förderung durch Wohngeld. Daneben wird die Förderung des Wohneigentums verstärkt, vor allem mit indirekter Förderung durch Steuererleichterungen für den Bauherrn.

Biedenkopf, K. H./Miegel, M.: Wohnungsbau am Wendepunkt. Stuttgart [2]1979. – Wohnen zur Miete. Wohnungsversorgung und Wohnungspolitik in der Bundesrepublik. Hg. v. J. Brech. Weinheim-Basel 1981. – Wohnungspolitik am Ende? Analysen und Perspektiven. Hg. v. Institut Wohnen und Umwelt Darmstadt. Opladen 1981. – Birk, H. J., u.a.: Wohnungsbedarf – Wohnungsmangel – Wohnungsnot? Stuttgart 1982.

Handlungsbereiche Wohnungsbau – Wohnungspolitik

Wohnungsbestandspolitik

Ordnungsrecht

Bund:
- Bundesbaugesetz
- Städtebauförderungsgesetz
- Gesetz zur Regelung der Miethöhe
- Wohnungseigentumsgesetz

Länder:
- Wohnungsaufsichts-(pflege)gesetze
- Verordnungen zum Verbot der Zweckentfremdung von Wohnungen

Förderung/Subventionen

direkte Förderung

Bund/Land/Gemeinden:
- Städtebauförderungsgesetz

Bund/Land:
- Modernisierungs- und Energieeinsparungsgesetz (bis 1982)

Länder:
- Landesprogramme zur Städtebauförderung, zur Wohnungsmodernisierung und Wohnumfeldverbesserung
- Denkmalschutz

Gemeinden:
- Kommunale Programme zur Wohnungsmodernisierung, Stadtgestaltung und Wohnumfeldverbesserung

indirekte Förderung

Bund:
- Steuervergünstigungen nach dem Einkommenssteuergesetz und Einkommenssteuerdurchführungsverordnung
- Grundsteuerermäßigung

Wohngeld

Wohnungsbaupolitik

Ordnungsrecht

Bund:
- Bundesbaugesetz
- Wohnungsbindungsgesetz
- Wohnungseigentumsgesetz
- Zweite Berechnungsverordnung

Länder:
- Landesbauordnungen

Förderung/Subventionen

direkte Förderung

Bund/Land:
- Zweites Wohnungsbaugesetz
  1. Förderweg Sozialer Wohnungsbau
  2. Förderweg steuerbegünstigter Wohnungsbau, Eigentumsmaßnahmen

Länder:
- Wohnungsbauförderungsbestimmungen

indirekte Förderung

Bund:
- Steuervergünstigungen nach dem Einkommenssteuergesetz und der Einkommenssteuerdurchführungsverordnung
- Grundsteuerermäßigung

Gemeinden:
- Kommunale Wohnungsbauprogramme
- Baulandbereitstellung

Entwicklung des Wohnungsbestandes

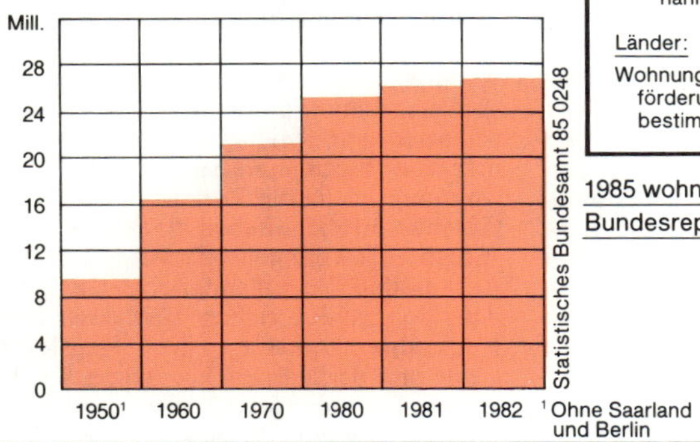

¹ Ohne Saarland und Berlin

1985 wohnen die Haushalte in der Bundesrepublik:

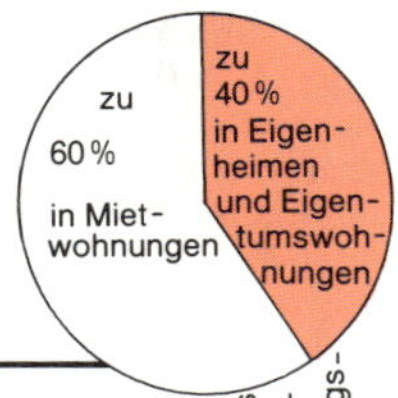

Der Wohnungsbau in der Bundesrepublik

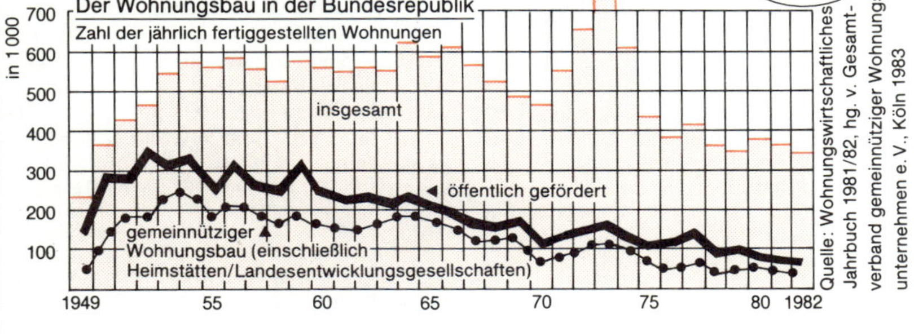

Mieten – Wohngeld

Seit Beginn der Liberalisierung des Wohnungsmarktes Anfang der 1960er Jahre sind die Aufgaben der Gemeinden im Bereich der *Mieten* auf die Aufstellung und Fortführung der Mietenspiegel und die Zahlung von Wohngeld beschränkt. Die Miete ist das Entgelt (Mietzins) für eine zum Gebrauch überlassene Mietsache. Das allgemeine Mietrecht ist im Bürgerlichen Gesetzbuch geregelt. Bei der Vermietung von Wohnraum gelten darüber hinaus besondere Vorschriften zum Kündigungsschutz und zum Schutz vor Mieterhöhungen. Die vom Mieter zu entrichtende Miete setzt sich zusammen aus den Bewirtschaftungskosten (Kosten für Instandhaltung, Verwaltungskosten, Betriebskosten usw.) und den Kapitalkosten (Zinskosten für geliehenes und/oder eigenes Kapital). Die Höhe der Kapitalkosten wird durch die Kosten des Grundstücks und die Baukosten gebildet. Die wirtschaftliche Nutzungsdauer der Gebäude, die den Mietberechnungen zugrunde liegt, beträgt im Grundsatz 100 Jahre. Nach diesem Zeitraum gilt ein Haus als abgeschrieben.

Bei freifinanzierten Wohnungen und Altbauwohnungen ist die Miethöhe bei Neuabschluß eines Mietvertrages zwischen Mieter und Vermieter frei vereinbar (mit Ausnahme von Berlin [West], wo noch die Mietpreisbindung für Altbauwohnungen gilt). Bei bestehenden Mietverhältnissen gilt die ortsübliche Vergleichsmiete nach dem „Gesetz zur Regelung der Miethöhe" (Miethöhegesetz). Eine Kündigung zum Zwecke einer Mieterhöhung ist nach diesem Gesetz nicht zulässig. Mieterhöhungen sind an folgende Voraussetzungen gebunden: Die Miete ist seit einem Jahr unverändert (ausgenommen sind Modernisierungs-, Kapital- und Betriebskostenerhöhungen), der verlangte Mietzins übersteigt nicht die ortsübliche Vergleichsmiete, die Miete erhöht sich innerhalb von 3 Jahren um nicht mehr als 30%. Begründet werden muß das Mieterhöhungsverlangen unter Bezugnahme auf einen Mietenspiegel der Gemeinde oder einer vergleichbaren Gemeinde, auf ein Sachverständigengutachten oder auf drei Vergleichswohnungen. Mietenspiegel werden von den Gemeinden in der Regel zusammen mit den Interessenverbänden der Mieter und Vermieter aufgestellt und fortgeschrieben. Die Höhe der Miete ist unter anderem abhängig von bestimmten Merkmalen der Wohnung wie Größe, Ausstattung, Wohnlage und Baualter. Im Mietenspiegel sind nicht die Kosten für Heizung/Warmwasser und oft auch nicht die Betriebskosten (Wasserver- und -entsorgung, Straßenreinigung, Müllbeseitigung usw.) enthalten (Netto-Kaltmiete). Gerade die Mietnebenkosten für Heizung und Warmwasser werden aber aufgrund der stark gestiegenen Energiekosten schon als „zweite Miete" bezeichnet.

Sozialwohnungen sind preisgebunden. Ihre Mietpreise sind durch die staatlichen Vorgaben der Wohnungspolitik (vgl. S. 274) bestimmt. Die Sozialmiete ist abhängig vom Förderungsjahrgang (Baualter), Förderungssystem und Umfang der Förderung. Die Kostenmiete ergibt sich unter Berücksichtigung aller Kosten nach der Zweiten Berechnungsverordnung ohne staatliche Subventionen. Die Höhe der Subventionen wird entsprechend der unterschiedlichen landespolitischen Vorgaben festgelegt. Auch preisgebundene Wohnungen unterliegen Mietsteigerungen, die möglich sind durch Zinsanhebungen für öffentliche Mittel, durch Anhebung der Pauschalen z. B. für Instandhaltung, durch erhöhte Betriebskosten, durch kontinuierlichen Abbau der Subventionen (Förderungsdegression).

Um auch für Haushalte mit geringem Einkommen eine angemessene Wohnungsversorgung zu sichern, ist als Subjektförderung das *Wohngeld* nach dem Wohngeldgesetz eingeführt worden, das vom Bund und den Ländern je zur Hälfte finanziert wird. Mieter und auch Eigentümer von Eigenheimen oder Eigentumswohnungen, die die Voraussetzungen des Gesetzes erfüllen, haben einen Rechtsanspruch auf Wohngeld als Miet- oder Lastenzuschuß (bei Eigentümern). Die Höhe des Wohngeldes richtet sich nach dem Haushaltseinkommen, der Haushaltsgröße und der monatlichen Miete, bei Eigentum nach der monatlichen Belastung. Für die zu berücksichtigenden Mieten gelten allerdings Höchstbeträge, die von der Haushaltsgröße, Gemeindegröße und Bezugsfertigkeit der Wohnungen abhängig sind. Die Wohngeldleistungen werden in unregelmäßigen Zeitabständen entsprechend der Preis- und Mietenentwicklung aktualisiert. Die letzte (6.) Wohngeldnovelle ist am 1. Januar 1986 in Kraft getreten.

Sternel, F.: Mietrecht. Köln [2]1979. – Köhler, W.: Handbuch der Wohnraummiete. München [2]1984. – Wohngeld- und Mietenbericht 1985. Bundestagsdrucksache 10/3222 vom 19. 4. 1985.

Zusammensetzung der Miete

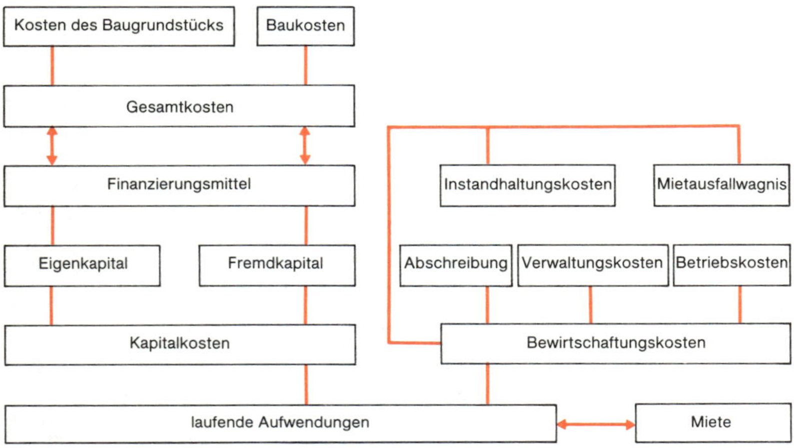

Quelle: R. Autzen, W. Kempf, H. W. Voss: Determinanten der Wohnungsbaufinanzierung. Berlin 1978.

Entwicklung der Mieten im öffentlich geförderten sozialen Wohnungsbau (Bruttokaltmieten)

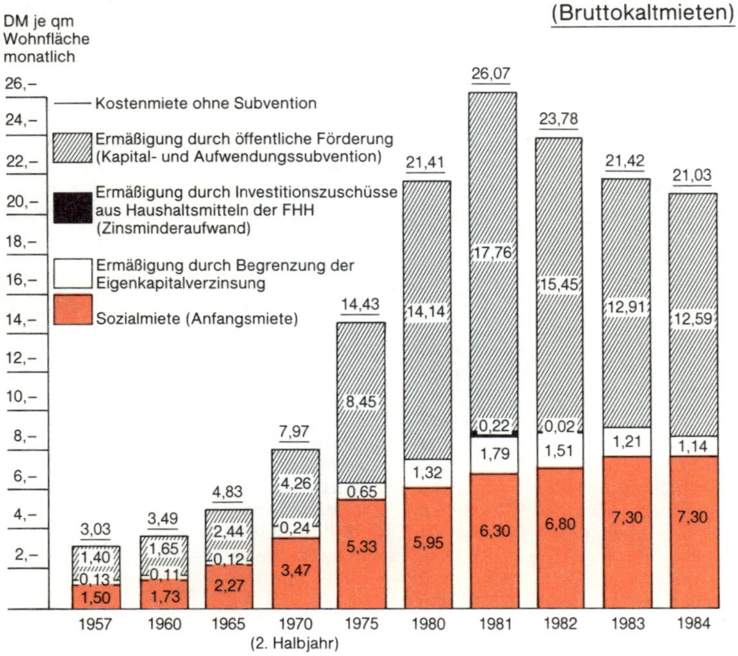

Quelle: Hamburgische Wohnungsbaukreditanstalt, Jahresbericht 1984, S. 30.

Wohnungsaufsicht – Wohnungspflege

In Bayern, Hessen und Nordrhein-Westfalen haben die kreisfreien Städte und Kreise, in den Stadtstaaten die Bezirke aufgrund entsprechender landesrechtlicher Regelungen die Aufgaben der Wohnungsaufsicht oder Wohnungspflege wahrzunehmen. Innerhalb der Gemeindeverwaltungen sind die *Ämter für Wohnungswesen* für diese Aufgabe zuständig. Die Wohnungsaufsicht/Wohnungspflege wurde in einzelnen deutschen Ländern bereits um die Jahrhundertwende eingeführt. Sie war damals als eine Maßnahme konzipiert, die angesichts der vor allem in den städtischen Industriegebieten großenteils verheerenden Wohnungsbedingungen der Arbeiterbevölkerung wenigstens ein Minimum an Wohnungsstandard von Staats wegen gewährleisten wollte. Obwohl die wohnungspolitische Gesamtsituation sich inzwischen wesentlich verändert hat, können die grundlegenden Anliegen des Wohnungsaufsichts- und -pflegerechts nach wie vor Aktualität beanspruchen. Unzumutbare Wohnungszustände aufgrund unterlassener Instandhaltung sind auch heute anzutreffen, wobei nicht nur Altbauten, sondern zunehmend auch Gebäude der Nachkriegszeit betroffen sind. Derartige Zustände sind sowohl aus der Perspektive der betroffenen Mieter als auch aus der der Allgemeinheit problematisch, da sie häufig zum Anlaß genommen werden, um die Notwendigkeit öffentlicher Abhilfemaßnahmen in Form von Sanierungs- oder Stadterneuerungsmaßnahmen (vgl. S. 280) mit entsprechenden Fördermitteln zu begründen.

Die geltenden wohnungsaufsichtsrechtlichen Regelungen streben insgesamt die *Sicherung eines Minimums an Wohnqualität* an. Die den Gemeinden bzw. Kreisen zur Verfügung gestellten Eingriffsmöglichkeiten lassen sich insgesamt kennzeichnen als ein öffentlich-rechtliches Überwachungsinstrumentarium, das die nach bürgerlichem Recht zu beachtenden und auch vertraglich nicht abdingbaren Eigentümerpflichten gewährleistet und z. T. neu definiert. Von daher bestehen auch keine Bedenken gegen die Verfassungsmäßigkeit der Regelungen. Anordnungen der zuständigen Dienststellen sind in der Regel entschädigungslos von den Eigentümern hinzunehmen. Insbesondere können sie nicht auf die Mieten überwälzt und als Grund für Mieterhöhungen deklariert werden.

Im einzelnen enthalten die Wohnungsaufsichts-/Wohnungspflegegesetze *Instandsetzungsgebote* und *Beseitigungsanordnungen, Verbesserungsgebote, Unbewohnbarkeitserklärungen, Belegungsverbote* und – neuerdings auch – *Zweckentfremdungsverbote.* Tatbestandliche Voraussetzung ist stets, daß eine Wohnung nicht den Mindestanforderungen an gesunde Wohnverhältnisse entspricht. Dieser Zustand kann entweder durch unterlassene Instandhaltung ursprünglich ausreichend ausgestatteter Wohnungen oder aber durch eine von Anfang an unzureichende Wohnungs- oder Gebäudeausstattung bedingt sein.

In aller Regel werden die wohnungsaufsichtlichen Verfahren durch *Mängelanzeigen* der Mieter ausgelöst. In Fällen der unzulässigen Überbelegung – insbesondere durch Ausländer – werden Verfahren auch von Vermietern eingeleitet. Die Durchführung des Verfahrens und die Anordnung von Maßnahmen steht zwar im Ermessen der zuständigen Behörde, sie hat aber in der Regel den Anzeigen nachzugehen. Dabei ist es ohne rechtliche Bedeutung, daß der Mieter möglicherweise auch zivilrechtlich gegen den Vermieter vorgehen könnte. Die wohnungsaufsichtlichen Maßnahmen stehen selbständig neben den sonstigen mietrechtlichen Ansprüchen nach dem BGB. Das Wohnungsaufsichtsverfahren läuft in der Regel in folgenden Stufen ab: Besichtigung der Mängel durch die Behörde, Anhörung des Eigenstümers und Versuch einer freiwilligen Behebung, ansonsten Anordnung und Durchführung der Ersatzvornahme durch ein von der Behörde beauftragtes Unternehmen.

Einzelne Städte haben in den letzten Jahren versucht, die Wohnungsaufsicht zu einem systematischen Instrument der prophylaktischen Bestandssicherungspolitik auszubauen. So wurde in Berlin eine Ausführungsvorschrift zur Überwachung der Erhaltung, Unterhaltung und Instandsetzung des Altbauwohngebäudebestandes erlassen, die eine regelmäßige Überprüfung aller Mietwohngebäude in einem bestimmten Turnus vorsieht. In Nürnberg wird das Wohnungsaufsichtsrecht systematisch in Stadterneuerungsgebieten eingesetzt.

Tietzsch, R.: Das Wohnungsaufsichtsgesetz für Berlin. Kommentar. Berlin 1983. – Groth, K.-M./Wiegenstein, S.: Stadterhaltung durch Wohnungsaufsicht. Berlin 1984.

Regelungsbereiche der Wohnungsaufsichtsgesetze der Länder

	Bayern	Berlin	Bremen	Hamburg	Hessen	Nordrhein-Westfalen
Beseitigung von Wohnungsmißständen	Art. 1	§ 1	§ 1	§ 1	§ 2	§ 5
Verbesserung der Wohnverhältnisse	Art. 3	§ 1, 4	§ 1	§ 1	§ 4	§ 6
Sicherstellung der ordnungsgemäßen Benutzung	–	§ 1	§ 1	§ 1	–	§§ 9–10
Hilfe bei der Wohnungsbeschaffung	Art. 2	–	–	–	§ 1	§ 4
Pflicht zur Instandhaltung	–	–	–	§ 2	–	–
Instandsetzungsanordnungen	Art. 4	§ 3	§ 3	§ 3	§ 3	§ 5
Erfüllung von Mindestanforderungen	Art. 3	§ 4	§ 2	§ 4	§ 4	§ 4
Beseitigung von Überbelegung	Art. 6	§ 7	§ 2, 5	§ 7	§ 7	–
Anordnung der ordnungsgemäßen Benutzung von Wohnraum	Art. 8	§ 1, 8	§ 7	§ 8	–	–
Beseitigung von Gefährdungen in Wohnräumen	Art. 8	§ 8	–	§ 1, 8	§ 9	–
Unbewohnbarkeitserklärung						§ 8
Beseitigung der Zweckentfremdung von Wohnraum	–	–	–	§ 9	–	§ 9
Gebot der Wohnnutzung bei Leerstand	–	–	–	§ 10	–	§ 10
Verbot unzulässiger Tierhaltung	Art. 7	§ 8	§ 7	§ 8	§ 8	–
Beseitigung von Verschmutzung	–	§ 9	§ 2	–	–	–
Gewährleistung einer abschließbaren Haustür	–	§ 9	–	–	–	–

Stadtsanierung – Stadterneuerung

Die städtebauliche Erneuerung ist heute eine vorrangige kommunalpolitische Aufgabe. Bauliche Maßnahmen werden dabei auf der Grundlage gemeindlicher Konzepte innerhalb förmlich abgegrenzter *Sanierungs-* bzw. *Erneuerungsgebiete* zur Beseitigung oder Minderung „städtebaulicher Mißstände" planerisch vorbereitet, durchgeführt und finanziell unterstützt. Träger dieser Maßnahmen ist die Gemeinde, die auch einen Sanierungsträger beauftragen kann. Sie bestimmt die Sanierungsziele durch Beschluß, Rahmenplan und Bebauungspläne (vgl. S. 254).

Sanierung (lat. sanare) bedeutet heilen, gesund machen, d.h. städtebaulich die Schaffung gesunder Lebens-, Arbeits-, Wohn- und Wirtschaftsverhältnisse. In der Fachliteratur hat sich heute der „positive" Begriff *Stadterneuerung* durchgesetzt, der nicht nur Städte, sondern auch Kleinstädte, Dörfer, Ortsteile einbezieht.

Vorbereitung und Durchführung der Stadterneuerung in Stadt- und Landgemeinden richten sich heute weitgehend nach den Regeln des Zweiten Teils des Baugesetzbuchs (BauGB); mit dem BauGB wurde 1987 das bis dahin geltende Städtebauförderungsgesetz von 1971 durch Zusammenfassung mit dem Bundesbaugesetz (BBauG) von 1960 abgelöst. Die für Finanzierung und Förderung der Stadterneuerung bereitzuhaltenden Bundesmittel werden jährlich neu zwischen Bund und Ländern vereinbart. Das BauGB unterscheidet zwischen Objekt- und Funktionsschwächesanierung sowie zwischen „klassischer" Sanierung mit besonderen bodenrechtlichen Beschränkungen und dem „vereinfachten Verfahren" ohne dieses Sonderrecht. Daneben gilt das allgemeine Städtebaurecht des Ersten Teils des BauGB.

Inhaltlich umfaßt die Stadterneuerung Maßnahmen der Altbaumodernisierung, der Stadt- und Ortsbildpflege, der Erhaltung von Baudenkmälern, der Verbesserung des Wohnumfeldes, der Verkehrsberuhigung, der Stadtökologie, der Verbesserung des Nebeneinanders von Wohnen und Gewerbe in Gemengelagen, der Betriebsverlagerung, Baulückenbebauung und der kommunalen Infrastruktur. In den letzten Jahren werden als „neue" Aufgaben der Stadterneuerung die Revitalisierung von Brachflächen, die Altlastensanierung und Nachbesserungsmaßnahmen in Großsiedlungen (vgl. S. 282) der Nachkriegszeit herausgestellt. Früher stand die Flächensanierung (d.h. Abbruch und Neubau, verbunden mit z.T. erheblichen sozialen Eingriffen) im Vordergrund gemeindlicher Sanierungsstrategien. Heute überwiegt die behutsame, stärker bewohnerorientierte Erneuerung von Stadtquartieren, die insbesondere auf die gewachsenen Stadtstrukturen, auf den historischen Baubestand und die soziale Gemeinschaft Rücksicht nimmt.

Die *Beteiligung der betroffenen Eigentümer,* Mieter und Pächter ist ein zentrales Anliegen der Stadterneuerung. Ihre Maßnahmen haben in hohem Maße wirtschafts- und beschäftigungspolitische Bedeutung. Sie bereiten private Investitionen vor. Die Sanierungswirkungen strahlen über die Gebietsgrenzen weit hinaus. Kennzeichnend ist die Konzentration und Koordinierung auch anderer öffentlicher Förderungsprogramme und die Verpflichtung aller staatlichen Stellen zur Unterstützung der gemeindlichen Erneuerungsmaßnahmen. Bund und Länder haben seit Inkrafttreten des Städtebauförderungsgesetzes im Jahre 1971 bis 1987 für die Stadterneuerung im Rahmen der Städtebau- und Modernisierungsförderung insgesamt rund 35 Mrd. DM zur Verfügung gestellt. Daneben gibt es landeseigene Programme der Städtebau- und Modernisierungsförderung sowie besondere Mittel der Wohnungsbau-, Verkehrswegebau-, Denkmalschutz-, Wirtschafts- und Agrarstrukturförderung.

Die *Finanzierungsverantwortung* für die Vorbereitung und Ordnungsmaßnahmen liegt nach dem BauGB bei der Gemeinde und für die Baumaßnahmen grundsätzlich beim privaten Bauherrn. In den „Finanztopf" der Gemeinde fließen die Bundes- und Landesmittel der Städtebauförderung ein. Aus diesem Fördervolumen kann die Gemeinde sowohl ihre eigenen öffentlichen Maßnahmen finanzieren, als auch private Investitionen (insbesondere der Altbaumodernisierung) fördern. Private Investoren müssen sich also an die Gemeinde wenden. Voraussetzung der Förderung einer Stadterneuerungsmaßnahme ist die Aufnahme in das Förderungsprogramm des Landes bzw. Bundes. Daneben gelten in Sanierungsgebieten besondere Steuervergünstigungen.

Schäfer, R.: Stadterneuerung. Erfahrungen und Perspektiven. Veröffentlichung des Bundesbauministeriums 02.036. Bonn 1986. – Bielenberg, W., u.a.: Städtebauförderungsrecht. Kommentar u. Handbuch, 3. Aufl. München 1989. Loseblatt.

Verfahren der Stadterneuerung

Vorbereitung

- Vorbereitende, gebietsbezogene Untersuchungen, Ermittlung der Mitwirkungsbereitschaft der Betroffenen
- Festlegung eines Sanierungs-/Erneuerungsgebiets durch Gemeindebeschluß
- Erörterung der beabsichtigten Neugestaltung des Gebiets mit den Betroffenen
- Gemeindebeschluß über die Sanierungsziele und ein Erneuerungskonzept (Rahmenplan, Bebauungsplan)
- Aufstellung eines Sozialplans
- Aufstellung einer Kosten- und Finanzierungsübersicht sowie eines Zeit- und Maßnahmeplans

Durchführung

Ordnungsmaßnahmen
(von der Gemeinde durchgeführt)

- Grunderwerb und Neuordnung der Grundstücke
- Umsetzung von störenden Einrichtungen und Betrieben
- Umzug von Bewohnern
- Freilegung von Grundstücken, Gebäudeabbrüche
- Änderung, Herstellung der Erschließung (Straßen, Plätze, Fußgängerzonen, Tief-/Hochgaragen, Verkehrsberuhigung, Grünanlagen)
- (Re-)Privatisierung der geordneten Grundstücke

Baumaßnahmen
(grundsätzlich vom Bauherren durchgeführt, ggf. von der Gemeinde veranlaßt)

- Modernisierung und Instandsetzung von Gebäuden (wird von der Gemeinde gefördert)
- Neubau und Ersatzbau von Gebäuden (u. a. öffentlich geförderter Wohnungsbau)
- Bau öffentlicher Einrichtungen (Gemeinbedarfs- und Folgeeinrichtungen) durch die Gemeinde
- Neubau oder Änderung von Betrieben

Abschluß

- Aufhebung der Satzung zur Gebietsfestlegung
- Förderungs- und beitragsrechtliche Abrechnung

Großwohnanlagen – Großsiedlungen

Die ersten Großsiedlungen des sozialen Massenwohnungsbaues sind in der Zeit der Weimarer Republik im 2. Jahrzehnt dieses Jahrhunderts entstanden. Sie sind als Antwort auf die Elendsquartiere der schnell anwachsenden Großstädte des ausgehenden 19. Jahrhunderts konzipiert worden. Wurden zu Anfang dieses Jahrhunderts noch 80% des Mietwohnungsbaues allein von privaten Bauunternehmern bewerkstelligt, so wurde nach dem Ersten Weltkrieg dem Bau von Wohnungen hohe staatliche Priorität eingeräumt. Der Aufbau der Planung konnte sich auf jahrzehntelange Vorarbeit und Gesetzesinitiativen der Wohnungsreformer stützen. Grundzüge des Wohnungsgemeinnützigkeitsrechtes finden sich bereits im Reichsgenossenschaftsgesetz von 1889. 1915 bestanden ca. 1500 Genossenschaften, die ohne staatliche Hilfe und öffentliche Förderungssysteme Bauprogramme durchführten.

Der ungeheuren Wohnungsnot als Folge des Ersten Weltkrieges – überproportionale Gründung neuer Familien, Zuzug in die Städte, Zerstörung vorhandener Baustruktur und langanhaltende Stagnation im Wohnungsbau – konnten die bisherigen Organisationsformen nicht Herr werden. Eine nur vom Privatkapital finanzierte Wohnungsbauproduktion hätte keine Wohnungen mit bezahlbaren Mieten herstellen können. So sind von staatlicher Seite Bauträgermodelle erarbeitet worden, in denen die Länder als Gesellschafter neugeschaffener „Wohnungsfürsorgegesellschaften" beteiligt waren. Grundlage der staatlichen Förderungsprogramme bildeten u.a. die Einnahmen aus der seit 1924 erhobenen Hauszinssteuer.

Der Massenwohnungsbau wurde eine der wesentlichen Aufgaben der Stadtplaner und Architekten. Ausgangspunkt der Planung waren die Modelle für die Gartenstädte, den Werksiedlungsbau und den genossenschaftlichen Wohnungsbau. Neue Wege in der Planungsrationalisierung und der Baurationalisierung wurden beschritten. Unter dem Begriff „Neues Bauen" sind Rationalisierung und Fortschritt kulturelles Modell des Bauens geworden. Leitziel war das gesunde Wohnen in einer nach wissenschaftlichen Kriterien aufgebauten Wohnwelt. Die Wohnungsbauprogramme waren ausgerichtet auf eine Versorgung der mittleren und unteren Bevölkerungsschichten mit räumlich minimal bemessenen, aber funktional gut durchdachten und organisierten Wohnungen. Unter dem Nationalsozialismus sind in Deutschland bis zum Ende des Zweiten Weltkrieges keine neuen Großsiedlungen entstanden.

Aufbauend auf den Erfahrungen der 1920er Jahre, wurden nach dem Zweiten Weltkrieg weiterführende Organisationsformen des Wohnungsbaues und den neuen Bedürfnisstrukturen angepaßte Wohnungsbauprogramme entwickelt. Nach der Wiederaufbauphase in den 1950er Jahren, in der neue Wohnsiedlungen den Stadtkernen direkt angegliedert wurden, ist in den 1960er Jahren das Konzept der Großsiedlungen als eigenständige Satellitenstädte entwickelt worden. Ermöglicht wurde die Realisierung dieser gigantischen Wohnanlagen durch die Umstellung der staatlichen Förderung: Statt einmalig gewährter zinsloser Darlehen bei Mietpreisbindung wurden jetzt laufende Aufwandssubventionen gezahlt. Dieses neue Verfahren ermöglicht zwar eine langfristige Verteilung der erforderlichen Förderungsmittel auf die öffentlichen Haushalte, zieht aber mit dem stufenweisen Abbau der Förderung auch die allmähliche Anhebung der Mieten auf die sehr hohe Kostenmiete nach sich.

Die Großsiedlungen wurden weitgehend mit industriellen Vorfertigungsmethoden in kurzen Bauzeiten erstellt. Große gemeinnützige Wohnungsbaugesellschaften fungierten als Bauträger.

Der Wohnraumbedarf ist heute in der Bundesrepublik Deutschland weitgehend gedeckt. Großsiedlungen werden zur Zeit nicht mehr gebaut. Die Probleme liegen heute in der baulichen Instandsetzung und der weiteren städtebaulichen Entwicklung dieser Satellitenstädte, die – oftmals nur mit einem minimal ausgestatteten Versorgungszentrum versehen – als reine Wohn- und Schlafstädte den Bedürfnissen der Bewohner nicht mehr gerecht werden. Maßnahmen werden v.a. ergriffen, um die für Familien mit Kindern ungeeignete Bauweise (Wohnhochhaus) familien- und kindergerechter zu gestalten, um die Infrastruktur (Einkaufsmöglichkeiten, Kindergärten) zu verbessern und die Siedlungen durch Begrünung freundlicher zu gestalten.

Kloß, K.-P.: Siedlungen der 20er Jahre. Berlin 1982. – Ungers, L.: Die Suche nach einer neuen Wohnform. Stuttgart 1982. – Siedlungen der Zwanziger Jahre – Heute. Hg. v. Bauhaus-Archiv. Berlin 1984.

Entwicklung des sozialen Massenwohnungsbaues

„Sozialer" Wohnungsbau im ausgehenden 19. Jahrhundert

Genossenschaftlicher Siedlungsbau

Werksiedlungsbau

Gartenstadtbewegung

Bauträger: – Genossenschaften
– Caritative Organisationen
– Firmen

Finanzierung: Privatkapital

1. Weltkrieg

Großsiedlungsbau der Weimarer Republik im 2. Jahrzehnt

Bauträger: – Wohnungsfürsorgegesellschaften
– Genossenschaften

Finanzierung: Staatliche Förderung

2. Weltkrieg

Siedlungsbau im Wiederaufbau im 5. Jahrzehnt

Bauträger: – Gemeinnützige Wohnungsbaugesellschaften

Finanzierung: Staatliche Förderung
(zinslose Darlehen)

Großsiedlungsbau in Form von Satellitenstädten im 6. Jahrzehnt

Bauträger: – Gemeinnützige Wohnungsbaugesellschaften

Finanzierung: Staatliche Förderung
(Aufwandssubventionen,
zinslose Darlehen)

Stadt- und Ortsbildpflege

Jedes Dorf, jede Stadt hat einen eigenen, unverwechselbaren Charakter – das Ortsbild. Es ist geprägt durch die natürliche Lage, bestimmt von seiner sozialen, wirtschaftlichen, kulturellen Vergangenheit und Gegenwart, geformt von der Architektur seiner Gebäude und der Gestalt des Ortes als Ganzes. Diese Ortsgestalt ergibt sich jeweils aus dem individuellen Zusammenspiel von „Bausteinen" der Dorf- und Stadtarchitektur: von Landschaft, Ortsgrundriß, von Ortsansicht und Baumassen, von Straßenführung, Straßen- und Platzräumen, von Gebäudeformen und Fassaden. Das Ortsbild wird nicht nur durch die sichtbare Ortsgestalt, sondern auch durch das geprägt, was im Ort geschieht und was er dem Menschen bedeutet. Erscheinung, Nutzung und Bedeutung fließen im Image eines Ortes, d.h. der Vorstellung, die der Bürger davon hat, zusammen. Dieses ist das *Ortsimage;* die *Ortserscheinung* ist der vom Menschen wahrgenommene Teil, die *Ortsgestalt* die objektiv vorhandene ganze Umwelt.

Ein Dorf oder eine Stadt ist nicht ein statisches Gebilde, sondern ein lebendiger Organismus sozialer, wirtschaftlicher und kultureller Prozesse. Wenn der Charakter eines Ortsbildes gewahrt oder umgestaltet werden soll, bedarf er deshalb eines Leitbildes für die zukünftige Entwicklung der Ortsgestalt, d.h. einer langfristigen Gestaltungsidee für den Gesamtort und seine Teilbereiche. Das Leitbild weist Ziele, Mittel und Wege zur Erhaltung und Gestaltung des unverwechselbaren Ortsbildes auf; es wird in der *Ortsbildplanung* entwickelt.

Eine Ortsbildplanung besteht in der Regel aus folgenden Arbeitsschritten: Die *Ortsbildgeschichte* erfaßt die aus denkmalpflegerischer Sicht (vgl. S. 286) erhaltenswerten Gebäude und städtebaulichen Ensembles; sie beschreibt darüber hinaus die ortsbaugeschichtliche Entwicklung, die die ortsbildprägenden Leitbilder der Vergangenheit offenlegt. In den *Ortsbildzielen* wird zum einen aufgezeigt, welche Forderungen genereller Art das Ortsbild zukünftig erfüllen soll, z.B. Orientierung, Abwechslung, Identifikation, Schönheit. Zum anderen werden die wesentlichen Aspekte des individuellen Leitbildes für die zukünftige Ortsentwicklung dargestellt. Die Ortsbildziele verkörpern langfristig die kommunalpolitische Willensbildung über das zukünftige Ortsbild. Mit der *Ortsbildanalyse* wird der gegenwärtige Zustand des Ortsbildes erfaßt und anhand der Ortsbildziele bewertet. Sie umfaßt das Ortsbild des gesamten Untersuchungsbereiches und der unterschiedlichen Einzelbereiche, aus welchen er sich zusammensetzt; untersucht werden die wesentlichen Bausteine der Ortsarchitektur. Als Ergebnis zeigt sie auf, wo welche Merkmale des Ortsbildes zu erhalten sind – über denkmalpflegerische Zielsetzungen hinaus – und wo sie zu verbessern bzw. durch Neues zu ersetzen sind. Ortsbildgeschichte, -ziele und -analyse liegen dem *Ortsbildentwurf* zugrunde, in dem abschließend das Konzept und der Entwurf des zukünftigen Ortsbildes entwickelt wird. Dieses dient der Begründung und Ableitung von Bindungen für Maßnahmen der öffentlichen Hand, Gestaltungsempfehlungen für private Einzelmaßnahmen und rechtliche Festsetzungen zur Gestaltung.

In der kommunalen Praxis wird das Ortsbild meist durch Maßnahmen bestimmt, die die Nutzung, den Verkehr oder die Ortsgestalt selbst betreffen. Für die Erhaltung und Gestaltung des Ortsbildes ist bei allen Maßnahmen die Berücksichtigung der Ortsbildplanung eine ständige Aufgabe für jede Gemeinde. Die Ortsbildplanung wird nicht festgeschrieben, sondern als fortschreibungsfähiger Selbstbindungsplan von der Gemeinde zur langfristigen und flexiblen Gestaltung des Ortsbildes verwendet. Zur Durchsetzung des Leitbildes bieten sich verschiedene Wege an: Die vorbereitende und verbindliche Bauleitplanung (vgl. S. 254), steuerliche Vergünstigungen und finanzielle Anreize, verknüpft mit gestalterischen Auflagen; rechtliche Instrumente von der Gestaltungs- bis zur Erhaltungssatzung; insbesondere aber die ständige Beratung bei Einzelmaßnahmen.

Trieb, M.: Stadtgestaltung – Theorie und Praxis. Düsseldorf 1974. – Boeddinghaus, G.: Stadterhaltung – Stadtgestaltung. Köln–Stuttgart 1982. – Trieb, M., u.a.: Erhaltung und Gestaltung des Ortsbildes – Denkmalpflege. Ortsbildplanung und Baurecht. Stuttgart 1985. – Heinz, H.: Planungsrecht und Baugestalt. Wiesbaden 1985.

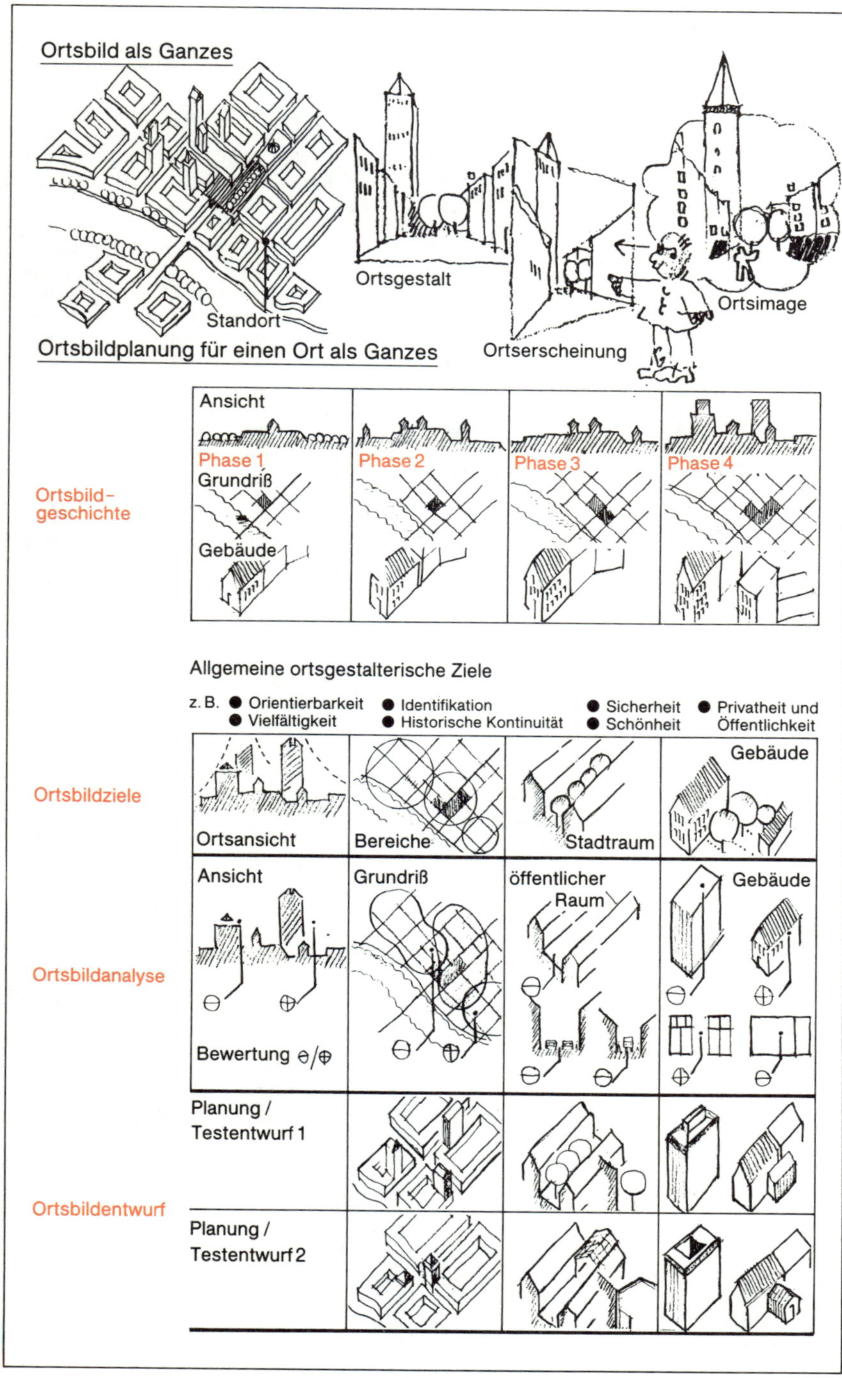
Ortsbild als Ganzes
Ortsgestalt
Standort
Ortsimage
Ortsbildplanung für einen Ort als Ganzes
Ortserscheinung
Ortsbild-
geschichte
Ansicht
Phase 1
Phase 2
Phase 3
Phase 4
Grundriß
Gebäude
Allgemeine ortsgestalterische Ziele
z. B. ● Orientierbarkeit
● Vielfältigkeit
● Identifikation
● Historische Kontinuität
● Sicherheit
● Schönheit
● Privatheit und Öffentlichkeit
Ortsbildziele
Ortsansicht
Bereiche
Stadtraum
Gebäude
Ortsbildanalyse
Ansicht
Grundriß
öffentlicher Raum
Gebäude
Bewertung ⊖/⊕
Ortsbildentwurf
Planung / Testentwurf 1
Planung / Testentwurf 2

Denkmalschutz – Denkmalpflege

Denkmalschutz und Denkmalpflege haben seit der Mitte der 1970er Jahre erheblich an Bedeutung gewonnen. Sie sind beide staatliche Aufgaben in der Zuständigkeit der Länder, im Vollzug aber zu einem nicht unwesentlichen Teil auf kreisfreie Städte und Landkreise als untere Denkmalbehörden übertragen. Unter Denkmal*schutz* sind alle Maßnahmen zu verstehen, die auf die Erhaltung von Denkmälern gerichtet sind bzw. Gefahren von ihnen abwehren. Typischerweise sind dies hoheitliche Maßnahmen. Dagegen umfaßt die Denkmal*pflege* alle fachlichen Aufgaben, die auf eine angemessene Behandlung der Denkmäler abzielen, wozu es nicht nur, ja nicht einmal in erster Linie hoheitlicher Mittel bedarf. Gegenstand von Denkmalschutz und Denkmalpflege sind die Denkmäler, d. h. nach der weitgehend übereinstimmenden Begriffsbestimmung der Landesdenkmalschutzgesetze von Menschen geschaffene Sachen oder Teile von Sachen, die aus vergangenen Zeiten stammen und deren Erhaltung in Anbetracht ihrer geschichtlichen, künstlerischen, städtebaulichen oder volkskundlichen Bedeutung im öffentlichen Interesse liegt. Im einzelnen werden *Baudenkmäler, Ensembles, Bodendenkmäler* und *bewegliche Denkmäler* unterschieden. Bodendenkmäler sind meist unter der Erdoberfläche befindliche vor- und frühgeschichtliche Objekte, z. B. Gräber, Reste von Wallanlagen, Wohn- und Kultstätten. Bewegliche Denkmäler sind z. B. Bücher, Bilder, Kultgeräte usw. Der Schutz von Ensembles soll sicherstellen, daß Baudenkmäler nicht isoliert, sondern im Zusammenhang mit jenen anderen baulichen Anlagen ihrer Umgebung geschützt werden, die mit dem Denkmal zusammen ein bestimmtes Orts- oder Platzbild ausmachen. Der Denkmalbegriff hat in den letzten Jahren dadurch eine deutliche Neuorientierung erfahren, daß nunmehr auch bauliche Anlagen der jüngeren und jüngsten Vergangenheit als denkmalwürdig eingestuft werden. Beispiele hierfür sind Gebäude des späten 19. Jahrhunderts, Industriebauten, Siedlungen des sozialen Wohnungsbaus der 1920er Jahre oder gar Beispiele des Bauens der 1950er Jahre.

Gesetzliche Grundlage für den Denkmalschutz sind die in den 1970er Jahren in allen Ländern geschaffenen *Denkmalschutzgesetze.* Nach diesen Gesetzen sind Denkmäler in eine *Denkmalliste* oder ein *Denkmalbuch* einzutragen, wobei allerdings unterschiedliche Regelungen gelten: Nach dem sogenannten *konstitutiven System* (Berlin, Bremen, Hamburg, Hessen, Nordrhein-Westfalen, Rheinland-Pfalz, Schleswig-Holstein) sind nur die Denkmäler geschützt, die in diese Liste bzw. das Buch eingetragen sind. Im *deklaratorischen System* (Bayern, Niedersachsen, Saarland) kommt es auf die Eintragung nicht an, sondern nur darauf, ob tatsächlich ein Denkmal vorliegt. In *Mischsystemen* (Baden-Württemberg) stehen Denkmäler unabhängig von einer Eintragung unter gesetzlichem Schutz, dieser ist aber bei erfolgter Eintragung noch intensiver.

An *Instrumenten* stellen die Denkmalschutzgesetze im wesentlichen Anzeigepflichten, Genehmigungspflichten, Instandhaltungs- und Instandsetzungspflichten sowie Enteignungsmöglichkeiten bereit. Der Anzeigepflicht unterliegen Veräußerungen des Denkmals, z. T. auch die daran eingetretenen Schäden und Mängel. Die Genehmigungspflichten, auch Veränderungsverbote genannt, erfassen Umgestaltung, Instandsetzung und Restaurierung von Denkmälern. Denkmalschutzrechtliche Regelungen sind grundsätzlich entschädigungslos hinzunehmende Maßnahmen im Rahmen der Sozialbindung des Eigentums. Im Einzelfall kann allerdings die Grenze der wirtschaftlichen Zumutbarkeit überschritten sein, was dann Entschädigungsansprüche zur Folge hat.

Bei Denkmalschutz und -pflege lassen sich die Maßnahmen der Prävention von solchen der Restaurierung unterscheiden. Eine wesentliche Voraussetzung sowohl für Denkmalschutz als auch für Denkmalpflege ist die Erfassung und Erforschung der Denkmäler (Inventarisierung).

Neben dem Denkmalrecht bieten vor allem bau- und planungsrechtliche Instrumente Möglichkeiten, Denkmalschutz und Stadt- bzw. Ortsbildpflege (vgl. S. 284) zu betreiben. In der kommunalen Praxis wird teilweise bereits eine Integration dieser Maßnahmen und Konzepte in Stadtbildkonzepten und Gestaltungsplänen angestrebt.

Schutz und Pflege von Baudenkmälern in der Bundesrepublik Deutschland. Ein Handbuch. Hg. v. A. Gebeßler und W. Ebert. Köln–Stuttgart 1980.

Organisation von Denkmalpflege und Denkmalschutz in den Ländern der Bundesrepublik Deutschland

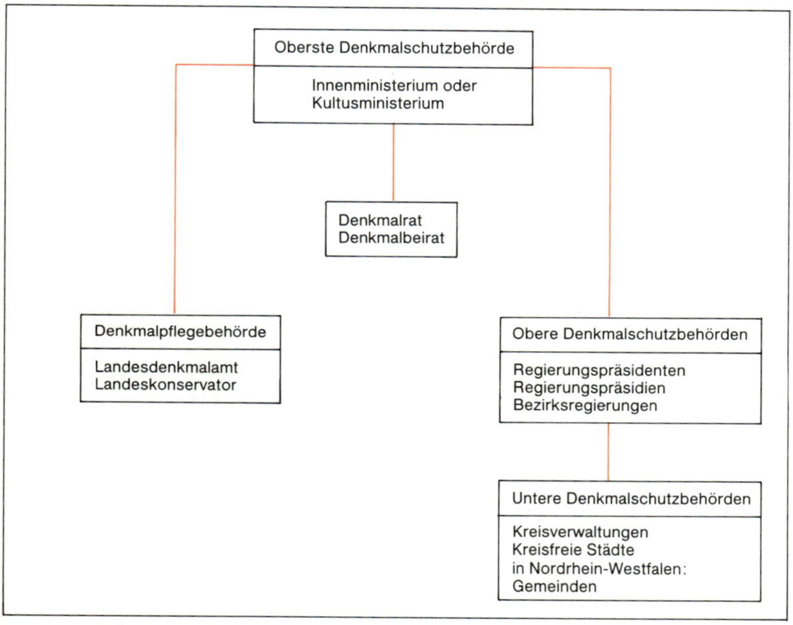

Beispiele für Denkmäler

Almhütten
Amtshäuser
Ansitze
Arbeiterhäuser
Backöfen
Backstuben
Bäder
Bahnhöfe
Balkone
Balustraden
Bauernhäuser
Befestigungen
Bergwerke
Bildstöcke
Brücken
Brüstungen
Brunnen
Bürgerhäuser
Burgen
Burgställe
Eisenbahnanlagen
Erker
Fabriken
Feldkapellen
Feldkreuze
Festungen
Fördertürme
Forsthäuser
Friedhöfe
Gartenhäuser
Gasthäuser
Gemeindehäuser
Gewächshäuser
Grabdenkmäler
Grabsteine
Grenzsteine
Gruben
Häfen
Hammerschmieden
Hochzeitshäuser
Hütten
Industriebauten
Jagdhäuser
Kalköfen
Kamine
Kanäle
Kapellen
Karner
Kasernen
Kaufhäuser
Kirchen
Kirchliche Amtsbauten
Klostergebäude
Kornhäuser
Kornkästen
Kraftwerke
Kriegerdenkmäler
Kreuzwegstationen
Landhäuser
Markthallen
Martern
Mauern
Meiler
Militärbauten
Mühlen
Pfarrhöfe
Pfleghäuser
Portale
Rathäuser
Remisen
Residenzen
Ruinen
Sägemühlen
Säulen
Schanzen
Scheuern
Schlachthäuser
Schleusen
Schlösser
Schmieden
Schrannen
Schulen
Spitäler
Stadel
Stadtbefestigungen
Stadtwaagen
Straßen
Straßenpflaster
Synagogen
Tanzhäuser
Theater
Tore
Torfhütten
Tuchhäuser
Türme
Tunnels
Wasserbauten
Wassertürme
Wegkreuze
Windmühlen
Wohngebäude
Zäune
Zehentstadel
Zollhäuser

Beispiele für denkmalfähige Ausstattungsstücke

Altäre
Balustraden
Bänke
Gartenfiguren
Gemälde
Kanzeln
Kirchenglocken
Kommuniongitter
Orgeln
Supraporten
Taufbecken
Wandvertäfelungen

Verkehrsplanung

Verkehrsplanung dient der vorausschauenden, systematischen Vorbereitung und Durchführung von Entscheidungsprozessen mit der Absicht, den Verkehr (also die Ortsveränderung von Personen und Gütern) in einem Planungsraum durch bauliche, betriebliche und sonstige Maßnahmen im Sinne bestimmter Ziele zu beeinflussen. Von Gesamtverkehrsplanung oder Generalverkehrsplanung wird gesprochen, wenn die Planung sich auf alle Verkehrssektoren bzw. Verkehrsarten und auf das gesamte Gemeinde- bzw. Kreisgebiet bezieht.

Da zwischen Verkehrs- und Siedlungsentwicklung vielfältige Wechselwirkungen bestehen, ist Verkehrsplanung als integraler Bestandteil der überfachlichen Gesamtplanung für das Gemeinde- bzw. Kreisgebiet (Stadtentwicklungsprogramm, Stadtentwicklungsplan [vgl. S. 270], Flächennutzungsplan [vgl. S. 252) zu betreiben. So schreibt das Bundesbaugesetz vor, daß in den Flächennutzungsplänen die Flächen für den überörtlichen Verkehr und die örtlichen Hauptverkehrsstraßen darzustellen sind.

Die Verkehrsplanung hat sich im Laufe der Jahrzehnte in ihrer Entwicklung erheblich gewandelt. Der Begriff „Generalverkehrsplan" wird erstmals im Jahre 1929 von einer „Arbeitsgemeinschaft für den Generalverkehrsplan" im Ruhrgebiet genannt. Dieser Plan sollte vor allem der Abstimmung der verschiedenen Verkehrsträger für die öffentliche Personenbeförderung im Ruhrgebiet dienen. Nach dem Zweiten Weltkrieg wurde im Zuge des Wiederaufbaus der Städte die Notwendigkeit für Generalplanungen und für eine enge Verknüpfung von „Generalbebauungsplan" und Generalverkehrsplan zumeist erkannt. Mit der in den fünfziger und sechziger Jahren einsetzenden starken Entwicklung der privaten Motorisierung im Verkehr wurde die Verkehrsplanung aber immer stärker einseitig auf die Probleme des Autoverkehrs fixiert. Probleme des öffentlichen Personenverkehrs wurden zweitrangig und die Belange des Fahrrad- und Fußgängerverkehrs wurden kaum beachtet, obwohl die Anteile am Gesamtverkehr damals noch sehr erheblich waren. Verkehrsplanung entwickelte sich einseitig zur bloßen Anpassungsplanung am wachsenden Autoverkehr, der als nicht beeinflußbar angesehen wurde. Erst als die negativen Auswirkungen der autoorientierten Verkehrs- und Siedlungsentwicklung (Lärm, Luftschadstoffe, Unfälle, Trennwirkung von Verkehrsschneisen, immenser Flächenbedarf, Behinderung anderer Verkehrsarten, Zerstörung des Wohnumfeldes u. a.) sich immer stärker abzeichneten, wandelten sich in den siebziger Jahren allmählich Ziele und Methoden der Verkehrsplanung: Städtebauliche, ökologische (vgl. S. 322) und soziale Gesichtspunkte sollten einbezogen werden, der öffentliche Personenverkehr sowie Fahrrad- und Fußgängerverkehr sollten neben dem motorisierten Individualverkehr angemessen Berücksichtigung finden, und Verkehrsplanung sollte sich von der Anpassungsplanung zur gestaltenden Angebotsplanung wandeln, was durch den Begriff *Verkehrsentwicklungsplanung* ausgedrückt wurde. Im Zuge der Wachstumskrise und infolge des nachlassenden Interesses für große Stadtentwicklungsplanwerke gab es Ende der siebziger Jahre weitere Wandlungen. Verkehrsplanung wurde immer häufiger im Zusammenhang mit *Stadtteilentwicklungsplänen* betrieben. Auf Stadtteilebene schien die Berücksichtigung städtebaulicher und ökologischer Belange, die Abstimmung mit anderen Fachplanungen und das Eingehen auf neue Themenschwerpunkte wie Verkehrsberuhigung (vgl. S. 290), Wohnumfeldverbesserung, Fahrradverkehr und Straßengestaltung eher möglich (vgl. S. 292). Während das methodische Vorgehen in der Vergangenheit häufig den Eindruck erweckte, als sei Verkehrsplanung allein von objektiven Kriterien geleitet, ist heute klar, daß Verkehrsplanung im Spannungsfeld von Gruppeninteressen steht. Die Verkehrsplanung muß dies durch Klärung der voraussichtlichen Wirkungen von Maßnahmen für die verschiedenen Bevölkerungsgruppen und durch breite Bürgerbeteiligung (vgl. S. 42) berücksichtigen. Dabei hat die Verkehrsplanung eine umfassende Umwelt- und Stadtverträglichkeitsprüfung der projektierten Maßnahmen einzubeziehen.

Menke, R.: Stadtverkehrsplanung. Berlin 1975. – Richtlinien für Verkehrsplanungen. Hg. von der Forschungsgesellschaft für Straßen- und Verkehrswesen. Entwurf. Köln 1984. – Stadtverkehrsplanung. Hg. v. Deutschen Institut für Urbanistik. 3 Teile. Berlin 1980–84.

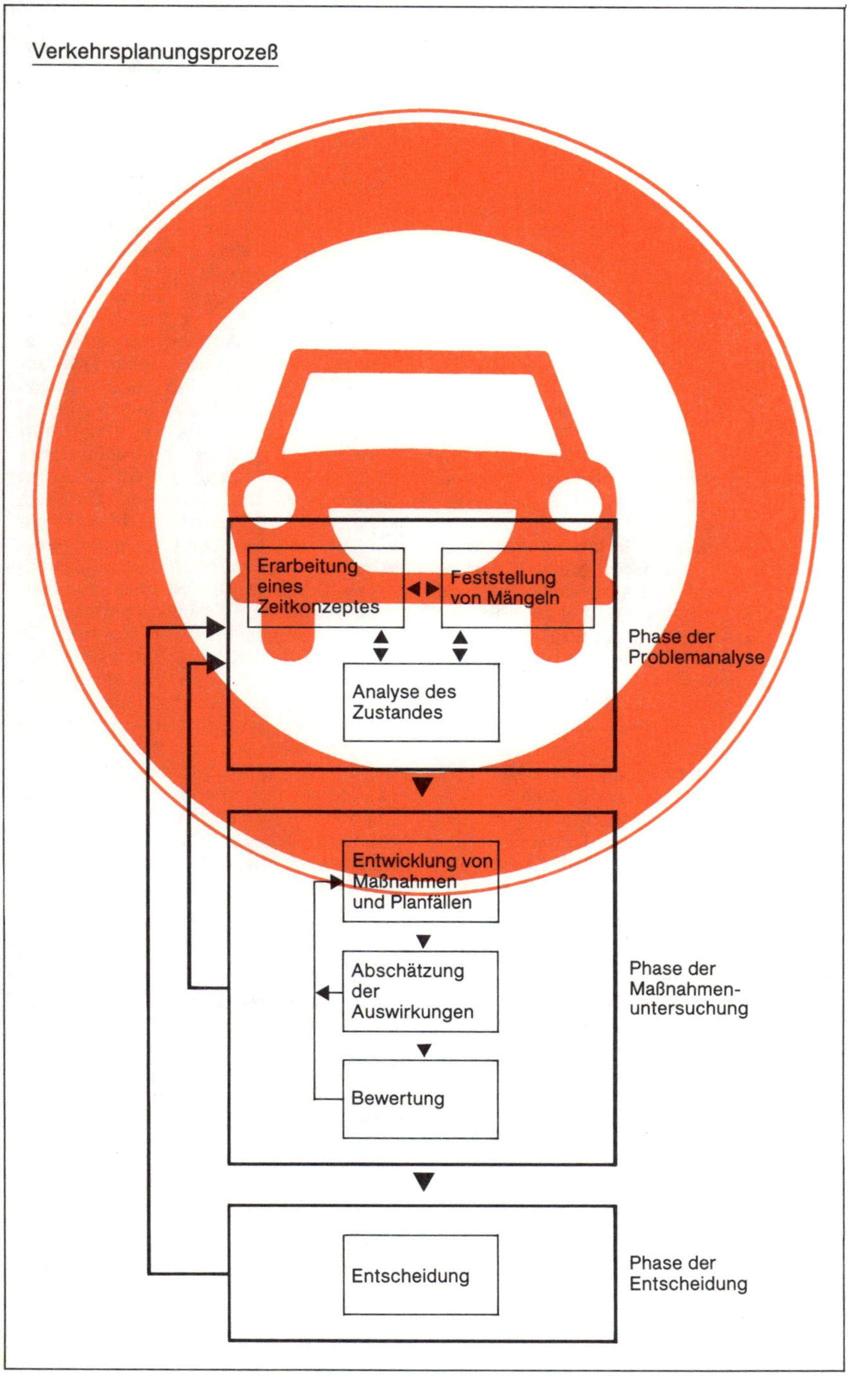
Verkehrsplanungsprozeß
Erarbeitung eines Zeitkonzeptes
Feststellung von Mängeln
Analyse des Zustandes
Phase der Problemanalyse
Entwicklung von Maßnahmen und Planfällen
Abschätzung der Auswirkungen
Bewertung
Phase der Maßnahmen-untersuchung
Entscheidung
Phase der Entscheidung

Verkehrsberuhigung – Fußgängerzonen

Der zunehmende Autoverkehr hat in den Innenstädten viele Probleme verursacht. Die Ausweitung der Verkehrsflächen reduzierte den verfügbaren Platz für den Einkaufsbummel und den Aufenthalt. Lärm und Abgase beeinträchtigten die anliegenden Nutzungen. Die Verkehrssicherheit der Passanten wurde durch hohe Geschwindigkeiten und dichten Autoverkehr gefährdet. Busse und Bahnen wurden in ihrem Verkehrsfluß behindert.

Ein wichtiges Mittel zur Lösung dieser Probleme sind *Fußgängerzonen.* Sie setzen sich seit den 1970er Jahren allgemein als Element der Stadt- und Verkehrsplanung durch. Zunächst wurden nur die Haupteinkaufsbereiche autofrei gemacht *(kommerzielle Fußgängerzonen)* und der Lieferverkehr meist zeitlich beschränkt zugelassen. Wenn eine zeitliche Beschränkung nicht möglich war, wurden anstelle von Fußgängerzonen sogenannte *verkehrsberuhigte Bereiche* eingerichtet, die bei fußgängerfreundlicher Gestaltung ganztägig für Anlieger befahrbar bleiben. Später wurden viele Fußgängerzonen auf ganze Innenstädte ausgeweitet und auch in Nebenzentren angelegt. Außerdem wurden auch sogenannte *soziale Fußgängerzonen* für Wohngebiete, architektonisch bedeutsame Baugebiete und Gebiete mit besonderer kultureller oder gastronomischer Nutzung geschaffen. Bewohner und Passanten nahmen Fußgängerzonen überwiegend sehr positiv auf. Anfängliche Widerstände des Handels wegen der befürchteten Umsatzeinbußen wurden meist aufgegeben, als sich zeigte, daß Fußgängerzonen sich als Publikumsmagnet mit steigenden Umsätzen erwiesen.

Fußgängerzonen sollen nicht isoliert und zu klein geplant werden. Sie sollen für Fußgänger, Radfahrer und Benutzer von Bussen und Bahnen gut erreichbar sein, damit möglichst viele Besucher ohne Auto kommen können. Dies kann gefördert werden, wenn Fußgängerzonen in Konzepte einer *flächenhaften Verkehrsberuhigung* integriert sind. Busse und Bahnen sowie der Radverkehr können in und durch Fußgängerzonen geführt werden, wenn sie dort verhalten fahren und ausreichend Platz vorhanden ist. Die Erschließung für den Autoverkehr (mit Straßen und Parkplätzen) sollte jedoch maßvoll erfolgen. Deshalb sind am Rand der Fußgängerzonen oft weitere Verkehrsberuhigungsmaßnahmen und Maßnahmen der Parkraumbewirtschaftung (Kurzparkzonen, Anwohnerparken) notwendig.

Wo die Einrichtung von Fußgängerzonen nicht möglich ist, versucht die *Verkehrsberuhigung,* den Autoverkehr zu „domestizieren“. Verkehrsberuhigung umfaßt ein sehr vielfältiges Repertoire baulicher Maßnahmen zur *Geschwindigkeitsdämpfung* und zur besseren *Lenkung der Verkehrsströme,* z.B. Versätze, Engstellen, Aufpflasterungen, Schwellen, Schmalfahrspuren, Bäume in der Fahrbahn, Diagonalsperren, Einbahn- und Sackgassensysteme. Im sogenannten *verkehrsberuhigten Bereich* ist eine gemeinsame Nutzung der Fahrbahn durch alle Verkehrsteilnehmer möglich, der Autoverkehr muß langsamer als 20 km/h fahren. Aber auch auf den übrigen Straßen sind Mittel zur Geschwindigkeitsdämpfung und Verkehrslenkung einsetzbar. Mit Hilfe der Verkehrsberuhigung konnten in zahlreichen Gebieten die Unfallzahlen, vor allem bei den schweren und tödlichen Unfällen, halbiert und der unerwünschte Durchgangsverkehr weitgehend aus Wohngebieten ferngehalten werden. Diese überzeugenden Resultate führten 1980 zur rechtlichen Absicherung der Verkehrsberuhigung im Straßenverkehrsgesetz und der Straßenverkehrsordnung. In der Folge haben viele Städte mit der Verkehrsberuhigung begonnen, zunächst mit Schwerpunkt in den Wohngebieten und in gering belasteten Nebenstraßen. Auch höher belastete Verkehrs- und Hauptverkehrsstraßen bedürfen dringend einer Verbesserung der Verkehrssicherheit und des Wohnumfeldes. Um eine reine Verkehrs- und Problemverlagerung von einer Straße zur anderen bzw. von einem Gebiet zum anderen zu vermeiden, ist eine *flächenhafte Verkehrsberuhigung* nötig. Dabei geht es nicht nur um die Umgestaltung von Straßen, sondern auch um Parkraumbewirtschaftung und Schaffung attraktiver, sicherer Wegenetze für Fußgänger, Radfahrer, Busse und Bahnen. Geringe Fahrgeschwindigkeiten sind allerdings das entscheidende Moment der Verkehrsberuhigung. Deshalb wurden 1985 die „Tempo-30-Zonen“ in die Straßenverkehrsordnung aufgenommen. Durch flächenhafte Verkehrsberuhigung können die Verkehrsbedingungen für Fußgänger, Radfahrer, Busse und Bahnen entscheidend verbessert werden.

Winning, H. H.: Verkehrsberuhigung. Stuttgart 1982. – Verkehrsberuhigung in Gemeinden. Planung, Durchführung, Finanzierung, Rechtsfragen. Hg. v. D. Walprecht. Köln 1983.

Beispiel einer großen, netzförmig ausgedehnten Fußgängerzone (Osnabrück)

- Fußgängerzone mit beschränktem Lieferverkehr
- Fußgängerzone ohne beschränkten Lieferverkehr
- Fußgängerüber/unterführung
- Passage, Durchgang

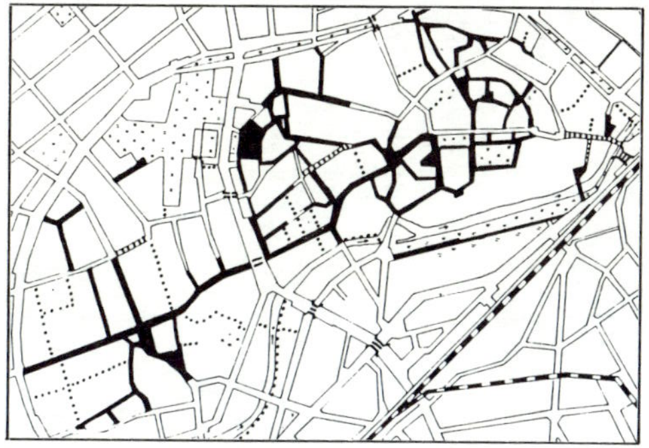

Änderung der Verkehrsmittelwahl durch flächenhafte Verkehrsberuhigung

Beispiele für Änderungen der Verkehrsmittelwahl (Indexzahlen, Basis = 100)

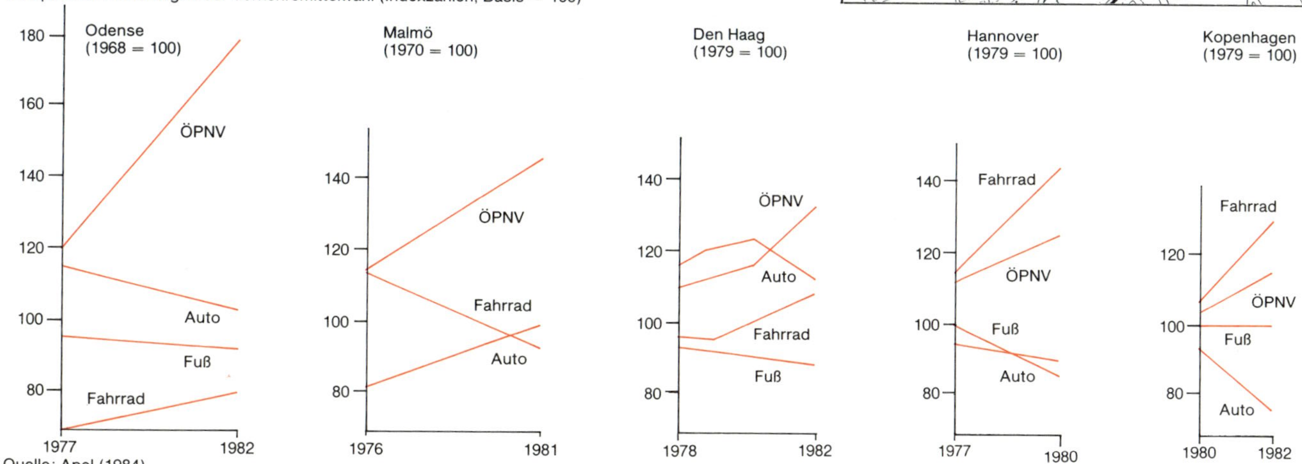

Quelle: Apel (1984)

Verkehrsregelung – Verkehrssteuerung

Die *Straßenverkehrsordnung* (StVO) mit ihren Verkehrsregeln und Verkehrszeichen bildet die Grundlage des Verhaltens im Verkehr und hilft bei der Feststellung der Schuldfrage bei Unfällen. Die StVO konzentrierte sich lange Zeit auf die Flüssigkeit und Leichtigkeit des Autoverkehrs. In dieser Phase kümmerte sie sich wenig um die Belange von Fußgängern und Radfahrern, um die begrenzte Aufnahme- und Reaktionsfähigkeit von Kindern oder Betagten sowie um den Aufenthalt und das Kinderspiel auf Straßen. Neuerdings wird aber eine Umorientierung erkennbar. Flüssigkeit und Leichtigkeit des (Auto-) Verkehrs als Hauptziele wurden durch Sicherheit und Ordnung für alle Verkehrsteilnehmer ersetzt. Die *Verkehrsberuhigung* (vgl. S. 290) wurde rechtlich verankert, mit niedrigen Geschwindigkeiten. Diese sind auch durch die Forderung nach jederzeitiger Anhaltebereitschaft und die Tempo-30-Zonen angestrebt. Die Gründe für Beschränkungen des Autoverkehrs wurden um Umweltbelange und Städtebaubelange erweitert.

Trotz solcher Änderungen bleibt die StVO grundsätzlich erneuerungsbedürftig. Sie ist zu kompliziert und zu wenig verhaltensgerecht, um wirklich jedermann in Fleisch und Blut überzugehen. Ihre Regelungsdichte ist immer noch zu hoch. Eine Durchforstung der Paragraphen und des „Schilderwaldes“ vor Ort ist längst geboten.

Inzwischen wächst die Erkenntnis, daß Verkehrsverhalten weniger durch Schilder und Regeln als durch die baulichen Gegebenheiten des Straßenraums bestimmt ist.

Die *Verkehrslenkung* versucht, durch Verkehrszeichen, Ampeln und bauliche Maßnahmen die Verkehrsströme so zu ordnen, daß Wohngebiete und andere, schützenswerte Bereiche möglichst wenig belastet werden (Netzdurchtrennungen, Einbahnsysteme, Langsamfahrnetze) und daß die Hauptströme die Hauptverkehrsstraßen benutzen (grüne Wellen, Abbiege- und Einbiegeverbote sowie Abhängen von Querstraßen). Allerdings sollten dabei übermäßige Umwege und Orientierungsprobleme vermieden werden und der Querungsbedarf und die kleinräumigen verkehrlichen Verflechtungen beachtet werden.

Man kann grundsätzlich „weiche“ und „harte“ Verkehrslenkungsmaßnahmen unterscheiden. Die „harten“ Maßnahmen erzwingen praktisch beim gesamten Fahrverkehr die gewünschte Regelung. Die „weichen“ wirken differenzierter und erhalten z. B. für Lieferverkehr oder Anliegerverkehr die Durchlässigkeit der Netze.

Die Verkehrslenkung ermöglicht auch eine Bündelung von Staus am Stadtrand. Hier wird an sogenannten Pförtneranlagen durch Ampelsteuerung nur so viel Autoverkehr hineingelassen, wie in der Stadt selbst ohne Probleme und weitere Staus verkraftbar ist. Dem Autofahrer werden dort Umsteigemöglichkeiten auf Busse und Bahnen oder aufs Fahrrad angeboten („Park + Ride“ bzw. „Park + Bike“). Am Stadtrand schaden Staus weniger als im dicht bebauten Bereich.

Eine wichtige Aufgabe der Verkehrslenkung ist es, Busse und Bahnen vor Behinderungen durch den Autoverkehr zu schützen, z. B. durch Ampelschaltungen mit Vorrang für Busse und Bahnen, durch separate Busspuren oder Gleistrassen, durch Integration von Bussen und Bahnen in die *flächenhafte Verkehrsberuhigung*.

Bei vielen Verkehrslenkungsmaßnahmen ist eine verkehrsabhängige Steuerung nötig. Die neuen Informationstechnologien bieten hier große Möglichkeiten für *rechnergesteuerte,* elektronische *Verkehrslenkungs- und Leitsysteme.* Solche Systeme können besonders wirkungsvoll den Einsatz von Bussen und Bahnen optimieren, die Verkehrsströme lenken, den Parksuchverkehr verringern, den Verkehrsfluß verstetigen, Staus auf geeignete Bereiche bündeln, die Geschwindigkeiten regeln und aktuelle Informationen über das Verkehrsgeschehen sammeln und analysieren.

Entwickelt wurden Verkehrslenkungs- und Leitsysteme ursprünglich im Stadtverkehr. Heute finden sie zunehmend auch auf Fernstraßen Anwendung, um dort die Verkehrsströme in den Spitzenverkehrszeiten (Ferienzeiten, Berufsverkehr) optimal zu verteilen.

Papier, H. J./Peine, F. J.: Straßenrecht und Straßenverkehrsrecht. In: Handbuch für die öffentliche Verwaltung. Hg. v. K. H. Friauf u. a. Bd. 2: Besonderes Verwaltungsrecht. Neuwied 1984.

Verkehrslenkung zum Schutz von Wohngebieten vor „Schleich"-/Durchgangsverkehr

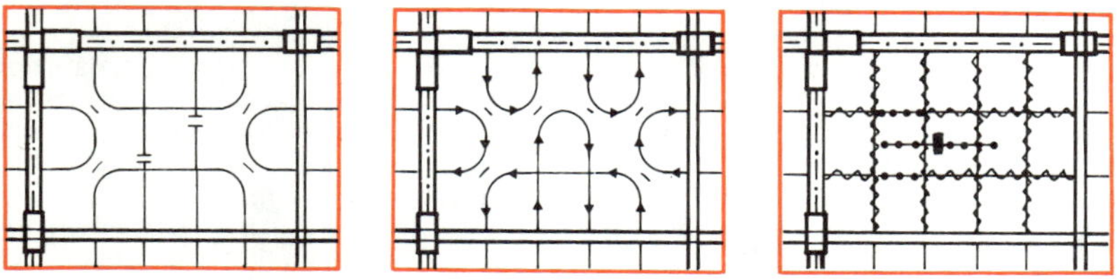

a)
Rasternetz mit Schleifen- und Stichstraßen

b)
Rasternetz mit Schleifenstraßen im Einrichtungsverkehr

c)
Rasternetz mit Umgestaltungen im Straßenraum

- Hauptverkehrsstraße
- Anliegerstraße
- Anliegerstraße im Einrichtungsverkehr
- Straßenbahn/Stadtbahn
- Diagonalsperre
- Stichstraßensperre
- geschwindigkeits dämpfende Umgestaltung
- intensive Umgestaltung

Verkehrslenkungssystem zur Bündelung von Staus und Bevorrechtigung von Bussen und Bahnen

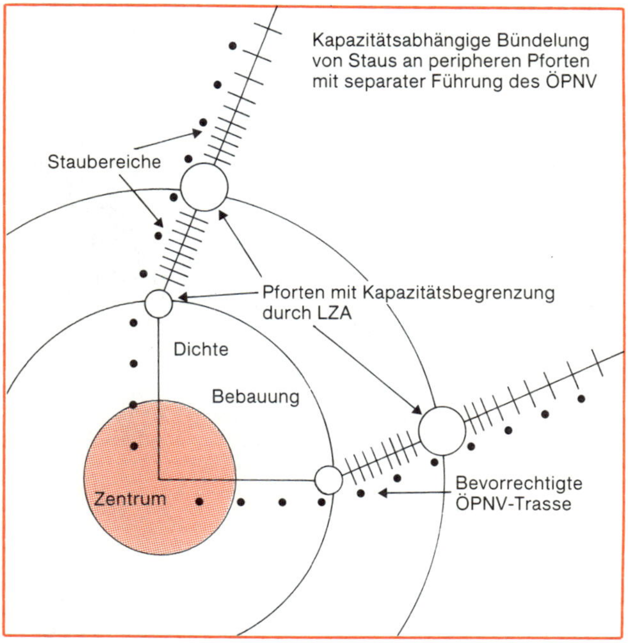

Öffentlicher Personennahverkehr

Mit dem immensen Wachstum der Städte im Zuge der industriellen Revolution im 19. Jahrhundert und als Folge der Trennung von Wohnung und Arbeitsstätte begann auch die Entwicklung des öffentlichen Personennahverkehrs (ÖPNV). In Deutschland fuhr die erste Straßenbahn – noch von Pferden gezogen – 1865 in Berlin, 1881 fuhr ebenfalls in Berlin die erste elektrische Straßenbahn und 1902 die erste elektrische U-Bahn. 1871 war die Ringbahn als Hochbahn in Berlin eröffnet worden, die später zur Stadtbahn (S-Bahn) weiterentwickelt wurde. Die Schienennetze der Straßen- und Stadtbahnen entwickelten sich schnell. In den zwanziger Jahren wurde allgemein der Gipfelpunkt der ÖPNV-Entwicklung in den großen Städten erreicht. So wurden im Jahre 1929 in Berlin pro Einwohner im Durchschnitt 450 Fahrten im Jahr mit dem ÖPNV durchgeführt (heute sind es in Berlin [West] 275 und im Bundesdurchschnitt 120).

Mit der starken Entwicklung der *privaten Motorisierung* in den letzten drei Jahrzehnten erwuchs dem ÖPNV nicht nur erhebliche Konkurrenz, sondern er erlitt überall, wo er nicht über eigene, unabhängige Bahnkörper verfügt, starke Verkehrsbehinderungen, die Pünktlichkeit und Schnelligkeit und damit Leistungsfähigkeit und Attraktivität verringerten. Die Folge war ein anhaltendes Absinken der Zahl der beförderten Personen, was die finanzielle Situation der *Verkehrsbetriebe* immer mehr verschlechterte. Fahrpreisanhebungen beschleunigten die Abwanderung von Fahrgästen zum eigenen PKW nur noch.

Erst vor dem Hintergrund sich stärker abzeichnender negativer Folgen des permanent wachsenden Autoverkehrs in den Städten bekam der ÖPNV Anfang der 1970er Jahre wieder einen höheren Stellenwert in der Verkehrspolitik. Es wurde anerkannt, daß der ÖPNV im Vergleich zum privaten PKW-Verkehr leistungsfähiger, flächensparender, sicherer, umweltschonender, energiesparender und stadt- bzw. sozialverträglicher ist. Die staatlichen Finanzzuschüsse flossen seit 1971 reichlicher (Gemeindeverkehrsfinanzierungsgesetz). Es wurden seitdem bis zu 2,6 Mrd. DM jährlich in der Bundesrepublik in den Ausbau des ÖPNV, vorwiegend von *U-Bahn-* und *S-Bahnsystemen,* investiert. Bis etwa 1982 konnte sich die Zahl der beförderten Personen im allgemeinen und insbesondere in den größeren Städten stabilisieren. In den letzten Jahren hat aber aufgrund der allgemeinen demographischen und ökonomischen Entwicklung in der Bundesrepublik Deutschland (weniger Schüler und Erwerbstätige) ein erneuter Rückgang an beförderten Personen eingesetzt, der die finanzielle Situation des ÖPNV dermaßen verschärft, daß eine grundlegende Änderung der Finanzierung des ÖPNV, z. B. durch eine gemeinsame Regelung von Bund, Ländern und Gemeinden, unausweichlich wird.

Der ÖPNV wird in der Bundesrepublik von rund 170 kommunalen öffentlichen Verkehrsbetrieben und von der Deutschen Bundesbahn durchgeführt. Mehr als 90% aller Betriebe befinden sich ganz oder teilweise im Besitz der öffentlichen Hand. Die rechtliche Grundlage für das Tätigwerden der Verkehrsbetriebe wurde 1961 durch das *Personenbeförderungsgesetz* geschaffen. Das Gesetz besagt auch, daß für den Fall mehrerer Verkehrsträger in einer Stadtregion oder einem Kreis die Genehmigungsbehörden darauf hinzuwirken haben, daß eine Zusammenarbeit bei den Verkehrsangeboten und den Tarifen stattfindet. *Kooperation* unterschiedlicher Ausprägung ist inzwischen die Regel. Mehr als zwei Drittel aller Verkehrsbetriebe sind im Rahmen einer *Tarif- oder Verkehrsgemeinschaft* oder eines *Verkehrsverbundes* tätig. Beim Verkehrsverbund wird nicht nur ein gemeinschaftlicher Tarif und ein einheitliches Verkehrsangebot geschaffen, sondern es werden wesentliche Zuständigkeiten der Betriebe einer besonderen Organisation – der Verbundgesellschaft – übertragen.

Folgende Verkehrsverbünde wurden bisher gegründet: 1965 Hamburger Verkehrsverbund (HVV), 1970 Großraum Verkehr Hannover (GVH), 1972 Münchner Verkehrsverbund GmbH (MVV), 1973 Frankfurter Verkehrs- und Tarifverbund GmbH (FVV), 1977 Verkehrs- und Tarifverbund Stuttgart GmbH (VVS), 1978 Verkehrsverbund Rhein-Ruhr GmbH (VRR) und 1980 Westfälische Verkehrsgesellschaft Münster (WVG).

Der Nahverkehr. Probleme und Lösungsansätze. Hg. v. W. Dettmering. Essen 1976. – Elsners Handbuch für den öffentlichen Personennahverkehr. Hg. v. G. Groche und E. Thiemer. Darmstadt 1980. – Öffentlicher Personennahverkehr im ländlichen Raum. Hg. v. Informationszentrum Raum und Bau der Fraunhofer-Gesellschaft. Stuttgart 1984.

Wirkungskreise der bisherigen Verkehrs- und Siedlungsentwicklung

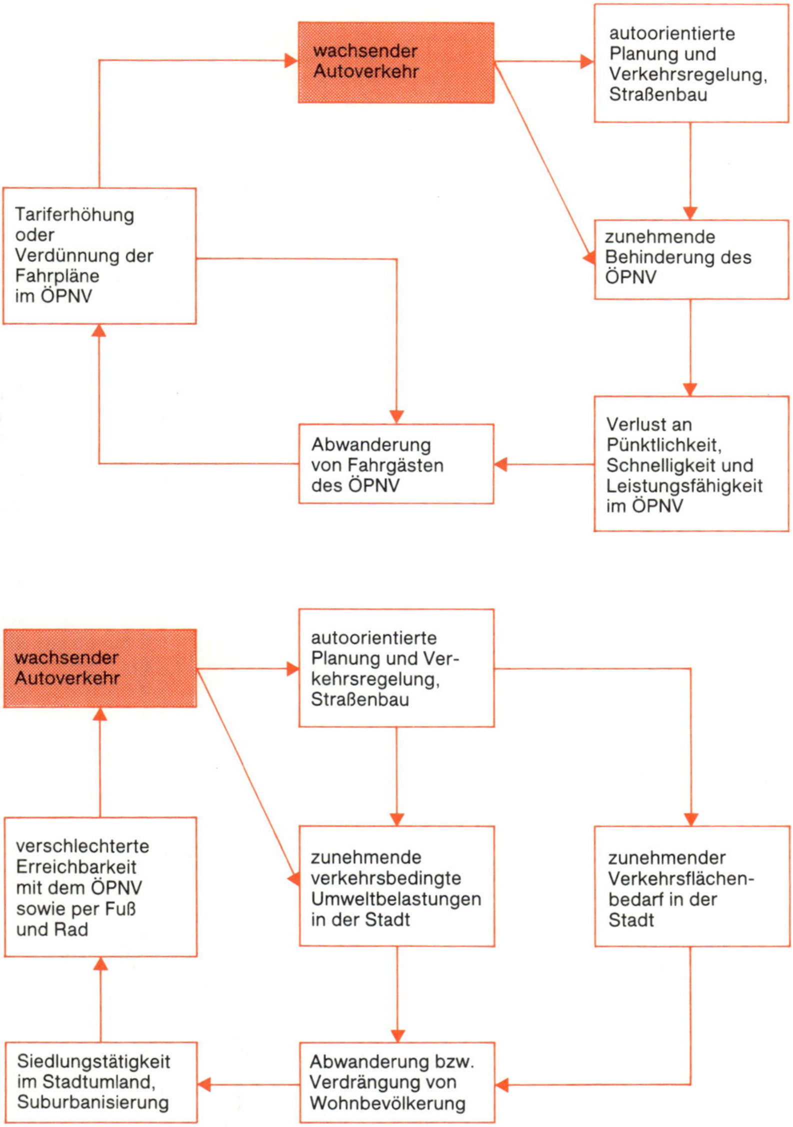

Tendenz: Nicht ausgleichende, sondern sich verstärkende negative Entwicklung für den öffentlichen Personennahverkehr (ÖPNV) (zunehmender Autoverkehr und autoorientierte Planung induzierten weiteren Autoverkehr).

Straßen – Wege – Plätze

Öffentliche Straßen, Wege und Plätze erhalten ihre rechtliche Qualität dadurch, daß sie durch die zuständige Straßenverwaltung zur *öffentlichen Sache* „gewidmet“ und tatsächlich in Dienst gestellt werden. Privatstraßen und -wege sind sogenannte tatsächliche öffentliche Straßen und Wege, wenn sie von dem Eigentümer widerruflich oder unwiderruflich der Allgemeinheit zur Benutzung zur Verfügung gestellt werden. Die öffentlichen Straßen werden nach ihrer Verkehrsbedeutung und damit verbunden nach der Zuständigkeit unterschieden in *Bundesfernstraßen, Landstraßen, Gemeindestraßen* sowie *sonstige* Straßen (Radwege, Geh- und Wohnwege usw.). Die gesetzlichen Regelungen finden sich im Bundesfernstraßengesetz und in den Straßengesetzen der Länder.

Straßen, Wege und Plätze sind Gegenstand vielfältiger Verwaltungstätigkeiten und -zuständigkeiten. Die Gemeinden sind dabei nicht nur für die Gemeindestraßen, sondern – länderweise unterschiedlich – auch für die Bundesfernstraßen und Landesstraßen im Bereich der Ortsdurchfahrten zuständig. Die Straßenverwaltung umfaßt die sogenannte *Straßenbaulast* (Finanzierung, Planung, Bau, Unterhaltung [vgl. S. 298], Stadtreinigung [vgl. S. 318]), die Regelung des *sachenrechtlichen Status* der Straßen (Widmung, Einziehung, Auf- oder Abstufungen), die *Benutzungsordnung* (Sondernutzungen, Einschränkungen des Gemeingebrauchs), den *nachbarrechtlichen Schutz* der Straßen, die staatliche *Straßenaufsicht* (Beaufsichtigung der nichtstaatlichen Straßenbaulastträger) sowie die *Bewirtschaftung* des den Straßen dienenden Vermögens (Grundstücke, Haushaltmittel, Geräte, Straßenmobiliar).

Zur Straßenbaulast gehört auch die *Straßenverkehrssicherungspflicht,* die alle Maßnahmen umfaßt, die für eine gefahrlose Benutzung der Straßen erforderlich sind (z. B. Reinigung einer verschmutzten Fahrbahn, Beseitigung von Schlaglöchern, Hinweise auf erhöhte Gefahrenlagen). Die Schadenersatzpflicht wegen Verletzung der Verkehrssicherungspflicht tritt lediglich bei vorsätzlichem oder fahrlässigem Verhalten des Pflichtigen ein. Die Benutzung der öffentlichen Straßen, Wege und Plätze wird durch die straßenrechtlichen Institute des *Gemeingebrauchs* und der *Sondernutzung* sowie durch die *Straßenverkehrsordnung* (vgl. S. 292) geregelt. Der Gemeingebrauch ist die Benutzung der Straßen zum Zwecke des Verkehrs im Rahmen der konkreten Widmung. Verkehr in diesem Sinne umfaßt den *ruhenden* (parkende Fahrzeuge) und den *fließenden* Verkehr, bei diesem grundsätzlich alle Verkehrsarten (z. B. öffentlicher Verkehr, Fahrradverkehr). Durch speziellere Widmung können einzelne Verkehrsarten ausgeschlossen (Radweg) oder aber in ihrem Verhältnis zueinander näher bestimmt werden (z. B. beim verkehrsberuhigten Bereich, vgl. S. 290). Im einzelnen wird das Verkehrsverhalten dann durch die straßenverkehrsrechtlichen Regelungen bestimmt (Verkehrszeichen, Ge-, Verbote). Der Gemeingebrauch ist genehmigungsfrei und unentgeltlich. Demgegenüber bedarf die Sondernutzung der Genehmigung und kann mit einer Gebühr verbunden werden. Sondernutzung ist die über den Gemeingebrauch hinausgehende Nutzung des öffentlichen Straßenlandes z. B. für Verkaufsstände, Werbeeinrichtungen usw. Besondere Bedeutung hat die Nutzung der Straße für den *Anlieger.* Er hat zunächst das Recht auf Zutritt von Licht und Luft sowie auf Zugang zu seinem Grundstück. Der *Anliegergebrauch* umfaßt die Befugnis, den Gemeingebrauch tatsächlich stärker auszunutzen, und außerdem diejenigen Verhaltensweisen, auf die der Anlieger zur angemessenen Nutzung seines Eigentums angewiesen ist (z. B. die Benutzung des Gehwegs als Zufahrt zum Grundstück, das Anbringen eines Werbeschildes oder eines Fahrradständers vor einem Gewerbebetrieb). Der Anliegergebrauch gibt auch Abwehrrechte gegen behördliche Maßnahmen, z. B. wenn einem Dritten eine den Anlieger unzumutbar beeinträchtigende Sondernutzung erteilt wird (Verkaufsstand oder Baubude vor Schaufenstern oder Geschäftszugang). Der Anlieger hat schließlich besondere Rechte bei der Widmung, Veränderung oder Einziehung einer öffentlichen Straße. Zwar hat er wie alle anderen Bürger auch keinen Anspruch auf Schaffung, Änderung oder Einziehung bestimmter Straßen, er hat aber ein Klagerecht gegen die Einziehung oder Teileinziehung einer Straße.

Kodal, K.: Straßenrecht. München [4]1985. – Salzwedel, J.: Wege- und Verkehrsrecht. In: Besonderes Verwaltungsrecht. Hg. v. I. von Münch. Berlin u. a. [7]1985.

Die vielfältigen Funktionen von Stadtstraßen

Physische Funktionen				Raumnutzungs-Funktionen			
				Verkehrsfunktionen		Aufenthaltsfunktionen	
Städtebauliche Funktionen durch	Stadttechnische Funktionen durch	Stadtgestalterische Funktionen durch	Ökologische (lufthygienische) Funktionen durch	Motorisierter Verkehr in Form von	Nichtmotorisierter Verkehr in Form von	Umweltfunktion Wohnumweltfunktion als	Öffentlichkeitsfunktion als
Gebäudeanordnung Gebäudeabstand Baublockgröße Baublockform	Leitungskanäle bzw. Kabeltrassen für Versorgung mit Wasser, Energie, Telefon- und Telekommunikation, Entwässerung u. a.	besondere Nutzungen der Straßenflächen und -ränder, Formen der Bebauung, Kontinuität der Bebauung, Bepflanzung, Richtungsbetonung, Unterteilung des Weges, Maßstäblichkeit in bezug auf Raumnutzungsfunktionen	Belichtung, Belüftung, Besonnung, Durchlüftungsschneisen, Anpflanzungen zur Regulierung des Stadt- und Mikroklimas	Individueller Verkehr Öffentlicher Linienverkehr Verbindungsfunktionen Erschließungsfunktionen Geschäftsverkehr Berufsverkehr Schülerverkehr Versorgungsverkehr (Einkauf) Freizeitverkehr Güterverkehr	Fahrradverkehr Fußgängerverkehr	Umweltbereich Wohnumwelt Spielbereich Verweilbereich Kommunikationsbereich	Versorgungsbereich (Einkauf u. a.) Verkehrsbereich (Haltestellen, Fußgängerverkehr) Verweilbereich Kommunikationsbereich Öffentlichkeitsbereich Repräsentationsbereich

(Nach: Deutsches Institut für Urbanistik)

Hochbau – Tiefbau

Hoch- und Tiefbau sind die Tätigkeitsbereiche, wo die Gemeinden selbst als Bauherren und -träger für die verschiedensten Vorhaben auftreten. Mit dem Begriff *Hochbau* werden dabei die Aufgaben zusammengefaßt, bei denen es um bauliche Anlagen oberhalb der Erdoberfläche geht. *Tiefbau* ist dagegen der Bereich der ebenerdigen und unterirdischen Baumaßnahmen. Entsprechend dem Verwaltungsgliederplan der KGSt (vgl. S. 134) ist in den meisten Städten ab 25 000 Einwohner ein Tiefbauamt, ab 50 000 Einwohner ein Hochbauamt eingerichtet. In sehr großen Städten mit umfangreichen Tiefbauaufgaben sind diese häufig auf weitere Spezialämter aufgeteilt, z. B. Straßenbauamt, Brückenamt, Stadtbahnamt, Entwässerungsamt, Hafenamt.

Die *Hochbauaufgaben* der Gemeinden bestehen im wesentlichen in der *Planung*, dem *Bau* und der baulichen *Unterhaltung von Gebäuden für die öffentlichen Einrichtungen* wie Schulen, Sportstätten, Bäder usw. Die eigentlichen Bauherren sind die fachlich zuständigen Ämter zum Teil auch die Liegenschaftsverwaltung (vgl. S. 163). Das Hochbauamt übt somit eine vertretungsweise Bauherrenfunktion aus. Im einzelnen hat es dabei folgende Aufgaben: In der Frühphase von gemeindlichen Bauvorhaben sind sogenannte baufachliche Stellungnahmen zum Raumprogramm und zur Grundstückssituation abzugeben. Wesentliche Voraussetzung für weitere Planungen ist die Kenntnis des Baugrundes, die durch entsprechende Gutachten über Geologie, Tragfähigkeit und Grundwasserverhältnisse ermittelt wird. Für die Bauplanung selbst bieten sich die Möglichkeiten der *Eigenplanung*, der direkten *Vergabe* an freie Ingenieure bzw. Architekten oder des *Architektenwettbewerbs*. Wie im einzelnen vorgegangen wird, richtet sich vor allem nach den vorhandenen Kapazitäten und der Bedeutung und Schwierigkeit des Vorhabens. Für die Durchführung von Architektenwettbewerben gibt es die „Grundsätze und Richtlinien für Wettbewerbe auf dem Gebiet der Raumplanung, des Städtebaus und des Bauwesens". In der Bauphase obliegt dem Hochbauamt die Bauüberwachung. Bei fertigen Gebäuden ist das Hochbauamt für die Instandhaltung und Instandsetzung (Bauunterhaltung) zuständig. Dazu gehört auch die Überwachung der sogenannten betriebstechnischen Anlagen (zentrale Versorgungsanlagen der Gebäude für Wärme, Strom, Wasser und für Gas sowie die dazu gehörenden Leitungsnetze und Anlagen).

Die umfangreichen Aufgaben des *Tiefbauamtes* erstrecken sich auf die Bereiche *Straßenbau* und *-verwaltung, verkehrstechnische Anlagen, Ingenieurbauten* (Brücken, Tunnel, Bunker usw.), *Wasserbau, Abwasserbeseitigung, Stadtbahnbau*. Von besonderem Gewicht sind dabei die Aufgaben im Straßenbau und hinsichtlich der Entwässerungsanlagen (vgl. S.296). Nach den Straßengesetzen des Bundes und der Länder haben die Gemeinden generell die sogenannte Straßenbaulast (vgl. S. 296) bei den Gemeindestraßen, bei mehr als 80 000 Einwohnern auch bei den Bundesfernstraßen und bei 30 000 Einwohnern auch bei Bundes-, Landes- und Kreisstraßen in den Ortsdurchfahrten. Diese Straßenbaulast umfaßt den Bau und die verkehrsgerechte Unterhaltung. Die von der Verkehrsbehörde angeordneten Maßnahmen der Verkehrsregelung (vgl. S. 292), z. B. Schilder oder Markierungen, müssen durchgeführt werden. Das Tiefbauamt ist auch für die Planung der Straßen auf der Grundlage der Verkehrsplanung (vgl. S. 288) zuständig. Als Grundlage dienen hier die „Richtlinien für die Entwurfsgestaltung im Straßenbau" (RE). Spezielle Aufgaben im Straßenbereich sind schließlich die Brükkenprüfung, die Koordinierung der Maßnahmen Dritter (z. B. Post, Stromversorgung) im Straßengrund und die Aufstellung der verkehrstechnischen Anlagen.

Im Bereich der Abwasserbeseitigung (vgl. S. 316) obliegt dem kommunalen Tiefbau die Planung und der Bau von Entwässerungsanlagen, die Unterhaltung und Reinigung der Abwasserkanäle (Kanalbetrieb), die Sicherstellung der Verfahrensabläufe in den Klärwerken, die Abwasserüberwachung. Für die Entwässerung des einzelnen Grundstücks erteilt das Tiefbauamt die sogenannte Amtliche Angabe über die für die Hausanschlußleitung maßgebenden Daten und überwacht die Herstellung der Hausanschlüsse. Der Wasserbau befaßt sich mit dem Ausbau und der Unterhaltung der oberirdischen Gewässer.

Haferkampf, H.-E./Borchers, W.: Hochbau, Tiefbau. In: Handbuch der kommunalen Wissenschaft und Praxis. Hg. v. G. Püttner. Bd. 4. Berlin u. a. [2]1983. – Elsners Handbuch für Städtisches Ingenieurwesen. Hg. v. O. Sill. Darmstadt 1983.

Die Aufgaben des kommunalen Hoch- und Tiefbaus

(Aufgabengliederungsplan der Kommunalen Gemeinschaftsstelle für Verwaltungsvereinfachung)

Hochbau

1	Entwurf und Bau von Hochbauten
2	Gebäudeunterhaltung, soweit nicht anderen Aufgabengruppen zugewiesen
3	Bauliche Unterhaltung von Denkmälern, Straßenkunstobjekten, öffentlichen Brunnen
4	Planung, Entwurf, Bau, Betrieb und Unterhaltung von haus- und betriebstechnischen Anlagen und Einrichtungen, soweit nicht Aufgabengruppe 10 zugewiesen
5	Planung und Überwachung des Energie- und Wasserverbrauchs
6	Zentrale Beschaffung von Energie und Wasser

Tiefbau

1	Straßenbau, Straßenverwaltung
1.1	Mitwirkung bei der Bauleitplanung und Gesamtverkehrsplanung
1.2	Entwurf, Bau, Unterhaltung, Betrieb, Verwaltung von Verkehrsflächen und Straßenbeleuchtung
1.3	Widmung und Einziehung der Straßen, Wege und Plätze
1.4	Einrichtung und Fortführung eines Straßenkatasters
2	Planung, Entwurf, Bau, Unterhaltung, Betrieb und Verwaltung automatischer Signalanlagen und Parkleiteinrichtungen; Aufstellung der Verkehrsschilder
3	Planung, Entwurf, Bau, Unterhaltung, Betrieb, Verwaltung von Ingenieurbauten
4	Wasserbau
4.1	Planung, Entwurf, Bau, Unterhaltung, Betrieb und Verwaltung von Anlagen des Wasserbaus und der Wasserwirtschaft
4.2	Aufgaben der unteren und der örtlichen Wasserbehörde, soweit nicht Aufgabengruppe 32 zugewiesen
5	Abwasserbeseitigung
5.1	Planung, Entwurf, Bau, Unterhaltung, Betrieb und Verwaltung von Anlagen zum Erfassen und Ableiten von Abwässern
5.2	Planung, Entwurf, Bau, Unterhaltung, Betrieb und Verwaltung von Anlagen zur Abwasserbeseitigung sowie Schlammverwertung
5.3	Planung, Entwurf, Bau, Unterhaltung, Betrieb und Verwaltung von Gewässern, soweit sie siedlungswasserwirtschaftliche Bedeutung haben und von Rückhaltebecken
5.4	Führung des Kanalkatasters
6	Planung, Entwurf, Bau, bauliche Unterhaltung von schienengebundenen Stadtbahnen und Untergrundbahnen
7	Mitwirkung bei Baugenehmigungen
8	Abbrüche

Grünflächen – Parks – Freiflächen – Kleingärten

Grünflächen sind überwiegend durch Pflanzen bestimmte, Siedlungsbereichen zugeordnete Flächen. Der Begriff *Freifläche* ist dagegen umfassender: Darunter sind überwiegend unbebaute Flächen zu verstehen, die grün, begrünt oder befestigt sein können. Um die raumprägende Bedeutung stärker zu betonen, werden heute im allgemeinen die Begriffe *Freiraum* statt Freifläche und *Grünraum* statt Grünfläche verwendet. Als *Parks* werden größere Grünräume (von 1 ha und mehr) bezeichnet, die häufig als Landschaftsgärten gestaltet sind und im allgemeinen unter dem Gesichtspunkt der Bewegung mehr extensiv genutzt werden durch Spazierengehen, auf Bänken Sitzen, Lagern und Spielen auf Liege- und Spielwiesen. *Spiel- und Freizeitparks* sind demgegenüber mit Einrichtungen ausgestattet, die intensivere Nutzungsmöglichkeiten zulassen.

Je nachdem, welchem Zweck die Freiräume dienen und inwieweit sie zugänglich sind, lassen sich *öffentliche* und *private Freiflächen* unterscheiden. Bei den privaten Freiräumen haben Hausgärten den größten Flächenanteil. Die öffentlichen Freiräume können weiter untergliedert werden: Die *bedingt öffentlichen Freiräume* sind Krankenhäusern, Heimen, Schulen, Geschoßwohnungen, Rathäusern usw. zugeordnet. Um *zweckgebundene öffentliche Freiräume* handelt es sich bei Sportflächen, Kinderspielbereichen, Freibädern, Zeltplätzen, Dauerkleingärten und Friedhöfen. Zu den *allgemein öffentlichen Freiräumen* zählen Stadt-, Volks- und Freizeitparks, Stadtwälder, Botanische und Zoologische Gärten, historische Gartenanlagen und Schmuckplätze.

Die Herstellung öffentlicher Straßen, Wege, Plätze (vgl. S. 296) und Grünanlagen setzt einen Bebauungsplan (vgl. S. 254) voraus. Da innerstädtische Freiflächen im allgemeinen knapp sind, müssen diese Flächen Mehrfachfunktion erfüllen. Hierzu bedarf es einer *Grünordnungsplanung,* da ein Bebauungsplan derartige Darstellungen nicht enthält. Wichtig für die Grünordnung sind dabei stadtökologische (vgl. S. 322) und ästhetische Kriterien, der Zweck, Stadtteile zu gliedern und zu erschließen, der Zugang zu außerstädtischen Erholungsgebieten, historische und kulturelle Belange (z. B. bei historischen Gärten, Parks, Wall-Grünanlagen, Friedhöfen) sowie der Bedarf der Stadtbewohner nach Räumen für verschiedene Arten der Freizeit- und Erholungsnutzung.

Der Bedarf an allgemeinen Grünräumen kann nicht pauschal benannt werden, weil sich die örtlichen Verhältnisse oft erheblich unterscheiden. Eine kleine Gemeinde braucht in der Regel keinen Park. Als städtebauliche Orientierungsrichtwerte für die Bemessung der allgemeinen öffentlichen Freiräume werden für die Bruttoflächen Werte genannt, die von 8 m^2 je Einwohner bis 25 m^2 je Einwohner reichen. Die planerische Sicherung von Parkanlagen, Grünflächen und Freiflächen vor anderen Nutzungen ist gemeinsame Aufgabe von *Stadtplanungs-* und *Grünflächen-* (bzw. *Gartenbau-)ämtern.* Entwurf, Bau und Unterhaltung der allgemein öffentlichen und der zweckgebundenen öffentlichen Grünflächen und Freianlagen sind Aufgabe nur der Gartenbauämter.

Unter dem Stichwort *Biotopkartierung* wird die Erfassung von Lebensräumen (Biotopen) und ihres Arteninventars verstanden. Im Siedlungsbereich werden als städtische Biotope nicht nur wertvolle Flächen oder naturnahe Reste mit dem Ziel ihrer Erhaltung kartiert, sondern alle nicht vollständig versiegelten, also mit Vegetation unterschiedlicher Entwicklungsstadien bewachsenen Flächen, unabhängig von ihrer Zugänglichkeit. Dabei steht die Bedeutung dieser Stadtbiotope als Lebensraum für die Pflanzen- und Tierwelt aufgrund der besonderen Ausprägungen dieser Lebensräume abhängig von der Art, Dauer, Kontinuität und Intensität der Nutzung, der Siedlungsgeschichte, der Stadtstruktur, Größe, der Boden-, Wasser- und Immissionsverhältnisse sowie ihre stadtklimatische Bedeutung im Vordergrund. Aus der Betrachtung und Erforschung von Flächen mit spontaner (gärtnerisch unbeeinflußter) Vegetation ist der größere Artenreichtum solcher als „Ruderalflächen" bezeichneter Lebensräume gegenüber den gärtnerisch gepflegten Freiflächen bekannt geworden.

Daraus entstand in den letzten Jahren der Trend zu einer *differenzierten städtischen Freiflächenpflege,* die gängige gärtnerische Eingriffe wie Düngung von Rasenflächen, künstliche Bewässerung, Bodenverbesserung mit Torf, Vergiften von Wildpflanzen oder -tieren mit Pestiziden („Unkrautbekämpfung") usw. auf ein Minimum reduziert. Gärtnerische Pflege konzentriert sich nach solchen Vorstellungen auf intensiv belastete Grünflächen oder Repräsentationsflächen oder historische gartenkünstlerische Anlagen. Weniger intensiv genutzte Teile von Parkanlagen, Grünflächen und anderen Freiflächen werden zu „naturnahen“ Flächen mit extensiver Pflege entwickelt, die aber häufig nicht weniger aufwendig ist bzw. andere Geräte erfordert. Die Zielsetzung naturnaher Pflege gilt unter Gesichtspunkten der Umweltvorsorge auch für Anlagen traditionell größerer gärtnerischer Aktivitäten wie Kleingärten oder Friedhöfe.

Naturnahe Pflegepraktiken tragen auch dazu bei, den Gebrauchswert, die Eignung von Freiflächen für die Erholung, insbesondere als Lebensräume für Kinder und Jugendliche, zu erhöhen. So gesehen kommt dem Trend zur naturnahen Freiflächenpflege eine große Bedeutung zu, als Beitrag zu gesunden Lebens- und Entwicklungsbedingungen für Bewohner städtischer Siedlungsräume. Wildpflanzen gelten als „Gradmesser der Wohnlichkeit“. *Kleingärten* als regelmäßig nicht mit der Wohnung verbundene und nicht gewerbsmäßig bewirtschaftete Gartenform erfüllen besonders in städtischen Verdichtungsräumen wichtige Erholungs-, Freizeit- und z. T. auch Versorgungsfunktionen. Durch Staubbindung, örtlich wirksame Kaltluftproduktion, Versickerung von Niederschlägen, Reduzierung von Versiegelung und als ökologische Trittsteine im Mosaik der Lebensräume haben Kleingartenflächen auch stadtökologische Bedeutung. Ihre Rolle als Lebensräume für Pflanzen und Tiere ist oft unnötig eingeschränkt durch zu intensive Pflege, Giftanwendung und eine natürliche Kreisläufe mißachtende Ordnungsliebe.

Kleingärten werden meist in der Nähe von Wohngebieten angelegt, um auch Spaziergängern die Möglichkeit zur Kurzzeiterholung zu bieten. 83% der Kleingartenanlagen sind für Besucher uneingeschränkt zugänglich. Kleingärten wurden leider auch entlang von Verkehrsbändern, zwischen Gewerbebetrieben oder auf ähnlich anderweitig nicht gewinnbringend zu verwertenden Restflächen angelegt. Die in einigen Fällen nachgewiesene hohe Immissionsbelastung z. B. mit Schwermetallen macht auf solchen Flächen die Fruchtziehung fragwürdig.

Zu knapp 74% sind bestehende Kleingärten planungsrechtlich abgesichert. Ihre durchschnittliche Größe beträgt 411 m². Planungsrechtlich nicht abgesicherte Kleingartenflächen werden in Ballungsräumen zunehmend von anderen Nutzungen verdrängt. Ersatzflächen hierfür verdrängen meist ökologisch wertvollere Nutzungen im Stadtgebiet.

Eigentümer der Kleingartenflächen sind zu rund 63% Länder, Bund, Gemeinden, zu rund 22% Körperschaften und zu rund 15% Private. Nach der Größe der Gemeinden verteilen sich Kleingartenanlagen zu 41,5% auf Städte und Gemeinden mit über 100000 E, zu 32,7% zwischen 50000–100000 E, zu 16,3% zwischen 20000–50000 E, zu 9,5% unter 20000 E.

Auf der Ebene der Kleingartenanlage verwalten rund 4000 Vereine (1986: 3978) 7312 Kleingartenanlagen auf rund 34320 ha Fläche. Sie handhaben die Verpachtung, die Beratung der Kleingärtner und organisieren die Gemeinschaftsarbeit. In der Beratung werden sie unterstützt von örtlichen Kleingartenfachberatern.

Für die Betreuung von Kleingärten sind in Städten und Gemeinden die Gartenbauämter, für Planung, Grunderwerb, Verlegung usw. in der Regel auch andere Ämter zuständig.

Auf der Ebene der Landkreise und kreisfreien Städte werden Kleingärtnerinteressen von mehr als 300 Städte- bzw. Kreisverbänden wahrgenommen. Sie vertreten Kleingartenbelange insbesondere bei der kommunalen Freiflächenplanung und -nutzung. Gegenüber der Stadt treten sie in der Regel als Generalpächter und mit dem entsprechenden Verein als Verpächter gegenüber dem Kleingärtner auf.

Auf Länderebene ist das Kleingartenwesen zum Teil durch Verwaltungsvorschriften geregelt, in Nordrhein-Westfalen ist es in der Verfassung verankert. Zuständig ist meist das für Bau-, Siedlungs- und Wohnungswesen zuständige Ministerium, teilweise auch neugeschaffene Umweltressorts. Die für das Kleingartenwesen geltenden öffentlich-rechtlichen Bestimmungen sind im Bundeskleingartengesetz von 1983 zusammengefaßt.

Grebe, R./Tomásek, W.: Gemeinde und Landschaft. Landschaftsplanung, Freiraumplanung und Naturschutz in der Gemeinde. Köln ²1980. – Grün in der Stadt. Hg. v. M. Andritzky und K. Spitzer. Hamburg 1981. – Richter, G.: Handbuch Stadtgrün: Landschaftsarchitektur im städtischen Freiraum. München–Wien–Zürich 1981. – Ökologischer Garten. Hg. v. Bund Naturschutz in Bayern. Frankfurt am Main 1981. – Mainczyk, L.: Das neue Kleingartenrecht. München ²1985.

Wirtschaftsförderung – Gewerbepolitik

Die anhaltend hohe Arbeitslosigkeit seit Anfang der 1980er Jahre hat eine zwar freiwillige, aber gleichwohl schon traditionelle Aufgabe der Städte und Gemeinden wieder stärker ins Blickfeld der Öffentlichkeit gerückt: die kommunale Wirtschaftsförderung. Darunter werden alle gemeindlichen Maßnahmen verstanden, die unmittelbar für betriebliche Investitions- und Standortentscheidungen von Bedeutung sind. Zu diesen Maßnahmen gehören vor allem die Planung, Ausweisung und Erschließung von Gewerbegebieten, der An- und Verkauf von Grundstücken für gewerbliche Zwecke, die Beratung von Betrieben bei akuten Problemen am Standort und – im Einzelfall – auch die Bereitstellung finanzieller Hilfen, um bestimmte – aus städtebaulichen, ökologischen oder arbeitsmarktpolitischen Gründen erwünschte – Investitionen anzuregen.

Das vorrangige Ziel der Wirtschaftsförderung war früher, über die *Akquisition neuer Betriebe* (= Ansiedlungspolitik) und die damit erhoffte Anhebung des Gewerbesteueraufkommens die örtliche Wirtschafts- und Finanzkraft zu stärken und damit den Handlungsspielraum zur Finanzierung kommunaler Investitionen zu erhöhen. Für die meisten Städte und Gemeinden ist diese Strategie nicht mehr erfolgreich, weil die Zahl der Unternehmensneugründungen seit Anfang der 1970er Jahre kontinuierlich zurückgegangen ist. Der „Ansiedlungsmarkt" ist ein sogenannter Käufermarkt geworden, auf dem der Kunde (= Unternehmer) unter zahlreichen Standortangeboten auswählen kann.

Ende der 1970er Jahre hat es einen Kurswechsel von der Ansiedlungspolitik zur *„Gewerbebestandspflege"* gegeben. Ziel ist die Erhaltung der vorhandenen und die Schaffung neuer Arbeitsplätze durch eine intensive Betreuung der ortsansässigen Betriebe, um insbesondere die noch bei Klein- und Mittelbetrieben vermuteten Wachstumspotentiale zu mobilisieren. Im Mittelpunkt dieser Betreuung steht die Standortberatung und die Standortvorsorge. Zahlreiche Betriebe befinden sich in städtebaulichen Gemengelagen, die durch ein enges Nebeneinander von Wohnen und Gewerbe charakterisiert sind. Als Strategie zur Lösung von Nutzungskonflikten wurde lange Zeit die Förderung von Betriebsverlagerungen gewählt. Ersatzstandorte wurden in neuen Gewerbegebieten „auf der grünen Wiese" angeboten. Einige wenige Städte haben sich auch um die Bereitstellung von Gewerbehöfen bemüht, um kleineren planungsverdrängten Betrieben zumindest vorübergehend einen kostengünstigen Standort anbieten zu können.

Inzwischen gewinnt die Strategie der *Standortsicherung* an Bedeutung. Hierbei geht es vorrangig um die Sicherung der betrieblichen Entwicklungsmöglichkeiten am alten Standort durch Aufstellung oder Änderung von Bebauungsplänen (vgl. S. 254). Da eine solche planungsrechtliche Absicherung alter Gewerbestandorte in der Praxis häufig scheitert, bleibt es eine zentrale Aufgabe der kommunalen Wirtschaftsförderung, durch entsprechende planerische und liegenschaftspolitische Aktivitäten für die Bereitstellung alternativer Flächenangebote zu sorgen. Angesichts eines fortschreitenden Flächenverbrauchs und eines sich stetig vollziehenden ökonomischen und städtebaulichen Strukturwandels muß dabei verstärkt nach Wegen eines vernünftigen Flächenrecyclings gesucht werden. In jüngster Zeit mehren sich die Beispiele, in denen brachliegende Gewerbeflächen für eine erneute gewerbliche Nutzung wiederhergerichtet oder alte Fabrikgebäude von den Kommunen aufgekauft, umgebaut und anschließend als Gewerbehof oder Technologie- bzw. Gründerzentrum (vgl. S. 306) genutzt werden.

Neben den bereits bestehenden Betrieben sind heute Existenzgründer eine wichtige Zielgruppe der kommunalen Gewerbepolitik. Dabei geht es vor allem um eine intensive Beratung der Jungunternehmer, die von der Standortberatung über die Bau- und Finanzierungsberatung bis zur Management- und Marketingberatung alle Stufen der Betriebsberatung umfaßt. Da das hierfür erforderliche Know-how nicht von einer Institution allein bereitgestellt werden kann, ist der Aufbau eines lokalen Kontakt- und Beratungsnetzwerks erforderlich. Der kommunalen Wirtschaftsförderung kommt hierbei hauptsächlich die neue Funktion des Moderierens und Koordinierens zu, um innovative Aktivitäten anzustoßen und einen kontinuierlichen Informationsaustausch zwischen allen Beteiligten zu gewährleisten.

Lange, K.: Möglichkeiten und Grenzen gemeindlicher Wirtschaftsförderung. Köln–Stuttgart 1981. – Heuer, H.: Instrumente kommunaler Gewerbepolitik. Stuttgart 1985. – Gewerbeentwicklung und Gewerbepolitik. Hg. v. H. Afheldt u. a. Stuttgart 1986.

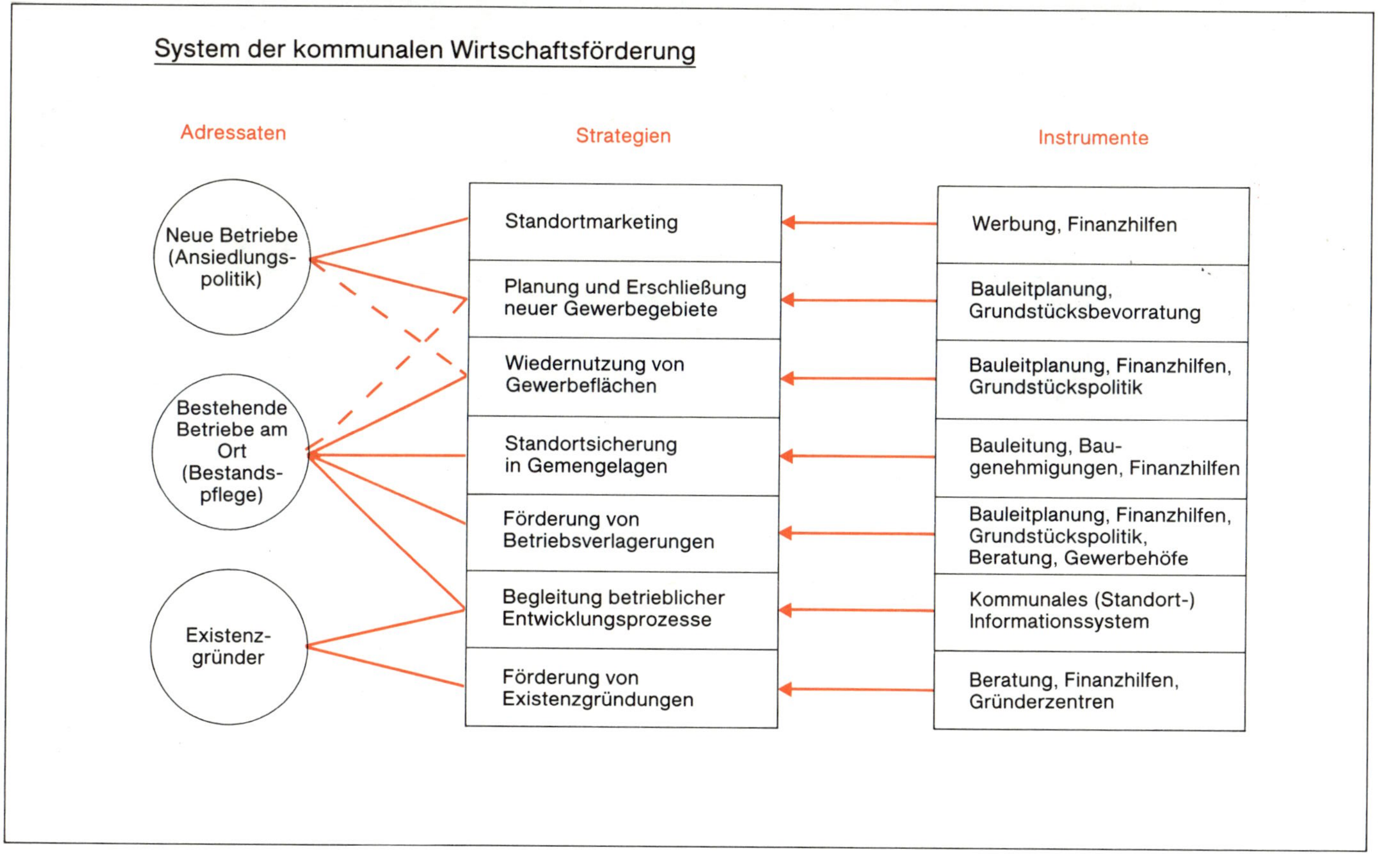
System der kommunalen Wirtschaftsförderung
Adressaten
Strategien
Instrumente
Neue Betriebe (Ansiedlungs-politik)
Bestehende Betriebe am Ort (Bestands-pflege)
Existenz-gründer
Standortmarketing
Planung und Erschließung neuer Gewerbegebiete
Wiedernutzung von Gewerbeflächen
Standortsicherung in Gemengelagen
Förderung von Betriebsverlagerungen
Begleitung betrieblicher Entwicklungsprozesse
Förderung von Existenzgründungen
Werbung, Finanzhilfen
Bauleitplanung, Grundstücksbevorratung
Bauleitplanung, Finanzhilfen, Grundstückspolitik
Bauleitung, Bau-genehmigungen, Finanzhilfen
Bauleitplanung, Finanzhilfen, Grundstückspolitik, Beratung, Gewerbehöfe
Kommunales (Standort-) Informationssystem
Beratung, Finanzhilfen, Gründerzentren

Kommunale Sparkassen

Als kommunale Einrichtungen entstanden die Sparkassen seit Anfang des 19. Jahrhunderts (erste kommunale Sparkasse 1801 in Göttingen). Heute bilden sie mit den 12 Girozentralen als Sparkassenorganisation die größte deutsche Bankengruppe. Es gab 1985 in der Bundesrepublik Deutschland 578 kommunale Sparkassen (darunter 179 Stadtsparkassen, 150 Kreissparkassen) mit über 17 000 Zweigstellen. Die Unterhaltung von Sparkassen gehört zum verfassungsmäßig (Art. 28 Abs. 2 GG) geschützten Kernbereich der kommunalen Selbstverwaltung.

Die Sparkassengesetze der Länder legen die Aufgaben der kommunalen Sparkassen fest: Förderung des Sparsinns und der Vermögensbildung, kreditwirtschaftliche Versorgung der Bevölkerung, vornehmlich des Mittelstandes, sowie der wirtschaftlich schwächeren Bevölkerungskreise. Das ist der *öffentliche Auftrag der Sparkassen,* die primär aufgaben- und nicht gewinnorientiert sind. In diesem Rahmen sind die modernen Sparkassen universal tätige Kreditinstitute. Vom Jahresüberschuß einer Sparkasse wird in der Regel der größte Teil der Sicherheitsrücklage (dem Eigenkapital) zugeführt; der andere Teil kann von der Kommune für gemeinnützige Zwecke verwendet werden.

Die Kommune haftet in vollem Umfange für ihre Sparkasse, die der Rechtsform nach eine selbständige öffentlich-rechtliche Anstalt ist. Diese „Gewährträgerhaftung" wird durch die Rechtspflicht ergänzt, die dauernde Funktionsfähigkeit der Sparkasse sicherzustellen (sogenannte Anstaltslast der Kommune). Auswirkung der engen Beziehungen zwischen Kommune und Sparkasse ist das Regionalprinzip, d. h., grundsätzlich wird die Sparkasse nur im Gebiet ihres Gewährträgers tätig. Die Sparkassen stehen in einem arbeitsteiligen Verbund mit der regional zuständigen Landesbank/Girozentrale (Sparkassenzentralbank) und den zugehörigen Landesbausparkassen.

Die Sparkasse wird von dem Vorstand, der mindestens zwei Mitglieder (Geschäftsleiter) hat, geleitet und nach außen vertreten. Organe sind ferner der Verwaltungsrat und der Kreditausschuß. Dem Verwaltungsrat der Sparkasse gehören von der Vertretungskörperschaft (Gemeinderat, Kreistag) des Gewährträgers gewählte Mitglieder sowie Vertreter der Dienstkräfte der Sparkasse an. Der Verwaltungsrat gibt Richtlinien für die Geschäftspolitik und überwacht die Geschäftsführung des Sparkassenvorstandes. Der Sparkassenvorstand und vom Verwaltungsrat gewählte Mitglieder bilden den *Kreditausschuß,* der über Kreditanträge beschließt, für die er nach Gesetz und Sparkassensatzung zuständig ist oder die ihm vom Vorstand zur Entscheidung vorgelegt werden. Über einige grundsätzliche Angelegenheiten (z. B. Erlaß der Sparkassensatzung, Entlastung der Organe, Bestellung der Vorstandsmitglieder) beschließt die Vertretungskörperschaft des Gewährträgers. Die kommunale Sparkasse unterliegt der landesrechtlich geregelten staatlichen Sparkassenaufsicht und – wie alle Kreditinstitute – der Aufsicht durch das Bundesaufsichtsamt für das Kreditwesen.

Die Sparkassen und ihre Gewährträger gehören aufgrund der Landessparkassengesetze dem regional zuständigen *Sparkassen- und Giroverband* an. Die Sparkassen- und Giroverbände führen Prüfungen – wie Jahresabschlußprüfungen – bei den Mitgliedssparkassen durch und beraten die Aufsichtsbehörden. Im 1884 gegründeten Deutschen Sparkassen- und Giroverband e. V. (Bonn) haben sich Sparkassen- und Giroverbände sowie die Girozentralen zusammengeschlossen; in seinen Organen sind die kommunalen Spitzenverbände vertreten (vgl. S. 54). Hier werden vor allem Grundsatzfragen des Kreditwesens und der Sparkassenorganisation bearbeitet.

Einige Daten (Stand Ende 1984): Das Geschäftsvolumen aller Sparkassen beträgt 679 Mrd. DM. Bei der einzelnen Sparkasse reicht das Geschäftsvolumen von unter 100 Mill. DM (11 Sparkassen) bis erheblich über 10 Mrd. DM (4 Sparkassen). Die Sparkassen haben einen Anteil von 52,8% (304 Mrd. DM) an den Spareinlagen bei den Kreditinstituten in der Bundesrepublik Deutschland und sind mit Verbindlichkeiten von rund 538 Mrd. DM zu 37% an den gesamten Verbindlichkeiten aller Bankengruppen beteiligt. Von den 444 Mrd. Krediten wurden rund 56 Mrd. an öffentliche, v. a. kommunale Haushalte gegeben.

Heinevetter, K.: Sparkassengesetz Nordrhein-Westfalen. Kommentar. Köln [2]1978 ff. Die kommunalen Sparkassen. In: Handbuch der kommunalen Wissenschaft und Praxis. Hg. v. G. Püttner. Bd. 5. Berlin u. a. [2]1984. – Stern, K.: Sparkassen und Kommunen – ihre kommunal- und sparkassenrechtliche Verknüpfung. In: Standortbestimmung. Hg. v. Deutschen Sparkassen- und Giroverband. Stuttgart 1984.

Kommunale Sparkassen

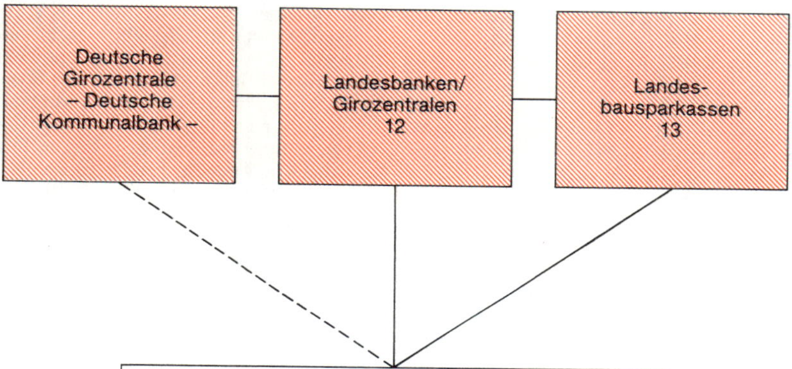

Großstadtsparkassen	41
Übrige Stadtsparkassen	138
Kreissparkassen	150
Gemeindesparkassen, Amtssparkassen	15
Zweckverbandssparkassen (Bezirkssparkassen)	234
Kommunale Institute	578
Sonstige Sparkassen mit öffentl. rechtl. Trägern	2
Sparkassen in privater Rechtsform	11
Sparkassen insgesamt	591

wenn's um Geld geht
Sparkasse

Technologiezentren – Gründerzentren

Mit der Eröffnung des Berliner Innovations- und Gründerzentrums (BIG) im November 1983 ist in der Bundesrepublik Deutschland das erste Technologiezentrum ins Leben gerufen worden. Bis zur Jahresmitte 1985 sind in mehr als einem Dutzend weiterer Städte ebenfalls sogenannte Gründer- und Technologiezentren eröffnet worden.

Gründer- und Technologiezentren sind Standortgemeinschaften („Brutstätten") von überwiegend jungen bzw. neugegründeten Betrieben, die technologisch neue Produkte und Verfahren entwickeln. Anlaß für die Konzipierung der Zentren ist die Beobachtung, daß mehr als die Hälfte aller Unternehmensneugründungen – vor allem im Dienstleistungssektor (tertiärer Sektor) – in den ersten Jahren scheitern. Gründe für den Mißerfolg sind vor allem die mangelnde unternehmerische Erfahrung der Existenzgründer, eine ungenügende Vorbereitung der Unternehmensgründung, zu wenig Startkapital und unzureichende Räume. Gründerzentren sind deshalb als *neues Instrument der Existenzgründungsförderung* im Rahmen der Wirtschaftsförderung (vgl. S. 302) zu verstehen. Durch Bereitstellung geeigneter *Räume* und durch das Angebot kostengünstiger *Service-, Management-* und *Beratungsleistungen* sollen die Startbedingungen für Existenzgründer und junge Firmen verbessert und deren Überlebenschancen erhöht werden. Dabei steht die Hoffnung Pate, durch diese spezifische Form der Existenzgründungsförderung neue und zukunftsträchtige Arbeitsplätze zu schaffen.

Die meisten der zur Zeit bestehenden Zentren in der Bundesrepublik sind in alten, leerstehenden Fabrikgebäuden eröffnet worden. In der Mehrzahl der Fälle ist die Herrichtung der Gebäude mit öffentlichen Mitteln erfolgt, wobei nicht nur kommunale Mittel, sondern auch Finanzhilfen der Länder bereitgestellt wurden. So hat z. B. das Land Niedersachsen für den Umbau eines alten Schulgebäudes zum Technologiezentrum Hildesheim rund 12 Mill. DM beigesteuert. In Karlsruhe wurde das alte Fabrikgebäude der Nähmaschinenfabrik Singer mit Mitteln des Landes Baden-Württemberg umgebaut. In Nordrhein-Westfalen werden die Startkosten der Technologiezentren zu 50% vom Land bezuschußt.

Als *Träger* der Zentren fungieren neben den Kommunen (z. B. Hannover, Heidelberg) die örtlichen Industrie- und Handelskammern (Karlsruhe), die Universitäten (Berlin), Banken (Stuttgart), aber auch private Firmen (Kassel, Schwerte). Da Technologiezentren als Kristallisationskerne lokaler innovationspolitischer Initiativen geeignet sind, ist eine *gemeinsame Trägerschaft* verschiedener öffentlicher und privater Institutionen anzustreben. Dieses Modell wurde indessen bislang nur in Aachen und Dortmund verwirklicht.

Die Aufmerksamkeit der Träger und Betreiber von Gründer- und Technologiezentren richtet sich auf den innovativen, technologieorientierten Jungunternehmer. Nach dem Vorbild des vor mehr als 30 Jahren gegründeten Science Park der Stanford University im legendären Silicon Valley hofft man, über die gezielte Förderung technologieorientierter Existenzgründer einen *Wachstumsschub* für die Region zu erzielen. Diese Bemühungen werden durch die Bereitstellung erheblicher *Förderungsmittel* im Rahmen des Modellversuchs des Bundesministers für Forschung und Technologie (BMFT) zur Förderung technologieorientierter Unternehmensgründungen (TOU) maßgeblich unterstützt. Auch die in letzter Zeit in Gang gekommene Gründungswelle von Venture-Capital-Gesellschaften, die sich an jungen innovativen Firmen mit Risikokapital beteiligen (wollen), ist in diesem Zusammenhang zu erwähnen. Allerdings lehren die ausländischen Erfahrungen, daß mit Gründer- und Technologiezentren zumindest auf kurze Sicht keine großen beschäftigungspolitischen Effekte zu erzielen sind.

Unabhängig von ihren unmittelbaren Arbeitsmarkteffekten und dem jeweiligen „Technologiegrad" (= Anteil technologieorientierter Firmen) sind Gründer- und Technologiezentren ein Beitrag zur lokalen Innovationsförderung. Sie bieten die Chance zur Einübung neuer Verhaltensweisen, neuer Organisations-, Arbeits- und Kooperationsformen. Sie fördern die Entstehung eines innovativen Klimas in der Region und können insoweit auch zur Stärkung der Wettbewerbsfähigkeit der örtlichen Wirtschaft beitragen.

Berndts, P./Harmsen, D.-M.: Technologieorientierte Unternehmensgründungen in Zusammenarbeit mit staatlichen Forschungseinrichtungen. Köln 1985. – Hahne, U.: Technologieparks – Orientierungshilfe zur Gestaltung. Hg. v. Deutschen Industrie- und Handelstag. Bonn 1985.

Organisation und Trägerschaft von Technologiezentren am Beispiel des Technologiezentrums Aachen

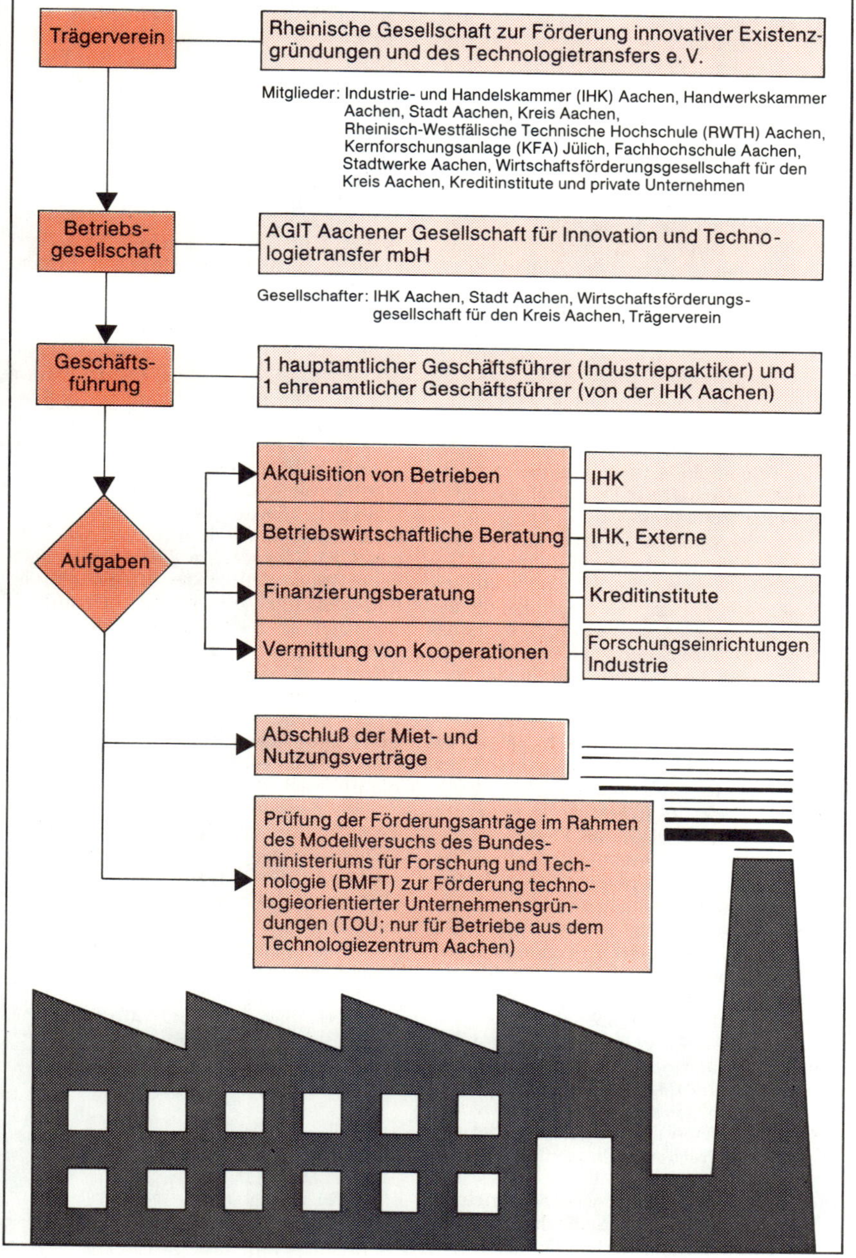

Kommunale Schlachthöfe

Die öffentlichen *Schlachthöfe* einschließlich der Fleisch- und Viehmärkte sind Einrichtungen (Anstalten) der Gemeinden, durch die die Versorgung der Bevölkerung mit gesundheitlich einwandfreiem Fleisch gewährleistet werden soll. Zur Sicherung dieser Zwecke (Gesundheitsvorsorge, Verbraucherschutz, Versorgungssicherstellung) steht jede Schlachtung von Schlachttieren und die Fleischzerlegung unter der amtlichen Aufsicht von Tierärzten. Daneben besteht in den Gemeinden ein Benutzungszwang (vgl. S. 314), mit dem sichergestellt werden soll, daß außerhalb des Schlachthofs nicht geschlachtet wird.

Organisatorisch ist der Betrieb eines Schlachthofs unselbständiger Teil der Gemeindeverwaltung. Im Haushalt der Gemeinde (vgl. S. 148) bildet er je nach seiner Organisationsform einen Unterabschnitt oder ist als selbständiger Wirtschaftsplan dem Haushaltsplan beigefügt. Als Organisationsform stehen der Regiebetrieb ohne eigene Rechtspersönlichkeit, die rechtsfähige öffentliche Anstalt oder die rechtsfähige Gesellschaft der Privatrechts (GmbH u. ä.) zur Verfügung.

Die öffentlichen Schlachthöfe werden wegen der im Vordergrund stehenden Gesundheitsfürsorge überwiegend von Tierärzten geleitet, die die Qualifikation des höheren Veterinärverwaltungsdienstes haben. Das übrige Personal sind Arbeiter, Angestellte und Beamte, die in den verschiedenen Betriebsteilen (Organisation, Betriebstechnik) tätig sind.

Zu einem öffentlichen Schlachthof gehören in der Regel ein Fleischmarkt und gelegentlich auch noch ein Schlachtviehmarkt. Der *Fleischmarkt* nimmt am Schlachthof klassifiziertes Fleisch auf; auf ihm wird es von Privatunternehmern zerlegt und an das fleischbe- und -verarbeitende Gewerbe weitergeleitet. In diesem Sektor findet auch die Preisfeststellung statt. Daneben ist der Fleischmarkt auch die zentrale Anlieferungsstelle für das Fleisch der auswärtigen Versandschlachtereien und Großschlächter.

Die *Schlachtviehmärkte* (Lebendviehmarkt) dienen der zentralen Anlieferung und Vermarktung seitens der Landwirtschaft. Hier wird zu festgesetzten Marktzeiten das Vieh gehandelt; es findet eine amtliche Preisfeststellung und Verwiegung statt.

Die Benutzungskosten der Einrichtungen des öffentlichen Schlachthofs sowie die Untersuchungskosten der Tier- und Fleischbeschau werden durch die kommunalen Gebührenordnungen oder -satzungen festgelegt.

Die gesetzlichen Grundlagen bilden auf nationaler Ebene neben den allgemeinen verwaltungsrechtlichen Vorschriften in erster Linie das Fleischbeschau- sowie das Vieh- und Fleischgesetz. Auf der Ebene der Europäischen Gemeinschaft ist vor allem maßgebend die „Frischfleischrichtlinie“, in der die Anerkennung und Zulassung nationaler Einrichtungen als Einrichtungen der Europäischen Gemeinschaft geregelt ist.

Entwicklungstendenzen: Ab Mitte der 1950er Jahre hat sich in der Vieh- und Fleischwirtschaft eine Umstrukturierung vollzogen, die durch eine Verlagerung der Schlachtstätten von den Verbrauchszentren zu den Erzeugergebieten gekennzeichnet war. Dies führte einerseits zu einer Reduzierung der Lebendviehmärkte und andererseits zur Entstehung von Versandschlachthöfen mit starker Ausweitung des Transports von geschlachtetem Fleisch in die Versorgungszentren. Begünstigt wurde dieser Wandel durch eine finanzielle Förderung der Europäischen Gemeinschaft, des Bundes und der Länder. Gleichzeitig führte dies zu einer stärkeren Privatisierung der oft überalterten und defizitär arbeitenden öffentlichen Schlachthöfe. Hierbei zeigte sich, daß die überkommene Versorgungsfunktion der öffentlichen Schlachthöfe ohne Qualitätseinbuße ebensogut von privater Seite aus wahrgenommen werden konnte. Unverändert dagegen wurde die Gesundheitsvorsorge durch den amtlichen Veterinärdienst gesichert.

Die Harmonisierungsbemühungen innerhalb der Europäischen Gemeinschaft lassen erwarten, daß der Veterinärsektor als öffentliche Aufgabe verbleibt und an Bedeutung gewinnen wird. Die Privatisierungstendenz im Schlacht- und Fleischmarktsektor ist noch nicht abgeschlossen. Unabhängig von politischen Rahmenbedingungen zeigt sich allerdings in Großzentren keine starke Privatisierungstendenz.

Besonderes Verwaltungsrecht. Hg. v. I. von Münch. Berlin [7]1985.

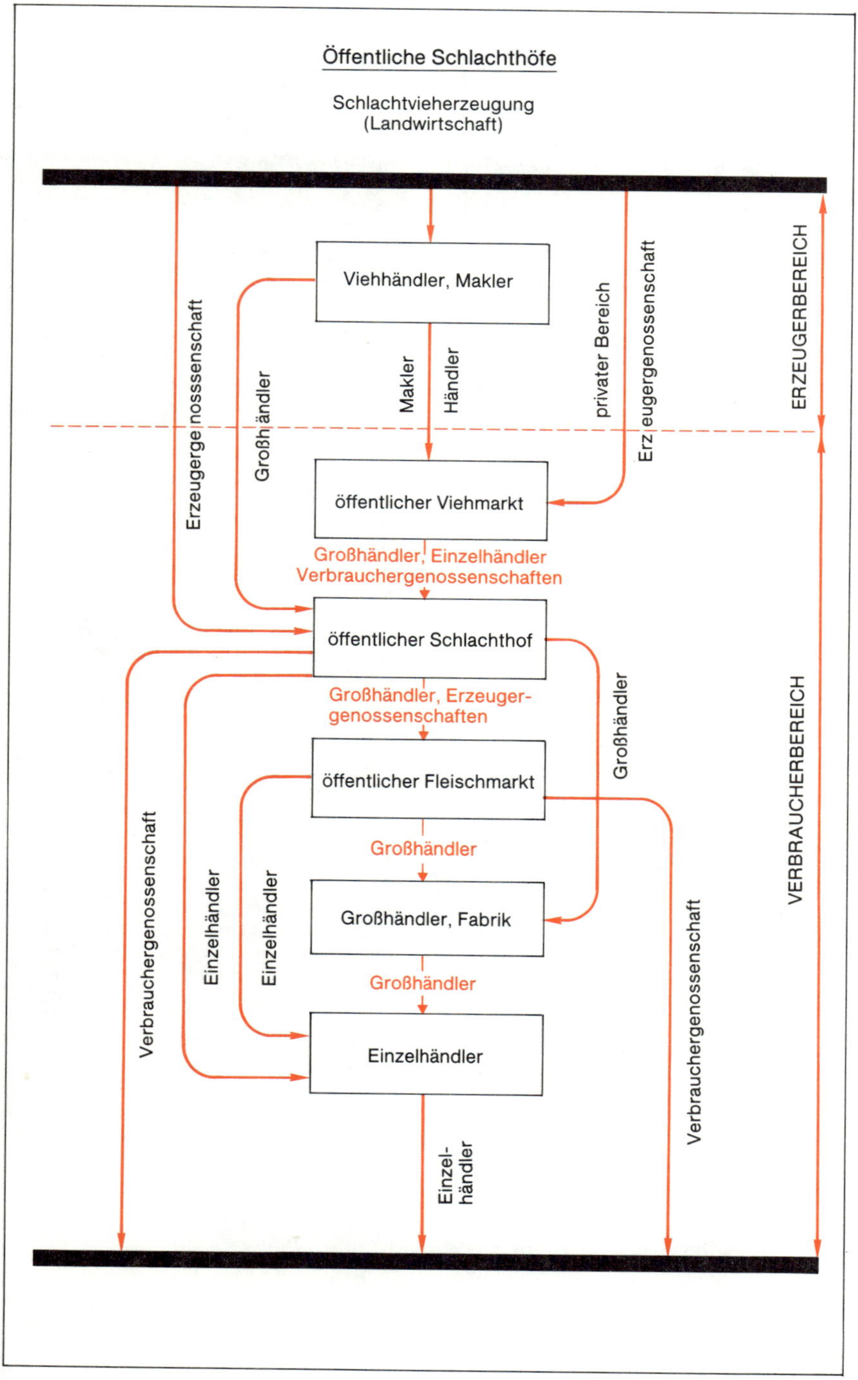
Öffentliche Schlachthöfe
Schlachtvieherzeugung
(Landwirtschaft)
Viehhändler, Makler
Makler
Händler
privater Bereich
Erzeugergenossenschaft
Erzeugergenosssenschaft
Großhändler
ERZEUGERBEREICH
öffentlicher Viehmarkt
Großhändler, Einzelhändler
Verbrauchergenossenschaften
öffentlicher Schlachthof
Großhändler, Erzeuger-
genossenschaften
Großhändler
öffentlicher Fleischmarkt
Großhändler
Großhändler, Fabrik
Großhändler
Einzelhändler
Verbrauchergenossenschaft
Einzelhändler
Einzelhändler
Verbrauchergenossenschaft
VERBRAUCHERBEREICH
Einzel-
händler

Energieversorgung – Stadtwerke

Energie wird in Form von Wärme, Licht und Antriebskraft sowohl als Konsumgut als auch als Produktionsmittel nachgefragt und in Form von Elektrizität oder Gas angeboten. Der Energieverbrauch ist in den letzten Jahrzehnten in allen Bereichen gestiegen, er hat sich seit 1950 in der Bundesrepublik Deutschland mehr als verdreifacht. Da die Energieversorgung für die gesamtwirtschaftliche Entwicklung wie für die Versorgung der Bevölkerung von entscheidender Bedeutung ist und zugleich der Aufbau von Energieleitungssystemen einer Ordnung bedarf, ist die Energiewirtschaft rechtlichen Sonderregelungen unterworfen. Diese finden sich im Energiewirtschaftsgesetz, dessen Hauptanliegen eine möglichst sichere, technisch unbedenkliche wie ausreichende und preiswerte Versorgung mit Elektrizität und Gas ist. Die Tätigkeit der Energieversorgungsunternehmen (EVU) unterliegt weitgehender staatlicher Beaufsichtigung durch *Genehmigungsvorbehalte, Kontroll-* und *Beanstandungsrechte.* Die EVU haben gemäß dem Energiewirtschaftsgesetz eine Anschluß- und Versorgungspflicht für jedermann.

Die Gemeinden sind teils Träger eigener Versorgungsunternehmen (vgl. S. 38), teils betreiben sie solche zusammen mit anderen Gemeinden oder sonstigen Dritten, teils haben sie ihre Versorgungsaufgaben durch Vertrag auf Nachbarunternehmen übertragen. Die kommunalen Energieversorgungsunternehmen haben im Rahmen der Gesamtversorgung ein erhebliches Gewicht: 1981 betrug die nutzbare Abgabeleistung der kommunalen Elektrizitätsversorgungsunternehmen fast 30% der Gesamtabgabe aus dem öffentlichen Netz, bezogen auf die Versorgung von privaten Haushalten sogar rund 50%. Bei den kommunalen Gasversorgungsunternehmen betrug der Anteil rund 68%. Dabei ist zu beachten, daß die kommunalen EVU eine deutlich andere Versorgungsleistung erbringen als die großen privaten Verbundunternehmen (z. B. RWE, Preußen-Elektra). Diese beliefern vor allem die Großindustrie, während die kommunalen EVU die weitverzweigte und aufwendige Verteilungsnetze erfordernde Versorgung der Tarifabnehmer bewerkstelligen.

Seit der Ölkrise Anfang der 1970er Jahre ist die Notwendigkeit zum sparsamen Umgang mit Energie verstärkt bewußt geworden und hat zu neuen Entwicklungen auch im Bereich der kommunalen EVU geführt. Gemeinden und EVU sind aufgerufen, *„örtliche Versorgungskonzepte“* zu entwickeln, die die schon früher vorhandenen Ansätze des sogenannten Querverbunds – d. h. die Zusammenfassung der Elektrizitäts-, Gas- und z. T. auch Fernwärmeversorgung in einem gemeindlichen Unternehmen – erweitern. Solche örtlichen Versorgungskonzepte sollen ein zukunftsorientiertes System der integrierten leitungsgebundenen Energieversorgung, ein langfristiges Energiebeschaffungs- und -absatzkonzept, die laufende Abstimmung und Koordinierung des Versorgungssystems mit den übrigen Planungsbereichen und Aktivitäten im Rahmen der Stadtentwicklungsplanung (vgl. S. 270) umfassen. Hierzu gehören insbesondere Maßnahmen der Sanierung und Stadterneuerung (vgl. S. 280) sowie der Modernisierung, wo erhebliche Einsparungseffekte erreichbar sind. Auch Bemühungen um den weiteren Ausbau des *Fernwärmenetzes* insbesondere in Großstädten sind in diesem Zusammenhang zu sehen. In einigen Ländern kann hierzu ein Anschluß- und Benutzungszwang (vgl. S. 314) ergehen. Die Gemeinden können schließlich im Rahmen der Stadtplanung (vgl. S. 246) in Bebauungsplänen (vgl. S. 254) die Verwendung bestimmter Heizstoffe untersagen und damit Umweltbelastungen mindern.

Zwischen den Gemeinden und den EVU bedarf besonders die für die Leitungsverlegung erforderliche *Wegebenutzung* einer rechtlichen Regelung in Form sogenannter *Konzessionsverträge.* Dieses Wegerecht ist eine wesentliche Grundlage für den kommunalen Entscheidungsspielraum in der Ausgestaltung der Energieversorgung. Die Beziehungen zwischen EVU und Kunden gestalten sich nach den Allgemeinen Bedingungen für die Elektrizitäts- und Gasversorgung für Tarifkunden (AVBEltV und AVBGasV). Die Preise werden bei den kommunalen EVU durch die Gemeindevertretung (vgl. S. 80) festgesetzt bzw. bedürfen deren Zustimmung. Sie unterliegen im Bereich der Elektrizität einer staatlichen Preisaufsicht. Die EVU müssen bestimmte Pflichttarife anbieten: Grundpreistarife, einen Kleinverbrauchstarif und einen Schwachlasttarif; zusätzliche Tarife können angeboten werden.

Ludwig, W.: Das System der kommunalen Energieversorgung. In: Handbuch der kommunalen Wissenschaft und Praxis. Hg. v. G. Püttner. Bd. 5. Berlin u. a. [2]1984.

Anteil der kommunalen Versorgungsunternehmen an der Energie- und Wasserabgabe

	Jahr	Bundes-republik	davon: an der Statistik beteiligte kommunale Unternehmen	%
Stromverbrauch in Mill. kWh aus dem öffentlichen Netz	1980 1981	293 333 296 782	79 063 80 417	27,3 27,1
Gasabgabe in Mill. m^3 der kommunalen Unternehmen der Orts- und Regionalstufe (Ortsgaswirtschaft)	1980 1981	33 166 32 095	22 164 22 033	66,8 68,6
Wärmeabgabe in TJ der öffentlichen Wärmewirtschaft	1980 1981	160 924 153 307	80 814 80 056	50,2 52,2

(Quelle: Verband Kommunaler Unternehmen)

Maßnahmen und Wirkungen stadtteilbezogener Wärmeversorgungskonzepte als Elemente örtlicher Energieversorgungskonzepte – Beispiel aus Berlin (West)

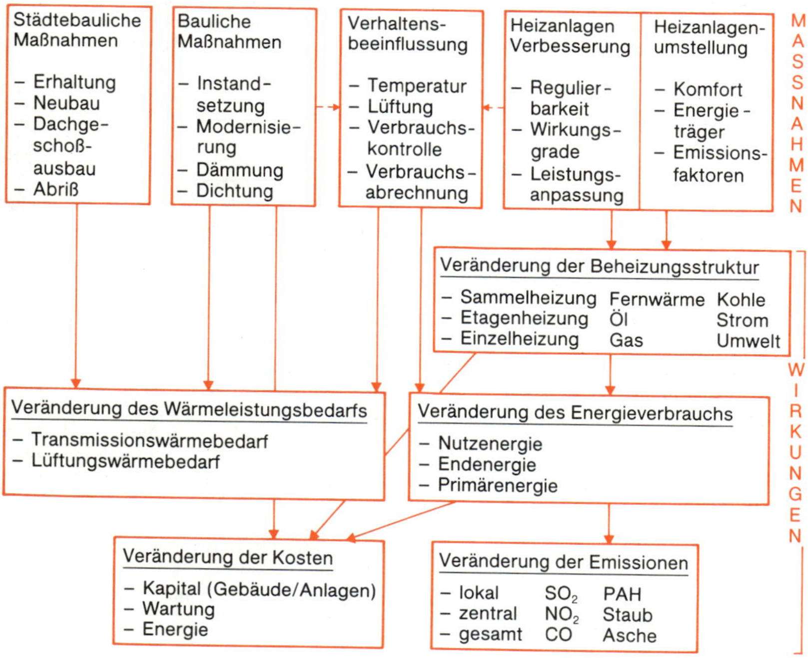

aus: Örtliches Wärmeversorgungskonzept Berlin (West) 1980–2010 (Senator für Stadtentwicklung und Umweltschutz)

Wasserversorgung

Wirtschaftswachstum, veränderte Produktionsbedingungen, Bevölkerungswachstum, veränderte Hygiene-, Konsum- und Freizeitstandards haben dazu geführt, daß der *Bedarf* an Trink- und Brauchwasser innerhalb der letzten 50 Jahre um etwa das 40fache angestiegen ist. Obwohl der Mensch täglich nur ein bis zwei Liter Trinkwasser zu sich nimmt, liegt der tägliche *Pro-Kopf-Verbrauch* bei fast 200 l, in Großstädten zeitweise sogar bei 400 l. Neben dem privaten Verbrauch steht der industrielle Wasserbedarf, der überwiegend nicht durch die öffentliche Wasserversorgung, sondern durch die Selbstversorgung der Industriebetriebe überwiegend mit Rohwasser minderer Qualität gedeckt wird.

Die Entscheidung über die Ausgestaltung der Wasserversorgung für die Bürger gehört zum Kernbestand der kommunalen Selbstverwaltung (vgl. S. 18). Dabei ist es den Gemeinden freigestellt, diese Versorgung durch eigene Unternehmen (vgl. S. 38), durch Gemeinschaftsunternehmen mehrerer Kommunen bzw. Kreise sicherzustellen oder im Wege des Abschlusses eines Konzessionsvertrages von einem Fremdunternehmen durchführen zu lassen. Die *organisatorische Struktur* der Wasserversorgung unterscheidet sich wesentlich von der Energieversorgung (vgl. S. 310). Beim Wasser ist die Zahl der Unternehmen ungleich höher, da die Städte und Gemeinden mit mehr als 10 000 Einwohnern in aller Regel eigene Wasserversorgungsunternehmen betreiben. Die Gemeindewasserwerke beschränken sich nicht nur auf die Wasserverteilung, sondern fördern auch den größeren Teil ihres Bedarfs selbst. Bei nicht ausreichender Eigenförderung wird das fehlende Wasser überörtlich durch Wasserversorgungsverbände beschafft, zu denen sich die Gemeinden – überwiegend in der Form von Zweckverbänden (vgl. S. 100) – zusammengeschlossen haben. Die kleineren Unternehmen werden durchweg als Regie- oder Eigenbetriebe geführt, in der Regel innerhalb eines technischen Amtes. Vielfach sind die Aufgaben der Wasserversorgung auch im Querverbund mit der Strom- und Gasversorgung in *Stadtwerken* zusammengefaßt.

Bei der Förderung unterliegen die Wasserversorgungsunternehmen den Regelungen des Wasserhaushaltsgesetzes des Bundes und den Wassergesetzen der Länder. Zum Schutz von Gewässern können – auch auf Antrag von Wasserversorgungsunternehmen – *Wasserschutzgebiete* festgelegt werden.

Die kommunalen Wasserversorgungsunternehmen können ihr Verhältnis zum Abnehmer entweder privatrechtlich oder öffentlich-rechtlich durch kommunale Satzung (vgl. S. 82) regeln. Vertragspartner ist in aller Regel der Grundstückseigentümer und nicht – wie bei Gas und Strom – der einzelne Mieter. Der Inhalt der Wasserversorgungsverträge ist heute durch die „Verordnung über Allgemeine Bedingungen für die Versorgung mit Wasser" (AVBWasserV) von 1980 weitgehend vorgegeben. Die Berechnung des Wasserverbrauchs erfolgt in aller Regel auf der Grundlage der gemessenen Abnahmemengen. Zum Kubikmeterpreis kommt üblicherweise ein Grundpreis hinzu, mit dem die Bereitstellung des Wassers abgegolten wird. Soweit die Gemeinden das Verhältnis zum Wasserkunden durch Satzung regeln, gelten inhaltlich im wesentlichen die gleichen Grundregeln. Von Bedeutung für die Wahl der Satzungsform ist vor allem die Möglichkeit, einen Anschluß- und Benutzungszwang (vgl. S. 314) einzuführen. Bei der Festsetzung des Wasserpreises ist zu beachten, daß Eigenbetriebe nach dem Gemeinderecht einen Ertrag abwerfen sollen. Außerdem darf durch niedrige Wasserpreise nicht einem weiteren Anstieg des Verbrauchs Vorschub geleistet werden.

Probleme in der Wasserversorgung liegen für die Zukunft im weiter wachsenden Verbrauch und in der Gewässerverschmutzung. Generell ist zwar derzeit noch ein hohes Maß an Versorgungssicherheit in der Bundesrepublik Deutschland gegeben. In einigen Ballungsräumen aber können die Engpässe bereits nur noch durch *Wasserfernversorgungssysteme* gelöst werden (Stuttgart: Bodensee, München: Loisachtal, Hamburg: Lüneburger Heide, Harz). Die Belastung der Gewässer durch Abwässer und Schadstoffe nimmt weiter zu, die Verschmutzung des Grundwassers hat sich erheblich beschleunigt. Von daher gewinnen Überlegungen und Konzepte zur Reduzierung des Trinkwasserverbrauchs zunehmend an Bedeutung (vgl. S. 322).

Brandt, E.: Arbeitsblätter Umweltrecht. Teil 2: Gewässerschutz. Berlin 1984. – Ludwig, W./ Schauwecker, H.: Strukturen und Probleme der Wasserversorgung. In: Handbuch der kommunalen Wissenschaft und Praxis. Hg. v. G. Püttner. Bd. 5. Berlin u. a. ²1984.

Wasserbedarf verschiedener Verbrauchsgruppen

Quelle: Hölting, B.: Hydrogeologie. Stuttgart 1980

	Bedarf im Jahres-durchschnitt	Bedarf an verbrauchs-reichen Tagen
Haushalte, je Einwohner		
arme ländliche Siedlung (Mitteleuropa)	40 l/Tag	70 l/Tag
normale ländliche Siedlung (Mitteleuropa)	50 l/Tag	100 l/Tag
normale ländliche Siedlung (Entwicklungsländer)	30 l/Tag	80 l/Tag
Siedlung mit WC, 50 % Badeeinrichtung	80 l/Tag	180 l/Tag
Städte, Mitteleuropa	150 l/Tag	250 l/Tag
Großstädte, einschl. Kleingewerbe	200 l/Tag	500 l/Tag
Kleingewerbe und öffentliche Betriebe		
Krankenhaus je Bett	400 l/Tag	600 l/Tag
Kaserne je Mann (ohne Wagenwaschen u. dgl.)	100 l/Tag	150 l/Tag
Hotel mit Bad je Übernachtung	200 l/Tag	500 l/Tag
Schlachthof je Stück Großvieh	400 l	
ländliche Bäckereien	150 l/Tag	450 l/Tag
ländliche Fleischereien	100 l/Tag	400 l/Tag
Industrien		
Koks (je t)	5 m³	
Stahl (je t)	15– 20 m³	
Papier (je t)	120–190 m³	
Hydrierbenzin (je t)	60– 90 m³	
Landwirtschaft		
Großvieh (je Stück)	50 l/Tag	80 l/Tag
Kleinvieh (je Stück)	10 l/Tag	20 l/Tag
Hausgärten in Mitteleuropa	1,5 m³/ha	30 m³/ha
Erwerbsgärtnereien, Beregnungen (in Mitteleuropa)	5 m³/ha	50 m³/ha
(Bewässerung in semiariden Gebieten)	1–3 l/s · ha	
(Bewässerung im Euphrat-Gebiet)	0,5 l/s · ha	

Anteil von Grund-, Quell- und Oberflächenwasser an der gesamten Wasserförderung in der Bundesrepublik Deutschland

Quelle: BGW-Wasserstatistik

1975			1983		
Grundwasser in %	Quellwasser in %	Oberflächenwasser[1]) in %	Grundwasser in %	Quellwasser in %	Oberflächenwasser[1]) in %
62,4	9,2	28,4	64,0	8,8	27,2

[1]) einschließlich Uferfiltrat und angereichertes Grundwasser.

Wasserabgabe 1970 und 1984

Jahr	Wasserabgabe an: Haushalte und Kleingewerbe in Mill. m³	Haushalte und Kleingewerbe Anteil in %	Industrie in Mill. m³	Industrie Anteil in %	öffentl. Einrichtungen u. ä. in Mill. m³	öffentl. Einrichtungen u. ä. Anteil in %	Verbraucher insgesamt in Mill. m³
(1)	(2)	(3)	(4)	(5)	(6)	(7)	(8)
1970	1889	59,4	1056	33,2	234	7,4	3179
1984*	2686	74,2	663	18,3	271	7,5	3620

* = vorläufige Zahl

Quelle: BGW-Wasserstatistik

Anschluß- und Benutzungszwang

Aus den öffentlichen Einrichtungen, die die Gemeinden innerhalb ihrer Leistungsfähigkeit für die wirtschaftliche, soziale und kulturelle Betreuung ihrer Einwohner schaffen, ist in den Gemeindeordnungen der Länder eine Gruppe besonders zusammengefaßt, für die bei Vorliegen eines (dringenden) öffentlichen Bedürfnisses durch Satzung ein *Anschluß- und Benutzungszwang* vorgeschrieben werden kann. Zu dieser Gruppe zählen:

- ausdrücklich genannte Einrichtungen wie Wasserversorgung (vgl. S. 312), Abwasserbeseitigung, Stadtreinigung (vgl. S. 316 und 318), Schlachthöfe (vgl. S. 308),
- „ähnliche der Volksgesundheit dienende Einrichtungen", z. B. Friedhöfe (vgl. S. 186),
- Einrichtungen zur Versorgung mit Fernwärme (vgl. S. 310).

Anschlußzwang bedeutet, daß die davon erfaßten Grundstücke in der Gemeinde an die betreffende Ver- oder Entsorgungseinrichtung angeschlossen werden müssen; dies bedeutet gleichzeitig, daß andere – insbesondere private – gleichartige Einrichtungen nicht (mehr) benutzt werden dürfen (Beispiel: private Brunnen). Demgegenüber richtet sich der *Benutzungszwang* an alle Personen, die in der Gemeinde wohnen oder sich in ihr aufhalten.

Derartige öffentliche Einrichtungen müssen nicht notwendig im Eigentum der Gemeinde stehen. Auch ein privater Dritter kann Träger der gemeindlichen Einrichtung sein. In diesen Fällen muß die Gemeinde, wenn sie Anschluß- und Benutzungszwang anordnet, vertraglich oder in sonstiger Weise sicherstellen, daß das allgemeine und grundsätzlich gleiche Benutzungsrecht aller Bürger zu angemessenen Bedingungen gewährleistet ist.

Das für die Einführung des Anschluß- und Benutzungszwanges erforderliche *„(dringende) öffentliche Bedürfnis"* ist gegeben, wenn vernünftige Gründe des Gemeinwohls eine gleichmäßige, ordnungsgemäße Durchführung bedeutender öffentlicher Gemeinschaftsaufgaben im Rahmen der Daseinsvorsorge erfordern. Gründe des Gemeinwohls sind hier in erster Linie die Erhaltung und Förderung von Gesundheit und Hygiene (z. B. bei Abwasser), aber auch die öffentliche Sicherheit und Ordnung; für die Einrichtungen zur Versorgung mit Fernwärme sind als gemeinwohlorientierte Gründe die Sicherung der örtlichen Energieversorgung, die Energieeinsparung und die Verbesserung des Umweltschutzes zu nennen.

Ob ein „(dringendes) öffentliches Bedürfnis" für die Anordnung des Anschluß- und Benutzungszwanges vorliegt, beurteilt sich nicht nach einem einzelnen Grundstück oder nach einzelnen Personen, sondern grundsätzlich nach den Erfordernissen für das *gesamte Gemeindegebiet* und dessen Bevölkerung. Deshalb darf der Anschluß- und Benutzungszwang auch nicht durch eine größere Zahl von Ausnahmen „durchlöchert" und damit in seiner Wirksamkeit gemindert werden. Ausnahmen können daher nur dann geboten sein, wenn außergewöhnliche, schwerwiegende Umstände in der Situation des Verpflichteten die Durchsetzung des Anschluß- und Benutzungszwanges als für ihn offensichtlich unzumutbar erscheinen ließen (Beispiel: gewerblicher Betrieb, der auf ein nach Art, Qualität, Druck oder Temperatur besonderes Wasser angewiesen ist).

Der Anschluß- und Benutzungszwang kann allerdings auf bestimmte *Teile* des Gemeindegebietes und auf bestimmte Gruppen von Grundstücken, Gewerbebetrieben oder Personen beschränkt werden. Dies wäre etwa denkbar für Anliegergrundstücke an Wasserleitungs- oder Kanalleitungsabschnitten oder für Teilgebiete mit Anschlußmöglichkeit an eine Fernwärmeleitung.

In Anbetracht der erheblich gestiegenen Qualitätsanforderungen an Ver- und Entsorgungsleistungen insbesondere unter dem Gesichtspunkt eines möglichst wirksamen Umweltschutzes (vgl. S. 320) kommt den öffentlichen Daseinsvorsorge-Einrichtungen eine gesteigerte Bedeutung zu, die sich in einer „Verdichtung" auch des Anschluß- und Benutzungszwanges niederschlagen dürfte. Als Gegenleistung für die tatsächliche oder zumindest mögliche Inanspruchnahme dieser öffentlichen Einrichtungen hat der Anschlußnehmer und Benutzer Beiträge und Gebühren zu entrichten.

Frotscher, W.: Die Ausgestaltung kommunaler Nutzungsverhältnisse bei Anschluß- und Benutzungszwang. Siegburg 1974. – Krieger, H. J.: Schranken der Zulässigkeit der Privatisierung öffentlicher Einrichtungen der Daseinsvorsorge mit Anschluß- und Benutzungszwang. Siegburg 1981.

Anschluß- und Benutzungszwang am Beispiel „Wasserversorgung“

Anordnung durch gemeindliche Satzung

Satzung über die öffentliche Wasserversorgung und den Anschluß an die öffentliche Wasserversorgungsanlage

- Anschluß- und Benutzungsrecht
- Anschlußzwang (mit Einzelbefreiungsmöglichkeit)
- Benutzungszwang (mit Einzelbefreiungsmöglichkeit)

in bezug auf bestehende Wasserversorgungsleitungen

Beitrags- und Gebührensatzung zur Wasserversorgungssatzung

- Verpflichtung zur Zahlung eines Anschlußbeitrages für die Herstellung oder Erweiterung der öffentlichen Wasserversorgungsanlage
- Verpflichtung zum Kostenersatz für die erstmalige Herstellung der Haus- und Grundstücksanschlüsse
- Verpflichtung zur Entrichtung von Benutzungsgebühren (Grund- und Verbrauchsgebühr) für die Inanspruchnahme der öffentlichen Wasserversorgungsanlage

Entwässerung – Kläranlagen

Als Abwasser ist das Wasser zu bezeichnen, dessen physikalische, chemische oder biologische Eigenschaften durch häuslichen, gewerblichen, industriellen oder landwirtschaftlichen Gebrauch oder durch sonstige menschliche Eingriffe verändert ist; weiterhin das Wasser, das von Niederschlägen aus dem Bereich bebauter oder befestigter Flächen abfließt. Abwasser ist damit nicht nur das gängige Brauchwasser, sondern z. B. auch erwärmtes (Kühlwasser) oder abgekühltes Wasser (Wärmepumpen), das aus Anlagen der Abfallbeseitigung (vgl. S. 318) austretende Sickerwasser und das Straßenoberflächenwasser.

Zunehmender Wasserverbrauch (vgl. S. 312) sowie Veränderungen der Produktion, im Konsum und in der Siedlungsstruktur haben die Abwasserbeseitigung vor zunehmende Probleme gestellt. Die Selbstreinigungskraft der stehenden und fließenden Gewässer reicht schon seit Jahrzehnten nicht mehr aus, um die in sie eingebrachten Schmutzstoffe abzubauen.

Voraussetzung jeder Abwasserbehandlung ist die Sammlung des Abwassers in einem *Kanalnetz,* mit dem die Abwässer der *Kläranlage* zugeführt werden. Der Ausbau dieser Kanalisation wurde insbesondere in den Großstädten aus stadthygienischen Gründen bereits im 19. Jahrhundert begonnen. Derzeit sind etwa 90% der Wohnungen in der Bundesrepublik Deutschland an Kanalisationsnetze angeschlossen. Der Anschluß an das Abwassersystem gehört zu den Erschließungsvoraussetzungen für bebaubare Grundstücke (vgl. S. 262) und zu den von den Bauordnungen geforderten Standards bei der Errichtung von baulichen Anlagen.

In der Kläranlage wird das Abwasser zunächst *mechanisch* und dann *biologisch* gereinigt. Auf der mechanischen Stufe (Rechen, Sandfang, Vorklärbecken) werden die biologisch abbaubaren Inhaltsstoffe bereits um 20–30% verringert. Bis zu 95% dieser Stoffe können dann auf der biologischen Reinigungsstufe eliminiert werden. Insbesondere bei industriellen Abwässern ist häufig eine weitere *chemisch-physikalische* Reinigungsstufe erforderlich. Der Ausbau des Kläranlagensystems hat in den letzten 15 Jahren erhebliche Fortschritte gemacht. Der Anteil der vollbiologischen Abwasserreinigung hat inzwischen die 80%-Grenze überschritten.

Die Aufgaben der Gemeinden bei der Abwasserbeseitigung werden durch das Wasserhaushaltsgesetz des Bundes (WHG) und die Wassergesetze der Länder bestimmt. Danach sind die Gemeinden die primären Träger der Abwasserbeseitigung. Nur ausnahmsweise sind andere zur Abwasserbeseitigung verpflichtet oder durch einen Abwasserbeseitigungsplan als Träger der Abwasserbeseitigung (z. B. Abwasserverbände) vorgesehen. Die Gemeinden haben diese Aufgabe entweder eigenen Unternehmen (Entwässerungswerke usw.) übertragen oder lassen sie von interkommunalen Unternehmen durchführen (vgl. S. 38). Die Gemeinden haben nach den Landeswassergesetzen *Abwasserbeseitigungspläne* zu erarbeiten bzw. an deren Aufstellung mitzuwirken. In diesen Plänen werden Standorte für Abwasseranlagen, ihr Einzugsbereich und die Grundzüge der Abwasserbehandlung festgelegt.

Soweit die Gemeinde Abwässer in Gewässer einleitet, hat sie die Vorschriften des Wasserhaushaltsgesetzes zu beachten und unterliegt wie auch die sogenannten Direkteinleiter (z. B. Industriebetriebe, die nicht an die öffentliche Kanalisation angeschlossen sind) der Verpflichtung zur Zahlung der Abgabe nach dem Abwasserabgabengesetz. Die Einleitung ist erlaubnispflichtig und so gering wie möglich zu halten. Mindestanforderungen an einleitungsfähiges Abwasser sind in der Ersten Abwasser-Verwaltungsvorschrift des Bundes über Anforderungen zur Reinigung häuslicher und kommunaler Abwässer von 1982 enthalten. Die Abwasserabgabe ist nach der Schädlichkeit der Einleitung gestaffelt. Sie kann in allen Ländern auf die an die Abwasserbeseitigung angeschlossenen Haushalte und Betriebe abgewälzt werden.

Private Haushalte und Betriebe, soweit sie nicht Direkteinleiter sind, unterliegen regelmäßig einem Anschluß- und Benutzungszwang (vgl. S. 314) für die Abwasserbeseitigung. Sie zahlen dafür je nach Rechtscharakter der Abnahmebeziehungen eine Gebühr oder ein Entgelt.

In den letzten Jahren hat die Problematik der Abwasserbeseitigung zu weitergehenden kommunalen Aktivitäten geführt. Insbesondere gibt es Bemühungen, die Belastung des Abwassers sowie sein Volumen niedrig zu halten, das Brauchwasser soweit wie möglich zu nutzen und die Niederschläge wieder in stärkerem Maße direkt in den Boden und damit das Grundwasser einzuleiten (vgl. S. 322 und S. 328).

Brandt, E.: Arbeitsblätter Umweltrecht. Teil 2: Gewässerschutz. Berlin 1984.

Entwicklungstendenzen im Abwasserbereich

Nutzungsbereich	Ursachen	Auswirkungen
I. Steigerung des Wasserverbrauchs/Abwasseranfalls		
Wohnen/Siedlung/ Soziale Infrastruktur	Zunahme wasserverbrauchender Haushaltsgeräte Ausbau sanitärer Einrichtungen Änderung von Lebensgewohnheiten (mehr Duschen, Baden, Waschen ...) Dienstleistungs- und Freizeitbetriebe (Hotels, Gaststätten, Zentren, Krankenhäuser, Schulen) private Schwimmbäder/Saunen Gartenbewässerung	Aufbereitung auch verschmutzten Oberflächenwassers zu Trinkwasser aufwendige Trinkwasseraufbereitung Beeinträchtigung der Trinkwasserqualität Zuleitung von Trinkwasser aus weniger stark beanspruchten Gebieten Schaffung von Verbundsystemen zur Trinkwasserversorgung Konkurrenz zwischen öffentlicher und privater Wasserförderung bzw. -nutzung
Industrie/Gewerbe	Kühlwasserbedarf (sofern keine „Kreislaufnutzung") chemische Industrie, Lebensmittelindustrie etc.	Überprüfung der Leistungsfähigkeit des Wasserversorgungs- und Kanalisationsnetzes Überprüfung der Leistungsfähigkeit der Abwasserreinigungsanlagen (Dimensionierung) zusätzliche Gewässerbelastung
Verkehr/Technische Infrastruktur	Zunahme verschmutzten Regenwassers von Verkehrsflächen und aus Luftverunreinigungen	Aufwärmung des Oberflächenwassers oder Bodens (bei Ableitung in den Untergrund) Änderung des Kleinklimas um Kühltürme
Landwirtschaft/ Freiraum	landwirtschaftliche Großbetriebe und Massentierhaltung mit automatisierten Reinigungsanlagen	
II. Veränderung der Abwasserinhaltsstoffe		
Wohnen/Siedlung/ Soziale Infrastruktur	neue Haushalts- und Gebrauchsartikel (Kosmetika, Reinigungsmittel etc.)	neue Anforderungen an die Abwasserbehandlung neue Anforderungen bzw. Probleme bei der Klärschlammbeseitigung
Industrie/Gewerbe	Entwicklung neuer chem. Produkte (Lösungsmittel, Klebstoffe etc.) und Verbindungen (Pharmaka, Grundstoffe etc.) Tendenz zu schwer bzw. nicht abbaubaren Stoffen Änderung von Produktionsverfahren Entwicklung neuer Produkte hochkonzentrierte Abläufe aus Betriebskreisläufen Abwässer infolge von Umweltschutzauflagen (z. B. aus Rauchgaswäsche) Kühlwasserbehandlungsmittel	Belastung der Gewässer mit neuen Giftstoffen Zunahme der Schadstoffmengen Belastung des Wassers mit Schadstoffen aus der Luft (Problemverlagerung!) Spannungsverhältnis: langfristige Planung von Kläranlagen und kurzfristig mögliche Veränderung der Belastung
Verkehr/Technische Infrastruktur	Veränderung der Zusammensetzung von Kraftstoffen (aber: geringerer Bleigehalt) zunehmende Strahlenbelastung (Röntgen, Radioaktivität) Wässer aus Deponien, Endlagerstätten Reststoffe infolge der weitergehenden Abwasserreinigung	
Landwirtschaft/ Freiraum	Düngemittel, insbesondere Mineraldünger Pestizide, Fungizide, Insektizide	

Stadtreinigung – Abfallbeseitigung

Die jährlichen Abfallmengen in der Bundesrepublik Deutschland sind in den letzten Jahrzehnten ständig gewachsen. Zugleich hat sich die Zusammensetzung des Abfallaufkommens deutlich verändert. Aufgrund dieser Entwicklung gehörte der Abfallbereich Anfang der 1970er Jahre zu den problematischsten Umweltsektoren. Die Folgen ungeordneter Abfallbeseitigung sind gerade in den letzten Jahren durch die wachsende Zahl bekannt werdender Bodenverunreinigungen (Altlasten, wilde Deponien) deutlich geworden. Die heutige Abfallbeseitigung verfolgt drei einander ergänzende Strategien: *Abfallvermeidung, Abfallbeseitigung* und *Abfallverwertung (Recycling).*

Nach den seit 1972 erlassenen Abfallbeseitigungsgesetzen der Länder sind in allen Flächenländern die Kreise und die kreisfreien Städte Träger der Abfallbeseitigung. Innerhalb der städtischen Verwaltungen sind hierfür die Stadtreinigungsämter zuständig. Abfallbeseitigung wie auch Straßenreinigung und Winterdienst werden häufig von kommunalen Betrieben (vgl. S. 38) oder von beauftragten Privatfirmen durchgeführt.

Mit dem Abfallbeseitigungsgesetz des Bundes von 1972 wurde erstmals Abfall im Rechtssinne definiert. Abfälle sind danach bewegliche Sachen, deren sich der Besitzer entledigen will *(subjektiver Abfallbegriff)* oder deren geordnete Beseitigung zur Wahrung des Wohls der Allgemeinheit geboten ist *(objektiver Abfallbegriff).* Sachlich wird unterschieden zwischen *Hausmüll, Sperrmüll, hausmüllartigen Abfällen* und *Sonderabfällen.* Die rechtliche Definition des Abfalls und die Unterscheidung zwischen objektivem und subjektivem Abfallbegriff sind deshalb von erheblicher praktischer Bedeutung, weil Abfälle nur von den Trägern der Abfallbeseitigung und nur in bestimmten Verfahren und Anlagen beseitigt werden dürfen bzw. müssen. Der *subjektive* Abfallbegriff gibt es dem privaten Besitzer in die Hand, durch seinen Willen sich der Sache (z. B. Altglas, Möbel) zu entledigen. Ist dieser Wille eindeutig, so darf nur die öffentliche Abfallbeseitigung diese Dinge an sich nehmen. Der sogenannte *objektive* Abfallbegriff verlangt keine Willensäußerung des Besitzers. Er geht im Gegenteil u. U. sogar über den erklärten Willen des Besitzers hinweg, um die Beseitigung einer Sache als Abfall im Interesse der Allgemeinheit durchsetzen zu können. Für die Beseitigung von Kraftfahrzeugen gilt eine Sonderregelung.

Abfall darf nur in den dafür vorgesehenen Beseitigungsanlagen behandelt, gelagert oder abgelagert werden. Damit wurde die bis in die 1970er Jahre verbreitete Praxis der wilden und ungeordneten Deponien untersagt und eine Konzentration auf zentrale Beseitigungsanlagen eingeleitet. Ihrer Art nach kommen als solche Anlagen in Betracht: *Deponien, Müllverbrennungsanlagen, Kompostierungsanlagen.* Da diese Anlagen ihrerseits nicht unerhebliche Probleme für die betroffenen Standorte nach sich ziehen, haben die Länder *Abfallbeseitigungspläne* aufzustellen, die insbesondere Standorte für geeignete Anlagen bestimmen. Für die Errichtung und den Betrieb der einzelnen Anlagen ist sodann ein *Planfeststellungsverfahren* erforderlich, das insbesondere eine weitgehende *Bürgerbeteiligung* (vgl. S. 42) ermöglicht.

Der Besitzer von Abfällen hat die Kosten für die Beseitigung zu tragen. Die Gebühren werden durch Satzung festgelegt. In diesen Satzungen werden regelmäßig auch der Anschluß- und Benutzungszwang (vgl. S. 314) für die Abfallbeseitigung sowie die Art und Form der Abfallbereitstellung geregelt.

Straßenreinigung und *Winterdienst* gehören teilweise zur Abfallbeseitigung; sie sind insbesondere unter dem Aspekt der *Verkehrssicherungspflicht* des Straßenbaulastträgers (vgl. S. 296) zu sehen. Im Winterdienst hat sich in den letzten Jahren der Verzicht auf Streusalz als umweltschonende Maßnahme in vielen Städten eingebürgert. Die Eigentümer und Besitzer von *Anliegergrundstücken* haften für das Reinigen, Räumen und Streuen der Gehwege und Fußgängerstreifen. Diese besonderen Verkehrssicherungspflichten der Anlieger ergeben sich aus den einschlägigen gemeindlichen Satzungen (vgl. S. 82). Die Gemeinden können diese Pflicht aber auch selbst erfüllen und dafür dann Gebühren erheben.

Brandt, E./Sprenger, B.: Arbeitsblätter Umweltrecht. Teil 1: Abfallbeseitigung. Berlin 1982. – Kommunale Umweltschutzberichte. Arbeitshilfe 6. Hg. v. Deutschen Institut für Urbanistik und dem Umweltbundesamt. Berlin 1982. – VKS-Atlas. Abfalltechnik, Städtereinigung, Straßenwinterdienst. Daten und Zahlen der kommunalen Betriebe. Hg. v. Verband Kommunaler Stadtreinigungsbetriebe (VKS). München 1984.

Systematik der Abfallbeseitigung

Abfälle

aus Haushaltungen — aus der Industrie

Hausmüll	Spermüll	Hausmüllartige Abfälle	Sonderabfälle
Feste Abfälle aus Haushaltungen und feste Abfälle aus Gewerbebetrieben, Anstalten, Hotels und Gaststätten, Kantinen, Wirtschafts- und Verwaltungsgebäuden mit hausmüllähnlichem Charakter wie z. B. Speisereste und Küchenabfälle, Papierreste, Heizungsrückstände und kleine Gebrauchsgegenstände, die in die bei der Müllabfuhr ortsüblichen Behälter passen.	Feste Abfälle aus Haushaltungen, die wegen ihrer Sperrigkeit nicht in die bei der Müllabfuhr ortsüblichen Behälter passen und bei der Hausmüllabfuhr nicht beseitigt werden.	Die in Geschäftshäusern, Gewerbe- und Industriebetrieben anfallenden festen, nicht produktionsspezifischen Abfälle wie z. B. Verpackungsmaterial, Heizungsrückstände, Büroabfälle.	– Abfälle, die nicht den Vorschriften des AbfG unterliegen; gemäß § 1 Abs. 3 AbfG zählen hierzu 1. Stoffe, die nach – dem Tierkörperbeseitigungsgesetz – dem Fleischbeschaugesetz – dem Viehseuchengesetz und – dem Pflanzenschutzgesetz zu beseitigen sind. 2. Kernbrennstoffe und sonstige radioaktive Stoffe im Sinne des Atomgesetzes 3. Abfälle, die beim Aufsuchen, Gewinnen, Aufbereiten und Weiterverarbeiten von Bodenschätzen in den der Bergaufsicht unterstehenden Betrieben anfallen, 4. nichtgefaßte gasförmige Stoffe, 5. Abwasser, soweit es in Gewässer oder Abwasseranlagen eingeleitet wird, 6. Altöle, – Abfälle aus Massentierhaltungen – Schlachtabfälle und Abfälle aus der Fleischverarbeitung – Abfälle aus Krankenhäusern, Arztpraxen und sonstigen Einrichtungen aus dem medizinischen Bereich – Autowracks – Altreifen – sonstige produktions- und anwendungsspezifische Abfälle

Beseitigung durch kommunale Abfallbeseitigung, unterliegen dem Anschluß- und Benutzungszwang

Beseitigung nach dem Verursacherprinzip, von der staatlich-kommunalen Beseitigung ausgeschlossen

Stadtreinigung

(nach dem Verwaltungsgliederungsplan der Kommunalen Gemeinschaftsstelle für Verwaltungsvereinfachung)

1 Abfallbeseitigung

1.1 Planung, Entwurf, Bau, Unterhaltung, Betrieb und Verwaltung abfalltechnischer Anlagen

1.2 Beseitigung der Abfälle aus Haushaltungen und Gewerbebetrieben

1.3 Beseitigung von Sonderabfällen, soweit nicht Aufgabengruppe 66 zugewiesen

1.4 Verwertung von Abfällen

1.5 Beratung in abfalltechnischen Angelegenheiten

1.6 Mitwirkung im Baugenehmigungsverfahren

2 Straßenreinigung und Winterdienst

3 Planung und Verwaltung von öffentlichen Toilettenanlagen

4 Beschaffung und Verwaltung gemeindeeigener Fahrzeuge

5 Vergabe von Fuhrleistungen

6 Wartung und Reparatur der gemeindeeigenen Kraftfahrzeuge

Kommunale Umweltschutzaufgaben

Die vielfältigen Umweltbelastungen in Städten und Gemeinden, das wachsende Umweltbewußtsein der Bevölkerung und der steigende Legitimationsdruck in Politik und Verwaltung haben zu einer Fülle von staatlichen „Umwelt"-Gesetzen, wachsenden kommunalen Pflichtaufgaben sowie zu einem breiten Spektrum freiwilliger Aufgabenwahrnehmung bei den Kommunen geführt. Nebeneinander bestehen in den Kommunen umweltschutzbedeutsame Aufgaben als – weitgehend – freiwillige Aufgaben, als grundsätzlich weisungsfreie Pflichtaufgaben und als – verschieden gestaltete – weisungsgebundene Pflichtaufgaben.

Da der Umweltschutz in fast alle kommunalen Aufgabengebiete hineinreicht, wird oft von einem „Zielfeld" kommunalen Handelns gesprochen. Dies ist als Reflex auf die stark zersplitterten Zuständigkeiten für den Umweltschutz in den Kommunalverwaltungen zu werten. Eine Tendenz zu stärkerer organisatorischer Bündelung von umweltbedeutsamen Teilaufgaben ist – bei einer grundsätzlich dezentralen Aufgabenerfüllung – jedoch fast schon in allen Groß- und Mittelstädten festzustellen.

Bei den Aufgabenbereichen im kommunalen Umweltschutz können unterschieden werden:
- die *„Umweltvorsorge"* bzw. die Umweltplanung mittels planerischer, vorsorgender und sichernder Aufgaben,
- die *„Umweltsanierung"* bzw. der Umweltschutz mittels ordnungsbehördlicher Eingriffs-, Durchsetzungs- und Ahndungsaufgaben,
- die *umweltverträgliche Betriebstätigkeit* mittels kommunal-betrieblicher Durchführungs- und Vollzugsaufgaben.

Gegenwärtig sind die kommunalen Umweltschutzaufgaben stark von der vollzugsorientierten „Umweltsanierung" geprägt. Die „Umweltvorsorge" bzw. Umweltplanung ist erst in wenigen Querschnittsaufgabenbereichen der Kommunen fest verankert; es dominiert die fallweise Abwicklung von freiwilligen „Sonderaufgaben", die keinem Fachamt originär zugeordnet sind.

Die Umweltpolitik in den Städten und Gemeinden dürfte aufgrund der gegenwärtigen Entwicklungen zukünftig schwerpunktmäßig von den folgenden Problemkomplexen geprägt werden, auf die die Kommunen mit der Anpassung ihrer Umweltschutzaufgaben, ihrer Organisationsstruktur, ihrer Personal-, Sach- und Finanzausstattung reagieren müssen. Die kommunalen Aufgaben der „Umweltsanierung" dürften schon aufgrund der vorhandenen Umweltschäden große Anforderungen stellen bei:
- Bodenschutzproblemen (vgl. S. 328), insbesondere aber bei Problemen mit kommunalen Altmüllablagerungen und auch mit industriellen „Altlasten",
- der Luftreinhaltung (vgl. S. 326), in erster Linie bei den Emittentengruppen „Hausbrand und Kleingewerbe" sowie „Verkehr",
- der Abfallbeseitigung (vgl. S. 318), zukünftig verstärkt unter dem Gesichtspunkt der Abfallwirtschaft/Abfallvermeidung,
- der Wasserreinhaltung, insbesondere der Trinkwasservorräte im Grundwasser,
- der Abwasserreinigung, d. h. der Minderung von Abwassermengen und Frachten/Belastungen sowie dem Bau weiterer Klärwerksstufen (chemische Reinigungsstufe) und Regenrückhaltebecken sowie der Erneuerung städtischer Abwasserkanäle (vgl. S. 316),
- dem Lärmschutz (vgl. S. 330), in erster Linie bei Verkehrslärm.

Die Aufgaben der „Umweltvorsorge" werden sich zukünftig stärker unter der Zielsetzung „Ökologische Stadtentwicklung/Stadterneuerung" bzw. Stadtökologie (vgl. S. 322) im wesentlichen auf folgende Problemkomplexe konzentrieren:
- den Verbrauch von vegetationsbestandenen Flächen, die Beeinträchtigung des Bodens und die Gefährdung des Wassers durch Bebauung und Versiegelung drastisch einzuschränken (vgl. S. 300 und 324),
- die Wohnumfeldverbesserung, die Verkehrsberuhigung, den Ausbau der Radfahr- und Fußwege-Infrastruktur sowie verbesserte Angebote des öffentlichen Personennahverkehrs unter ökologischen Gesichtspunkten voranzutreiben (vgl. S. 280 und 290),
- die Ver- und Entsorgung der Städte unter ein Spargebot zu stellen und die Belastungen (v. a. mit Problemstoffen) zu mindern.

Städte für eine bessere Umwelt. Hg. vom Deutschen Städtetag. Köln 1985. – Fiebig, K.-H./Krause, U./Martinsen, R.: Organisation des kommunalen Umweltschutzes. Berlin 1985. – Castro, D., u. a.: Kommunale Umweltschutzberichte. Berlin 1982 und 1986.

Kommunaler Umweltschutz in Essen: Ebenen – Beteiligte Stellen – Aufgaben

Politik

- Rat der Stadt Oberstes Entscheidungs- und Beschlußgremium
- Fachausschuß für Gesundheit und Umwelt
- Fachausschuß für Stadtentwicklung und Stadtplanung
- Bauausschuß
- ggf. Bezirksvertretungen

Beirat Umweltschutz

Ratsbeschluß über Gründung am 23. 11. 1980

1. Mitglieder

Vorsitzender: Umweltdezernent
Stellv. Vorsitzender: Ordnungsdezernent

5 Mitglieder des Rates
11 Behörden u. Verbände
18 Bürgerinitiativen u. Vereine
8 Verwaltungsdienststellen (Amtsleiter)

2. Aufgaben

- Der Beirat behandelt alle wichtigen Umweltfragen, die in der Regel von den Mitgliedern eingebracht werden.
- Die Beschlüsse des Beirates gehen als Empfehlung an die zuständigen Fachausschüsse des Rates, werden dort beraten u. ggf. beschlossen

Verwaltung

Dienststellen	Aufgaben	Instrumente
	Zielplanung	
planende Verwaltung – Entwicklungsplanung – Stadtplanung	○ Formulieren u. Abstimmen der Ziele des kommunalen Umweltschutzes ○ Zielüberprüfung auf der Grundlage von fortgeschriebenen Daten und veränderten Situationen	Umweltschutzprogramm (UmSchPro) mit Stellungnahme der Verwaltung Immissionsschutzkonzept (ISK) Maßnahmenprogramm Umweltschutz (MPU)
	Informationsbasis/Informationssystem	
– Stadtplanung – Gesundheitsamt – Statistik, ADV – UNI Essen, AGKU – KVR, Entwicklungsplanung – Stadtplanung	○ Datenbeschaffung und -aufbereitung ○ Analyse der Umweltsituation	vorh. Daten der LIS und anderer Stellen Schadstoffkataster (Umweltinformationssystem) Klimauntersuchung ISK, Lärmberechnungen aus Verkehrsbelastung Luftreinhalteplan (LRP) – Auswertung für Essen
– Stadtplanung, Entwicklungsplanung – Geschäftsstelle Umweltschutz	○ Fortschreibung ○ Bekanntmachung der Umweltdaten und Analyseergebnisse	Fortschreibung ISK u. MPU Umweltschutzbericht (alle 2 Jahre); Sonderberichte
– Schulen, VHS	○ Öffentlichkeitsarbeit/Bewußtseinsbildung	Umweltschutz als Unterrichtsthema und Angebot VHS
	Zieldurchsetzung, Planung u. Durchführung	
– Entwicklungsplanung – Stadtplanung – Entwicklungsplanung – Stadtplanung – Fachdienststellen	○ Sektorale und räumliche Planung ○ Planung von Maßnahmen ○ Maßnahmeprogramme	Flächennutzungsplan, Rahmenpläne, Bebauungspläne, Entwicklungsplanung ISK, MPU
– AGKU	○ Koordinierung der Maßnahmedurchführung	MPU/interdisziplinäre Abstimmung der Bauleitplanung
– Stadtplanung – Geschäftsstelle – Umweltschutz – AGKU – zuständige Stadtämter für die Vorhaben	○ Einzelmaßnahmen ○ UVP bei Planungs- und Baumaßnahmen	Festsetzungen in B-Plänen, Recycling, Verfahren BImSchG UVP-Entwurf ist erarbeitet; UVP wird anhand von Planspielen getestet
	Erfolgskontrolle	
– Entwicklungsplanung – Stadtplanung	○ Überprüfen der richtigen sachgerechten Durchführung der Maßnahmen	MPU, ISK (Fortschreibung); Bauleitpläne (Kontrolle/Überwachung der Durchführung festgesetzter Maßnahmen
– Entwicklungsplanung – Statistik, Stadtforschung	○ Überprüfen der angestrebten Wirkung u. Maßnahmen	Datenfortschreibung (Immissions- u. Flächendaten) Statistik u. Stadtforschung

Stadtökologie

Rund 60% der Bevölkerung leben in der Bundesrepublik Deutschland in 5,7% aller Gemeinden; in den Ballungsgebieten sind bis zu 70% der Fläche überbaut. Somit häufen sich dort Umweltprobleme durch Luftverschmutzung, Lärm, Grundwasserbelastungen, hohe Abfallmengen sowie fehlende Grünflächen. Sie führen z. B. zu Verlusten an wildwachsenden Pflanzen- und wildlebenden Tierarten, an Kunst- und Bauwerken, an Wäldern, aber auch zur Gefährdung der menschlichen Gesundheit durch verunreinigte Luft, Gewässer und Böden.

Aufgrund vielfältiger Wechselbeziehungen zwischen einzelnen Umweltfaktoren führen fachspezifische Einzelbetrachtungen zu keiner Problemlösung. Man denke an die „Politik der hohen Schornsteine" mit der Folge, daß die Schadstoffe in andere, zuvor wenig belastete Gebiete verfrachtet werden. Oder, um ein weiteres Beispiel zu nennen: Durch fehlende Grünflächen im innerstädtischen Bereich wird ein Großteil des Erholungsverkehrs in außerstädtische Räume verlagert; dadurch werden nicht nur weitere Bereiche mit Autoabgasen und Lärm belastet, sondern häufig auch empfindliche Lebensräume von Pflanzen und Tieren beeinträchtigt, wenn nicht gar zerstört. Außerdem ist die klimaregulierende Wirkung der Grünflächen nicht austauschbar; insbesondere dann nicht, wenn diese Flächen zu einem Grünsystem gehören und als Frischluftbahnen in das Stadtinnere dienen.

Umweltschutz muß also nach *ganzheitlichen* und *vernetzten* Prinzipien erfolgen. Dabei spielt die *Stadtökologie* eine herausragende Rolle. Sie ist ein spezielles Gebiet der angewandten Ökologie, also mit konkreter und direkter Bedeutung für den Menschen. Sie untersucht die Ökosysteme von Städten und Ballungsgebieten. Unter einem *Ökosystem* wird das *Beziehungsgefüge* verstanden, in dem Lebewesen untereinander und mit ihrem Lebensraum stehen; dabei weist jedes Ökosystem besondere, ihm eigene Strukturen und Funktionen auf. Beispiele städtischer Ökosysteme sind: Wohngebiete (u. a. Einzelhaus-, Hochhausgebiete), Straßenräume, Gewerbegebiete, Müllhalden, verschiedenartige Grünräume wie Friedhöfe, Kleingärten oder Parkanlagen (vgl. S. 300 f.).

Stadtökologie betrachtet aber auch die Stadt als großes, seinerseits *abhängiges* Ökosystem, das z. B. über Klima und Wasserhaushalt eng mit seiner (ländlichen) Umgebung verbunden ist.

Daneben sind für eine stadtökologische Gesamtbetrachtung fachspezifische Einzeluntersuchungen wichtig, die von verschiedenen Fachressorts in der Verwaltung durchgeführt oder veranlaßt werden. Beispiele dafür sind Biotopkartierungen, Vitalitätskartierungen, Infrarot-Befliegungen, hydrologische Untersuchungen, Klimagutachten, Untersuchungen zur Schadstoffbelastung des Bodens, Untersuchungen über die Luftbelastung durch Stäube, Abgase und Wärme, ferner über die Belastung durch Lärm. Die Untersuchungsergebnisse werden mancherorts in Datenbanken gesammelt. Sie können auch – wie es in Berlin geschieht – in Karten dargestellt und in einem fortschreibungsfähigen Umweltatlas zusammengefaßt werden.

Den Daten lassen sich nicht nur die Grenzen der Belastbarkeit dieser städtischen Ökosysteme entnehmen (der Stadt als Ganzes, der Teilsysteme wie Wohngebiete, Parkanlagen, Kleingärten und auch der Naturfaktoren Boden, Wasser, Klima, Vegetation); sie zeigen auch den Spielraum für eine *ökologisch orientierte Planung* auf und bilden somit eine wichtige Grundlage für die *Landschafts-* bzw. *Grünordnungsplanung* (vgl. S. 324) sowie die *Stadtplanung* (vgl. S. 246 und S. 252). Zudem sind sie eine wertvolle Entscheidungshilfe bei Einzelmaßnahmen z. B. für die Erarbeitung von Konzepten für die Grünflächenpflege, für die Anpflanzung standortgerechter Gehölze (z. B. an Straßen), für die Bepflanzung von Grünflächen (vgl. S. 300), die als Frischluftbahnen dienen, ferner bei Fragen der Genehmigung von Einzelvorhaben wie zur Abfall- oder Abwasserbeseitigung (vgl. S. 316 und S. 318), für Kraftwerke usw., d. h. bei Maßnahmen, die der sogenannten Eingriffsregelung unterliegen (vgl. S. 324 f.).

Stadtökologische Untersuchungen werden vor allem von den Grünflächenämtern/Gartenbauämtern durchgeführt oder veranlaßt, aber durchaus auch von anderen Fachressorts (z. B. Stadtplanungsamt, Tiefbauamt). Stadtökologie erfordert eine *ämterübergreifende Zusammenarbeit,* die sich allerdings noch nicht überall voll durchgesetzt hat (vgl. S. 320).

Ökologie und Stadtplanung: Erkenntnisse und praktische Beispiele integrierter Planung. Hg. v. K. Adam und Th. Grohé. Köln–Stuttgart 1984.

Veränderung der Ökosphäre in einer Großstadt

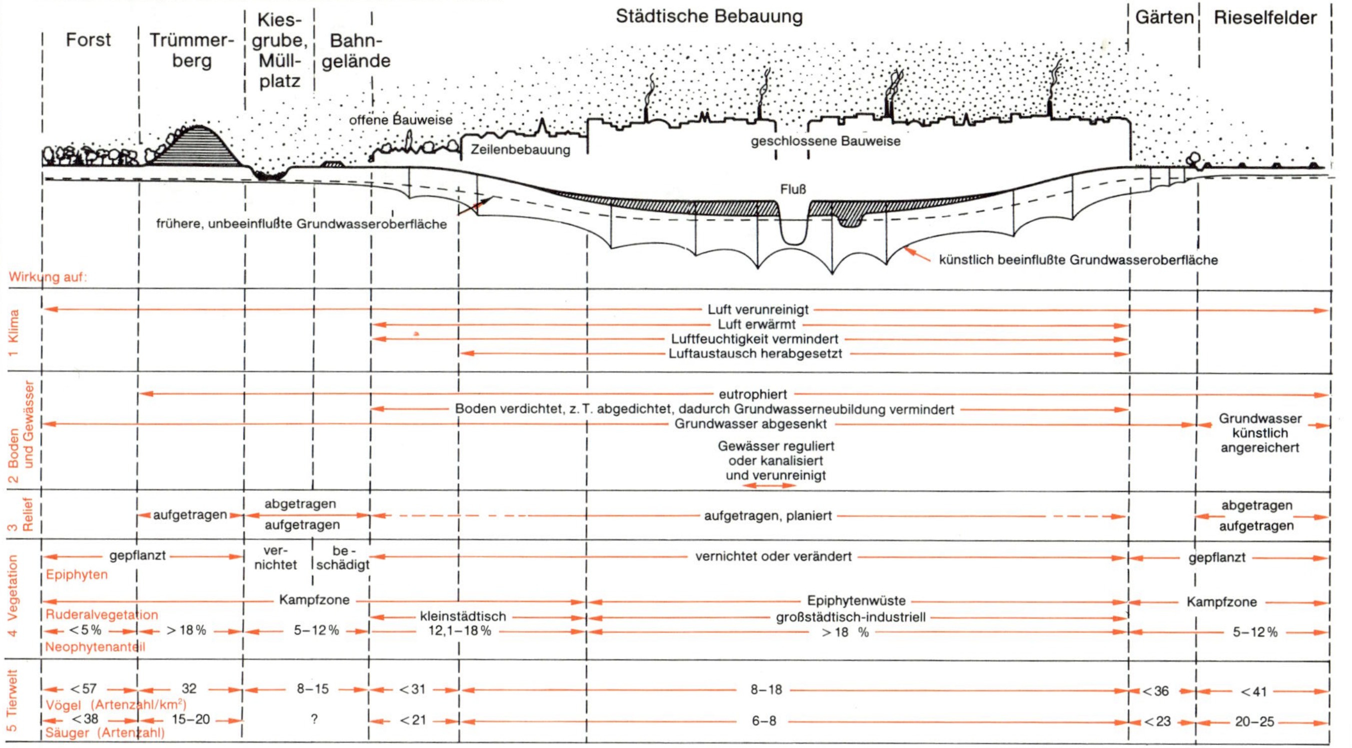

Quelle: Sukopp, H. u. a.: Beiträge zur Stadtökologie von Berlin (West). Landschaftsentwicklung und Umweltforschung. Schriftenreihe des FB Landschaftsentwicklung der TU Berlin. Nr. 3. Berlin 1980.

Naturschutz – Landschaftspflege

Naturschutz und Landschaftspflege werden als einheitlicher Aufgabenkreis mit gemeinsamen Zielsetzungen und Instrumenten verstanden. Durch das Bundesnaturschutzgesetz von 1976 wurden die seit dem Reichsnaturschutzgesetz von 1935 bestehenden Aufgaben des Schutzes von Natur und Landschaft als Aufgabe der Planung, Sicherung und Entwicklung der natürlichen Umwelt konkretisiert und ihr Geltungsbereich auf den besiedelten Raum ausgedehnt.

Der gesetzliche *Auftrag* betrifft die Naturgüter Boden, Wasser, Luft, Klima, Tier- und Pflanzenwelt als Elemente des Naturhaushaltes. Ihre Leistungsfähigkeit ist ebenso wie die Vielfalt, Eigenart und Schönheit von Natur und Landschaft als Lebensgrundlagen des Menschen und als Voraussetzung für seine Erholung nachhaltig zu sichern.

Die *Ziele* schließen die Sicherung der nachhaltigen Nutzungsfähigkeit der Naturgüter ein. Die Reinhaltung der Luft (vgl. S. 326), des Wassers und neuerdings auch des Bodens (vgl. S. 328) ist darüber hinaus Gegenstand besonderer Gesetze (Bundesimmissionsschutzgesetz, Wassergesetze). Die Entwicklung der Rechtsmaterie „Bodenschutz" steht noch am Anfang. Sie ist zur Zeit Gegenstand großer Anstrengungen des Bundes und der Länder im Rahmen der Umweltpolitik.

Als wesentliche neue *Instrumente* zur Verwirklichung der im Bundesnaturschutzgesetz formulierten Ziele und Grundsätze wurden die Bürgerbeteiligung über anerkannte Verbände, die Regelung von Eingriffen in Natur und Landschaft, erweiterte Schutzgebietskategorien und die Landschaftsplanung eingeführt. Mit „Grünordnung" wird die Landschaftsplanung in bebauten Gebieten bezeichnet.

Die *Zuständigkeiten* der überwiegend dreistufig organisierten *Naturschutzbehörden* und die Einrichtungen zur Forschung und Beratung sind in den einzelnen Ländern unterschiedlich aufgeteilt. Oberste, obere und untere Naturschutzbehörden (in der Regel Ministerium, Bezirksregierung/Regierungspräsidium, Landkreis/kreisfreie Stadt) gibt es in den Flächenstaaten mit dreistufigem Verwaltungsaufbau sowie in Schleswig-Holstein; zweistufig ist die staatliche Naturschutzorganisation in den Stadtstaaten Bremen, Berlin, Hamburg sowie im Saarland.

In den Städten werden die Aufgaben des Naturschutzes und der Landschaftspflege überwiegend von Grünflächenämtern wahrgenommen. Teilweise sind sie den Ordnungsämtern (vgl. S. 174), Umweltschutzämtern (vgl. S. 320), Bau- oder Stadtplanungsämtern übertragen. Regelungen der Bauleitplanung (vgl. S. 252), insbesondere seit der Bundesbaugesetznovelle von 1976, bieten Ansätze zur Entwicklung einer eigenständigen „Fachplanung Naturschutz". Nationale und internationale Biotop- und Artenschutzbestimmungen der Bundes- und Landesnaturschutzgesetze haben das Aufgabenfeld der „unteren Naturschutzbehörden" erweitert, deren Funktion häufig ebenfalls von den Grünflächen- oder Gartenämtern wahrgenommen wird.

Üblicherweise wird zwischen Maßnahmen des Artenschutzes und des Flächenschutzes unterschieden, die allerdings eng verknüpft sind. Wesentliches Ziel des *Biotop- und Artenschutzes* ist die Erhaltung der lebenden Tier- und Pflanzenwelt. Aufgrund des anhaltenden Rückganges, konkret: der Vernichtung von Lebensräumen gelten von den 77 000 in der Bundesrepublik Deutschland heimischen Tier- und Pflanzenarten bereits 40 000 als gefährdet. Nach der Roten Liste der gefährdeten Tiere und Pflanzen sind 53 % der Säugetiere, 52 % der Vögel, 75 % der Kriechtiere, 58 % der Lurche, 71 % der Fische und 35 % der Farn- und Blütenpflanzen ausgestorben oder gefährdet.

Als wesentlichste Ursachen z. B. der Ausrottung von fast 31 % der 2 667 Arten einheimischer und eingebürgerter Farn- und Blütenpflanzen gelten die Beseitigung von Übergangsbereichen und Sonderstandorten (210 Arten), Entwässerung (123 Arten), Nutzungsaufgaben (172 Arten), Bodenauffüllung, Überbauung (155 Arten), Abbau, Abgrabung (112 Arten).

Als *Schutzgebiete* können – mit unterschiedlicher Schutzintensität – rechtlich freigesetzt werden: Naturschutzgebiete, Landschaftsschutzgebiete, (flächenhafte) Naturschutzdenkmale und geschützte Landschaftsbestandteile. Die Ausweisung von Schutzgebieten erfaßt ca. 9 % der bundesdeutschen Fläche, 1 % sind Naturschutzgebiete. In Fachkreisen werden 10 % wirksam geschützter Flächen für erforderlich gehalten; *Schutzgebietssysteme* sollten die zufällige Verteilung geschützter Flächen durch eine sinnvolle Verbindung und Anordnung ökologisch bedeutsamer Flächen ergänzen.

Mit der im Bundesnaturschutzgesetz vorgesehenen *Eingriffsregelung* soll versucht werden, nachteiligen Folgen von

Eingriffen in Natur und Landschaft durch Vermeidung, Minimierung, Ausgleich oder Ersatz bzw. durch Ausgleichszahlungen zu begegnen. Die Anwendung der Eingriffsregelung erfolgt bei Änderungen der Gestalt oder Nutzung von Grundflächen, die die Leistungsfähigkeit des Naturhaushaltes oder das Landschaftsbild erheblich oder nachhaltig beeinträchtigen können. Die Verpflichtung zu einzelnen Maßnahmen spricht die Genehmigungsbehörde (z. B. die Baugenehmigungsbehörde) aus; sie hat dabei die Naturschutzbehörde ihrer Verwaltungsstufe zu beteiligen. Sind Eingriffe aufgrund von Fachplänen vorgesehen (z. B. Straßenbau, Gewässerausbau), werden sogenannte „Landschaftspflegerische Begleitpläne" aufgestellt und zusammen mit dem Fachplan planfestgestellt.

Die Versagung von Eingriffen ist nur in seltenen Fällen möglich, ein Ausgleich oder Ersatz ist nur im rechtlichen, nicht aber im materiell-ökologischen Sinn möglich.

Das wichtigste planerische Instrument zur Umweltvorsorge sowie der landschaftsbezogenen Erholungsvorsorge ist die *Landschaftsplanung*. Zuständigkeiten, Verfahren und Verbindlichkeit dafür sind in den einzelnen Ländern unterschiedlich geregelt. Auf überörtlicher Ebene werden Landschaftsprogramme (Landesebene) und Landschaftsrahmenpläne (Regionalebene) aufgestellt, auf örtlicher Ebene Landschaftspläne bzw. Grünordnungspläne. In den Stadtstaaten sowie in Nordrhein-Westfalen werden Landschafts- und/oder Grünordnungspläne von der unteren Naturschutzbehörde aufgestellt, in allen anderen Ländern vom Träger der Bauleitplanung bzw. von der Gemeinde.

Landschaftspläne sollen Aussagen enthalten über den Zustand von Natur und Landschaft und seine Bewertung, über Maßnahmen und Erfordernisse zur Verwirklichung der Ziele des Naturschutzes und der Landschaftspflege. Dazu gehören insbesondere die Zweckbestimmung von Flächen sowie Schutz-, Pflege- und Entwicklungsmaßnahmen. Maßnahmen zur Sicherung der nachhaltigen Nutzungsfähigkeit der Naturgüter sowie der Erhaltung oder Wiederherstellung der Vielfalt, Eigenart und Schönheit von Natur und Landschaft werden als *Landschaftspflege* bezeichnet.

Verbindlichkeit erhalten Landschaftspläne entweder vollständig über ihre Integration in die Bauleitpläne (Rheinland-Pfalz, Bayern), über die mehr oder minder starke Verbindung beider Planungsvorgänge bei demselben Planungsträger (Baden-Württemberg, Niedersachsen, Schleswig-Holstein, Hessen) oder eigenständig als Satzung oder Rechtsverordnung durch fachgesetzliche Regelungen (Nordrhein-Westfalen, Bremen, Hamburg, Berlin). Im Saarland können nicht in die Bauleitplanung übernommene Landschaftsplaninhalte eigenständige Behördenverbindlichkeit erlangen, nach § 3 des Bundesnaturschutzgesetzes sind sie im übrigen von anderen Behörden und öffentlichen Stellen zu beachten.

Das Aufstellungsverfahren von Landschafts- bzw. Grünordnungsplänen entspricht dem zur Aufstellung von Bauleitplänen. In der Regel wird der Landschaftsplan dem Flächennutzungsplan (vgl. S. 252) und der Grünordnungsplan dem Bebauungsplan (vgl. S. 254) zugeordnet.

Natur- und Umweltschutz in der Bundesrepublik Deutschland. Hg. v. G. Olschowy. Hamburg–Berlin 1978. – Handbuch für Planung, Gestaltung und Schutz der Umwelt. Hg. v. K. Buchwaldt und W. Engelhardt. 4 Bde. München 1978–80. – Fiebig, K.-H., u. a.: Naturschutz, Landschaftspflege und Bodenschutz. In: Umweltverbesserung in den Städten. Heft 3. Hg. v. Deutschen Institut für Urbanistik. Berlin 1985.

Luftreinhaltung

Als Folge des Wachstums von Industrie, Verkehr und Energieverbrauch haben die Luftverunreinigungen v.a. in den Industriestaaten und dort in den städtischen Verdichtungsgebieten zu erheblichen Problemen geführt. Gase und Dämpfe, Stäube und Aerosole führen vielerorts zu *Klimaveränderungen, Wachstumsbeeinträchtigungen* von Pflanzen und *gesundheitlichen Gefährdungen* der Menschen. Die großflächige Verteilung von Luftschadstoffen über hohe Schornsteine trägt zu *Bodenbelastung* (vgl. S. 328) und *Waldsterben* bei.

Als Hauptprobleme werden heute die Auswirkungen der Luftschadstoffe Schwefeldioxid (SO_2), Stickoxide (NO_x), Schwermetalle und Halogenkohlenwasserstoffe, darunter hochgiftige Stoffe wie Dioxine und Furane, angesehen. Hauptverursacher sind Verkehr und Kraftwerke, die durch die Verbrennung von Öl und Kohle in den Ballungsräumen zu großen Problemen beitragen. Die Forderung des alten römischen Rechts „aere corrumpere non licet" (Die Luft darf nicht verdorben werden) hat das Industriezeitalter bisher nicht erfüllt. Eine systematische bundeseinheitliche Immissionsschutzgesetzgebung wurde erst in den 1970er Jahren geschaffen, später als bei unseren westlichen Nachbarn. Bis dahin beschränkte sich der Staat auf den Arbeitsschutz (Gewerbeordnung von 1869).

Das Benzin-Blei-Gesetz von 1971 war die erste Regelung zur Verminderung von Verkehrsimmissionen, doch erst mit dem *Bundesimmissionsschutzgesetz* von 1974 wurde eine umfassende Rechtsgrundlage zum Schutz vor schädlichen Umwelteinwirkungen geschaffen. Sie wurde durch wichtige Verwaltungsvorschriften wie die Technische Anleitung Luft (TA Luft) und Verordnungen, wie z. B. die Großfeuerungsanlagenverordnung, ergänzt. Diese Rechtsgrundlagen beinhalten anlage-, stoff- und gebietsbezogene Instrumente, wobei die Zuständigkeiten überwiegend in staatlicher Hand liegen; den Gemeinden bleibt oft nur ein Beteiligungsrecht (vgl. S. 320 und S. 174).

Wichtigstes *anlage*bezogenes Instrument ist die immissionsschutzrechtliche Genehmigung durch die Gewerbeaufsicht, wobei die *Gemeinden im Verwaltungsverfahren* beteiligt werden. Wichtigstes *stoff*bezogenes Instrument ist die Begrenzung des Schwefelgehalts in Heiz- und Dieselölen. *Gebiets*bezogene Instrumente sind v.a. die Luftreinhaltepläne für Belastungsgebiete und die Smogverordnungen der Länder.

Wichtigstes Instrument der Gemeinden sind die *Bauleitpläne* (Flächennutzungsplan [vgl. S. 252], Bebauungspläne [vgl. S. 254]), in denen sie mit umweltbezogenen Beschränkungen und Verboten Ortsrecht schaffen können, z. B. durch Abstände, Einschränkungen des Störgrads von Gewerbe oder durch Untersagung der Verwendung luftverunreinigender Stoffe.

Aus dem Selbstverwaltungsrecht der Gemeinden (vgl. S. 18) heraus können sie z. B. mit umweltfreundlicher *Verkehrsplanung* (vgl. S. 288) und *Energieversorgung* (vgl. S. 310) zur Luftreinhaltung beitragen; Kreise und kreisfreie Städte übernehmen in einigen Ländern staatliche Aufgaben.

Neben die traditionellen Pflichtaufgaben der Ordnungs- und Gesundheitsämter (vgl. S. 174 und S. 240) treten heute verstärkt freiwillige Aktivitäten, die v.a. bei *Verkehrs-* und *Hausbrandemissionen* ansetzen: Umwelttelefone für Bürgerbeschwerden, Verringerung der Hausbrandemission durch Energieversorgungskonzepte und Fernwärmeausbau, Umstellung der Fuhrparks und Verkehrsbetriebe auf emissionsarme Fahrzeuge u.a. Einige Städte haben darüber hinaus *Emissions-, Immissions-* und Wirkungskataster als Planungsgrundlagen erstellt.

Als beispielhafte städtische Aktivitäten sind das Energieversorgungskonzept Saarbrücken, das Fernwärmenetz in Flensburg, die flächendeckende Verkehrsberuhigung in Esslingen am Neckar, die Tempo-30-Gebiete in Hamburg, der Fuhrpark in Frankfurt am Main, die stadtklimatisch-lufthygienischen Untersuchungen in Stuttgart und das Immissionsschutzkonzept in Essen zu nennen.

Trotz vieler solcher Aktivitäten ist die Umweltvorsorge noch nicht verbreitet, statt Emissionsvermeidung ist Immissionsbegrenzung das Ziel. Noch immer sind städtische Kraftwerke und Müllverbrennungsanlagen eine Hypothek für die Luftqualität.

Was Sie schon immer über Luftreinhaltung wissen wollten. Hg. v. Bundesminister des Innern. Stuttgart u. a. 1983. – Fiebig, K.-H./Hinzen, A./Krause, U.: Umweltverbesserung in den Städten. Heft 1: Luftreinhaltung und Stadtklima. Berlin 1984. – Städte für eine bessere Umwelt. Hg. v. Deutschen Städtetag. Köln 1985.

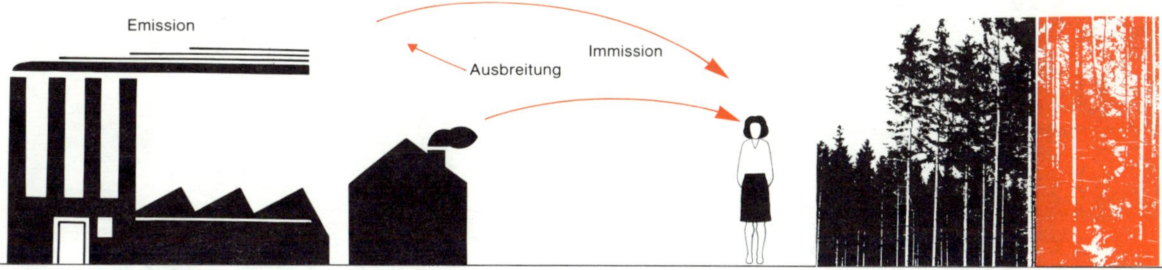

Schadstoffe	Emission aus/bei	Jahresemission	Tendenz	Wirkungen auf den Menschen	Wirkungen auf Pflanzen	Wirkungen auf Böden	Wirkungen auf Materialien
Schwefeldioxid SO_2	○ Kraft- und Heizwerke 62,1 % ○ Industrie 25,2 % ○ Kleinverbrauch/Haushalte 9,3 % ○ Verkehr 3,4 %	3,0 Mio t (1982)	leicht fallend	Reizung von Haut und Schleimhäuten. Vermehrtes Auftreten von Nasennebenhöhlenentzündungen, Atemwegserkrankungen, Lungenemphysem bei chronischer Einwirkung	Verkrüppelung, Verkahlung, Absterben und Zwergwuchs von Bäumen und Sträuchern (insbesondere Fichten und Tannenarten, Obstbaumkulturen), Blattchlorosen und -nekrosen, Schwächung von Pflanzen führt zu erhöhter Schädlingsanfälligkeit	Verarmung an Nährsalzen durch sauren Regen mit geringer Pufferkapazität	Zerstörung von Steinbauten, Beschleunigung der Korrosion von Eisen, Stahl und Zink, Farbänderung an Textilien, Schädigung von Malereien an Kirchenfenstern
Stickoxide NO_x	○ Verkehr 54,6 % ○ Kraft- und Heizwerke 27,7 % ○ Industrie 14,0 % ○ Haushalte/Kleinverbrauch 3,7 %	3,1 Mio t (1982)	leicht steigend	Bei längerer Einwirkung chronische Bronchitiden mit Lungenemphysembildung	Abnahme der Assimilationsfähigkeit und erhöhter Blattabwurf bei Pflanzen, Wachstumshemmung, Qualitätsverluste	Düngewirkung für bestimmte Böden; Düngewirkung stört nährstoffarme, naturnahe Biotope	Korrosion bei Nickel-, Kupfer-, Zinklegierungen, Schädigung von Textilfarben

Bodenschutz

Schadstoffeinträge durch Altlasten (v. a. ehemalige Deponien, Grubenverfüllungen, oberflächliche Bodenschichten ehemaliger Industriebetriebe, die durch Rückstände mit [noch] unbekannten Mengen von Schadstoffen versetzt sind) und Luftverschmutzung, Agrochemikalien und Klärschlämme, Erosion und Landschaftsverbrauch bedrohen heute viele Böden, eine der Existenzgrundlagen für Menschen, Tiere und Pflanzen. Täglich werden im Bundesgebiet 170 ha Boden bebaut, versiegelt und besiedelt. Beim Abbau von Rohstoffen werden jährlich fast eine Milliarde Tonnen Steine und Erden gewonnen. Der Eintrag von Schadstoffen ist örtlich so hoch, daß allein wegen der Schwermetalle für 7% der landwirtschaftlichen Flächen Nutzungseinschränkungen zu erwägen sind. 50000 registrierte alte Abfalldeponien stellen eine noch weitgehend unbekannte Gefahr für das Grundwasser, den Boden und seine Nutzung dar.

Der Boden ist die belebte Verwitterungshaut der Erdkruste mit engen Wechselbeziehungen zwischen Organismen, anorganischen Bestandteilen und atmosphärischen Einflüssen. Böden haben vielfältige Eigenschaften und ermöglichen dem Naturhaushalt und dem Menschen eine vielfältige Nutzung: als *Lebensraum, landwirtschaftliche Produktionsfläche, Siedlungsfläche, Wasserspeicher* und *-filter, Reservoir von Bodenschätzen.* Diese Bodenfunktionen werden durch Nutzungen und Schadstoffeinträge zunehmend gefährdet.

Erst diese umfassende Gefährdung hat das Bewußtsein geschaffen, daß der Bodenschutz im Zusammenhang und als Umweltschutz gesehen werden muß. Früher herrschte eine Sichtweise vor, bei der nur einzelne Bodeneigenschaften wie Schichtenfolge, Standfestigkeit und Bodengüte in ihrer Eignung für Nutzungen interessierten. Die Veränderung der Bodeneigenschaften und -potentiale wurde weniger beachtet.

Noch heute fehlt eine speziell den Bodenschutz sichernde Gesetzgebung von Bund und Ländern. Statt dessen gibt es einzelne Regelungen im Planungs- und Umweltrecht, die Gefährdungen des Bodens begrenzen und Potentiale schützen sollen, wie z. B. Bundesnatursschutzgesetz (vgl. S. 324), Pflanzenschutzgesetz, Klärschlammverordnung (vgl. S. 318), Wasserhaushaltsgesetz (vgl. S. 316). Diese Rechtszersplitterung und das generelle Regelungsdefizit führen zu einer unzureichenden Gewichtung ökologischer Funktionen, die einen wirksamen Bodenschutz behindern. In der Bodenschutzkonzeption der Bundesregierung wird deshalb eine Überprüfung der Fachgesetze angekündigt.

Die Zuständigkeiten im Bodenschutz sind ebenfalls stark zersplittert und überwiegend in staatlicher Hand. Als Pflichtaufgaben der Gemeinden und Kreise sind die *Gefahrenabwehr* (z. B. bei Ölunfällen, Anbaubeschränkungen) und teilweise die Altlastenerfassung und -sanierung anzusehen. Daneben haben Gemeinden bei *Planungen,* z. B. in Grünordnungsplänen im Rahmen der Bauleitplanung, den Bodenschutz zu beachten. Viele Gemeinden haben daneben eine Reihe von *freiwilligen* Bodenschutzaktivitäten entwickelt, u. a.

- die Ermittlung, Gefahrenabschätzung und Sanierung von Altlasten,
- Bodenuntersuchungen zur Schadstoffbelastung in Kleingärten,
- Reduzierung des Abfallaufkommens durch Recycling,
- Austausch schwermetallhaltiger Sportplatzbeläge,
- Verzicht auf Streusalzverwendung,
- Verzicht auf Einsatz von Herbiziden und Pestiziden,
- Entsiegelungsprogramme, z. B. Straßenrückbau,
- flächensparendes Bauen.

Der unterentwickelten Gesetzgebung und der Neuheit der Bodenschutzproblematik entsprechend haben viele Gemeinden erst mit der Aufstellung von *Bodenschutzkonzepten* begonnen. Dabei kommt dem *Altlastenproblem* besondere Bedeutung zu. Erste Registrierung von Altablagerungen haben überall begonnen, Gefährdungsabschätzungen sind im Gange, doch die Altlastensanierung wird erst in wenigen Städten zielgerichtet verwirklicht. In der Bundesrepublik Deutschland werden über 50000 Altlasten vermutet, von denen (1985) rund 18000 erfaßt sind und etwa 10% als sanierungsbedürftig eingeschätzt werden. Dies wird für die nächsten Jahre ein Schwerpunkt städtischer Umweltpolitik bleiben.

Bodenschutzprogramm. Hg. v. Bund Natur- und Umweltschutz. Bonn 1984. – Bachmann, G.: Bodenschutz. Berlin 1985. – Bodenschutzkonzeption der Bundesregierung. Bundestags-Drucksache 10/2977 vom 7. März 1985. Hg. v. Bundesminister des Innern. Stuttgart u. a. 1985. – Rettet den Boden. Hg. v. R. Winter. Hamburg 1985.

Probleme der Bodenbelastung

... Wohnen

- Zerstörung des Bodens durch Überbauung und Versiegelung
- Errichtung von Wohngebäuden auf stark kontaminierten Standorten (z. B. auf aufgelassenen Industrieflächen, Altlastenstandorten, Kampfstofflagern usw.)
- Bodenverunreinigungen und Grundwassergefährdung durch undichte Öltanks u. a.
- Schadstoffanreicherung im Boden und im Gemüse infolge übermäßigen Gebrauchs von Bioziden in Gärten und Kleingärten

... Wirtschaft

- Zerstörung des Bodens durch Überbauung und Versiegelung
- Schadstoffanreicherung im Boden infolge industrieller Emissionen und Immissionen, z. B. mit Schwermetallen und persistenten Kohlenwasserstoffen („Chemisierung des Bodens", insbesondere auf dem Gelände stillgelegter oder noch betriebener Anlagen)
- Anreicherung von nicht oder nur schwer abbaubaren Schadstoffen in Schlamm von Flüssen und Bächen infolge genehmigter bzw. ungenehmigter Einleitungen hochkontaminierter Abwässer
- Zerstörung des Bodens durch Abbau von Rohstoffen (Steine, Erden, Braunkohle, Torf)
- radioaktive Kontamination von Böden

... Verkehr

- Flächenverbrauch und -versiegelung durch befestigte Verkehrswege und -anlagen (Straßen, Parkplätze, Flughafen und ihre Einwirkungsbereiche)
- Zerschneidungs- und Verinselungseffekte infolge der zunehmenden Dichte der Verkehrsnetze
- Bodenverunreinigung durch Schadstoffe, die auf den Kfz-Verkehr zurückzuführen sind, z. B. Kohlenwasserstoffe, Blei, Ölverluste, Benzinrückstände, Reifenabrieb, Streusalz u. a.
- Transport boden- und wassergefährdeter Güter
- Einsatz von Herbiziden an Straßenrändern und Schienenwegen

... Soziale Infrastruktur

- Zerstörung des Bodens durch Überbauung und Versiegelung mit z. T. großflächigen Anlagen

... Technische Infrastruktur

- Zerstörung des Bodens durch Überbauung, Versiegelung und Aufschüttung von z. T. großflächigen Anlagen und Einrichtungen der technischen Infrastruktur, z. B. Kraftwerke, Müllverbrennungsanlagen, Rauchgasentschwefelungsanlagen, Deponien u. a.
- geordnete bzw. ungeordnete End- oder Zwischenlagerung von Abfällen aller Art, z. B. Haus- und Sperrmüll, Gewerbe- und Industriemüll, Bauschutt und Bodenaushub, Filterrückstände, Klärschlamm, radioaktive Abfälle u. a.
- Gefährdung des Bodens sowie des Grund- und Oberflächenwassers durch kontaminierte Aussickerungen aus undichten Altdeponien mit unbekannter Zusammensetzung (Altlasten) und undichten Abwasserkanälen
- Verfüllung von Fluß-Altarmen oder Aufhaldung mit kontaminierten Klärschlämmen, Rechengut und Sandfangrückständen
- Niederschlag von Abgasen und Schadstoffen aus Müllverbrennungsprozessen

... Freiraumnutzungen und Landwirtschaft

- Eignungsfremde Nutzung von Standorten
- Zerstörung besonderer (extremer) Standorte sowie ihrer Fauna und Flora durch Melioration, moderne Landbaumethoden und bauliche Nutzungsansprüche insbesondere im Umland der Verdichtungsräume
- Veränderung und Beeinträchtigung der Biologie und Chemie des Bodens durch Schadstoffeintrag infolge
  - von Emissionen und Immissionen aus Industrie- und Gewerbe, Energieerzeugung und Kfz-Verkehr (trockene und nasse Deposition; Anreicherung von Schwermetallen und sonstigen persistenten Schadstoffen, Versauerung durch schwefelige Verbindungen u. a.)
  - des übermäßigen Einsatzes von mineralischem und organischem Dünger (Gülle bzw. kontaminierten Klärschlämmen und Komposten)
  - des übermäßigen Einsatzes von Bioziden (Herbizide, Fungizide, Insektizide)
  - von Überschwemmungen

  mit der Folge der Einschränkung der landwirtschaftlichen oder gärtnerischen Nutzung von Böden (z. B. in der Nähe von Industriebetrieben und stark befahrenen Verkehrswegen) und des rapiden Rückgangs bestimmter Tier- und Pflanzenarten
- Bodenverunreinigungen sowie Landschaftsschäden durch wilde Müllkippen in der Landschaft (auch Verfüllung von Bauschutt u. a. in Hohlwegen, Dolinen, Mulden ...)
- Zerschneidung von Frei- und Erholungsräumen, Schutzgebieten, land- und forstwirtschaftlichen Betriebseinheiten durch befestigte und stark befahrene Verkehrswege
- Bodenerosion durch Wind und Niederschlagswasser auf intensiv genutzten Ackerflächen insbesondere in Hanglage (abhängig von den Kulturarten, der Art der Flurbereinigung, der Art der Bodenbearbeitung)
- Bodenbelastung und Flächenverlust durch intensive Freizeit- und Erholungsnutzungen

Flächenverbrauch

Flächennutzung in den Jahren 1938, 1950, 1971 und 1975
(Quelle: Landesamt für Datenverarbeitung und Statistik NW)

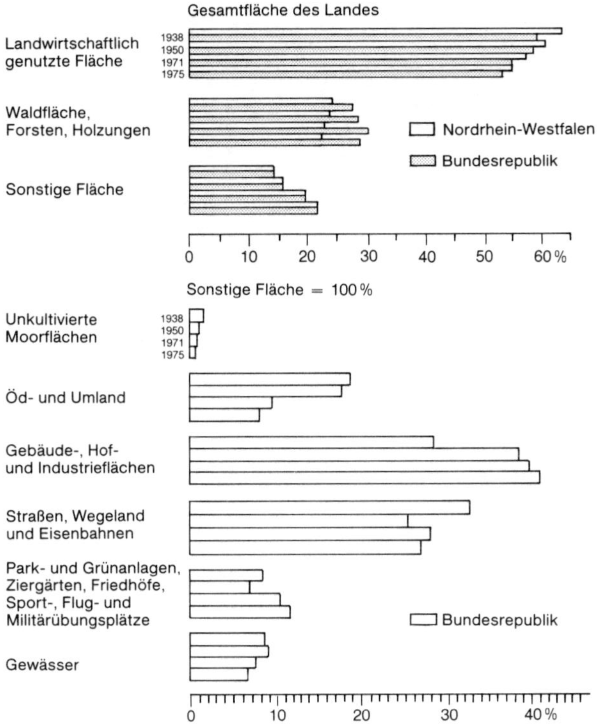

Lärmschutz

In den Städten mit ihrem engen Nebeneinander verschiedener Nutzungen wird der Lärm als eine der größten Umweltbelastungen empfunden. Von den Verursachern – Verkehr (Straße, Schiene, Luft), Industrie, Gewerbe sowie Freizeitaktivitäten – werden die Einwohner in Wohnungen, Arbeitsstätten, Gemeinbedarfseinrichtungen und Erholungsgebieten beeinträchtigt. 42% der Bundesbürger fühlen sich in ihren Wohnungen durch Verkehrslärm erheblich gestört; in Großstädten sind etwa 15% der Bewohner Lärmbelastungen über 70 dB(A) ausgesetzt. Dabei führt Lärm von 30 bis 65 dB(A) zu psychischen, von 65 bis 90 dB(A) zu psychischen und vegetativen, von 90 bis 120 dB(A) zusätzlich zu organschädigenden Wirkungen.

Die Maßeinheit dB bezieht sich auf den Schalldruck: Mit Meßgeräten wird der Schalldruck gemessen und in einen bewerteten Schalldruckpegel umgerechnet, der in Dezibel (dB) angegeben wird.

Für den Lärmschutz sind die gesetzlichen Regelwerke jeweils auf den *Verursacher* bezogen. Das *Bundesimmissionsschutzgesetz* ist die allgemeine Rechtsgrundlage für *Schienen-* und *Straßenverkehrslärm,* die in Richtlinien und Verwaltungsvorschriften (z. B. Technische Anleitung [TA] Lärm) näher ausgeführt ist. Ein Verkehrslärmschutzgesetz, das Grenzwerte für Lärmvorsorge und -sanierung festlegen sollte, ist 1983 aus Kostengründen gescheitert.

Für den *Luftverkehr* gilt das Fluglärmschutzgesetz, das durch internationale Emissionsbeschränkungen für Flugzeuge und landesrechtliche Lärmschutzzonen an Flughäfen ergänzt wird. Auch für den öffentlichen Personennahverkehr gibt es Emissionsbeschränkungen. Die Komplexität dieses Regelwerks wird durch zusätzliche nutzungsbezogene Vorschriften (z. B. Bundesbaugesetz) und landesrechtliche Regelungen angereichert.

Die Lärmschutzregelungen wirken insgesamt auf dreierlei Weise:
- Lärmschutz an der Quelle *(aktiver Lärmschutz):* Emissionsbegrenzungen, z. B. lärmarme Fahrzeuge,
- Behinderung der Lärmausbreitung *(passiver Lärmschutz):* Immissionsbegrenzung, d. h. Lärmschutz durch Wälle, Wände, Pflanzungen, Stellung der Gebäude, Schallschutzfenster,
- Lärmschutz durch *Ursachenbekämpfung:* z. B. Verkehrsvermeidung durch Raumordnung und Städtebau (vgl. S. 246), Förderung von öffentlichem Nah- und Radverkehr (vgl. S. 288).

Die gesetzlichen Pflichtaufgaben liegen zu einem erheblichen Teil bei staatlichen Behörden der Länder, z. B. bei Gewerbeaufsicht, Luftverkehrsbehörden, Straßenbauämtern. Einige Länder fördern Lärmschutzmaßnahmen der Gemeinden im Straßenbau und mit Städtebauförderungsmitteln. Landesweite Lärmbelastungskarten bestehen aber nur in Hessen.

Entsprechend der Vielfalt von Lärmverursachern und Lärmeinwirkungen haben Kreise und Gemeinden eine *breite Palette von Handlungsmöglichkeiten.* Schwerpunkte der kommunalen Aktivitäten liegen bei *Schallschutzfensterprogrammen,* bei punktuellen *Verkehrsberuhigungsmaßnahmen* (vgl. S. 290) und in der *städtebaulichen Planung* (vgl. S. 246). Weitere mögliche gemeindliche Aktivitäten sind z. B. die Aufstellung von Lärmminderungsplänen, LKW-Fahrverbote in Wohnstraßen, Schallschutzmaßnahmen bei Bauvorhaben, die Beseitigung von Kopfsteinpflaster oder die ordnungsrechtliche Überwachung von Betrieben und Gaststätten.

An beispielhaften Lärmschutzmaßnahmen sind die Lärmvorsorgepläne in Frankfurt am Main und Mannheim zu nennen, der Modellversuch lärmarme Nutzfahrzeuge in Bad Reichenhall, die Beschaffung lärmarmer Fahrzeuge z. B. in Mönchengladbach, die flächenhafte Verkehrsberuhigung in Esslingen am Neckar, das Radwegenetz in Erlangen oder das Umweltticket für den Nahverkehr in Freiburg im Breisgau.

Insgesamt liegt für die Gemeinden im Lärmschutz noch ein großer Handlungsbedarf vor. Wegen des fehlenden Verkehrslärmschutzgesetzes und der hohen Kosten kommt die Lärmsanierung nur langsam voran. Die kommunale Vorsorgeplanung mit Lärmminderungsprogrammen ist noch unterentwickelt. Flächenhafte Verkehrsberuhigung und die Beschaffung lärmarmer Fahrzeuge und Maschinen sind noch die Ausnahme.

Lärmschutz in den Städten. Hg. v. Deutschen Städtetag. Köln 1978. – Was Sie schon immer über Lärmschutz wissen wollten. Hg. v. Bundesminister des Innern. Stuttgart 1982. – Koch, E. R./Vahrenholt, F.: Die Lage der Nation. Umwelt-Atlas der Bundesrepublik. Hamburg 1983.

Lärm-Skala

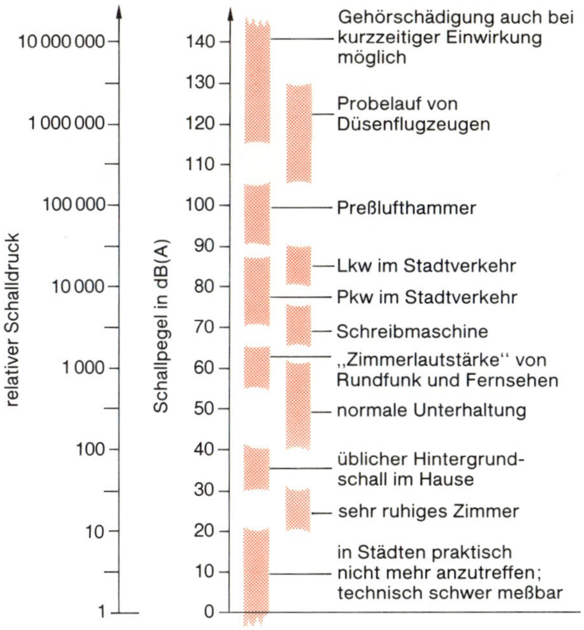

Bereiche üblichen Lärmes bzw. Schalles

Lärmwirkungen

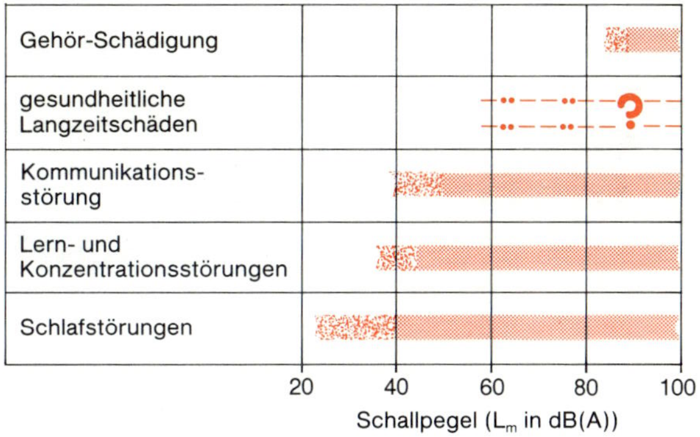

Verursacher von Lärmbelästigungen

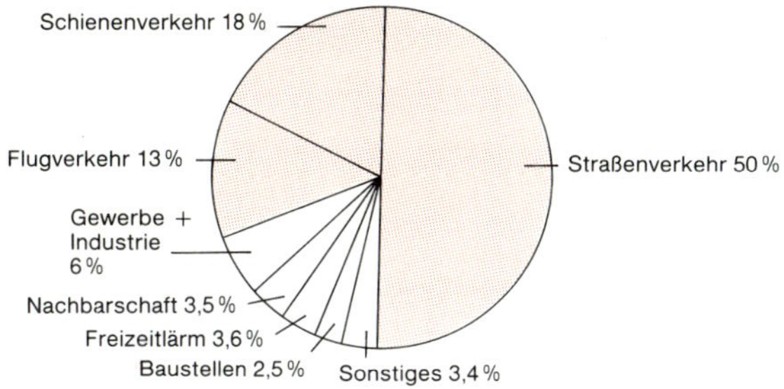

REGISTER

Kursiv gesetzte Zahlen sind Hauptfundstellen

F

G

H

Q, R

S